BIOGRAPHIE

NOUVELLE

DES CONTEMPORAINS.

Les soussignés déclarent que les Exemplaires non revêtus de leurs signatures seront réputés contrefaits.

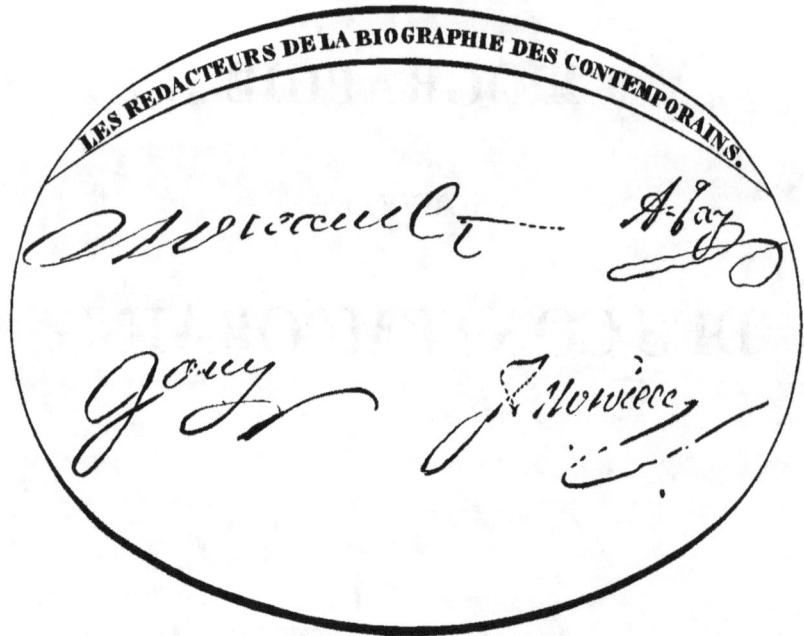

DE L'IMPRIMERIE DE PLASSAN, RUE DE VAUGIRARD, N° 15,
DERRIÈRE L'ODÉON.

BIOGRAPHIE NOUVELLE
DES
CONTEMPORAINS,
ou
DICTIONNAIRE
HISTORIQUE ET RAISONNÉ

DE TOUS LES HOMMES QUI, DEPUIS LA RÉVOLUTION
FRANÇAISE, ONT ACQUIS DE LA CÉLÉBRITÉ

PAR LEURS ACTIONS, LEURS ÉCRITS, LEURS ERREURS OU LEURS CRIMES,

SOIT EN FRANCE, SOIT DANS LES PAYS ÉTRANGERS;

Précédée d'un Tableau par ordre chronologique des époques célèbres et des évènemens remarquables, tant en France qu'à l'étranger, depuis 1787 jusqu'à ce jour, et d'une Table alphabétique des assemblées législatives, à partir de l'assemblée constituante jusqu'aux dernières chambres des pairs et des députés.

PAR MM. A. V. ARNAULT, ancien membre de l'Institut; A. JAY;
E. JOUY, de l'Académie française; J. NORVINS, et autres
Hommes de lettres, Magistrats et Militaires.

ORNÉE DE 300 PORTRAITS AU BURIN,
D'APRÈS LES PLUS CÉLÈBRES ARTISTES.

TOME DIX-SEPTIÈME.
POR—RICHEL

PARIS,
A LA LIBRAIRIE HISTORIQUE, HOTEL D'ALIGRE,
RUE SAINT-HONORÉ, N° 123.
1824.

BIOGRAPHIE
NOUVELLE
DES CONTEMPORAINS.

POR

PORCHER (Gilles, comte de Richebourg), pair de France, commandeur de la légion-d'honneur, naquit à La Châtre, dans la ci-devant province de Berri, en 1753. Ses études furent dirigées vers les sciences exactes; cependant il suivit une autre carrière, et il était au commencement de la révolution, subdélégué et procureur du roi près le tribunal civil du district de sa ville natale. Il fut appelé par le vœu de ses concitoyens du département de l'Indre aux fonctions législatives. Nommé, en 1791, député suppléant à l'assemblée législative, il n'y prit point séance; mais il fut, par suite d'une nouvelle élection, en 1792, appelé à siéger à la convention nationale. M. Porcher avait adopté avec franchise, mais en même temps avec mesure, les principes de la révolution. Il ne s'était encore que peu fait remarquer lors du procès du roi, procès dans lequel il s'exprima en ces termes : « Je vote, non comme juge, je n'en ai pas le droit, mais comme représentant du peuple, chargé de prendre des mesures de sûreté générale; je ne me dissimule pas qu'il est difficile d'en prendre qui soient absolument exemptes de dangers.....; j'adopte la mesure de la détention jusqu'à ce que la paix et la liberté soient consolidées, et je me détermine d'autant plus à cette mesure, que je crois qu'elle aura de l'influence sur le succès de la campagne prochaine. » Il se prononça ensuite pour l'appel et pour le sursis. M. Porcher évita dans toute sa carrière politique les excès auxquels se laissent entraîner les majorités; il tint presque toujours un juste milieu. Il fut souvent employé dans les comités, particulièrement dans celui de législation. Envoyé en mission dans les départemens de l'Ouest, il y tint une conduite modérée; de retour à la convention, en mai 1795, il reprit son activité dans les bureaux. Sa carrière politique est surtout marquée par son célèbre rapport, à la suite duquel le tribunal révolutionnaire fut supprimé. M. Porcher alla de nouveau remplir une mission. C'était à l'époque où se préparaient, à Paris, les événemens du 13 vendémiaire an 4 (5 octobre 1795). Les royalistes du département du Calvados pratiquaient, dans ce département, des manœuvres que le député en mission dut signaler. Les deux départemens qui formaient l'ancienne province du Berri le réélurent concurremment cette même année au conseil des anciens. « Il continua, dit un de ses biographes, à se montrer républicain, quoique souvent en opposition avec le directoire exécutif. » Le 29 novembre 1796, il tenta inutilement de faire rejeter, au nom de la majorité d'une commission dont il était rapporteur, une résolution qui déclarait expiré l'exercice des fonctions des membres des tribunaux criminels élus en 1795, et qui autorisait le gouvernement à les remplacer. Ce rapport, qui n'eut aucun résultat avantageux pour la chose publique, fut néanmoins réimprimé dans le midi de la France, et cette publicité extraordinaire fit nommer M. Porcher au conseil des anciens par le département du Gard; mais sa nomination fut annulée par l'influence du directoire, malgré les nombreux suffrages dont elle était appuyée. Nommé, en 1798, administrateur des hospices civils de Paris, il conserva cet emploi jusqu'au mois de mai 1799. A peine avait-il cessé de l'occuper qu'il fut nommé de nouveau par le département de l'Indre au conseil des anciens. Membre de l'opposition constitutionnelle, il combattit, au mois d'octobre, la résolution qui voulait qu'on appliquât la peine capitale contre les auteurs de traités contraires à la constitution. Il dit « qu'une pareille loi attenterait à la liberté des premiers pouvoirs, et entraverait la pensée des représentans du peuple. » S'étant montré favorable à la révolution du 18 brumaire an 8 (9 novembre 1799), il fit partie de la commission intermédiaire du conseil, et fut récompensé plus tard de son attachement au gouvernement consulaire, par sa nomination au sénat conservateur, et successivement par celle de comte de l'empire et de commandant de la légion-d'honneur. A l'époque des événemens politiques de 1814, M. Porcher, qui était secrétaire du sénat, souscrivit à la création d'un gouvernement provisoire, à la déchéance de l'empereur, et au rétablissement de la maison de Bourbon sur le trône de France. Le roi le nomma membre de la chambre des pairs, le 4 juin de la même année. Napoléon, à son retour au 20 mars 1815, ne l'ayant point compris au nombre des pairs qu'il créa, il rentra dans cette dignité après la seconde restauration. M. Porcher mourut le 12 avril 1824. « En 1815, dit une feuille publique, son vote dans un procès déplorable fut tel qu'on devait l'attendre d'un homme habitué à résister à l'entraînement des réactions. Il se montra constamment le défenseur des libertés publiques, de la charte et des institutions dont elle est la base. L'opposition constitutionnelle perd en lui un de ses plus honorables soutiens. »

PORCHER (Jean-Baptiste, comte de Richebourg), membre de la chambre des pairs, est né le 17 décembre 1784. Il a suivi avec distinction la carrière des armes, et a été aide-de-camp du maréchal Masséna. En 1815, Napoléon étant remonté sur le trône, M. Porcher fut envoyé de Marseille à Paris, et fut nommé, par décret du 13 mai 1815, adjudant-commandant de cavalerie: cette nomination ne fut pas confirmée par le roi après la seconde restauration. M. Porcher a succédé à son père (*voy.* l'article précédent) dans son titre de comte et dans la dignité de pair de France.

PORET-DE-MORVAN (LE BARON), maréchal-de-camp, chevalier de Saint-Louis, commandeur de la légion-d'honneur, est né en 1777 dans le département de l'Eure. M. Poret père, ancien garde-général de la cap.tainerie, se trouvant en 1793 compris au nombre des personnes arrêtées comme ennemies des nouveaux principes, son fils, dans l'espoir de lui être utile en se vouant à la défense de la patrie, quitta les bancs du collége d'Harcourt, où il faisait ses études, pour entrer dans un régiment d'artillerie. Il fit dans ce corps la première guerre d'Espagne, passa successivement aux chasseurs à cheval de la Vendée, puis dans la 78ᵉ demi-brigade, où il fut promu au grade d'adjudant. A l'affaire de Sacello (blocus de Gênes), le 25 germinal an 8, voyant trois grenadiers hongrois qui dépouillaient son aide-major, blessé et resté sur le champ de bataille, il se précipita sur eux, les tua, et enleva l'aide-major, qu'une balle vint frapper mortellement entre ses bras. La belle conduite de l'adjudant Poret-de-Morvan dans cette occasion, appréciée par le général en chef Masséna et tout l'état-major de l'armée, lui valut l'honneur d'être nommé officier sur le champ de bataille. En l'an 9, il passa, en qualité de sous-lieutenant de grenadiers, dans la 90ᵐᵉ demi-brigade. fit partie de l'expédition de Saint-Domingue, et entra dans la garde du général Leclerc. Chargé, le 23 vendémiaire an 11, d'enlever au haut du Cap le fort Saint-Michel, défendu par un bataillon de noirs, il exécuta cet ordre à la tête d'une compagnie de grenadiers et de quelques troupes auxiliaires, et réussit complètement, quoique frappé pendant l'action d'une balle au milieu du corps. Le général en chef étant devenu victime de la cruelle maladie qui régnait dans la colonie, M. Poret-de-Morvan fut l'un de ceux qui accompagnèrent ses restes en France, où, à son arrivée. il reçut le grade de lieutenant au 1ᵉʳ de grenadiers de la garde des consuls, et obtint bientôt le grade de lieutenant-colonel de la garde impériale. Après avoir participé à toutes les campagnes que fit ce corps jusqu'à la bataille de Wagram, il passa en Espagne, contribua au déblocus de Ciudad-Rodrigo, et fut nommé colonel du 34ᵐᵉ régiment d'infanterie légère. En 1812, il reçut le commandement de la province de Soria (Vieille-Castille) et de la ville de ce nom, qui, enlevée par un corps de 2,000 guérillas, avait été presque aussitôt reprise par les troupes aux ordres du lieutenant-général Wandermasson. Le commandement de cette place était important, et le choix que le général en chef, comte Corsenne, fit de M. Poret-de-Morvan, prouve toute la confiance que lui inspiraient les talens et la valeur de cet officier. Cependant la position du nouveau gouverneur n'était rien moins que brillante ; un bataillon de son régiment, fort de 550 hommes, 80 lanciers de Berg, quelques blessés et une pièce de quatre, étaient ses seules forces : du reste il avait très-peu de munitions et de vivres, et se trouvait éloigné de 25 à 30 lieues de toute communication. Il n'en adressa pas moins aux habitans de Soria une proclamation énergique. Bientôt le général espagnol Durand, le chef de guérillas Amor et le curé Tabuenca, vinrent se présenter avec cinq ou six mille hommes devant la place. Un parlementaire fut envoyé et reçu ; il remit une sommation au gouverneur, qui déclara persister dans la résolution qu'il avait prise de s'ensevelir sous les ruines de Soria. La garnison était jour et nuit sur pied ; on fit avec des conduits en fonte un obusier et d'autres petites pièces d'artillerie ; on forgea des boulets et l'on fondit des balles ; enfin les parapets du revêtement furent garnis de solives, de poutres et de grosses pierres. Cependant la pénurie des munitions et des vivres se fit bientôt sentir dans la ville ; la ration de chaque soldat fut réduite à quatre onces de cheval et deux onces de biscuit, tandis que les habitans mouraient de faim et ne pouvaient sortir, parce que, pour maintenir l'ennemi, dont les plus proches parens se trouvaient enfermés dans Soria, la garnison avait juré d'ensevelir la population avec elle sous les ruines de cette cité, dans le cas où elle serait forcée. Déjà l'apparition d'une troupe de guérillas vers le faubourg d'Aranda avait déterminé le gouverneur à faire brûler ce faubourg. Il tenta le 3 août une sortie de nuit, et enleva à l'ennemi 66 bœufs : il fut blessé dans cette affaire. Ce secours ne profita point aux assiégés. Les bœufs, qui pâturaient sous les murs de la place, furent repris au bout de quelques jours par une nuée de guérillas à cheval, malgré le feu des assiégés. Toutefois ce malheur fut réparé le 27 du même mois. Un troupeau de bœufs, plus nombreux que le premier, ayant été aperçu à une grande distance de la ville, le gouverneur, quoique sa blessure ne fût pas encore guérie, ordonna une nouvelle sortie, et parvint, après plusieurs actions très-vives, à ramener 110 de ces bœufs : il fut encore blessé. Le 11 septembre, la place étant cernée de toutes parts par 8 ou 9,000 hommes, le gouverneur reçut une nouvelle sommation de se rendre, avec menace, en cas de refus, de le passer lui et la garnison par les armes : il fut inébranlable. Dans la nuit du 11 au 12, et le 12 même, il y eut plusieurs tentatives, dans lesquelles l'ennemi fut toujours repoussé avec perte. Le 13, vers minuit, une colonne de 6,000 hommes, commandée par le colonel du 3ᵐᵉ régiment des grenadiers tirailleurs de la garde, vint délivrer la garnison et chassa entièrement l'ennemi des fortes positions qu'il occupait. Au retour de cette garnison à Vittoria, où depuis long-temps on croyait qu'elle avait succombé, bien que Vittoria ne soit éloigné de Soria que de 30 lieues, le général en chef lui adressa des félicitations, et fit obtenir des décorations et des grades aux officiers, sous-officiers et soldats qui s'étaient le plus distingués. Le colonel Poret-de-Morvan fut appelé au commandement du 3ᵐᵉ de tirailleurs, revint en France à la tête de ce régiment, y fut nommé officier de la légion-d'honneur, et baron de l'empire avec dotation. A la bataille de Bautzen, le 20 mai 1813, il se signala en enlevant une redoute, et en forçant l'ennemi, par la rapidité de ses mouvemens, à en évacuer deux autres, ce qui évita une grande perte d'hommes, et valut au colonel le titre de commandant de la légion-d'honneur. A la bataille de Dresde, où il commandait par *interim* la première demi-brigade de la 3ᵐᵉ division de la garde, le lieutenant-général comte Barrois lui confia, à diverses reprises, le commandement de la division entière, et fit, après l'action, un rapport sur sa conduite tellement avantageux, que l'empereur le nomma général de brigade en présence de son état-major. Le 17 septembre au matin, la division Barrois étant chargée de soutenir la retraite, le général Poret-de-Morvan reçut l'ordre de former l'arrière-garde avec les 3ᵐᵉ et 4ᵐᵉ de tirailleurs grenadiers. Il avait l'ordre de ne céder le terrain que pied à pied, afin de favoriser plus particulièrement la retraite des blessés. L'ennemi s'occupait à faire filer des troupes sur les flancs de notre arrière-garde, et lorsqu'il se crut à portée de la cerner, une fusillade s'engagea de tous côtés. La tête de la colonne ennemie qui était sur la route battait la charge, et se trouvait presqu'à la hauteur de la colonne du général Poret-de-Morvan. Ce général se retirait par le bois, lorsque, se voyant sur le point d'être dépassé, il se jeta l'épée à la main sur la route, où le colonel Masson, le lieutenant-colonel Martenot, les capitaines Gallet et Baudoin, le suivirent avec le premier bataillon de tirailleurs. Une fusillade à bout portant force l'ennemi à reculer; le général en profite pour faire rentrer un de ses bataillons, et se retirer en ordre; mais presque à la sortie du défilé, une forte fusillade recommence; la brigade du général Poret-de-Morvan est cernée de tous côtés par 6 à 7,000 hommes. « Vaincre ou mourir, s'écrie alors » le général : la baïonnette en a- » vant! » Il s'empare lui-même d'un fusil, atteint et renverse tout ce qui se rencontre sur ses pas, et l'ennemi, culbuté en un instant, se retire dans le bois. L'ordre rétabli, les carrés formés, la retraite s'exécute avec le plus grand calme. Le général Poret-de-Morvan reçut une des dernières balles dans la cheville du pied, et n'en resta pas moins à son poste jusqu'à son arrivée à Mayence. En 1814, il participa au succès de la bataille de Craone, reçut du maréchal duc de Trévise l'ordre de s'emparer d'Ardon à la baïonnette, et exécuta cet ordre au pas de charge; mais bientôt il fut obligé d'abandonner cette position à des forces ennemies considérables. A la bataille de Waterloo, le 18 juin 1815, le général Poret-de-Morvan eut le commandement d'une brigade de vieux grenadiers, avec lesquels il fit des prodiges de valeur. A six heures et demie environ, les chasseurs reçoivent l'ordre de se porter sur le plateau de Waterloo; le brave général Friant est à leur tête; le général de division Michel et le général de brigade Henrion le suivent. Le 1er régiment est commandé par Cambronne; le 2e, aux ordres du général Pelet, reste en position sous le feu de l'ennemi. Cambronne se trouve assailli par le feu le plus meurtrier. Le maréchal Ney, commandant cette vaillante colonne, est partout, et semble défier la mort; mais en un instant le général Friant est blessé; le comte Michel, habitué à braver tous les dangers, tombe atteint de plusieurs coups; Cambronne déjà blessé dangereusement est prisonnier. Cet état de choses occasiona une fluctuation dans les rangs. Pendant ce temps, les 3e et 4e régimens de grenadiers sont appelés à venir seconder les efforts des chasseurs : ils s'y portent au pas de charge, sous des feux croisés de boulets, de mitraille et de balles. Des cris mille fois répétés se font entendre au moment où l'on aperçoit Napoléon au milieu de cette nuée de projectiles, où il semble invulnérable : Bertrand est à sa droite, et Drouot à sa gauche. La fusillade redouble; les grenadiers, commandés par le général Poret-de-Morvan, arrivent au pas de course sur ce célèbre plateau; le calme de cet officier-général, son intrépidité, inspirent la confiance : l'ordre se rétablit, on se déploie. Le maréchal Ney paraît; à l'instant son cheval reçoit un boulet au flanc gauche, et tombe mort. Le maréchal néanmoins parvient à se débarrasser et prononce ces mots : « C'est ici qu'il » faut vaincre ou périr avec hon» neur. » A peine à quinze pas on croise les baïonnettes; les chasseurs aux ordres du général Henrion exécutent le même mouvement; en un instant le carnage devient effroyable. Le général Poret-de-Morvan tente en vain de faire enlever du champ de bataille son ami l'intrépide général Michel, qui, quoique criblé de blessures, lutte encore contre cent soldats effrénés, refuse de se rendre, et meurt! Le prince de la Moskowa démonté faisait mordre la poussière à tout ce qui était devant lui; la ligne anglaise est enfoncée, et le plateau auquel paraissait attaché le sort de la journée allait rester à nos braves grenadiers, lorsqu'une seconde ligne anglaise et une masse de cavalerie, que deux escadrons de dragons de la garde s'efforcèrent en vain d'arrêter, vinrent leur arracher la victoire. L'ennemi, secouru par un corps de cavalerie prussienne, reprend courage; le grand nombre l'emporte sur la bravoure, et notre perte immense nous force à la retraite. Le général Poret-de-Morvan passait pour mort : il était au milieu du carnage, excitant par son exemple les vieux braves à vaincre ou à périr avec lui. Forcé et cerné de toutes parts, il fait une trouée avec ses intrépides grenadiers, et parvient enfin à se retirer, en ne quittant néanmoins le champ de bataille que l'un des derniers. Après les événemens qui amenèrent la seconde restauration, le général Poret-de-Morvan repassa la Loire, et contribua au licenciement des 3ᵉ et 4ᵉ régimens de grenadiers, vétérans et marins de la garde. N'étant porté sur aucune liste, il rentra paisiblement au sein de sa famille, à Paris, en janvier 1816. Six jours après la loi d'amnistie, il reçut un billet de la part du gouverneur comte Despinois, lequel l'engageait à passer chez lui, le lendemain à dix heures du matin, pour affaires qui le concernaient. Il s'y rend : le gouverneur lui dit qu'il a ordre de le faire arrêter et traduire à un conseil de guerre. Le général en demande le motif; car il ne se croit point coupable pour avoir courageusement défendu le sol de la patrie à Waterloo. Malgré ses observations, il fut arrêté et conduit chez lui par un maréchal-des-logis de gendarmerie, un colonel d'état-major, un commissaire de police et un secrétaire. Après les perquisitions les plus sévères et l'enlèvement de ses papiers, on le conduisit à l'Abbaye. Une consultation des premiers avocats de Paris et les nombreuses démarches de Mᵐᵉ Poret-de-Morvan, pour obtenir la liberté de son mari, furent inutiles. Le duc de Feltre (*voy.* CLARKE), qui jusqu'alors avait eu pour lui de la bienveillance, dit publiquement à sa sœur (Mᵐᵉ de Saint-Céran) : « Madame, votre frère sera conduit à » Strasbourg, et y aura le sort de » Ney et de Labédoyère. » Il partit en effet le 18 mars, sous la conduite d'un brigadier de gendarmerie, qui avait ordre de requérir au besoin la gendarmerie et même la garde nationale des endroits où il passerait. Mᵐᵉ Poret-de-Morvan rejoignit son mari au-delà de Troyes, et tâcha de lui persuader de s'évader, en lui indiquant Joinville et Neufchâteau comme lieux propres à favoriser son évasion. Le général refuse d'abord; son épouse insiste, presse, enfin il cède. On n'était plus qu'à quatre journées de Strasbourg. Mᵐᵉ de Morvan ne s'occupa plus que des moyens d'exécuter son projet, et malgré les difficultés sans nombre qu'elle avait à surmonter, malgré la surveillance active du brigadier, qui à chaque gîte faisait dresser son lit dans la chambre même occupée par le général et son épouse, elle parvint à intéresser en sa faveur assez de personnes pour en assurer la réussite. L'évasion du baron Poret-de-Morvan eut lieu en effet à Sainte-Marie-aux-Mines. Mᵐᵉ Poret-de-Morvan avait recueilli avec soin tous les indices nécessaires sur l'auberge où ils étaient logés, et son mari avait pu d'un coup d'œil reconnaître lui-même les localités. Profitant du moment où le gardien sort, à l'issue du dîné, pour appeler le factionnaire, qu'il doit placer à la porte de la chambre, Mᵐᵉ Poret-de-Morvan rouvre doucement cette porte, et fait sortir son mari. Le général, à la faveur de l'obscurité, traverse un corridor, plusieurs cours, entre dans un jardin bordé d'une palissade, qu'il franchit, et trouve un guide qui l'attendait pour diriger sa fuite à travers les montagnes. Dès que le brigadier s'aperçut de l'absence du général, il entra en fureur, et tira même son sabre pour en frapper la femme courageuse qui avait trompé sa surveillance. Mme de Morvan brave sa colère, heureuse d'avoir sauvé son mari. Elle déclara aux agens de l'autorité qu'elle était seule auteur de l'évasion du prisonnier, et que le brigadier y était tout-à-fait étranger. Après une surveillance de 48 heures par un gendarme, elle fut mise en liberté, et le brigadier, arrêté, subit trois mois de prison, pendant lesquels Mme Poret-de-Morvan lui fit passer des secours. Son mari avait traversé le Rhin à la nage; à une lieue au-dessus de Rheute, il fut arrêté dans le duché de Bade, et réclamé par le gouvernement français; mais ayant été introduit près du grand-duc, ce prince le reçut bien, et le fit conduire sur les confins de la Bavière, à Gros-Wertheim, d'où il se rendit à Munich, non sans avoir éprouvé les plus grandes difficultés. Le prince Eugène (*voy.* BEAUHARNAIS) lui témoigna un vif intérêt, et obtint du roi de Bavière la permission que le général demeurerait à Eichstadt, en changeant de nom: alors M. Poret-de-Morvan prit celui de baron de Schelder. En 1817, rappelé dans sa patrie par une ordonnance royale, il fut très-bien accueilli du duc de Feltre, ministre de la guerre, qui l'assura de sa protection, et lui offrit le commandement d'une subdivision, faveur que le général Poret-de-Morvan refusa, objectant le besoin de repos. Cependant le ministre, voulant faire quelque chose en faveur d'un homme qui avait été victime de fâcheuses préventions, lui fit compter tous ses appointemens, et plaça son fils dans un collége royal à bourse entière. Le baron Poret-de-Morvan se trouve encore aujourd'hui (1824) sur la liste des maréchaux-de-camp en disponibilité.

PORLIER (DON JUAN DIAZ), surnommé EL MARQUESITO, maréchal-de-camp, capitaine-général des Asturies, naquit à Carthagène, en Amérique, vers 1775. Son oncle don Antonio Porlier, marquis de Baxamar, ancien ministre de la cour de Madrid, dont on le supposait fils naturel, l'éleva avec soin, et le fit entrer dans la marine royale. Le jeune Porlier commença par être garde-marine, et se trouva au combat de Trafalgar, où il fit preuve d'intelligence et de courage. L'envahissement du territoire espagnol par l'empereur Napoléon, en 1808, le détermina à quitter le service de mer; il entra dans l'infanterie, où il se distingua, et parvint rapidement au grade de colonel. Autorisé à former une guérilla, il se rendit bientôt célèbre sous le nom de *Marquesito*, par allusion à sa naissance et à sa petite stature. Son intrépidité et ses talens se signalèrent dans plusieurs occasions importantes, et il était considéré comme un des généraux espagnols les plus actifs, lorsqu'il épousa la sœur du comte de Torreno, qui lui apporta en dot le marquisat de Matarosa. Cette union acheva de le populariser aux yeux de ses compatriotes, et bientôt il reçut le grade de maréchal-de-camp. La régence le nomma capitaine-général des Asturies, fonctions dont il fut revêtu jusqu'au rétablissement de Ferdinand VII sur le trône d'Espagne en 1814. Présenté à ce prince, il en fut très-bien accueilli et en reçut ce compliment flatteur : « J'avais beau voir dans les papiers français que vous étiez entouré par des forces considérables, je n'étais jamais inquiet du résultat. » Porlier était dévoué à sa patrie, mais il l'était aussi à la constitution à laquelle elle avait dû les efforts héroïques de toute la nation. La dissolution des cortès, la persécution exercée contre tous ceux qui repoussaient le gouvernement absolu, révolta son âme généreuse. Regardant la prudence comme une vertu indigne de la fierté de son âme, il laissa échapper dans sa correspondance des plaintes dont la police eut bientôt connaissance. Une de ses lettres, qu'elle intercepta, le fit enfermer le 10 août dans le château de Saint-Anton, où il resta jusqu'en 1815. A cette époque sa santé était si altérée, qu'il obtint la permission d'aller prendre les eaux d'Arteyro. Il y rencontra un grand nombre d'anciens officiers et de fonctionnaires mécontens. Ils eurent peu de peine à le déterminer à une entreprise qui plaisait à son esprit actif, et lorsqu'il se crut assez assuré du concours d'un certain nombre d'hommes intrépides, officiers et soldats, il se détermina à rétablir le gouvernement représentatif. Il entra sans résistance dans la nuit du 18 au 19 septembre 1815 à Sainte-Lucie, forte position qui commande la Corogne. Après avoir réinstallé les autorités de 1814, il publia une proclamation qui respirait l'enthousiasme qui avait décidé sa hasardeuse entreprise. Il partit ensuite pour Santiago, avec la majeure partie de ses troupes. Porlier comptait y entrer, comme à Sainte-Lucie, sans effusion de sang. Il savait que les troupes n'étaient pas payées et que leurs dispositions lui étaient favorables; mais le gouverneur de la ville paralysa ces dispositions par de promptes mesures. La solde fut sur-le-champ payée; l'or répandu à pleines mains et des menaces terribles effrayèrent en même temps ceux des amis de l'indépendance qui seconderaient les efforts des insurgés. Porlier, voulant reconnaître par lui-même les forces qu'il avait à combattre, et s'assurer des intentions de ses partisans parmi les troupes royales, s'avança, accompagné seulement de quelques officiers, jusqu'à un village situé à trois lieues de Santiago. Épuisé de fatigues, il s'était endormi, lorsque deux sous-officiers de ses troupes, gagnés par l'or du gouverneur, cernèrent avec un détachement la maison où il se trouvait. Au bruit qu'ils font, il se réveille et s'élance dans le jardin: il est bientôt rejoint et terrassé. Ceux de ses officiers qui ont pu reprendre leurs armes meurent en vendant chèrement leur vie. La troupe de Porlier, qui, sans être à une grande distance, ne put arriver assez à temps pour le secourir, se disperse aussitôt dans toutes les directions; ainsi s'évanouit une entreprise qui menaçait de changer la face de l'état. Le général Porlier, arrêté le 25 septembre, fut conduit dans les prisons de la Corogne, livré à une commission militaire, condamné à mort et exécuté, dans les 24 heures, par le supplice de la corde. Sa fermeté ne se démentit pas au moment fatal : il avait à peine atteint sa 28° année. Ce général emporta en mourant l'espérance que la cause de la liberté triompherait un jour en Espagne, si on en juge par l'écrit qu'il adressa à sa femme quelques heures avant sa mort, et où il lui dit de faire déposer, lorsque les circonstances le permettraient, ses restes dans un Panthéon national, avec cette inscription : « Ici reposent les cen-»dres de don Juan Diaz Porlier, » général espagnol. Heureux contre les ennemis de sa patrie, il pé-» rit victime des dissensions civiles. »Ames généreuses, respectez son »infortune.» Lors de la révolution de 1820, les cortès ordonnèrent la translation de ses restes au Panthéon, et firent inscrire son nom dans la salle de leurs séances parmi ceux des martyrs de la liberté espagnole.

PORNIN (A. F.), professeur de littérature à l'école de Pont-le-Voi, est auteur de plusieurs compilations, parmi lesquelles on cite : 1° l'*Intérieur de l'ancienne Rome*, 1809, in-12; 2° les *Difficultés de la langue française, résolues d'après l'autorité de l'académie*, 1809, in-12; 1811, in-12; 3° *Abrégé de l'Histoire des Égyptiens, des Assyriens, des Babyloniens, des Mèdes, des Perses et des Scythes*, 1810, in-12. M. Pornin a voulu payer son tribut politique aux événemens du temps, et il a fait imprimer, 1815, in-8°, un pot-pourri-vaudeville, sous le titre du *Volcan politique à sa dernière éruption*, ou Séances des représentans depuis la bataille du Mont-Saint-Jean, jusqu'au retour de Louis XVIII le désiré. Cet ouvrage n'a pas eu sans doute tout le succès qu'il méritait, et il ne paraît généralement connu que par le *Journal de la librairie*.

PORPORATI (CHARLES), célèbre graveur italien, naquit en 1741, à Volvère, bourg situé à sept lieues de Turin. Son père, qui le destinait à l'étude de l'architecture civile et militaire, le plaça dans le corps des ingénieurs-topographes piémontais. Mais, dominé par un penchant invincible, le jeune Porporati apprit sans maître le secret d'imiter avec la plume les ouvrages des graveurs les plus célèbres. Chargé d'exécuter un dessin de la *surprise d'Asti*, dont le roi de Sardaigne désirait qu'on fît une gravure, Porporati l'ébaucha à la plume, et le grava lui-même à l'eau forte. Le Piémont, à cette époque, était sous l'influence du comte Bogin, ministre de la guerre, et ami éclairé de son pays et des arts. C'était à lui que le roi devait la restitution d'Asti, et l'éloignement d'une garnison étrangère du territoire piémontais. Il avait déjà eu occasion de remarquer le talent de cet artiste; mais son dernier essai le confirma dans l'heureux présage qu'il avait conçu de ses dispositions pour le dessin. Il le prit sous sa protection, et lui obtint du gouvernement une pension, pour aller apprendre, à Paris, les principes de l'art dans cette fameuse école de gravure, qu'on regardait comme la première de l'Europe. Porporati ne trahit pas ces espérances. Arrivé à Paris, il y suivit quelque temps les leçons de Wille et de Chevillet, et ce fut sous la direction du dernier, qu'il entreprit la petite estampe de l'*A-*

mour maternel. Peu satisfait de ces maîtres, il alla chercher Beauvarlet, qui jouissait alors d'une grande réputation. Mais bientôt dédaignant toute espèce de frein, et se sentant la force de voler de ses propres ailes, il étudia les ouvrages capitaux de toutes les écoles, et ses premiers travaux furent consacrés à graver le portrait de Charles-Emmanuel, son royal bienfaiteur. Il fit ensuite la belle estampe de la *jeune Fille au chien,* ouvrage qui augmenta tellement sa réputation, que l'académie des beaux-arts voulut se l'associer. On lui proposa, d'après les anciens statuts de cette société, de graver un tableau de Santerre, représentant *Suzanne.* Porporati s'en acquitta en peu de temps, et à la satisfaction générale des académiciens, qui proclamèrent à l'unanimité son admission : elle précéda de deux ans celle de Beauvarlet, son maître. De retour dans sa patrie, Porporati fut élu membre de l'académie royale des beaux-arts de Turin, et attaché au service du roi, comme professeur de gravure. Les ouvrages qu'il publia dans un temps où son talent était dans toute sa vigueur, répandirent son nom dans toute l'Europe. Appelé en 1793, par le roi de Naples, pour fonder et diriger une école de gravure dans ses états, il se rendit à cette invitation, et passa quatre ans loin de son pays, où il conserva ses places et ses appointemens. Pendant cette absence, il grava la *Vierge au lapin,* d'après le tableau original du Corrège, et ébaucha un portrait de la reine MARIE-ANTOINETTE. Il retourna à Turin, en 1797, époque à laquelle le roi lui donna la charge de conservateur des estampes et des peintures du cabinet royal. Porporati grava alors *Léda au bain,* qui fut son dernier ouvrage : de longues études et un âge avancé avaient considérablement affaibli sa vue. Cette maladie, si fatale pour un artiste, ne lui empêcha pas d'élever quelques jeunes talens, et de leur inspirer cet amour pour l'étude, ce sentiment du beau, sans lesquels on ne doit pas espérer de parvenir à la célébrité. Porporati mourut à la suite d'une longue et douloureuse maladie, le 16 juin 1816, âgé de 75 ans. Ses gravures se font remarquer par leur précieux fini, la mollesse des chairs, la grâce et l'expression des têtes, et surtout par l'harmonie, produite par les passages toujours doux et agréables des clairs aux demi-tons, et de ceux-ci aux ombres les plus épaisses. La délicatesse et la pureté de son burin lui ont donné la réputation et l'autorité d'un chef d'école. La gravure ne suffit pas à occuper ce grand talent, qui voulut aussi s'exercer dans la peinture. Il peignit le portrait avec succès : son coloris est vif et agréable : l'empâtement des couleurs est excellent, et ses ombres ont une transparence qui surprend l'œil de l'observateur. On peut en juger par le portrait de l'auteur, peint par lui-même, et envoyé à la galerie royale de Florence. L'œuvre de Porporati est très-étendu ; la nature de cet ouvrage ne permet pas d'en donner le catalogue complet: on se bornera à citer les morceaux dans lesquels le burin de l'artiste se montre dans toute sa perfection. Ils sont au nombre de douze, savoir : la *Petite Fille au chien; Suzanne;* la *Mort d'Abel; Agar; Clorinde et Tancrède; Herminie et les Bergers;* le *Coucher; Garde-à-vous; OEnone et Pâris; Vénus;* la *Vierge au lapin; Léda au bain.*

PORQUET (L'ABBÉ PIERRE-CHARLES-FRANÇOIS), poëte agréable, précepteur du chevalier de Boufflers (*voy.* ce nom), naquit à Vire, département du Calvados, le 12 janvier 1728, d'une famille estimable, mais peu riche. Il fit ses études et prit les ordres dans sa ville natale, et vint à Paris, où l'appelait son compatriote l'abbé Asselin (*voy.* ce nom), principal du collége d'Harcourt. Au sortir de cette maison, où il était maître particulier, l'abbé Porquet entra, à la recommandation de son protecteur, chez la marquise de Boufflers, qui le prit en amitié, et le présenta au roi de Pologne Stanislas. Ce prince tenait alors sa cour à Lunéville; il s'attacha le jeune abbé en qualité d'aumônier. La Harpe prétend, et ceci a tout l'air d'une mauvaise plaisanterie, « que la première fois qu'il parut au diné de Stanislas, il ne savait pas son *benedicite,* ce qui scandalisa le monarque, au point qu'il ne voulait pas le conserver. Les instances de la marquise de Boufflers lui rendirent l'intérêt du roi. » L'abbé Porquet fut du nombre des personnes de mérite qui concoururent à embellir la retraite de l'auguste réfugié. « Bien vu des hommes, et surtout des gens de lettres, qu'il avait le grand art de faire briller (dit l'auteur d'une notice sur l'abbé Porquet), et goûté des femmes, qu'il était toujours prêt à servir et à célébrer en vers, sa petite taille de 4 pieds et demi, son air méthodique et compassé, l'extrême propreté et l'arrangement toujours uniforme de son rabat, de sa perruque et de sa culotte luisante, étaient souvent pour elles un sujet d'amusement. » Mme de Boufflers, dans un couplet de chanson, lui prête cette lamentation piquante :

Hélas ! quel est mon sort !
L'eau me fait mal, le vin m'enivre ;
Le café fort
Me met à la mort :

Il avait lui-même donné lieu à cette plaisanterie, en disant avec gaîté : « Je suis comme empaillé » dans ma peau. » A la mort de Stanislas, l'abbé Porquet revint à Paris, où Mme de Boufflers continua de lui prodiguer les marques de la plus tendre amitié. La révolution survint; elle le priva de toute sa fortune, et il fut compris dans le décret de la convention nationale du 4 septembre 1795, qui lui accordait un secours de 1,500 fr. comme homme de lettres. L'abbé Porquet mourut le 22 novembre 1796. On a prétendu, mais sans preuve, qu'il avait avancé la fin de ses jours. Il a laissé la réputation d'un poète agréable, dont les idées sont ingénieuses et les vers constamment élégans et purs, mais non toujours exempts de cette recherche que l'on remarquait dans sa personne. Voici comment il traça lui-même son épitaphe :

D'un écrivain soigneux il eut tous les scrupules;
Il approfondit l'art des points et des virgules;

Il pesa, calcula tout le fin du métier,
Et sur le laconisme il fit un tome entier.

Les poésies de l'abbé Porquet, qu'il signait quelquefois *le Petit Vieillard*, sont éparses dans l'*Almanach des Muses*, dans l'*Année littéraire* de Fréron, et dans d'autres recueils périodiques. Il n'a fait imprimer séparément que son *Discours* de réception à l'académie de Nanci (où il fut admis en 1746) et des *Réflexions sur l'usure*. Le *Magasin Encyclopédique* (tomes 2 et 3) renferme une *Notice sur l'abbé Porquet*.

PORSON (JEAN-FRANÇOIS), maréchal-de-camp, officier de la légion-d'honneur, né le 28 novembre 1765 à Lahécourt, département de la Meuse, était maréchal-des-logis-chef dans le 8ᵉ régiment de chasseurs à cheval le 15 septembre 1791. Il fit les premières campagnes de la révolution à l'armée du général Custines, et se trouva à la bataille de Francfort, et aux combats de Stromberg et d'Alzey. Nommé sous-lieutenant le 1ᵉʳ mai 1793, puis aide-de-camp du général Combez le 24 brumaire an 2, il se signala le 12 frimaire suivant au combat de Beltenoffen. Le 23 frimaire an 3, il fut nommé, par décret de la convention nationale, lieutenant au 14ᵐᵉ régiment de dragons; il venait d'être adjoint aux adjudans-généraux, et depuis le 1ᵉʳ germinal jusqu'au 26 messidor de la même année, il remplit les fonctions d'aide-de-camp du général Pierre. Le 21 fructidor de l'an 4, il servait à l'armée de Moreau, et fut chargé par ce général de conduire une colonne de 2,000 hommes, depuis Ulm, sur le Danube, pour se porter au secours de Kehl. Le général autrichien Pétrache fit de vains efforts pour empêcher cette colonne de traverser la Forêt-Noire. Après avoir triomphé dans plusieurs combats, elle passa le Rhin au Vieux-Brissach, se rendit à marches forcées à Kehl, où d'autres troupes étaient déjà réunies : le fort fut mis ainsi à l'abri de toute surprise. Cette opération fit beaucoup d'honneur à M. Porson. Capitaine le 14 vendémiaire an 6, et chef d'escadron le 17 pluviôse an 7, il fut employé en cette dernière qualité à l'armée du Danube. Au combat de Sus, le 13 floréal, le général Lecourbe ayant été blessé, M. Porson commanda sa division, et résista avec tant d'opiniâtreté aux attaques de l'armée ennemie du Tyrol, qu'il empêcha le général Bellegarde de s'emparer de Zernest, ce qui donna la facilité à quinze compagnies du 36ᵐᵉ régiment d'infanterie d'exécuter leur retraite de la vallée de Sainte-Marie. Le 15 messidor, à la tête de 310 hommes, il passa le Mutten de vive force, pénétra dans la ville de Brunen sur le lac des Quatre-Cantons, enleva, l'épée à la main, les retranchemens de l'ennemi, armés de six pièces de canon, et s'empara d'un convoi de 25 mulets chargés de munitions. Il fit détruire le chantier de construction du major anglais Williams, et emmener les bateaux qu'il trouva dans le port de Brunen. Le 6 thermidor, à la tête de deux bataillons, il franchit des rochers escarpés jugés inaccessibles jusqu'alors, attaqua et battit les Autrichiens au village de Seedorff, dont il s'empara. Ayant, après un combat des plus acharnés, rejeté l'ennemi derrière la Reuss, il le tint en échec, par un feu soutenu, de l'autre côté de la rivière, et facilita ainsi le débarquement de douze compagnies de grenadiers commandés par le général Lecourbe, qui, de concert avec M. Porson, se porta immédiatement sur Oltorffet, et s'en empara. Ce brillant fait d'armes valut à ce dernier le grade d'adjudant-général. Il prit part aux combats glorieux de Wassen, de Steg et d'Altorff, contre les Russes, où Suwarow, qui se croyait invincible, fut vaincu. On peut remarquer ici que M. Porson s'est trouvé à tous les passages effectués de vive force, en présence des armées autrichiennnes, sur le Rhin, le Danube, le Lech et l'Inn, pendant les années 5 et 8. Confirmé dans son dernier grade, par un arrêté du directoire-exécutif du 27 vendémiaire an 8, il fut, vers le même temps, nommé chef de l'état-major-général de l'aile droite de l'armée du Rhin, dont il ne cessa de remplir les fonctions qu'à la fin de floréal an 9. Il devint ensuite chef de l'état-major de la 3.me division du camp de Brest, place qu'il occupa pendant les années 1802 et 1803. Après avoir fait avec distinction les campagnes de 1805, 1806 et 1807 en Allemagne, il passa en Espagne, où il obtint, le 29 juin 1810, le grade de général de brigade et le titre de baron de l'empire : il était déjà officier de la légion-d'honneur. Le général Porson a cessé en 1817 d'être porté sur la liste des maréchaux-de-camp en activité.

PORTA (BERNARDO), musicien-compositeur, est né à Rome vers 1760. Élève distingué de Magrini, il devint maître de chapelle à Tivoli, et occupa en même temps la place de directeur de l'orchestre. Il fut aussi attaché, quelques années après, au prince de Salm, prélat romain. M. Porta se rendit en France quelque temps avant la révolution, et travailla pour le théâtre Italien, où il donna *le Diable à quatre* et la *Blanche Haquenée*; il fit en 1793 la musique de deux opéras républicains, *Agricole-Viala* et la *Réunion du 10 août*, pour le théâtre des Arts (depuis et successivement l'Académie impériale et l'Académie royale de musique). On lui doit encore *les Horaces* et *le Connétable de Clisson* : cette dernière pièce, paroles de M. Aignan, membre de l'institut. M. Porta est en outre auteur de plusieurs *Oratorio* et de musique instrumentale.

PORTA (CHARLES), poète milanais, né en 1776, commença ses études à Monza, et revint les achever à Milan. Dans un voyage fait à Venise, il eut occasion de connaître quelques poètes, dont les vers lui donnèrent l'envie d'en composer à son tour. La lecture des poésies de Balestrieri lui fit préférer plus tard le patois de son pays à celui d'une autre ville d'Italie, et c'est en imitant un si bon modèle qu'il parvint presqu'à le surpasser. Ses premiers essais, destinés à paraître dans les almanachs, lui attirèrent les injures plutôt que les critiques de ses rivaux. Ces attaques lui inspirèrent un tel dégoût pour la carrière de la poésie, qu'il se décida à y renoncer pour toujours. Il passa effectivement quelques années loin du commerce des muses; mais entraîné par la force de son génie, il reprit la plume, et par la gaîté répandue dans ses vers, il força ses ennemis même à rire sous les traits dont il les accablait. Son esprit enjoué et caustique était arrêté par un caractère noble et indépendant, qui le portait à frapper de ridicule les classes, sans manquer d'égard aux individus : cela faisait que chacun applaudissait le poète sans se douter qu'il encourageait son censeur. Les événemens du jour lui fournissaient ordinairement les sujets de ses satires, qui furent long-temps le seul organe du parti d'opposition contre le gouvernement de Milan. La muse de Porta y était devenue aussi populaire que ses poésies ; il en composa jusqu'à la fin de sa vie, et c'était toujours la dernière qui paraissait être la plus parfaite. Rien n'égale pourtant deux de ses petits poëmes, intitulés : *Desgrazi de Giovannin Bongée*, et *Vision de Prina*, que les Milanais regardent comme les chefs-d'œuvre de leur littérature patriotique. L'élégance du style, la richesse des images, la peinture animée et fidèle des mœurs, et surtout la verve comique qui règne d'un bout à l'autre de ces poëmes, les rendent dignes des éloges qu'ils ont obtenus, et qu'on ne cesse pas de leur prodiguer jusqu'à présent. Ceux qui soutiennent que le style d'un auteur suffit pour en faire connaître le caractère expliqueront difficilement la contradiction qui existait entre Porta et ses ouvrages : la gaîté des uns venait expirer devant la sombre mélancolie de l'autre. Il était sujet à des attaques de goutte, dont il mourut à Milan le 5 janvier 1821. Dans une épître intitulée : *Lettra a on amis* (Lettre à un ami), l'auteur, après avoir fait la description des douleurs qu'il éprouvait, finit en disant :

Son rivaa a fà compassion ,
Finna a on pret che viv d' esequi.

(Je suis parvenu à faire pitié, même à un prêtre, qui ne vit que d'enterremens). Ici, comme dans la plupart de ses poëmes, c'étaient les prêtres qui devenaient l'objet de ses sarcasmes. Porta avait entrepris de traduire en milanais l'*Enfer* du Dante, dont il a laissé quelques fragmens. Une partie de ses poésies a été publiée à Milan (en 1821, 2 vol. in-12), par son ami Grossi, qui l'a remplacé dans l'art de faire des vers milanais. C'est en société avec lui que Porta avait composé un drame intitulé : *Giovanni Maria Visconti, duca di Milano*, qui devait être représenté au théâtre de la *Canobiana*.

PORTAL (ANTOINE), premier médecin consultant du roi, chevalier de la légion-d'honneur et de Saint-Michel, professeur de médecine au collége royal de France, membre de l'institut, de l'académie royale de médecine de Paris, des académies de Bologne, Turin, etc., est né le 3 janvier 1742 à Gaillac, département du Tarn. Sa famille, qui depuis plusieurs siècles a produit des hommes du premier mérite dans l'art de guérir, lui fit faire de brillantes études, et l'envoya à Montpellier, où il fut reçu docteur en médecine. Il devint à l'âge de 20 ans correspondant de l'académie des sciences de cette ville, où il professa l'anatomie peu de mois après. S'étant rendu, en 1765, à Paris, il y étudia la chirurgie, et fut associé aux travaux scientifiques et littéraires de Senac et Lieutaud. Trois ans après, il succéda à Ferrein à l'académie des sciences et à la chaire de médecine au collége de France. En 1777, il dut à l'amitié de Buffon la place de professeur d'anatomie au Jardin du Roi. M. Portal, l'un des médecins les plus célèbres de France, a publié un grand nombre d'ouvrages qui ont obtenu le plus grand succès dans sa patrie et à l'étranger; ils ont été traduits dans presque toutes les langues de l'Europe. Ces ouvrages sont : 1° *Dissertatio medico-chirurgica generales loxationum rationes complectens*, 1764, in-4°. C'est le sujet de sa thèse soutenue à Montpellier. 2° *Anatomie historique - pratique de M. Lieutaud*, augmentée d'un grand nombre d'observations, 1767, 2 vol. in-4°; 1776, 2 vol. in-8°; 3° *Précis de chirurgie pratique*, contenant l'histoire des maladies chirurgicales, et la manière la plus en usage de les traiter, 1768, 2 vol. in-8°; 4° *Histoire de l'anatomie et de la chirurgie*, contenant l'origine et les progrès de ces deux sciences, avec un tableau chronologique des principales découvertes, et un catalogue des ouvrages d'anatomie et de chirurgie, des mémoires académiques, des dissertations insérées dans les journaux, et de la plupart des thèses qui ont été soutenues dans les facultés de médecine de l'Europe, 1779. Cet ouvrage, en six volumes, est le résultat d'un travail immense. 5° *Lettre à M. Petit*, 1771, in-8°; 6° *Lettre en réponse à M. Goulin*, 1771, in-8°; 7° *Rapport fait par ordre de l'académie des sciences sur la mort du sieur Lemaire et de son épouse, par la vapeur du charbon*, 1775, in-8°; réimprimé sous le titre de : *Observations sur les effets des vapeurs méphitiques sur le corps de l'homme*, etc., 1776, in-8°; 6° édition, 1791, in-8°; et réimprimées sous le titre de : *Instructions sur le traitement des asphyxiés par le méphitisme*, etc., 1794, in-12; la 12° édition est de 1805, in-8°. Cet ouvrage fut distribué gratuitement dans toute la France, par ordre du ministre Turgot. Il a été imprimé, depuis plusieurs fois, notamment en 1816, par ordre du gouvernement, et adressé à tous les préfets par le ministre de l'intérieur. 8° *Observations sur la nature et le traitement de la rage*, Yverdun, 1779, in-12; 9° *Observations sur la nature et le traitement de la phthisie pulmonaire*, 1793, in-8°; 1809, 2 vol. in-8°; 10° *Observations sur la nature et le traitement du rachitisme*, 1797, in-8°; 11° *Mémoires sur la nature et le traitement de plusieurs maladies*, 1800, 2 vol. in-8°; 12° *Cours d'anatomie médicale*, 1804, 5 vol. in-8°. On peut lire le compte rendu de cet ouvrage, dans les rapports du jury sur les prix décennaux, et dans ceux de la classe des sciences mathématiques et physiques de l'institut, pag. de 56 à 66. 13° *Considérations sur la nature et le traitement des maladies de famille et des maladies héréditaires* (lues à l'institut le 3 janvier 1808), 3° édition, 1814, in-8°; 14° *Obser-*

M². Portalis.

Deseine.   Fremy del. et Sculp.

vations sur la nature et le traitement des maladies du foie, 1813, in-8° et in-4°; 15° *Notice sur la maladie et la mort de M*^{me} *la baronne de Staël*, 1817, in-8°. M. Portal a encore publié, dans le Recueil de l'académie des sciences et de l'institut, une foule de mémoires relatifs à l'art de guérir. Il a lu à l'institut, en 1818, un curieux Mémoire sur la dilatation des ventricules du cœur avec aplatissement de leurs parois; et un autre sur les inflammations du péricarde. Il fut nommé, en 1815, membre de la commission chargée de rendre compte au roi de l'état de l'enseignement dans les écoles de médecine et de chirurgie.

PORTAL (LE BARON), pair de France, grand-officier de la légion-d'honneur, membre du conseil privé, ancien ministre de la marine et des colonies, parent du précédent, a été peu employé sous le gouvernement impérial. Sa mission la plus importante fut d'accompagner, le 26 décembre 1813, M. le comte Garnier, alors sénateur, et depuis marquis et pair de France, dans la 11° division militaire à Bordeaux, afin de seconder les mesures de salut-public que nécessitait la gravité des circonstances. Après la première restauration, en 1814, M. le baron Portal fut nommé par le roi maître des requêtes, et ensuite membre de la légion-d'honneur. Devenu ministre de la marine, il a eu peu de temps pour rendre son nom célèbre dans les fastes de cette administration. Néanmoins les services de M. le baron Portal ont été récompensés par son admission au conseil privé et à la chambre des pairs.

PORTALIS (LE COMTE JEAN-ÉTIENNE-MARIE), conseiller-d'état, et ministre des cultes sous le règne de Napoléon, né au Beausset, département des Bouches-du-Rhône, le 1er avril 1745, était, à l'époque de la révolution, un des avocats les plus distingués du parlement d'Aix. Doué d'un esprit pénétrant, d'une mémoire qui tenait du prodige, et d'une heureuse aptitude au travail, il avait, dès son début au barreau et à peine âgé de 22 ans, obtenu de brillans succès. Son savoir et ses talens oratoires lui assuraient une clientelle nombreuse, tandis que son intégrité et son caractère honorable lui gagnaient l'estime et l'affection de ses concitoyens. Parmi plusieurs mémoires qu'il fit paraître à cette première époque de sa vie, sa consultation en faveur des protestans et la validité de leurs mariages en France, lui fit le plus grand honneur. Cet écrit contribua puissamment, à ce qu'on assure, à éclairer les conseils du monarque et à obtenir l'ordonnance qui fut promulguée depuis par Louis XVI, et qui assurait l'état civil des protestans. Le jeune avocat provençal osa depuis se mesurer avec deux hommes célèbres par des talens divers, et déjà redoutables dans la polémique judiciaire, Mirabeau et Beaumarchais. Dans le fameux procès du comte de Mirabeau, qui plaidait contre la demande en séparation formée par sa femme, Portalis se chargea des intérêts de Mme de Mirabeau, et parvint à la faire triompher malgré l'éloquence, et peut-être même, malgré les droits de son fougueux adversaire. Près de succomber sous la masse de faits à charge que produisait Mirabeau, l'avocat de sa femme sut, par un moyen adroit, tirer avantage pour sa cliente des torts mêmes qu'on lui reprochait. Irritant de plus en plus son adverse partie, et cherchant à lui faire perdre toute mesure, il lui porta enfin le défi formel de prouver certains griefs d'une nature bien délicate. Le mari outragé venait d'affirmer qu'il avait jusque-là ménagé une épouse coupable, et qu'elle ne devait qu'à sa générosité d'avoir échappé à la honte dont il aurait pu la couvrir; mais, poussé à bout par les dénégations et les défis réitérés du défenseur de sa femme, et se livrant à toute l'impétuosité de son caractère, il donna imprudemment lecture aux juges de plusieurs lettres qui fournissaient à peu près la démonstration complète des faits avancés, mais qui compromettaient étrangement l'honneur de sa compagne. Portalis cria aussitôt au scandale, et soutint qu'après cette communication et un semblable éclat, toute cohabitation de sa cliente avec un mari qui avait cherché à la déshonorer, devenait impossible. Le parlement d'Aix prononça en effet la séparation de corps et de biens, arrêt qui porta la plus forte atteinte à la fortune de Mirabeau. Le jeune avocat fut moins heureux en défendant le comte de la Blache contre Beaumarchais (*voy.* ce nom); il est même difficile d'expliquer comment il s'était déterminé à plaider une si mauvaise cause, que son client avait depuis long-temps perdue devant le public avant d'être condamné par le parlement. Mais au moins Portalis n'eut-il aucune part à l'incident scandaleux d'un juge prévaricateur, et échappa-t-il au ridicule dont le conseiller du parlement Maupeou, M. Goëzman et ses maladroits défenseurs, furent couverts. En 1788, pendant le ministère de l'archevêque, depuis cardinal de Brienne, Portalis publia contre les opérations de ce ministre deux écrits qui eurent un succès momentané, mais que la révolution de l'année suivante fit bientôt oublier. Le premier était intitulé : *Lettres des avocats au parlement d'Aix à Monseigneur le garde-des-sceaux*, et le second, *Examen impartial des édits du 8 mai 1788*. Portalis, alarmé des troubles qui éclatèrent dans le midi de la France dès le commencement de la révolution, se retira à la campagne, en 1790, se refusant aux témoignages de confiance que voulaient lui donner ses concitoyens, en le portant à la tête de l'administration départementale. Inquiété dans sa retraite, il se réfugia à Lyon, et ensuite à Paris, où il fut arrêté comme suspect, et ne recouvra la liberté qu'après le 9 thermidor. Lors de l'établissement de la constitution républicaine de l'an 3, il accepta la nomination des électeurs du département de la Seine, qui le portèrent au conseil des anciens. Il y obtint de nombreux succès à la tribune, et défendit souvent avec autant de talent que de courage les droits populaires, contre les empiètemens du pouvoir directorial. Le 24 brumaire an 4 (15 novembre 1795), il se prononça énergiquement contre la participation aux droits d'élection, qu'on proposait d'accorder au directoire-exécutif; défendit l'indépendance des électeurs, et proclama hautement un principe trop fréquemment méconnu par les hommes parvenus au pouvoir, quoiqu'ils l'eussent toujours invoqué avant de s'être saisis de leurs places. « Ce serait, disait-il, com- »promettre l'autorité même, que »de lui accorder la faculté propo- »sée. En admettant le prétexte de »la tranquillité publique pour vio- »ler un article de la constitution, »bientôt on pourra en violer un »autre, et ainsi tout sera livré à »l'arbitraire. » Le 6 frimaire (27 novembre), il fut élu secrétaire du conseil des anciens; le 28 pluviose an 4 (17 février 1796), il fit un rapport remarquable sur les émigrés, combattit l'idée d'attribuer au directoire le droit de statuer sur les radiations, et soutint que les tribunaux étaient les juges naturels de ces contestations, comme de toutes les autres. Le 1er messidor suivant (19 juin 1796), il fut élu président de l'assemblée. Une résolution sévère ayant été adoptée par le conseil des cinq-cents, contre les prêtres non assermentés, il parvint à la faire rejeter au conseil des anciens, et même à faire refuser l'impression du discours de son collégue, Creuzé-Latouche, qui contenait de graves accusations contre le clergé en général. Le lendemain il fit l'historique des lois rendues contre les prêtres, se plaignit des sermens exigés d'eux, et surtout des peines portées contre ceux qui se refusaient à les prêter. « Vou- »lons-nous tuer le fanatisme, s'é- »cria-t-il, maintenons la liberté »de conscience : il n'est plus ques- »tion de détruire, il est temps de »gouverner. » L'assemblée ordonna l'impression à six exemplaires du discours éloquent que Portalis prononça en cette occasion. Il fit encore un appel touchant à l'humanité de ses collègues, lorsque des émigrés furent jetés par un naufrage sur les côtes de Calais (*voyez* CHOISEUL, le duc de), et obtint que la peine de mort, que des lois atroces autorisaient encore, ne fût point prononcée contre eux. Le 10 brumaire an 4 (30 novembre 1796), il attaqua avec force la loi du 3 brumaire, dans ses articles relatifs aux parens d'émigrés : « Loi intolérante, disait-il, »créant des privilégiés, des sus- »pects, des mécontens et des es- »claves. Si cette loi était mainte- »nue par vous, elle ne subsiste- »rait que déshonorée, comme une »loi de colère, comme le dernier »acte de vengeance d'un parti, et »à la première époque d'élections »nouvelles, elle sera anéantie par »la volonté du peuple, et par cela »même qu'elle n'a pas été offerte »à l'accceptation *du souverain* ; » car c'est ainsi que Portalis appelait le peuple. Lors de la conspiration de Lavilleheurnois, en pluviôse an 5 (1797), il se trouva impliqué dans les papiers saisis, comme devant remplacer Cochon, depuis comte de l'Apparent, au ministère de la police. Il s'était cependant élevé contre la création de ce ministère. Se prononçant de plus en plus dans le parti de l'opposition et rejetant toutes les mesures proposées par le directoire, il parla avec force contre le projet de donner des entraves à la liberté de la presse. Le gouvernement d'alors, faible, mais irritable et sans cesse outragé par les libelles de ses ennemis, cherchait ses moyens de conservation dans l'oppression et le silence forcé de tous les écrivains qui lui étaient opposés. Mais il lui fallut bientôt avoir recours à d'autres violences; la mutilation de la représentation nationale, la déportation en masse des ennemis du directoire, furent alors résolues, et le coup d'état du 18 fructidor an 5 fut frappé. L'opposition de Portalis avait été constante et ferme, mais non violente, et il passait pour un modéré dans le parti de *Clichy*. Les républicains et les directeurs même estimaient ses talens, sa franchise et sa bonne foi. Son nom n'en fut pas moins inscrit sur la liste de proscription; mais on fit peu d'efforts pour s'assurer de sa personne, et il parvint facilement à se soustraire aux déserts de Sinnamary, en sortant de France. Il trouva, avec son fils qui l'accompagna dans l'exil, un asile honorable au château d'Emkendorf, dans le Holstein, chez le comte Frédéric de Reventlau, riche propriétaire danois, connu dans tout le Nord par sa générosité, son goût pour les lettres et les arts, et son noble caractère. Après la révolution du 18 brumaire, le premier consul se hâta de rappeler Portalis en France; il arriva à Paris le 13 février 1800, fut nommé, le 5 avril suivant, commissaire du gouvernement près le conseil des prises, et vers la fin de la même année conseiller-d'état. Membre de la commission chargée de la rédaction du code civil, il développa depuis devant le corps-législatif les motifs de différens titres du code. Le discours préliminaire où il exposa les principes qui ont présidé à cet important travail, est plein de vues sages et a été justement admiré. On crut cependant bientôt avoir à reprocher au nouveau conseiller-d'état, de se laisser trop dominer par le sentiment de la reconnoissance envers celui qui lui avait rendu une patrie, et qui se plaisait à le combler d'honneurs. Il parut en effet avoir en quelque sorte renoncé à l'ancienne et honorable indépendance qui avait long-temps illustré sa carrière législative, et devint en quelques circonstances importantes un organe bien complaisant d'un pouvoir sans bornes. Le premier consul appréciant la considération personnelle dont Portalis était environné, le chargea de défendre devant le corps-législatif l'institution des *tribunaux spéciaux*. Il fléchit sans doute à regret sous un ascendant irrésistible, et parla en faveur de ces tribunaux d'exception, qui sous différens noms ont de tous temps été justement frappés d'une réprobation générale. Le projet ne passa qu'après une forte opposition, et celle du tribunat motiva bientôt, comme on sait, la suppression de ce corps. Portalis fut ensuite chargé de la direction de toutes les affaires concernant les cultes, et prononça, le 5 avril 1802, un long et éloquent discours au corps-législatif, dans lequel il développa les principes qui avaient dirigé la rédaction du concordat conclu avec le pape, acte important qui fixait sur de nouvelles bases et adaptait à l'ordre de choses établi, l'exercice et les formes du culte catholique en France. Il fut élu la même année par le département des Bouches-du-Rhône, candidat au sénat-conservateur, et en juillet 1804, Napoléon le nomma ministre des cultes et grand-cordon de la légion-d'honneur. Ce fut sur le rapport de Portalis que la fête de saint Napoléon et du couronnement furent décrétées. Elu membre de la seconde classe de l'institut, il prononça dans cette assemblée (le 2 janvier 1806), l'éloge de l'avocat-général Séguier qui, mort en 1791, n'avait pas encore reçu le tribut ordinaire des louanges académiques. Cet éloge imprimé a eu deux éditions. L'académie de législation, destinée à la restauration des études de jurisprudence, compta aussi Portalis parmi ses membres les plus utiles et les plus laborieux. L'empereur de Russie ayant conçu le dessein de perfectionner le code des lois de son vaste empire, s'adressa à lui, et lui demanda un travail raisonné sur ce projet. Devenu aveugle depuis plusieurs années, Portalis subit l'opération de la cataracte, et recouvra au moins pour quelque temps la vue, par les soins du célèbre Forlenze; mais il ne survécut que deux ans à l'opération. Cet homme-d'état illustre mourut à Paris le 25 août 1807. Des honneurs funèbres furent rendus spontanément à sa mémoire, dans toutes les églises catholiques et protestantes de la France. Le duc de Massa (*voy.* REGNIER), alors grand-juge, prononça sur sa tombe l'éloge funèbre, et Napoléon ordonna qu'il lui serait élevé une statue qui devait, ainsi que celle de Tronchet, être placée dans la salle du conseil-d'état. Elles ont été exécutées par Desenne; mais ces deux statues, depuis déposées au Louvre, n'ont point obtenu encore la place qui leur était destinée. Portalis a laissé un ouvrage posthume, *sur l'usage et l'abus de l'Esprit philosophique pendant le dix-huitième siècle,* Paris, 2 vol. in-8°.

PORTALIS (LE COMTE JOSEPH-MARIE), pair de France, président du tribunal de cassation, fils du précédent, né à Aix, département des Bouches-du-Rhône, le 19 février 1778, vint à Paris avec son père, en 1793. Un article sur Montesquieu, qu'il insérera, en 1796, dans le *Républicain français,* le fit connaître, et devint l'objet d'une amère critique dans le journal de *l'Ami des lois,* rédigé alors par Poultier. Après la journée du 18 fructidor, en septembre 1797, il quitta la France, ainsi que son père, dont le nom avait été inscrit sur la liste de déportation (*voyez* l'article précédent), et passa avec lui tout le temps de son exil dans une terre du comte de Reventlau, dont il épousa depuis la nièce et la pupille, la jeune comtesse de Holck. Un écrit de M. Portalis, intitulé : *du Devoir de l'historien de bien considérer le caractère et le génie de chaque siècle, en jugeant les grands hommes qui y ont vécu,* fut couronné, en 1800, par l'académie de Stockholm, et imprimé la même année à Paris. Revenu en France avec son père, la faveur dont celui-ci jouit auprès de Napoléon, aplanit bientôt pour le fils la voie des honneurs et des dignités. Entré d'abord dans la carrière diplomatique, il fut successivement employé au congrès d'Amiens, envoyé comme premier secrétaire d'ambassade avec le général Andréossy, à Londres, et ensuite à Berlin. En 1804 Napoléon le nomma envoyé extraordinaire et ministre plénipotentiaire auprès du prince archichancelier, résidant alors à Ratisbonne, et le rappela l'année suivante à Paris, où il remplit l'emploi de secrétaire-général du ministère des cultes. Nommé ensuite maître des requêtes, il fut après la mort de son père chargé du portefeuille du ministère des cultes, devint conseiller-d'état, membre du conseil du sceau et des titres, et en 1810 directeur-général de la librairie. Mais à tant d'éclatantes faveurs succéda, en 1811, une disgrâce plus éclatante encore. M. Portalis avait, à ce qu'il paraît, reçu un des premiers la confidence d'un bref du pape relatif au cardinal Maury. Il avait gardé pendant quelque temps le secret sur cet acte de la cour de Rome. Dès qu'il fut connu, il excita la vive indignation de l'empereur qui, le 5 février, en plein conseil-d'état, traita M. Portalis avec une extrême sévérité, l'accusa d'intrigues ultramontaines et de liaisons illicites avec la cour de Rome, le renvoya du conseil en le destituant de tous ses emplois, et l'exila à quarante lieues de Paris. Il obtint cependant, en juin 1813, de revenir dans cette ville, par l'entremise de son ami. M. Molé, alors grand-juge; il fut même nommé, au mois de décembre suivant, premier président de la cour impériale d'Angers. Après la rentrée du roi en 1814. M. Portalis vint le féliciter au nom de cette cour, et fut aussitôt nommé conseiller-d'état en service extraordinaire. Il ne se démit point de ses fonctions au retour de Napoléon de l'île d'Elbe, resta attaché à la cour d'Angers pendant les *cent jours*, en 1815, et son nom fut même inscrit sur la liste des fédérés angevins. Ce fut en cette qualité qu'il fit partie de l'assemblée du Champ-de-Mai. Il se trouvait encore à Paris au second retour du roi, au mois de juillet; il fut alors nommé conseiller-d'état en service ordinaire, attaché au comité de législation. Il présenta à la chambre des députés un projet de loi pour la répression des cris séditieux, et fut nommé, le 28 août, conseiller à la cour de cassation. En mai 1818, il fut chargé d'une mission importante auprès de la cour de Rome, et relative à un nouveau concordat, qui n'a pas encore été présenté aux deux chambres, mais qui diffère essentiellement, à ce qu'on assure, de celui que son père avait conclu avec le même pontife, et signé 17 ans auparavant. M. le comte Portalis vient d'être nommé (août 1824) président de la cour de cassation.

PORTE (N.), adjudant-général, membre du conseil des cinq-cents, sous-inspecteur aux revues, etc., suivit avec distinction la carrière militaire, et y gagna ses grades par ses talens et sa bravoure. Le département de la Haute-Garonne l'élut, en 1797, au conseil des cinq-cents, où, au mois de juillet de la même année, il présenta différentes observations relativement à la rentrée des prêtres et à la liberté des cultes. Le 22 octobre suivant il devint secrétaire. Il fit prendre peu après une résolution sur la réorganisation de la gendarmerie. En 1798, il combattit le projet de la commission des cinq, tendant à déclarer nulles plusieurs élections. Après avoir invité le conseil à ne pas s'écarter des principes d'impartialité et de sagesse, il termina son discours par ces mots : « Sauvez » la république, mais ne perdez » aucun républicain; montrez-vous » avares des mesures extraordinai- » res ; elles conduisent toujours » plus loin qu'on ne pense, et on » s'en repent tôt ou tard. » Lorsque le général, depuis maréchal Jourdan (*voy.* ce nom), présenta son projet sur la conscription militaire, M. Porte l'appuya fortement, et dit : « Le jour où la con- » vention décréta la levée en mas- » se fut celui où l'on dispersa les » tyrans; le jour où vous décréte- » rez que la levée en masse de la » jeunesse est en France une insti- » tution permanente, vous décréte- » rez que la république est impé- » rissable. » Réélu, en 1799, au même conseil, par le département qui l'avait déjà nommé, il attaqua vivement l'administration du ministre Schérer. Éliminé du corps-législatif lors de la révolution du 18 brumaire an 8 (9 novembre 1799), comme l'un des opposans à cette révolution, il se justifia bientôt par une *Lettre aux administrateurs du département de la Haute-Garonne.* Il y développait les principaux avantages qui résultaient de cette révolution, et y démontrait la nécessité de se rallier franchement au gouvernement nouveau. Cette profession de foi politique fit nommer M. Porte à une place de sous-inspecteur aux revues, fonctions qu'il exerçait encore dans la 10me division militaire, lors des événemens de 1814. Quelque temps après la seconde restauration en juillet 1815, il fut mis à la retraite.

PORTELANCE (N. DE), auteur dramatique, naquit en 1732, et se disait issu d'une famille distinguée d'Irlande, à laquelle Cromwel aurait ravi tous ses biens. Ce qu'il y a de plus certain, c'est que Portelance avait un oncle chanoine à Paris, qui était, rapporte-t-on, « grand directeur d'âmes, mais » médiocrement estimé. » Portelance, possédé du démon de la métromanie, composa à l'âge de 19 ans une tragédie sous le titre d'*Antipater.* Il la colportait dans toutes les sociétés de Paris, où des éloges de complaisance l'enivrèrent au point qu'il refusa d'entreprendre les corrections que des amis éclairés et les comédiens lui conseillaient dans l'intérêt de son ouvrage. Cet ouvrage fut enfin représenté le 25 novembre 1751, et hué si unanimement, qu'il fit dire proverbialement d'une pièce que le public maltraitait outre mesure, qu'elle avait été *sifflée comme Antipater.* Néanmoins la lecture de cette tragédie malheureuse, de laquelle Collé disait : « Elle n'est pourtant pas médiocre, elle est détestable, » avait séduit une riche veuve, qui épousa l'auteur, et lui donna tous ses biens. Cette dame morte, un de ses héritiers, nommé Tranel, intenta un procès à Portelance, et lui opposa le célèbre avocat Linguet. Portelance ne se laissa point intimider par son redoutable adversaire. En 1773, il plaida lui-même sa cause, et publia, en 1780, un *Mémoire* qu'il avait rédigé, et qui obtint un succès flatteur. Il eut le bon esprit de renoncer à travailler pour les grands théâtres, et se perdit ensuite dans l'obscurité, au point que différens auteurs d'ouvrages historiques et biographiques le font mourir le 19 décembre 1779. « Cependant, dit M. Beuchot, l'un de nos bibliographes les plus recommandables, en 1810 Portelance avait donné signe d'existence. Ximénès ayant pris alors le titre de *doyen des poètes tragiques*, Portelance lui disputa ce titre, et prétendit que Ximénès, quoique son aîné de cinq à six ans, n'avait été sifflé que 13 mois après lui, puisque *Épicharis*, sa première pièce, n'avait été jouée que le 2 janvier 1753. » Palissot a fait mention de Portelance dans le second chant de la *Dunciade* : « C'est peut-être, ajoute le malin bibliographe, son plus grand titre à l'immortalité. » Portelance mourut en 1821 : depuis long-temps il était frappé d'une cécité complète. On lui doit : 1° *Antipater*, tragédie en 5 actes et en vers, Paris, in-8°, 1753 : elle est imprimée avec une *Critique* que l'auteur avait faite lui-même ; 2° *le Temple de mémoire*, poëme, in-12, 1753 ; 3° en société avec Poinsinet, auteur du *Cercle*, une parodie de *Tithon et l'Aurore*, intitulée : *Totinet*, opéra comique, joué sur le théâtre de la Foire Saint-Germain, in-8°, 1753 ; 4° avec Patu, *les Adieux du goût*; 5° à *Trompeur trompeur et demi*, comédie en 3 actes et en vers libres, représentée et imprimée à Manheim ; 6° en société avec Regley et de Caux, *Journal des journaux, ou Précis des principaux ouvrages périodiques de l'Europe*, Manheim, 1760, 2 vol. in-8° ; 7° plusieurs autres pièces jouées à l'Opéra-Comique et en province, qui y ont été bien accueillies. Telle est du moins l'opinion que le chevalier de Mouchy exprime dans son *Abrégé de l'Histoire du Théâtre-Français*.

PORTENAC (JEAN-BAPTISTE), grenadier français, né à Indervilliers, département de la Meurthe, n'a pas eu le temps de s'élever aux premiers grades militaires ; mais nous n'avons pas cru pour cela qu'il dût être privé de la portion de gloire que lui méritèrent son ardent amour pour la patrie, et sa mort héroïque. Grenadier au 53° régiment de ligne, il fit toutes les guerres des premières années de la révolution, et s'y était distingué par plusieurs actes de valeur, lorsqu'il eut une cuisse emportée par un éclat d'obus, à l'affaire du 17 novembre 1793. Il ne perdit rien de sa fermeté ; et au lieu de cris de douleur, il fit entendre ceux de *Vive la république !* Se voyant ensuite près de tomber entre les mains de l'ennemi, il ne put supporter cette idée, et pria un de ses camarades de l'achever. Celui-ci refusa d'abord ; mais vaincu à la fin par les instances réitérées de l'ortenac, il l'embrasse les larmes aux yeux, et lui brûle la cervelle.

PORTER (ROBERT KER), peintre et littérateur anglais, est né à Durham, d'une famille dont le chef, officier dans les armées anglaises, ne laissa à sa femme et à trois enfans, pour toute fortune, qu'un nom honorable et l'espoir d'obtenir de la munificence royale des moyens d'existence. En effet, cette famille intéressante fut soutenue par les bienfaits du souverain. Robert Porter montra, dès sa plus grande jeunesse, des dispositions pour la peinture, et affectionnait particulièrement les sujets militaire. Placé, en 1790, sous la direction de M. West, professeur à l'académie royale de peinture, il débuta par quelques tableaux d'église : *Moïse et Aaron*, pour Shoreditch; en 1794, *le Christ apaisant une tempête*, pour Portsea; en 1798, *Saint Jean prêchant dans le désert*, pour le collège de Saint-Jean de l'université de Cambridge. A ces tableaux se terminèrent ses compositions religieuses. Capitaine dans la milice royale de Westminster, en 1803, il fut appelé, en 1804, en Russie, où l'empereur le nomma son peintre d'histoire, et lui conféra l'ordre de Saint-Joachim; il lui témoigna constamment la plus grande bienveillance. Robert Porter se maria, à Saint-Pétersbourg, à une dame d'une grande naissance, et qui avait une fortune considérable. Ses principaux tableaux sont *la Prise de Seringapatam*, *le Siège de Saint-Jean d'Acre*, et la *Bataille d'Azincourt*. Comme écrivain, il a donné plusieurs ouvrages qui jouissent de beaucoup d'estime. Ce sont : 1° *Esquisses d'un voyageur en Russie et en Suède*, 1808, 2 vol. in-4° : on en trouve de longs extraits dans la *Bibliothèque britannique* (de Genève) pour 1810; 2° *Lettres écrites du Portugal et de l'Espagne pendant la marche des troupes sous le commandement du général sir John Moore* (voy. MOORE), 1809, in-8°; 3° *Récit de la dernière campagne en Russie*, 1813, in-4°; 2° éd., 1814.

PORTER (JEANNE), sœur du précédent, a cultivé les lettres avec succès. Elle est auteur des ouvrages suivans : 1° *Thadée de Varsovie*, roman en 4 vol. in-12; réimprimé dix fois, de 1803 à 1810; il a été traduit en français, sous ce titre : *les Polonais*, Paris, 3 vol. in-12. 2° *Aphorismes de sir Philippe Sydney*, avec des remarques, 1808, 2 vol. in-12; 3° *les Chefs écossais*, 1800, 5 vol. in-12 : cet ouvrage, traduit en français, a été aussi favorablement accueilli en France qu'il l'avait été en Angleterre; 4° *le Coin du feu du pasteur*, 1815, 3 vol. in-12. Chénier, dans son *Tableau historique de l'état et des progrès de la littérature*, s'exprime ainsi, en parlant du premier ouvrage de miss Porter : « Sans pouvoir obtenir autant d'éloges que les *Enfans de l'Abbaye* de madame Roche, *les Polonais* n'est pourtant pas à négliger; il se soutient par le nom du jeune Sobieski, l'un de ces généreux fugitifs qui, à la dernière révolution de Pologne, après avoir versé leur sang pour être libres, ont quitté, non leur patrie, mais un territoire où elle n'était plus. »

PORTER (ANNE-MARIE), seconde sœur du peintre Robert Porter; elle n'a pas moins acquis de célébrité que sa sœur Jeanne, comme romancière, et s'est également distiguée comme poète. Miss Porter a publié : 1° *Contes sans art*, 1793, 2 vol. in-12; 2° *Octavie*, roman, 1798, 3 vol. in-12; 3° *le lac de Killarney*, 1804, 3 vol. in-12; 4° *l'Amitié du marin et l'amour du soldat*, 1805, 2 vol. in-12; 5° *les Frères Hongrois*, 1807, 3 vol. in-12, traduits en français; 6° *Dom Sébastien, ou la maison de Bragance*, 1809, 4 vol. in-12; 7° *Ballades, Romances et autres Poëmes*, 1811, in-8°; 8° *le Reclus de Norwège*, roman, 1814, 4 vol. in-12, traduit en français par M.ᵐᵉ Elisabeth de Bourbon, 1816, 4 vol. in-12.

PORTEUS (BEILBY), évêque anglican, appartient à une famille originaire de la Virginie, qui s'était fixée à York; il naquit vers 1731, et fit ses études au collége de Christ, à Cambridge. Ses brillans succès dans ses classes lui valurent une médaille d'or et une place de boursier, faveur qui combla de joie son père, dont il était le 19ᵉ enfant. Devenu ministre de l'église anglicane, il eut occasion de prêcher devant Secker, archevêque de Cambridge, qui dès ce moment lui voua de l'amitié, se l'attacha en qualité de chapelain, et commença le cours de sa fortune, en lui procurant plusieurs bénéfices. Ses talens comme prédicateur lui méritèrent bientôt dans la personne de la reine, femme de Georges III, une protectrice non moins zélée; il lui dut d'abord des places lucratives, et ensuite l'évêché de Chester. Membre du parlement, il vota toujours selon le vœu des ministres ; cependant il fut un des plus énergiques opposans à la traite des nègres. Lowth, évêque de Londres. étant mort en 1787, il lui succéda, et n'en continua pas moins de paraître en chaire. Ce prélat mourut le 14 mai 1807. Il était bienfaisant et plein de modération. « Par son testament, dit M. Pictet, l'un de ses biographes, il légua sa bibliothèque à ses successeurs ; il fit aussi quelques fondations pour le soulagement des ecclésiastiques pauvres, pour l'encouragement des études, à Cambridge, et pour assurer des médailles d'or à l'auteur de la meilleure dissertation latine sur les preuves principales du christianisme, et d'une dissertation en anglais sur la morale de l'Évangile. » Porteus a publié : 1° *Sermon*, prêché à Cambridge en 1761, et imprimé sous ce titre : *Caractère de David*; 2° *Lettre aux habitans de Manchester, sur les derniers tremblemens de terre;* 3° *Courte réfutation des erreurs de l'église de Rome*, 1781, in-12. Cet ouvrage, qui est un extrait des écrits de l'archevêque Secker, a été plusieurs fois réfuté par des écrivains catholiques; la réfutation la plus remarquable est celle de M. Milner, publiée sous le titre de *: Fin de la controverse religieuse*, in-8°, 1818; on l'a traduite en français; elle est intitulée : *Excellence de la religion*, 1823, 2 vol. in-8°; 4° *Sermons sur différens sujets*, 2 vol. in-8°, 1783-1794; 5° *Lettres au clergé de Chester sur les écoles du dimanche;* 6° *Essai sur un plan pour civiliser et convertir les nègres;* 7° *Lettres aux colons anglais dans* *les Antilles*; 8° *Discours sur l'Évangile de Saint-Mathieu*, 2 vol. in-8°, 1802; 9° *Abrégé des principales preuves de la vérité et de la divinité de la révélation*, destiné principalement pour la jeunesse, 1803; 10° *Lettres au clergé de Londres*, sur la négligence de se mettre à genoux dans l'église, quand la liturgie l'ordonne, 1804; 11° *les Bienfaits du christianisme*, etc. *prouvés par l'histoire*, 1806; cet ouvrage a été traduit en français, sous le titre de : *Heureux effets du christianisme, sur la félicité temporelle du genre humain*, etc., avec les *Principales preuves*, etc., in-12. 12° *Mandemens et Sermons*, imprimés séparément; 13° l'édidion des *OEuvres de l'archevêque Secker*, avec une *Vie* de ce prélat par Porteus; 14° enfin quelques *Poésies*, composées dans sa jeunesse. Robert Hodgson a donné en 1811 une édition des différens écrits de ce prélat, son oncle, et l'a fait précéder de sa *Vie*. En 1815, il a paru, en anglais, *Beautés du docteur Porteus*, avec des notes; l'édition est ornée de son portrait; en 1817, on a également publié à Londres, in-8°, *Sermons tirés des leçons de l'évêque Porteus*.

PORTHAN (HENRI-GABRIEL), professeur d'éloquence à l'université d'Abo, conseiller de chancellerie, membre de l'académie royale des belles-lettres, histoire et antiquités de Stockholm, naquit à Abo vers 1739. C'est un des savans les plus distingués que la Finlande ait encore produits, et il a publié plusieurs ouvrages propres à éclaircir l'histoire politique, morale et littéraire de sa patrie. M. Porthan mourut le 16 mars 1804. On a de lui : 1° *Chronicon episcoporum finlandensium*, de Justen : il y ajouta des notes intéressantes; 2° de 1761 à 1778, *Dissertations academiques sur la poésie des Finnois*; 3° en 1773 et années suivantes, *Historia bibliothecæ reg. acad. Aboensis*, 23 n°^s recherchés des bibliographes; 4° il a enrichi les *Mémoires de l'académie royale des belles-lettres, histoire et antiquités de Stockholm*, d'un grand nombre de *Dissertations* sur les peuples du Nord, telles, entre autres, le texte anglo-saxon du périple d'Other, avec une traduction en suédois, et un commentaire; des observations sur l'état du peuple finnois, à l'époque où il fut soumis à la couronne de Suède; enfin des recherches sur les nations de race finnoise, mentionnées dans l'ancienne histoire du Nord.

PORTIEZ DE L'OISE (LOUIS-FRANÇOIS-RENÉ), ex-législateur et directeur des écoles de droit, naquit à Beauvais (Oise), le 1er mai 1765. Il était clerc de procureur et membre de la société connue sous le nom de *basoche*, lorsque la révolution éclata : il en embrassa la cause avec chaleur, se trouva à la prise de la Bastille, et obtint un brevet de vainqueur de cette forteresse. Ce titre, joint à celui d'avocat qu'il rapportait de Paris, lui donna une grande influence dans sa ville natale, où il dirigea la plupart des opérations auxquelles se livraient, dans toute la France à cette époque, ces assemblées puissantes, connues sous le nom de clubs. Mais Portiez de l'Oise ne conseilla jamais aucun excès; il passait même pour modéré. Nommé par le département de l'Oise à la convention nationale, il parut rarement à la tribune, s'occupa beaucoup des revenus de l'état, et travailla dans les comités des domaines et d'aliénation. Dans le procès de Louis XVI, il vota avec la majorité; mais il mit à son vote la restriction expresse qu'on examinerait ensuite quand la sentence devrait être exécutée. Quelques jours auparavant il avait demandé que le procès de ce prince fût renvoyé au tribunal criminel de Paris. Après le 9 thermidor, il se trouva naturellement placé dans le parti des modérés, qui dominait alors, et fit décréter, le 8 juillet 1795, qu'il ne serait plus fait d'exécution sur la place, dite *de la Révolution* (la place Louis XV). Ayant été envoyé dans la même année, en mission dans la Belgique, il pressa par tous les moyens possibles, et surtout en intimidant les partisans de l'Autriche, la réunion de ce pays à la république française. De retour à la convention, dans le compte qu'il rendit de sa mission, il s'étendit sur tous les avantages que la conquête de ces riches provinces pouvait procurer à la France. Il fit ensuite différens rapports sur la manière d'aliéner les biens ecclésiastiques, situés dans ces nouveaux départemens, entretint l'assemblée de l'organisation du Prytanée français, et développa avec beaucoup de détails un projet d'élever des monumens aux fonctionnaires morts pour la défense de la patrie. Il sortit du conseil le 20 mai 1798, et y fut aussitôt réélu pour deux ans par le département de la Seine. S'étant montré favorable à la révolution du 18 brumaire, il fut nommé par le premier consul Bonanaparte membre du tribunat, et après la dissolution de ce corps, au mois de mars 1805, il devint professeur et directeur des écoles de droit, à Paris, fonctions qu'il exerça jusqu'à sa mort, arrivée le 28 avril 1810. Portiez de l'Oise a publié plusieurs ouvrages: 1° *Code diplomatique*, contenant le texte de tous les traités conclus avec la république française jusqu'à la paix d'Amiens, 1802-1803, 4 vol. in-8°; 2° *Influence du gouvernement anglais sur la révolution française*, 1804, in-8°; 3° *Essai sur Boileau-Despréaux*, 1804, in-8°; 4° *Cours de législation administrative*, 1808, 2 vol. in-8°; 5° *Discours prononcé le jour de l'Inauguration de la statue de S. M. impériale et royale, votée par la faculté de droit de Paris*, 1809, in-4°. En 1817, la veuve de Portiez de l'Oise fit imprimer un catalogue d'une collection de pièces relatives à la révolution de France, avant et depuis 1789, jusqu'à l'an 12 (1804) inclusivement, in-8° de 31 pages; c'est un sommaire ou table chronologique et méthodique des matières principales qui en sont le sujet. Il paraît que Portiez avait publié, en 1795, un recueil de pièces, concernant la réunion des provinces belgiques à la république française.

PORTLAND (Guillaume-Henri-Cavendish Bentink, duc de), homme d'état anglais, d'une famille ancienne et distinguée des Provinces-Unies, naquit le 14 avril 1738 à Oxford, et fit ses études à l'université de cette ville. Il voyagea en Europe sous le nom de marquis de Lichfield, et fut, à son retour en Angleterre, chargé de représenter au parlement le bourg de Weobly. Appelé, en 1762, à la chambre des pairs pour y remplacer le duc de Portland, son père, qui venait de mourir, il se réunit aussitôt au parti de l'opposition. Dès l'année suivante, il vota contre le bill sur le cidre, et signa avec le duc de Grafton la protestation que la minorité de la chambre présenta contre cette taxe si peu populaire. Lié avec le marquis de Rockingham, il se prononça contre les ministères successifs de lord Bute et de George Grenville. Pour les hommes que leur naissance ou leurs talens appellent à l'administration des affaires publiques, le parti de l'opposition a presque toujours été en Angleterre une route brillante pour arriver au pouvoir. Les partisans du marquis de Rockingham ayant en faveur de leur chef fait dissoudre le ministère de George Grenville, Rockingham devint premier lord de la trésorerie, et le duc de Portland grand-chambellan de la maison du roi. Ce parti renversé à son tour l'année suivante, le duc de Portland perdit son titre de grand chambellan, et fut au moment d'éprouver de plus fâcheuses vicissitudes dans ses intérêts personnels. Le nouveau ministère à la tête duquel était le duc de Grafton, que le duc de Portland avait vu parmi les membres les plus actifs de l'opposition, pour empêcher « que les amis du duc de Portland dans le comté de Cumberland ne fussent nommés à l'élection générale qui eut lieu, en 1768, et pour punir en même temps ce seigneur de son opposition constante aux mesures du ministère, le duc de Grafton fit concéder par la couronne, à sir James Lowther, gendre de lord Bute, favori du roi, la forêt d'Inglewood, et le manoir de Carlisle, comme n'étant point énoncés textuellement sur l'acte de donation que le roi Guillaume III avait faite, au premier comte de Portland, d'un domaine considérable dans le Cumberland, quoique la famille Portland eût joui de ces deux annexes depuis plus de soixante-dix ans. Cette affaire fit beaucoup de bruit : le duc de Portland défendit avec chaleur ses intérêts ; et tout ce que le ministère put gagner, ce fut de faire renvoyer la décision à une autre session. Les amis du duc de Portland furent élus ; et plus tard, en 1771, il obtint lui-même devant la cour des barons de l'échiquier, la justice qu'il avait droit d'espérer. » Le duc de Portland fut un des principaux membres du parti de l'opposition pendant les débats qui eurent lieu à l'occasion de la guerre avec l'Amérique. En 1782, lord North ne put conserver le ministère, et fut remplacé par le marquis de Rockingham, qui reprit la place de premier lord de la trésorerie, et appela le duc de Portland aux fonctions de lord-lieutenant d'Irlande. Rockingham mourut trois mois après, et le marquis de Lansdown, alors lord Shelburne, lui ayant succédé dans la direction des affaires publiques, le duc de Portland fut rappelé. Il fut vivement regretté des habitans de l'Irlande, à qui sa courte administration faisait espérer qu'ils trouveraient en lui un défenseur zélé et fidèle. Enfin, au mois d'avril 1783, il devint premier lord de la trésorerie. Son ministère, appelé de la *coalition*, comptait pour appui, et peut-être plus encore pour véritables chefs, les Fox et les North, hommes d'état, le premier surtout, véritablement amis du peuple. Ce ministère ne tint pas long-temps contre les secousses que lui faisait éprouver le parti de la cour. Au mois de décembre de la même année, le ministère de la *coalition* s'écroula, et le duc de Portland reprit sa place parmi les membres de l'opposition. Son jeune rival, W. Pitt (*voyez* ce nom), ne parut point éloigné de se rapprocher de lui, et des amis communs tentèrent une réconciliation à laquelle le duc de Portland se refusa, déclarant hautement «qu'il ne siégerait jamais dans le cabinet avec ce *jeune homme d'état*.» Bientôt la révolution française fit craindre à lord Portland pour la tranquillité de l'Angleterre tout entière, et, en 1792, lui et plusieurs de ses collègues de la minorité du parlement se rangèrent sous la bannière du ministère avec lequel ils ne cessèrent plus de combattre. L'opposition fidèle aux intérêts populaires se vengea du transfuge en lui rappelant qu'à une époque de beaucoup antérieure, lord Auckland lui ayant fait connaître par une lettre les motifs qui le déterminaient à se rapprocher des ministres, il lui avait répondu par cette lettre singulièrement énergique : «Monsieur, votre lettre » est devant moi; bientôt elle sera » derrière.» Le duc de Portland fit bonne contenance et ne rétrograda pas. W. Pitt, qui avait une grande influence sur l'université d'Oxford, ne voulut pas par reconnaissance s'opposer à ce que dans la même année (1792) il en devînt le chancelier. La couronne, flattée de la conquête qu'elle avait faite sur l'opposition en s'attachant le noble duc, le combla de faveurs. En 1794, il vota la continuation de la guerre avec la France, et devint successivement secrétaire-d'état de l'intérieur, et lord lieutenant du comté de Nottingham. Vers le même temps, la cour lui fit une cession considérable de terrain dans la paroisse de Mary-Bone, et le fils du duc de Portland, lord Lichfield, reçut la lieutenance du comté de Middlesex. Cependant ces faveurs de toute espèce ne plaçaient pas en première ligne l'ancien défenseur des droits du peuple anglais. M. Addington, qui, en 1801, avait succédé à Pitt comme chef du cabinet, continua le duc de Portland dans les fonctions de secrétaire-d'état de l'intérieur; mais, forcé par sa santé de se borner à la présidence du conseil, M. Addington se vit dans la nécessité, au mois de mai 1804, de donner sa démission de chancelier de l'échiquier. W. Pitt forma alors un nouveau ministère dont il se réserva la première place, laissant au duc de Portland celle qu'il occupait sous son prédécesseur. Une réconciliation s'étant effectuée en février 1805 entre Pitt et Addington, le duc de Portland fut sacrifié aux convenances du premier ministre, qui donna son poste à M. Addington, élevé en même temps à la pairie sous le titre de vicomte Sidmouth. » Par suite de la mort de Fox en 1806, et de la réorganisation du ministère, le duc de Portland redevint premier lord de la trésorerie; mais ce fut M. Perceval, alors chancelier de l'échiquier, qui était le chef secret du ministère. Tourmenté depuis longtemps de la pierre, il se vit forcé, au mois de septembre 1809, par suite des souffrances qu'il éprouvait, de donner sa démission. Il se retira à la campagne, où, au mois d'octobre de la même année, s'étant soumis aux chances de l'opération, il y succomba. « Quoique le duc de Portland ne fût, dit-on, ni un grand ministre ni un grand orateur, on l'écoutait avec intérêt parce qu'on était convaincu de ses bonnes intentions. Long-temps à la tête de l'opposition, sa vie se trouve liée à tous les événemens d'une époque si fertile en incidens remarquables. Il a été l'un des nombreux écrivains auxquels on a successivement attribué les fameuses *Lettres de Junius*; et l'on a publié pour établir ce système un volume intitulé : *Letters to a nobleman, proving a late prime minister, the late duke of Portland, to have been Junius.* » On peut consulter à cet égard le *Monthly-Review*, du mois de septembre 1816.

POSSELT (Ernest-Louis), célèbre historien et publiciste allemand, naquit à Bade vers 1763. Son père, conseiller aulique de Dourlach, lui fit donner une éducation brillante, qu'il termina à l'université de Goettingue; il suivit ses études de droit à Strasbourg, y fut reçu docteur, et de retour dans sa patrie, il s'attacha momentauément au barreau. Mais ses études et sa vocation le portaient à l'enseignement de l'histoire, et il sollicita la chaire de droit et d'éloquence à l'université de Carlsruhe; il l'obtint, et mérita, en peu de temps, par ses succès, le titre de secrétaire-privé du margrave. Posselt voulut ouvrir une route nouvelle aux écrivains qui, comme lui, unissaient à de profondes études l'amour de la patrie. Il s'efforça de reproduire l'éloquence des anciens, en l'appliquant aux intérêts nationaux. « Il prononça, dit l'auteur d'une *Notice* sur cet historien, des discours d'apparat sur l'historiographie allemande, sur Frédéric II, roi de Prusse, et sur le dévouement des 400 bourgeois de Pforzheim, qui, à la bataille de Wimpfen, s'étaient dévoués, en 1622, pour empêcher l'armée austro-espagnole de poursuivre le margrave de Bade dans sa fuite. Cette innovation aurait pu choquer le grand nombre d'Allemands attachés aux formes anciennes, si les professeurs n'eussent pas joui alors d'une sorte de privilége : d'ailleurs la famille du margrave assistait aux séances où Posselt les prononçait; et l'orateur y avait précédemment entremêlé des hommages au prince. Ces discours jetèrent les fondemens de sa réputation, et lui furent avantageux sous d'autres rapports. La ville de Pforzheim, pour le récompenser à la manière antique, lui donna le droit de bourgeoisie, et le gouvernement prussien, sensible à son panégyrique éloquent de Frédéric II, lui offrit des emplois. » Posselt refusa ces emplois, il voulait rester libre. En 1791, il fut nommé bailli de Gernsbach, près de Rastadt. La révolution française exalta son imagination républicaine. Il s'en déclara hautement l'apologiste, et retraça dans la langue latine les premières guerres des Français bientôt vainqueurs de la coalition étrangère; il publia aussi toutes les pièces relatives au procès de Louis XVI, et entreprit l'*Almanach de l'histoire moderne*, qu'il rédigea depuis 1792 jusqu'en 1800. « Il y raconte, observe l'auteur de la *Notice* que nous avons citée, avec une sorte d'enthousiasme, les progrès de la révolution, et en peint, avec beaucoup de talent, les évènemens principaux. L'ouvrage ne pouvait manquer de produire un grand effet en Allemagne : on loua beaucoup l'écrivain, mais plusieurs voix blâmèrent le publiciste. » Les *Annales européennes* qu'il entreprit, en 1795, passent pour être un des ouvrages périodiques les plus recommandables sur l'histoire et la politique de l'époque contemporaine. Elles contiennent des matériaux précieux inédits ou peu connus, et se composent aussi d'extraits d'ouvrages français. Posselt entreprit également, en 1798, sur les instances du libraire Cotta de Tubingue, son ami, qui était éditeur des *Annales européennes*, un journal intitulé : *Weltkunde*. Cette feuille paraissait depuis une année, lorsqu'elle fut supprimée, d'après les réclamations de la cour de Vienne. L'auteur avait été dénoncé au général Sztaray, comme critiquant avec amertume les opérations de l'armée autrichienne.

Le général se disposait même à le traiter militairement, lorsque Posselt parvint à se justifier, en envoyant au prince Charles l'ouvrage incriminé. Ces tracasseries le déterminèrent à renoncer aux matières politiques, et il donna, en 1796, sa démission. On lui conserva la moitié de son traitement à condition qu'il écrirait l'histoire de Bade, condition à laquelle il n'attacha aucune importance. Cette année même, il se lia avec le général Moreau. Lorsque ce général rentra dans la Souabe, en 1801, Posselt le revit et conçut le projet de recueillir de ses entretiens avec lui, les documens qui pouvaient le mettre à même d'écrire l'histoire de la célèbre retraite de Bavière. Il le suivit à Strasbourg, et passa quelque temps au quartier-général ; il inséra dans ses *Annales européennes*, cette histoire, qui fut traduite en français avec des notes. Le général Moreau, accusé de haute trahison, ayant été mis en jugement en 1804, et le gouvernement français ayant annoncé, par l'organe du *Moniteur*, que des trames avaient été ourdies en Allemagne, Posselt, dont les relations avec le général étaient publiques, craignit d'être impliqué dans la procédure ; il quitta aussitôt le territoire de Bade, et erra de ville en ville, se condamnant des mois entiers à ne voir personne ; ce qui contribua beaucoup à augmenter ses terreurs, c'est que sa femme, née dans une classe obscure, et qui passait pour être habile à tirer les cartes, était parvenue à lui faire partager ses étranges idées à cet égard. Les cartes dans lesquelles il lisait avec avidité, ne lui présentaient que poursuites et catastrophes. Enfin son imagination en fut troublée au point qu'étant à Heidelberg, où il venait chercher un refuge, poursuivi par sa seule inquiétude, le 11 juin 1804, il s'élança d'un 3° étage dans la rue, et s'y fracassa la tête : quelques heures après, il avait cessé d'exister. Posselt était fort instruit; il connaissait parfaitement l'histoire des peuples anciens et modernes, il écrivait avec une grande facilité, et ses idées étaient profondes et originales. On lui reproche cependant de s'abandonner trop souvent à l'enthousiasme, et alors de cesser d'être historien impartial. Nous allons citer ses principaux ouvrages : 1° *Magasin scientifique pour la propagation des lumières*, Kehl (Léipsick), 1785-1788, 3 vol.; 2° *Discours sur l'historiographie allemande*, Dourlach, 1786, in-8°; 3° sur les *Harangues des illustres Romains, insérées dans les Œuvres de leurs historiens*, Kehl, in-8°, 1786. Posselt soutient dans cet ouvrage l'opinion que les historiens anciens en prêtant de longues harangues aux généraux et aux hommes d'état, dans des occasions solennelles, ne se sont point écartés de la vérité ; il pense que ces discours étaient recueillis par des procédés analogues à la sténographie, ou conservés par les orateurs eux-mêmes. Il ne se dissimule pas cependant que les historiens ont pu embellir ou étendre parfois ces discours d'apparat. 4° *A Frédéric-le-Grand, discours prononcé au premier anniversaire de sa mort*, Carlsruhe, 1788, in-8° ; 5° *Histoire des ligues des princes allemands*, Léipsick, 1787. Elle eut pour motif la ligue de la Prusse et des petits états d'Allemagne, afin de protéger la Bavière menacée par l'Autriche. 6° *Discours sur la mort patriotique des 400 bourgeois de Pforzheim*, Carlsruhe, 1788, in-8°. L'auteur y fait allusion aux circonstances dans lesquelles on se trouvait, et exhorte les Allemands à soutenir leur indépendance attaquée par l'Autriche. 7° *Histoire des Allemands*, 2 vol., Léipsick, 1789-1790. Cet ouvrage, qui avait pour objet de mettre plus particulièrement l'histoire de l'Allemagne à la portée du peuple, n'a pas été continué ; cependant, Pœlitz y ajouta un 3° vol. en 1805. 8° *Remarques sur l'histoire secrète de la cour de Berlin*, par Mirabeau, Carlsruhe, in-8°, 1789; 9° *Archives de l'histoire, de la politique, et de la géographie ancienne et moderne, surtout de l'Allemagne*, Memmingen, 2 vol., 1790-1792 ; 10° *Histoire de Gustave III, roi de Suède*, Carlsruhe, 1792 : c'est une espèce de roman historique, rempli de faits controuvés et d'assertions erronées ; elle a été traduite en français. 11° *Histoire impartiale, complète et authentique du procès de Louis XVI*, Bâle, 2 vol. L'édition ne fut pas livrée au commerce ; en 1802, l'auteur en fit paraître une nouvelle, mais le 1ᵉʳ vol. fut seul imprimé. 12° *Almanach de l'histoire des derners temps*, Nuremberg, 1794-1804, 10 vol. ; il n'y a que les 9 premiers de Posselt. 13° *Annales européennes*, Tubingen, de 1795 à 1804, 10 années. Cet important recueil a été continué à la mort de l'auteur par une société de gens de lettres. 14° *Opuscules*, où l'on trouve entre autres ouvrages, l'*Histoire de la ligue des princes*, un *Mémoire sur les postes d'Allemagne*, etc. ; 15° *Ewald Frédéric, comte de Herzberg*, avec une partie de sa correspondance et une *Notice sur sa vie*, Tubingen, 1798 ; 16° *Dictionnaire de la révolution française*, ou Recueil de notices biographiques, Nuremberg, 1802, 1 vol. ; 17° *Chronologischen Register*, etc. (Tables chronologiques de la révolution française, depuis l'ouverture de la première assemblée des notables, jusqu'à l'établissement du gouvernement consulaire, du 22 février 1787 au 15 décembre 1799). La première partie de cet ouvrage, de 1787 à 1794, est de Posselt, et a été imprimée dans les *Annales européennes* ; la seconde partie est de Ch. Jochmus. Le tout devait former 4 vol., les 3 premiers seuls ont paru. 18° *Bellum populi gallici adversùs Hungariæ Borussiæque reges eorumque socios anno* MDCCXCII, Gottingue, 1793, in-8°, trad. en allemand et en français, sous le titre de : *Histoire de la guerre des Français contre les puissances coalisées de l'Europe*, Ronnebourg, 1802, in-8°, 1 vol. Cet ouvrage a été continué en latin, par Rost, Kehl, 1806. 19° Posselt a traduit, en vers, les *Élégies* d'Ovide, l'*Histoire de Charles XII* de Voltaire ; il y a fait plusieurs rectifications, Carlsruhe, 1791 ; l'*Esquisse du tableau historique des progrès de l'esprit humain* de Condorcet ; une *Notice sur les écrits de Sieyes ;* 20° enfin il a été éditeur des œuvres historiques et politiques de Gunderode, et rédacteur, au commencement de sa publication, du journal allemand, *Algemeine Zeitung*. M. Schubert, ami de cet écrivain distingué, a livré à l'impression une *Lettre sur la vie et le caractère de Posselt*, Munich, 1805. Le dictionnaire des auteurs allemands de Jœrdens donne. dans le 4° vol., la liste de tous les écrits de Posselt.

POST (E. M.), dame hollandaise qui cultive les lettres, où elle a obtenu des succès mérités. a épousé M. Werdorp, ministre de l'église réformée à Velp, village situé près d'Arnhem. Les principales productions de cette dame sont : 1° *la Campagne*, ouvrage en prose, entremêlé de vers, imprimé en 1792, un vol. in-8° ; peu de livres ont eu plus de vogue au moment de leur publication ; son style coulant, ses tableaux champêtres pleins de fraîcheur, lui concilièrent tous les suffrages ; 2° *Pour des solitaires*, 1789 ; 3° *Reinhart, ou Nature et religion*, 1792, 3 vol. in-8° ; 4° *Elégies*, 1794, in-8° ; 5° *la Vraie jouissance de la vie*, 1796, in-8° ; 6° *Mes larmes de l'enfance, tableaux domestiques*, 1804, 2 vol. in-8° ; 7° *Frédérique Weiz et ses enfans*, roman traduit de l'allemand, Harlem, 1806 ; 8° *de la Société et de la solitude*, traduit de l'allemand de Garve, 1806 ; 9° *Nouvelles poésies* (*Ontwaakte Zang-Lust*), Amsterdam. 1807, 1 vol. in-8° : elles ont été citées avec éloge dans les écrits périodiques et les annales de M. Meerman. La pièce de vers intitulée *Elégie*, se distingue surtout par une peinture vive et animée de deux contrées des plus opposées entre elles, les Dunes de la Nord-Hollande, et les plaines riantes de la Gueldre.

POTEMKIN (Grégoire-Alexandrowitch), favori de l'impératrice Catherine II, et revêtu par elle des plus hautes dignités de l'empire de Russie, naquit en septembre 1736, dans les environs de Smolensk. Sa famille était d'origine polonaise, et réputée noble, mais sans illustration avant lui, et tombée depuis quelque temps dans l'indigence et l'obscurité. Le jeune Potemkin, destiné d'abord à l'état ecclésiastique, fit ses études à l'université de Moskow, mais la fougue de son caractère et ses passions violentes l'ayant jeté en de grands excès, l'on reconnut bientôt qu'il serait difficile d'en faire un prêtre. Il lui resta cependant de cette époque de sa vie un goût particulier pour les discussions théologiques, et il tirait quelque vanité de sa première instruction et de son habileté dans la controverse. Des protecteurs lui ouvrirent enfin, à sa grande satisfaction, la carrière des armes, et il fut admis sous-officier dans un des régimens de la garde à cheval. Sa jeunesse continua pendant quelque temps à être dissolue et orageuse; le hasard lui fournit cependant une occasion favorable de se produire d'une manière plus avantageuse, et il la saisit avec ardeur. On croit que Potemkin fut au nombre des conjurés subalternes, qui conspirèrent la perte de Pierre III. Ce qu'il y a de certain, c'est que le 28 juin 1762, jour célèbre dans les fastes de la Russie, quand Catherine arracha le sceptre à son faible époux, il accompagna cette princesse, qui parcourut à cheval, en uniforme, et l'épée à la main, les rues de Pétersbourg. S'apercevant que Catherine n'avait point encore à son épée la dragonne, marque distinctive de l'officier dans le nord, il détacha la sienne et l'offrit avec grâce à l'impératrice. Potemkin avait alors 26 ans. Sa beauté mâle, sa taille élevée et son maintien plein de noblesse, le rendaient très-remarquable. Catherine ne perdit point de vue ce jeune homme, qui, de son côté, saisissait toutes les occasions de lui montrer son dévouement et son admiration. Elle lui donna bientôt le brevet de colonel, une charge de gentilhomme de la chambre, et l'envoya à Stockholm porter la nouvelle de la révolution qui venait de s'opérer à Pétersbourg. Il se hâta de s'acquitter de cette mission et de retourner à la cour, où il aspirait à de plus hautes faveurs. Il prit même assez peu de soin de cacher ses espérances et de faire éclater la passion dont il paraissait embrasé pour sa souveraine. « Quand » cette femme charmante entre » dans un lieu sombre, soudain sa » beauté l'éclaire, » disait-il assez haut pour être entendu de Catherine. Cette galanterie ouverte ne parut point déplaire; mais de puissans obstacles s'opposèrent encore, pendant quelque temps, à la plénitude de son bonheur : il voulait en jouir exclusivement, et le comte Grégoire Orloff était toujours le favori en titre. Potemkin, fier de ses premiers succès, osa braver cet homme puissant; des éclats violens furent la suite de sa témérité. On assure même que se trouvant par hasard seul un jour avec les deux frères Grégoire et Alexis Orloff, ceux-ci crurent trouver l'occasion d'humilier leur orgueilleux rival, et que, dans la lutte qui s'établit entre eux, Potemkin perdit un œil; mais, selon ses amis, c'était une balle au jeu de paume qui avait causé cet accident. Ce qu'il y a de certain, c'est qu'il ne nuisit que peu à ses avantages extérieurs, et que sa faveur auprès de l'impératrice alla toujours en croissant. Elle le nomma bientôt son chambellan, ce qui lui donnait non-seulement le rang de général-major, mais le droit si précieux pour un courtisan, d'approcher à toute heure et en tous lieux de sa souveraine. Elle voulut bientôt que son nouveau favori déployât sur un autre théâtre ses talens et sa valeur. La guerre ayant éclaté contre les Turcs, elle l'envoya à l'armée avec de pressantes lettres de recommandation, écrites de sa main, au général en chef le maréchal Romanzoff. Potemkin s'y montra avec avantage, et toute l'armée rendit justice à l'activité de son zèle et au courage brillant avec lequel il recherchait et bravait les plus grands dangers. Nommé lieutenant-général à la fin de sa première campagne, il saisit cependant avec avidité l'occasion qui se présenta bientôt pour reparaître à la cour, et demanda à être chargé par le général en chef de porter à Pétersbourg la nouvelle d'une victoire. Il y reçut en public l'accueil le plus flatteur, mais il apprit bientôt qu'on avait profité de son absence pour lui nuire sous des rapports de faveur plus intime. Grégoire Orloff s'apercevant depuis quelque temps que l'impératrice voulait se soustraire à l'ascendant qu'elle lui avait laissé prendre, venait en courtisan habile de lui donner un favori subalterne de son choix, entièrement dévoué à son bienfaiteur. A cette terrible découverte, Potemkin feignit, ou éprouva en effet la plus vive douleur; s'éloigna brusquement de la cour; quitta bientôt son hôtel, et se jeta dans le cloître de Saint-Alexandre-Newsky. Là, dépouillé de toutes ses décorations et ayant échangé son brillant uniforme contre un froc de moine, il manifestait la résolution de s'ensevelir à jamais dans le cloître. Catherine, touchée de ces preuves d'une passion violente, chargea une de ses dames d'honneur, la comtesse de Bruce, d'aller s'assurer de l'état de l'infortuné reclus. Sur le rapport qu'elle fit de son désespoir, elle eut bientôt l'ordre de lui porter des consolations, et de lui insinuer enfin qu'il n'avait qu'à se montrer pour reconquérir tout ce qu'il avait perdu. Potemkin abandonna avec joie son couvent, et reparut dans un nouvel éclat à la cour. Tout lui fut bientôt soumis, l'impératrice et l'état. Les courtisans se disaient même en confidence, qu'un mariage secret unissait cette princesse au favori tout-puissant, dont le nom est en effet devenu inséparable de celui de Catherine; mais le fait du mariage, d'ailleurs peu important aujourd'hui, n'a jamais été ni prouvé, ni formellement démenti. Maître de l'empire, Potemkin n'eut bientôt plus de vœux à former. Sans faire mention ici de tous les titres honorifiques qu'il obtint, il fut successivement nommé généralissime de toutes les armées russes, grand-amiral des flottes de la mer Noire, de la mer d'Azoff, et de la mer Caspienne, grand hetman des Cosaques, gouverneur de plusieurs provinces, etc.; il fut décoré de tous les ordres de l'empire (à l'exception du grand-cordon de l'ordre militaire de Saint-Georges, qu'il ne voulut prendre qu'après la conquête d'Oczackoff), enfin, des principaux ordres de l'Europe, que les monarques s'empressèrent de lui envoyer, excepté des ordres du Saint-Esprit et de la Jarretière, qu'il désira vainement; il portait aussi avec ostentation à sa boutonnière, le portrait de l'impératrice. Renonçant par la suite à des faveurs exclusives, et n'exigeant plus une fidélité qu'il ne s'imposait point à lui-même, il se contenta d'exiger le sacrifice des rivaux qui pouvaient lui porter quelque ombrage. Tous les favoris subalternes furent long-temps acceptés de sa main; mais il avait grand soin de ne choisir que des jeunes gens dont la capacité morale ne lui inspirait aucune jalousie, et dont l'influence politique était nulle ou asservie à la sienne. Il fallait sans doute dès-lors les talens supérieurs dont Potemkin était doué, pour se maintenir dans la position élevée que son ambition était parvenue à atteindre. Avec l'apparence d'une soumission entière, d'un dévouement sans bornes, il avait su prendre enfin un ascendant réel sur le caractère de l'orgueilleuse Catherine, qui s'étonnait parfois elle-même de l'empire qu'elle lui avait accordé. Une galerie couverte joignait l'hôtel du prince au palais impérial; aux momens les plus inattendus, il paraissait chez la czarine, et souvent elle se rendait chez lui pour le consulter sur des affaires importantes ou pressées. L'humble esclave devenait dans certaines circonstances un maître impérieux; mais il avait un tact parfait, savait choisir son temps, et ce mélange adroit de souplesse et de fierté, de galanterie respectueuse et de familiarité, quelquefois même d'arrogance, loin de nuire à son pouvoir, servit à l'affermir. Au reste, ses vues étaient nobles et grandes, ses lumières étendues, et le génie de Catherine trouvait en son favori l'homme le plus propre à seconder ses desseins, pour l'accroissement et la civilisation de son vaste empire. Les faits, en grande partie glorieux de ce règne, et auxquels il eut une si grande part, se trouvent déjà relatés à l'article de Catherine II. Ce fut à l'instigation de Potemkin qu'eut lieu l'entrevue de Mohiloff, entre la czarine et Joseph II, ainsi que ce voyage de Kerson, où le luxe de l'Europe et de l'Asie fut déployé avec une si grande profusion, où d'immenses déserts se trouvèrent momentanément peuplés, où le ministre, en environnant sa souveraine de prestiges, sut lui procurer toutes les jouissances de l'orgueil, et suppléer à la réalité par les plus flatteuses illusions. L'expulsion des Turcs de l'Europe, projet favori de Potemkin et de l'impératrice, avait été concertée pendant ce voyage avec Joseph II, ainsi que le partage entre ces souverains chrétiens des vastes domaines des infidèles. En qualité de président du conseil de la guerre, Potemkin avait consacré, depuis quelque temps, tous ses soins à l'organisation de l'armée russe et aux préparatifs d'une nouvelle lutte avec l'empire ottoman. Rien n'avait été négligé ; d'immenses armées se trouvaient sur pied, et il espérait bientôt dicter ses lois dans les murs de Constantinople même. Déjà il s'était rendu en personne, l'année précédente, dans la Crimée, pour y recevoir les hommages du khan des Tartares, et prendre possession de cette grande presqu'île que le faible descendant de Gengis-Khan avait vendue aux Russes pour une misérable somme d'argent qui ne lui fut jamais payée. Cette fois le favori conduisit lui-même sa souveraine dans ce nouvel état, où 30,000 guerriers tartares avaient péri les armes à la main, sans pouvoir sauver leur pays de la domination d'une femme étrangère, et où la plus grande partie de la population venait de fuir plutôt que de se soumettre au joug. Potemkin s'était fait donner non-seulement le gouvernement de la Crimée et des provinces adjacentes, mais aussi celui d'Azof et d'Astracan. On a prétendu que depuis long-temps il nourrissait le projet de se former un état dont il serait devenu le maître indépendant après la mort de l'impératrice ; ce qu'il y a de certain, c'est qu'il gouvernait déjà presque en souverain absolu, des pays plus vastes que ceux de plusieurs rois de l'Europe. Tout était prêt pour une nouvelle guerre avec la Turquie ; mais le favori désirait que ce fût la Porte même qui la déclarât à la Russie. Son vœu fut rempli en 1787. Le voyage de la Tauride fait avec tant d'éclat, des projets de nouveaux envahissemens assez peu dissimulés, l'inscription même mise présomptueusement sur les portes orientales de Kerson, *C'est ici la route de Byzance* ; enfin les intrigues des Anglais, irrités du traité de commerce que le comte de Ségur et Potemkin venaient de conclure entre la France et la Russie, décidèrent le grand-seigneur à donner de nouveau le signal des combats. Potemkin eut le commandement de l'armée principale, et entreprit aussitôt le siège mémorable d'Ochsakoff. La place fut emportée d'assaut le 6 décembre 1788 ; 25,000 Turcs périrent sur la brèche et pendant le sac de la ville. On ne compta point les morts du côté des Russes, mais le nombre en fut considérable. L'impératrice envoya au vainqueur un bâton de commandement, enrichi de pierreries et entouré de branches de laurier en or, avec ce cordon de St.-George qu'on ne devait obtenir qu'après une victoire. Les plus grands honneurs l'attendaient à la cour ; à son retour à Pétersbourg, il trouva la ville et une avenue de deux lieues illuminées sur son passage. L'artillerie des forts lui rendit un salut comme au souverain même ; Catherine vint le prendre dans son palais, le conduisit dans la salle, où tous les grands de l'empire étaient réunis ; on célébra le lendemain une fête religieuse dans la chapelle du château; les courtisans vinrent, selon l'usage, baiser la main de l'impératrice, et la féliciter; mais quand Potemkin s'approcha, elle se leva et l'embrassa elle-même avec les témoignages de la plus vive affection. Tout paraissait se réunir pour célébrer la gloire et la puissance du favori, qui seul n'en fut point satisfait, et crut pouvoir exiger de l'impératrice des sacrifices nouveaux. Un homme qu'il avait donné lui-même à Catherine, le jeune Momonoff, ne se courbait plus aussi bas devant son bienfaiteur, et paraissait avoir acquis, par son propre mérite, une influence qui blessait l'ombrageux Potemkin. Il demanda l'éloignement immédiat du téméraire, et n'obtint qu'une réponse évasive. Il osa insister; un refus formel lui prouva que son pouvoir n'était plus le même. Ce premier échec empoisonna son bonheur. Il repartit avec chagrin pour l'armée; le maréchal Romanzoff, qui commandait un autre corps, et dont la haute réputation militaire lui inspirait aussi de la jalousie, fut bientôt forcé de demander lui-même sa retraite. Dès-lors Potemkin put s'attribuer tous les succès des armées russes dans la Moldavie et la Bessarabie, couronnés par la prise de la place importante de Bender. Celle d'Ismaïl lui résistait encore après cinq mois de siége; il ordonna à Souwarow de la prendre en trois jours, et elle fut emportée après un assaut terrible, où le carnage devint pareil à celui d'Ochsakoff. Potemkin, entouré d'une cour brillante et voluptueuse, étalait à son quartier-général tout le faste d'un monarque de l'Asie; les femmes les plus aimables et une foule d'hommes des rangs les plus élevés, apportaient le tribut de leurs hommages à l'orgueilleux satrape. Cette guerre avait coûté des sommes énormes; le trésor de l'état était épuisé; les Turcs demandaient la paix à tout prix, les conseils de Catherine en démontraient la nécessité, et elle la désirait alors sincèrement elle-même. Mais *le Taurique*, surnom glorieux que l'impératrice avait donné à Potemkin, voulait entrer en triomphe à Constantinople et y dicter ses lois. Bientôt en opposition véhémente avec le ministère russe et avec l'impératrice, la correspondance du favori prit un caractère d'aigreur ou de résistance opiniâtre, qui ne pouvait que déplaire et irriter. Potemkin crut que sa présence à Pétersbourg lui assurerait une victoire complète sur les amis de la paix. Il s'y rendit pour recevoir encore un accueil flatteur et des honneurs nouveaux; mais tandis qu'il développait ses plans de conquêtes futures, et travaillait avec ardeur à faire prévaloir son système, tandis qu'il donnait dans son palais, dit de *Tauride*, des fêtes splendides qui surpassaient en magnificence toutes celles de l'impératrice, cette princesse envoyait des pouvoirs et des ordres au prince Repnin, qui commandait l'armée en l'absence du généralissime. Repnin usa de son autorité temporaire de la manière la plus brillante. Après avoir encore remporté sur les Turcs une victoire décisive, il leur dicta les conditions d'une paix glorieuse pour la Russie, et en signa les préliminaires au nom de sa souveraine, sans consulter ni même avertir Potemkin. Celui-ci, furieux des triomphes et de l'audace de son subordonné, quitte à la hâte Pétersbourg et vole à l'armée reprendre son commandement. Son éloignement remplit les vœux de ses adversaires à la cour, et de Catherine même, fatiguée du joug d'un homme qu'elle avait rendu trop puissant pour ne point le trouver redoutable, et dont la présence intimidait ses nouveaux conseils. Platon Zouboff avait succédé depuis quelque temps à toute la faveur de Momonoff. Potemkin, qui n'avait eu aucune part à ce choix, était animé d'une haine implacable contre un favori qui lui paraissait bien plus dangereux que tous ceux qui l'avaient précédé. De son côté, Zouboff ne négligeait rien pour nuire, dans l'esprit de sa souveraine, au crédit de son adversaire. On assure qu'il était parvenu à obtenir déjà un ordre pour que Potemkin s'éloignât de Pétersbourg; mais tous les grands que l'impératrice voulut charger d'intimer cet ordre au prince, supplièrent sa majesté de les dispenser d'une aussi dangereuse mission. Un départ volontaire rendit toute mesure pareille inutile, et ce n'était plus que des moyens de prévenir le retour de Potemkin que s'occupaient Zouboff et ses amis. Ce retour n'eut jamais lieu, et une mort inopinée vint frapper au faîte des grandeurs, celui qui se trouvait peut-être à la veille d'en descendre. Potemkin était arrivé avec la rapidité de l'éclair à Iassy; le prince Repnin, mandé aussitôt, fut accablé de reproches et d'outrages, pour avoir vaincu et traité sans son ordre. Tout allait être tenté pour détruire son ouvrage et empêcher la conclusion définitive de la paix; mais une fièvre lente minait depuis quelque temps le héros de la Tauride. Pendant un voyage à Nicolaïyeff, il se sent tout d'un coup hors d'état de soutenir plus long-temps le mouvement de la voiture. Sa nièce, la comtesse Branitzka, le fait descendre et coucher sur un tapis, au pied d'un arbre. Sans proférer une parole, il serre la main de sa nièce, et expire entre ses bras, le 15 octobre 1791. Le bruit de cette mort subite, accompagné des imputations ordinaires de cause violente et de poison, retentit en Russie et dans toute l'Europe. Il mourut sans doute bien à propos pour ses ennemis, et peut-être pour sa propre gloire; mais l'opinion du vulgaire, qui ne peut se persuader que la fin soudaine d'un grand de la terre soit due à la nature seule, paraît encore cette fois dénuée de tout fondement. Depuis quelque temps la santé de Potemkin déclinait, et son intempérance habituelle accélera sa mort. Déjà aux prises avec la fièvre, on le voyait dévorer le matin une oie entière ou un jambon, boire avec excès du vin ou des liqueurs spiritueuses, et dîner ensuite avec la même voracité. Au sortir d'une table somptueuse, couverte des productions les plus recherchées de toutes les parties du monde, le sybarite redevenait souvent cosaque, et rongeait avec avidité une carotte ou une rave crue. « Un hasard singu-»lier, dit M. de Ségur, créa Po-»temkin pour l'époque qui lui con-»venait. Il rassemblait dans sa »personne les défauts et les avan-»tages les plus opposés. Avare et »magnifique, despote et popu-»laire, politique et confiant, li-»bertin et superstitieux, auda-»cieux et timide, rien n'égalait »l'activité de son imagination et »la paresse de son corps. En-»vieux de tout ce qu'il ne faisait »pas, il était ennuyé de tout ce »qu'il faisait. Tout en lui était dé-»cousu, travail, plaisir, caractè-»re, maintien. Il avait l'air em-»barrassé dans toutes les sociétés, »et sa présence gênait tout le »monde. Il traitait avec humeur »ceux qui le craignaient, et cares-»sait ceux qui l'abordaient fa-»milièrement. On pourrait repré-»senter Potemkin comme une i-»mage vivante de l'empire de »Russie. Il était colossal comme »cet empire, rassemblant dans »son esprit, de la culture et des »des déserts. On y voyait de l'a-»siatique, de l'européen, du tar-»tare et du cosaque; la grossiè-»reté du onzième siècle, et la cor-»ruption du dix-huitième. » En joignant à ce portrait celui tracé par le spirituel prince de Ligne, on se formera une idée assez pré-cise du héros de cet article. « Po-»temkin, dit-il, a l'air paresseux »et il travaille sans cesse; tou-»jours couché, il ne dort ni jour »ni nuit; inquiet avant tous les »dangers, gai quand il y est; tris-»te dans les palais, malheureux »à force d'être heureux; ministre »habile, politique sublime, ou en-»fant de dix ans; croyant aimer »Dieu dont il se dit l'*enfant gâté*, »et craignant beaucoup le diable; »faisant la mine la plus sauvage »ou la plus agréable, ayant tour »à tour l'air du plus fier satrape »de l'Orient, ou du courtisan le »plus aimable de Louis XIV.... »quelle est donc sa magie? Du gé-»nie, et puis du génie, et encore du »génie; de l'esprit naturel, une »mémoire excellente, de l'éléva-»tion dans l'âme, de la malice »sans méchanceté, de la ruse sans »astuce, une grande générosité, »de la grâce et de la justesse dans »les récompenses, beaucoup de »tact, le talent de deviner ce qu'il »ne sait pas, enfin une parfaite »connaissance des hommes. » L'im-pératrice fit éclater la plus vive douleur en apprenant la mort de Potemkin. Elle ordonna pour lui les funérailles les plus splendides et un mausolée magnifique; son corps avait été transporté et inhu-mé à Kerson, ville qui lui de-vait sa fondation. La succession du favori, en terres, palais, mo-bilier, argent comptant, pierres précieuses, fut évaluée à 175 mil-lions de francs. Cette fortune im-mense aurait sans doute pu servir à réaliser un jour les projets am-ambitieux qu'on lui prêtait, de se créer une souveraineté indépen-dante. Il en avait déjà marchan-dé plusieurs en Allemagne, et l'on prétendait encore qu'il voulait réu-nir toutes les peuplades cosaques et régner sur elles, lorsqu'une mort prompte et imprévue vint frapper le futur souverain dans un pays sauvage, près des bords de la mer Noire, où sans doute nul ambitieux ne formera de sitôt d'aussi gigantesques projets.

POTHIER (C. A.), député à la convention nationale, où le nomma, en septembre 1792, le département d'Indre-et-Loire, vota avec la majorité dans le procès du roi. Nommé ensuite secrétaire, il travailla beaucoup dans les comités de liquidation et de législation, et présenta plusieurs rapports au nom de ce dernier. En 1795, membre du conseil des cinq-cents, il proposa de faciliter la radiation des personnes portées sur la liste des émigrés, qui n'avaient pas quitté la France. Il sortit du conseil le 20 mai 1798, et l'année suivante il fit partie des candidats proposés pour remplacer au directoire-exécutif Merlin et La Réveillière-Lépeaux. Frappé en 1816 par l'ordonnance rendue contre les conventionnels dits *votans*, il s'est réfugié en Suisse.

POTHIER (REMI), curé de Béthéniville et chanoine de l'église de Laon, naquit à Reims en 1727, et mourut dans cette ville le 23 juin 1812. Se croyant appelé à l'état ecclésiastique, il l'embrassa de bonne heure, et armé de quelques connaissances mal digérées et de toutes les arguties de l'école, il accabla de ses paralogismes ceux qui lui résistaient, traitant d'ignorans ceux qu'il ne pouvait convaincre. Bossuet lui-même ne fut pas respecté, et aurait eu, s'il eût vécu du temps du curé de Béthéniville, à se justifier d'avoir mal entendu ou mal rendu la Bible. L'*Explication de l'Apocalypse* que le curé Pothier mit au jour, fut dénoncée par M. Séguier, avocat-général, comme un ouvrage propre à ébranler les empires, et dans son réquisitoire, il le qualifie de chef-d'œuvre de l'extravagance de l'esprit humain. Le parlement ordonna qu'il serait lacéré et brûlé par la main du bourreau. Pothier fit au réquisitoire du magistrat une réponse, qui fut imprimée clandestinement à Douai en 1773. Forcé de quitter la France au commencement de la révolution, il la fit réimprimer à Liége; l'ayant ensuite traduite en latin, il en donna trois éditions successives. Il prétend dans cet ouvrage que Saint Jean a prédit tout ce qui est arrivé, et ce qui doit arriver à l'église depuis J.-C. jusqu'au règne de l'Ante-Christ ; que ce règne n'est pas éloigné, et que Bonaparte est son précurseur. Bonaparte, premier consul, autorisa la rentrée du curé Pothier, qui publia, en 1810, plusieurs ouvrages dignes du premier. Ce sont deux brochures contre les 4 articles de l'église gallicane. Elles furent dénoncées au ministère public, et le gouvernement impérial fit saisir tous les exemplaires qui se trouvaient chez la sœur de l'auteur.

POTIER (CHARLES), acteur du théâtre des Variétés, qui s'est acquis une grande célébrité dans les rôles comiques, et que le public ne se lasse point d'applaudir, est né à Paris en 1775; il appartient à l'ancienne famille noble de robe, des Potier de Gèvres et de Blancmesnil. Ses parens obtinrent pour lui une place à l'école-militaire, où il fut élevé, et d'où il ne sortit qu'au commencement de la révolution. Atteint par la réquisition, il entra dans un régiment d'infanterie, et fit plusieurs campagnes. Il obtint son congé en 1794, et revint à Paris. Entraîné par un penchant irrésistible vers la comédie, il débuta modestement sur un théâtre des boulevarts, passa ensuite à celui de la rue du Bac, sur lequel il était permis de jouer le répertoire du Théâtre-Français, et commença dès-lors à se faire applaudir dans l'emploi des seconds comiques. Des propositions avantageuses lui ayant été faites par plusieurs directeurs de province, Potier joua avec un succès toujours croissant dans les principales villes de la Normandie et de la Bretagne. De Nantes, il passa au grand théâtre de Bordeaux, où il partagea, pendant plusieurs années, l'emploi des premiers comiques avec *Martelly*. Il parut même dans quelques ballets-pantomimes, et l'on se rappelle encore la manière originale avec laquelle il avait créé le rôle de *Bazile* dans le ballet d'*Almaviva et Rosine*. De retour à Paris en 1809, il débuta au théâtre des Variétés. L'acteur Brunet s'y trouvait à peu près le seul à cette époque qui, dans le genre burlesque, excitât constamment la gaîté du parterre. On s'apercevait cependant que l'étoile long-temps brillante des Jocrisse et des Cadet-Roussel commençait à pâlir. Potier, par la création de plusieurs rôles nouveaux, parvint en quelque sorte à ennoblir le genre même. Evitant la monotonie de ses prédécesseurs, il sut, avec une flexibilité remarquable, faire ressortir les caractères les plus opposés. Il développa surtout dans la jolie pièce du *Ci-devant jeune homme*, le talent d'un véritable comédien, qui puisait ses inspirations à la meilleure source, et qui avait fait une étude approfondie de la nature humaine, des travers et des ridicules de la société. D'autres rôles mirent bientôt le comble à sa réputation.

POTOCKI (LE COMTE STANISLAS-FÉLIX), d'une famille illustre de la Pologne, embrassa le parti de la Saxe, à l'époque où les trois grandes puissances du Nord commencèrent à annoncer leurs vues sur la Pologne, et fomentèrent la discorde dans ce malheureux pays. Le comte Félix Potocki, dépouillé alors d'une partie de ses biens, se retira dans la Gallicie, bâtit plusieurs villages dans l'Ukraine, et s'occupa de la civilisation des habitans de cette province. La Russie, qui cherchait alors par tous les moyens à s'attacher les anciennes familles de la Pologne, donna au comte Félix Potocki le palatinat de Russie. Dès-lors entièrement dévoué au cabinet de Saint-Pétersbourg, il s'opposa aux efforts de la diète de 1791, qui tenta de relever la Pologne, en créant un gouvernement monarchique. D'après les mêmes principes, il se déclara contre la proposition de faire acquitter les dettes du roi sur le trésor public, et offrit de lever un régiment à ses frais. Cette proposition, qui excita l'enthousiasme du peuple en sa faveur, ne fut point jugée de même à la cour : « Souvent trop de »générosité voile bien des choses, »lui dit un jour Stanislas-Auguste, »en présence de plusieurs person- »nes. » Le comte Félix Potocki se lia dès-lors plus intimement avec la Russie; il accepta de l'emploi dans l'armée de Catherine II, et appuyé par elle, il publia, en 1792, le fameux manifeste de Targowitz, auquel Stanislas-Auguste accéda. Le partage de la Pologne fut la suite de ce traité, pour lequel son auteur reçut l'ordre de Saint-Alexandre de Newski. Plusieurs écrivains ont publié que le comte Félix Potocki avait été trompé lui-même sur le résultat de ses démarches, qui n'auraient eu pour but que d'obtenir la protection de la Russie. Quoi qu'il en soit, il se trouvait en Amérique, lorsque les patriotes, sous les ordres de Kosciusko, Kolontay, Ignace Potocki et autres, parvinrent, en 1794, à s'emparer de Varsovie. On instruisit alors le procès du comte Félix Potocki, comme traître à la patrie. Condamné à mort, il fut exécuté en effigie et ses biens furent confisqués. Informé de cet événement, il demanda du service à l'impératrice Catherine, qui lui accorda des lettres de lieutenant-général. De retour en Europe, le comte Félix Potocki, dont la santé était très-affaiblie, s'occupa peu d'affaires, et mourut, en 1805, dans la 55⁰ année de son âge. Avec des qualités peu communes, il ne s'est pas fait un nom recommandable. On lui a reproché son ambition; lui-même ne s'en est pas trop défendu. Il lisait un jour dans une biographie qu'il avait visé au trône : « L'auteur se trompe, dit-il; » mais qu'on se trompe toujours » ainsi : ambitionner une couron- » ne, n'est pas l'ambition d'une » âme vile. »

POTOCKI (LE COMTE STANISLAS-KOSTKAY), frère du précédent, né à Varsovie, s'est fait remarquer à l'époque du partage de la Pologne, autant par ses connaissances que par ses vues politiques, alors fortement prononcées contre celles de son frère aîné, le comte Félix Potocki (*voyez* l'article précédent). Dans la diète de 1788 à 1792, il fit entendre plusieurs discours éloquens en faveur de l'indépendance de la Pologne, et fut alors nommé général d'artillerie. Forcé de quitter son pays après l'adhésion de Stanislas-Auguste à la confédération de Targowitz, il se réfugia en Autriche, où il resta détenu pendant quelque temps. Rendu à la liberté, il s'occupa uniquement des sciences et des arts, jusqu'en 1807, époque à laquelle les victoires de l'empereur Napoléon donnèrent aux Polonais l'espérance de relever leur patrie. Il se rangea alors parmi les nombreux partisans de la liberté, et fut un des plénipotentiaires envoyés auprès de l'empereur des Français, après l'organisation du grand-duché de Varsovie. Dans le mois de décembre 1807, il fut créé sénateur-palatin, et dans le mois de mars 1809, il devint aide-de-camp du roi de Saxe, grand-duc de Varsovie. Président du conseil-d'état de Pologne, en remplacement de M. Gutakowski, il adressa à ses compatriotes une proclamation énergique, pour les engager à repousser l'invasion des Autrichiens en 1809. La manière dont il releva dans cette pièce les bienfaits de Napoléon, fit voir que les dignités avaient modifié ses opinions politiques. Tout entier alors au monarque français, il devint russe après les désastres de Moskou. Employé au service de la Russie, il fut nommé, en 1815, ministre du culte et de l'instruction publique dans le royaume de Pologne, et, en 1818, sénateur waivode et président du sénat polonais; il servit en qualité d'aide-de-camp l'empereur Alexandre au congrès d'Aix-la-Chapelle; en 1821, remplacé comme président du sénat de Varsovie, il devint ministre d'état. Le comte Stanislas Potocki est membre de la société littéraire de Varsovie, et a publié quelques écrits estimés. M. de Pradt en a fait l'éloge dans son *Ambassade de Varsovie*. « C'est, dit-il, un des » plus beaux noms de la Pologne » et un véritable grand seigneur. »

POTOCKI (IGNACE, COMTE DE), grand-maréchal de Lithuanie, cousin des précédens, naquit en 1751. Employé dans les affaires publiques, il montra des vues entièrement opposées à celles du comte Félix Potocki, s'occupa surtout de relever l'esprit national. Doué d'une grande sagacité, il sentit que l'instruction, propagée dans toutes les classes de la société, était le meilleur moyen d'atteindre ce but. Il introduisit dans les colléges un nouveau mode d'enseignement, traduisit lui-même la *logique* de Condillac, et entretint, à ses dépens, plusieurs savans qu'il fit voyager. Cependant l'anarchie dans laquelle était plongée la Pologne, depuis la constitution imposée en 1776, était devenue intolérable. Le comte Ignace Potocki, de concert avec Malakowki, Kolontay, etc., parvint à décider Stanislas-Auguste à abolir cette constitution, et à accepter celle qui fut décrétée en 1791. Au commencement de 1792, il chercha mais inutilement à faire entrer son cousin, le comte Félix Potocki, dans le parti des patriotes. Tandis qu'il s'était rendu à Berlin, pour demander l'appui de cette cour contre les prétentions ostensibles de la Russie, son cousin, qui les appuyait de tout son pouvoir, ayant formé une confédération avec plusieurs nobles polonais, publia le manifeste de Targowitz. Le comte Ignace ne put déterminer le roi à refuser de l'accepter. Dépouillé de ses biens, persécuté, il se retira à Dresde, qu'il quitta après la nouvelle de la victoire, remportée par Kosciusko sur les Russes à Praclawice. Ignace Potocki fut alors chargé par le général en chef d'établir un gouvernement à Varsovie. Il conserva pour lui le ministère des affaires étrangères, et rendit des services importans dans le court espace de temps qui s'écoula jusqu'à la prise de Varsovie par les Russes. Fait prisonnier alors, malgré la capitulation, il fut traîné en Russie et détenu dans la forteresse de Schlusselbourg, jusqu'à la mort de l'impératrice Catherine II. Ignace Potocki obtint alors sa liberté, et se retira dans la Gallicie, où, soumis à la surveillance de la police autrichienne, il fut arrêté, en 1798, lorsque le gouvernement français annonça le projet de rétablir l'indépendance de la Pologne. Après quelques mois de détention à Cracovie, il obtint de nouveau l'autorisation de se retirer dans ses terres, où il mourut le 30 avril 1809.

POTOCKI (LE COMTE JEAN), historien polonais, a publié plusieurs ouvrages estimés, qui lui ont mérité des distinctions de la part de l'empereur Alexandre. On remarque des *Recherches sur la Sarmatie;* une *Histoire primitive des peuples de la Russie,* imprimée par ordre de l'académie des sciences de Saint-Pétersbourg; enfin son *Voyage en Egypte,* pendant lequel il grava sur les pyramides du Caire ce vers de l'abbé Delille :

Leur masse indestructible a fatigué le temps.

Le comte Jean Potocki a fait partie, en 1805, de la grande ambassade russe à la Chine, et a rapporté de ce pays de nombreux matériaux historiques qu'il s'occupait à coordonner, lorsqu'il mourut subitement en Ukraine à la fin de 1815. Il était membre de l'académie des sciences de Varsovie, et de plusieurs autres sociétés savantes de l'Europe.

POTOCKI (LE COMTE ALEXANDRE), de la même famille que les précédens, obtint la place de grand-écuyer immédiatement après l'entrée des Français en Pologne. L'année suivante, en 1808, il leva à ses frais une compagnie d'artillerie, et le 28 mars 1809, il reçut du roi de Saxe la décoration de l'ordre de l'aigle blanc. Nommé sénateur woïwode, et gratifié d'une pension de 6000 florins, à la fin de 1811, il entra dans la confédération lors de l'invasion des Français en Russie, et fit à cette époque partie de la commission provisoire du gouvernement de Lithuanie. En 1815, le comte Potocki a été réintégré par l'empereur Alexandre dans ses fonctions de grand-écuyer du royaume de Pologne.

POTT (PERCIVAL), célèbre chirurgien anglais, membre de la société royale de Londres, ville où il naquit en 1713, devint orphelin dès l'âge de 4 ans. Il eut le bonheur d'intéresser M. Nourse, chirurgien en chef de l'hôpital de Saint-Barthélemy, aux soins duquel il fut confié, et fit de rapides progrès dans son art. Attaché jeune encore à l'hôpital comme l'un des principaux chirurgiens, il parvint à adoucir les pratiques barbares usitées dans les traitemens, et à y substituer des méthodes plus humaines et non moins efficaces. Tout entier livré à l'exercice de sa profession, où son habileté et sa dextérité lui firent une grande réputation, il ne s'était point encore occupé de confier au papier les fruits de ses méditations et de son expérience. Une chute de cheval où il eut la jambe fracassée, le força à une vie sédentaire, et il employa les longs momens qui lui restaient à composer les ouvrages que nous allons citer, et où l'on remarque que la science y est réunie au talent d'écrire. La société royale de Londres en l'inscrivant parmi ses membres le récompensa de la plus noble manière de tous les services qu'il avait rendus à l'humanité. Il mourut en 1789. On lui doit : 1° *Mémoire sur les tumeurs qui ramollissent les os* (Transactions philosophiques), 1741; 2° *Traité des hernies,* in-8°, 1756, réimprimé en 1763, et chaque fois accueilli avec la plus grande faveur; 3° *Mémoire sur une espèce particulière d'hernie dans les enfans nouveaunés, qui se présente quelquefois* dans les adultes, 1756, in-8°; 4° *Observations sur la fistule lacrymale*, 1758, in-8°; 5° *Observations sur les blessures et les contusions de la tête*, 1760, in-8°, réimprimées avec des additions en 1768; 6° *Remarques pratiques sur l'hydrocèle*, 1762, in-8°; 7° *Remarques sur la fistule à l'anus*, in-8°, 1765; 8° *Méthode pour guérir l'hydrocèle à l'aide d'un séton*, 1772, in-8°; 9° *Observations sur la cataracte, le polype du nez, le cancer du scrotum et sur différentes espèces de hernies;* 10° *Remarques sur une sorte de paralysie des extrémités inférieures*, in-8°, 1779. L'auteur avait publié de son vivant la collection de ses ouvrages, en un vol. in-4°. Depuis sa mort, son gendre, M. Earle, en a donné une édition corrigée et augmentée, 1790, 3 vol. in-8°, précédée de la vie de Pott. Ses œuvres chirurgicales, traduites de l'anglais en français, ont été publiées à Paris, en 1777 et 1792, 5 vol. in-8°.

POTTEAU-D'HANCARDRIE, député du département du Nord à la chambre de 1815, en sortit en vertu de l'ordonnance du 5 septembre, et fut réélu en 1818. Dans cette session, il vota contre le monopole du tabac; mais ce fut la seule fois qu'il se trouva en opposition avec le ministère. L'année suivante, il vota en faveur de toutes les lois d'exception. Il faisait partie de la chambre de 1823, et a été réélu en 1824.

POTTER (Robert), poète anglais, naquit vers 1721, étudia à l'université de Cambridge, embrassa l'état ecclésiastique, et devint vicaire de Lowestost. Il se fit d'abord connaître par quelques pièces de poésie, et de petits poëmes, dont il fit un recueil qu'il publia en 1774, 1 vol. in-8°. En 1777, Potter donna sa traduction d'*Eschyle*, 2 vol. in-8°; celle d'*Euripide*, en 1781, 2 vol. in-4°; et enfin celle de *Sophocle*, en 1788. A cette époque, malgré la réputation dont il jouissait dans la république des lettres, il n'était encore que vicaire de Lowestost: mais lord Thurlow, son condisciple, lui fit obtenir une prébende dans la cathédrale de Norwich. Potter avait encore fait paraître, en 1783, des observations judicieuses sur quelques passages des *Vies des poètes*, par le docteur Johnson, et, en 1785, une traduction de l'*Oracle concernant Babylone, et du chant triomphal d'Isaïe*. Potter mourut à Lowestost en 1784. Ses traductions en vers des trois tragiques grecs sont ses meilleurs ouvrages.

POTTOFEU (N.), avocat, fut nommé procureur-général-syndic du département de l'Aisne en 1793. Après la chute de Robespierre an 9 (thermidor an 2), il fut traduit devant le tribunal révolutionnaire, comme prévenu de terrorisme; le tribunal l'acquitta. Impliqué, en 1797, dans la conspiration de Babeuf, il ne fut pas moins heureux. Peu de temps après, Pottofeu, nommé agent forestier par le directoire-exécutif, fut destitué en 1798. Il se fit alors défenseur officieux à Laon, et exerça cette profession jusqu'à sa mort, arrivée il y a quelques années.

POUCHET (Louis-Ezéchiel), négociant de Rouen, natif de Gruchet près de Bolbec, s'est rendu recommandable par les services qu'il a rendus à nos manufactures. Destiné au commerce et doué d'un esprit inventif, Pouchet voyagea en Espagne, en Italie et en Angleterre, où il étudia avec le plus grand soin les procédés auxquels cette dernière puissance devait la supériorité de ses tissus. De retour en France, il y fit prévaloir les machines à filer d'Arkwright, qu'il perfectionna, et contribua puissamment par ses inventions et ses écrits aux développemens de notre industrie manufacturière. Pouchet fixa souvent sur lui l'attention du gouvernement, qui lui accorda une indemnité de 3,000 francs en 1795, une médaille d'or en 1802, une deuxième en 1805, et la même année un brevet comme ayant perfectionné les machines à filer le coton. Pouchet, né en 1748, mourut à Rouen le 30 mai 1809. Il faisait partie de la société d'émulation de cette ville, et de l'athénée de Paris, était correspondant de la commission des poids et mesures, enfin membre du bureau consultatif des arts et métiers près du ministère de l'intérieur. Ses principaux ouvrages sont : 1° *Clef de la langue espagnole*, 1786; 2° *Traité sur la fabrication des étoffes*, Rouen, 1788; 3° *Métrologie terrestre*, ou tables des nouveaux poids, mesures et monnaies de France, Rouen, in-8°, 4ᵐᵉ édition, 1798; 4° *Mémoire sur le nouveau titre des matières d'or et d'argent, comparé à l'ancien*, 1798, in-8°; 5° *Mémoire sur la mesure des superficies*, etc., *suivi du sol du département de la Seine-Inférieure, divisé en cantons, et les cantons divisés par les différentes qualités ou par les productions de leur territoire*, 1800, in-8°.

POUCHIN (le baron P. G.), maréchal-de-camp, commandeur de la légion-d'honneur, chevalier de Saint-Louis, né à Geffose, département du Calvados, le 31 janvier 1767, suivait la carrière administrative, lorsqu'il entra comme simple volontaire au 1ᵉʳ bataillon du Calvados, le 17 octobre 1791. Ce bataillon se rendait à l'armée du centre, que commandaient les généraux Dumouriez et Kellermann. Nommé capitaine le 10 septembre 1792, il fut envoyé à l'armée de Rhin-et-Moselle, où il fit la campagne de cette année, sous les ordres du général Pichegru, et les suivantes sous ceux des généraux Beurnonville, Hoche et Jourdan. Employé à l'état-major de l'armée de Sambre-et-Meuse, en l'an 2, et adjoint à l'adjudant-général Garnier, il commanda, le 18 brumaire, l'avant-garde de la division du général Grangeret, marchant sur Landau. Quoiqu'il n'eût avec lui que six compagnies du 1ᵉʳ bataillon de la Creuse, il enleva près de Nider-Steinbach une forte position défendue par 1200 Prussiens, que couvraient la rivière, et une inondation. A la célèbre bataille de Fleurus, il se signala par une action des plus glorieuses, en ramenant à la charge la gauche de la division Championnet, qui venait d'éprouver une déroute. Cette action lui valut le grade de chef de brigade de la 132ᵉ de ligne. Pendant les derniers mois de l'an 3 et les premiers de l'an 4, il remp'

M. Ch. Th. Pougens.

visoirement les fonctions de général de brigade à l'armée de Sambre-et-Meuse, et passa ensuite chef dans la 108ᵉ demi-brigade de ligne. Le 10 prairial an 4, à la tête d'une compagnie de grenadiers de sa demi-brigade, il chargea, dans le Hundsdruch, un bataillon autrichien, et lui fit 350 prisonniers. Le 8 messidor de la même année, avec trois compagnies de grenadiers, il passa le Rhin à Bingen, en présence de l'ennemi, s'empara de la ville de Russelsheim, et de quarante bateaux qu'il ramena. Ces bateaux servirent sur-le-champ au passage de l'aile droite de l'armée française. En l'an 6, M. Pouchin fut envoyé à l'armée du Danube, et en l'an 7 à celle d'Helvétie. Il vint ensuite à Paris où il demeura six mois attaché au comité des officiers-généraux, puis fut chargé, de la part du général Berthier, alors ministre de la guerre, d'une mission importante à l'armée d'Italie. En l'an 8, sous Masséna, il commanda pendant le siége de la place de Gênes; il devint successivement général de brigade, officier de la légion-d'honneur, et après la première restauration en 1814, il fut nommé commandeur de la légion-d'honneur et chevalier de Saint-Louis; il est aujourd'hui (1824) en disponibilité.

POUGEARD-DE-LIMBERT (le baron François), exerçait la profession d'avocat à Confolens en 1789. Nommé alors député aux états-généraux par le tiers-état du bailliage d'Angoulême, il fit partie du comité d'aliénation des biens nationaux; à la fin de l'assemblée constituante, il retourna dans ses foyers, d'où, après la session conventionnelle, il fut appelé par le département de la Charente au conseil des anciens; il en sortit le 20 mai 1799. Nommé par le gouvernement consulaire préfet du département de la Haute-Vienne, il quitta cette place, en 1802, pour entrer au tribunat. Peu de temps après, il devint secrétaire de cette assemblée, et reçut la croix de la légion-d'honneur. Le tribunat ayant été supprimé, M. Pougeard-de-Limbert obtint la préfecture de l'Allier, où il resta jusqu'en 1814. Au retour de Napoléon en 1815, il fut nommé préfet de la Somme; mais il demanda à passer à la préfecture de l'Allier, qu'il cessa d'administrer après la deuxième abdication de Napoléon. En 1821, il fut élu par le département de la Charente, membre de la chambre des députés; il a cessé d'en faire partie en 1823.

POUGENS (Marie-Charles-Joseph), de l'institut de France (académie royale des inscriptions et belles-lettres), et des principales sociétés savantes de l'Europe, est né à Paris le 15 août 1755. On a parlé diversement de sa naissance; mais nous imiterons sa circonspection, et d'autant plus volontiers, que la vie d'un homme de lettres doit se trouver entièrement dans ses écrits. Malheur à celui pour lequel il n'en serait pas ainsi, soit par un effet de sa volonté, soit à raison des événemens. Comme il était d'une constitution assez délicate, les personnes auxquelles il appartenait ne le mirent ni en pension, ni au collége. On le confia aux soins d'une femme très-bonne, très-zélée, nommée madame Baugé, fille d'un chevau-léger de Louis XIII, et qui s'y attacha comme à son propre fils. Depuis, il s'acquitta envers elle par les soins qu'il prit de sa vieillesse. Une dame très-spirituelle, de la famille des Arnauld, mariée à un parent de Mme de Pompadour, avait la grande main sur son éducation; aussi lui donna-t-on d'habiles maîtres dans les principales langues de l'Europe. Ses premières compositions furent même en allemand. On assure qu'à peine sorti de l'enfance, il écrivit un petit poëme intitulé : *Das Morgenroth* (l'Aurore), imité de Gesner. Dès l'âge de sept ans, on lui enseigna la musique; il étudia aussi de très-bonne heure les arts du dessin, fut élève de Greuze, ensuite de M. Bachelier. Depuis, il se perfectionna dans le dessin et dans la musique; durant son séjour à Rome, fut reçu de l'académie italienne de peinture, et voulut, quoique simple amateur, faire un morceau de réception; ce dessin, assez capital, est intitulé : le *Marchand d'esclaves*. Lorsqu'il eut atteint l'âge de 20 ans, comme on le destinait à la carrière diplomatique, on songea à le faire voyager. Ce fut alors qu'il partit pour l'Italie, en mars 1776, sous l'autorisation spéciale du roi, et recommandé par un de nos princes à Mgr. le cardinal de Bernis, qui conçut pour lui la plus vive amitié, et à qui il voua bientôt lui-même l'attachement et le respect le plus tendre. Charles Pougens, qui avait reçu de la nature une âme aimante et sensible, se fit beaucoup d'amis à Rome, et parmi les personnes les plus distinguées. On l'accueillit avec bonté, même avec une sorte d'empressement, dans les familles les plus considérables de cette capitale du monde chrétien. Le célèbre P. Jacquier, le premier commentateur de Newton, et l'homme de son temps qui écrivait le mieux le latin, se plaisait à l'instruire. Ensuite, comme le jeune Charles Pougens annonçait dès-lors assez d'intelligence et de maturité, le feu bailli de la Brillane, ambassadeur de Malte, se reposait souvent sur lui des soins de son ambassade. Partagé entre l'étude de la diplomatie, et celle des belles-lettres, pour lesquelles il était passionné, il travaillait 15, même 16 heures par jour, et prenait souvent sur son sommeil. Ce fut à Rome, en mai 1777, qu'il commença son Trésor des origines et Dictionnaire grammatical raisonné de la langue française, sur un plan semblable à celui de Samuel Johnson, et même plus étendu. Depuis, il en a publié le *specimen*, imprimerie royale, 1819, vol. in-4°, d'environ 500 pages. Les recherches qu'il fit au Vatican sur l'origine des langues, sont immenses; mais malheureusement il fut arrêté dans sa carrière. Le 25 novembre de l'année 1779, en retournant du palais de France, dans le petit casin de la rue du Cours, où il logeait, il se trouva très-mal : le lendemain la petite-vérole se déclara; elle était accompagnée des symptômes les plus effrayans. Il fut plusieurs semaines entre la vie et la mort. Le venin se jeta sur ses yeux, déjà fatigués par le travail et par les veilles. On avait négligé de le faire inoculer, parce qu'on croyait qu'il avait eu la petite-vérole en nourrice ; il en portait même de légères marques. Quelques personnes ont prétendu qu'il avait été saisi de la contagion en allant visiter les catacombes. Cette année là, un grand nombre d'individus des deux sexes avaient péri victimes de cette affreuse maladie. Tout Rome s'intéressa au sort de Charles Pougens, et le combla des marques du plus vif intérêt. Enfin, après sept mois de réclusion dans sa chambre, et faible encore, il céda aux instances du cardinal de Bernis, et à celles de son ami, l'ambassadeur de Malte. Comme ils n'avaient l'un et l'autre aucune confiance dans les oculistes de Rome, ils le déterminèrent à retourner en France. Ce fut alors que son ancien gouverneur, feu l'abbé Daniel Lamontagne, oncle de M. Pierre Lamontagne, bon littérateur, qui existe encore aujourd'hui, lui donna une grande marque d'attachement : il quitta secrètement Paris, et sans en rien dire à personne, il alla trouver son ancien élève à Rome, dans l'intention de lui consacrer ses soins durant la route, et il l'accompagna jusqu'à Lyon, où il le remit entre les mains d'un oculiste célèbre de cette ville, qui le flatta d'une guérison absolue, et promit de le rendre à ses premières fonctions. Charles Pougens avait laissé à Rome ses papiers, ses livres, comptant y revenir ; de là continuer ses voyages, et faire le tour de l'Europe : son attente fut trompée. Après plusieurs mois d'un traitement très-douloureux, les perceptions qui lui restaient encore lorsqu'il quitta l'Italie, s'éteignirent tout-à-coup, et il fut plongé dans la nuit la plus profonde. Il était alors âgé d'environ 24 ans. Il soutint son malheur en silence, sans se plaindre, et toutefois sans ostentation. Renonçant à tout projet de retour à Rome, il partit pour Paris, où il se livra avec plus d'ardeur que jamais à l'étude. Ayant éprouvé quelques peines assez vives, et qui tenaient à sa sensibilité, il sollicita une mission en Angleterre, où il avait déjà fait plusieurs voyages pour diverses recherches au British-Muséum, relatives à son travail sur l'origine des langues. Le ministère accepta la proposition qu'il fit de retourner à Londres, et d'y prendre tous les renseignemens nécessaires au traité de commerce qu'on méditait alors, et qui eut lieu en 1786. Il fit plusieurs mémoires qui existent encore dans les bureaux, et qui servirent de base à ce traité. (Voyez Lettre à la chambre du commerce de Normandie, etc., par feu Dupont de Nemours, p. 269.) Survint la révolution ; Charles Pougens, qui avait 10 mille livres de rentes viagères sur le grand-livre, et aussi en expectative un prieuré de 13 à 14 mille francs de revenus, qu'il pouvait posséder comme chevalier de Malte, sans être obligé de porter l'habit ecclésiastique, perdit entièrement sa fortune ; et après avoir traduit de l'allemand les voyages de Forster sur les rives du Rhin, en Angleterre, etc., et d'autres voyages pour le libraire Buisson, se trouvant réduit à une détresse absolue, il entreprit le commerce de la librairie sans associé, sans nulle assistance, et n'ayant d'autres fonds qu'un assignat de 10 francs qui, ce jour-là, valait environ 35 sous; mais il était dans ses principes de considérer comme une sottise, si ce n'est même comme une lâcheté, le découragement ou l'abandon de soi-même, et comme un péché, d'abandonner ses amis ; or, il en avait qui lui étaient très-chers. Bref, en peu d'années, toujours livré à ses propres forces, et toujours sans associé, il parvint, grâce à sa persévérance, à son activité, à élever une des premières maisons de commission de librairie de Paris, à se trouver à la tête d'une imprimerie passable, et à faire vivre, c'est-à-dire, à employer environ cinquante ou soixante pères de famille. Quoique très-circonspect en affaires, la nécessité de faire de longs crédits à l'étranger pensa lui devenir fatale. En cinq jours de temps, plusieurs banqueroutes consécutives lui enlevèrent 120 mille francs, numéraire métallique. Sa conscience ne lui reprochait rien, car il avait toujours vécu avec la plus stricte économie : toutefois, connaissant trop bien les hommes et le monde, pour ignorer que dans les affaires, malheureux et coupable sont presque toujours synonymes, son cœur fut froissé ; cependant il ne se laissa point abattre. Une grande dame étrangère, douée d'une âme très-élevée, et qu'il n'avait pas vue depuis plusieurs années, mais qui estimait son caractère, lui envoya 12 mille francs sur le banquier Hervaz; et Napoléon, alors premier consul, à qui il écrivit une lettre courte, simple, noble, sans adulation, lui fit prêter, d'après le rapport de M. le duc de Gaëte, et sur la caisse des lots non réclamés de la loterie, une somme de 40 mille francs. Charles Pougens réalisa tout ce qu'il possédait, honora ses engagemens, ne suspendit pas un seul instant l'ordre de ses paiemens; aussi son crédit resta-t-il intact. Ensuite il rendit 20 mille francs sur les 40 mille dont on lui avait fait l'avance, et l'empereur Napoléon le tint quitte du reste, à titre d'indemnité, lorsqu'au renouvellement des imprimeurs de Paris il ne fut point renommé, car il n'avait nullement sollicité de l'être. Vers le commencement de l'année 1805, il se rendit en Hollande, pour aller au-devant d'une Anglaise à laquelle il était attaché depuis long-temps, et à qui il a uni son sort, miss Sayer, nièce de feu mistress Boscowen, veuve de l'amiral de ce nom : cette dame, mère de madame la duchesse de Beaufort, passait pour la *Sévigné* de l'Angleterre, et possédait notre langue comme si elle était née à Paris : Mme de Pougens est son élève. Charles Pougens ayant entièrement renoncé aux affaires, s'est retiré depuis 1808 dans la vallée de Vauxbuin, près de Soissons, où il habite avec un de ses élèves, M. Théodore Lorin, et avec l'élite des amis qu'il a conservés. Agé aujourd'hui de 69 ans, Charles Pougens achève, dans la retraite, son *Trésor des origines et Dictionnaire grammatical raisonné de la langue française*, dont nous avons parlé plus haut, ouvrage difficile, surtout dans sa position, commencé il y a quarante-sept ans révolus, et qu'il a toujours continué à travers les détails de son commerce, et les orages de la révolution. Il vit très-retiré, voit peu de monde, et on dit que malgré l'extrême médiocrité de sa fortune, il fait encore un peu de bien dans sa vallée. En 1799, l'institut de France, section des langues anciennes, classe de la littérature et des arts, aujourd'hui académie royale des inscriptions et belles-lettres, le reçut au nombre de ses membres. Nous avons déjà dit qu'il s'était appliqué dès sa jeunesse à l'étude des langues anciennes, spécialement des anciennes langues du nord, et ce que nous croyons devoir ajouter, c'est qu'il a su s'affranchir de tout esprit de système. Durant son séjour en Italie, l'institut de Bologne, l'académie de Cortonne, d'autres encore, l'avaient admis dans leur sein. A son retour de Rome, en 1780, il fut reçu de l'académie de Lyon; ensuite, d'après la communication de plusieurs articles de son Trésor des origines, etc., et surtout depuis la publication du *specimen* de cet ouvrage, les académies impériales et royales della Crusca, de Saint-Pétersbourg, de Munich, de Gottingue, des Pays-Bas, de Harlem, de Leyde, de Padoue, de Turin, de Madrid, langue; de Madrid, histoire; de Lisbonne, etc., lui ouvrirent leurs portes. Le chapitre de l'ordre souverain de Saint-Jean de Jérusalem, extraordinairement assemblé à Catane, sous la date du 24 novembre 1818, l'autorisa par un rescrit à porter la croix de Malte, quoique marié, faveur qui ne

s'accorde aux chevaliers des langues de France, que pour des considérations majeures. Depuis, le roi d'Espagne lui a envoyé l'ordre de Charles III. Plusieurs souverains de l'Europe l'ont honoré de leur correspondance. En 1806, S. M. I. l'impératrice de Russie, douairière, le choisit pour son correspondant littéraire, et depuis quelques années, S. A. I. le grand-duc Constantin lui a accordé en cette qualité la même confiance. Il les sert avec zèle, et en conservant toujours son caractère de simplicité et de franchise philosophique. Cherchant à glisser à travers la vie, il a exclusivement consacré la sienne à l'amitié, à l'étude : il vit solitaire ; et sans haïr le monde, il se borne à ne point l'aimer. C'est ainsi que cherchant l'intérêt dans le calme, il a trouvé, sinon le bonheur, du moins des consolations. Maintenant, il ne nous reste plus qu'à parler de ses ouvrages. En voici les titres et l'ordre dans lequel ils ont été publiés. 1°. *Récréations de philosophie et de morale*, Yverdun 1784, 4 part. en 1 v. in-12; 2° *Vocabulaire de nouveaux privatifs français*, imités des langues latine, italienne, espagnole, portugaise, allemande et anglaise, Paris, 1794. 1 vol. in-8°; 3° *Voyage philosophique et pittoresque sur les rives du Rhin, à Liége, dans la Flandre, le Brabant*, etc., traduit de l'allemand de G. Forster, l'un des compagnons de Cook, avec notes du traducteur, Paris, an III (1795), 2 vol. in-8°; 4° *Voyage philosophique et pittoresque en Angleterre et en France*, fait en 1790, traduit de l'allemand de G. Forster, avec notes critiques du traducteur sur la littérature et les arts, Paris 1795, 1 vol. in-8°, fig.; 5° *Voyage à la Nouvelle-Galles du Sud* et au port Jackson, traduit de l'anglais de John White, avec notes du traducteur, Paris 1795, 1 vol. in 8°; 6° *Essai sur les Antiquités du Nord* et les anciennes langues septentrionales, 2° édit., Paris, 1799, in-8°; 7° *Doutes et conjectures* sur la déesse Néhalennia, révérée en Zélande, Paris, 1810, in-8°; 8° *Trésor des Origines* et Dictionnaire grammatical raisonné de la langue française, *specimen*, Paris, imprimerie royale, 1819, 1 vol. in-4° d'environ 500 pag.; 9° *les Quatre Ages*, seconde édition, suivie du portrait d'une jeune fille par un papillon, imprimerie de P. Didot, aîné, 1820, 1 vol. in-18. Les mêmes, traduits trois fois en allemand, par M. Fred. Gleich, M. Bernhart et M. Fred. Hurter. Les mêmes, traduits en italien, Milan, Vincenzo Ferrario, 1821, 1 vol. in-18. Les mêmes, 3° édition, avec la traduction italienne en regard, 1 vol. in-18 (sous presse). Les mêmes, traduits en espagnol, par D. Angel*** (sous presse). 10° *Lettres d'un Chartreux*, imprimerie de P. Didot, aîné, 1820, 1 vol. in-18, fig.; les mêmes, traduites en allemand, par M. Franz Kuenlin, Aarau, janvier 1821. *Idem*, par M. Fréd. Gleich, 1821, *voy.* der Zuschauer, juin, n°° 71, 72, 73, 74. Les mêmes, traduites en espagnol, par don Jos*** (sous presse). 11° *Abel ou les trois Frères*, Paris, 1820, 1 vol. in 12. *Idem*, traduit en allemand par M. Fr. Gleich. 12° *Contes du vieil Ermite* de la vallée de Vauxbuin, Paris, 1821, 3 v. in-12. Tom. I: les Si, les Mais, ou le Soulier de Paul-Émile; Bakhtiar ou les Méprises de l'amour-propre et du cœur; Nicolas Flamel, ou le Longévite; les Erreurs de Florine, ou Conversation entre une raisonneuse et un homme simple; Timon et Azoline, ou Entretien d'un misanthrope avec une danseuse de l'Opéra. Tom. II: le Docteur de Sorbonne et son bon Génie; Alfred de Valomir, ou le Métaphysicien corrigé; Mémoires secrets d'un prêtre de Cérès; le Frère et la Sœur, anecdote du temps de la minorité de Louis XV. Tom. III: Amours, Jeunesse et Vanité, ou le Plaisir n'est que le pis-aller du bonheur; Eugène et d'Éricourt, ou Illusions sans plaisir; le Visir Alhakim et son Moineau, conte oriental; Verseuil et André, ou Ce sont les sots qui disent les sottises, et ce sont les gens d'esprit qui les font, histoire véritable; le Souvenir de mademoiselle Henriette d'Angleterre, ou Mon 31 Décembre. La plupart de ces contes ont été traduits en allemand par M. Fréd. Gleich, et publiés dans divers journaux, le Freymuthige, le Zuschauer, le Gellerschafter. 13° *Lettres de Sosthène à Sophie*, imprimerie de P. Didot, aîné, 1821, 1 vol. in-18; les mêmes, traduites en italien par M™ Cecilia Lesuna Folliero (sous presse); 14° *Archéologie française*, ou Vocabulaire de mots anciens tombés en désuétude, propres à être restitués au langage moderne, et qui pour la plupart se retrouvent dans les langues italienne, espagnole, anglaise, etc., accompagné d'exemples tirés des écrivains français des XIIe, XIIIe, XIVe, XVe et XVIe siècles, manuscrits ou imprimés, ainsi que des principaux classiques étrangers, imprimerie de MM. Firmin Didot, père et fils, 2 vol. in-8° (le tome 2 et dernier est sous presse); 15° *Jocko*, épisode détaché des Lettres inédites sur l'instinct des animaux, 1824, 1 vol. in-12; idem, 2e édit., 1 vol. in-18; 16° *La Religieuse de Nîmes*, 2e édit., 1 vol. in-18 (sous presse). 17° *Lettres sur divers sujets de morale*, dans lesquelles on trouve plusieurs anecdotes inédites sur Voltaire, J. J. Rousseau, d'Alembert, Pehmeja, suivies d'une Dissertation en forme de lettres sur la vie et les ouvrages de Galilée, de divers dialogues, et d'un recueil de maximes et pensées, 2 vol. in-12 (sous presse).

POUILLY (le baron de), maréchal-de-camp, et député aux états-généraux, était issu d'une famille noble de la ci-devant province de Lorraine. Il suivit la carrière des armes, et parvint assez rapidement aux premiers grades. En 1789, la noblesse du bailliage de Verdun le nomma député aux états-généraux, où il ne se fit point remarquer, quoique fortement opposé aux réformes qu'elle préparait. On prétend qu'il eut même à ce sujet quelques altercations avec un membre de la chambre des communes, dont le résultat aurait été un duel, que l'on parvint cependant à empêcher. Dès le mois d'octobre de cette année, il donna sa démission, et fut remplacé à l'assemblée constituante par M. Loison. Le baron de Pouilly fut un des premiers gentilshommes français qui sortirent du royaume; il se retira en Allemagne, et y mourut en 1795.

POULAIN (N.), capitaine de vaisseau, était, en 1779, maître de manœuvre à bord de la *Cybèle*. Pendant la campagne de l'Inde, un matelot de *la Cybèle*, occupé à réparer une manœuvre, coupée par le feu de l'ennemi, eut le bras emporté et tomba dans la mer; Poulain s'y précipite après lui et le ramène à bord. Au combat de Trafalgar, il était capitaine de vaisseau et commandait *le Héros*, de 74 canons, qui avait à son bord le pavillon de l'amiral Rosily. Le capitaine Poulain se distingua dans cette sanglante affaire par son courage et son intelligence, et y fut un des moins maltraités. En 1815, il était encore au service; mais depuis il a pris ou reçu sa retraite.

POULAIN DE BEAUCHÊNE, était lieutenant-général de la grande-louveterie de France, au commencement de la révolution, dont il adopta les principes. Nommé député du tiers-état par le bailliage de Caen aux états-généraux en 1789, il vota constamment avec le côté gauche. Dans la discussion sur la suppression des droits féodaux, il monta à la tribune, et demanda aussi la suppression des pigeons, des lapins et des moines, « parce » que les uns, dit-il, mangent le » blé en grains, les autres en herbe, et les derniers en gerbe » Après la session de l'assemblée constituante, M. Poulain de Beauchêne a cessé de prendre part aux affaires publiques.

POULAIN DE BOUTANCOURT (CÉLESTIN), était maître de forges avant la révolution.

Choisi, en 1789, par le tiers-état du bailliage de Vitry-le-Français, pour le représenter aux états-généraux, il vota dans cette assemblée avec la majorité, et fut nommé, dans le mois de septembre 1792, par le département de la Marne, député à la convention nationale. Dans le procès du roi, il se prononça pour la réclusion pendant la guerre et le bannissement à la paix. Après la session conventionnelle, il passa au conseil des cinq-cents, où il resta jusqu'à la révolution du 18 brumaire an 8, et fit aussitôt partie du corps-législatif. Il mourut à Sedarme, en octobre 1812.

POULAIN DE CORBION, maire de Saint-Evrieux, avant la révolution, fut nommé, en 1789, député aux états-généraux par le tiers-état de la sénéchaussée de cette ville. Attaché au parti de la révolution, il siégea au côté gauche, et fut ensuite employé par le directoire-exécutif en qualité de commisaire. Poulain de Corbio fut assassiné, dans l'exercice de ses fonctions, par une bande de chouans, en novembre 1799.

POULARD (Thomas-Juste), ancien évêque constitutionnel, né à Dieppe le 1er septembre 1754, entra au séminaire des Trente-Trois, à Paris, après avoir achevé ses études. L'abbé Poulard ne tarda pas à se faire connaître comme prédicateur; il obtint des bénéfices et une cure principale dans le diocèse de Lisieux : mais il n'en resta pas moins à Paris, où il continua, jusqu'en 1789, à se livrer aux exercices de la prédication. Nommé vicaire épiscopal de Seez, après avoir prêté serment à la constitution civile du clergé, il obtint ensuite l'évêché constitutionnel du département de Saône-et-Loire, et fut sacré à Lyon, dans le mois de juin 1800. M. Poulard perdit son siège par suite du concordat de 1802, et se retira à Paris, où il composa différens écrits relatifs à la révolution. Il est auteur des *Ephémérides religieuses*, pour servir à l'histoire ecclésiastique de la fin du 18e siècle et du commencement du 19e, et il passe pour avoir composé un ouvrage sur l'*Etat actuel de la religion en France*, dont le but était d'opérer une réunion désirée par tous les vrais amis de la religion.

POULE (Chrysostôme), neveu du fameux prédicateur de ce nom, naquit à Draguignan, embrassa l'état ecclésiastique, et devint moine de l'ordre des Augustins. La révolution l'ayant forcé de quitter son couvent, la haine qu'il ressentit se signala par un crime dont son compatriote l'abbé Sieyes fut la victime. Le 12 juin 1797, il se présente chez lui pour en obtenir des secours, et sur son refus, il lui tira, à bout portant, dans la poitrine, un coup de pistolet que Sieyes parvint à détourner un peu. Le pistolet était chargé de deux balles mâchées, dont l'une lui fracassa le poignet, et l'autre lui effleura la poitrine. Après avoir commis ce crime, l'assassin s'élança à la fenêtre devant laquelle la foule s'était déjà rassemblée, et se mit à crier : « qu'il avait com- »mencé sur un des plus forts, »et qu'il fallait suivre son exem- »ple sur tous les autres. » Ces faits justifient mal ce que disent certains biographes indulgens. En rendant compte de ce lâche assassinat, selon eux : « L'abbé Poule » se présente chez Sieyes pour » en obtenir un léger secours, et » n'ayant obtenu qu'un refus très- » dur, il fut poussé par le déses- » poir à lui tirer un coup de pis- » tolet. » Poule avait repoussé d'avance cette idée d'un désespoir subitement provoqué par un refus. Après son arrestation, il raconta avec le plus grand sang-froid les détails de son crime, en ajoutant qu'il eût désiré frapper de mort toute la représentation nationale. L'abbé Poule s'était déjà jugé. Le tribunal le condamna à six heures d'exposition et à vingt ans de galère, durant lesquels il mourut.

POULE (N.), autre neveu du prédicateur du même nom, était prévôt du chapitre d'Orange en 1789. Il fut nommé par le clergé de la principauté de cette ville député suppléant aux états-généraux, où, peu de temps après, il siégea, en remplacement de l'évêque d'Orange, démissionnaire. L'abbé Poule ne se fit pas remarquer; mais il signa les protestations des 12 et 15 septembre contre les actes de l'assemblée, et émigra le 30 du même mois. Après un long séjour en Italie, il rentra en France, en 1802, et se retira ensuite à Avignon, sa ville natale.

POULLAIN-DE-GRANDPREY (JOSEPH-CLÉMENT), ex-législateur, est né à Lignéville, près de Mirecourt (Vosges), le 23 décembre 1744. Son jeune âge offre déjà des particularités intéressantes. Pour donner à sa complexion délicate le temps de se fortifier, ses parens, malgré ses heureuses dispositions, eurent le bon esprit de lui faire commencer ses études assez tard. Il avait neuf ans quand tout à la fois il apprit à lire, à écrire, et reçut les premières leçons de latin : dix-huit mois après il fut en état d'entrer en troisième. Il fit sa rhétorique chez lui, sous un secrétaire de Voltaire, et sa philosophie à l'université de Pont-à-Mousson, dirigée par les jésuites, où, pour terminer ses classes, ces pères lui donnèrent à soutenir seul et il soutint avec éclat une thèse solennelle, nommée *thèse de prince* : il y avait appris la physique sous le père Barlet, savant professeur, qui dans ce cours même substitua le premier, en Lorraine, au cartésianisme le système astronomique de Newton. Il devait suivre la carrière des eaux et forêts, dont son père était maître particulier; mais il ne lui a pas succédé, parce qu'il n'avait que 17 ans quand il le perdit : il avait reçu de très-bonne heure d'excellentes leçons pratiques dans cette partie. Alors M. Poullain-de-Grandprey se destina au barreau, et fit son droit à l'université de Pont-à-Mousson. De l'âge de 18 ans à 25, il exerça la profession d'avocat à Mirecourt. Il fut pourvu, en 1770, de l'office de conseiller du roi, assesseur civil et criminel au bailliage royal de la même ville. Un an après, il quitta ces fonctions pour prendre celles de prévôt de Bulgnéville, qu'il exerçait lorsque la révolution éclata : il en embrassa la cause avec le zèle d'un patriote sincèrement dévoué au bien public, et en adopta les principes en homme éclairé et convaincu. Il fut un des 28 députés des neuf bailliages des Vosges qui, réunis à Mirecourt, se réduisirent à quatre, qui furent envoyés aux états-généraux : il avait été chargé de rédiger les cahiers de doléance du bailliage de Neufchâteau. Les députés de la Lorraine, assemblés à Nanci, sur l'invitation de M. de Boufflers, le choisirent de même pour la rédaction des demandes du tiers-état de toute la province. Il fut aussi rédacteur des procès-verbaux de la fédération des Vosges, qui eut lieu le 9 mars 1790 à Epinal, et de celle de la garde nationale de toute la Lorraine, réunie à Nanci le 6 avril suivant : il y assistait en qualité de commandant des gardes nationales de Bulgnéville et de tous les environs. La même année, les électeurs, déterminés sans doute par les actes philantropiques qui avaient fait connaître M. Poullain-de-Grandprey à Bulgnéville, le tirèrent de ce bourg reculé à l'extrémité du département sur les confins de la Haute-Marne, en l'appelant aux fonctions de procureur-général-syndic, malgré les obstacles que devait apporter à cette nomination sa qualité de propriétaire de deux hautes-justices et d'un fief dont il porte le nom : on se souvenait des différentes missions gratuites qu'il avait remplies par ordre de l'intendant, notamment pour la reconstruction du village de Mandres-sur-Vair, qu'un incendie avait entièrement détruit en 1781, et de son zèle à défendre l'innocence opprimée ou compromise : on peut citer entre autres un malheureux qu'il fit acquitter au parlement de Nanci en 1779, et qui avait été condamné, à Neufchâteau, à la question préparatoire, précisément un an avant son abolition prononcée le 24 août 1780. En 1791, M Poullain-de-Grandprey présida l'assemblée électorale, qui voulait le choisir pour député à la législature : mention fut faite au procès-verbal, imprimé, de son refus comme d'un acte de dévouement aux intérêts de son département, resté par ses soins étranger aux excès qui ont signalé ailleurs la première époque de la révolution. En effet, après l'affaire de Nanci, il étouffa dans sa naissance une insurrection prête à éclater dans le régiment d'Angoulême, en garnison à Épinal, à l'occasion du compte des masses ; il fit respecter les propriétés, même féodales; opéra paisiblement la clôture du chapitre de Remiremont, clôture qui donnait lieu de craindre une émeute parmi les ouvriers et le peuple ; maintint la tranquillité ; administra, en un mot, avec une fermeté tempérée de douceur. Les prêtres insermentés, traités avec ménagement dans l'exécution des lois qui les frappaient, lui en ont témoigné leur gratitude, entre autres le fameux abbé Georgel, etc. Il leva, pour la defense de la patrie contre l'étranger, et organisa treize bataillons de volontaires avant aucune réquisition, et par la confiance qu'avaient en lui les citoyens des Vosges : sur son invitation, les employés partirent pour l'armée, en conservant leurs places. On peut juger de ses dispositions en faveur de la monarchie constitutionnelle, même après le 10 août 1792, par cette phrase qui se trouve dans ses réquisitions imprimées, prises sur le décret de suspension du roi : « Depuis long-

» temps le pouvoir exécutif et ses
» agens étaient soupçonnés; nous
» n'avons pas accrédité ce soupçon
» par des déclamations vaines, et
» nous avons évité de jeter dans les
» esprits des inquiétudes prématu-
» rées..... Si nous avons parlé au
» représentant héréditaire le lan-
» gage qui convient à des hommes
» libres, nous n'avons pas perdu
» de vue le serment que nous avons
» fait tant de fois de maintenir la
» constitution. » Quelques jours a-
près, sur la fin d'août 1792, il sauva la vie à Desaix, dont le nom est
devenu depuis si célèbre. Desaix,
alors aide-de-camp du général Victor Broglie, chargé de lettres d'officiers supérieurs de l'armée du
Rhin, pour son général, qui se
trouvait à Bourbonne-les-Bains,
avait voulu, pour abréger la route, éviter un poste de garde nationale à l'entrée du gros village de
Xertigni. Cette précaution inspira de la méfiance, et Desaix, bientôt arrêté, fut conduit à Épinal,
suivi d'une partie de la population
de Xertigni, à laquelle se joignit
ensuite celle d'Épinal. M. Poullain-de-Grandprey fit interrompre
la publicité de la séance du conseil-général du département, et,
pour soustraire Desaix aux suites
de l'effervescence populaire, il fit
adopter la mesure de faire conduire l'aide-de-camp en prison,
d'où sa sortie clandestine fut favo-
risée dans la nuit du lendemain :
le secret des lettres dont Desaix
était porteur fut respecté. Au moment du choix des députés à la
convention nationale, l'approche
des Prussiens avait déterminé les
électeurs de la Meuse, réunis à
Gondrecourt, à transférer leurs assemblées à Châlons. Sur la nouvelle de cette délibération, M. Poullain-de-Grandprey fit prendre aux
électeurs vosgiens, qu'il présidait,
la résolution de ne pas se séparer
avant d'avoir élu leurs députés,
quels que fussent les événemens.
Il fit improuver à la même assemblée la circulaire contenant la relation des journées des 2 et 3 septembre, adressée aux départemens
par la commune de Paris, et en
prit occasion de recommander aux
électeurs de s'attacher à calmer
les esprits et de prémunir les citoyens contre l'ardeur des vengeances, etc. Ces détails sont con-
signés au procès-verbal de l'assemblée. Quoiqu'il eût bien manifesté le désir de rester attaché
au poste où il avait su se rendre
si utile, les électeurs, insistant sur
les dangers de la patrie (l'ennemi
était à Verdun), lui firent accepter, malgré son refus, le mandat
de député. Pendant la session conventionnelle, il se montra constamment fidèle à la modération de
ses principes. Il y avait apporté
le désir de maintenir la constitution de 1791; mais il reconnut à
son arrivée que telle n'était pas la
disposition des esprits. Chacun
parlait de la république, et elle fut
proclamée sans discussion à la première séance. M. Poullain-de-
Grandprey témoigna, dans différentes réunions, l'espoir de la voir
constituer fédérative à l'instar de
la Suisse, de la Hollande, et surtout sur le plan des Etats-Unis :
on l'avertit à temps du danger qu'il
y avait à émettre une semblable
opinion, tant la commune de Paris avait déjà gagné de cette influence funeste à laquelle sont dus

tous les excès de la révolution. Dès les premiers jours d'octobre 1792, il fut nommé membre de la commission des 24, tous pris parmi les conventionnels qui n'avaient été ni de l'assemblée constituante ni de l'assemblée législative, parce qu'elle était créée pour faire le dépouillement des papiers qui compromettaient les membres de ces deux assemblées. Cette commission dut donner deux membres désignés par la voie du sort à celle chargée de communiquer à Louis XVI les papiers que l'on prétendait être à la charge de ce monarque, et qui devaient par conséquent lui procurer les moyens de proposer sa défense. M. Poullain-de-Grandprey, un de ces deux membres, chargés de porter la parole, montra tant d'égards pour l'illustre accusé, en remplissant ces pénibles fonctions, il fut si mesuré dans le compte qu'il en rendit, que Drouet et Legendre, connus par leur acharnement contre le prince, firent décréter à cette occasion qu'aucune communication ne lui serait plus faite à l'avenir. La commune de Paris motiva sur ces ménagemens une plainte contre M. Poullain-de-Grandprey, laquelle néanmoins n'eut pas de suite. Il a fait plusieurs rapports au nom de la commission des 24, dont il était secrétaire. Voici comme il se prononça dans le procès du roi. On sait que trois questions furent posées par la convention nationale : la première tendait à décider par qui le roi devait être jugé; la seconde, à savoir si le jugement serait soumis à la ratification du peuple, et la troisième à déterminer la peine qui serait infligée à Louis (la culpabilité avait été affirmativement prononcée à l'unanimité de ceux qui prirent part à la délibération; mais quelques-uns, au nombre de neuf, s'en abstinrent). Sur la première, M. Poullain-de-Grandprey demandait que le jugement n'appartînt pas à la convention nationale. «La » cumulation des fonctions de ju- » rés d'accusation, de jurés de ju- » gement et de juges, dit-il, est u- » ne monstruosité révoltante.» Et dans la même opinion, il proposait l'abolition de la peine de mort. Sur la seconde, obligé contre son gré de concourir au jugement, il vota la ratification du peuple. Sur la question pénale, il adopta une opinion concertée avec les députés girondins les plus modérés, dans l'intention non-seulement de sauver la vie à Louis XVI, mais encore de le soustraire aux poignards dont ce prince était menacé, en cas d'absolution. «Il est » certain qu'on avait fait des prépa- » ratifs pour égorger la famille » royale, une partie des députés, » plusieurs milliers de proscrits, » dans le cas où le roi n'eût pas été » condamné.» (*Réflexions politiques de M. de Châteaubriand*, pag. 23.) Il vota donc, comme législateur, pour la mort, avec la réserve expresse et inséparable de son vote, de surseoir à l'exécution jusqu'à ce que la constitution fût acceptée par le peuple. Cette réserve du sursis, émise par 46 membre, ne fut pas aussi influente que ces députés l'avaient espéré : ils furent en trop petit nombre. Vingt-six autres donnèrent une direction différente à cette mesure, en déclarant, d'après l'explication donnée par Mailhe, qu'elle était indépendante de leurs votes ; aussi ceux-ci furent-ils comptés pour la condamnation à mort. Mais les 46 n'accordaient, à proprement parler, que l'apparence d'un arrêt capital, puisque la condition essentielle, formelle, en était de laisser vivre l'auguste accusé : ces votes ainsi restreints, assimilés aux opinions pour le bannissement ou la réclusion, classèrent avec raison leurs auteurs dans la *minorité*, composée de 334 opposans à la peine de mort, qui fut prononcée par une majorité de 387. Celui de M. Poullain-de-Grandprey, s'il eût prévalu, aurait eu l'avantage de mettre le roi sous la protection spéciale des assemblées primaires. «Je dois » faire en sorte, dit-il, que si dans » l'émission de mon vœu, j'ai com- » mis une erreur, elle ne soit pas » irréparable. » Observation qu'il reproduisit encore dans son opinion en faveur du sursis mis en délibération immédiatement après le prononcé de l'arrêt. Plusieurs de ses concitoyens, entre autres M. Fallatieu, ex-député, furent témoins de la profonde douleur que lui causa la déplorable journée du 21 janvier. Le 13 et le 14 avril 1793, il vota pour le décret d'accusation contre Marat, qui troublait l'ordre, à raison de ses écrits et de ses propos incendiaires. Depuis l'ouverture de la convention, il faisait partie du comité des domaines, où il assistait assidûment : de là ses divers rapports sur la législation domaniale et sur les forêts, dont il combattit l'aliénation avec énergie et persévérance ; mais en juin 1793, Legendre demanda l'arrestation de tous ceux qui avaient voté l'appel au peuple jusqu'à l'arrivée de leurs suppléans, opinion qu'il développa en déclamant contre les appelans, et qui fut appuyée par Laignelot : on se contenta d'expulser les appelans des comités ; ainsi M. Poullain-de-Grandprey fut exclu de celui des domaines, qu'il présidait alors. Cependant comme il y avait été chargé de trois rapports, ses collègues l'engagèrent à les terminer. Il avait préparé celui relatif à l'affaire de l'abbaye de Vadgass, en concluant contre les accusés à leur faire seulement payer des indemnités égales aux pertes qu'ils avaient occasionées au trésor public ; mais on voulut changer ces conclusions, pour y substituer celles de les traduire au tribunal révolutionnaire ; alors il refusa de faire le rapport, en disant qu'il préférerait d'y être traduit lui-même plutôt que d'attacher son nom à une telle infamie. Quelques jours après, il obtint un congé, qui le mit à l'abri de l'animosité de ceux dont il avait heurté l'opinion d'une manière si énergique : il ne tarda pas à s'applaudir de sa résistance, quand il apprit que le procureur-général et tous les membres du directoire du département de la Moselle avaient injustement péri. Le 14 juin il demanda que les conventionnels ne pussent être réélus à la législature suivante : cette proposition fut violemment repoussée par la majorité. Cette majorité avait décrété que le corps-législatif pourrait établir le jury civil ; M Poullain-de-Grandprey parvint à lui faire rapporter son décret dans la séance du 20 juin : depuis il ne reparut plus à la tribune de la convention. Il avait été nommé le 15 mai secrétaire de cette assemblée sous l'influence du parti modéré, qui fut opprimé le 31 par la *Montagne* : s'il échappa au sort des proscrits de cette journée déplorable, ce fut par une espèce d'oubli, causé d'un côté par sa présence assidue au comité des domaines, ce qui l'avait empêché de prendre part aux discussions politiques; et de l'autre, par le délabrement de sa santé, altérée par un travail excessif, ce qui l'obligea de séjourner, en deux reprises, plus d'un an à la campagne pour se rétablir. Avant de s'absenter, il fut souvent en butte à des menaces et à des dénonciations, tant de la part de quelques uns de ses collègues les plus exaspérés, que de la part d'un Vosgien qui avait figuré dans les massacres de septembre; mais ces menaces restèrent sans effet. Le 15 octobre, un mandat d'amener fut décerné contre lui par le comité de sûreté-générale, composé de montagnards. L'exécution eut lieu, sans ménagement, à onze heures et demie du soir par la gendarmerie. Le temps où l'on vivait, le moment pris pour l'expédition d'un ordre si menaçant, l'ignorance du motif qui l'avait dicté, tout était peu rassurant pour celui qui en était l'objet : il ne s'agissait pourtant, comme M. Poullain-de-Grandprey l'apprit en arrivant au comité, que de donner, en qualité de secrétaire de la commission des 24, des renseignemens sur les papiers dont cette commission s'était occupée, et qui étaient relatifs à une correspondance de la reine, que le tribunal révolutionnaire jugeait cette nuit. Il fallait quelque courage pour refuser de fournir les renseignemens demandés; M. Poullain-de-Grandprey le fit, en alléguant pour prétexte le déplacement de tous les cartons et leur entassement dans un autre local. Il avait aussi été appelé, toujours comme secrétaire de la même commission, pour déposer au tribunal révolutionnaire contre Barnave, parce que celui-ci était inscrit sur les registres de Septeuil, intendant de la liste civile, pour avoir reçu du gouvernement une somme de 10,000 francs. M. Poullain-de-Grandprey parvint, en employant la ruse, à être dispensé de cette déposition. Dix mois s'étaient écoulés depuis la chute de Robespierre, lorsque M. Poullain-de-Grandprey fut envoyé en mission à Lyon et dans les départemens voisins, pour réprimer les excès sanglans de la réaction, cicatriser les plaies faites sous le règne de la terreur, et rendre le repos à cette ville trop long-temps agitée : il eut le bonheur d'y parvenir sans occasioner de secousses et sans recourir à des rigueurs, qui auraient atteint les familles les plus considérables, et exaspéré les esprits au lieu de les calmer. Dès les premiers momens paisibles, Lyon vit renaître par ses soins les établissemens détruits par la tourmente révolutionnaire, tels que l'école vétérinaire, la bourse, la bibliothèque publique, etc. Cette ville lui dut aussi la création du jardin botanique qui subsiste encore aujourd'hui, et les mesures qu'il adopta pour préserver de dépérissement les monumens des sciences et des

arts. Après son départ, et lorsqu'il eut cessé ses fonctions, les administrateurs du département du Rhône, nouvellement installés, en vertu de la constitution de l'an 3, déposèrent, dans une proclamation imprimée le 15 frimaire an 4, les témoignages de la satisfaction publique à son égard. « Sa mis-» sion, disaient-ils, commencée au » milieu des orages, avait été ache-» vée par la sagesse. Son respect » pour la loi, une justice impartia-» le et éclairée dans l'usage de ses » pouvoirs, lui ont valu votre esti-» me; le désir de voir réparer les » malheurs qui ont accablé cette » commune, son zèle à activer les » établissemens publics, sa défé-» rence aux demandes de vos ma-» gistrats sur les subsistances, mé-» ritent votre reconnaissance. » Il ne faut pas oublier un important épisode de cette mission. Le département de la Haute-Loire venait de voir éclater une révolte fanatique; M. Poullain-de-Grandprey sut la comprimer sans effusion de sang; il se mit à la tête de l'expédition, composée de deux demi-brigades d'infanterie et d'un escadron du 8e régiment de dragons, auxquels il donna pour commandant l'adjudant-général Duphot, alors suspendu par Aubry (*voy*. ce nom). C'est ainsi que sans l'autorisation du comité de salut-public, qui confirma cette mesure, il rendit, en le réintégrant, aux armées françaises, un guerrier qui fut surnommé le *nouveau Bayard*, et dont on a donné le nom à une rue de Paris. En arrivant au Puy, M. Poullain-de-Grandprey fut complimenté par toutes les autorités, qui vinrent à sa rencontre comme le libérateur de la contrée. Près d'un mois avant l'expédition de la Haute-Loire, Pierret, au nom du comité de sûreté-générale, proposa de remplacer la mission de Lyon, à la tête de laquelle était M. Poullain-de-Grandprey, par M. Pellet (de la Lozère). Plusieurs membres s'élevèrent contre cette mesure, et soutinrent que la mission ayant sauvé le Midi, en mettant fin aux assassinats, il était de l'intérêt public de la maintenir. Le rapporteur et Chénier, au nom du même comité, convinrent qu'elle avait sauvé le Midi, mais que le délai de trois mois, pendant lesquels elle devait exercer ses fonctions, étant expiré, le comité avait pensé que les membres qui la composaient devaient être remplacés. Cette discussion éleva de grands débats dans l'assemblée, qui, déterminée par la considération que les pouvoirs de la mission s'étendant à l'armée des Alpes, elle devait durer six mois. On passa à l'ordre du jour, et la mission fut maintenue jusqu'au moment où Féroux et Despinassy, qui en faisaient partie, furent rappelés après la mise en activité de la constitution de l'an 3, et M. Poullain-de-Grandprey fut continué comme commissaire du gouvernement. Voici en quels termes s'exprime une proclamation de son successeur, affichée à Lyon le 30 nivôse an 4 :
« A l'époque où les sections de Paris levèrent l'étendard de la ré-» volte contre la convention natio-» nale, un rassemblement de bri-» gands armés se porta sur Issen-» geaux, dans l'intention d'enlever » les 32,000 fusils dont nous avons

» parlé; mais le représentant Poul-
» lain-de-Grandprey, informé de
» leurs projets, vole à la tête de
» nos braves frères d'armes, oppo-
» se une barrière invincible aux dé-
» marches des rebelles. C'est ainsi
» que ce républicain courageux a
» couronné une mission pénible,
» où il a déployé un grand caractè-
» re et une étonnante activité. »
Jusqu'à l'arrivée de Reverchon,
il passa au conseil des anciens,
dont, en l'an 5, il fut secrétaire,
puis président; on le vit souvent à
la tribune : il y soutint toutes les
résolutions repoussées par le parti de *Clichi*, et s'opposa constamment aux vues de ce parti, dont
il croyait que l'intention était de
renverser la constitution. Il n'en
fut pas moins impartial envers
ses membres, comme il le prouva
le 30 ventôse an 5, dernier jour de
sa présidence, en remettant aux
voix sur leur demande l'approbation non douteuse de la résolution relative au serment exigé des
électeurs, laquelle avait été combattue par eux : le résultat de l'appel nominal, justifia la conduite
qu'il avait tenue dans cette séance
orageuse. Il fit peu de jours après
un rapport intéressant sur l'organisation et les travaux de la comptabilité nationale. Ses autres rapports et opinions les plus remarquables concernent le complément du corps-législatif en l'an 4,
les hospices civils, la prohibition des marchandises anglaises :
dans son discours sur ce dernier
objet, il s'attacha surtout à prouver que la mesure ne devait point
avoir de rétroaction, et il vota en
faveur de la résolution, qui fut
approuvée sur le rapport de M.
Lecouteulx-Canteleu, depuis pair
de France. Il défendit aussi la résolution portant établissement
d'un tachygraphe, pour recueillir
les opinions des législateurs. C'est
à tort que des biographes l'ont taxé
d'avoir parlé contre les chouans,
les émigrés, les royalistes, les
prêtres; on ne trouve rien dans
les journaux du temps qui justifie
cette assertion. Sorti du conseil
des anciens, par la voie du sort,
M. Poullain de-Grandprey fut réélu
à celui des cinq-cents. Ici comme
aux anciens, il se montra le constant adversaire des *Clichiens*. Le
cercle constitutionnel de Montmorenci, fondé deux mois avant
le 18 fructidor, avait pour but d'é-
clairer l'opinion publique sur la
constitution de l'an 3, qui garantissait au moins la France de l'a-
narchie, et d'en prévenir le renversement; il finit quelque temps
après le 18 fructidor. M. Poullain-
de-Grandprey en fit partie, lui qui
n'avait été d'aucune société populaire. Ce cercle, dont le noyau fut
formé de plusieurs hommes de lettres réunis par le directoire, tels
que Garat, Ginguené, Lenoir-La-
roche, Riouffe, Benjamin-Cons-
tant, etc., et de trois députés, du
nombre desquels était M. Poul-
lain-de Grandprey, fut fréquenté,
dans la suite, par tout ce qu'il y
avait de plus sage, et de plus éloigné de l'exagération dans les deux
conseils, et par les personnages les
plus considérables : M. Talleyrand-
Périgord en était membre. M.
Poullain-de-Grandprey prit une
part active à la journée du 18 fructidor, qui renversa le parti de
Clichi; il demanda l'établissement d'une commission de cinq

membres, pour présenter les mesures qui pouvaient assurer le salut public et la conservation de la constitution de l'an 3 : il était de cette commission ainsi que Sieyes, mais il ne fit aucun des rapports dans lesquels des mesures trop sévères furent proposées. Le 18 vendémiaire an 6, rapporteur d'une commission chargée de revoir les lois et arrêtés inconstitutionnels, il proposa et fit adopter l'abrogation de la loi du 12 thermidor sur la marche des troupes dans l'intérieur. Le 2 brumaire suivant, sur un message du directoire, et au nom de la commission dont il était membre, il fut chargé de faire un rapport sur un projet de résolution, qui prononçait des dispositions pénales pour assurer l'exécution des lois des 19 et 21 fructidor : ces lois, comme on sait, condamnaient à la déportation divers individus. Il ne se serait pas porté à proposer les mesures demandées par le directoire, s'il n'avait été assuré que son message, simple épouvantail, n'avait d'autre objet que d'empêcher ceux qui n'avaient pas subi leur déportation de se montrer hardiment dans Paris, et d'affronter en quelque sorte le pouvoir exécutif. On a vu La Harpe correspondre ouvertement de Corbeil, campagne où il s'était retiré, pour l'impression de son *Cours de littérature* (*voyez* LA HARPE, page 327 du 10ᵉ volume). M. Poullain-de-Grandprey rassura plusieurs d'entre eux, avec lesquels il avait eu des communications, en leur recommandant toutefois de mettre de la prudence dans leur conduite, et de ne pas se faire voir publiquement. La publication du rapport produisit l'effet qu'on s'en proposait ; il n'y fut donné aucune suite, et la discussion n'eut pas lieu. Plus d'un an après, Demoor, déterminé par des troubles que les prêtres déportés avaient occasionés dans son département, exhuma ce rapport oublié, et força M. Poullain-de-Grandprey de le soutenir à la tribune, où Rouchon rendit la discussion si scandaleuse. Avant son élection à la présidence, il fit plusieurs rapports pour favoriser l'action du gouvernement et lui donner plus de force : de là, la modification de la loi du 25 pluviôse sur la gendarmerie, la nouvelle organisation de cette troupe, l'abrogation de la loi par laquelle les administrateurs s'adjoignaient des collègues, et l'adoption de la mesure qui chargeait le directoire de les remplacer, etc. M. Poullain-de-Grandprey fit suspendre la vente des presbytères pour les affecter aux écoles primaires. Il fit une motion sur les co-propriétaires des biens indivis avec la république ; il soutint une longue discussion sur la durée des fonctions de présidens, d'accusateurs publics et des greffiers des tribunaux criminels, et réfuta les objections contre le projet de loi qu'il fit adopter ; il proposa l'usage exclusif du nouveau calendrier ; il fit rendre une résolution sur la comptabilité intermédiaire et sur la comptabilité arriérée. Il fut élu président le 21 avril 1798. Avant et après cette époque, il fit différens rapports particuliers relatifs aux abus qui se commettaient à la trésorerie nationale ; il en fit entre autres un sur la poste aux chevaux, et un autre sur le mode de paiement des domaines nationaux. Il témoigna sa désapprobation de la loi du 22 floréal, qui soumettait les élections au directoire; mais s'il ne prit point part à la discussion, ce fut à cause de sa présidence et des nominations de commissions dont il s'occupait pour vérifier les pouvoirs, et qu'il avait soin de composer de manière à neutraliser, autant qu'il était possible, les effets de cette loi désastreuse. Depuis l'adoption de cette loi, il eut moins de communications avec le directoire, qui lui parut abuser de son pouvoir. Il reproduisit avec plus de force encore ses argumens contre l'aliénation des forêts, dans son rapport sur l'organisation forestière, rapport offrant un code forestier complet. En matière de finances, on remarque son rapport du 26 floréal, sur la trésorerie, dont le texte occupe seul douze colonnes du *Moniteur*; il y reproche aux commissaires de la trésorerie d'avoir, entre autres torts causés à la chose publique par les retards de paiement, fait échouer l'expédition d'Irlande, dont le succès eût été certain, si le général Hardy, retenu à Brest, pour attendre la rentrée d'une ordonnance de fonds, en était parti en même temps que le brave général Humbert partait de Rochefort, après avoir forcé le payeur-général de La Rochelle à devancer le paiement de son ordonnance. « Si l'on » considère, dit M. Poullain-de-» Grandprey dans son rapport, » qu'une poignée de Français dé-» barqués en Irlande, sous les or-» dres du général Humbert, ont pé-» nétré jusqu'à 14 lieues de Dublin, » dans cinq jours de marche, après » neuf combats sanglans, dans les-» quels ils ont pris 14 pièces de ca-» non, et fait plus de prisonniers » qu'ils n'étaient de combattans; » qu'excédés de fatigues et cou-» verts de blessures, ils n'ont cédé » à une armée de 40,000 hommes » que lorsqu'ils ont été réduits à » 800, on est saisi de douleur d'a-» voir vu manquer une expédition » de cette importance, et d'être for-» cé d'en attribuer la cause aux len-» teurs méditées ou involontaires » des commissaires de la trésore-» rie. » Lorsque la France était menacée d'être envahie par Suwarow, M. Poullain-de-Grandprey présidait, à raison de son âge, la commission centrale des dépenses, à laquelle se joignaient souvent les autres commissions. Dans une de ces réunions, il fut résolu qu'en sa qualité de président, M. Poullain-de-Grandprey proposerait au conseil de rester en permanence jusqu'à ce que le directoire eût répondu à un message qui lui avait été adressé sur le rapport de M. Boulay-de-la-Meurthe (*voy.* ce nom), pour demander compte de la situation de la France. Cette mesure et le silence du directoire amenèrent la révolution du 30 prairial an 7, qui fit annuler l'élection de Treilhard, et détermina la démission de Merlin et de La Réveillère-Lépeaux (*voyez* La Reveillère-Lépeaux). Une commission de onze membres fut chargée de présenter des mesures de salut public; M. Poullain-de-Grandprey la présida, et présenta en son nom quelques rapports; les membres les plus influens du conseil, tels que MM. Boulay de-la-Meurthe, Français-de-Nantes, Lucien Bonaparte, la composaient.

Après sa dissolution, il se tint fréquemment au pavillon de Flore des réunions où figuraient ceux qui avaient pris part dans les deux conseils à la révolution du 30 prairial. M. Poullain-de-Grandprey y combattit avec énergie les opinions qui s'y hasardaient sur des changemens à faire à la constitution, et sur la possibilité de proroger les pouvoirs des députés. De la diversité des sentimens à cet égard naquit une division qui se fit remarquer au conseil des cinq-cents, entre les membres qui avaient paru jusque-là le plus unis. M. Poullain-de-Grandprey saisit l'occasion d'un rapport dont il était chargé, sur des objets relatifs à l'assassinat des plénipotentiaires de Rastadt, pour exhorter les patriotes à l'oubli de leurs dissentimens, et à fournir au gouvernement les moyens de développer l'énergie nationale. Il présenta aussi, au nom des commissions chargées des services de l'an 7 et de l'an 8, le projet de la répartition de l'emprunt forcé qui avait été résolu sur le rapport de Destrem. En juin 1799 (messidor an 7), le directoire fit un message, dans lequel il présentait les affaires de la république sous un aspect désavantageux; de là, la proposition faite au conseil, peu de temps après, par le général, depuis maréchal Jourdan, de déclarer la patrie en danger. M. Poullain-de-Grandprey parla en faveur de cette déclaration, combattue, sous prétexte qu'elle préludait à un changement du gouvernement par ceux mêmes qui depuis l'ont renversé. Pendant les quarante jours qui précédèrent la chute du directoire, il prononça à la tribune, et fit imprimer, un très-grand nombre de rapports sur des objets d'intérêt général; on y distingue son projet sur l'organisation de la trésorerie, lequel a servi de base à ce qui a été adopté depuis. Fidèle au serment qui le liait à la constitution de l'an 3, il s'opposa à la révolution du 18 brumaire an 8. Comme on connaissait l'attachement de M. Poullain-de-Grandprey aux lois existantes, il fut un des députés exclus du corps-législatif, et condamnés à être relégués dans le département de la Charente; mais cette dernière rigueur ne reçut pas d'exécution. Pour se soustraire aux premières poursuites, il avait accepté un asile qui lui fut offert chez le célèbre Montgolfier. Bientôt après, il se retira chez lui, dans son département. Il s'y occupait d'essais agricoles, qui ont apporté une grande amélioration dans la contrée, par l'introduction de la culture du sainfoin, à l'occasion de laquelle il lui a été décerné une médaille de la société d'encouragement; il s'occupait aussi de correspondance avec la société d'agriculture, dont il est un des fondateurs, et dont il est resté associé libre, lorsqu'à la demande du général Bernadotte, avec lequel il était très-lié, il fut nommé, en l'an 8, président du tribunal civil de Neufchâteau (Vosges). En l'an 10, il fut porté sur la liste des notables; en l'an 12 et 1807, nommé candidat au corps-législatif. Il fut aussi membre du conseil-général de son département, depuis 1807 jusqu'à 1814, époque où il donna sa démission. En 1808, il fit partie d'une commission consultative convoquée à Nanci, au chef-lieu de la cour d'appel, par l'administration, pour discuter un projet de code rural, et présenter au gouvernement ses vues à cet égard ; il détermina la majorité de la commission à se prononcer en faveur de l'abolition du parcours et de la suppression des jachères. Il quitta le tribunal de Neuchâteau, en 1811, au grand regret de ses collègues et des justiciables, pour aller remplir à Trèves les fonctions de président de chambre à la cour d'appel, qu'il exerça jusqu'à ce que ce pays eut été distrait de la France. Il y jouit pareillement de l'estime publique et de celle des membres de la cour. Depuis l'époque où il cessa d'en faire partie, par l'effet du traité de Paris, de 1814, un de ses collègues, qui avait continué ses fonctions sous l'autorité prussienne, et qui, par-là, est devenu premier président, lui donna cet honorable témoignage dans le discours de la première rentrée des chambres, après la retraite des Français. Revenu alors au milieu de ses concitoyens, M. Poullain-de-Grandprey présida, en mai 1815, le collège électoral du département des Vosges, composé de 141 votans : tous les suffrages, à 3 voix près, se réunirent pour le nommer député à la chambre des représentans. On le vit, à la tribune de cette chambre, demander et obtenir, le 25 juin, dans la discussion de la loi de haute-police, que les motifs d'arrestation seraient donnés aux prévenus. La présidence du 4ᵉ bureau, qui eut pour secrétaire M. Georges La Fayette, et se prononça contre l'hérédité de la pairie, y fut conféré à M. Poullain-de-Grandprey, après un ballottage entre lui et M. de La Rochefoucauld. Une commission de neuf membres fut chargée par la chambre de présenter un projet de constitution : ces neuf députés furent élus par une réunion composée d'autant de représentans qu'il y avait de députations de département, qui en avaient désigné chacune un. M. Poullain-de-Grandprey fut ainsi nommé membre de cette commission de constitution à la majorité des voix de ses collègues. La plupart des députés qui la composaient étaient pour la pairie héréditaire. M. Poullain-de-Grandprey émit une opinion différente, et la proposa, le 7 juillet, à la tribune, par le motif que l'hérédité des pairs était un privilége qui blessait le principe de l'égalité admis et consacré auparavant. Cette opinion fit une grande impression sur l'assemblée, et l'épreuve fut douteuse lorsque le président mit aux voix l'hérédité dont il s'agit. Le 4 juillet, il avait présenté plusieurs amendemens au projet de la déclaration des droits des Français proposé par M. Garat : ces amendemens avaient pour objet l'égalité des droits, l'indépendance du pouvoir judiciaire, l'irrévocabilité des ventes de domaines nationaux; ils furent renvoyés à la commission dont il faisait partie, et fondus dans les articles 10 et 12. Il signa le 8 juillet, chez M. Lanjuinais, président, la déclaration des représentans qui constate l'impossibilité de continuer leurs séances. Aux élections des députés pour la chambre de 1816, dite *introuvable*, il fut ballotté avec M. Cuny, qui l'emporta, et vient d'être choisi député pour la chambre de 1824. Quoique le vote de M. Poullain-de-Grandprey eût compté pour la minorité dans le procès de Louis XVI, et le mît ainsi hors de l'atteinte du bannissement prononcé par la loi d'amnistie contre divers membres de la majorité conventionnelle, il n'en fut pas moins enveloppé d'abord dans l'exécution de cette disposition, et obligé de passer à Trèves en juin 1816. Il y reçut, de la part des magistrats et des habitans, l'accueil dont il était digne, et fut inscrit par eux sur les registres de la bourgeoisie. Une ordonnance du roi de Prusse allait lui enjoindre de quitter Trèves, pour habiter Kœnigsberg ou Magdebourg; il obtint une honorable exception à cette mesure générale, à la sollicitation des autorités et des chefs militaires prussiens. Des personnes d'une haute distinction, qu'il avait jadis obligées, se sont mises sur les rangs pour faire cesser son exil, dont il fut enfin rappelé, en février 1818, par une ordonnance du roi. Les lettres officielles adressées à lui et au maire de sa commune, vers cette époque, par le sous-préfet de Neufchâteau, portent que le roi ayant pris en considération les conditions atténuantes du vote qu'il a émis dans le procès de Louis XVI, par suite desquelles ce vote a compté contre la mort de ce prince, a accordé à M. Poullain-de-Grandprey l'autorisation de rentrer dans ses foyers; et son nom fut compris dans la liste, approuvée par le roi le 18 décembre suivant, des personnes auxquelles on déclare que l'article 7 de la loi du 12 janvier 1816 n'est pas applicable. Dans toutes les circonstances, depuis 1789, il n'a cessé de recueillir les preuves de la confiance de ses concitoyens, qui, après l'avoir appelé aux fonctions de procureur-général, l'ont constamment élu député aux diverses assemblées législatives, lorsqu'ils avaient droit d'y nommer directement, et l'ont choisi candidat toutes les fois qu'ils en ont eu à présenter. En 1820, quand, rendu à ses foyers, il s'était renfermé dans ses occupations agricoles, en faisant valoir son domaine, c'est une chose bien connue qu'il aurait encore été député s'il eût voulu en accepter la mission: il en fut vivement pressé, et chez lui et à Epinal, par des députations qui lui étaient adressées de la part de la majorité des électeurs d'alors, réunis pour le collège du département des Vosges; mais il sut résister à toutes les instances, s'excusant sur son âge avancé et sur la diminution de sa fortune, qui avait reçu de rudes échecs par l'effet des deux invasions étrangères et durant son exil. Effectivement, l'aliénation d'une partie de ses biens, faite quelque temps après, a réduit, depuis deux années, ses contributions au-dessous du cens de l'éligibilité. L'activité, le zèle, la probité, le désintéressement qu'il a déployés dans l'exercice de tant de fonctions diverses, ne lui ont guère valu d'autre récompense que la satisfaction d'avoir fait le bien quand il l'a pu. Pour prix de près de 43 ans de services, il jouit d'une pension de 1,700 francs, dont même il a été privé tout le temps de son exil. Le domaine de Grandprey, possédé depuis 45 ans, compose son unique richesse, et lui conserve seulement le droit électoral. Si la confiance publique s'est toujours soutenue en sa faveur, c'est en considération des nombreux services qu'à toutes les époques il a rendus indistinctement à ses concitoyens, de quelque classe et de quelque opinion qu'ils fussent : c'est le témoignage que donnèrent de lui les députés de son département, lorsqu'ils sollicitaient son rappel de l'exil, et qu'ils reproduisirent lorsqu'ils demandèrent ensuite le rétablissement de sa modique pension. Si, embrassant avec chaleur les principes libéraux qu'il croyait propres à rendre la France heureuse, il servit la révolution, du moins on ne peut lui reprocher d'avoir trempé dans les désordres et les excès qui en ont déshonoré plusieurs circonstances. Ayant toujours eu en horreur l'effusion du sang, il n'a pas même fait verser une larme et a eu le bonheur d'en essuyer.. Occupé continuellement des affaires administratives dans les assemblées délibérantes, il ne s'y mêla guère aux autres discussions (la collection de ses rapports et opinions, imprimés par ordre de la convention nationale et des conseils législatifs, formerait trois volumes). Dans le cours de sa longue vie politique, il eut le sort de tous ceux qui ne varient pas d'opinions. Après avoir passé pour patriote dans son département, il fut mis à la convention au nombre des modérés. Ses fréquentes altercations avec le parti de *Clichy* et les écrits de ce parti l'avaient désigné comme exagéré au conseil des anciens. Une chose incontestable, c'est qu'il s'est vu persécuté sous tous les despotismes. Quoique affligé d'une cécité presque complète, il se partage aujourd'hui entre l'agriculture et des consultations gratuites, par lesquelles, continuant à répandre des soins officieux et bienveillans sur les habitans du pays où il vit en patriarche, il apaise leurs contestations, et parvient à prévenir ou terminer leurs procès : touchante et paternelle magistrature digne de couronner l'utile et honorable carrière de l'homme de bien au déclin de ses jours! Retenu chez lui par son grand âge, et les infirmités qui en sont les inséparables compagnes, M. Poullain-de-Grandprey n'a pris aucune part aux élections de 1824.

POULTIER D'ELMOTTE (François-Martin), né à Montreuil-sur-Mer, le 1er décembre 1753, a porté tour-à-tour les habits les plus disparates, et fait les métiers les plus opposés. Quittant ses études pour prendre le parti des armes, il était, en 1770, sous-lieutenant dans le régiment de Flandre. Renonçant deux ans après à l'état militaire, il fut successivement, à Londres, professeur de littérature française, et à Paris, secrétaire à l'intendance, d'où il sortit pour avoir imprudemment répandu des nouvelles à la main, sous le contre-seing de l'intendant. Il exerça ensuite les fonctions de professeur et même d'acteur au petit théâtre des *Élèves de l'Opéra*, de professeur de mathématiques au collége royal de Compiègne, avant de rentrer dans la carrière militaire que la révolution lui avait rouverte. A Compiègne, il portait la robe de bénédictin ; c'est sans doute sous l'influence de cet habit qu'il composa contre le patriarche de la philosophie, une épître adressée à Thomas. Celui-ci, qui ne voulait pas se brouiller avec Voltaire, repoussa publiquement l'hommage de dom Poultier, qui, dépouillant l'habit de saint Benoît, reprit l'uniforme, et se réconcilia bientôt avec la doctrine qu'il avait combattue. Lieutenant en 1789, depuis 1791, il était capitaine, lorsqu'en 1792, il fut nommé membre de la convention nationale par le département du Nord. En 1793, il devint président du comité de la guerre. Comme les fonctions législatives ne privaient pas les militaires du droit d'avancement, on le vit ensuite chef d'escadron, membre du conseil des anciens, colonel d'infanterie, chef de légion dans la gendarmerie, membre du conseil des cinq-cents, membre du corps-législatif, et commandant d'armes, remplir toutes ces fonctions avec une égale capacité. Il était de plus membre de la société d'agriculture du département du Pas-de-Calais et membre de la légion-d'honneur. Electeur départemental en 1805, il fut nommé candidat au corps-législatif en 1807, et en 1815, membre de la chambre des représentans. Mis en surveillance au second retour du roi, il fut forcé, en 1816, de quitter la France, en conséquence de la loi d'amnistie. Tel avait été son vote dans le procès de Louis XVI, à l'occasion de l'appel au peuple : « Si je voulais ressusciter » la royauté, je dirais *oui*; je suis » républicain, je dis *non*. » On voit, par ce narré succinct, de combien de vicissitudes fut agitée la vie de M. Poultier. Tout en exerçant ces diverses professions, il se livrait à la littérature; il fallait qu'il y fût entraîné par un penchant irrésistible, car ses premiers maîtres avaient déclaré qu'il n'y ferait aucun progrès. Cependant il a écrit beaucoup, et sur beaucoup de sujets. Sans avoir des connaissances profondes comme savant, et de l'originalité comme écrivain, il ne manque cependant ni d'instruction, ni de facilité. Parmi ses épîtres en vers, on distingue celles qu'il adressait à Thomas, à J. J. Rousseau, au comte de Guibert, à Young, à Voltaire, à de Belloi, à l'empereur Alexandre, à Carra. On a de lui des *Lettres sur le partage de la Pologne*; un *Précis de la philosophie de Condillac*; un *Essai sur les improvisateurs*; des *Lettres à dom Aubry sur l'origine des idées*; un *Recueil de discours pour les fêtes décadaires*; un roman intitulé *Victoire, ou les Confessions d'un bénédictin* : peut-être sont-ce les siennes; des ouvrages anonymes dont il donne la nomenclature, et qu'il eût mieux fait de ne pas tirer de l'oubli, et des observations plus ou moins judicieuses, insérées dans les journaux belges, sur divers sujets. M. Poultier s'est aussi essayé dans le genre dramatique. Il a donné au Théâtre-Français une scène lyrique, intitulée : *Galathée*, faisant suite au *Pygmalion* de J. J. Rousseau ; à l'ancien théâtre Italien, avec Pariseau, *la Veuve de Cancale*, parodie de *la Veuve de Malabar*; aux élèves de l'Opéra, avec le même, *la Prise de la Grenade;* seul, *le Janotisme, l'Amour Prométhée,* et à d'autres théâtres, différentes pièces de ce genre, qui n'est pas des plus élevés ; il a coopéré à la rédaction de plusieurs journaux politiques et littéraires, tels que le *Courrier de l'Europe,* le *Journal des Deux-Ponts.* La liberté de ses opinions lui avait attiré avant la révolution plusieurs persécutions. Trois lettres-de-cachet furent lancées contre lui ; en 1779, il obtint même les honneurs de la Bastille. Il a rédigé seul *l'Ami des Lois*, journal qui aurait obtenu moins de vogue, s'il avait été fait avec plus de circonspection, et depuis son exil, il a coopéré à la rédaction du *Journal de Gand.* Les travaux de M. Poultier, comme législateur, sont : une constitution républicaine, des rapports sur les mines, sur les canaux, sur la franchise des ports de Toulon et de Marseille, sur l'administration de la guerre ; sur l'organisation de la gendarmerie près des armées ; sur les bases d'une éducation républicaine ; enfin plusieurs rapports de détail au nom du comité de la guerre. Quoiqu'il eût fait la campagne de 1792, et qu'il se crût fondé à parler sur les questions militaires, toutes les fois que l'occasion s'en présentait, il paraît qu'il n'en avait pas toujours parlé à la satisfaction générale. Dans la séance du 10 avril 1793, son collègue Pétion, non content de le réfuter, fit censurer par la convention *ce moine jaseur :* ce sont ses termes. Ce n'est pas toutefois ce sarcasme, quoi qu'on en ait dit, qui fit prendre à M. Poultier le

parti de *la Gironde* en aversion. Dès le 11 février précédent, il avait traité de contre-révolutionnaire le député Lanjuinais. La convention confia différentes missions à M. Poultier ; la première, après le 31 mai, avait pour but de rétablir la tranquillité dans le département des Bouches-du-Rhône, qu'il devait, en outre, démembrer pour former le département de Vaucluse, ce qu'il exécuta. Cette mission lui fit quelque honneur sous d'autres rapports. Par une heureuse inconséquence, en opposition comme proconsul avec les principes qu'il avait professés comme législateur, M. Poultier comprima souvent les partis, toujours prêts, dans ces provinces, à réagir les uns sur les autres, et rendit la liberté à 1,500 citoyens, dont tout le fédéralisme consistait dans l'expression trop naïve de leur haine pour le brigandage. « Il » fut même, dit-il, assez heureux » pour délivrer des angoisses de la » misère, le père et la mère de son » collègue Cambacérès, » qui semble l'avoir ignoré. Cette conduite fit accuser M. Poultier de fédéralisme par les députés qui bombardaient Lyon. Rappelé brusquement, et enfermé en arrivant, dans le cabinet terrible d'où l'on ne sortait ordinairement que pour aller au tribunal ou à l'échafaud, il se croyait perdu ; des affaires plus pressantes firent oublier la sienne : il fut mis en liberté. Dans la journée du 9 thermidor, il se fit remarquer parmi ceux qui contribuèrent avec le plus d'ardeur à la chute de Robespierre. Ce misérable demandant à parler : *Tu auras la parole sur l'échafaud,* lui vria M. Poultier. La convention l'ayant chargé, après cette révolution, d'aller ravitailler l'armée d'Italie, il s'acquitta heureusement de cette mission, grâce aux ressources que lui procurèrent les négocians. C'est alors qu'il fit un nouvel ingrat dans le général Bonaparte, qu'il dit non-seulement avoir aidé de sa bourse, mais avoir fait rentrer en grâce auprès du gouvernement, ce que Bonaparte aussi semble avoir ignoré. Au reste, il était de la destinée de M. Poultier de ne jamais rencontrer de reconnaissance: il n'en trouva pas non plus dans le prince de Conti, auquel il avait rendu aussi un important service. Ce prince, détenu à Marseille, n'y recevait pour toute nourriture que du pain bis et du lard rance. Grâce au pouvoir et à la magnanimité de M. Poultier, qui passait par cette ville, la cuisine de son altesse devint meilleure, et cependant (le croirait-on, si le fait n'était raconté par M. Poultier lui-même?), et cependant quand son altesse, mise en liberté, revint à Paris, « elle n'alla pas rendre visite à l'épouse du citoyen Poultier. » M. Poultier, au commencement de mai 1795, se rendit à Toulon, où s'étaient réfugiés dix mille patriotes menacés du poignard de la révolution. Avec 100 hussards déterminés, il parvint à réprimer les révoltés. Dénoncé à la convention par ses collègues, Chambon et Cadroi, qui le peignaient comme auteur de la révolte, qu'ils l'avaient engagé à réprimer, il fut assez heureux pour ne pas se trouver à Marseille lors du massacre qui eut lieu au fort Saint-Jean, et que ces deux représentans avaient, dit-il, organisé. A la suite du 13 vendémiaire (1795), M. Poultier, envoyé dans les départemens du Cantal, de l'Ardèche et de la Haute-Loire, avec 300 hommes, termina en trois semaines, et sans effusion de sang, une guerre semblable à celle de la Vendée, et pour laquelle sept ou huit mille fanatiques s'étaient déjà réunis. De retour à Paris, il entreprit la rédaction de l'*Ami des Lois*, journal qu'il rédigea, dit-il, dans d'excellentes intentions. La convention dissoute, M. Poultier fut envoyé dans les départemens du Rhin pour commander une division de gendarmerie. Un an après, appelé au conseil des cinq-cents par le département du Pas-de-Calais, il y siégea jusqu'à la fin de 1799. Il est du nombre des législateurs qui se prononcèrent à Saint-Cloud contre la révolution qui s'y opéra dans la journée du 18 brumaire, qu'il appelle *une journée de violence et de brigandage*. Sur le rapport de Fouché, ministre de la police, l'*Ami des Lois* ayant été supprimé, M. Poultier fut nommé commandant d'armes de la ville de Montreuil. Il y vivait tranquille depuis 12 ans, quand Louis XVIII, qui venait s'asseoir sur le trône de son infortuné frère, passa par cette ville pour se rendre à Paris. M. Poultier, après avoir harangué ce monarque, lui présenta les clefs de la place. «Gardez-les, lui dit le roi, »elles sont très-bien entre vos »mains; gardez-les aussi fidèle- »ment pour moi que vous l'avez »fait pour le gouvernement qui »m'a précédé. » Malgré cette invitation formelle, M. Poultier fut déplacé peu de temps après; replacé au même poste pendant les *cent jours*, en 1815, au second retour du roi, il fut déplacé de nouveau, et de plus contraint, comme *votant*, à quitter la France. Il habite depuis ce temps les Pays-Bas, où il a trouvé, dans la culture des lettres et de la philosophie, des distractions contre les chagrins de l'exil. Indépendamment des ouvrages dont il a été question plus haut, M. Poultier a fait imprimer à Tournai : *Conjectures sur l'origine de la nature et des choses*, ouvrage où beaucoup d'opinions hasardées sont exposées dans un style incorrect, et dont la singularité n'est pas toujours avouée par le goût. M. Poultier promet aussi des *Mémoires* ; ils peuvent être de quelque intérêt. Sans avoir joué un grand rôle dans la révolution, M. Poultier a eu des relations intimes avec les principaux personnages qui ont figuré dans ce long et terrible drame; il peut donner sur leur compte des renseignemens qui seront curieux s'ils sont véridiques.

POUPART (N.), curé de Sancerre, dans le bailliage de Bourges, fut nommé, en 1789, député aux états-généraux par le clergé du bailliage de Berri. Choisi peu de temps après pour occuper le siége épiscopal de Bourges, il refusa, s'excusant sur la faiblesse de sa santé, et se retira, en 1793, à Levroux, sa ville natale. Ses paroissiens le réclamèrent avec instance, mais il persista dans son refus; cependant il rendit encore des services importans à Levroux. Il y rétablit l'exercice du culte dès l'année 1794, et s'occupa de l'éducation des enfans. Il mourut, en 1796, dans un âge très-avancé. On lui doit l'*Histoire de la ville de Sancerre*, 1777, vol. in-12.

POUPART - BEAUBOURG (J. B.), né, en 1755, à Lorient, était administrateur et inspecteur du doublage de la marine avant la révolution. Signalé dans l'affaire de Varnier, en 1791, comme seul coupable d'avoir favorisé l'émigration des employés des douanes, il fut arrêté, en 1793, sur la prévention de falsification d'assignats. Traduit devant le tribunal révolutionnaire de Paris, il fut acquitté, mais réintégré dans les prisons comme suspect, et mis de nouveau en jugement. Il fut condamné à mort, le 2 mars 1794, et exécuté.

POUQUEVILLE (Charles-Hugues-Laurent), membre de la légion-d'honneur, consul-général de France auprès d'Ali-Pacha de Janina, né le 4 novembre 1770 au Merleraut, bourg de Normandie (département de l'Orne), fit à l'université de Caen ses études, qui furent interrompues, en 1792, par la clôture des colléges. Venu à Paris en 1795, il s'adonna à la médecine sous la direction spéciale du célèbre professeur Antoine Dubois, avec lequel il partit, en 1798, en qualité de membre de cette commission des arts et des sciences d'Egypte, à laquelle nous devons un des plus beaux monumens scientifiques et littéraires de l'époque de Napoléon. Obligé de revenir en France pour cause de santé, M. Pouqueville fut capturé par un corsaire barbaresque aux attérages de la Calabre, et conduit comme esclave en Morée. Transféré à Tripolitza, capitale moderne du Péloponèse, il y passa 10 mois dans la condition la plus malheureuse, tantôt renfermé dans les prisons, tantôt à la chaîne, et lors même qu'il était libre, dénué de tout secours. C'est la profession de la médecine, dans laquelle il était initié, qui seule lui procura les ressources à l'aide desquelles il soutint son existence. Transféré à Constantinople en 1799, il y fut renfermé au château des Sept-Tours, où il passa plus de 25 mois. Le temps ne fut pas tout-à-fait perdu pour lui. Il sut l'employer auprès de M. Tieffer, aujourd'hui professeur de langues orientales au collége de France, à étudier le grec littéral. Grâce aux soins de ce savant, il sortit de la bastille des sultans avec une éducation complète. De retour en France, M. Pouqueville reprit l'étude de la médecine, et fit imprimer, en 1803, pour sa réception, une thèse sur la peste, intitulée *de Febre adeno-nervosa, seu peste orientali*, qui obtint, en 1810, une mention honorable dans le concours pour les prix décennaux. En 1805, M. Pouqueville publia un ouvrage en trois volumes, intitulé : *Voyage en Morée, à Constantinople et en Albanie, dédié à Napoléon I", empereur des Français*. Cet ouvrage, imprimé à 2,000 exemplaires, se débita avec une étonnante rapidité, et fut presque aussitôt traduit en allemand par Muller, et par miss Plumpter, en anglais et en italien. La même année, M. Pouqueville fut envoyé par l'empereur, et accrédité en qualité de consul général de toute la Hellade, de la Macédoine et de l'Illyrie ottomane, auprès du fameux Ali-Télében, visir de Janina, où il résida jusqu'au 29 mars 1815. C'est avoir passé dix années dans l'antre d'un tigre. Ce fut au terme de cette carrière orageuse que, reculant au lieu d'avancer, M. Pouqueville, qui avait bravé tant de dangers et rendu tant de services, se vit réduit au rang de simple consul. Ce dommage porté à ses intérêts l'affecta toutefois moins douloureusement que la suppression d'un des établissemens consulaires de la plus haute importance qu'il avait fondé, conjointement avec son frère, au milieu de tant de difficultés : cette erreur de la politique fut commise sous le ministère de M. de Talleyrand. Nommé au poste consulaire de Patras, M. Pouqueville l'occupa jusqu'en 1817, époque où il y fut remplacé par M. Hugues Pouqueville son frère, qui a tant honoré le nom français lors de l'insurrection de la Grèce. De retour en France, M. Pouqueville publia, en 1820, un ouvrage en 5 volumes, intitulé : *Voyage dans la Grèce*. Ce livre, inédit dans toutes ses parties, est le résultat de 17 ans de travaux, de soins et de recherches. Il est tellement complet, que depuis leur insurrection les Grecs l'ont adopté pour guide dans leurs marches militaires et dans leur administration publique : cet ouvrage est dans toutes les bibliothèques. L'édition en est épuisée. En cette année même 1824, M. Pouqueville a composé et publié l'*Histoire de la régénération de la Grèce*, en 4 volumes, comprenant le précis des événemens qui se sont passés dans la Hellade, depuis l'année 1740 jusqu'en 1824. Cet ouvrage, à qui les circonstances donnent un prix tout particulier, semble être d'un historien antique qui écrit d'un peuple antique ; aussi a-t-il eu un succès proportionné à l'intérêt qu'inspirent à toutes les âmes généreuses les événemens qu'il raconte. L'auteur en prépare une nouvelle édition, qui sera probablement augmentée, car pendant qu'il écrit, les faits se succèdent et s'accumulent de manière à lui fournir la matière d'un 5me volume, qui ne doit pas être moins riche en prodiges que les 4 premiers. On ne s'étonnera pas que des travaux si nombreux et si utiles aient ouvert à M. Pouqueville la porte de plusieurs académies. Depuis 1819, il est membre correspondant de l'académie royale des inscriptions et belles-lettres ; de plus, il est membre de l'académie de médecine de Paris, de l'académie ionienne de Corcyre, et associé de l'académie de Marseille.

POURET-ROCQUERIE (N.), procureur du roi au bailliage de Perriers en 1789, fut élu à cette époque, par le tiers-état du bailliage de Coutances, député aux états-généraux ; il s'y fit peu remarquer. Appelé au conseil des cinq-cents en 1798, par le département de la Manche, M. Pouret-Rocquerie s'occupa dans cette assemblée d'objets de finances et du régime hypothécaire. En 1800, il fut nommé procureur-général près le tribunal criminel de son département, et remplit les fonctions de cette place jusqu'à la recomposition des tribunaux en 1811. Depuis lors il a été perdu de vue.

POUSSIELGUE (J. B. C.), ancien secrétaire de Faypoult, fut chargé, en 1798, d'une mission secrète pour l'île de Malte, où il se rendit quelque temps avant le départ de l'armée d'Orient. Par suite de la reddition de la place, à laquelle il contribua dans les négociations où il prit part avec Dolomieu, il suivit comme administrateur l'armée en Égypte. M. Poussielgue y resta après le départ du général en chef Bonaparte ; et de concert avec le général Kléber, il adressa au directoire-exécutif des rapports dans lesquels le premier était attaqué, et qui, ayant été interceptés, furent publiés par les Anglais. De retour en France, M. Poussielgue cessa d'être employé. Il a fait paraître différens écrits qui annoncent des connaissances en finances : 1° *de la Contribution en nature*, 1801, in-8° ; 2° *des Finances de la France en 1817* ; 3° *des Répartitions de la contribution foncière et du cadastre*, 1817, in-8°.

POWNAL (Jean), savant antiquaire anglais, naquit en 1725. Après avoir fait d'excellentes études à Oxford, il suivit la carrière des affaires publiques, et devint gouverneur d'une des colonies anglaises de l'Amérique. Rentré dans son pays, et en même temps dans la vie privée, il consacra tout son temps à la littérature et aux sciences, et ne tarda pas à devenir membre de la société des antiquaires de Londres. En 1787, il fit un voyage en France, et s'arrêta quelque temps à Lyon, où il publia une dissertation sur l'arc de triomphe d'Orange. De retour dans son pays natal, il ne le quitta plus jusqu'à sa mort, arrivée en 1795. On a de lui un ouvrage très-savant sur les antiquités anglaises, et un grand nombre de dissertations intéressantes, qui ont paru dans l'archéologie britannique. Pownal, bon et sensible, unissant la modestie et le savoir, la fortune et le désintéressement, a été regretté des savans et des malheureux.

POWNAL (Thomas), écrivain anglais, frère du précédent, naquit en 1722, et fut, en 1745, secrétaire de la commission pour le commerce et les colonies. En 1753, il passa en Amérique, et appela l'attention du gouvernement sur les conséquences du congrès d'Albany, qu'il prévoyait devoir être funeste à la mère-patrie. En effet, cette assemblée servit, en 1775, de modèle au célèbre congrès qui déclara l'Amérique indépendante. En 1757, Pownal fut nommé gouverneur de Massachusetts, et en 1759, de New-Jersey. Presque aussitôt il passa à la Caroline méridionale, en qualité de gouverneur-capitaine-général et vice-amiral. En 1761, son rappel, qu'il avait sollicité, lui ayant été accordé, il revint en Europe, où il fut chargé des fonctions de contrôleur-général des comptes à l'armée d'Allemagne. Nommé aux élections de 1768 membre de la chambre des communes, Pownal parla contre la guerre d'Amérique, et excita souvent l'attention dans les discussions qui eurent lieu à cette époque. A l'élection générale de 1780, il se retira à Bath, où il mourut le 25 février 1805. Il a publié une foule d'ouvrages, dont nous ne citerons que les principaux : 1° *Administration des colonies anglaises*, 2 vol. in-8°, 5° édition, 1774; 2° *Description topographique des états du centre de l'Amérique anglaise*, 1776, in-fol.; 3° *Lettres à Adam Smith sur plusieurs passages de son livre: De la Richesse des nations*, 1776, in-4°; 4° *Traité sur l'étude des antiquités*, 1782, in-8°; 5° *Mémoire adressé aux souverains de l'Europe et de l'Atlantique*, Londres, 1780, in-8°; 6° *Mémoire adressé aux souverains de l'Amérique*, 1784, in-8°; 7° *Notices et Descriptions des antiquités de la province romaine de la Gaule, maintenant la Provence, le Dauphiné et le Languedoc*, 1787, in-8°. Cet ouvrage parle de plusieurs monumens sur lesquels on n'avait pas écrit avant lui. 8° *Descriptions et Explications des restes de quelques antiquités romaines, découvertes en faisant des fouilles dans la ville de Bath*, en 1790, in-4°, 1795. Il passe encore pour être auteur des ouvrages suivans : *le Droit, l'Intérêt et le Devoir des gouvernemens relativement aux affaires des Indes orientales*, 1781, in-8°; *Médecine intellectuelle; Essai sur la nature de l'être, suivi d'un Traité de la vieillesse*, 1803, in-4°.

POYET, architecte du gouvernement, particulièrement attaché au ministère de l'intérieur, et architecte de la chambre des députés, s'est fait connaître par le grand nombre de projets de monumens publics, qu'il a présentés depuis près de 40 ans. Peu d'événemens de quelque importance se sont passés pendant cette époque, sans lui inspirer l'idée d'en faire consacrer la mémoire par de grandes constructions d'utilité publique. Les plans qu'il a fournis, quoique ingénieusement conçus, mais dans des proportions colossales, ont été presque tous jugés d'une exécution trop dispendieuse pour les ressources du moment, et ont successivement été loués ou critiqués, mais toujours ajournés. On a de M. Poyet : 1° *Mémoire sur la nécessité de transférer l'Hôtel-Dieu de Paris*, 1785, in-4°; 2° *Projet pour employer dix mille personnes, tant artistes qu'ouvriers, à la construction d'une place dédiée à la nation, avec l'exposition des moyens de fournir à la dépense de ce monument civique*, 1791, in-8°; 3° *Projet du cirque national et des fêtes annuelles*, 1792, in-8°; 4° *Projet d'un monument à élever à la gloire de Napoléon Ier*, 1806; 5° *Renouvellement du projet de transférer l'Hôtel-Dieu à l'île des Cygnes*, 1807, in-4°; 6° *Poyet, architecte, à tous les bons Français*, 1814, in-8°; 7° *Hommage national destiné à consacrer l'époque fortunée du retour de S. M. Louis XVIII, et la réunion de tous les bons Français autour du trône légitime*, 1816, in-4°; 8° *Mémoire sur le projet d'un édifice à construire dans le grand carré des Champs-Élysées, pour la réunion de la garde nationale*, 1816, in-4°.

POYFERRÉ DE CÈRE (LE BARON JEAN-MARIE), est né à Mont-de-Marsan, le 1er juillet 1768. Après avoir fait ses études à l'académie royale de Juilly, il entra dans le génie militaire, puis, changeant de direction, il s'appliqua à l'économie rurale, et s'occupa particulièrement de cette race de moutons appelés *mérinos*. Il remporta, en 1805, le prix fondé par la société d'encouragement pour l'amélioration des laines françaises. Nommé par le gouvernement, en 1806, chef de l'établissement de mérinos dans le département des Landes, il les logea dans des bâtimens construits à ses frais, et fournit gratuitement tous les accessoires nécessaires pour les soigner. M. Poyferré de Cère cependant s'occupait aussi des moyens d'améliorer le sol des Landes, et ses travaux lui méritèrent une médaille d'or, que lui avait décernée la société d'agriculture de son département, lorsque M. le maréchal Moncey, en allant prendre le commandement du 3° corps destiné à agir en Espagne, appela auprès de lui M. Poyferré de Cère, qui, dans la guerre des Pyrénées, avait servi sous ses ordres. Celui-ci se rendit à l'invitation de son ancien général, et l'accompagna jusqu'à Madrid, où il se trouvait au mois de mai 1808. C'est alors que M. Crétet, ministre de l'intérieur, écrivit à M. Poyferré de Cère, pour le charger de l'extraction du dernier contingent de mérinos stipulé en faveur de la France par le traité de Bâle. Les déplorables événemens du 2 mai avaient eu lieu à Madrid; une guerre sanglante commençait à désoler cette partie de la péninsule, et l'irritation espagnole contre tout ce qui portait le nom de Français était au comble. Ce ne fut qu'à travers des difficultés et des dangers sans nombre, que M. Poyferré de Cère parvint à effectuer à Ségovie la mission qui lui avait été donnée, mais des difficultés et des dangers plus grands encore l'attendaient dans sa traversée pour rentrer en France. On peut voir dans le *Moniteur* de décembre 1808, avec quel prodigieux bonheur, après les désastres de Baylen, et pendant la retraite de l'armée française au mois d'août 1808, M. Poyferré de Cère (aucun Espagnol ne l'avait voulu suivre), sans autre secours qu'une escorte de dix-sept chasseurs du 114° régiment, laquelle lui avait été donnée par le maréchal Moncey, parvint de Somo-Sierra à regagner nos frontières, et à remettre dans les établissemens du gouvernement français, sans autre perte que celle de six individus, un troupeau de 1200 mérinos choisis dans les races les plus renommées en Espagne. Une médaille d'or lui fut donnée à cette occasion par la société d'agriculture de la Seine. Tels sont les titres auxquels M. Poyferré de Cère a obtenu de la confiance du gouvernement impérial la direction d'un établissement de mérinos. La protection de l'impératrice Joséphine n'y fut pour rien. C'est donc par pure malveillance qu'on s'est permis d'imprimer dans la biographie des *Hommes vivans*, « que M. Poyferré » de Cère prenait le titre de *berger* » *de S. M. l'impératrice*, et signait » ainsi toutes ses lettres. » Il s'est inscrit en faux contre cette imputation, et a déclaré publiquement qu'en aucun temps et en aucune occasion, il n'avait pris un titre semblable, ni ajouté à sa signature, dans aucune de ses lettres, une pareille qualification. M. Poyferré de Cère nommé en 1811 membre du corps-législatif par le département des Landes, en remplit constamment les fonctions jusqu'en 1823. Pendant la session de 1820 éclata un orage qui fit retentir son nom dans la plupart des journaux. Il avait demandé qu'aux termes du règlement de la chambre, les couloirs et l'intérieur de la salle, envahis et encombrés par les étrangers, fussent réservés aux seuls députés. Les journalistes qui, pour être plus à portée de la tribune et de la voix des orateurs, s'étaient établis depuis quelque temps dans les couloirs, s'étant crus particulièrement désignés par la proposition de M. Poyferré de Cère, s'élevèrent à l'envi contre la décision qui intervint, et qui les replaça dans la tribune qui leur avait été affectée de tout temps. Ils ne furent pas avares de sarcasmes contre l'auteur de la proposition, qui ne répondit que par une plaisanterie. L'attention publique fut bientôt distraite de cette guerre de plume par des incidens plus graves ou plus frivoles. M. Poyferré de Cère l'a occupée cette attention à des titres plus honorables. En 1814, il proposa un projet de loi qui assurerait la faculté de faire circuler à l'extérieur, sans droits ni entraves, les productions du sol français. Il fit sentir combien la stagnation du commerce avait avili certaines productions de notre sol ; par le même principe, il proposa le 1ᵉʳ octobre, au nom de la commission dont il était rapporteur, l'adoption d'un projet de loi sur l'exportation des grains. Quant au projet concernant les boissons il dit : « Nous devons la vérité au » peuple, eh bien, je vais la pro- » férer tout entière. Sans impôts » indirects, point de finances, et » point de finances sans exerci- » ces. » Dans la discussion du projet de loi sur les laines, il s'abstint de voter, après avoir engagé toutefois le gouvernement à prendre un juste milieu entre la prohibition et l'exportation. Lorsqu'il fut question d'un nouveau tarif des douanes, il en appuya les premières dispositions, mais il témoigna le regret qu'on ne portât pas sur les objets de luxe et de curiosité l'augmentation des droits proposée pour les sels. Il témoigna aussi le désir de voir le gouvernement protéger les fabriques de sucre de betterave, branche d'industrie, selon lui, digne d'être encouragée. Le roi donna à M. Poyferré de Cère, en 1815, le titre de baron. Pendant les *cent jours*, il se tint à l'écart et n'occupa aucune place; au retour du roi, il présida le collége d'arrondissement de son département, et fut nommé député à la nouvelle chambre; il y vota avec la minorité ministérielle. Réélu en 1816, après la dissolution de la chambre, quelques voix le portèrent à la présidence. Après avoir appuyé différens projets de loi, il parla avec force contre les dépenses excessives qu'avait déjà occasionées le cadastre, évalua à 140 millions les sommes nécessaires pour l'achever, et demanda qu'il ne fût accordé que celles qui seraient jugées indispensables au traitement des employés, jusqu'à ce qu'il fût présenté un nouveau projet de loi. Ce n'est pas en matière d'administration que M. Poyferré de Cère peut être accusé d'avoir manqué de constance dans ses opinions. Professant les théories les plus justes, il n'a jamais appuyé, sous ce rapport, que des propositions d'une justesse et d'une utilité incontestables. Il se dirigea d'après les mêmes principes dans la préfecture des Deux-Sèvres, à laquelle il fut nommé, le 17 juin 1817, en remplacement de M. de Curzay. Il fut néanmoins appelé à d'autres fonctions cinq ans après, mais non pas sur la demande de ses administrés. M. Poyferré de Cère était redevenu étranger aux Deux-Sèvres, quand le journal de ce département s'expliquait ainsi : « M. le baron » Poyferré de Cère, préfet des » Deux-Sèvres, vient d'être appe- » lé par le roi à d'autres fonctions. » Magistrat sage et éclairé, doué » d'un esprit conciliateur, il em- » porte les regrets de ses adminis- » trés, qui se rappelleront toujours » avec reconnaissance ses gran- » des vues d'amélioration, et tout » ce qu'il projetait de faire pour » l'intérêt et la prospérité du dé- » partement. En nous quittant » M. Poyferré de Cère peut dire avec » satisfaction, *durant une admi- » nistration de cinq années, je n'ai » pas fait verser une seule larme, » et plus d'un infortuné m'a dû la » fin de ses peines.* » Depuis le 1ᵉʳ janvier 1823, M. Poyferré de Cère est attaché au conseil-d'état, en qualité de maître des requêtes en service ordinaire.

POZZETTI (POMPILIUS), professeur-émérite d'éloquence au collége *Florentin*, conservateur de la bibliothèque de Modène, membre de l'académie italienne et de l'institut des sciences de Bologne, fût l'un des principaux collaborateurs des journaux littéraires de Pise et de Padoue. En 1810, il fit paraître une critique très-judicieuse de la *Vie de Laurent de Médicis*, par Roscoe, dont il releva plusieurs inexactitudes. L'auteur anglais n'y répondit pas; mais dans son dernier ouvrage, publié à Londres vers la fin de 1723, sous le titre d'*Illustrations on the life of Laurence the magnificent*, in-4° (Éclaircissemens sur la Vie de Laurent-le-Magnifique), M. Roscoe a essayé de se défendre contre les attaques des critiques italiens, entre autres, de Pozzetti et de Sismondi. Les ouvrages les plus estimés de Pozzetti sont : 1° *Elogio di Ridolfino Venuti*, Florence, 1789, in-8°. Les nombreux travaux de ce savant archéologue y sont analysés avec beaucoup d'érudition. 2° *Elogio di Lazaro Spallanzani*, Parme, 1800, in-4°; 3° *Elogio di Affò*, in-8°, *ibid.*, 1800; 4° *Vita del Fabroni*, dans le journal de Pise, septembre et octobre 1805; 5° *Elogio del P. Stanislao Canovai*, Florence, 1812, in-8°. C'est l'historien d'AméricVespuce. Pozzetti mourut vers l'année 1816.

POZZI (ANDRÉ), peintre, né à Rome en 1777. Élève de Tofanelli pour le dessin, il l'a surpassé dans la composition et le coloris. Ses premiers tableaux, exposés au Panthéon, lui firent une réputation qu'il a accrue par ses ouvrages postérieurs. Il y a de grandes beautés dans l'Annonciation de la Vierge, dans la Naissance de J.C., dans l'Enlèvement de Proserpine, et surtout dans les quatre Vertus cardinales, qui sont une heureuse imitation des Sybilles de Raphaël. Appelé à décorer le palais Bolognetti, maintenant Torlonia, M. Pozzi déroula, pour ainsi dire, un poëme dans le plafond d'un grand salon qui lui fut confié, et où il a représenté les aventures d'Ariane et de Bacchus. M. Pozzi a peint plusieurs tableaux d'autel sur des sujets épuisés par de grands maîtres, et qu'il a pourtant eu le talent de traiter d'une manière neuve et intéressante. Les principaux sont : la Vierge au milieu d'un groupe de jésuites, pour une église de Sardaigne; la mort de Saint-Joseph; le père Jean de la Conception, en extase, tableau dont Pie VII fit présent aux frères de la Trinité, dont ce bienheureux a été le fondateur; Saint Vincent-de-Paule qui prêche, pour une église de Bologne; la Déposition de Saint-Étienne, tableau placé dans le Panthéon, et ordonné par Canova, avec lequel M. Pozzi était intimement lié; une Religieuse en contemplation devant le mystère de la Trinité; une Vierge avec l'enfant Jésus, une autre assise, une troisième couronnée, d'après le style de Raphaël, etc. M. Pozzi s'est aussi essayé dans le portrait; les meilleurs qu'il a faits sont ceux de Canova, sculpteur, et de l'abbé Canova, son frère.

POZZO DI BORGO (LE COMTE CHARLES-ANDRÉ), lieutenant-général au service de Russie, et ambassadeur de cette puissance près du roi de France, né en 1760, au village d'Alala (île de Corse). Après la réunion de cette île à la France en 1768, la famille Pozzo di Borgo fut reconnue noble; mais comme elle était très-pauvre, un récollet, nommé le P. Antonio Grosseto, prit soin de l'éducation du jeune Charles, qui entra dans la carrière du barreau après ses études. Il exerça la double profession d'avocat et de procureur. Lorsque la révolution de France éclata, la conformité de ses opinions avec celles de la famille Bonaparte établit une étroite liaison entre lui, Joseph et Napoléon. Il se présenta avec eux à Orezza, chef-lieu de canton, lors de l'organisation de la municipalité, et comme eux, il y prononça des discours très-patriotiques. Au mois de septembre 1790, M. Pozzo fut nommé, par l'influence du général Paoli, membre du directoire du département de la Corse, puis élu, en 1791, à l'assemblée législative de France. Il manifesta dans cette assemblée les opinions qu'il avait montrées dans son pays. Toutefois, sans se faire beaucoup remarquer, si ce n'est à la séance du 16 juillet 1792, il y prononça un long discours, pour déterminer l'assemblée à déclarer la guerre à l'empereur d'Allemagne. Après la révolution du 10 août 1792, le nom de M. Pozzo s'étant trouvé sur quelques papiers de Louis XVI, on prétend qu'un autre député de la Corse, l'un des commissaires chargés de visiter ces papiers, fit de si grandes menaces à son compatriote, qu'il fut obligé de s'éloigner. S'il est ainsi, il est fâcheux que la nature de ces papiers et de ces menaces soit restée inconnue. L'inscription du nom de M. Pozzo sur les papiers du feu roi, et les reproches de son collègue, ne peuvent qu'occuper la pensée sans la fixer. Mais de retour en Corse, M. Pozzo changea promptement de drapeaux; il seconda les projets d'indépendance, ou plutôt de révolte, de Paoli, malgré les sermens faits à la France. Ce fut à l'époque de ce retour que commença, en raison de la cause française, la haine de M. Pozzo contre Napoléon. Ce sentiment, au moins, a été durable; il a été complètement satisfait vingt ans après. En 1793, la convention avait enjoint, par décret, à M. Pozzo de paraître à la barre, pour y rendre compte de sa conduite : la même injonction avait été faite à Paoli; mais ni l'un ni l'autre ne s'y soumirent : ce fut alors qu'inquiets de la vengeance nationale, que la guerre civile attirait sur leur tête, ils s'étayèrent des Anglais. Le roi d'Angleterre ajouta à ses titres celui de roi de la Corse. M. Elliot fut nommé vice-roi, et M. Pozzo président du conseil-d'état. Toutefois, pendant le cours de ses fonctions, tant de plaintes s'élevèrent, que le vice-roi l'engagea à se retirer, sur la demande même de Paoli, qui fut effrayé du nombre des ennemis de son protégé. Il partit pour Londres, où il fut accueilli par plusieurs émigrés français. Après quelques années de séjour en Angleterre, pendant lesquelles il fut employé, dit on, dans la partie la plus secrète de la diplomatie, il passa, probablement de l'aveu de cette puissance, au service de la Russie, s'y fit remarquer de l'empereur, et fut successivement chargé de plusieurs opérations diplomatiques d'une haute importance. Parvenu, pendant les dernières campagnes, au grade de général-major, M. Pozzo fut employé en cette qualité à la bataille de Léipsick, où, par un rapprochement singulier, il servait contre la France, sous les ordres d'un autre Français, aujourd'hui roi de Suède. Il fit la campagne de France en 1814, et remplit, après les événemens du 30 mars, les fonctions de commissaire impérial de Russie près du gouvernement provisoire, et ensuite près du gouvernement royal. On prétend encore que ce fut M. Pozzo qui décida, en 1814, la marche en masse sur Paris, à l'époque où les victoires de Napoléon avaient jeté une si grande incertitude dans le conseil des souverains. En mars 1815, le retour de Napoléon suspendit à Paris les fonctions diplomatiques de M. Pozzo, qui les reprit après la seconde restauration. Il signa le traité du mois de novembre. En 1817, l'empereur Alexandre conféra au comte de Pozzo di Borgo le grade de lieutenant-général. Depuis 1814, M. Pozzo n'a point cessé d'être accrédité auprès de la cour de France, en qualité d'ambassadeur de Russie. Investi de la confiance de l'empereur Alexandre, il a plusieurs fois quitté sa résidence, pour faire partie de différens congrès, et l'année dernière (1823) pour une mission spéciale à Madrid, depuis la restauration espagnole. L'influence que ce diplomate a pu avoir sur les affaires de la péninsule, pendant son séjour à Madrid, nous est inconnue. Il est de la nature de notre ouvrage de ne parler que des faits dont la publicité éloigne toute contestation. Un des plus glorieux pour l'expédition française en Espagne, est la fameuse ordonnance d'Andujar. Il n'y a aucun doute sur son auguste auteur. Les opérations diplomatiques atteignant le but par une tout autre voie, nous devons nous borner à dire que le comte Pozzo di Borgo partit de Paris pour Madrid, où il séjourna, et revint de Madrid à Paris, où il continue à résider.

PRACOMTAL (LE MARQUIS DE), membre de la chambre des députés, est né à Paris, le 1ᵉʳ juillet 1773, et embrassa la profession des armes dès l'âge de 14 ans. Il entra dans les gardes-du-corps, émigra en 1790, et parvint à un grade supérieur dans la gendarmerie qui s'était organisée à Coblentz, sous les ordres de M. d'Autichamp. M. de Pracomtal accompagna ensuite ce général à Maëstricht, lorsque son régiment fut licencié, et servit au siége de cette ville en 1793. A l'époque du siége de Lyon, il passa en Suisse avec M. d'Autichamp, pour préparer l'exécution d'un projet dont le succès ne remplit pas leur attente. En 1794, M. de Pracomtal entra au service britannique, et fut réformé deux ans après. Son attachement pour la dynastie des Bourbons, à laquelle l'empereur Paul Iᵉʳ paraissait alors s'intéresser, le porta à prendre du service en Russie, et il fut employé comme lieutenant-colonel attaché à l'état-major du maréchal Suwarow, mais il ne fit point la campagne en cette qualité, l'armée russe étant déjà en retraite, Suwarow rappelé par son souverain, M. de Pracomtal donna sa démission, et rentra en France en

1800; il y retrouva des biens considérables. Il se tint constamment éloigné des affaires publiques, et sans autre emploi que ceux de maire de la commune où est située une partie de ses propriétés, et de membre du conseil-général du département de la Nièvre. En 1814, il reprit du service, et entra comme officier-supérieur dans les gendarmes de la garde royale. Au 20 mars 1815, lors du départ de Louis XVIII pour Gand, il accompagna ce prince jusqu'à la frontière. A la seconde restauration, le corps qu'il commandait ayant été licencié, il devint colonel de la légion du Puy-de-Dôme. Nommé, la même année, président du collége électoral de la Nièvre, il fut élu député, et réélu en 1816, après l'ordonnance du 5 septembre. Sorti de l'assemblée en 1818, il fut de nouveau élu en 1820 par le collége de département, et l'a encore été en 1824 pour la quatrième fois. Les opinions politiques de M. de Pracomtal sont sages et modérées.

PRADEL (Jules, comte de), ministre-d'état, membre du conseil-privé, l'un des premiers chambellans, et maître de la garde-robe du roi, ancien ministre de la maison de S. M., est né dans la ci-devant province du Limosin, vers 1780, d'une famille noble. Il suivit ses parens lorsqu'ils quittèrent la France au commencement de la révolution, pour se retirer en Angleterre. M. de Pradel s'y occupa d'abord exclusivement d'objets littéraires. En 1810, il fut employé par M. de Blacas dans son administration à Hartwel. Il accompagna aux îles Madères M. d'Avaray, fils du duc, qui s'y rendait pour rétablir sa santé. M. d'Avaray mourut dans le cours de ce voyage. Depuis cette époque, M. de Pradel a été attaché à la maison du roi. Il suivit ce prince à sa rentrée en France en 1814, puis dans son voyage à Gand, pendant les *cent jours*, en 1815, et enfin lors de son second retour à Paris. M. de Blacas étant parti pour Rome, M. de Pradel reçut le portefeuille de la maison du roi. Il est aujourd'hui (1824) ministre-d'état, membre du conseil-privé, etc.

PRADHER (Louis - Barthélemy), compositeur, pianiste du roi, maître de musique des enfans de M. le duc d'Orléans, professeur à l'école royale de musique, est né à Paris, le 16 décembre 1782. Il n'avait pas plus de huit ans lorsqu'il commença, sous la direction de son oncle, M. Lefèvre, ses études musicales, et devint ensuite l'élève de M. Gobert, professeur à l'école royale. Après la suppression de cette école, au commencement de la révolution, le gouvernement ayant chargé Mme de Mongeron de former deux élèves, M. Pradher fut l'un des deux qu'elle choisit. Il reçut pendant deux ans et demi les conseils de cette dame, puis entra au conservatoire lors de sa création. Il y remporta, dès le premier concours, les deux prix de piano, et se livra ensuite, sous M. Berton, à l'étude de l'harmonie. La facilité avec laquelle il exécuta, dans un nouveau concours, des fugues manuscrites extrêmement difficiles, lui valut la place de professeur, vacante par la mort de M. Hyacinthe-Jadin. Le célèbre

Garat, juste appréciateur du mérite de M. Pradher, le choisit pour l'accompagner dans les sociétés et dans les concerts ; il apprit de Méhul le contre-point. Les œuvres de musique qu'il a publiées sont : Treize recueils de romances et un grand nombre de pièces détachées du même genre, parmi lesquelles on distingue, comme ayant obtenu le succès le plus brillant : *Bouton de Rose*; *le Printemps*; deux sonates de piano, dédiées à M. Berton ; deux autres avec violon obligé ; une grande sonate dédiée à Méhul; deux autres dédiées à Mlle Yzquierdo ; deux pots-pourris; un rondeau. *Alla Pelluca*; une fantaisie sur l'air du *Point du jour*; des variations sur la romance d'*Helena*, et sur l'air de chasse du *Roi et du Fermier*; un concerto de piano. M. Pradher a de plus composé pour le théâtre de l'Opéra-Comique, les opéras suivans : 1° *la Folie musicale*; 2° *le Chevalier d'industrie*; 3° *Jeune et Vieille*; 4° *l'Emprunt secret*; 5° *Jenny la bouquetière*; 6° *le Philosophe en voyage* (ce dernier opéra fait seul aujourd'hui partie du répertoire). La faiblesse des premiers de ces poëmes les empêcha de rester au théâtre, quoique plusieurs morceaux de la musique eussent été justement applaudis. Ce virtuose, qui unit la chaleur, l'élégance et la vivacité à la grâce de l'expression, est l'un des professeurs les plus distingués du piano. Il avait épousé en premières noces Mlle Philidor, fille du célèbre compositeur de ce nom; devenu veuf, il épousa Mlle More, artiste sociétaire du théâtre royal de l'Opéra-Comique (*voy.* l'article suivant).

PRADHER (Madame), connue précédemment sous le nom de Mlle More, artiste sociétaire du théâtre royal de l'Opéra-Comique, est née à Carcassonne, département de l'Aude, le 6 janvier 1800. Son père, l'un des comédiens les plus distingués du Midi, tenait l'emploi des premières basses-tailles, et fut directeur des théâtres de Carcassonne, Perpignan, Nîmes, Avignon, etc. A l'âge de cinq ans, Mme Pradher joua, pour la première fois, le rôle de *Jeannette*, du *Déserteur*, sur le théâtre de Nîmes. Deux ans après, elle joua sur le même théâtre le rôle de la *Servante maîtresse*, et celui de *Colette*, du *Devin du Village*, ainsi que beaucoup d'autres rôles d'enfans. A dix ans elle fut engagée à l'Athénée de Montpellier, comme première chanteuse des concerts. Le directeur de cet établissement donnait en hiver à ses abonnés des opéras comiques, que jouaient les amateurs de la ville; Mme Pradher fut appelée à les seconder, et joua le rôle de *Julie*, des *Prétendus*, de *Clara*, de la *Femme colère*, d'*Ambroise*, etc., avec tant de succès, que le grand théâtre de cette ville voulut se l'attacher. Elle resta à Montpellier, où elle était l'idole du public, jusqu'à l'âge de seize ans. Attachée à ses compatriotes autant qu'ils l'étaient à elle, elle refusa de se rendre à un ordre de début, que M. le surintendant des Menus-Plaisirs lui envoya de Paris, pour le théâtre de l'Opéra-Comique. Cependant le directeur du théâtre de Montpellier n'ayant pas voulu lui donner des appointemens proportionnés aux progrès qu'elle avait faits dans son art, elle accepta un engagement d'une année pour le théâtre de Rouen; mais après deux mois de débuts sur ce théâtre, M*me* Pradher reçut de l'intendant des Menus-Plaisirs une nouvelle injonction de se rendre à Paris, et cette fois elle ne crut pas pouvoir s'en dispenser. Ce fut en 1816 qu'elle débuta sur le théâtre de l'Opéra-Comique, dans *le Calife* et dans *une Folie*, avec un succès éclatant. Elle créa le *frère Philippe*, qui commença à la placer au rang des premières actrices. Le zèle avec lequel elle remplit les emplois qui lui sont confiés, toujours encouragé par la faveur publique, lui a mérité d'être reçue sociétaire en 1820. C'est à cette époque qu'elle est devenue l'épouse de M. Pradher.

PRADIER (Guillaume-Senié), ancien capitaine de dragons, et aujourd'hui médecin, s'est fait en cette dernière qualité une certaine réputation par son remède contre la goutte. D'après le rapport de M. Hallé, *sur les effets d'un remède proposé pour le traitement de la goutte*, etc., Paris, in-8°, novembre 1809, ce remède, que le gouvernement acheta 24,000 fr., ne consisterait qu'en un immense cataplasme de farine de graine de lin, abondamment humecté d'une teinture de safran dans l'esprit de vin appliqué très-chaud. M. Pradier n'a point été aussi heureux dans sa découverte d'un remède pour les maladies scrofuleuses. Il paraît avoir renoncé à occuper l'attention publique. Voici la liste des ouvrages qu'il a mis au jour. Ce sont : 1° *le Remède Pradier, ou la Médecine du bon sens*, Paris, in-8°, 1811; 2° *Réponse à M. Villette*, Paris, in-8°, 1811; 3° *Moyen de guérir les maladies cutanées, dartreuses, scrofuleuses, gales rentrées, connues sous le nom de maladies chroniques, démontré par l'expérience*, Paris, in-8°, 1815; 4° *Mémoire sur la guérison des maladies chroniques et répercutées*, présenté à la chambre des députés, Paris, in-4°, 1816

PRADT (Dominique Dufour, de), ancien archevêque de Malines, né à Allanches, en Auvergne, le 23 avril 1759, était, à l'époque de la révolution, grand-vicaire du cardinal de La Rochefoucauld, archevêque de Rouen. L'abbé de Pradt, déjà considéré dans son ordre, jouissait en même temps dans la société de la réputation d'un homme éminemment spirituel. Appuyé par le crédit du cardinal de La Rochefoucauld, dont il était parent éloigné, et sans doute aussi par ses propres talens, il lui fut facile de se faire nommer député du clergé de Normandie aux états-généraux en 1789. Il n'y fit point cependant briller son éloquence à la tribune nationale, se contentant de lancer de sa place, à travers les discussions les plus sérieuses, quelques sarcasmes ou phrases véhémentes, à l'appui des discours des Maury et des Cazalès. Dès la réunion de son ordre à celui du tiers-états, réunion à laquelle il s'était vainement opposé, l'abbé de Pradt siégea parmi les députés les plus prononcés contre le nouvel ordre de choses, et paraissait alors rejeter bien loin toute idée d'amélioration dans l'état social; il signa les diverses protestations de la mi-

l'Abbé de Pradt.

norité de l'assemblée constituante ; mais pressentant de bonne heure, ainsi que la plupart de ses collègues du côté droit, les dangers personnels qu'une résistance aussi manifeste au vœu de l'immense majorité des habitans de la France, pourrait y faire courir aux opposans, il se hâta à la fin de la session d'émigrer, et s'établit pendant quelque temps à Hambourg. En 1798, il publia dans cette ville, mais sous le voile de l'anonyme, un premier ouvrage intitulé : *Antidote au congrès de Rastadt*. Le gouvernement républicain de la France y était violemment attaqué, et les puissances qui traitaient avec lui n'étaient guère moins sévèrement jugées. L'*Antidote* fut peu lu, et ne produisit qu'une médiocre sensation en France, mais fut recherché avec avidité par les ennemis de la république en Allemagne, où il eut plusieurs éditions. L'auteur fit paraître deux ans plus tard, et toujours sans y attacher son nom, une brochure aussi très-remarquable sous le titre de *la Prusse et sa neutralité*. Le système politique de cette puissance était fortement blâmé par l'abbé de Pradt, qui ne respirait alors que guerre et combats. Il employait toute son éloquence à armer les monarques de l'Europe contre la république française, qu'une nouvelle coalition devait, selon lui, nécessairement écraser. Cependant après la révolution du 18 brumaire, il désira rentrer dans le sein de cette même république, prévoyant sans doute qu'elle ne le serait plus que de nom, et que le pouvoir se trouverait bientôt concentré entre les mains d'un seul. Par l'entremise de son parent, le général Duroc, depuis maréchal du palais de Napoléon, l'abbé de Pradt obtint la permission de revenir à Paris, et fut présenté par le même au premier consul. La conversation spirituelle et animée de l'abbé, des éloges adroits et l'apparence d'un entier dévouement, dont d'ailleurs le général Duroc se portait garant, séduisirent le premier consul, qui nomma d'abord l'abbé de Pradt son premier aumônier, et qui le combla depuis de faveurs. Après avoir assisté au couronnement de l'empereur en décembre 1804, il reçut le titre de baron, avec une gratification de 40,000 francs, fut élevé au siége épiscopal de Poitiers, et eut même l'avantage d'être sacré par le pape Pie VII en personne, le 2 février 1805. Le nouvel évêque n'en resta pas moins attaché à Napoléon en qualité de premier aumônier, et se plaisait alors à dire à ceux qui le félicitaient sur sa faveur et ses dignités, qu'il était en effet devenu l'*aumônier du dieu Mars*. Il accompagna Napoléon à Milan, lorsque ce prince alla se couronner roi d'Italie, et officia pontificalement à cette cérémonie. En 1808, il l'accompagna encore à Bayonne, et se trouva chargé de négociations bien délicates avec les ministres espagnols. Le dernier résultat des conférences de Bayonne, qu'il n'avait sans doute point prévu, et qui priva momentanément une branche de la maison de Bourbon du trône d'Espagne, dut, ainsi qu'il l'assure lui-même, affliger profondément un homme aussi dévoué à cette illustre maison ; mais l'empereur, satisfait de ses services, accorda une nouvelle gratification de 50,000 francs à l'évêque de Poitiers, le nomma, en février 1809, archevêque de Malines, et officier de la légion-d'honneur. Deux ans après, ce prélat fut envoyé auprès du pape à Savone, et déploya beaucoup de zèle et de talens dans ses négociations, pour faire ouvrir le concile de 1811. Il se rendit ensuite dans son nouveau diocèse, où les chanoines refusèrent de le reconnaître en sa qualité d'archevêque, jusqu'à ce qu'il pût produire ses lettres d'institution. Elles avaient été expédiées par la chancellerie romaine et signées par le pape, mais dans une forme inusitée, qui déplut à Napoléon, et qui fut jugée incompatible avec les libertés de l'église gallicane. Renvoyées à Rome, ces lettres n'en revinrent plus. En 1812, l'archevêque de Malines eut ordre de suivre l'empereur à Dresde. La guerre contre la Russie était décidée, et les talens diplomatiques du prélat devaient être employés sur un nouveau théâtre. Nommé ambassadeur de France dans le duché de Varsovie, et toujours malgré lui : « La foudre » fût tombée à mes pieds, dit-il » dans son *Histoire de l'ambassade » de Pologne*, que je n'eusse pas » senti un froid plus mortel courir » dans mes veines, que ne fut celui » dont je fus saisi par l'annonce de » ma nomination. J'avais toujours » eu en horreur l'expédition de Po- » logne.... Tout Dresde me crut » aux anges, j'étais au désespoir...; » le sommeil et le repos avaient fui » loin de moi, etc. » Entraîné par une destinée aussi fâcheuse que singulière, à toujours faire ce qui lui déplaisait le plus, l'archevêque de Malines occupa ce poste difficile pendant toute la campagne désastreuse de 1812; mais cette fois ses services furent bien loin d'être aussi favorablement appréciés que ceux qu'il avait rendus jusqu'alors. Après la retraite de Moskou, Napoléon, à son passage par Varsovie, fit appeler auprès de lui son ambassadeur, et eut avec lui une conversation qui, selon l'histoire citée plus haut, était au moins fort extraordinaire. Une disgrâce complète suivit de près cette entrevue. Rappelé, selon son désir, de l'ambassade en Pologne, l'archevêque apprit, à son retour à Paris, que la grande aumônerie lui avait été ôtée, et il reçut en même temps l'ordre de quitter la capitale et de se rendre dans son diocèse. Il partit aussitôt pour Malines, et ne revint à Paris qu'au commencement de 1814, pour assister aux événemens extraordinaires de cette année. Ce fut alors que l'archevêque de Malines, le cœur navré d'une disgrâce qui lui paraissait bien injuste, composa son *Histoire de l'ambassade de Pologne*, qu'il crut cependant ne devoir publier que l'année suivante, après la bataille de Waterloo et le départ de Napoléon pour l'île de Sainte-Hélène. Cette brochure fut accueillie avec une joie extrême par les ennemis de l'empereur, et eut 8 éditions consécutives. Les traits les plus amers de la satire personnelle y sont lancés, non-seulement contre plusieurs personnages marquans de l'époque, tant Français qu'étrangers; mais l'auteur redouble d'efforts pour jeter de l'odieux, et, s'il se pouvait, du ridicule sur l'homme qu'il avait servi, et, comme tant d'autres, encensé pendant sa prospérité. « Le génie de Napoléon, y » est-il dit, fait à-la-fois pour la » scène du monde et pour les tré- » teaux, représentait un manteau » royal joint à un habit d'Arlequin. » Le dieu Mars n'était plus qu'une » espèce de *Jupiter Scapin*, tel » qu'il n'en avait point encore pa- » ru sur la scène du monde. » Ce style et cette manière de tracer des portraits en caricature, satisfaisaient la malignité d'un certain nombre de lecteurs, tandis que d'autres les trouvaient indignes d'un prélat et d'un historien. Le comte de Morski, Polonais, fit paraître, en 1815, une réponse à cet ouvrage, intitulée : *Lettre à l'abbé de Pradt*, dans laquelle il cherche à venger ses compatriotes de quelques assertions hasardées; et M. Gley, dans son *Voyage en Allemagne*, traite aussi sans ménagement le prélat ambassadeur. Admis alors dans l'intimité du prince de Bénévent, au 31 mai 1814, lors de l'entrée des Russes à Paris, M. de Pradt prononça comme lui pour le rétablissement du gouvernement royal, et le rappel immédiat des princes de l'ancienne dynastie. M. de Pradt assure même, dans le nouvel ouvrage qu'il publia bientôt sous le titre de *Récit historique sur la restauration de la royauté en France, le 31 mars 1814*, « que ce » fut par ses avis que les souverains » alliés se déterminèrent à rompre » entièrement avec Napoléon et sa » dynastie, et à rétablir les Bourbons, et que l'empereur de Rus- » sie fit à l'instant publier la fa- » meuse déclaration où étaient an- » noncés les grands événemens qui » changeaient la face de la France. » Quelques ennemis de l'archevêque de Malines ont depuis cherché à lui enlever l'honneur d'avoir seul exercé une si haute influence dans les conseils des monarques étrangers. Il est certain cependant qu'il en reçut un accueil favorable, ainsi que du roi, qui, après sa première rentrée, confirma M. de Pradt dans le poste éminent de chancelier de la légion-d'honneur, auquel le gouvernement provisoire l'avait élevé. Le public vit avec quelque étonnement un prélat chargé de fonctions si étrangères à l'église; aussi ne les remplit-il que peu de temps. Une nouvelle disgrâce, dont on ne connaît pas exactement les motifs, l'éloigna pendant plusieurs mois de la scène politique, et lui fit rechercher une retraite paisible dans ses terres, en Auvergne. Il s'y trouvait encore lors du retour de Napoléon de l'île d'Elbe, et ne jugea pas convenable d'en sortir pendant l'époque des *cent jours*. Après la seconde rentrée du roi, l'archevêque de Malines ne retrouva pas sa place de chancelier de la légion-d'honneur, qui fut donnée au maréchal Macdonald, et ne fut même plus appelé à aucune fonction publique; mais il traita avantageusement de son archevêché de Malines avec le nouveau roi des Pays-Bas, et, moyennant une rente viagère de 10,000 francs, il céda tous ses droits à ce siége, droits que les dispositions moins bienveillantes de la cour de Rome, et le refus de nouvelles institutions, rendaient assez difficiles à soutenir. Rentré dans la vie privée, M. de Pradt a depuis consacré tout son temps et des talens très-remarquables à la littérature politique. Un grand nombre d'ouvrages, avidement recherchés par le public, sont dus à sa plume spirituelle et féconde. La maturité de l'âge, le calme des passions et l'expérience péniblement acquise pendant les différentes phases d'une vie agitée, ont enfin inspiré à cet ingénieux écrivain une profonde horreur pour le pouvoir arbitraire. Les opinions constitutionnelles ont trouvé en lui un courageux et habile défenseur. Traduit devant les tribunaux pour un de ses écrits, M. de Pradt s'est défendu lui-même avec éloquence et dignité, et a été acquitté honorablement. Deux fois un grand nombre des électeurs de son département lui ont prouvé leur estime et leur confiance, en le portant à la seconde chambre de la représentation nationale. Le *Moniteur* avait même déjà annoncé sa nomination, mais il s'est trouvé depuis, qu'il lui avait manqué une seule, ou selon d'autres, deux voix pour être proclamé député. Les principaux ouvrages de M. de Pradt sont : 1° *Antidote au congrès de Rastadt*, Hambourg, 1798, in-8°, réimprimé en Suisse et à Paris, avec l'ouvrage suivant: 2° *de la Prusse et de sa neutralité*, 1802, in-8°; 3° *les Trois Ages des colonies, ou de leur État passé, présent et à venir*, Paris, 1801, 3 vol. in-8° : l'auteur y manifestait dès lors son opinion sur la majorité et l'indubitable émancipation des colonies. Toutes ses prédictions ont depuis été accomplies, et l'auteur a sans doute quelque droit de se proclamer le prophète du Nouveau-Monde. 4° *De l'Etat de la culture en France, et des améliorations dont elle est susceptible*, 1802, 2 vol. in-8°; 5° *Voyage agronomique en Auvergne*, 1803, in-8°; 6° *Histoire de l'ambassade dans le grand-duché de Varsovie*, en 1812, in-8°, 1815; 7° *du Congrès de Vienne*, 1815, 2 vol. in-8°, et 2ᵐᵉ édition, 1816, 2 vol. in-8°, traduit en anglais, Londres, 1816, in-8°; 8° *Mémoires historiques sur la révolution d'Espagne*, 1816, in-8°, traduit en espagnol, Bayonne, 1816; 9° *Récit historique sur la restauration de la royauté en France, le 31 mars 1814*, in-8°, 1816; 10° *des Colonies et de la révolution actuelle de l'Amérique*, 1817, 2 vol. in-8°; 11° *des Trois derniers mois de l'Amérique méridionale et du Brésil*, 1817, in-8°; 12° *Lettre à un électeur de Paris*, 1817, in-8°; 13° *Préliminaires de la session de 1817*, in-8°, 1817; 14° *des Progrès du gouvernement représentatif en France*, 1817; 15° *les Six derniers mois de l'Amérique et du Brésil*, 1818, in-8°; 16° *Pièces relatives à Saint-Domingue et à l'Amérique*, 1818, in-8°; 17° *les Quatre Concordats*, 1819, 3 vol. in-8°; 18° *l'Europe après le congrès d'Aix-la-Chapelle*, 1819, in-8°; 19° *le Congrès de Carlsbad*, 1819, in-8°; 20° *Suite du congrès de Carlsbad*, 1820, in-8°; 21° *Etat de la culture en France*, 1820, 2 vol. in-8°; 22° *Suite des quatre Concordats*, 1820, in-8°; de la Belgique depuis 1789 jusqu'en 1794, 1 vol. in-8°; de *l'Affaire de la loi des élections*, 1820, 1 v. in-8°; *Procès complet de M. de Pradt pour son ouvrage sur l'affaire de la loi des élections*, 1820, 1 vol. in-8°; *Parallèles de la puissance anglaise et russe relativement à l'Europe, suivis d'un Aperçu sur la Grèce*, 1822, 1 vol. in-8°; *l'Europe et l'Amérique en 1822 et 1823*, publié en 1824, 2 vol. in-8°.

PRAIRE-MONTAUD (J.), dit *Vermanton*, fut élu, en septembre 1795, député du département de la Loire au conseil des cinq-cents. Il y prononça plusieurs discours, dans lesquels on put remarquer une grande modération; cependant il parut s'écarter de toute prudence, le 23 juillet 1796, lorsqu'il parla en faveur des parens des prêtres déportés ou incarcérés, ce qui motiva son inscription sur la liste des déportés, à la suite du 18 fructidor an 5 (4 septembre 1797). Après la révolution du 18 brumaire an 8 (29 novembre 1799), le premier consul Bonaparte rappela M. Praire-Montaud, qui néanmoins ne fut rendu à l'exercice de ses droits de citoyen qu'en 1805. Il n'a point été appelé depuis à remplir des fonctions publiques.

PRASLIN (LE COMTE DE), colonel du régiment de Lorraine infanterie, à l'époque de la révolution, fut, en 1789, nommé député de la noblesse de la sénéchaussée du Maine aux états-généraux, où il ne prit place qu'après la démission du marquis de Montesson. En 1790, il demanda que la conduite de M. de Bouillé, dans l'affaire de Nancy, fût approuvée par l'assemblée nationale : du reste il vota constamment avec le parti constitutionnel, pendant tout le cours de la session. Le comte de Praslin devint, après la révolution du 18 brumaire, membre du sénat-conservateur, et grand-officier de la légion-d'honneur. Il mourut sous le gouvernement impérial.

PRATI (ALESSIO), compositeur italien, généralement estimé, et maître de chapelle de l'électeur palatin, naquit à Ferrare en 1736. Il vint à Paris en 1767, et passa plusieurs années dans cette capitale, où il s'occupa de diverses compositions, notamment de l'opéra qu'il fit représenter sur le théâtre de la Foire Saint-Laurent, sous le titre de *l'Ecole de la jeunesse*. Prati, qu'on croit être le même qu'un virtuose du même nom qui avait précédemment fait partie de la chapelle du duc de Wurtemberg, quitta Paris pour se rendre à Pétersbourg, où il obtint de grands succès, et revint dans sa patrie après 17 ans d'absence. Il composa, pendant le séjour qu'il fit à Florence, son opéra d'*Ifigenia*, dont le succès fut extraordinaire. Le grand-duc en fut si charmé que, désirant en être seul possesseur, il acheta l'ouvrage et le fit retirer du théâtre. En 1785, Prati se trouvait à Munich; il y donna son opéra d'*Armida abandonnata*, qui ajouta encore à sa réputation, et détermina l'électeur palatin à le nommer maître de sa chapelle. Cet artiste mourut à Ferrare le 2 février 1792. Indépendamment des pièces dont nous avons parlé, et qui ont été gravées, en partition, à Paris, à Florence et à Munich, on a encore de lui : 1° six sonates pour clavecin ou harpe, avec violon, op. 1, gravé à Lyon ; 2° trois sonates pour clavecin ou harpe, avec violon, op. 2, à Berlin ; 3° trois sonates *idem*, op. 3 ; 4° un concerto pour flûte à sept, à Paris ; 5° un concerto pour basson à neuf, à Paris ; 6° trois sonates pour harpe et violon, op. 6, à Paris ; 7° duo pour deux harpes, Paris ; 8° Recueil de romances italiennes et françaises, avec accompagnement de harpe, op. 1, Berlin ; 9° six romances pour soprano et clavecin, Londres, 1786 ; 10° trois rondeaux italiens et français, avec accompagnement de deux violons, viole et basse, gravés à Paris.

PRATT (Charles), comte de Camden, pair d'Angleterre et lord-chancelier, naquit, en 1713, de Jean Pratt, avocat et premier juge de la cour du banc du roi. Entré dans la carrière du barreau, il n'y obtint pas d'abord un avancement très-rapide, et ce ne fut que lorsque sir Henley, devenu lord-chancelier, lui témoigna de l'intérêt, qu'il obtint une nombreuse clientèle ; mais ce qui contribua surtout à sa fortune, ce fut la faveur de lord Chatam. Son premier protecteur, sir Henley, ayant été appelé à la chambre haute en 1757, le fit nommer procureur-général. En 1762, il devint premier juge de la cour des plaids communs, place éminente qui lui fournit souvent l'occasion de déployer ses talens. Il le fit d'une manière distinguée dans l'affaire de Wilkes, qui, d'a- près son plaidoyer, aussi éloquent que profond, fut déchargé de l'accusation portée contre lui. Dans ce plaidoyer, Charles Pratt prouva jusqu'à quel point la connaissance des lois lui était familière, et mérita les honneurs qui lui furent accordés par le corps de ville, lequel arrêta que son portrait serait placé à Guidal, et qu'on lui enverrait dans une boîte d'or la patente du droit de bourgeoisie de Londres, exemple qui fut bientôt imité par plusieurs autres villes. En 1765, il fut créé pair d'Angleterre, et appelé l'année suivante aux fonctions de lord-chancelier. Malgré les services éminens qu'il rendit à son pays dans cette place, ayant manifesté, à l'occasion des élections de Midlessex, une opinion contraire à celle de la cour, les sceaux lui furent retirés. L'estime que lui portaient les membres de l'administration, en détermina plusieurs à donner leur démission au même moment. Le comte de Camden fit preuve de fermeté en plusieurs autres occasions, notamment dans la question des libelles, où il combattit d'une manière énergique la doctrine des ministres qui prétendaient que les jurés n'étaient juges que du fait et non du droit. Pendant la guerre d'Amérique, il résista encore avec beaucoup de courage aux mesures coërcitives du gouvernement anglais, qu'il osa qualifier d'arbitraires et d'injustes. Nommé président du conseil en 1782, il donna, l'année suivante, sa démission de cette place, puis en reprit les fonctions quelque temps après. Il mourut, en 1794, avec la réputation d'un homme probe et d'un véritable ami des libertés de son pays.

PRATT (N.), écrivain anglais, de la famille du précédent, se livra de bonne heure à la culture des lettres, où il obtint des succès. Il mourut il y a quelques années. Parmi ses principaux ouvrages on distingue : 1° *Opinions libérales sur les animaux, les hommes et la Providence;* 2° *Histoire de Benignus;* 3° *l'Elève du plaisir;* 4° *l'Elève de la vérité;* 5° *le Village de Shenstone;* 6° *Emma Corbet*; 7° *Glanures en Hollande et en Westphalie.* Dans l'*Histoire de Benignus*, M. Pratt, qui voulut en quelque chose imiter la singularité de Sterne, se peignit lui-même sous les traits du philantrope; cependant ce personnage n'est pas celui qui donne au roman le plus d'intérêt. Dans *Emma Corbet*, il décrit avec tant d'énergie et de vérité les horreurs de la guerre civile, que cet ouvrage est l'un de ceux qui méritent le plus d'éloges. Les *Glanures en Hollande et en Westphalie* offrent des observations piquantes et instructives sur les mœurs, l'histoire, la littérature et les arts de ces pays. M. Pratt avait aussi comme poète un talent remarquable. Il a donné : 1° *les Larmes du génie;* 2° *le Triomphe de la bienfaisance;* 3° *l'Humanité, ou les Droits de la nature.*

PREBBLE (Edward), chef d'escadre de la marine américaine, naquit en 1761, à Falmouth, dans l'état de Massachussetts. Quoique son père fût revêtu du grade de brigadier-général, Prebble n'en servit pas moins en qualité de simple matelot sur un vaisseau marchand. En 1779, il passa du bâtiment commandé par le capitaine Williams, sur un sloop de guerre, où il ne tarda pas à devenir lieutenant, sous le commandement du capitaine Little, avec lequel il resta jusqu'à la paix en 1783. Pendant le cours de sa station, Prebble, à la tête d'un petit nombre d'hommes, avait pris à l'abordage dans le port de Penobscot, et sous la canonnade d'une batterie, un vaisseau d'une force supérieure. Parvenu en 1801 au commandement de la frégate *l'Essex*, il fut chargé de se rendre dans les mers de l'Inde, pour y protéger le commerce de sa nation. En 1803, il obtint, avec le titre de chef d'escadre, le commandement d'une flotte de sept voiles, destinée à réprimer les courses des Tripolitains. Prebble tenta d'abord d'amener, par des mesures conciliatrices, le pacha de Tripoli à faire la paix; n'ayant point réussi dans ce point, il se décida à l'attaque de Tripoli. Il réunit quelques canonnières napolitaines à sa flotte; mais, malgré la vigueur de son attaque, sa valeur personnelle et celle des troupes qui combattaient sous ses ordres, il ne put se rendre maître de la ville. La paix néanmoins ne tarda point à être conclue à des conditions très-honorables pour le chef d'escadre, dont le pacha de Tripoli loua hautement la valeur. La conduite ferme et courageuse que Prebble avait tenue dans cette occasion fit depuis dire au pape Pie VII, « que cet officier-général avait » plus fait pour abattre l'orgueil des

» ennemis du nom chrétien sur cet-
» te côte que n'en avaient jamais
» entrepris tous les princes chré-
» tiens ensemble. » Prebble avait à
peine atteint sa 46me année, lorsqu'il mourut le 25 août 1807.

PRECHAMPS (LE BARON EUS-
TACHE-HUBERT PASSINGE DE), maréchal-de-camp, officier de la légion-d'honneur et chevalier de
Saint-Louis, né le 24 mai 1773,
entra très-jeune au service, et
obtint, par son courage et ses talens militaires, un avancement
rapide. Après avoir fait avec distinction les premières campagnes
de la révolution en qualité d'officier de cavalerie, il fut nommé,
le 6 avril 1803, adjudant-commandant et officier de la légion-
d'honneur lors de la création de
cet ordre. En 1814, il était colonel d'état-major, et employé à
Besançon, sous les ordres du général Bourmont. Au retour de
Napoléon de l'île d'Elbe, il fut
nommé maréchal-de-camp le 10
avril 1815, et adjoint à l'inspection du lieutenant-général Fri-
rion. Appelé comme témoin dans
le procès du maréchal Ney, sa
déposition ne fut point agravante
pour l'accusé. Le baron de Pré-
champs a depuis été mis à la demi-solde.

PRÉCI (N.), député à la convention nationale par le département de l'Yonne, vota dans le
procès du roi, la mort avec sursis
jusqu'à l'acceptation de la constitution. En 1795, il fut chargé de
se rendre dans son département,
pour y surveiller les préposés
aux approvisionnemens de bois
et de charbon destinés pour la
capitale. Il ne prit que peu de
part aux agitations politiques, et
passa néanmoins, après la session
conventionnelle, au conseil des
cinq-cents, d'où il sortit le 20 mars
1798. Bientôt réélu au conseil des
anciens, il cessa de faire partie
de cette assemblée lors de la révolution du 18 brumaire an 8
(1799). M. Préci n'a plus reparu
sur la scène politique depuis cette
époque.

PRÉCY (LE COMTE LOUIS-FRAN-
ÇOIS-PERREIN DE), général royaliste, naquit le 15 janvier 1742,
à Semur, département de la Côte-
d'Or, d'une ancienne famille du
Dauphiné, qui fut forcée de se retirer en Bourgogne, vers le milieu
du 16e siècle, par suite des guerres de religion. Destiné à la carrière militaire, le jeune de Précy
entra, au sortir de ses études et
dès l'âge de 16 ans, dans le régiment de Picardie, dont son oncle
était colonel. Après avoir fait les
guerres d'Allemagne, de 1755 à
1762, et la campagne de Corse
en 1774, il devint commandant
du bataillon de chasseurs des Vosges, formé en 1783. Dès les premières agitations du Midi, au
commencement de la révolution,
il se montra l'un des plus ardens
défenseurs de la cause monarchique. Il refusa, en 1791, le grade
de colonel du régiment d'Aquitaine, préférant se rapprocher du
roi; et en effet il fut appelé à Paris en qualité de lieutenant-colonel de la garde constitutionnelle
de Louis XVI, formée par le duc
de Brissac. Bientôt on craignit que
cette garde ne devînt une continuation des gardes-du-corps, et on
la licencia. Sans qualité apparente,
le comte de Précy continua à veil-

ler à la sûreté du monarque, et au 10 août 1792, il combattit dans les rangs des Suisses. Au moment où le roi quittait son palais, apercevant ce serviteur dévoué, il s'écria: *Ah! fidèle Précy!* Ces paroles, devenues historiques, sont consacrées comme devise dans les armes de la famille du comte de Précy, en vertu d'une autorisation de Louis XVIII. Après la mort du roi Louis XVI, le comte de Précy s'était retiré à Semur, et y attendait l'occasion de se rendre utile à la cause monarchique, lorsqu'on vint lui offrir de la part des Lyonnais, qui avaient appris à l'estimer lorsque son régiment y tint garnison en 1787, le commandement de l'armée fédérale, que la tyrannie de la majorité de la convention avait fait organiser dans plusieurs départemens. Il se rendit à Lyon. L'armée fédérale fut presque aussitôt dispersée que réunie par les troupes conventionnelles. Lyon seul voulut résister, et bientôt il fut assiégé; le premier coup de canon fut tiré sur la ville le 8 août 1793. Les représentans en mission, espérant amener les habitans à traiter pour éviter tous les désastres d'un siége, envoyèrent un message aux autorités, promettant clémence et protection si la ville était rendue et les chefs de l'insurrection livrés. Ce message est remis au comte de Précy, « qui, dit un de ses historiens, s'empressa d'en donner communication au conseil du gouvernement de la cité. Après sa réponse, le général se lève et s'exprime ainsi : — Messieurs, j'ai ceint l'épée d'après le vœu du peuple de Lyon; je la dépose, jusqu'à ce que son vœu, de nouveau librement exprimé, m'engage à la reprendre. — On convoque aussitôt les 32 sections de la ville; et, dans le court intervalle de quelques heures, vingt mille signatures, dont un trop grand nombre devinrent depuis des arrêts de mort, ratifient le pacte juré entre les soldats et leur général. Pour premier usage de cette confirmation de pouvoir, celui-ci répond à son tour aux représentans par un message, muni de sa signature et de celle de plusieurs officiers de son état-major, message par lequel il rend les membres du comité de salut-public nominativement responsables, sur leur tête, de la sûreté de la famille royale détenue au Temple. » On sait que la reine ne périt qu'après la reddition de Lyon. Nous n'entrerons point dans les détails de ce siége déplorable; plusieurs ouvrages historiques les ont fait connaître. Réduit à 1500 hommes de 4,500 que se composait d'abord la troupe du comte de Précy, et après deux mois de la plus vive résistance, il se détermina, à la tête de 700 hommes divisés en 3 corps, à effectuer une sortie qui eut lieu le 9 octobre 1793. Battu complètement, il fut obligé de chercher son salut dans la fuite, et accompagné seulement de deux soldats, qui lui servaient de guides, il erra dans les montagnes du Forez, et trouva enfin une retraite chez des cultivateurs, qui le cachèrent pendant huit mois dans un souterrain, s'exposant, avec la plus grande générosité, à la peine capitale prononcée par un décret de la convention, contre tous ceux qui donneraient asile au général lyonnais. Ce ne fut que plusieurs semaines après la chute de Robespierre, au 9 thermidor an 2 (27 juillet 1794), qu'il put quitter la France. Il se rendit à Turin, et fut attaché à l'état-major-général du roi Victor-Amédée, en qualité de colonel. Le comte de Précy s'occupait de la formation d'un corps franc, lorsqu'il fut appelé à Vérone par Louis XVIII, qui l'accueillit avec la plus grande bienveillance, et l'employa, sous sa direction, à des travaux de diplomatie. En 1796, ce prince l'envoya à Londres, en mission près de *Monsieur*, comte d'Artois. Il était au château de Burberg, sur le lac de Constance, à l'époque de la révolution du 18 fructidor an 5 (4 septembre 1797); fixé à Augsbourg, où depuis plusieurs années le retenait l'agence royale confiée à ses soins, il fut forcé de s'en éloigner, par suite des progrès des armées françaises dans la Souabe. Il se rendit dans les états du roi de Prusse, et vécut retiré à Bareuth. Sur la demande du gouvernement consulaire, il fut arrêté. Après 18 mois de détention dans un château fort, et à la suite d'une procédure criminelle, il recouvra la liberté et se retira au château ducal de Wolfenbutel, où l'avait appelé le duc de Brunswick. Les états de ce prince ayant été envahis par les armées françaises après la bataille de Iéna, le comte de Précy se rendit d'abord à Hambourg, et ensuite à Francfort, où il se fixa avec sa famille. Autorisé à rentrer en France en 1810, à la condition de se tenir à une distance de plus de 40 lieues de Lyon, il vit, dès l'année suivante, cette mesure s'adoucir, et après avoir quitté Dijon en 1812, il se rendit à Marigny-sur-Loire, où il vécut jusqu'à l'époque de la première restauration en 1814. Alors il vint à Paris, reçut du roi le grade de lieutenant-général et le cordon rouge. Nommé au mois d'août de la même année commandant de la garde nationale de Lyon, il se rendit dans cette ville, où il fut reçu avec enthousiasme par tous les amis de la monarchie. Les mesures qu'il prit à l'époque du retour de Napoléon, au mois de mars 1815, devinrent inutiles par suite des événemens du 20. M. de Précy s'était rendu à Paris; il fut d'abord arrêté, puis mis sous la surveillance de la haute-police. Après le second retour du roi, il reprit le commandement de la garde nationale de Lyon, fonction dont il fut privé par une ordonnance royale de 1816, qui le nommait en même temps inspecteur honoraire des gardes nationales du département du Rhône. Le comte de Précy mourut au sein de sa famille, à Marigny-sur-Loire, le 25 août 1820, dans la 78e année de son âge. Un monument par souscription doit être érigé à Lyon, en l'honneur de l'ancien commandant de cette ville à l'époque du siége, et des soldats sous ses ordres qui y périrent. M. de Précy a laissé deux *Mémoires* inédits. l'un sur sa retraite militaire à la tête des Lyonnais, le 9 octobre 1793, et l'autre sur les événemens qui lui sont personnels tant de sa fuite que de sa proscription, jusqu'à sa sortie de France en 1794. Ils feront partie d'une nouvelle histoire du siége de Lyon.

PRESSAVIN (N.), né dans le département de Rhône-et-Loire, embrassa avec ardeur la cause de la révolution, et remplit dès le commencement des fonctions municipales. Au mois de septembre 1792, il fut élu par son département député à la convention nationale. Dans le procès de Louis XVI, il vota la mort, et se prononça contre l'appel et le sursis. Quoiqu'il siégeât parmi les députés de la *Montagne*, il n'en fut pas moins l'objet d'une dénonciation à la société des jacobins, dont le résultat fut son expulsion de cette société. Il prit rarement la parole à la convention. Dans le courant de mai 1795, il occupa la tribune pour se plaindre de l'excessive cherté des comestibles, qu'il attribuait aux ennemis du gouvernement; il demanda que des mesures fussent prises pour remédier à ce mal. Après la session conventionnelle, il rentra dans ses foyers, qu'il n'a plus quittés.

PRESSEVOT (Louis), avocat au parlement de Dijon à l'époque de la révolution, devint depuis président de l'administration centrale du département de la Côte-d'Or, et mourut dans l'exercice de ces dernières fonctions quelques années après. Il a publié plusieurs ouvrages de jurisprudence, parmi lesquels on distingue : 1° *Cours d'études sur les lois nouvelles*, Dijon, 1790, 1 volume in-8°; 2° *Principes de législation civile*, 1791, in-8°. Pressevot tenta aussi quelques essais dans le genre dramatique, mais aucune de ses pièces n'a été imprimée.

PRESTON (Guillaume), savant typographe, et littérateur anglais, naquit le 28 juillet 1742, à Edimbourg, où il fit des études distinguées, qu'il commença à la haute école, et qu'il termina à l'université de cette ville. Envoyé à Londres à l'âge de 18 ans, il entra chez G. Strahan, imprimeur du roi, et y fut d'abord compositeur, puis correcteur. En cette dernière qualité, il fut souvent utile aux célèbres auteurs de son temps, les Hume, les Gibbon, les Johnson, les Blair, etc., qui faisaient imprimer leurs ouvrages chez G. Strahan. Son mérite le fit ensuite parvenir à la direction de ce grand établissement, auquel enfin il fut associé pour une partie importante. Il fut, soit l'employé, soit l'associé de G. Strahan et de son fils, pendant plus d'un demi-siècle. Preston avait de l'instruction et du goût; il cultiva les muses, créa la *Chronique de Londres*, dont il fut le principal rédacteur, et se livra avec une sorte de passion à l'étude de la franche-maçonnerie, dans les fastes de laquelle il s'est fait un nom distingué, par la publication de ses *Eclaircissemens sur la franche maçonnerie*, qui parurent pour la première fois, Londres, 1772, in-12; et pour la treizième, par les soins de S. Jones, en 1821, in-12. Il a aussi créé le *Calendrier du franc-maçon*. Ce zélateur d'une des institutions philantropiques les plus anciennes, en fut aussi le bienfaiteur. Après avoir été maître ou vénérable de la loge de l'*Antiquité*, qui fut momentanément victime d'un schisme, il lui légua, à l'époque de sa mort, arrivée le 1er avril 1818, une somme de 32,500 fr. consolidés, dont

12,500 fr. devaient être affectés à une école de charité, pour les jeunes filles. Le reste de sa fortune fut partagé entre quelques parens éloignés, ses domestiques et ses amis.

PRESTON (GUILLAUME), littérateur, membre de la société irlandaise, naquit en Irlande, et s'est fait connaître : 1° par une traduction en anglais, des *Argonautiques* de Valerius Flaccus, 3 vol. in-12; 2° par des *Poésies*, dont le recueil forme 2 vol. in-8°; 3° enfin, par des articles littéraires estimés, insérés dans les *Transactions de la société irlandaise*. Guillaume Preston mourut, dans sa patrie, vers 1809.

PRÉVAL (CLAUDE-ANTOINE DE), maréchal-de-camp, ancien chevalier de Saint-Louis, d'une famille ancienne, recommandable dans les armes et dans la magistrature, qui avait donné à l'état plusieurs officiers supérieurs, et que l'histoire de Dôle mentionne honorablement pour le siége de cette ville en 1636. Orphelin dès son bas âge, abandonné et dépouillé par des parens cupides, il s'échappa à 14 ans, de chez son tuteur, pour se réfugier auprès d'un de ses parens, M. de Pécauld, alors capitaine au régiment d'Enghien. Il fit auprès de lui, comme volontaire, la guerre dite de *sept-ans*, et fut blessé aux batailles d'Hastembeck et de Crevelot. Il fit la guerre d'Amérique, où il acquit une expérience qu'il développa depuis dans les guerres de la révolution. En 1790, il était en semestre à Salins, lorsque des troubles vinrent agiter la France. M. de Préval céda aux instances publiques, organisa la garde nationale, dont il prit le commandement, arrêta la dévastation des propriétés dans les campagnes, rétablit et maintint la tranquillité dans la ville, rejoignit ensuite son régiment, préférant conserver sa campagnie à prendre le commandement des premiers bataillons qu'on organisait alors, et qui se composaient de l'élite de la population. En 1792, le lieutenant-général de Ferrières, qui commandait dans le Porentrui, le chargea de la défense des frontières de ce pays, qui étaient alors d'une grande importance. Après la prise de Spire, on lui donna le commandement de cette place, comme à l'un des officiers le plus en état de faire estimer et respecter le nom français. Il se concilia l'estime et la reconnaissance d'une population nouvellement conquise, par la discipline qu'il fit observer parmi les troupes. Pendant le siége de Landau, il commanda le fort de cette place, contre lequel s'effectuait la principale attaque. Sa conduite, dans cette circonstance difficile, lui valut, après le siége, le grade de général de brigade et le commandement en chef de cette forteresse. Sous l'administration sage et paternelle de M. de Préval, les habitans de Landau commençaient à oublier les malheurs d'un long siége, lorsqu'un accident des plus fâcheux vint replonger cette ville dans le deuil et l'affliction. Le feu prit à l'arsenal, dont les magasins à poudre étaient proches. Le général Préval y court à travers une population considérable déjà consternée, et qui fuyait ce théâtre d'horreurs et de dangers; les soldats les plus intrépides n'osaient même approcher des bâtimens embrasés; mais ce digne général les entraîne, en se précipitant le premier au milieu des matières enflammées. Ce généreux dévouement sauva cette ville, qui semblait destinée à ne devenir qu'un monceau de ruines et à engloutir ses habitans. Des services aussi signalés devaient mettre M. de Préval à l'abri de tout soupçon ; cependant le parti qui dominait alors, et qui l'avait déjà accusé de regretter l'ancien ordre de choses, lui imputa d'être l'auteur ou au moins le complice d'une catastrophe dans laquelle il avait lui-même failli perdre la vie. L'absurdité d'une telle accusation empêcha de lui faire son procès: mais elle n'empêcha pas qu'il ne reçût l'ordre de cesser ses fonctions, et de ne pas approcher des frontières de plus de 40 lieues. Il se retira chez lui, près de Besançon, où il vécut environné de la considération publique. Le 2 janvier 1808, il fut frappé d'une attaque d'apoplexie, à laquelle il succomba le 13 du même mois. Il était chevalier de Saint-Louis antérieurement à la révolution.

PRÉVAL (CLAUDE-ANTOINE, VICOMTE DE), lieutenant-général; fils du précédent, naquit à Salins, en Franche-Comté, le 18 août 1776. Destiné à la carrière des armes, il fut porté sur les contrôles du régiment d'Enghien en 1782. En 1789, il rejoignit son corps comme cadet ; le 2 septembre de la même année, il fut nommé sous-lieutenant. Son âge provoqua les réclamations des sous-officiers ; il les fit cesser en devenant rapidement l'un des premiers instructeurs et manœuvriers de son régiment, circonstance à laquelle il dut d'avoir été constamment distingué comme l'un des officiers qui maniaient le mieux les troupes. Le 3 mars 1791, il passa au régiment de Guienne. En 1792, il eut le commandement de l'artillerie attachée à ce corps, et mérita de le conserver à l'embrigadement des troupes de ligne avec les bataillons de volontaires ; enfin, se trouvant un des officiers d'artillerie de régiment les plus instruits, il fut nommé capitaine-commandant de cette compagnie, le 23 juin 1794. Dans la même année, il se signala, en délogeant avec 8 pièces de canon une batterie de 14 bouches à feu, en avant de Weingarthen, près de Spire. Quelques jours après, l'artillerie qu'il commandait entra en ligne avec l'artillerie légère, et la seconda puissamment. Au siége du fort de Manheim, il fut adjoint à l'arme du génie. Une loi de circonstance, commune à beaucoup de braves officiers, lui ayant fait perdre son grade, il servit comme soldat. Les officiers de son corps le réclamèrent d'un mouvement unanime. Pendant la campagne de 1796, le capitaine Préval fut adjoint à l'adjudant-général Granjean. Le général Gouvion Saint-Cyr, qui commandait alors le centre de l'armée de Rhin-et-Moselle, lui donna fréquemment des missions de confiance, et habituellement la conduite des têtes de colonnes et des tirailleurs. A la retraite de cette armée, il fut détaché près du général Gérard, dit le Vieux, qui devait forcer le passage du Val-d'Enfer. Ce général rendit compte, dans son rapport officiel, que M. Préval avait *efficacement concouru au succès de cette entreprise*. En 1797, il passa en Italie avec l'adjudant-général Grandjean, et fut un des officiers d'état-major faits officiers-supérieurs pour exercer les fonctions d'adjudant-général. Il commença la campagne dans la division aux ordres du général Delmas, qui professait pour lui une estime toute particulière. Là, conduisant des corps de troupes plus nombreux, et de toutes armes, il ajouta encore à l'idée qu'il avait déjà donnée de sa capacité et de son sang-froid. A la bataille de Magnano, commandant la brigade de gauche de la belle division du général Delmas, qui avait à lutter contre des forces quadruples, il contint pendant six heures un corps ennemi très-supérieur. La précision de ses manœuvres et le dévouement qu'il savait inspirer aux troupes, empêchèrent l'ennemi de gagner sur lui le moindre terrain, et de s'emparer du village de Buttepreda, au moyen duquel il eût coupé, sur Isola della Scala, une communication de la plus haute importance pour l'armée. A la suite d'un combat long et inégal, les Autrichiens, comptant sur l'épuisement de ses forces, croient enfin l'enfoncer; mais l'adjudant-général Préval prend l'initiative, les attaque, et malgré le grand nombre de braves qu'il avait déjà perdus, il leur enlève un bataillon de grenadiers hongrois et 6 pièces de canon. Le 12 août 1799, il fut nommé sous-chef de l'état-major de l'armée. Ses nouvelles fonctions pouvaient absorber tous ses momens; mais le général en chef Moreau, et le général de division Suchet, chef de l'état-major-général, lui attribuèrent toujours, et avant tout, ce qui était relatif aux opérations militaires. Lorsque le général Joubert prit le commandement de l'armée d'Italie, l'adjudant-général Préval était sous-chef de l'état-major-général. Le matin de la bataille de Novi, plusieurs officiers, au nombre desquels se trouvait M. Préval, avaient été chargés de reconnaître, chacun séparément, et sur des points différens, les positions et les mouvemens de l'ennemi. Tous annoncèrent au conseil de guerre, où se trouvaient les généraux Joubert, Moreau, Pérignon, Saint-Cyr, etc., que l'ennemi n'était occupé qu'à rectifier sa ligne. M. Préval seul assura que ce que l'on prenait pour un placement de postes était le début d'une bataille générale. *Il faut en croire le rapport de Préval, et monter sur-le-champ à cheval*, dit aussitôt le général Moreau, et cet avis fut immédiatement suivi. Joubert désirant se porter sur un point d'où il pût bien juger les dispositions de l'ennemi, M. Préval le conduisit sur une éminence qu'il venait de reconnaître. Joubert y était à peine qu'il reçoit la mort. Accompagné de l'adjudant-général Pannetier, du chef d'escadron Labbé et du capitaine Rippert, M. Préval se jeta au milieu de nos tirailleurs, et les porta en avant, afin de leur cacher le corps du général en chef, et fut immédiatement après prévenir de cette perte les généraux Moreau, Saint-Cyr et Pérignon. L'adjudant-général Préval, déjà connu par son coup-d'œil sûr et rapide dans les combats, par son intrépidité calme et réfléchie, autant que par son élan et sa vigueur, prouva qu'il réunissait encore à tant d'avantages la force de caractère et le courage d'esprit, qui en imposent à la multitude, et donnent sur elle un ascendant irrésistible. L'armée d'Italie était depuis long-temps en proie à toutes les privations et au dénuement le plus absolu. Le mécontentement et le découragement étaient parmi les troupes; plus de 4,000 soldats révoltés, dans le pays qui s'étend de la rivière de Gênes à Nice, avaient forcé les officiers et même les généraux à leur ouvrir un passage jusqu'à cette dernière ville. Informé de leur arrivée à Nice, l'adjudant-général Préval est assez heureux pour les faire rentrer dans leur devoir. Après cette difficile et brillante campagne, le lieutenant-général Suchet, autorisé par le général en chef, proposa le grade de général de brigade à l'adjudant-général Préval. Tous les officiers-généraux du corps d'armée, témoins des services qu'il avait rendus, le pressèrent d'accepter ce grade; mais le désir de se distinguer, en commandant un régiment, le fit persister dans son refus. Il fut chargé, le 19 juin, de régler les articles de l'évacuation de Gênes, avec le général autrichien. Il remplit avec habileté cette mission délicate, et se concilia l'estime des généraux avec lesquels il eut à traiter. Il fit encore la campagne de 1801, en qualité de chef d'état-major des divisions du centre. Le rapport qu'il adressa au général Oudinot, chef de l'état-major-général, sur les opérations de ce corps d'armée pendant la campagne, fut imprimé, et forme un document précieux pour l'histoire de la guerre. A la fin de cette campagne, inébranlable dans sa résolution de commander un régiment, il refusa une seconde fois le grade de général de brigade, et fut nommé colonel du 3ᵉ de cuirassiers, avec lequel il avait fait la guerre. Comme capitaine d'infanterie et d'artillerie au régiment de Guienne, comme officier du génie au siège de Manheim, comme capitaine-adjoint, comme adjudant-général, ses fonctions furent toujours, tant sur le champ de bataille que dans le cabinet, d'une importance supérieure à sa position. La maturité de son jugement lui valut la confiance de ses chefs; son ardeur, sa valeur brillante, la faculté de commander lui-même les manœuvres et les évolutions, lui dévouèrent les troupes; sa modestie lui concilia l'estime et l'affection de ses camarades, et à la tête du 3ᵉ régiment de cuirassiers, il s'attira une considération égale. Lors de l'insurrection de la garnison française de Turin, ce corps, qui comme les autres était dans un grand dénuement, refuse de toucher la solde. Le colonel Préval dégrade les plus mutins, et fait recevoir le prêt en sa présence. Au moment où ses cavaliers allaient se réunir aux autres corps révoltés, le colonel Préval, placé sur la porte du quartier, leur signifie que pour en sortir, il faut lui passer sur le corps. Son caractère ne laissant aucun doute sur l'effet de sa résolution, les cavaliers rentrent dans les chambres, autant par respect pour son grade que par attachement à sa personne. Le lendemain le désordre augmente; le colonel, pour prévenir une lutte inégale entre ses soldats et les autres, peut-être même la défection de ces premiers, choisit par compagnie 6 hommes, qu'il envoie se réunir aux factieux. Ces soldats, braves et sages à la fois, secondant en secret les vues de leur colonel, ouvrent leurs rangs aux généraux et aux officiers que l'on voulait arrêter et enfermer dans la citadelle, dont les insurgés s'étaient emparés. Le premier consul Bonaparte loua publiquement la conduite que le colonel Préval avait tenue dans cette circonstance, et en récompense appela son régiment dans la première division militaire. Pendant la paix, le colonel Préval partagea son temps entre l'instruction de son régiment, qui devint rapidement un des plus beaux et des meilleurs corps de cavalerie de France, et la rédaction d'un règlement de service intérieur, fondé sur les anciennes ordonnances et sur une expérience raisonnée. Ce règlement a servi de base au règlement de service intérieur que le général Préval a rédigé en 1816, et qui, après deux ans d'essai, a été converti, le 13 mai 1818, en une ordonnance royale. Ce règlement avait paru à l'époque où l'armée était neuve dans tous ses élémens. Traçant les devoirs et les rapports des grades, il lui fit acquérir en peu de mois la maturité que, sans lui, elle n'aurait pu

recevoir que du temps. En 1805, le colonel Préval fut employé à l'armée d'Allemagne, et fit partie de la division du général Nansouty. A la bataille d'Austerlitz, conservant au milieu d'une charge impétueuse un ensemble parfait, le 5° de cuirassiers poussa l'ennemi jusqu'au ravin d'Olnitz. Arrivés là, les Russes, s'apercevant qu'il n'était soutenu ni même échelonné par aucun autre corps, font volte-face et l'entourent de tous côtés. On évalua, dans ce moment critique, le prix de l'ordre, de la valeur et de la confiance dans le chef; ce régiment fit tête partout, et se reploya, sans avoir été entamé, sur la ligne, qui se reformait fort loin de ce combat extraordinaire. Sur le champ de bataille même, les généraux Murat et Nansouty donnèrent à cette brillante action tous les éloges qu'elle méritait. Il rejoignit son corps à l'ouverture de la campagne de 1806, et combattit à la bataille d'Iéna. Le surlendemain de cette bataille, la ville d'Erfurth ayant été investie, le grand-duc de Berg (*voy.* MURAT) chargea le colonel Préval de faire capituler cette place, défendue par 14,000 hommes, plus de 600 officiers et 6 généraux, et armée de 200 bouches à feu. Parmi ces généraux se trouvaient le maréchal de Mollendorf et le prince d'Orange, que le souvenir de ce qu'on avait dit de la prompte capitulation d'Ulm portait à résister. Mais le colonel Préval, ne considérant que l'intérêt de l'armée, sacrifia l'honneur de voir dans une capitulation son nom uni à des noms aussi célèbres. Il proposa au prince et au maréchal de n'y faire d'eux aucune mention. Ce ne fut qu'à cette condition, scellée de sa parole d'honneur, et à force d'égards, de ménagemens et d'habileté, que le colonel français parvint à les décider aussi promptement à capituler, et à laisser emmener comme prisonnière de guerre en France toute cette garnison. Après 8 ans de grade de colonel, il fallut bien que les préventions politiques, qui depuis plusieurs années privaient le colonel Préval d'avancement, cédassent à l'importance des services qu'il avait rendus. Il fut nommé le 31 décembre 1806, général de brigade, et quitta un régiment qui, long-temps encore, se distingua par les avantages qu'il lui devait, et qui, à Friedland, le firent préférer pour un mouvement décisif à un des régimens d'élite de l'armée. Devenu officier-général, il commanda une brigade de dragons; mais peu après, les suites des blessures qu'il avait reçues à l'armée du Rhin en l'an 3, et à l'armée d'Italie en l'an 7, le forcèrent à rentrer dans l'intérieur, pour y servir comme sa santé le lui permettrait. Il reçut de cette sorte le commandement du département et des côtes de la Manche. En 1809, il rejoignait la grande-armée, lorsque l'empereur lui fit donner l'ordre de s'arrêter à Strasbourg, pour achever la réorganisation des dragons, et la formation de tous les renforts que l'armée devait successivement recevoir en cavalerie. Il reçut à cette occasion la commission et tous les pouvoirs d'inspecteur-général de cavalerie, et remplit ces fonctions pendant les années suivantes, en même temps qu'il fut nommé maître des requêtes au conseil-d'état attaché à la section de la guerre, dont il devint le rapporteur le plus habituel. Le général Préval sollicita vainement de rentrer en ligne pour la campagne de 1813. L'empereur jugea plus essentiel de l'employer à la réorganisation de la cavalerie qui devait reconstituer la grande-armée, détruite pendant la fatale retraite de Moskou. Le général Préval fut envoyé à Mayence, et chargé des troupes à cheval qui se formaient dans la Belgique, l'Alsace et sur les deux rives du Rhin, ainsi que du dépôt général de cette arme, placé à Hanau. On ajouta peu après, à ces détails d'organisation, le commandement du duché de Francfort, commandement que les revers de la grande-armée rendirent bientôt aussi difficile qu'important, surtout en octobre, lorsqu'on apprit les mouvemens rétrogrades de nos troupes, la défection des Saxons et les désastres de Léipsick. Bientôt après, on sut que les Bavarois se joignaient aux armées des souverains coalisés contre la France, et qu'ils marchaient sur Aschaffenbourg. Le général Préval avait pu réunir environ 4,000 hommes, dont 1,200 de cavalerie. Ce fut avec ce faible corps qu'il osa tenter de retarder la marche de l'avant-garde de l'armée bavaroise, qui se portait d'Aschaffenbourg sur Hanau. Pendant la journée entière du 26 octobre, il défendit les approches de cette ville; le 27 au matin, accablé par le nombre, forcé et débordé sur sa gauche, il allait être tourné et enfoncé, lorsqu'une colonne d'environ 20,000 hommes de toutes armes, d'équipages et de blessés, marchant dans le plus grand désordre, parut à la hauteur de Hanau. Toutes ses ressources, toute sa défense, consistaient en une batterie d'artillerie qui était en ordre. Elle aida puissamment à contenir l'ennemi, et à protéger la marche de cette colonne même, qui dut au général Préval sa rentrée dans Francfort. Après cet heureux résultat, il se retira sur les hauteurs de Berghen, pour maintenir cette ville dans l'obéissance, et attendre des nouvelles de l'armée. Les 27, 28 et 29 se passèrent sans en recevoir, bien que les vallées de Nidder et de la Nidda fussent libres, et qu'elles communiquassent avec Fulde, Schleutern, Salmunster et Gelnhausen, par la grande route de Fulde à Francfort, et que le général Préval entretînt une correspondance journalière avec le roi de Westphalie, le prince primat, le grand-duc de Hesse-Darmstadt, et toute la diplomatie réunie à Francfort. Aidé des généraux Marchand et Alexandre Delaville, qui, dans ce moment d'une défection presque générale, restèrent avec lui par le plus noble dévouement, il se maintint dans ses positions toute la journée du 29; mais alors il fut urgent de se dérober à l'ennemi par une marche de nuit, et de ramener à Mayence des troupes qui devaient en faire la principale défense, et que d'ailleurs le maréchal duc de Valmi réclamait impérieusement depuis plusieurs jours. Le général Préval opéra sa retraite dans la nuit du 30, détruisit les ponts en arrière de Francfort, et occupa la position de Hocheim. Appelé au conseil de guerre extraordinaire, que dans les conjonctures difficiles où l'on se trouvait le maréchal fit assembler à Mayence, il remit son commandement au général Lucotte, envoyé pour le remplacer. Le conseil décida, entre autres choses, qu'on ferait descendre un équipage de ponts sur Coblentz, pour le service de l'armée, qui semblait devoir y déboucher, et que le général Préval se rendrait immédiatement à Paris, pour rendre compte au gouvernement de l'état des choses dans cette partie de notre extrême frontière. La nouvelle inattendue de la marche de ce qui restait de l'armée par Fulde, et de la bataille de Hanau, parvint à Mayence 5 heures après le départ du général Préval. En 1814, il succéda au général Roussel d'Urbal dans le commandement du dépôt général de la cavalerie. En avril 1814, il fut membre de la commission de la guerre chargée de la réorganisation de l'armée, et le 10 mai suivant, il fut promu au grade de lieutenant-général, et nommé chef de l'état-major de la gendarmerie, sans cesser d'être membre du comité de la guerre. Lors de la formation de l'armée de M. le duc de Berri, le duc de Feltre lui ordonna de réorganiser le dépôt général de cavalerie. Pendant les *cent jours*, en 1815, Napoléon le chargea derechef de la même administration, l'étendit à toute la cavalerie, et en traitait directement avec lui. Ce fut dans une de ces occasions, où il n'était question que de cavalerie, et dans lesquelles le général Préval prenait à tâche de faire prévaloir ses opinions sur l'organisation, la disposition et l'emploi de cette arme en campagne, que Napoléon lui dit : *Je n'ai trouvé personne qui ait au même degré que vous la pensée de la cavalerie.* Les détails de cette arme lui furent encore confiés par le maréchal Saint-Cyr, jusqu'au 6 septembre 1815, que le général Préval obtint de quitter ses fonctions au ministère de la guerre. Depuis cette époque, il a été employé comme inspecteur-général de la cavalerie. Il est un des huit lieutenans-généraux du corps royal d'état-major, commandeur de la légion-d'honneur depuis le 25 décembre 1805, chevalier de la couronne de fer, grand-croix de l'ordre chapitral de Saint-Joachim de Wurtzbourg, et chevalier de Saint-Louis depuis le 19 juillet 1814.

PRÉVÉRAND DE LA BOUTRESSE (N.), membre du grand-conseil à l'époque de la révolution, ne remplit aucune fonction sous la république ni sous le gouvernement impérial. Après la première restauration, en 1814, il fut nommé conseiller en la cour royale de Riom, et en 1815, élu à la chambre des députés par le département de l'Allier. Il fit partie de la majorité de cette chambre, dissoute par l'ordonnance royale du 5 septembre 1816, et fut réélu à la chambre suivante. M. Prévérand de la Boutresse, qu'une troisième élection, et une quatrième en 1824, ont maintenu dans l'exercice de ses fonctions législatives, a siégé constamment au côté droit, et voté avec les membres de ce côté. Du reste, ses travaux se sont bornés à quelques rapports sur les pétitions.

PRÉVILLE (PIERRE-LOUIS DUBUS, CONNU SOUS LE NOM DE), naquit à Paris, le 17 novembre 1721. Son père, intendant de la princesse de Bourbon, abbesse du Petit Saint-Antoine, était resté veuf à l'âge de 40 ans, et n'avait pour élever sa famille, composée de 5 garçons, que les émolumens de sa place. Des moyens très-exigus, un travail forcé, avaient influé sur son caractère, et sa sévérité envers ses enfans dégénérait souvent en dureté; elle fut portée à un tel point, que tous cinq se décidèrent un jour à quitter la maison paternelle. Cependant quatre d'entre eux, affaiblis par le besoin, y retournèrent quelque temps après. Préville leur avait dit : « Je me »sens le courage de travailler, et »sans doute je gagnerai assez »pour pouvoir me nourrir. » A quelques pas du Luxembourg, où il s'était séparé de ses frères, il rencontre des maçons qui déjeûnaient, leur offre ses services, est accueilli, partage leur frugal repas et leurs travaux. Ils élevaient un petit bâtiment dans l'intérieur des Chartreux. Dom Népomucène, procureur du couvent, sut distinguer le jeune Préville, le prit en affection, et le confia aux soins d'un frère qui, s'intéressant comme lui au sort du fugitif, le plaça d'abord dans une pension modeste, et le fit admettre ensuite chez un procureur, puis chez un notaire. C'est au milieu des travaux de ces deux états qu'il sentit se développer son penchant pour la comédie. Il confia ses projets à son patron, qui mit tout en usage pour le détourner de sa résolution ; il lui représenta surtout combien était épineuse la carrière qu'il se proposait de parcourir : ce fut sans succès. Préville était entraîné par sa destinée ; il commença, par ménagement pour sa famille, par substituer au nom de *Dubus*, qu'il portait, celui de *Préville*, et alla se perdre dans les troupes de quelques petites villes de province. Il s'y fit bientôt remarquer, et fut appelé sur des théâtres plus relevés. Il devait réussir partout ; mais il était possible qu'il ne s'élevât pas au-dessus des comédiens qui jusqu'à lui avaient été en possession de plaire au public. Poisson, l'idole du parterre de Paris, qu'il avait vu jouer plusieurs fois, et qu'il imitait avec une fidélité à s'y méprendre, était devenu son modèle, et c'est lui qu'on applaudissait dans le jeune Préville. Mais Poisson, dont le jeu était d'ailleurs plein de verve et de comique, chargeait trop ses rôles, et ce défaut, dont son élève n'était pas exempt, lui attirait les applaudissemens de la multitude, en le privant de ceux des connaisseurs. Préville le sentait ; mais comment renoncer à un défaut qui lui procurait les plus douces jouissances ? Il le tenta plus d'une fois, et toujours sans succès ; il fallait, pour opérer les changemens qu'il méditait, qu'il fît un public en état de l'apprécier ; il en vint à bout par des tentatives réitérées, et obtint enfin un triomphe complet. Il s'était formé sur les théâtres de Dijon, Strasbourg, Rouen. C'est de cette dernière ville que sa réputation se répandit à Paris, et voici comme Monnet, directeur de l'Opéra-Comique, raconte la manière dont il s'y prit pour l'attirer à Paris : « On m'avait, dit-il, indiqué comme la meilleure troupe de la province, celle du sieur Duchemin, à Rouen, où était le sieur Préville, qui remplissait déjà avec distinction les rôles de valet ; j'en voulus juger par moi-même, et j'allai à Rouen. Les talens, l'esprit, le naturel et la gaîté de cet acteur, firent une si grande impression sur moi, que je n'étais plus occupé que de la manière dont je m'y prendrais pour l'attacher à mon spectacle. Je le laissai le maître de fixer ses appointemens, et de faire tout ce qui pourrait lui être agréable dans l'emploi qu'il occuperait. Aussi flatté de ces avantages que du désir d'être à Paris, il s'engagea pour la Foire Saint-Laurent. » Préville reçut bientôt un ordre de début à la Comédie-Française : il avait alors 32 ans. Il venait y remplacer Poisson : bientôt il le fit oublier. Il triompha également à la cour et à la ville ; son talent avait acquis toute l'étendue dont il était susceptible. Simplement engagé pour jouer les *comiques*, il ne tarda pas à se montrer supérieur dans les rôles de financier et de père noble, de sorte qu'après avoir excité une gaîté folle, il faisait couler des larmes d'attendrissement. Préville réunissait aux talens d'un parfait comédien les qualités les plus estimables : il était bon père, bon époux, bon ami. Il avait épousé Mlle Drouin, qui suivait comme lui la carrière du théâtre, mais qui, méconnaissant d'abord le genre de son talent, n'arriva qu'après plusieurs essais infructueux à celui qui lui convenait, et y acquit une célébrité méritée. Leurs appointemens réunis leur procuraient une grande aisance, qui les mettait à même de rassembler chez eux des gens de lettres et des artistes estimés, et l'on ne peut douter que ces réunions n'aient contribué à perfectionner le rare talent de Préville. Des hommes du grand monde faisaient aussi partie de cette société, où Poinsinet se fit admettre, et à laquelle il doit non pas la partie la plus brillante, mais la plus grande partie de sa célébrité. C'est chez Préville que se passèrent les mystifications qui ont mis au grand jour l'excessive crédulité et l'excessive vanité de ce poète, qui pourtant ne manquait ni d'esprit ni de talent. Le ministre de la maison du roi ayant fondé, en 1774, une école royale de déclamation, Préville en fut nommé le directeur, et y déploya tout ce que son talent lui avait révélé, et tout ce qu'il y avait ajouté par son travail. Après 35 ans de la carrière théâtrale la plus brillante, Préville sentit le besoin d'alléger le fardeau de ses occupations; il prit sa retraite, et ne garda que les fonctions de professeur de l'art qu'il avait exercé avec tant de distinction. Ce n'est pas qu'il eût rien perdu de ses facultés, mais il ne voulait pas survivre à sa renommée. Il reparut encore deux fois sur le théâtre : la première, en 1791, pour venir au secours du Théâtre-Français, dont l'établissement d'un théâtre rival rendait la position des plus fâcheuses; la deuxième, en 1794, pour célébrer avec ses confrères la liberté qui venait de leur être rendue, après la terreur de 1793. A cette seconde rentrée, on ne retrouva guère que les débris d'un grand talent. L'intelligence de l'acteur était encore la même, mais ses facultés physiques s'étaient extrêmement affaiblies. Il dut surtout à des souvenirs l'accueil qu'il reçut alors du public. Préville s'était retiré l'année précédente à Beauvais, dans la maison de sa fille. Il y perdit sa femme en 1798, et ne lui survécut que deux ans. Le préfet de l'Oise fit élever un monument à sa mémoire. Lors de la première formation de l'institut national, Préville en avait été nommé membre associé.

PRÉVOST (Pierre), célèbre peintre de panoramas, naquit vers 1766, à Montigny, département d'Eure-et-Loir, d'une famille de cultivateurs estimés, et qui jouissaient d'une sorte d'aisance. Dès sa plus tendre jeunesse, Pierre Prévost montrait du goût pour le dessin; il copiait toutes les gravures qu'il pouvait se procurer. Ces essais déterminèrent ses parens à l'envoyer à Paris, où il arriva étant dans sa 20° année. Là, sa jeunesse fut soumise à de dures épreuves. Le germe des plus grands talens ne suffit pas pour atteindre la prospérité; il faut être dirigé et soutenu, et Prévost se trouva isolé et sans protecteurs. Ses faibles ressources fournissaient à peine à ses besoins. Son anxiété habituelle, sa timidité, son extrême délicatesse, contribuèrent beaucoup à retarder le développement de ses facultés comprimées par sa malheureuse position, ignorée même de ses amis. Un travail opiniâtre, des essais d'un talent supérieur, le firent enfin connaître. Plusieurs tableaux qu'il exposa au salon lui valurent les suffrages des artistes et les éloges des journaux. L'idée des *Panoramas*, ou *Vues circulaires d'une ville ou d'un vaste site*, apportée d'Angleterre en France par l'Américain Fulton, lui fournit l'occasion de développer toutes les ressources de son génie. Le premier panorama qu'il exécuta fut celui de *Paris*, pris du milieu du pavillon des Tuileries ; le deuxième est la vue de *Toulon*. Les succès que ces ouvrages obtinrent furent prodigieux. Il leur fit succéder, comme par magie, *Lyon*, *Paris*, dessiné du pavillon de Flore ; *Londres*, *Rome*, *Naples*, *Amsterdam*, *Boulogne*, *Tilsitt*, *Wagram*, *Anvers*, *Vienne*, *Calais*, *Jérusalem*, *Athènes*. Lorsque son entreprise était encore nouvelle, et qu'il pouvait la croire douteuse, il reçut un encouragement bien flatteur dans le suffrage du premier peintre de l'Europe, du célèbre restaurateur de l'école française. Après avoir passé une matinée entière à examiner une de ces grandes et belles compositions, David dit à ses élèves, qui étaient près de lui : « Messieurs, c'est ici qu'il » faut venir faire des études d'a- » près nature. » Prévost ne négligeait rien pour obtenir et conserver des succès si bien mérités. Il allait dessiner ses vues sur les lieux mêmes, et dans ses longs et nombreux voyages, il courut souvent des dangers. Le voyage que Prévost a fait en Grèce, en Syrie et en Égypte, commença sous de bien malheureux auspices. Il était accompagné du jeune COCHEREAU, son neveu, auteur d'un tableau dont le sujet est l'*intérieur de l'atelier d'un peintre* (celui de David), qui fait partie de la grande galerie du Louvre. Cochereau était un artiste de la plus grande espérance ; il mourut, n'ayant pas atteint sa 23ᵉ année, dans les parages de Carigo, presque à la vue d'Athènes. Cette perte porta le coup mortel dans l'âme de Prévost, qui dès-lors désespéra de son avenir, et se vit livré aux plus cruels regrets. C'est en exécutant le panorama d'*Athènes* qu'il fut attaqué d'une fluxion de poitrine ; elle fut suivie d'une maladie de langueur, qui l'enleva à sa famille, aux arts et à l'amitié, le 9 janvier 1823. A chaque exposition d'un nouveau panorama, Prévost obtenait de nouveaux suffrages. Toutes ces belles compositions ont excité l'admiration générale, et quelques-unes ont produit une illusion telle, que des personnes non prévenues, des enfans, ont cru voir la réalité, surtout en considérant les ciels et les lointains de ces tableaux. Ils avaient en effet toute la légèreté, toute la grâce de ceux de la nature ; ils semblaient suspendus dans les airs et portés par les vents : on croyait les voir s'avancer. Ses lointains présentaient une telle profondeur, que le spectateur était embarrassé pour calculer les distances. Une couleur admirable, une harmonie parfaite, une simplicité majestueuse, étaient répandues dans ces compositions, et leur donnaient le caractère du vrai beau, et un charme qu'aucun prestige étranger à l'art ne venait aider. Prévost, occupé de son immense entreprise, a fait peu de tableaux de chevalet : ce n'est pas qu'il n'y réussît très-bien. Plusieurs de ses productions, exposées au salon, rappelaient, par la couleur et la composition, ceux de Claude Lorrain. Il a fait des chefs-d'œuvre dans ce genre. Il excellait aussi à faire la *gouache*, genre où L. Moreau s'était particulièrement fait remarquer. Aux talens de l'artiste, Prévost réunissait toutes les qualités du plus parfait honnête homme. Il a laissé un frère qui l'aidait dans ses travaux, et qui a donné, en 1824, de concert avec M. Ronmy, élève de Prévost, le beau panorama de *Rio-Janeiro*. Les amis des arts doivent espérer de cette association de nouvelles productions dignes de fixer leurs regards.

PRÉVOST (Pierre-Dominique), général de brigade, commandant de la légion-d'honneur, né le 13 avril 1749 à Bruxelles, où se trouvait alors le régiment de Béarn, dans lequel servait son père, officier, tué depuis à la bataille de Crévelt. Il reçut une éducation toute militaire, et fit les campagnes de 1757 à 1762. Après avoir successivement obtenu les grades inférieurs, il fut nommé sous-lieutenant le 1er février 1780. A cette époque, il passa avec son corps en Amérique, où il servit jusqu'en 1783, et se distingua en plusieurs occasions, et notamment à l'affaire de New-York, où 6000 Anglais, commandés par le général Cornwallis, furent obligés de se rendre aux troupes américaines et françaises, réunies sous les ordres de Washington et de Rochambeau. Le sous-lieutenant Prévost se trouva aussi à la prise de l'île de Saint-Christophe. De retour en France, il reçut, en 1788, la décoration de l'ordre royal et militaire de Saint-Louis. Lieutenant le 15 septembre 1791, capitaine le 1er février 1792, et enfin lieutenant-colonel dans la légion des Pyrénées, il fut employé alors à l'armée des Pyrénées-Orientales, où il servit, pendant 4 ans, sous les ordres des généraux en chef Dugommier, Pérignon et Schérer. A l'affaire de Rivesaltes, le 8 brumaire an 2, le lieutenant-colonel Prévost fit preuve de la plus grande bravoure, et reçut un coup de baïonnette dangereux, en dégageant 2 pièces de canon près de tomber au pouvoir de l'ennemi. Obligé de quitter momentanément le service pour soigner sa blessure, dont la guérison fut longue, il obtint le commandement de Narbonne. Cette ville, où l'on avait établi l'entrepôt de l'armée, se trouvant alors en état de siége, était fort agitée par la diversité des opinions qui y régnaient. L'exaltation de quelques hommes inspirait de justes craintes, que la modération des principes du lieutenant-colonel Prévost et sa fermeté firent cesser. Il parvint à concilier tous les esprits et à maintenir la tranquillité. Le 6 frimaire an 2, il fut nommé adjudant-général, chef de brigade, et général de brigade, le 20 prairial de la même année. En l'an 3, le général Prévost, chargé d'organiser 8,000 hommes de la levée en masse, les mit en moins de 3 mois en état de faire face à l'ennemi. Le général en chef, dans cette circonstance, donna des éloges à son activité. En l'an 4, après le traité de paix conclu entre la France et l'Espagne, le général Prévost fut employé aux armées du Nord et de Batavie, sous les ordres des généraux en chef Beurnonville, Joubert, Hatry et Brune. Chargé du commandement d'un corps de 6000 hommes, formant l'avantgarde de l'armée batave, il montra son intelligence et ses talens, dans le succès des différentes opérations dont l'exécution lui fut confiée. Il se trouvait à La Haye lorsque le général Joubert prit le commandement en chef de l'armée, et le nomma par *interim* commandant de la 2ᵉ division. Joubert lui prouva son estime par le don d'un riche baudrier, et accompagna ce don des paroles suivantes : « Je vous crois digne de » porter un baudrier de l'armée d'I- » talie. » En l'an 7, à la première nouvelle du débarquement d'une armée anglo-russe en Hollande, le général en chef Brune investit le général Prévost du commandement provisoire des pays qu'occupait la première demi-brigade française, en recommandant essentiellement à son attention les places de Bois-le-Duc, Grave, Nimègue, Gorcum, Utrecht et Worden, dont les approvisionnemens de bouche et de guerre, l'armement et les réparations, étaient confiés à sa surveillance. En visitant cette ligne, il reconnut dans plusieurs départemens des dispositions à la révolte ; déjà même l'insurrection avait éclaté dans ceux du Rhin et de Luyxel ; on avait coupé à Nimègue l'arbre de la liberté, et le drapeau orange y remplaçait celui de la république française ; enfin, on apercevait partout les symptômes d'une rebellion générale. Le général Prévost, avec son activité ordinaire, se porta successivement sur tous les points, destitua les autorités faibles ou coupables, fit arrêter un grand nombre d'agitateurs, et parvint à rétablir entièrement l'ordre. Il reçut en cette occasion des félicitations du général en chef. Après s'être distingué dans les campagnes suivantes, il obtint le commandement du département de la Dordogne, qu'il occupait encore en 1807. Le général Prévost cessa d'être compris dans les cadres de l'état-major de l'armée, plusieurs années avant la restauration.

PRÉVOST (N.), avocat du roi au tribunal du bailliage de Troye, dans la ci-devant province de Picardie, fut nommé, en 1789, député du tiers-état de ce bailliage aux états-généraux. Il adopta avec modération les principes de la révolution, et vota constamment avec le côté gauche. Nommé membre du comité d'administration et d'aliénation des domaines nationaux, il y travailla avec une grande assiduité, et fut chargé de divers rapports sur cette matière. M. Prévost ne reparut sur la scène politique qu'en 1798, par suite de sa nomination de député du département de la Somme au conseil des cinq cents; la révolution du 18 brumaire l'en fit sortir l'année suivante. Il n'a point rempli de fonctions législatives depuis cette époque.

PRÉVOST (Pierre), professeur à l'académie de Genève, membre des sociétés royales de Londres et d'Édimbourg, de l'académie royale des sciences et belles-lettres de Prusse, correspondant de l'institut de France, etc., est né à Genève en 1751. Après y avoir fait avec distinction des études profondes et variées, il vint à Paris en 1776, où il eut des relations avec plusieurs hommes célèbres, entre autres avec J. J. Rousseau. En 1780, il fut appelé à Berlin, comme professeur de philosophie à l'académie des jeunes gentilshommes. De là, il revint dans sa patrie, et fut nommé professeur de belles-lettres grecques et latines en 1784; mais il quitta bientôt cette place pour se livrer à des travaux d'un autre genre. En 1786, il devint membre du grand-conseil de la république de Genève, et en 1793, il obtint la chaire de philosophie, qu'il a occupée pendant près de trente ans. Cette chaire, d'après les institutions alors existantes, l'appelait à enseigner la philosophie rationelle et quelques parties de la physique. Il publia, en 1778, une traduction de l'*Oreste* d'Euripide, et ensuite celle de toutes les OEuvres de ce poète, Paris, 1782, 3 vol. in-8°, avec des notes fort estimées: cette traduction a été réimprimée dans le *Théâtre des Grecs*, 13 vol. in-8°. Ses autres ouvrages sont: 1° *de l'Economie des anciens gouvernemens comparée à celle des modernes*, Berlin, 1783; 2° sur *l'Origine des forces magnétiques*, Genève, 1787: cet ouvrage a été traduit en allemand par D. L. Bourguet, Halle, 1799, in-8°; 3° *Recherches physico-mécaniques sur la chaleur*, Genève, 1792, in-8°; 4° *de Probabilitate*, Genève, 1794, in-12 de 60 pages; 5° *OEuvres posthumes d'Adam Smith*, avec un précis de sa vie et de ses écrits, par Dugald Stewart, traduction de l'anglais, Genève, 1797, 2 vol. in-8°; 6° *Essais philosophiques*, d'Adam Smith, traduction de l'anglais, Genève, 1798, 2 vol. in-8°; 7° *des Signes envisagés relativement à leur influence sur la formation des idées*, 1799, in-8°: mémoire qui concourut avec celui de M. de Gérando pour le prix de l'institut, et obtint une mention honorable; 8° *de la Disette*, traduction de l'anglais, de Benjamin Bell, Genève, 1804, in-8°; 9° *Essais de philosophie, ou Etudes de l'esprit humain*, suivis de quelques opuscules de feu G. L. Lesage, Genève, 1804, 2 vol. in-8°: cet ouvrage contient l'esquisse des cours d'enseignement faits par ce professeur; 10° *Notice de la vie et des écrits de G. L. Lesage de Genève*, Genève, 1805, gros in-8°; 11° *Elémens de la philosophie de l'esprit humain*, traduction de l'anglais, de Dugald Stewart, Genève, 1808, 2 vol. in-8°; 12° *Leçons de rhétorique et de belles-lettres*, traduction de l'anglais de Blair, Genève, 1808, 4 vol. in-8°: on regarde cette traduction comme supérieure à celle de Cantwel, publiée en 1797. 13° *Essai sur le principe de po-*

pulation, ou *Exposé des effets passés et présens de l'action de ce principe sur le bonheur de l'espèce humaine*, dans les temps anciens et modernes, traduction de l'anglais, de Malthus, Genève, 1809, 3 vol. in-8°; 14° *du Calorique rayonnant*, Paris et Genève, 1809, in-8°; 15° *Conversations sur l'économie politique*, traduction de l'anglais, Genève, 1817, in-8° : l'ouvrage est de M.me Marcet, belle-sœur de M. Prévost, auteur des *Conversations sur la chimie*, qui ont aussi été traduites. 16° *Deux Traités de physique mécanique*, Genève, 1818, in-8°; 17° *Lettres sur les matières qu'on peut employer pour la construction des ballons*, dans le *Journal Encyclopédique* de 1784; 18° *Notice de la vie et des écrits de Louis Odier, médecin de Genève*, 1818; 19° *Notice de la vie et des écrits de Bénédict Prévost*, professeur à Montauban, 1820; 20° *Voyage de Salt en Abyssinie*, trad. de l'anglais, Paris et Genève, 18..; 21° plusieurs *Mémoires* dans la collection de l'académie de Berlin, comme : *Observations sur la méthode d'enseigner la morale*, 1780; *Théorie des gains fortuits*, 1781. 22° Des *Mémoires* et des *Articles* dans les *Transactions philosophiques*, dans les *Mémoires de la société physique de Genève*, dans la *Biographie universelle*, dans les *Bibliothèques britannique et universelle*; dans les *Annales de chimie*, dans les *Archives littéraires*; comme : *Esquisse du plan d'éducation tracé par Quintilien; Lettres sur J. J. Rousseau; de la Philosophie d'Euripide; du Mariage sous le rapport de la population; Exposé d'une recherche expérimentale sur cette question : Tous les hommes ont-ils les mêmes sentimens sur les mêmes objets?* etc., etc., etc.

PRÉVOST-DE-SAINT-CYR (LE CHEVALIER), officier de la légion-d'honneur, avait déjà fait avec distinction plusieurs campagnes, et obtenu le grade de sergent-major à l'époque de la célèbre campagne de 1805. A la bataille d'Austerlitz, son régiment (le 4e d'infanterie de ligne), commandé par le major Bigarré, en l'absence de Joseph Bonaparte, qui en était colonel, se fit remarquer par une valeur brillante. L'un des bataillons de ce corps, qui se trouvait entouré par deux régimens russes et un escadron de la garde de l'empereur Alexandre, avait, malgré sa courageuse résistance, essuyé des pertes considérables, lorsqu'il essaya de former le carré pour battre en retraite. Cette disposition fut prise trop tard; la confusion occasionée par le nombre des morts et des blessés, nuisit à la précision de la manœuvre, et le bataillon fut entamé à la suite de plusieurs charges de cavalerie. Le sergent-major Prévost-de-Saint-Cyr venait de remplacer le porte-drapeau, tué au commencement de l'action, quand tout-à-coup un peloton de cavaliers fondit sur lui. Prévost cherche à rallier quelques hommes, et se défend comme un lion; mais les plus braves de ses camarades sont tués à ses côtés. Il parvient cependant à se frayer un passage. Une nouvelle troupe de cavaliers accourt à toute bride, et l'enveloppe, en lui criant en français : « Rends-toi, il ne te sera fait aucun mal. » Prévost, pour toute réponse, se précipite sur les assaillans; mais bientôt il tombe baigné dans son sang. Néanmoins aucune des neuf blessures qu'il avait reçues n'était mortelle. Les débris de son bataillon, s'étant ralliés, avaient culbuté les Russes, et s'étaient emparés de deux de leurs drapeaux. A l'attaque du cimetière d'Eylau, il montra autant de sang-froid que de courage. A la bataille d'Essling, la division dont le 4ᵉ régiment de ligne faisait partie, prit et reprit trois fois le village de Gros-Aspern; mais forcée de l'évacuer par le feu de 200 pièces de canon, auquel se joignit un violent incendie, elle prit position dans un bois qui en bordait les jardins. Tandis que cette division prenait un peu de repos, après 36 heures de combat, le lieutenant Prévost et un autre officier, apercevant des tirailleurs ennemis qui poursuivaient quelques-uns de nos soldats, s'élancèrent sur les premiers le sabre à la main, et les jetèrent à l'instant hors du bois. Cet exemple fut des plus à propos, et eut les résultats les plus heureux pour l'armée entière. Il donna l'impulsion à la troupe, et fit repousser les Autrichiens au-delà du village. A la bataille de Wagram, où dans une action partielle le lieutenant Prévost se trouva séparé de son peloton, trois Autrichiens l'assaillirent à la fois et le sommèrent de se rendre. Quoiqu'il ne fût armé que de son sabre, il en mit d'abord deux hors de combat; tout annonçait qu'il allait triompher du troisième, lorsqu'un quatrième survint, et lui mit à bout portant une balle dans les reins. Alors les Autrichiens, irrités de sa résistance, le voyant renversé, se jetèrent sur lui, et le mutilèrent à coups de sabre et de baïonnette. Laissé pour mort sur le champ de bataille, il donna néanmoins des signes de vie, lorsqu'on le releva quelques instans après. Il guérit de ses blessures, mais il ne put continuer son service et se retira dans ses foyers, où, dans la suite, il est devenu major de la première légion de la garde nationale de Tarn-et-Garonne.

PREVOST D'IRAY (*voy.* LE PRÉVOST D'IRAY).—

PRÉVOT D'EXMES (*voy.* LE PRÉVOST D'EXMES).

PRICE (RICHARD), théologien et écrivain politique anglais, membre de la société royale de Londres, naquit le 23 février 1723 dans le pays de Galles. Son père, ministre d'une congrégation calviniste, ne le destinait pas à suivre la carrière ecclésiastique, et paraissait disposé à lui inspirer le goût du commerce. Néanmoins il lui fit donner une éducation très-distinguée. Price, envoyé à Londres, étudia avec fruit les mathématiques et la philosophie, mais il s'adonna aussi à la théologie; il fut pendant un peu plus de treize années chapelain d'un riche Anglais dont il était en même temps l'ami et le conseil, et passa ensuite prédicateur à Newington-Green. En 1769, à la demande de quelques amis de Price qui acquittèrent secrètement les droits et frais d'usage, l'université de Glasgow lui conféra le degré de docteur en théologie. Possédant parfaitement les matières de finances, apôtre des libertés civiles et religieuses,

Price composa un grand nombre d'ouvrages dont nous parlerons dans l'ordre de leur publication. Ce célèbre écrivain, qui a surtout constamment désapprouvé la guerre que le gouvernement britannique faisait à ses colonies, n'a rempli aucune fonction publique. On ne peut considérer comme telle son admission en qualité de secrétaire particulier de lord Shelburn pendant le court ministère de ce seigneur. A l'époque de la guerre de l'indépendance, Price avait refusé les offres que le congrès américain lui avait faites d'aller résider chez un peuple « qui professait la plus haute estime pour ses talens. » Il s'est montré un des plus chauds partisans de la révolution française, et s'est vu en butte aux attaques de tous les écrivains ministériels de Londres, et plus particulièrement d'Edmont Burke, que l'opposition avait naguère compté dans ses rangs, car les renégats politiques n'ont pas moins de violence que ceux de religion. Le 16 mars 1791, Price mourut des suites d'une maladie cruelle qui le tourmentait depuis plusieurs années. Son neveu, William Morgan, membre de la société royale de Londres, a donné des *Mémoires* sur la vie de ce savant écrivain, 1 vol. in-8°, Londres, 1805. Price a publié les ouvrages suivans : 1° *Revue des principales questions et difficultés en morale*, 1757, plusieurs éditions. Cet ouvrage fixa l'attention publique et signala son auteur comme un métaphysicien distingué. 2° En un seul recueil, différens *Sermons et Discours*, qu'il avait précédemment prononcés; il y ajouta trois autres sermons sur la *providence*, les *miracles* et la *Réunion des hommes vertueux dans un état à venir*, 1767; ces productions lui acquirent l'amitié et plus tard la protection du comte de Shelburne, depuis marquis de Lansdown. 3° Il inséra à la même époque quelques *Dissertations* sur des sujets de philosophie, dans les *Transactions philosophiques* de la société royale de Londres, dont il était membre depuis 1765; 4° en 1769, *Traité sur les tontines* (ou Reversionary payments), qui renfermait, dit un de ses biographes, outre une grande variété d'objets, la solution de plusieurs questions sur la doctrine des annuités; des plans pour établir sur les bons principes, des associations de personnes âgées, de veufs et de veuves, et un exposé des imperfections des sociétés de cette espèce que l'on créait continuellement à Londres, et dans d'autres parties du royaume : c'est un de ses meilleurs ouvrages; 5° *Appel au public sur la dette nationale*, 1772. « Le but principal de ce livre était de rétablir le fonds d'amortissement qui avait été éteint en 1733; et quoique cette proposition rencontrât alors beaucoup d'opposition, on l'a vue, quelques années plus tard, adoptée par le parlement, et devenir l'un des principaux boulevarts du crédit public. » 6° *Observations sur la liberté civile, sur la justice et sur la politique de la guerre avec l'Amérique*, 1775; 7° *Observations sur la nature du gouvernement civil*, 1777. Ces deux derniers ouvrages, entrepris dans le même esprit, produisirent une grande sensation; ils furent accueillis avec enthousiasme par les amis de la philosophie et sévèrement critiqués par leurs adversaires. 8° *Essai sur la population de l'Angleterre*, 1779; 9° vers la même époque le docteur PRIESTLEY (*Voy.* ce nom), publia des *Recherches sur la matière et sur l'esprit*. Price, qui n'adoptait pas toutes les opinions que Priestley avait consignées dans son ouvrage, le réfuta par quelques *Observations* qui donnèrent lieu à une correspondance amicale. Elle parut sous le titre de *Discussion libre des doctrines du matérialisme, et de la nécessité philosophique*. 10° *Observations adressées à la Société pour les assurances équitables* : elles parurent en tête de l'ouvrage de son neveu, M. Morgan, intitulé : *Doctrine des annuités*. 11° *État des dettes publiques et des finances en janvier 1783, avec un plan d'emprunt pour le rachat des dettes publiques*. Cet ouvrage fut composé par Price lorsqu'il était secrétaire particulier de lord Shelburne, et sur l'invitation de ce ministre. La sagesse des vues de Price dans les matières de finances, le fit consulter par Pitt lorsque ce célèbre homme d'état voulut présenter au parlement un bill pour la réduction des dettes. Price remit au ministre trois plans distincts, dont l'un forme la base de l'acte de 1786, qui réduit la dette de l'état, et qui contribua, dit-on, plus qu'aucune autre mesure, à élever le crédit de l'administration de Pitt. Les amis de Price accusèrent le ministre d'avoir choisi le plan le moins efficace, et de n'avoir pas reconnu publiquement les obligations qu'il avait à son auteur. 12° *Observations sur l'importance de la révolution américaine et sur les moyens de la rendre utile au monde*, 1784: à la suite de ces *Observations*, sont une *lettre de Turgot*, et le *Testament de Fortuné Richard*, par Mathon-de-Lacour, où l'on trouve une judicieuse application des idées de Price. 13° *Sermons*, un vol., 1786. Attaché à la doctrine des Ariens, il la défend dans l'un de ces sermons contre les trinitaires et les unitaires (*voir* l'article PRIESTLEY). Parmi les autres sermons qui eurent un très-grand succès, on cite ceux sur la *sincérité*, sur le *bonheur d'une conduite vertueuse*, sur la *bonté de Dieu*, etc. 14° *Sermon sur l'évidence d'une période à venir d'amélioration dans l'état du genre humain, avec les moyens et l'obligation d'en rapprocher le terme*, 1787; il fut prononcé en présence des fondateurs et professeurs du nouveau collège des dissidens à Hackney. 15° *Discours sur l'amour de la patrie*, 1789: cette pièce est très-remarquable; elle fut composée et prononcée devant la société réunie pour célébrer la révolution de 1688. Après avoir professé les principes les plus généreux en faveur de la liberté civile et de la liberté religieuse, il célèbre avec enthousiasme la révolution de France, et la présente « comme le commencement d'une nouvelle ère de bonheur pour le monde. » C'est à l'occasion de ce discours, qui avait produit la plus grande sensation, que Burcke attaqua Price avec toute la violence d'un nouveau converti. Price néanmoins le combattit avec autant de talent que de modération. Le biographe que nous avons cité, après quelques critiques échappées à l'esprit de parti, termine ainsi le portrait de cet honorable écrivain: « Il était ingénieux, habile, et souvent profond. Ses manières étaient douces et sociables, et tous ceux qui conversaient avec lui, ou qui parcouraient ses écrits, ne pouvaient s'empêcher d'être frappés du contraste étonnant qui existait entre lui et les écrivains controversistes avec lesquels il marchait ordinairement. »

PRIESTLEY (Joseph, LE DOCTEUR), théologien savant et profond, quoique peu orthodoxe, mais l'un des plus célèbres physiciens, chimistes et naturalistes de nos temps, naquit, en 1733, à Fieldhead, près de Leeds, en Angleterre. Son père était un négociant aisé de cette ville, très-attaché à sa religion, et faisait partie de la congrégation presbytérienne, qui se distingue parmi les églises protestantes par la sévérité des doctrines et des mœurs, ainsi qu'autrefois les jansénistes dans l'église catholique. Le jeune Priestley, doué des dispositions les plus heureuses, fit de rapides progrès dans les sciences et dans l'étude des langues anciennes A l'âge de 18 ans il possédait déjà le grec et l'hébreu, au point de pouvoir se livrer lui-même à l'enseignement de la jeunesse ; mais c'était surtout pour la physique et les sciences naturelles qu'il avait conçu une sorte de passion ; aussi leur dut-il par la suite ses principaux titres à la célébrité et à l'estime publique. Au sortir du collége, il fut nommé ministre d'une petite congrégation dissidente dans le comté de Suffolk, et quelques années plus tard, il passa, en la même qualité, à Namptwich, dans le Cheshire. En 1761, il publia une grammaire anglaise, composée sur un nouveau plan, ouvrage qui fut généralement approuvé, et qui est encore en usage aujourd'hui. Le célèbre historien philosophe David Hume, dont il avait relevé quelques légères incorrections de style, profitant de l'avis, les fit disparaître dans une nouvelle édition de ses œuvres. Les chefs de l'académie dissidente de Warrington choisirent Priestley pour y enseigner les langues, et il y ouvrit en outre des cours d'histoire et de politique générale. Bientôt parurent son *Essai sur le gouvernement*, l'*Essai sur un cours d'éducation libérale* et ses *Tables biographiques* (*Chart of Biography*), ouvrages qui furent favorablement accueillis du public. S'étant lié, pendant un voyage à Londres, avec Benjamin Franklin, Watson et Price, ces savans l'engagèrent à donner tous ses soins à une *Histoire de l'électricité*, qu'il avait commencée, et qui fut publiée en 1767. Cet excellent traité étendit au loin la réputation littéraire et scientifique de Priestley, eut un grand nombre d'éditions, fut traduit dans presque toutes les langues de l'Europe, et fit admettre l'auteur à la société royale des sciences d'Angleterre, exemple bientôt suivi par la plupart des académies des sciences, de l'étranger. On trouve dans l'histoire de l'électricité, à la suite d'un exposé clair et précis de l'origine et des progrès de cette partie intéressante de la physique, une foule d'expériences nouvelles et de procédés ingénieux, par lesquels Priestley préludait déjà aux découvertes importantes qui ont illustré son nom. Il quitta, après sept années de professorat, l'académie de Warrington, et alla s'établir à Leeds, où il fut mis à la tête d'une congrégation de dissidens, dits *unitaires*, dont les opinions religieuses se rapprochaient de celles des sociniens. Se livrant avec une nouvelle ardeur aux études théologiques, il soutint, par un grand nombre d'écrits, les opinions et les droits des dissidens. Heureusement la controverse n'absorba pas tout son temps, dont il consacrait encore la plus grande partie à sa science favorite. Le voisinage où il se trouvait d'une grande brasserie, le porta d'abord à examiner les divers effets que produit le gaz qui s'échappe de la bière en fermentation, tant sur les animaux que sur la flamme des bougies. Bientôt il inventa un appareil d'une construction simple et facile, destiné à imprégner l'eau de ce fluide gazeux qu'on nommait alors *air fixe*, et auquel les savans ont depuis donné le nom de *gaz acide carbonique*. En 1772, Priestley lut à la société royale un mémoire, dans lequel, entre autres découvertes, il annonçait celle du *gaz nitreux*, et l'application qu'il en faisait pour éprouver les différentes espèces d'airs, et pour constater leur plus ou moins grande pureté : ce mémoire lui valut la médaille de Copley, destinée au meilleur travail de physique produit dans l'année.

De nouvelles recherches, don. publia le résultat en 1775, lui avaient fait découvrir que l'air commun vicié par la combustion, la fermentation, la putréfaction, et même par la seule respiration, était sans cesse rétabli dans son état naturel par les végétaux, qui ont la propriété de lui rendre tous ses principes vivifians. En appliquant à des chaux de mercure la chaleur d'un verre ardent, il était parvenu à obtenir, isolée et pure, cette portion de l'air atmosphérique, la seule respirable, que l'homme et les animaux consomment, que les végétaux restituent, et que les causes citées plus haut altèrent. Il nomma l'air qu'il avait ainsi dégagé *l'air déphlogistiqué*, dénomination à laquelle on a, depuis Lavoisier, substitué celle d'*oxigène*. Priestley prouva, par ses expériences devant la société royale de Londres, en 1776, que l'oxigène agit sur le sang des animaux à travers les vaisseaux des poumons, et que c'est à son action qu'est due la couleur rouge du sang ; c'est encore (ainsi que l'a reconnu la chimie moderne) le principe de la respiration et de la combustion, et l'élément essentiel à presque tous les acides. Le savant M. Cuvier, qui en 1805 a lu à l'institut impérial de France l'éloge historique de Priestley, dit que la théorie du célèbre Lavoisier se fonde principalement sur les belles expériences de Priestley et de Cavendich, mais que le physicien anglais ne voulut jamais adopter la théorie de Lavoisier, et persista à soutenir celle du phlogistique, malgré les réfutations les plus péremptoires. Priestley publia bientôt, par souscription, un nouvel ouvrage in-4°, intitulé : *Histoire et état actuel des découvertes relatives à la vision, à la lumière et aux couleurs*, mais qui eut moins de succès que son histoire de l'électricité. Il accepta ensuite l'offre du comte de Shelburne (depuis marquis de Lansdown), qui cherchait à s'attacher un savant de ce mérite, et auprès duquel il résida, pendant plusieurs années, en qualité de bibliothécaire. Ce fut pendant cette époque de calme et de studieux loisirs, que Priestley ajouta encore à la haute réputation qu'il s'était déjà acquise comme physicien. Il publia ses *Expériences sur les différentes espèces d'air*, en 3 vol., qui furent bientôt suivies par ses *Expériences sur différentes branches de la philosophie naturelle*, aussi en 3 vol. Il se vit alors comblé d'honneurs littéraires. Malheureusement ses investigations scientifiques, récompensées par d'importantes découvertes, ne suffisant pas à l'activité de son esprit pénétrant, il se lança avec un redoublement de ferveur dans le vague des spéculations métaphysiques. Ses opinions religieuses différant essentiellement de celles établies par l'église anglicane, la religion de l'état, l'opiniâtreté et le talent même qu'il développa en les défendant, lui suscitèrent de nombreux et de puissans ennemis. Les évêques anglicans l'accusèrent d'abord d'incrédulité, ensuite de matérialisme et enfin d'athéisme; mais nulle attaque ne l'intimidait, il répondait à toutes, et il avait adopté pour principe de soutenir, sans respect humain, ce qui lui paraissait la vérité, quels que pussent être les dangers personnels que son inflexibilité lui ferait courir. Il publia à peu d'intervalles les ouvrages suivans : *Recherches sur la matière et l'esprit*; *Défense de l'unitarianisme*, ou *de la Simple Humanité du Christ*, en opposition à sa préexistence ou nature divine, et *Défense de la doctrine de la nécessité*. La polémique religieuse dans laquelle il se trouva engagé porta quelque atteinte à la bienveillance de lord Shelburne, qui ne partageait point toutes les opinions de son bibliothécaire. Ils se séparèrent enfin, mais sans rupture ni éclat, et le lord remplit exactement les engagemens antérieurs qu'il avait contractés, en payant à Priestley, jusqu'à sa mort, la pension annuelle de 150 livres sterlings, qu'il lui avait assurée. La ville riche et manufacturière de Birmingham, où se trouvaient alors réunis plusieurs mécaniciens, chimistes et savans distingués, tels que Watt, Bolton Kier, Withering, etc., lui offrit un asile; des amis qui partageaient ses opinions religieuses, ainsi que son amour pour les sciences, fournirent aux frais de son nouvel établissement, où il eut encore l'avantage d'avoir à sa disposition des ouvriers habiles pour la construction de ses appareils de physique. Bientôt il fut en outre nommé pasteur de la principale église dissidente de Birmingham. Ce ministère sacré le replongea plus avant que jamais dans les controverses théologiques. Il publia son *Histoire des corruptions du christianisme*, qui fut suivie de près par l'*Histoire des premières opinions concernant Jésus-Christ ;* et par ses *Lettres familières aux habitans de Birmingham,* où régnait un fond d'ironie et de plaisanterie, qui exaspéra au dernier point ses ennemis. Il écrivit encore plus de 20 volumes, en faveur des églises dissidentes, réclama les droits qu'on refusait aux membres de ces congrégations, et fut considéré comme le plus éloquent et le plus dangereux des adversaires de l'église anglicane. Aussi le premier des titres, aux faveurs du gouvernement et de la haute aristocratie anglaise, fut d'avoir écrit contre Priestley; et plus d'un pauvre prêtre dut aux efforts plus ou moins heureux pour le réfuter, une riche cure, ou même une promotion à l'épiscopat. Priestley disait assez plaisamment à ce sujet : « *C'est moi qui ai la feuille des bénéfices d'Angleterre.* » La révolution française vint enfin rendre sa position de plus en plus difficile, au milieu de la population pauvre et irritable des ouvriers et des prolétaires de Birmingham. Il devint aisé aux agens du ministère et des prélats anglais de faire passer Priestley pour un révolutionnaire dangereux. Il avait écrit des lettres spirituelles, mais véhémentes, pour réfuter l'ouvrage d'Edmond Burke contre la France. Il avait été proclamé *citoyen français* par l'assemblée constituante ; il venait d'être nommé, dans le département de l'Orne, député à la convention nationale, mission qu'il refusa de remplir, alléguant, plus prudent que Thomas PAYNE (*voyez* ce nom), son peu de connaissance de la langue française; mais il ajouta dès-lors à son nom, dans ses derniers ouvrages, le titre de *citoyen français.* Une réunion d'hommes indépendans, la plupart amis de Priestley, célébra vers ce temps, à Birmingham, par un banquet splendide, l'anniversaire de la prise de la Bastille, ou le 14 juillet. Il ne parut point à cette fête, mais on l'accusa de l'avoir provoquée. Avec quelque argent distribué à propos, ses ennemis ameutèrent la populace, qui fut dirigée vers sa maison, et qui, après l'avoir dévastée de fond en comble, finit par y mettre le feu : les habitations de plusieurs de ses amis eurent le même sort : le désordre et le pillage durèrent pendant trois jours. Priestley perdit en cette occasion sa riche bibliothèque, son cabinet de physique, et de précieux manuscrits. Quelques faibles dédommagemens lui furent alloués, après l'enquête judiciaire à laquelle l'émeute donna lieu ; mais ses amis et ses admirateurs mirent plus de soins à le consoler de cette catastrophe. Appelé à Londres, il fut nommé à la place de pasteur de la congrégation d'Hackney, vacante par la mort de son ami, le docteur Price. Il ne l'occupa que peu de temps. Harcelé par les sourdes menées du clergé, et les constantes persécutions ministérielles, il résolut enfin de quitter sa patrie, et de chercher le repos de l'autre côté de l'Atlantique. Ayant heureusement abordé la plage hospitalière de l'Amérique libre, il s'établit à Northumberland, ville de l'état de Pensylvanie. Une chaire de chimie lui fut aussitôt offerte à Philadelphie; mais il la refusa, voulant désormais se borner aux seuls travaux de son cabinet. Le président de la république des États-Unis, M. John Adams, alors à la tête de l'administration, n'était rien moins que favorablement disposé pour le docteur Priestley; mais M. Jefferson, qui succéda à la présidence, devint son protecteur zélé et son ami. Il dédia à ce dernier son *Histoire ecclésiastique*, à laquelle il travaillait depuis plusieurs années. En 1801, il fut atteint d'une maladie longue et douloureuse, qu'on attribua, non sans grande apparence de vérité, au poison que ses ennemis lui auraient administré. Son esprit conserva cependant, jusqu'au dernier moment, toute sa lucidité et son énergie. Priestley composa encore pendant cet état de souffrance, entre autres ouvrages remarquables, *Jésus et Socrate comparés; Comparaison des différens systèmes des philosophes grecs avec le christianisme*, etc. Il soutint constamment, dans tous ses écrits, la doctrine salutaire de l'existence de Dieu et d'un état futur, mais il ne croyait pas à l'éternité des peines, et exprimait avec force sa persuasion, que les punitions d'une autre vie seraient correctionnelles, et que les êtres raisonnables finiraient par être tous heureux. Quelques instans avant de mourir, il se fit transporter dans une chaumière, où il expira le 6 février 1804, à l'âge de 71 ans. Le docteur Priestley, d'après le témoignage unanime de tous ceux qui ont vécu dans son intimité, était un homme doux, modeste, plein de bienveillance pour ses semblables. Sa charité s'étendait même sur les autres êtres de la création, et on le vit témoigner la plus vive joie, lorsqu'il découvrit que les petits animaux dont il causait à regret les souffrances ou la mort, dans ses expériences, pour éprouver la pureté des différentes espèces d'air, pouvaient être ranimés par l'air nitreux. La jalousie ou l'envie n'approchèrent jamais de son âme. Une tendre et constante amitié le liait avec le docteur Price (*voyez* ce nom), malgré les différences de leurs opinions religieuses, et quoiqu'ils aient souvent écrit l'un contre l'autre. Comme physicien et comme chimiste, le docteur Priestley est, à juste titre, placé au premier rang des savans de son époque. Ses recherches, ses ingénieuses expériences et ses nombreux écrits ont puissamment contribué à l'avancement de la science. « On peut affirmer, dit Aikin, » que la chimie pneumatique ne » doit à aucun savant isolé autant » qu'à Priestley, dont les découvertes ont donné à cette branche » de la science une face nouvelle, » et ont, dans un haut degré, contribué à en faire la base d'un système qui éclipse tous les systèmes antérieurs, et qui ouvre un » champ sans bornes aux progrès » dans la connaissance de la nature et les procédés de l'art. » Comme théologien, son habileté dans la controverse et sa profonde érudition, ont été généralement reconnues. Ses ennemis même étaient forcés d'en convenir, et trouvèrent à la fin plus facile de le persécuter que de lui répondre. Lui, de son côté, ne laissait jamais aucune attaque sans répon se. Zélé pour l'*unitarianisme*, dont les sectateurs rejettent le dogme de la Trinité, et ne reconnaissent qu'une seule personne en Dieu, celle du Père, mais honorant d'ailleurs Jésus-Christ comme un envoyé de Dieu, un sage réformateur et le meilleur des hommes, Priestley adressa des *Lettres aux juifs*, dans lesquelles il leur prouvait qu'ils n'auraient jamais d'autre Messie que Jésus-Christ, et les pressait de le reconnaître comme tel. Il publia aussi des *Lettres à un philosophe incrédule*; écrivit contre le visionnaire suédois Swedenborg, qui avait de nombreux sectateurs en Angleterre, contre Volney et son livre des *Ruines*, contre Dupuis et son *Origine des cultes* ; enfin, le nombre des ouvrages de ce laborieux et fécond écrivain se monte à 145, selon le catalogue donné par Rotermund, et leur collection entière forme 70 vol. in-8°. Outre ceux dont nous avons déjà parlé dans cet article, on peut citer encore : 1° *Institutions de la religion naturelle et révélée*, 1772 et 1774, 3 vol. in-8°; 2° *Examen de la doctrine du sens commun, telle que la concevaient les docteurs Reid, Beattie et Oswald*, 1775, 1 vol. in-8°; 3° *Notes sur l'Ecriture*, 4 vol. in-8°; 4° un grand nombre de morceaux insérés dans le *Monthly-Magazine*, le *Medical Repository*, le *Journal Nicholson*, etc.; 5° *Leçons sur l'histoire* ; 6° *Leçons sur l'art oratoire*. Ses *expériences sur les différentes espèces d'air* ont été traduites en français par Gibelin, Paris, 1777, 9 vol. in-18; ses *Essais sur le phlogistique*, par M. Adet, Paris, 1798, 1 vol. in-8°;

sa *Grammaire anglaise* a été traduite par F. M. Bayard, Paris, 1796, 1 vol. in-8°, et ses *Lettres en réponse à Edmond Burke* l'ont été en 1791, 1 vol. in-8°. Les *Mémoires du docteur Priestley* ont été publiés en Angleterre en 1806, et continués jusqu'à l'époque de sa mort, par son fils Joseph Priestley. On a aussi des *Observations sur ses écrits*, par Thomas Cooper et William Christie, ainsi que *Vie du docteur Priestley*, par J. Corry. Nous avons déjà parlé de son éloge historique, lu à l'institut de France, par M. Cuvier, digne appréciateur du physicien anglais.

PRIEUR (dit DE LA MARNE, pour le distinguer de son collègue conventionnel PRIEUR DE LA CÔTE-D'OR), était, avant la révolution, avocat à Châlons-sur-Marne. Le tiers-état de cette ville l'élut député aux états-généraux en 1789. Dès les premières sessions de l'assemblée constituante, il se fit remarquer parmi les membres les plus ardens de l'extrême gauche. De vives et fréquentes sorties contre les ennemis de la révolution, les modérés, les aristocrates, etc., lui acquirent à cette époque quelque popularité, et les constans applaudissemens des tribunes. Il se prononça pour l'établissement immédiat des assemblées provinciales et municipales, préalablement au travail sur la constitution; demanda que la confiance publique fût la seule condition d'éligibilité des représentans du peuple; soutint avec chaleur la proposition d'accorder la plus grande liberté aux assemblées des citoyens ou sociétés populaires;

demanda la destruction des emblêmes de servitude qui se trouvaient au pied de la statue de Louis XIV, sur la place des Victoires ; vota pour le séquestre de tous les biens du clergé, et observa à ce sujet, lorsque quelques évêques, au nom de leur ordre, offrirent de remplir un emprunt de 100 millions, que ne possédant rien en propriété légitime, ils ne pouvaient rien offrir. Il réclama cependant un traitement moins modique pour les religieux d'un âge avancé. En mai 1791, il demanda une loi sévère contre les émigrés, et revint de nouveau, le 9 juillet, sur cet objet. Il avait déjà montré une grande véhémence lors du voyage de Varennes, accusant le monarque et attaquant le principe même de son inviolabilité. Le lendemain de l'événement (23 juin 1791), l'assemblée donna à Prieur une mission pour le département du Finistère, où l'on craignait de voir éclater quelques troubles. A son retour à Paris, il présida la société dite des amis de la constitution. Après la session de l'assemblée constituante, il fut élu vice-président du tribunal criminel du département de Paris. Ses concitoyens du département de la Marne le nommèrent, en septembre 1792, député à la convention nationale, et dès l'ouverture de la session de cette assemblée, il fut envoyé par elle en qualité de commissaire à l'armée du général Dumouriez, campée en Champagne. Il suivit, ainsi que ses collègues Sillery et Carra, tous les mouvemens de cette armée jusqu'à l'entière évacuation du territoire français par les troupes des coalisés. Rentré dans l'assemblée, Prieur y vota, lors du procès du roi, pour la peine la plus sévère, sans appel et sans sursis. Le 8 février 1793, il demanda, comme mesure de haute politique, qu'on jetât un voile sur les horreurs des 2 et 3 septembre, et même qu'on rapportât le décret qui ordonnait d'en poursuivre les auteurs. Le 29 mars, il fut nommé membre du comité de défense générale, et, le 10 juin suivant, membre du comité de salut-public. Envoyé le 1ᵉʳ août aux armées du Nord, des Ardennes, de la Moselle et du Rhin, après avoir rempli cette mission, il eut ordre du comité de salut-public de se rendre dans les départemens de l'Ouest. Il y montra plus de modération que plusieurs de ses collègues, et les habitans de la ville de Lorient lui rendirent depuis le témoignage que pendant son séjour dans leurs murs le sang y avait été épargné. Il s'éleva même de vives altercations entre lui et le féroce Carrier, auquel il reprocha ses atroces noyades à Nantes. Ce monstre traita Prieur *d'imbécille en fait de révolution*. Il ne prit point de part aux événemens des 9 et 10 thermidor an 2 (27 et 28 juillet 1794). Le 15 vendémiaire an 3 (6 octobre 1794), il entra de nouveau au comité de salut-public, et le 1ᵉʳ brumaire suivant (22 octobre), il fut élu président de la convention. On accusa Prieur de la Marne d'avoir eu des relations avec les factieux qui, le 12 germinal (1ᵉʳ avril 1795), forcèrent la salle de la convention, demandant du pain et la constitution de 1793. Il venait de faire à la tribune des motions qui paraissaient en leur faveur, entre autres celle de remettre sur-le-champ en liberté tous les patriotes arrêtés depuis le 9 thermidor, et l'on sait que parmi ces soi-disant patriotes, il y avait des terroristes forcenés; aussi André Dumont accusa-t-il Prieur de complicité dans la révolte. Mais ce dernier, en expliquant les expressions dont il s'était servi, parvint cette fois à conjurer l'orage. Il fut moins heureux lors de l'insurrection qui éclata le 1er prairial suivant (20 mai 1795) contre la majorité de la convention, lorsque les postes qui l'environnaient furent de nouveau forcés par les insurgés des faubourgs, et lorsque FERRAUD fut assassiné au sein de l'assemblée même. Prieur, nommé par la minorité factieuse de la convention membre de la commission extraordinaire, créée à la hâte pour remplacer le comité de salut-public, se trouvait encore le soir dans la salle des séances, quand les gardes nationales des sections du Mont-Blanc et de la Butte-des-Moulins vinrent s'en emparer et chasser les insurgés. Il voulut opposer de la résistance, et on l'entendit crier : *Sans culottes, à moi!* Mais la terreur s'était emparée de ces hommes, qui fuyaient de tous côtés. Ce ne fut qu'à grande peine que Prieur parvint à s'échapper de sa personne; on le cherchait partout pour l'arrêter, et dès le même soir, il fut décrété d'accusation par la convention. S'il avait été saisi, il aurait sans doute subi le sort de ses collègues Soubrani, Goujon, Romme, Duquesnoi, Bourbotte et Duroi (*voyez* ces noms); mais il parvint à trouver un asile impénétrable, d'où il ne sortit qu'à l'époque de la promulgation d'une loi générale d'amnistie, lors de l'établissement de la constitution de l'an 3 (1796). Abandonnant alors l'arène politique, Prieur reprit les fonctions d'avocat, qu'il remplit avec succès près des tribunaux français jusqu'en 1816. Forcé par la loi d'amnistie du 12 janvier de cette année de quitter sa patrie, il s'est retiré dans le royaume des Pays-Bas, où il exerce encore la profession d'avocat. On a de lui un *Rapport sur l'établissement des sourds-muets, fait à l'assemblée nationale*, 1791, in-4°, et quelques *plaidoyers* et *discours*.

PRIEUR-DUVERNOIS (C. A.), dit PRIEUR DE LA CÔTE-D'OR, fils du receveur des finances d'Auxonne, ville où il naquit le 22 décembre 1763, était officier du génie à l'époque de la révolution. Élu, en 1791, député à l'assemblée législative par le département de la Côte-d'Or, il fut, après la journée du 10 août 1792, chargé de se rendre à l'armée, pour y proclamer les changemens qui venaient de s'opérer. Le même département le porta, au mois de septembre de la même année, à la convention nationale, où, dans le procès de Louis XVI, il vota avec la majorité. A l'époque des événemens du 31 mai, Prieur de la Côte-d'Or se trouvait en mission dans le département du Calvados; il y reçut l'ordre de rallier au parti de la convention les habitans de ce pays, qui avaient embrassé la cause des députés proscrits : l'exécution de cet ordre n'était pas facile. Prieur de la Côte-d'Or fut, ainsi que son collègue Romme, arrêté et emprisonné à Caen ; mais il recouvra la liberté après la déroute de l'armée départementale à Vernon, déroute qui força les députés fugitifs à abandonner le Calvados, et à se disperser. De retour dans l'assemblée, il évita de paraître souvent à la tribune. Le 14 août 1793, il fut nommé, conjointement avec Carnot, son ami, membre du comité de salut-public, et spécialement chargé de la fabrication des poudres et salpêtres. Il fut élu président de la convention le 1er prairial an 2 (20 mai 1794). Après le 9 thermidor an 2 (27 juillet 1794), quoique Prieur de la Côte-d'Or ne fît plus partie du comité de salut-public, il en défendit les membres, accusés d'avoir partagé la tyrannie de Robespierre. Ce fut sur sa proposition que la convention décréta l'usage du calcul décimal et de l'unité des poids et mesures. Lors de l'insurrection des faubourgs, le 1er prairial an 3 (20 avril 1795), quelques députés demandèrent l'arrestation de Prieur de la Côte-d'Or, mais la convention rejeta cette proposition. Après la session conventionnelle, il entra au conseil des cinq-cents, où il s'occupa plus particulièrement du nouveau système des poids et mesures ; il sortit du conseil en 1798, et n'a plus rempli de fonctions publiques depuis cette époque. Il a publié les ouvrages suivans : 1° *Mémoires sur la nécessité et les moyens de rendre uniformes dans le royaume toutes les mesures d'étendue et de pesanteur*, 1790, in-8°; 2° *Instruction sur le calcul décimal*, 1795, in-8°; 3° *Rapport sur la loi du 18 germinal an 4*, 1795, in-8°; 4° *Rapport sur les moyens préparés pour établir l'uniformité des poids et mesures*, 1796, in-8°; 5° plusieurs *Mémoires, Rapports* et *Instructions* du même genre, dans le *Journal de l'école polytechnique*, et dans les *Annales de chimie*. C'est principalement à M. Prieur de la Côte-d'Or que la France doit l'établissement et l'organisation de la célèbre école Polytechnique.

PRINA (LE COMTE), sénateur et ministre des finances du royaume d'Italie, né à Novarre, et élevé à l'université de Turin, obtint du gouvernement piémontais la place de substitut surnuméraire du procureur-général de la chambre des comptes. Devenu, en 1795, titulaire de cet emploi, il fut chargé, l'année suivante, de l'importante commission de fixer les nouvelles limites du Piémont et de la France. Nommé, en 1798, régent des finances, il conserva cette place sous le gouvernement provisoire ; ce qui lui valut une disgrâce au retour des armées austro-russes qui s'établirent provisoirement dans le Piémont ; mais, après la victoire de Marengo, Prina reprit les fonctions de contrôleur-général, et sut par son activité et son intelligence attirer sur lui l'attention du premier consul Bonaparte, qui, à l'organisation du gouvernement italien, l'appela à Milan, pour lui confier le portefeuille des finances. Il y eut bientôt un échange de faveurs et de services entre l'empereur et Prina. L'un accablait les contribuables, et l'autre récompensait son zèle, en l'élevant aux dignités de sénateur et de comte, et en lui envoyant les grandes décorations de la légion-d'honneur et de la couronne de fer. Ces distinctions donnèrent à Prina autant d'envieux que son inflexibilité lui avait fait d'ennemis. Devenu le but de la haine publique, ce ministre ne songea plus à ménager une opinion qu'il sentait ne pouvoir plus regagner, et il brava le courroux de la nation pour se rendre agréable au pouvoir. Cette conduite finit par le perdre, et l'exposa à la plus terrible catastrophe. Le 20 avril 1814, une populace effrénée, ayant à la tête quelques nobles milanais, se porta en foule devant le palais du sénat, qu'elle investit de tous côtés. Non contens d'avoir violé et saccagé la résidence du pemier corps de l'état, ces furieux se dirigent vers l'hôtel du ministre des finances, qu'ils effraient par leurs cris et leurs menaces. Prina avait été averti, le jour précédent, de ce qu'on machinait contre lui. Dans la matinée, un de ses cousins fit tous ses efforts pour l'emmener dans sa voiture, à Pavie; mais se fiant à l'activité de la police, et ne croyant pas le danger si imminent, le ministre ne voulut pas s'éloigner : il ne tarda pas à se repentir de cette résolution. Abandonné par ses domestiques, et enveloppé par des bandes armées qui s'étaient rendues maîtresses de son hôtel, il tomba dans leurs mains, et fut renversé au bas d'une fenêtre. Tandis qu'une partie du peuple se livrait au pillage de l'hôtel, l'autre entraînait l'infortuné Prina sur la rue du Marin, jusqu'à la petite place du théâtre de la Scala. Près de là se trouvaient les hôtels de la police, du ministère de la guerre, et de la préfecture de police, remplis de soldats qui auraient eu la volonté et les moyens de le sauver, s'il ne leur avait été défendu de le secourir. Un marchand de vins, poussé par un sentiment de pitié, profita d'un moment favorable pour l'arracher à ces bourreaux, et le faire descendre dans sa cave. La crainte de perdre leur proie rend les mutins plus furieux; ils découvrent son asile, et menacent d'incendier la maison du marchand. Prina voyant le péril de son bienfaiteur, et n'espérant plus rien pour lui, court se livrer à ses persécuteurs, en criant : « Assouvissez votre rage sur moi seul, » et que je sois votre dernière victime ! » En achevant ces mots, il tombe percé de coups, et son cadavre fut traîné à la lueur des torches dans tous les quartiers de la ville.

PRINA (Joseph), frère du précédent, professeur de droit à l'université de Pavie, est auteur d'un *Elogio di Andrea Alciato*, Milan, 1811, in-8°.

PRIVÉ (le baron Ythier, Sylvain), maréchal-de-camp, commandant de la légion-d'honneur, chevalier de Saint-Louis et membre de l'association paternelle des chevaliers de cet ordre, né à Vannes, en Sologne, le 19 juillet 1762, ne dut qu'à ses services sa fortune militaire. Volontaire dans le régiment des carabiniers dès le 15 mai 1779, il passa comme dragon dans le régiment Dauphin, le 14 juillet 1787, et fut enfin nommé sous-lieutenant au 13° régiment de dragons, le 25 janvier 1792. Il faisait partie, cette même année, de la garnison de Thionville, au moment où cette ville fut assiégée par les Autrichiens, et s'y distingua sous les yeux du général Félix Wimpfen, commandant de cette place, dans plusieurs occasions, et notamment dans deux sorties que fit la garnison. Dans la première, effectuée pendant la nuit du 22 au 23 septembre, il traversa la Moselle à la tête de 16 dragons de son régiment, attaqua un poste ennemi qui gardait un magasin considérable de farine, de vin et d'eau-de-vie, s'empara de toutes ces subsistances, et fit de sa main quatre prisonniers. Dans la seconde sortie, qui eut lieu le 16 octobre au matin, il s'empara encore d'un convoi considérable de blé et d'avoine. Nommé lieutenant dans son régiment le 20 avril 1793, il servit à l'armée du Nord, sous les ordres du général Dampierre. Dans la nuit du 22 au 23 mai, on le chargea d'attaquer, avec 30 dragons du 13° régiment, un poste prussien retranché près l'abbaye d'Anchin. Ayant reçu, dès le commencement de l'action, une balle qui lui traversa la jambe droite, il resta néanmoins à la tête de son détachement, chargea vigoureusement les ennemis, les tailla en pièces, et leur fit 10 prisonniers, parmi lesquels se trouvait le major qui commandait le poste. Unissant la générosité à la bravoure, il fit relever tous les blessés français ou prussiens, les fit panser sous ses yeux, et ne fut pansé lui-même qu'après leur avoir donné tous ses soins. Il passa aide-de-camp du général de division Bonnaud, conservant son rang de lieutenant, le 15 août 1794. Il servit avec ce général à l'armée du Nord, commandée alors par Pichegru. Chargé par le général Bonnaud de reconnaître les lignes de Breda, il s'acquitta de cette mission périlleuse et difficile avec autant d'intelligence que de succès ; il fit un rapport très-détaillé, dans lequel il indiqua la force et l'emplacement des postes ennemis, ainsi que les points sur lesquels on pouvait diriger des attaques avec quelque espoir de réussite. Ce rapport fut mis sous les yeux du général Pichegru, qui l'approuva, et donna l'ordre d'attaquer les lignes ennemies sur les points que le lieutenant Privé avait indiqués. L'attaque eut lieu, et l'ennemi, culbuté partout, perdit 300 pièces d'artillerie. Le général en chef chargea le lieutenant Privé de porter à la convention nationale 19 drapeaux pris dans cette glorieuse journée. Cet officier parut dans l'assemblée le 16 mars 1795, reçut du président l'accolade fraternelle, et fut admis aux honneurs de la séance. Il fut, en outre, arrêté qu'il serait pourvu à son avancement par le comité de salut-public ; il obtint en effet le grade de capitaine de cavalerie le 14 août suivant, et resta attaché, avec ce grade, au général de division Bonnaud, en qualité d'aide-de-camp. Dans la même année, il suivit à l'armée des côtes de Cherbourg ce même général, qui en avait le commandement en chef. Le 9 septembre, il fut détaché, avec 800 hommes, pour aller chercher un convoi considérable de grains, destiné à l'approvisionnement de la ville d'Angers. Ces grains se trouvaient dans le pays occupé par les *chouans*, qui se réunirent au nombre de 4,000, et vinrent attaquer le convoi. Les dispositions du capitaine Privé furent combinées avec tant de prudence et d'habileté, que les *chouans* éprouvèrent une défaite complète, et que le convoi arriva à Ingrande, où tous les grains furent embarqués sur la Loire, et conduits à Angers. Le général Bonnaud ayant rendu compte au ministre de la guerre de cette opération importante, le capitaine Privé en fut récompensé par le grade de chef d'escadron, qui lui fut conféré le 2 juillet 1796. Il fut employé, la même année, à l'armée de Sambre-et-Meuse, aux ordres de Jourdan, et continua de servir en qualité d'aide-de-camp du général Bonnaud, qui avait le commandement de toute la cavalerie de cette armée. Le chef d'escadron Privé déploya dans cette campagne sa valeur accoutumée, et se fit remarquer dans différentes charges exécutées contre l'ennemi. Il fut blessé à la main droite d'un éclat d'obus, en soutenant près d'Amberg, à la tête de la division de grosse cavalerie, la retraite de l'armée de Sambre-et-Meuse. Nommé colonel du 21° régiment de cavalerie le 3 septembre 1799, il commanda ce régiment à l'armée d'Italie, pendant les campagnes de 1799, 1800 et 1801, sous les ordres du premier consul Bonaparte, et des généraux en chef Brune et Moncey. Il passa colonel du 5° régiment de dragons le 24 mars 1803, puis du 2me régiment de la même arme le 31 août suivant, et fit avec ce corps les campagnes de 1803, 1804, 1805 et 1806, à la grande-armée, commandée par l'empereur Napoléon. A la bataille d'Iéna, le 14 octobre 1806, le colonel Privé exécuta, à la tête du 2° régiment de dragons, trois charges qui eurent le plus grand succès. Son régiment fit prisonnier de guerre tout un bataillon prussien, auquel il enleva de vive force son drapeau. Dans cette même journée, il s'empara de 12 pièces de canon. Pendant l'action, s'étant fait suivre du 1er escadron de son régiment, il chargea aussi 200 dragons saxons, et après les avoir culbutés et mis en fuite, il les poursuivit jusqu'à plus d'un quart de lieue en arrière de l'armée prussienne. A son retour de cette poursuite, il trouva sa retraite coupée par la cavalerie ennemie, qui s'était ralliée et remise en ligne. Sans se déconcerter, le colonel Privé charge vigoureusement, se fait jour à travers la ligne prussienne, et ramène sans perte son escadron. Au combat de Golymin, le 26 décembre suivant, ayant sous ses ordres les 1er, 2° et 4° régimens de dragons, vers 9 heures du soir, il exécuta plusieurs charges contre la cavalerie russe, à laquelle il prit 3 pièces de canon. Au combat en avant d'Eylau, le 7 février 1807, il eut un cheval tué sous lui, par une balle, en chargeant contre une colonne d'infanterie russe, qui fut taillée en pièces, et faite prisonnière de guerre. Le lendemain (8 février), à la bataille d'Eylau, le colonel Privé fut blessé au pied gauche par un biscaïen. Le 14 mai suivant, il fut nommé général de brigade. Employé, en 1808, à l'armée des côtes de l'Océan, commandée par le général Dupont, il marcha en Espagne avec cette armée, et y commanda une brigade de dragons, qui fit l'avant-garde. Le 6 juin, il chargea vigoureusement une colonne espagnole, forte de 3,000 hommes, la sabra et la mit en fuite. A la bataille de Baylen, en Andalousie, le 19 juillet, il eut ordre du général Dupont de déposter les ennemis d'une colline élevée, couverte d'oliviers. Pour y réussir, il fallait traverser un terrain couvert de broussailles, et qui ne permettait aucun ordre de bataille; le général Privé fait avancer en tirailleurs les dragons du 1ᵉʳ régiment provisoire, et marche ensuite avec le 2ᵉ régiment de la même arme, tandis qu'un escadron de cuirassiers se porte en colonne sur le flanc droit, à la hauteur des tirailleurs. Sa brigade étant arrivée dans cet ordre au pied de la colline, le général ordonne la charge, et bientôt deux bataillons ennemis sont enfoncés, sabrés et mis en fuite. La position fut enlevée; mais les troupes françaises ne pouvant la conserver, à cause du feu violent auquel elles étaient exposées, revinrent sur le terrain d'où elles étaient parties. Deux autres bataillons espagnols prirent aussitôt la place de ceux que les Français avaient culbutés, et le général Dupont ordonna une nouvelle attaque, que le général Privé exécuta avec autant de succès que la première. Obligé de quitter encore la position qu'il occupait, par le même motif qui la lui avait déjà fait abandonner, il apporta au général Dupont deux drapeaux que sa brigade avait pris. Celui-ci ordonna de suite qu'ils fussent portés sur le front de l'infanterie, pour que leur aspect pût exciter l'ardeur et l'émulation des autres corps de l'armée. Par suite des conventions qui servirent de base à la capitulation de Baylen, le général Privé fut envoyé à la Caroline avec un officier espagnol, pour y porter au général Vedel l'ordre formel de ramener sa division à Baylen. L'événement de la bataille de Baylen a été trop remarquable, et a trop influé sur le sort de nos armées en Espagne, pour qu'il nous soit possible de passer sous silence un fait relatif au général Privé, et rapporté dans l'ouvrage des *Victoires et Conquêtes*, ainsi que dans les mémoires du temps. Pendant que les généraux du corps d'armée française gardaient le silence sur une détermination aussi affligeante de la part de leur chef, parce qu'ils la croyaient sans doute inévitable, un d'entre eux, dont la brigade de cavalerie, quoique composée en grande partie d'hommes de nouvelle levée, avait combattu avec gloire depuis le commencement de l'action, le général Privé se rend auprès du général Dupont; il lui représente que rien n'est encore désespéré, et qu'il est un moyen de s'ouvrir un passage; qu'il faut d'abord abandonner toute espèce de voitures, qui pourraient entraver la marche des troupes, et à la garde ou défense desquelles sont employés dans ce moment plus de 1,500 hommes, qui deviennent alors disponibles pour le combat ; réunir ensuite toute l'infanterie devant l'aile droite de l'ennemi, et la faire marcher en plusieurs colonnes d'attaque sur cette même aile, en flanquant leur gauche par la cavalerie. Le général Privé ajouta que les Espagnols, en raison de leur position actuelle, ne pourront pas résister à cet effort, surtout lorsqu'ils verront leur aile droite débordée par la cavalerie française, qui la prendra en flanc ; que cette droite ainsi culbutée, les troupes françaises continuant leur marche en avant et par échelons, toujours en combattant, parviendront sans doute à donner la main au général Vedel, qui ne peut pas être très-éloigné de Baylen ; que les dispositions pour cette attaque sont d'autant plus faciles à faire qu'elles seront masquées par le bois qui se trouve entre la gauche des Espagnols et la droite des Français : accident qui empêchera les Espagnols d'apercevoir les mouvemens de la formation des premières colonnes. « Le général Dupont, absorbé dans les plus pénibles réflexions, dit la relation où nous avons puisé les détails qu'on vient de lire, ne répondit rien à ces judicieuses observations, et le général Privé rejoignit sa brigade. » Ainsi deux fois le général Privé indiquait les moyens de soutenir l'honneur du drapeau français dans la position difficile où se trouvait l'armée du général Dupont : une première fois, en lui faisant connaître l'urgence de lever le camp d'Andujar, et de se porter inopinément sur Baylen avant les Espagnols ; mais ce mouvement, retardé par des motifs qui n'ont pas été bien connus, fut suspendu de 24 heures par ordre du général en chef ; et enfin la seconde fois, en indiquant une manœuvre qui aurait du moins sauvé l'armée d'une capitulation intempestive. Malgré les conseils de la prudence, et le désir de combattre, manifesté par la division du général Vedel, cette capitulation fut signée, et l'armée, qui devait être embarquée et reconduite en France, demeura prisonnière de guerre ; une lettre du général Morla, gouverneur de Cadix, adressée au général Dupont, lui *déclara positivement que la capitulation de Baylen ne pouvait recevoir son exécution.* Alors le général Dupont négocia son retour et celui de tout son état-major ; mais avant son départ, il adressa au général Privé l'ordre formel, mais bien extraordinaire, de prendre le commandement de cette armée prisonnière, et de veiller aux intérêts des troupes françaises, dont il partagea toutes les infortunes, et dont la plus grande partie périt misérablement sur les rochers de la Cabrera, la capitulation ayant été indignement violée. Le général Privé, fait prisonnier de guerre, fut conduit d'abord en Andalousie, puis aux îles Baléares, et enfin en Angleterre. Il rentra en France, le 1er juillet 1814, après la première restauration, et fut mis en demi-solde de non-activité. En 1815, pendant les *cent jours*, Napoléon l'envoya à Epinal, pour y organiser les bataillons qui se formaient dans le département des Vosges. Cette organisation terminée, le général Privé fut remplacé dans le commandement qu'on lui avait donné de ces mêmes corps. Il rentra dans la non activité, et y demeura jusqu'au 1ᵉʳ juillet 1818, époque à laquelle on l'admit à la retraite du grade de maréchal-de-camp. Il a été nommé chevalier de la légion-d'honneur le 11 décembre 1803, officier de la même légion le 14ᵉ juin 1804, et l'un des commandans de cet ordre le 25 décembre 1805. Napoléon lui a accordé le titre de baron, avec dotation, le 19 mars 1808. Chevalier de Saint-Louis le 17 janvier 1815, il fait partie de l'association paternelle des membres de cet ordre.

PROJEAN (N.), homme de loi à l'époque de la révolution, s'en montra le zélé partisan, et fut élu en 1791, par le département de la Haute-Garonne, député à l'assemblée législative; réélu en 1792 par le même département à la convention nationale, il vota, dans le procès de Louis XVI, avec la majorité. En 1793, il fut envoyé en mission, près de l'armée des Pyrénées-Orientales, et s'y comporta avec modération. Après la session conventionnelle, il ne passa ni à l'un ni à l'autre conseil; mais il devint messager-d'état du conseil des cinq-cents. A la suite de la révolution du 18 brumaire an 8, il fut nommé aux mêmes fonctions auprès du corps-législatif, et les remplit jusqu'en 1806, époque où il cessa d'être en évidence.

PROLY (Pierre-Joseph-Berthold de), baron belge, né en 1752 à Bruxelles, était négociant à l'époque des troubles de la Belgique; occupé de spéculations aventureuses, il n'y prit presque aucune part, et se trouva ruiné quand l'ordre fut rétabli. Il accourut à Paris, où la révolution avait déjà attiré une foule d'étrangers. Proly y rédigea un journal démocratique, qu'il intitula: *le Cosmopolite*, et se fit, par ce moyen, une réputation de patriotisme qui lui fit donner la mission secrète d'aller surveiller dans les Pays-Bas la conduite de Dumouriez, sur la fidélité duquel on commençait à concevoir des soupçons. A son retour, après la défection de ce général, il remit au ministre Lebrun, qui l'avait envoyé, le procès-verbal de ses opérations. Ce procès-verbal lu, le 1ᵉʳ avril 1793, à la tribune de la convention nationale, fut bientôt communiqué à la société des jacobins, et le général transfuge dénoncé à leur tribune comme traître à la patrie. Proly s'éleva ainsi au plus haut point de la faveur, et ne tarda pas à être élu membre de ce fameux comité central, dans lequel se trouvait à peine un Français, et qui prépara et fit le 31 mai au profit de la faction de Robespierre. Le souvenir de ce service s'effaça bientôt de leur mémoire. La commune de Paris était devenue la rivale de la convention, ou plutôt de son comité de salut-public, et Proly, resté fidèle à Hébert, procureur de cette commune, dut déplaire à Robespierre, qui le signala comme un intrigant dangereux, et le fit arrêter deux fois, et relâcher. Enfin, il fut enveloppé dans la conspiration d'Hébert et de Chaumette, traduit devant le tribunal révolutionnaire, condamné à mort, et exécuté, le 25 mars 1794, à l'âge de 42 ans.

PRONIO (l'abbé N.), général napolitain, né dans une classe obscure, embrassa l'état ecclésiastique. Des soupçons d'une nature très-grave qui avaient pesé sur lui, pour quelques actions de sa jeunesse, l'ayant ensuite obligé de prendre la fuite, il s'enrôla dans les bandes de voleurs qui désolaient l'Abruzze, et devint leur chef. Lorsque les Français pénétrèrent dans le royaume de Naples, en 1799, Pronio profita de cette circonstance pour se réconcilier avec son souverain, et seconda de tout son pouvoir l'insurrection organisée par le cardinal Ruffo dans toute la Calabre, et mérita et obtint la confiance de son général. Comptant sur ses talens et sur son courage, Pronio, chargé de harceler les Français dans leur retraite, osa attaquer Macdonald à son passage dans les montagnes de Fondi et d'Istri : il fut défait par les troupes républicaines. Il se vengea bientôt du mauvais succès de sa tentative sur un corps de Napolitains qui s'opposait à sa marche; il le dispersa, et continua à s'avancer vers Naples, qu'il contribua à reprendre. Le roi le choisit pour remplacer le duc d'Adria au commandement de Pesciara, le créa baron, et lui accorda une pension de 2,000 ducats. Quand le royaume fut pacifié, Pronio quitta la carrière militaire pour aller habiter Naples; il y joua un rôle brillant jusqu'au moment où Napoléon s'empara de ce royaume, pour le donner à son frère Joseph. A cette époque, Pronio se réfugia en Sicile avec la cour, et disparut entièrement de la scène politique.

PRONY (Gaspard-Clair-François-Marie, Riche de), ancien membre de l'académie des sciences, membre de l'institut, ingénieur en chef, et directeur de l'école des ponts-et-chaussées, professeur à l'école Polytechnique, officier de la légion-d'honneur, etc., est un des savans les plus distingués de nos jours. Mathématicien pratique, et non moins habile physicien, ses travaux et ses nombreux ouvrages ont puissamment contribué aux progrès des arts mécaniques, et particulièrement de l'hydraulique. On lui doit aussi plusieurs constructions d'utilité publique. Outre une foule de mémoires lus à l'institut, à l'académie des sciences, ou insérés dans le *Bulletin de la société philomatique*, dans les *Annales* de plusieurs sociétés savantes, et dans le *Journal de l'école Polytechnique*, on a de M. de Prony les ouvrages suivans : 1° *Description des moyens employés pour mesurer la base de l'Hounslow-Heath dans la province de Middlesex*, traduit de l'anglais, du général Roy, 1787, in-4°, avec figures. C'était le travail géodésique le plus remarquable qui eut été achevé à cette époque. 2° *Exposition d'une méthode pour construire les équations indéterminées qui se rapportent aux sections coniques*, 1790, in-4°; 3° *Nouvelle Architecture hydraulique*, 1790 et 1797, 2 vol. grand in-4°, dont le second est consacré aux détails de construction des machines à vapeur; 4° *Mécanique philosophique*, ou *Analyse raisonnée de di-*

verses parties de la science de l'équilibre et du mouvement, in-4°; 5° *Description des opérations faites en Angleterre pour déterminer les positions respectives des observatoires de Greenwich et de Paris,* traduit de l'anglais, 1791, in-4°; 6° *Essai expérimental et analytique sur les lois de la dilatabilité des fluides élastiques,* in-4°; 7° *Sommaire des leçons sur les mouvemens des corps solides, l'équilibre et le mouvement des fluides, données à l'école Polytechnique, en* 1809, in-4°; 8° *Analyse de l'exposition du système du monde de P. S. Laplace,* 1801, in-8°; 9° *Recherches sur la poussée des terres,* 1802, in-4°; 10° *Instruction pratique sur les murs de revêtement, en se servant de la formule graphique,* 1802, in-8°; 11° *Mémoire sur le jaugeage des eaux courantes,* 1802, in-4°; 12° *Rapport sur les inventions de J. P. Droz, relatives au monnoyage,* 1803, in-4°, avec fig.; 13° *Recherches physico-mathématiques, sur la théorie des eaux courantes,* 1804, in-4°, etc. On lui doit aussi un grand *Tableau synoptique de la mécanique et des sciences physico-mathématiques,* et dans le compte rendu des travaux de l'académie des sciences pendant l'année 1817, il est fait mention d'un *Nouveau Moyen de régler la durée des oscillations des pendules par M. de Prony.* Son frère, le savant naturaliste C. A. G. Riche de Prony, avait accompagné l'expédition envoyée à la recherche de La Peyrouse, et mourut en 1797, à la suite des fatigues essuyées pendant ce voyage.

PROPIAC (Gérard de), né vers 1758, à Dijon, d'une famille des environs de Lyon, qui avait acheté des lettres de noblesse, entra fort jeune au service en qualité d'officier. Il s'était fait connaître avant la révolution comme compositeur de musique; plus tard, il se crut dans l'obligation d'émigrer, et servit contre son pays dans la légion de Mirabeau. Rentré en France après le 18 brumaire, il fut employé à la préfecture du département de la Seine, en qualité d'archiviste. Il a fait pendant plus de 20 ans la musique de la plupart des mélodrames joués au théâtre de la Gaîté, en même temps qu'il a publié un grand nombre de compilations littéraires, comme le Plutarque de la jeunesse, le Laharpe de la jeunesse, les beautés de l'Histoire de France, de l'Ancien et du Nouveau Testament, de la ville de Paris, de la Morale chrétienne, etc., etc. Il travaillait pour l'éducation de la jeunesse, et avait un emploi dans l'administration des jeux. Il avait composé des cantates pour le chef du gouvernement impérial; il en fit pour la restauration. L'empereur Napoléon ne fut plus pour lui que l'humble Nicolas, dont il écrivit l'histoire bourgeoise dans l'Astrologue parisien, dont il fut un des rédacteurs. Enfin, il fut assez malheureux pour ne voir dans la peste qui exerça dans Barcelonne de si funestes ravages, que le sujet d'un roman, qui est le moins mauvais des ouvrages de l'auteur. M. de Propiac est mort à Paris, au commencement de 1824, dans un état voisin de l'indigence. Il avait traduit de l'allemand les Mémoires de la comtesse de Leihteneau, maîtresse du roi de Prusse, Frédéric-Guillaume, et quelques autres ouvrages publiés depuis long-temps.

PROST (N.), de Dôle, fut nommé en 1792, par le département du Jura, député à la convention nationale. Dans le procès du roi, il vota avec la majorité. Envoyé dans le courant de la session, en qualité de commissaire, dans son département et à l'armée d'Italie, il y montra une modération qui le fit dénoncer aux jacobins. Devenu membre du conseil des cinq-cents après la session conventionnelle, il en sortit en mai 1797, et renonça depuis cette époque à toute espèce de fonction politique. Il n'a pas été compris dans les exceptions de la loi du 12 janvier 1816.

PROST (P. A.), s'est fait un nom distingué comme médecin. Il a publié : 1° *la Médecine éclairée par l'observation et l'ouverture du corps*, 1804, 2 vol. in-8°; 2° *Essai physiologique sur la sensibilité*, 1805, in-8°; 3° *Coup d'œil physiologique sur la folie*, 1806, in-8°; 4° *Deuxième Coup d'œil*, etc., 1807, in-8°; 5° *Troisième Coup d'œil*, etc., 1807, in-8°.

PROTEAU (Guillaume-Marcellin), officier de marine en 1793; il fit partie de la malheureuse expédition du général Hoche en 1797, s'y distingua malgré le peu de chances qu'elle offrait à l'habileté, et fut fait prisonnier au débarquement qui eut lieu dans la baie de Bantry : on vanta surtout le courage et la fermeté dont il fit preuve dans cette pénible circonstance, que cherchèrent à lui faire oublier lord Camden et le duc de Porland. M. Proteau fut bientôt échangé, et immédiatement élevé au grade de capitaine de vaisseau. L'occasion de se signaler dans ce poste, ne se présenta qu'en 1809: elle ne fut pas heureuse pour lui. A cette époque, il commandait à l'île d'Aix, un vaisseau qui fut brûlé par les Anglais (*voy.* Cochrane). Sa conduite n'ayant pas paru à l'abri de tout soupçon, une commission d'enquête eut ordre de l'examiner; il fut acquitté, mais il perdit son emploi. Passant alors dans l'armée de terre, M. Proteau fut nommé général de brigade en 1813. Après les évènemens politiques de 1814, il reçut la croix de Saint-Louis, et peu après, il devint commandeur de la légion-d'honneur. Dans les premiers jours de la restauration, le gouvernement l'avait chargé d'aller préparer en Prusse le retour des prisonniers français dans leur patrie. Il s'acquitta avec zèle de cette mission. Après le 20 mars 1815, le général Proteau fut envoyé en Normandie; il sut préserver Cherbourg de la seconde invasion des troupes étrangères, en mettant cette ville dans un état de défense respectable. Ainsi le riche arsenal de cette place fut sauvé des mains des Prussiens. Depuis la seconde restauration, il paraît avoir été mis à la retraite.

PROUVEUR (Auguste-Antoine-Joseph), chevalier de Pont, baron de Grouard, né en 1759 à Valenciennes, était avant la révolution conseiller pensionnaire de cette ville, et membre des états de la province de Hainaut. Il fut successivement procureur de la commune de Valenciennes, juge au tribunal du district, député du

Nord à l'assemblée législative, où il siégea constamment au côté droit, même après le 10 août 1792; aussi ne fut-il pas réélu à la convention nationale. Sous le gouvernement consulaire, il devint, en 1800, sous-préfet à Cambrai, et préfet du département de l'Indre en 1804. Il exerçait encore ces fonctions lors des événemens politiques de 1814. C'est pendant l'administration de M. Prouveur, que le roi d'Espagne, Ferdinand VII, fut confiné à Valençay. Il sut concilier, dans cette position délicate, ce qu'il devait au gouvernement qui l'employait et à l'auguste prisonnier que l'on avait envoyé dans le cercle de sa juridiction. Plusieurs fois M. Prouveur s'éleva avec force contre les rigueurs inutiles des agens à qui la surveillance de ce prince était confiée, et il vint même à Paris solliciter en personne auprès du chef du gouvernement, qui accueillit favorablement ses réclamations. Ferdinand VII lui témoigna constamment beaucoup d'estime et de reconnaissance, et lors de son départ de Valençay pour retourner en Espagne, il ne fit le premier jour du voyage que 9 lieues, afin d'aller loger à la préfecture. De retour à Madrid, Ferdinand VII fit écrire, en son nom, le 7 juillet 1814, par le duc de San Carlos, une lettre au prince de Talleyrand, alors ministre des affaires étrangères, pour rappeler à S. M. le roi de France les justes titres que M. Prouveur avait à sa gratitude. Pendant les dix premiers mois de 1814, M. Prouveur continua d'exercer les fonctions de préfet à Châteauroux, et il n'apprit son remplacement que par le *Moniteur*. Au retour de Napoléon, en mars 1815, il fut rétabli dans ses fonctions, et appelé ensuite à celles de préfet de la Vienne, qu'il quitta au second retour du roi. Nommé membre de la légion-d'honneur en 1804, chevalier de Pont en 1808, il devint baron de Grouard, en 1809, après avoir institué un majorat. Le département de l'Indre se rappelle toujours avec reconnaissance les éminens services que M. Prouveur lui a rendus. La confection de quatre grandes routes ajoutées à la seule qui existait, toutes les parties du département enrichies par la culture des prairies artificielles, qu'une aveugle routine avait jusque-là repoussée; le rétablissement, au moyen des secours du gouvernement, de cette importante manufacture de draps connue sous le nom de *Manufacture royale du Parc*, établie en 1740 par Louis XV, que la révolution avait anéantie, et qui, en 1813, employait 1,267 ouvriers, et fabriquait 3,000 pièces de draps, rétablissement inespéré, qui donna une grande émulation à l'industrie particulière des fabriques de draps dans la ville de Châteauroux. C'est à ces améliorations, au zèle et à l'impartialité de l'administration de M. Prouveur, que cet ancien fonctionnaire doit l'honorable souvenir qu'on lui a conservé dans le département de l'Indre.

PROVERA (LE MARQUIS DE), lieutenant-feld-maréchal autrichien, chevalier de l'ordre de Marie-Thérèse, etc., dont la famille était originaire de la Lombardie, embrassa de bonne heure la profession des armes, et parvint rapidement au grade d'officier-général dans l'armée autrichienne. Il commanda en cette qualité, en 1796, une division de l'armée d'Alvinzi, en Italie Le 11 avril de la même année, jour où la bataille de Millésimo eut lieu, le marquis de Provera, coupé dès le commencement de l'action, et bientôt vivement poursuivi, fut obligé de se réfugier sur la montagne de Cossaria, dans un vieux château, où le général, depuis maréchal Augereau, vint l'attaquer. Pendant quatre jours, il soutint les efforts des Français; mais sa bravoure ne put retarder davantage une capitulation inévitable, qu'il signa le 15. Au mois de novembre suivant, à l'affaire de Calagniola, il obtint quelques succès près de Soavre. Le 12 janvier 1799, il eut ordre d'attaquer les troupes républicaines en avant de Legnago. Il passa aussitôt l'Adige sur un pont de bateaux à Angiari, remporta plusieurs avantages, et s'avança sur Mantoue. Attaqué le 16, culbuté, enveloppé de toutes parts, il fut obligé de se rendre. Il perdit dans cette circonstance 20 pièces de canon, et son corps tout entier, fort de 6 à 7,000 hommes, fut fait prisonnier, et renvoyé sous la condition de ne pas servir d'une année. Le marquis de Provera, de retour à Vienne, fut en pleine disgrâce. L'empereur refusa de le recevoir, lui fit retirer son service d'activité, et mettre à la pension. Cependant, au mois de septembre 1797, le pape ayant demandé à l'empereur un général autrichien pour commander les forces du saint-siège, le général Provera lui fut envoyé; mais l'ambassadeur français près de S. S., Joseph Bonaparte, fit révoquer cette nomination. Le marquis de Provera retourna à Vienne, et mourut, quelques années après, dans la retraite. Ce général fut constamment malheureux sur le champ de bataille; cependant il n'était pas sans talens, et avait beaucoup de bravoure.

PROYART (L'ABBÉ LIÉVAIN-BONAVENTURE), chanoine d'Arras, écrivain ecclésiastique, dont les principaux ouvrages ont été souvent réimprimés, naquit à Arras en 1743, fut quelque temps sous-préfet du collège du Puy, et s'étant rendu à Paris, devint préfet du collège de Louis-le-Grand, où il eut pour écolier MAXIMILIEN ROBESPIERRE. Plusieurs sociétés savantes et littéraires de la France et de l'étranger l'admirent au nombre de leurs membres. L'abbé Proyard émigra au commencement de la révolution, rentra en France après le concordat de 1801, se fit enfermer momentanément à Bicêtre, pour son ouvrage sur Louis XVI (*voyez plus bas n° 14*), et mourut à Arras, en 1808, d'une hydropisie de poitrine. Il a publié un assez grand nombre d'ouvrages, dont les principaux sont : 1° *l'Écolier vertueux, ou Vie édifiante d'un écolier de l'université de Paris*, 3ᵉ édit. 1778, in-12, ouvrage adopté dans presque toutes les écoles chrétiennes; 2° *Histoire de Loango, Kokongo et autres royaumes d'Afrique*, 1776, in-12, rédigée sur les mémoires des missionnaires; 3° *Eloge du Dauphin, père de Louis XVI*, Paris, 1779, in-8°, qui a concouru pour le prix proposé par l'académie;

4° *Vie du dauphin, père de Louis XVI*, 1780, in-12; 5° *Vie du dauphin, père de Louis XV*, 2 vol. in-8° : c'est le duc de Bourgogne, élève de Fénélon; 6° *Histoire de Stanislas I*er*, roi de Pologne, duc de Lorraine et de Bar*, Lyon, 1784, 2 v. in-12; 7° *de l'Éducation publique, et des moyens d'en réaliser la réforme projetée dans la dernière assemblée générale du clergé de France*, 1785, in-12; 8° *la Vie de L. F. G. d'Orléans de la Motte, évêque d'Amiens*, 1788, in-12; 9° *le Modèle des jeunes gens dans la vie de Claude Le Pelletier de Soucy, étudiant en philosophie dans l'université de Paris*, 1789, in-12; 10° *Histoire de madame Louise, fille de Louis XV, et carmélite*, 11° *Histoire de Marie Leczinska, reine de France*; 12° *Histoire de Maximilien Robespierre*; 13° *Louis XVI détrôné avant d'être roi*, in-8°; 14° *Louis XVI et ses vertus aux prises avec la perversité de son siècle*, 1808. C'est ce dernier ouvrage, mis au pilon aussitôt qu'il parut, qui fit enfermer l'abbé Proyart à Bicêtre, et qui le fit ensuite conduire à Arras, où il devait être détenu au séminaire de cette ville. L'édition complète des œuvres de l'abbé Proyart a été publiée, en 1819, par Méquignon fils aîné.

PRUDHOMME (Louis), imprimeur-journaliste, est né à Lyon en 1752. Il habitait Paris depuis plusieurs années, lorsque la révolution éclata. Prudhomme se fit journaliste, et publia *les Révolutions de Paris*, avec cette épigraphe : « *Les grands ne nous paraissent grands que parce que nous sommes à genoux.... Levons-nous.* » Divers pamphlets, dont il était l'auteur, entre autres ses *Litanies du tiers-état*, avaient beaucoup d'influence sur l'esprit du peuple. On lui attribue *les Crimes des Reines de France*, *les Crimes des Papes*, et *les Crimes des Empereurs d'Allemagne*, ouvrages destinés à répandre l'esprit démocratique ; mais on assure qu'il n'en est pas l'auteur. Il importe peu, car ces productions sont tombées dans l'oubli. Ayant manifesté quelque changement d'opinion, il fut, en 1793, emprisonné comme royaliste : sa détention dura peu. Son journal cessa de paraître, et il quitta Paris avec sa famille. Il reparut en 1797, et publia l'*Histoire générale des crimes commis pendant la révolution*. M. Prudhomme a exercé depuis à Paris la profession de libraire, et a formé quelques grandes entreprises, entre autres une édition du Lavater, une Biographie universelle. Il a publié les ouvrages suivans : 1° *Géographie de la République française en 120 départemens*, in-8°; 2° *Histoire générale et impartiale des erreurs, des fautes et des crimes commis pendant la révolution ;* 3° *Dictionnaire universel de la France*, 5 vol. in-4°; 4° *Miroir de l'ancien et du nouveau Paris*, 6 vol. in-12; 5° *Voyage descriptif de l'ancien et du nouveau Paris*, 1814, 2 vol. in-18 ; 6° *l'Europe tourmentée par la révolution en France*, etc., 1816, 2 vol. in-12. Il a aussi publié la dernière édition des *Cérémonies religieuses*, 1820, 25 vol. in-folio.

PRUDHON (P. P.), peintre distingué, membre de l'institut et de la légion-d'honneur, naquit à Cluny, département de Saône-et-Loire, le 6 avril 1760. Il était le

Mr Prud'hon

Premy del et Sculp.

13ᵉ enfant d'un maître maçon, qui le laissa orphelin de bonne heure; mais il trouva dans la vive sollicitude de sa mère un appui et des exemples qui formèrent son cœur aux vertus les plus douces. Prudhon fit ses études chez les moines de l'abbaye de Cluny, qui avaient un enseignement gratuit. Ses dispositions pour le dessin s'étant dès-lors manifestées, il fut recommandé par ses maîtres à M. Moreau, évêque de Mâcon, qui lui accorda sa protection, et le plaça chez M. Devosges, à Dijon. Il avait 16 ans, et ses progrès furent rapides. Prudhon voulut concourir pour le prix de peinture, établi par les états de Bourgogne, présidés par le prince de Condé. Pour faire connaître à la fois sa générosité et son mérite comme élève, nous empruntons l'anecdote suivante à une *Notice sur ce peintre*, par M. Voiart. « Voisin, dit-il, d'un de ses concurrens, dont il n'était séparé que par une cloison, il l'entendit gémir de l'insuffisance de ses moyens. Quittant spontanément son propre ouvrage, il détache une planche, et vole au secours de son compagnon; il termine son travail sans songer qu'il se nuit à lui-même, et son concurrent obtient le prix. Touché de l'injustice faite à Prudhon, le jeune vainqueur avoue franchement qu'il lui doit son succès. Les états de Bourgogne réparèrent l'erreur, la pension à Rome est accordée à Prudhon ; et ses émules, pénétrés d'admiration, le portent en triomphe dans toute la ville de Dijon. » Lorsqu'il se rendit à Rome, Prudhon avait 23 ans. Il y étudia de préférence Raphaël, Léonard de Vinci, André del Sarte et le Cor-

rège : ce dernier maître fut celui dont il reproduisit la manière, et il lui dut le surnom du *Corrège français*. Il revint en France en 1789, et y vécut pauvre et ignoré, peignant des portraits en miniature pour subvenir aux besoins de sa famille. Ce ne fut que sous l'administration de M. Frochot, comme préfet du département de la Seine, sous le consulat et l'empire, que Prudhon, son ami, parvint à fixer l'attention des artistes et des amis des arts. Il exécuta pour la ville de Paris, par ordre de ce magistrat, une allégorie, qui du salon du musée de 1808 passa à la cour criminelle de Paris, dont elle décora long-temps la salle, et fait aujourd'hui, 1824, partie de la galerie du Luxembourg; c'est le *Crime poursuivi par la Justice et la Vengeance célestes*, « tableau sublime, dit M. Voiart, et dont la poétique, la conception et l'exécution, ont classé cet artiste au premier rang des peintres de tous les pays. » Cet ouvrage valut à son auteur la croix de la légion-d'honneur; il a été gravé par M. Roger. « A ce même salon, ajoute l'auteur de la *Notice* que nous avons citée, il exposa le charmant tableau de l'*Enlèvement de Psyché par les Zéphirs*, où la séduction de la couleur et la suavité du pinceau le disputent à l'agrément de la figure et au charme de la composition. Il avait été commandé par M. le comte de Sommariva, ce Mécène moderne, dont il embellit aujourd'hui la riche collection. Cette aimable production désarma l'envie. On reconnut la correction du dessin, unie à la délicatesse de l'expression et à la grâce des attitudes, et l'op-

Position complète du sujet des deux tableaux prouva que l'artiste savait également peindre avec énergie les scènes les plus sévères, tandis qu'il retraçait avec autant de bonheur que de succès les tableaux les plus gracieux. « La dernière partie de ce jugement est surtout applicable au petit tableau de *Zéphir dans un mystérieux bocage, se balançant et se jouant sur la surface des eaux*, qui fut exposé avec le tableau de *Vénus et Adonis* au salon de 1812. Ces deux productions appartiennent, la première à M. de Sommariva, et la seconde à M. de Boisfremont. » Il avait pendant quelque temps suspendu ses travaux en peinture, pour s'occuper de la composition et de la direction des dessins de la toilette et du berceau dont la ville de Paris fit hommage à l'impératrice Marie-Louise. A cette époque, sans solliciter cette faveur, il fut choisi pour donner des leçons de peinture à la même impératrice, qui, peu de temps après, lui demanda le portrait de son fils. Il le peignit dans un bosquet de palmes et de lauriers ; une gloire brillante l'éclaire ; deux tiges de la fleur impériale, en s'unissant au-dessus de sa tête, semblent protéger son repos. » On croit que ce tableau est à Parme. Prudhon fut nommé membre de l'institut en 1816. Cette récompense bien méritée redoubla son zèle. Il exposa en 1819 une *Assomption de la Vierge*, qui décore en ce moment l'autel de la chapelle des Tuileries ; il destinait au même salon une composition capitale, que des circonstances, et ensuite sa mort, ne lui ont pas permis de terminer, *Andromaque* en présence de Pyrrhus embrassant son cher *Astyanax, qui lui rappelle les traits de son époux chéri*. Ce tableau fait partie de l'exposition publique actuelle (1824). En 1822, il a donné au salon une *Famille au désespoir, entourant un père mourant au sein de l'indigence*, dont l'esquisse avait été faite par son élève chérie, Mlle Mayer. M. Odiot, à qui ce tableau appartenait, l'a cédé à Mme la duchesse de Berri, qui en a enrichi sa galerie. Enfin le salon de 1824 offre indépendamment du tableau d'*Andromaque*, celui du *Christ mourant* : c'est son dernier ouvrage. Cet artiste mourut, le 16 février 1823, dans les bras de son ami, M. de Boisfremont, à qui il fit ce touchant adieu : «Mon Dieu, je te remercie ! la main d'un ami fidèle me ferme les yeux. » Prudhon a été marié, et a eu plusieurs enfans. Il avait épousé une jeune personne à laquelle le plus vif amour l'unissait, et avec laquelle, lorsqu'il l'eut associée à son sort, il ne fut pas heureux ; au bout de 18 ans, il fut obligé de s'en séparer. Quelques années après, en 1803, il trouva dans l'amitié que lui portait une de ses élèves, Mlle Mayer, à qui Greuze avait donné les premières leçons de dessin, des consolations qui ne furent interrompues que par la mort accidentelle de cette dame, arrivée en 1821, environ deux années avant son maître. Outre les compositions dont nous venons de parler, nous citerons encore : *la Vérité descendant des cieux conduite par la Sagesse*, tableau qui décorait le plafond de la salle des gardes à Saint-Cloud, mais qui fut détruit par un incendie lors du mariage de l'empereur Napoléon ;

Diane implorant Jupiter, pour le plafond du musée du Louvre; *l'Amour séduisant l'Innocence, que le plaisir entraîne et que suit le repentir*; une très-belle *tête de la Vierge*; un *portement de Croix*, tableau de petite dimension; sous la figure d'un ange ou d'une belle femme, *l'Ame fatiguée des liens terrestres s'élançant vers l'éternité*; enfin plusieurs portraits: de l'impératrice Joséphine, de MM. de Talleyrand, de Sommariva, etc. Il a composé une foule de dessins pour les éditions de Didot l'aîné, tels que ceux de Daphnis et Chloé, Gentil Bernard, Racine, l'Aminte du Tasse, etc. Parmi quelques-unes de ses compositions à l'eau forte et au burin, on cite la gravure de *Phrosine et Mélidor*.

PRUDON (N.), général de brigade, etc., né dans le département de Saône-et-Loire, avait conquis sur les champs de bataille tous ses grades, jusqu'à celui de général, lorsque ses concitoyens l'élurent, en mars 1799, député au conseil des cinq-cents pour une année. Son court passage à cette assemblée fut signalé par la révolution du 18 brumaire an 8 (9 novembre 1799), à laquelle il se montra l'un des opposans les plus prononcés. Exclu du conseil, et momentanément détenu dans le département de la Charente-Inférieure, M. Prudon n'a plus reparu depuis ni dans les assemblées législatives, ni sur les cadres de l'armée.

PRUGNON (N.), était avocat à Nanci à l'époque de la révolution; il en embrassa les principes, les soutint avec modération, et fut élu député du tiers-état du bailliage de Nanci aux états-généraux en 1789. M. Prugnon s'occupa exclusivement dans cette assemblée de lois judiciaires, administratives, financières. Le 3 septembre 1790, il présenta un rapport sur les troubles qui venaient d'avoir lieu à Nanci, et conclut à ce que des remerciemens fussent votés à M. de Bouillé et aux troupes sous ses ordres : cette proposition fut adoptée sans discussion. Il figura bientôt parmi les membres des comités d'aliénation et de remplacement des tribunaux. Obligé de paraître souvent à la tribune, au nom de ces deux comités, il y combattit la cupidité des administrateurs, et ne cessa d'y montrer beaucoup de sagesse et de sagacité. Le 6 avril 1791, il prononça sur la liberté de tester un discours remarquable, par les connaissances qu'il y développa; prit une part active à la discussion relative à la réélection des membres de la première assemblée nationale à la législature suivante, et combattit cette mesure avec énergie. Après la session, il fixa son séjour à Paris, où il prit rang parmi les jurisconsultes. En 1816, il était encore un des avocats-consultans les plus estimés de la capitale.

PRUNELÉ (LE VICOMTE AUGUSTIN-MARIE-ETIENNE DE), ex-membre du corps-législatif et de la chambre des députés, est né en 1765, et fut dirigé par sa famille dans l'étude du droit public. M. de Prunelé traversa, sans en être atteint, les orages de la révolution, bien que ses sentimens fussent opposés aux principes qu'elle consacrait. Sous le gouvernement impérial, qui lui rendait une partie de ses espérances monarchiques, il devint en 1810 président du collége électoral de Quimperlé. Le sénat-conservateur l'élut, le 3 mai 1811, membre du corps-législatif pour le département du Finistère. Il resta à peu près inaperçu dans cette assemblée. Le 3 avril 1814, il vota la déchéance de l'empereur, et, le 8 août, parla en faveur du budget; peu après il appuya la remise aux émigrés de leurs biens non vendus. Depuis la fin de cette session il est rentré dans la vie privée. M. de Prunelé a publié : 1° *Projet de cahier pour tous les ordres,* Paris, 1789, in-8°; 2° *Aperçu général des finances, le plus propre à concilier les intérêts publics et particuliers,* 1798, in-8°; 3° *Sur les Législatures et les Conventions nationales,* 1791, in-8°; 4° *Mémoire sur les moyens de détruire la mendicité, dédié à S. M. Louis XVIII,* 1814, in-8°; 5° *Quelques observations à soumettre à MM. les députés des départemens,* 1816, in-8°; 6° *Lettre à un député sur les élections,* 1816, in-8°; 7° *Projet d'une opération de finances, proposée pour* 1817.

PRUNELLE (N.), médecin de Montpellier, s'est fait connaître à la fois comme praticien distingué et comme auteur. Ses ouvrages jouissent de l'estime de tous les hommes de l'art. On doit à M. Prunelle : 1° *Remarques inédites du président Bouhier, de Breitinger et du P. Oudin, sur quelques passages d'Horace, avec une Lettre sur l'art poétique et sur la satire* 4, livre 2, 1807, in-8°; 2° *De l'influence exercée par la médecine sur la renaissance des lettres,* 1809, in-4°; 3° *De la Médecine politique et générale, et de son objet; de la médecine légale et particulière,* 1814, in-4°; 4° *Eloge funèbre de Ch. L. Dumas,* 1815, in-4°; 5° *Des Etudes du médecin, de leur connexion et de leur méthodologie,* in-4°, 1816; 6° *Lettre à M. le baron de Gérando sur l'organisation future des écoles de médecine et sur l'exercice de l'art de guérir en France,* 1817, in-8°; 7° enfin des *Recherches* curieuses sur le sommeil léthargique de certains animaux pendant l'hiver.

PSAUME (ÉTIENNE), membre de la société royale des antiquaires de France, est né à Commercy, département de la Meuse, en 1769. A peine sorti des études au commencement de la révolution, il en embrassa la cause avec toute la chaleur, la franchise et la probité du jeune âge. Son patriotisme lui valut la place d'administrateur et de procureur-syndic du district de Commercy. Il se comporta dans ces places avec une intégrité qui lui fit un grand nombre d'ennemis. A l'époque du 31 mai 1793, il sollicita vivement les autorités constituées de Commercy de faire une adresse à la convention contre le parti qui venait d'exécuter ce coup d'état. Dénoncé comme factieux, il échappa avec peine à la proscription. Lorsque le premier consul Bonaparte voulut rétablir le trône et déposer les faisceaux consulaires pour revêtir la pourpre impériale, *seul,* dans le département de la Meurthe, où il était alors domicilié, il vota contre les projets du conquérant; pour donner plus d'authenticité à son vote, il le consigna sur les registres de la préfecture de Nancy; aussi il ne demanda et n'obtint aucune place

G. Pugnani.

sous le gouvernement impérial, dont il s'est toujours déclaré l'antagoniste. Toutefois il n'a pas été plus heureux sous le gouvernement royal ; car ayant eu la petite ambition, il y a quelques années, de vouloir être juge-de-paix dans sa ville natale, bien que présenté avec les meilleures notes par le tribunal de son arrondissement, et recommandé très-honorablement par de respectables magistrats de nos premières cours, il s'est vu préférer un militaire sortant du train des équipages. Quand Napoléon, au retour de l'île d'Elbe, publia son *Acte additionnel*, le premier pamphlet qui parut contre était l'ouvrage de M. Psaume. Cette brochure, qui a pour titre : *Un Patriote à Napoléon*, est une critique très-animée des principes ultra-monarchiques de cet acte qu'il qualifie de *réminiscence impériale*. Les doctrines qui y sont professées sur la souveraineté du peuple et l'hérédité de la noblesse, ont dû paraître un langage nouveau à une époque où l'on s'efforçait de présenter le despotisme comme le beau idéal des gouvernemens. Ces doctrines n'étaient point nouvelles pour M. Psaume ; il les avait déjà consignées dans un pamphlet intitulé : *Réponse aux objections des monarchistes contre la possibilité d'une république en France*, Paris, Rainville, 1792. Cet écrit, aujourd'hui très-rare, comme la plupart des écrits de cette époque, est une réfutation des objections des monarchistes du temps contre l'établissement d'un gouvernement républicain. Il a encore publié les ouvrages suivans : 1° *Eloge de M. l'abbé Lyonnais, principal du collège de Nanci*, Nanci, Hæner, 1806, in-8° ; 2° *Eloge de M. Aubry, ancien prieur bénédictin*, Paris, Colas, 1809, in-8"; 3° *Notice sur feu M. l'abbé Georgel, ancien grand-vicaire de M. le cardinal Louis de Rohan*, Paris, Alexis Eymery, 1817, in-8°. Cette notice se trouve à la tête des *Mémoires de l'abbé Georgel*, Paris, 1817, 6 vol. in-8°. Bien que les notes dont ces mémoires sont parsemés soient indiquées dans la préface comme étant l'ouvrage de M. Psaume, cependant il en est plusieurs qui n'émanent point de sa plume, telles que celles dirigées contre les illustres et infortunés députés de la Gironde, pour lesquels il a toujours professé la plus grande vénération. 4° *Dictionnaire bibliographique*, Paris, Ponthieu, 1824, 2 vol. in-8°, ouvrage dont les journaux ont rendu un compte favorable.

PUGNANI (Guetano), compositeur de musique et célèbre violoniste piémontais, naquit à Turin en 1728. Dès sa plus tendre jeunesse, il reçut des leçons de J. B. Somis, l'un des élèves les plus distingués de Corelli. Il était déjà avantageusement connu sur le violon, lorsqu'il vint, en 1754, à Paris, où il parut avec succès au concert spirituel, espèce de lice ouverte aux virtuoses de tous les genres. En quittant la France, Pugnani se rendit en Angleterre. Il séjourna assez long-temps à Londres, et y composa une partie de sa musique pour le violon ; il y donna aussi son opéra de *Nanetta e Lubino*, qui révéla un compositeur agréable. C'est vers 1770 qu'il retourna en Italie. La vie de Pugnani est féconde en anecdotes, dont plusieurs sont piquantes et originales. Nous en citerons quelques-unes. Étant à Padoue, il voulut obtenir le suffrage de Tartini, et se fit présenter à ce célèbre virtuose. Dès sa première sonate, il est arrêté par Tartini, qui lui dit : *Vous êtes trop haut.* Pugnani recommence, et parvenu au même point, il se sent encore arrêté par Tartini, qui cette fois lui dit : *Vous êtes trop bas.* Un peu déconcerté, Pugnani le supplie néanmoins de lui donner des leçons; il en reçut pendant trois mois, et il avouait avec reconnaissance tout ce qu'il devait à un si grand maître. Ce sont sans doute ces rapports qui ont généralement fait penser qu'il était élève de Tartini, comme on l'avait cru l'élève de Corelli. Dans un séjour qu'il fit à Ferney, Pugnani écoutait avec beaucoup d'attention et de plaisir une pièce de vers que récitait Voltaire. Quelques instans après, Mme Denis prie le virtuose piémontais de se faire entendre sur le violon. Pugnani se rend avec empressement au vœu de Mme Denis, mais bientôt impatienté du peu d'attention que lui prête Voltaire et de l'entendre parler haut, il s'arrête brusquement, serre son violon dans son étui, et dit : « M. de Voltaire fait très-bien les vers, mais quant à la musique il n'y entend pas le diable. » Tout entier à son art, un jour qu'il jouait un concerto dans une société très-nombreuse, au point d'orgue, il se croit seul, parcourt la salle, et ne s'aperçoit de sa distraction qu'après avoir terminé la *cadenza.* Un autre jour,

étant également dans une nombreuse assemblée, et sa tête s'égarant dans un point d'orgue, il dit tout bas à un artiste : « Mon ami, dis un *ave* pour que je me retrouve. » Lors de son séjour à Turin, il donna quelque sujet de plainte à un faïencier de cette ville ; celui-ci ne trouve pas de meilleur expédient pour se venger du virtuose, que de faire peindre son portrait au fond d'un vase de nuit. Pugnani, furieux de cette injure, court chez le juge de police, et lui demande vengeance d'un si sanglant outrage. Le faïencier, mandé chez le magistrat, tire de sa poche un mouchoir sur lequel était le portrait de Frédéric-le-Grand, et après s'être mouché dedans, dit : M. Pugnani n'a certainement pas plus le droit de se fâcher contre moi que le roi de Prusse lui-même. » Cette plaisanterie fit rire Pugnani, qui retira sur-le-champ sa plainte. Il s'était fixé à Turin, où il était devenu directeur de l'orchestre du théâtre royal de cette ville; il y mourut en 1798, dans la 70e année de son âge. A l'exemple de Corelli à Rome, et de Tartini à Padoue, il a fondé à Turin une école de violon, d'où sont sortis les Bruni, les Olivieri, etc., et surtout Viotti. Ses élèves ont tous été habiles à diriger un orchestre, où lui-même excellait. « Il dominait dans l'orchestre, dit Rangoni, comme un général au milieu de ses soldats. Son archet était le bâton de commandement auquel chacun obéissait avec la plus grande exactitude. Par un seul coup donné à propos, il renforçait l'orchestre, le ralentissait ou le ranimait à son gré. Il indiquait aux acteurs les moindres nuances, et rappelait tout le monde à cette parfaite union, qui est l'âme d'un concert. Pénétré de l'objet principal que tout habile accompagnateur doit se proposer, qui est de soutenir et de faire distinguer les parties essentielles, il saisissait si promptement et si vivement l'harmonie, le caractère, le mouvement et le goût de la composition, qu'il en imprimait au même instant le sentiment dans l'âme des chanteurs et de chaque membre de l'orchestre. » Pugnani a fait graver, tant à Londres et à Amsterdam qu'à Paris, treize œuvres de musique instrumentale, savoir : trois de sonates de violon, deux de duos de violon, trois de trios de violon, alto et basse; un de quartetti; deux de quintetti pour deux violons, deux flûtes et basses, et douze simphonies à huit parties. Il a aussi paru, en 1770, des trios de clavecin, avec accompagnement de violon et basse, formant l'œuvre six. L'œuvre premier fut publié à Londres, 1763. La musique de Pugnani, disent les auteurs du *Dictionnaire historique des musiciens*, MM. Choron et Fayolle, est très-recherchée des amateurs, mais elle devient très-rare. Une éloquence vive et nerveuse règne dans sa mélodie; les idées s'y succèdent par ordre, sans s'écarter du motif. Quelques-uns de ses trios ont même le grandiose du concerto, entre autres celui où Viotti a pris le motif d'un de ses plus beaux concertos. Pugnani a fait jouer les opéras suivans sur le théâtre royal de Turin : *Issea, per le nozze della Contessa di Provensa*, en 1771; *Tamas Kouli-kan*, en 1772; *l'Aurora, per le nozze di S. A. R. il Principe di Piemonte*, en 1775; *Achille in Sciro, di Metastasio*, en 1785; *Demofoonte, di Metastasio*, en 1788; *Demetrio a Rodi, per le nozze di S. A. R. il Duca d'Aosta*, en 1789. Tous ces ouvrages ont eu beaucoup de succès sur tous les théâtres de l'Italie. On a encore de lui, en manuscrit, des concertos de violon, et deux airs italiens, avec un trio pour deux *soprani* et un *tenore*. Peu d'artistes, ajoutent les mêmes auteurs, ont su mériter comme Pugnani l'admiration pour leur talent et l'estime pour leur personne. Quand il paraissait en public, il était somptueusement paré, et conservait dans son maintien beaucoup de dignité. Le grandiose de son exécution répondait parfaitement à cet extérieur qui frappait tous les yeux. D'après la gravure de son portrait, faite sur le dessin original, on voit que Lavater l'aurait rangé dans la classe de l'aigle. L'éloge de Pugnani a été fait en deux mots par M. J. Carlier : *il fut le maître de Viotti.* »

PUISAYE (LE COMTE JOSEPH DE), général vendéen, est né dans la ci-devant province du Perche, où sa famille avait la charge héréditaire de grand-bailli d'épée. Destiné à parcourir la carrière ecclésiastique, il fut placé au séminaire de Saint-Sulpice, où il fit des études analogues à cette profession, à laquelle il renonça, entraîné par sa vocation pour les armes. D'abord sous-lieutenant dans le régiment Conti cavalerie, il devint quelque temps après capitaine à la suite dans le régiment des dragons de Lanau, et « peu satisfait, dit un de ses biographes, d'une perspective qui ne flattait point son ambition, il se retira dans sa famille, recueillit la succession de son père, et acheta une charge dans les cent-suisses de la maison du roi, ce qui lui valut un brevet de colonel, et peu de temps après la croix de Saint-Louis. » La noblesse du Perche le nomma député aux états-généraux en 1789. Il y fit partie de la minorité de son ordre avant la réunion des trois ordres, signa la protestation du 19 juin contre la majorité, et passant un des premiers dans la chambre des communes, il fit partie du côté gauche pendant toute la durée de la session. En 1791, il fut élevé au grade de maréchal-de-camp, et devint commandant de la garde nationale d'Evreux. Adjoint, en 1793, au général Wimpfen, en qualité de chef de son état-major, il commanda au mois de juin l'avant-garde de l'armée départementale de l'Eure, qui marchait contre la convention nationale. Il fut battu à Pacy-sur-Eure, et sa tête mise à prix. M. de Puisaye se retira alors en Bretagne. C'est de cette époque que commence l'importance de son rôle politique. Il réorganisa les *Chouans* dispersés, rallia à ses opérations plusieurs chefs, forma un conseil militaire, devint l'agent avoué des crimes de l'Angleterre, créa un papier-monnaie, reçut des secours en argent du cabinet de Londres, publia des proclamations, fut le régulateur de la confédération royaliste de Bretagne, et fut enfin regardé comme l'âme du parti, quoique tous les chefs ne le reconnussent pas comme tel. On l'accusa néanmoins dans son propre parti d'être trop dévoué au gouvernement britannique, et même lorsqu'il se rendit secrètement à Londres, en septembre 1794, les émigrés le regardèrent généralement « comme un » faux frère, un agent de la con- » vention nationale. » Ils suscitèrent à M. de Puisaye toutes sortes d'embarras et de difficultés qu'il surmonta habilement. Il se lia à Londres avec le comte de Botherel et l'évêque de Saint-Paul de Léon, et obtint des pouvoirs illimités de *Monsieur*, comte d'Artois, qui habitait Édimbourg. Ce fut alors que les ministres Pitt, Windham et Dundas, se décidèrent à opérer un débarquement sur les côtes de Bretagne. » Telle fut, rapporte-t-on, l'origine de l'expédition de Quiberon, qui, au lieu d'être confiée à un chef unique, eut deux chefs différens : M. d'Hervilly, chargé du commandement des régimens d'émigrés, et M. de Puisaye, qui devait commander les royalistes de l'intérieur. De là, une concurrence qui eut des suites funestes. Le plan de M. de Puisaye consistait à marcher de suite, après le débarquement, dans l'intérieur de la Bretagne, pour généraliser l'insurrection. M. d'Hervilly hésita, et se confina dans la presqu'île de Quiberon, en attendant des renforts. L'habileté du général Hoche déconcerta la prudence de M. d'Hervilly et les plans de M. de Puisaye, qui se réfugia sur l'escadre anglaise avec trop d'empressement, peut-être, au moment où les émigrés mettaient bas les armes. » La victoire seule impose silence, du moins momentanément, à la haine. M de Puisaye vaincu ne fut plus aux yeux de ses ennemis qu'un traître et un lâche. « C'étaient, disaient-ils, la perfidie, le défaut de courage ou l'incapacité qui dominait dans sa conduite. » Ils ne voulaient, aveugles et passionnés, ni voir la témérité de l'entreprise et tous les dangers qu'elle entraînait avec elle, ni les talens des chefs et le courage des soldats républicains, ni enfin les mesures que le gounement avait prises. «˗Suspect à son parti, il lui fut plus facile en quelque sorte de se garantir des piéges que lui tendaient les républicains, que des rivalités, des préventions et de l'animadversion des royalistes. Accoutumé à vouloir tout diriger, à être le centre des opérations, il supporta impatiemment la perte de son influence, et le poids des accusations dirigées contre lui. Sa morgue et sa hauteur avec ses ennemis, son aigreur dans toutes les discussions qu'il eut avec ses adversaires, ses violens démêlés avec les agens du roi dans l'intérieur, et avec M. d'Avaray, ministre de Louis XVIII, enfin la ruine de son parti après la pacification du général Hoche en 1797, le forcèrent de donner sa démission et d'abandonner à jamais les départemens de l'Ouest. Il repassa à Londres, obtint des ministres anglais un établissement dans le Canada, avec une somme d'argent pour son exploitation, et y fut suivi d'une partie des officiers qui lui étaient restés attachés. » Par suite du traité d'Amiens, il retourna en Angleterre; les mêmes préventions l'y accueillirent; elles furent encore aug-

mentées par la publication de ses *Mémoires*, qui parurent sous ce titre : *Mémoires du comte Joseph de Puisaye, etc., qui pourront servir à l'histoire du parti royaliste français, durant la dernière révolution*, Londres, 1803, 6 vol. in-8°. Cette justification, un peu volumineuse, fut attaquée à Londres, dans les feuilles périodiques et dans plusieurs brochures. Elle devait même être réfutée plus au long et avec plus de vigueur. Néanmoins elle ne le fut pas. On trouve dans les sources où nous avons puisé cette notice, cette déclaration : « On ne peut nier que M. de Puisaye n'ait montré dans plusieurs occasions critiques un sang-froid, une prudence, un courage admirable. » La disgrâce dans laquelle cet officier-général était tombé avant la restauration de la maison de Bourbon en 1814, ne paraît pas avoir cessé depuis, et il n'est pas rentré en France.

PUISAYE (LE MARQUIS ANTOINE-CHARLES-ANDRÉ-RENÉ DE), ex-membre de la chambre des députés, et grand-prévôt de la Haute-Vienne, né à Mortagne en 1751, est frère du précédent. Il passa du régiment d'Angoulême, où il était entré comme officier, dans le régiment de dragons, en qualité de capitaine, et fut nommé chevalier de Saint-Louis. Le marquis de Puisaye présida, en 1789, comme grand-bailli d'épée, les trois ordres de la province du Perche. Après le désastre de Quiberon, il s'efforça en secret d'organiser dans sa province l'insurrection royaliste, et fut arrêté sous le gouvernement consulaire comme partisan des Bourbons; mais il fut bientôt rendu à sa famille. Pendant les *cent jours*, en 1815, il s'occupa à lever des troupes; après la seconde restauration, il devint membre de la chambre des députés dite *introuvable*, et grand-prévôt de la Vienne en 1816, emploi qu'il occupa jusqu'à la suppression de cette juridiction en 1818.

PUISIEUX (M.me MADELEINE d'ARSANT DE), femme de M. de Puisieux, avocat au parlement de Paris, littérateur et traducteur, mort en 1772, est auteur elle-même; mais, comme la plupart des dames qui cultivent la littérature, où elle ne s'est pas fait un nom bien remarquable, elle a été en butte aux traits sévères de la critique. L'abbé Sabatier et Palissot l'ont peu ménagée : cette dame ne manquait cependant pas d'esprit, et son style est en général facile: l'imagination seule n'était pas le signe distinctif de son talent. M.me de Puisieux, née en 1720, mourut dans un âge avancé, peu de temps après avoir été comprise pour une somme de 2,000 francs dans un décret du 4 septembre 1795, relatif aux gens de lettres, à qui le gouvernement accordait des secours. Les principaux ouvrages de M.me de Puisieux sont : 1° *Conseils à une amie*, 1749, in-12, ouvrage d'éducation qui eut du succès, et fut traduit en anglais; mais par une erreur que l'auteur du *Dictionnaire historique des femmes célèbres*, M.me Fortunée B. Briquet, attribue à la malveillance, l'ouvrage original fut mis sous un autre nom ; ° *les Caractères*, 1750, in-12; ° édition, 1755, 2 vol. in-12. 'est à l'occasion de ce livre, que Palissot reprocha à l'auteur d'avoir oublié *le caractère* de la Femme bel esprit ; 3° *Réflexions et Avis sur les défauts et les ridicules à la mode*, 1751, in-8°; 4° *le Plaisir et la Volupté*, conte allégorique, 1752, in-12 ; 5° *Zamor et Almanzine, ou l'Inutilité de l'esprit et du bon sens*, in-12, 1755; 6° *l'Éducation du marquis de ***, ou Mémoires de la comtesse de Zurlac*, 1755, 2 vol. in-12, trad. en allemand ; 7° *Alzarac, ou la Nécessité d'être inconstant*, 1762, in-12; 8° *Histoire de M.lle de Terville*, 1768, in-12, traduite en allemand ; 9° *Mémoires d'un homme de bien*, 1768, in-12, traduits en allemand ; 10° une comédie intitulée : *le Marquis à la mode*, 1763, in-12; 11° *Histoire du règne de Charles VII*, 4 vol. in-12. Les principaux ouvrages de M.me de Puisieux ont été l'objet d'un examen fort étendu de la part de l'abbé de la Porte, dans *l'Histoire littéraire des femmes françaises*, tom. V; et M.me Fortunée B. Briquet parle de ces ouvrages d'une manière très-favorable, dans son *Dictionnaire historique, littéraire et biographique des femmes célèbres*.

PUISSANT (Louis), né le 22 septembre 1769, à la ferme de la Gastellerie, commune du Châtelet, département de Seine-et-Marne, officier supérieur au corps des ingénieurs-géographes militaires ; chef des études à l'école d'application de ce corps, secrétaire du comité du dépôt-général de la guerre. chevalier des ordres royaux de Saint-Louis et de la légion-d'honneur, etc. Orphelin dès sa plus tendre enfance, et sans fortune, il eut le bonheur de trouver un bienfaiteur dans la personne de M. Fournier Dupont, receveur des finances de la ville de Château-Thierry, avec lequel ses parens avaient eu des relations intimes. Il fut en effet élevé par l'épouse de ce respectable citoyen, comme s'il eût été leur propre enfant : son éducation fut d'abord dirigée de manière à faire naître en lui le désir d'embrasser un jour l'état ecclésiastique : elle fut confiée à M. Cottin, curé de la paroisse de Mont-Saint-Père, près Château-Thierry; mais le jeune Puissant insista pour rester dans la vie séculière, et fut placé, à l'âge de 13 ans, chez un notaire - arpenteur de Château-Thierry, où il commença à s'exercer à la pratique du calcul. Le besoin qu'il sentit de se rendre compte de quelques vérités géométriques qu'on ne pouvait que lui indiquer et des opérations numériques qu'on lui faisait faire par routine, le rendit extrêmement studieux : il parvint, à force de persévérance, à comprendre, sans le secours d'aucun maître, les premières notions des mathématiques; cependant il était loin, après un faible noviciat de plusieurs années, de pouvoir se suffire à lui-même, et ses protecteurs étant morts, l'idée d'un triste avenir imprima en lui une teinte de mélancolie, qu'il a toujours conservée. M. Lomet (*voy.* ce nom), ingénieur des ponts-et-chaussées à Agen, ayant eu, en 1786, l'occasion de remarquer les heureuses dispositions de M. Puissant, se détermina à lui donner une instruction plus relevée, et à lui procurer un état, en le mettant à même de le seconder dans la direction des ouvrages d'art dont la construction lui était confiée. Il s'empara de M. Puissant, qui dès ce moment devint son élève de prédilection, et ensuite son meilleur ami. M. Lomet n'eut d'autres soins à prendre que de lui enseigner à étudier avec méthode, de le mettre en présence de bons modèles en tous genres, et de lui imprimer le goût du bon et du vrai. Bientôt le génie de son élève se développa, prit son essor, et sa marche fut si rapide qu'en moins de 4 ans, ainsi que M. Lomet se plaît à le dire avec la plus rare modestie, le maître n'était plus que le disciple de son écolier. En 1792, M. Lomet ayant été requis de prendre du service militaire, M. Puissant, pour ne pas être séparé de lui, le suivit volontairement à l'armée des Pyrénées-Occidentales, et obtint bientôt une commission d'ingénieur-géographe, qui l'autorisait à servir près de lui en qualité d'adjoint. La paix faite avec l'Espagne, M. Puissant fut appelé au dépôt-général de la guerre, et profita de son séjour à Paris, pour suivre les cours d'analyse transcendante que professaient MM. Lagrange et Fourier. Dès-lors l'étude approfondie des mathématiques devint son unique occupation. Il concourut, en 1795, pour une place de professeur à l'école centrale du département de Lot-et-Garonne, et l'obtint. Il y a formé un grand nombre d'élèves, admis avec distinction à l'école Polytechnique. Ce fut à Agen qu'il composa son premier ouvrage, en un vol. in-8°, sous le titre de : *Nouvelles propositions de géométrie résolues ou démontrées par l'analyse algébrique*, lequel, dans les trois éditions qui en ont été faites, a reçu un tel degré d'étendue et de perfection, qu'il est aujourd'hui considéré comme un des meilleurs ouvrages de ce genre. Les écoles centrales ayant été supprimées, M. Puissant rentra au dépôt de la guerre vers la fin de 1802, et fut envoyé à l'île d'Elbe pour en relever les positions, les rattacher par des opérations trigonométriques, avec le continent et l'île de Corse, en lever la carte et en dessiner des vues prises sous divers aspects. Ce fut pour lui une belle occasion d'approfondir les théories de l'astronomie et de la haute géodésie, et de préparer des matériaux sur ces deux sciences. Immédiatement après cette opération, il fut envoyé à Milan, pour continuer la triangulation qui sert de fondement à la nouvelle carte d'Italie. A son retour en France, en 1804, il fut nommé professeur de mathématiques à l'école militaire qui se formait alors à Fontainebleau, et employa les loisirs que lui laissaient ses nouvelles fonctions à composer son *Traité de géodésie*, en 2 vol. in-4°. Cet ouvrage, très-remarquable, et qui était vivement désiré par tous ceux qui s'intéressent aux progrès des sciences, a reçu l'approbation de tous les savans, et a été jugé digne d'une mention très-honorable dans le rapport qui fut fait par l'institut, à l'occasion des prix décennaux (*Moniteur* du 15 mai 1806). La seconde édition de ce bel ouvrage, en 1819, est dédiée à l'illustre auteur de la mécanique céleste, et contient la substance de plusieurs mémoires lus par M. Puissant, à l'académie des sciences, sur divers sujets. Deux célèbres astronomes, MM. Schumacher d'Altona et Gauss de Brunswick, en préparent des traductions. Indépendamment des ouvrages de premier ordre que nous venons de citer, M. Puissant a publié, en 1820, un *Traité spécial de topographie, d'arpentage et de nivellement*, 1 vol. in-4°. Celui-ci est devenu le *Manuel* des ingénieurs des différens services publics et des géographes, qui y trouvent une théorie complète des projections des cartes que l'on chercherait vainement ailleurs : il est à sa 2° édition; *Méthode générale pour obtenir le résultat moyen d'une série d'observations astronomiques faites avec le cercle répétiteur de Borda*, in-4°, 1783 ; *Tables d'aberration pour les planètes, calculées*, en 1820, *par de nouvelles formules de l'invention de l'auteur* ; *Instruction sur la formation et l'usage des tables de projection, adoptées, en 1821, pour la construction du canevas de la nouvelle carte de France et du cadastre*, in-4°; 7° édition du *Traité de la Sphère et du Calendrier*, par Rivard, 1813, dans laquelle il a intercalé un très-grand nombre d'articles nouveaux et intéressans. Enfin ce savant et infatigable géomètre a pris une très-grande part à la rédaction du *Cours de mathématiques*, pour l'usage des écoles militaires, publié en 1809, et réimprimé en 1813 chez Magimel, et donné plusieurs mémoires d'*Astronomie*, de *Géométrie* ou d'*Analyse*, insérés dans les dernières années de la Connaissance des temps, les Journaux de l'école Polytechnique, le Mémorial du dépôt de la guerre, et le Bulletin de la société Philomatique.

Tous ces ouvrages sont écrits avec une pureté de style qui se fait remarquer. L'auteur s'y montre toujours supérieur au sujet qu'il traite, et possède le rare talent de développer les formules qu'il expose avec une extrême concision, sans les obscurcir ; et s'il en simplifie les calculs, s'il en atteint les résultats par des transformations imprévues, c'est toujours avec cette élégance d'analyse qui prête tant de charmes à l'étude des sciences exactes. L'algèbre est véritablement une langue, *sui generis :* comme toutes les autres, elle a aussi une élégance de style qui lui est propre ; cependant il est beaucoup d'analystes et de savans mathématiciens qui ne s'en doutent pas, n'en connaissant à peine que la syntaxe, et l'emploient avec autant de prolixité que d'incorrection. L'élégance algébrique ne se manifeste que par une extrême concision, et par conséquent elle touche de près à l'obscurité : cet écueil est très-difficile à éviter. Cette élégance se reconnaît au bel ordre des idées, à la symétrie de l'exposition des diverses parties du calcul, à l'heureux choix des transitions, à la fécondité des transformations qui les abrègent ; enfin on y retrouve ce style *contracté* que présentent les plus belles inscriptions, et que l'on désigne communément sous le nom de *style lapidaire.* M. Puissant a souvent fait partie du conseil de perfectionnement de l'école Polytechnique. Il est maintenant membre et secrétaire de la commission de la nouvelle carte de France, présidée par M. de La Place. Le corps des ingénieurs-géographes ayant été définitivement reconstitué militairement en 1809, M. Puissant y rentra avec le grade de chef d'escadron, qu'il avait déjà en 1803, et fut spécialement chargé de diriger l'instruction des élèves de l'école d'application de ce corps, fonctions qu'il exerce encore aujourd'hui. M. Puissant communique peu hors du cercle d'un petit nombre d'amis studieux comme lui ; il néglige l'art de se produire dans le monde ; mais quoiqu'il n'ait jamais cherché à s'y mettre en évidence, l'utilité, le succès et le nombre de ses ouvrages, lui ont déjà valu l'honneur d'être mis plusieurs fois en avant par nos plus célèbres géomètres, pour les élections de l'institut. Peu de profonds mathématiciens se sont sérieusement occupés de l'étude, et encore moins de la pratique des arts ; mais doué d'une merveilleuse sagacité et d'une persévérance à toute épreuve, M. Puissant s'est spécialement attaché à se perfectionner dans ceux du dessin : il en exprime tous les genres avec autant de facilité que de goût, notamment l'architecture, le paysage, la topographie et les détails de technologie. M. Puissant dessine l'architecture comme Baltard ; le paysage (*aquarelle*) comme Thibaud ; les machines aussi bien que Girard (un des élèves de M. Lomet, pour le dessin des machines seulement) ; la topographie avec une rare perfection, car ses plans, qui n'en sont pas moins exacts, sont très-agréablement paysagés. Il faut connaître cet habile dessinateur, le voir travailler et contempler ses ouvrages, pour se persuader que ces *superlatifs* ne sont pas imaginés à plaisir en faveur de l'un des plus profonds géomètres de l'Europe ! Si M. Puissant cherche quelques délassemens à ses travaux scientifiques, il ne les trouve que dans la saine littérature, dans la contemplation raisonnée des chefs-d'œuvre des beaux-arts, et la parfaite exécution de la musique, qu'il a acquise par un long exercice. Ce n'est pas tout : les musiciens le placent au nombre des plus forts amateurs *de première classe!!...* C'est beaucoup dire...., mais c'est un *fait* facile à vérifier.... On le recherche dans les concerts des plus excellens *virtuoses*, moins pour le brillant de son jeu que pour son imperturbable solidité. Il s'y distingue également sur le *violon* et sur l'*alto!* Nous aimons à signaler cette intéressante réunion des talens les plus distingués dans les sciences et les arts, parce qu'elles se rencontrent rarement dans une même personne, et qu'elle donne à la fois le précepte et l'exemple des moyens d'acquérir, par des études persévérantes, un égal degré d'instruction dans les branches les plus opposées des connaissances humaines.

PUJOULX (Jean-Baptiste), littérateur, et dans les dernières années de sa vie secrétaire du théâtre de la Gaîté, naquit, en 1769, à Saint-Macaire, département de la Gironde. Dès sa jeunesse il se sentit du goût pour la littérature légère, et vint à Paris, où il s'attacha à quelques feuilles littéraires. Il se livra aussi à la composition de pièces de théâtre, et évita, pendant tout le cours de la révolution, de prendre part aux affaires politiques. Jouissant d'une fortune modeste, il vécut dans la retraite, se bornant à voir, dit-il, de son *donjon* les luttes funestes des partis. Il avait des connaissances dans les sciences, et surtout dans l'histoire naturelle. Pujoulx mourut le 17 avril 1821, laissant la réputation d'un honnête homme et d'un littérateur estimable. Il a publié les ouvrages suivans, dont nous donnons la liste d'après le Journal de Bibliographie de M. Beuchot (1821, page 593). Ce sont : 1° *Momus au Salon*, comédie en vers et en vaudevilles, suivie de notes critiques, 1783, in-8°; 2° *le Songe, ou la Conversation à laquelle on ne s'attend pas*, critique du Salon de 1783, Rome, (Paris), 1783, in-8°; 3° *les Caprices de Proserpine, ou les Enfers à la moderne*, pièce épisodi-comique, en un acte et en vers, représentée sur le théâtre des Variétés amusantes, le 1ᵉʳ juin 1784, Paris, 1784, in-8° : elle a été réimprimée dans la *Petite Bibliothèque des Théâtres ;* 4° *Figaro au Salon de peinture*, pièce épisodi-critique, en prose, mêlée de vaudevilles, Paris, 1785, in-8° : elle parut sous le voile de l'anonyme ; 5° *les Grandes Prophéties du grand Nostradamus sur le grand Salon de peinture*, en vers et en prose, 1787, in-8° ; 6° *les Dangers de l'Absence, ou le Souper de famille*, comédie en deux actes et en prose, 1789, in-8°. Cette pièce, jouée d'abord sur le théâtre Italien, le 2 novembre 1788, fut reprise, le 18 thermidor an 4, sur le théâtre Favart, et imprimée la même année sous ce titre : *le Rendez-vous supposé, ou le Souper de famille*, in-8°; 7° *Encore des Savoyards, ou l'Ecole des parvenus*, comédie en trois actes et en prose; la suite des *Petits Savoyards* de Marsolier, représentée sur le théâtre Italien, le 25 septembre 1789, en deux actes: elle fut mise en un acte et en prose, et représentée sur le même théâtre, le 8 février 1792, sous le titre de *l'Ecole des parvenus, ou la Suite des deux petits Savoyards*, an 4, in-8°; 8° *Amélie, ou le Couvent*, comédie en deux actes et en prose, représentée, le 28 février 1791, sur le théâtre Feydeau : elle n'a point été imprimée; 9° *Mirabeau à son lit de mort*, comédie en un acte et en prose, représentée, le 24 mai 1791, sur le théâtre Feydeau, mais non imprimée. Les principaux personnages de cette pièce sont Mirabeau, MM. de Talleyrand-Périgord, de Lamarck, Frochot, Cabanis, Petit, etc.; le *Moniteur* du 27 mai en donne une analyse. 10° *La Veuve de Calas à Paris, ou le Triomphe de Voltaire*, pièce en un acte et en prose, 1791, in-8°, représentée sur le théâtre Italien, le 31 juillet 1791, fut mise en opéra, et reprise le 2 prairial an 8, sous le titre de : *Une Matinée de Voltaire*. 11° *Cadichon, ou les Bohémiennes*, jouée sur le théâtre Feydeau, le 12 mars 1792, imprimée en l'an 3 (1795), in-8°; 12° *Philippe, ou les Dangers de l'ivresse*, comédie en un acte et en prose, représentée sur le théâtre de la République, le 25 prairial an 2 (1794), imprimée en l'an 2, in-8°; 13° *les Montagnards, ou l'Ecole de la bienfaisance*, comédie mêlée de vaudevilles, représentée sur le théâtre Feydeau, le 16 fructidor an 2 (2 septembre 1794), au bénéfice des blessés et des veuves et orphelins des personnes mortes dans l'explosion du 31 août; 14° *les Modernes enrichis*, comédie en trois actes et en vers libres, jouée sur le théâtre de la République, le 26 frimaire an 6 (16 décembre 1797), in-8°; 15° *la Rencontre en voyage*, comédie en un acte et en prose, mêlée d'ariettes, jouée sur le théâtre Feydeau, le 9 floréal an 6; 16° *les Noms supposés*, opéra-comique en deux actes, joué sur le théâtre Feydeau, le 21 frimaire an 7, non imprimé; 17° *le Voisinage*, opéra, joué sur le théâtre Favart le 4 pluviôse an 8, musique de MM. Quinebeau, Debua, Dugazon fils, Bertoud et Pradère, non imprimé; 18° *le Livre du second âge, ou Instructions amusantes sur l'histoire naturelle des animaux*, an 9 (1800), in-8°, plusieurs éditions : cet ouvrage a été traduit en danois par Boek, Copenhague, 1804, in-8°; 19° *Paris à la fin du 18e siècle, ou Esquisse historique et morale des monumens et des ruines de cette capitale, de l'état des sciences, des arts et de l'industrie à cette époque, ainsi que des mœurs et des ridicules de ses habitans*, 1800, in-8°; plusieurs éditions, 1801, in-8°; ouvrage traduit en allemand, Leipsick, 1821, in-8°; 20° *l'Anti-Célibataire, ou les Mariages*, comédie en 3 actes et en vers, jouée sur le théâtre de Louvois, le 1er nivôse an 11; 21° (avec Dupont) une édition du *Maître italien, ou la Grammaire française et italienne*, par *Vénéroni*, suivi d'un *Vocabulaire français-italien, plus étendu que tous ceux qui ont paru jusqu'à présent*,

1803, in-8°; 22° *Promenades au Jardin des Plantes, à la Ménagerie et dans les galeries du Muséum d'histoire naturelle*, 1804, 2 vol. in-18; 23° *le Naturaliste du second âge*, ouvrage destiné à servir de suite et de complément au *Livre du second âge*, 1805, in-8°, traduit en polonais; 24° *Leçons de physique à l'école Polytechnique, sur les propriétés générales des corps*, précédées d'une introduction, 1805, in-8°; 25° l'édition des *OEuvres choisies d'Alexis Piron*, précédées d'une notice historique sur la vie et les écrits de cet auteur, Paris, 1806, 2 vol. in-18; 26° la première édition des *Nouveaux Mélanges de Poésie et de littérature*, par Florian, ouvrage posthume, 1806, in-18; 27° la première édition de *la Jeunesse de Florian, ou les Mémoires d'un jeune Espagnol*, 1807, in-18; 28° *la Botanique des jeunes gens*, 1810, 2 vol. in-8°; 29° *Promenade au Marché aux fleurs, ou la Botanique du second âge*, 1811, in-12; 30° *l'Astrologue parisien, ou le Nouveau Mathieu Laënsberg*, etc., pour l'année 1812, Paris, in-12, réimprimé. Cet ouvrage paraît tous les ans: les vol. de 1813 à 1817 sont de Pujoulx. Le volume de 1817 contient une petite comédie, intitulée: *Monsieur Leplat*. Les six volumes faits par Pujoulx portent sur le frontispice: *Par A. B. C. D...*, etc.; le continuateur a pris les lettres *V. X. Y. Z*. 31° *Minéralogie à l'usage des gens du monde*, 1813, in-8°; 32° *Louis XVI peint par lui-même, ou Correspondance et autres écrits de ce monarque*, précédés d'une notice sur la vie de ce prince, avec des notes historiques sur sa correspondance, 1817, in-8°. (Voir à ce sujet le *Journal de la Librairie*, 1818, pages 350 et 400, et 1819, page 374). Pujoulx a concouru à la rédaction du *Journal de la littérature française et étrangère*, imprimé à Deux-Ponts, à la *Gazette de France*, au *Journal de Paris*, au *Journal de l'Empire*, et au recueil de l'*Encyclopédie des Dames*, pour l'*Astronomie ou Physique céleste, et Théorie de la terre*, 1 vol. in-8°; *Physique*, 2 vol.; *Chimie*, 1 vol.; *Histoire naturelle des minéraux*, 1 vol.; *Musique*, 1 vol.

PULAWSKI (N.), maréchal de la diète de Pologne, était issu d'une famille considérée dans la Volhinie. Il parut d'abord partager les principes politiques du célèbre Pulawski, son frère, qui périt glorieusement en défendant la cause de la liberté américaine, et combattit conjointement avec lui, en 1769, contre la Russie, dans la confédération de Bar. La fidélité qu'il devait à son pays ne put tenir contre les offres qui lui furent faites; il se laissa acheter par les Russes, et tout entier à leurs intérêts, il ne laissa échapper aucune occasion, en 1792 et pendant les années suivantes, de leur sacrifier sa patrie. Il porta plus loin encore, en 1793, l'oubli de toute espèce de sentimens patriotiques; il osa se mettre à la tête d'une confédération anti-nationale, sous la protection de l'impératrice Catherine II, puis recevoir et porter, en récompense de son dévouement, la décoration de l'ordre de Saint-Alexandre-Newski. Sa femme ne put se résoudre à partager le déshonneur de son mari; elle sollicita son divorce, et fit un don patriotique de 20,000 florins de Pologne pour la défense de l'état. Pulawski ne jouit pas long-temps d'une fortune acquise à si haut prix ; il mourut méprisé de ses compatriotes, sans être estimé de ceux qu'il avait servis.

PULLY (LE COMTE CHARLES-JOSEPH-RANDON DE), lieutenant-général, grand-officier de la légion-d'honneur, chevalier de Saint-Louis, est né en 1751. Dès sa jeunesse il embrassa la profession des armes, et à l'époque de la révolution, il était lieutenant-colonel dans le régiment de cavalerie Royale-Cravatte. Il adopta avec franchise, mais en même temps avec sagesse, les nouveaux principes politiques ; fut nommé colonel le 5 février 1792, et employé dans la même année, sous le général Beurnonville, entre la Saare et la Moselle. A la tête de la colonne d'attaque, il occupa les hauteurs de Waren, et y gagna le grade de général de brigade, qui lui fut conféré le 19 septembre 1792. Deux mois après, avec 1,200 hommes, il se rendit maître de la montagne de Ham, défendue par 3,000 Autrichiens et une artillerie formidable. Le grade de général de division fut la récompense de ce brillant fait d'armes. Il passa au commandement du corps des Vosges : mais tandis qu'il méritait l'estime de l'armée, par son courage et ses talens, et que le gouvernement lui décernait les premières récompenses militaires, il était dénoncé à la convention nationale même comme ayant quitté le camp d'Hornbach, afin de se réunir aux émigrés qui l'avaient précédé dans leur départ de France. L'accusation était absurde ; mais à cette époque, où tant de causes autorisaient toutes les défiances, le général de Pully se vit dans la nécessité de se justifier : il le fit victorieusement ; toutefois il ne put être réemployé qu'après la révolution du 18 brumaire an 8 (9 novembre 1799). Commandant sous le général, aujourd'hui maréchal Macdonald, une division de l'armée d'Italie, il rendit des services importans : il franchit le Splugen en frimaire an 9 (décembre 1800); remplaça à Storo, au mois de nivôse an 10 (janvier 1801), la division Rochambeau ; concourut à la prise de S. Alberto, et se dirigea ensuite sur Trente, avec la division du général Lecchi. Les hostilités suspendues par un armistice, le général de Pully alla occuper une partie du Tyrol. Dans la campagne de 1805, il se fit remarquer à la tête des cuirassiers au passage du Tagliamento ; il commanda une division en Autriche dans la campagne de 1809. Nommé commandant de la légion-d'honneur et comte de l'empire en 1813, il organisa, à Versailles, le 1er régiment des gardes-d'honneur, dont il fut nommé colonel. Par suite de l'abdication de l'empereur, au mois d'avril 1814, cet officier-général envoya son adhésion et celle de son corps au gouvernement provisoire. Après la première restauration (1814), le roi nomma le général de Pully chevalier de Saint-Louis et grand-officier de la légion-d'honneur. Il a reçu sa retraite au mois de septembre 1815.

PULTENEY (RICHARD), botaniste anglais, membre de la société royale de Londres et de plusieurs sociétés savantes étrangères, naquit, en 1730, à Loughborough, au comté de Leicester. Son goût pour la botanique le décida, jeune encore, à entrer comme élève chez un apothicaire; il s'y livra avec ardeur à l'étude, y fit des progrès assez rapides pour aller bientôt exercer son art à Leicester; il acquit en même temps des connaissances étendues en botanique, et fut reçu docteur à Edimbourg en 1764. Peu de temps après, il obtint la confiance du comte de Bath, dont il était parent, et devint son médecin. Après la mort de ce dernier, Pulteney s'établit à Blanfort, dans le canton de Dorset. Plus libre alors, il s'occupa presque exclusivement de la botanique, et publia différens mémoires. Il avait aussi étudié l'archéologie, et on lui doit divers écrits sur l'antiquité. Il a encore donné des *Essais historiques et biographiques* sur les progrès de la botanique, et enfin des *Recherches* sur l'histoire des comtés de Leicester et du comté de Dorset. Pulteney mourut en 1801, âgé de 71 ans.

PULTIER (Nicolas), colonel du treizième régiment de chasseurs à cheval, officier de la légion-d'honneur, naquit à Dun, département de la Meuse, et prit du service le 1ᵉʳ mai 1775, dans le régiment de Royal-Cravatte. Il parvint avec assez de rapidité au grade de sous-lieutenant à une époque où la noblesse seule obtenait un prompt avancement. La révolution lui fut plus favorable encore. Lieutenant le 15 septembre 1793, il était chef d'escadron le 5 floréal an 5. Le 17 fructidor an 7, il fut nommé chef de brigade (colonel) au 25ᵉ régiment de cavalerie. De 1792 à l'an 9, il fit toutes les campagnes de la révolution; il s'était particulièrement distingué par sa bravoure et son intelligence dans les différentes campagnes. A l'affaire de Pirmasens, le 14 septembre 1793, après avoir chargé avec une grande intrépidité à la tête de son régiment, il est démonté par un boulet de canon, qui emporta son cheval. Quoique violemment froissé par sa chute, il se relève, continue le combat, et tue de sa main un chef d'escadron qui s'était élancé sur lui. L'intrépide Pultier remonte à cheval, et par son sang-froid, et son habileté en manœuvrant, tient l'ennemi en échec, et donne le temps à l'infanterie et à l'artillerie légère, qu'il couvre, de se retirer sans être entamée. Il ne cessa de protéger leur retraite que lorsqu'elles eurent rejoint le camp d'Hornebeck. Pultier avait été nommé successivement chevalier et officier de la légion-d'honneur. Il mourut le 10 août 1806, généralement regretté.

PURCHOT-DESAUNAY (Jean-Michel), né à Lorient, d'une famille d'anciens marins, a commencé à servir sur les bâtimens du roi, en qualité de timonier en septembre 1785, et est parvenu, par ses talens et son courage, au grade de lieutenant de vaisseau. En pluviôse de l'an 5, il obtint le commandement de la corvette *la Constance*, de 22 canons. Il partit de Brest avec une division de deux frégates, pour jeter sur les côtes d'Angleterre la 2ᵉ légion dite des Francs. A son retour de cette expédition, il fut chargé de remorquer jusqu'à Brest une des frégates qui avait perdu son gouvernail. A la vue de cette ville, la frégate et *la Constance* furent attaquées simultanément par 2 frégates anglaises. La frégate remorquée par *la Constance*, succomba d'abord; la corvette, commandée par Purchot-Desaunay, soutint encore quelque temps un combat opiniâtre contre les deux frégates anglaises réunies; mais le bâtiment français, désemparé dans toutes ses manœuvres, ayant perdu beaucoup de monde, le pont couvert de voiles et de mâts, Purchot-Desaunay se vit forcé d'amener son pavillon pour sauver le reste de l'équipage. Le capitaine anglais honora sa défense, en lui rendant son sabre, et en lui donnant son bâtiment pour prison. Sans emploi dans la marine militaire, il s'embarqua, au mois de fructidor an 11, en qualité de capitaine en second, sur le corsaire *la Bellone*, de 26 canons de 8, commandé par le capitaine Perroud. Le 25 thermidor étant à l'ouverture de la baie de Bantry, sur les côtes d'Irlande, il fit rencontre du vaisseau de la compagnie des Indes anglaises, *lord Nelson*, percé pour cinquante canons, en ayant 20 de 18, et 12 de 12. Après plusieurs manœuvres, le combat s'engagea d'une manière si inégale pour *la Bellone*, que l'abordage fut décidé. L'intrépide Purchot-Desaunay, donnant l'exemple, s'élance, malgré l'agitation de la mer et la grande élévation du vaisseau anglais, sur le pont ennemi, en criant avec enthousiasme à l'équipage : *Au plus brave la gloire!* Il était déjà parvenu, avec quatre de ses officiers jusqu'au gaillard d'arrière, lorsqu'il fut atteint d'une balle, qui le renversa mort; le vaisseau fut enlevé. Le ministre de la marine fit, le 4 vendémiaire an 12, un rapport avantageux de ce combat, et le gouvernement décerna au capitaine Perroud un sabre d'abordage d'honneur.

PUTHOD (LE BARON JACQUES-PIERRE-MARIE-LOUIS), lieutenant-général et commandant de la légion-d'honneur, chevalier de Saint-Louis, né à Bourg-en-Bresse le 28 septembre 1769. Il entra au service le 26 octobre 1785, devint sous-lieutenant dans le premier régiment d'infanterie en 1791, et s'éleva rapidement de grade en grade jusqu'à celui de général de brigade. Renfermé dans Lille, lors du siége de cette ville en 1792, il contribua à sa glorieuse défense ; adjoint aux adjudans-généraux de Labourdonnais, il fit en cette qualité une partie de la campagne de la Belgique, et quitta ses fonctions pour passer à Dijon, où il fut employé pour le recrutement des 300,000 hommes, décrété par la convention nationale en 1793. Élevé au grade d'adjudant-général, il en remplit les fonctions dans l'intérieur, et se rendit à l'armée d'Italie en 1799, où il montra des talens et de la bravoure dans les combats désastreux qu'eut à soutenir la division Montrichard sur la Trébia. Le général Puthod fut ensuite envoyé à l'armée du Rhin, où il commanda une brigade sous Moreau, en 1801, et où il acquit une nouvelle gloire; de là, il alla commander, en 1806, à Colmar, dirigea en 1807 l'avant-garde du corps d'armée qui combattit près de Dieschaw, et se rendit maître de cette ville. Le grade de général de division, qu'il obtint le 16 novembre 1808, fut la récompense de la manière distinguée dont il s'était conduit au siége de Dantzick; il passa ensuite en Espagne, y soutint sa brillante réputation, revint en France, et alla prendre le commandement de Maëstricht, qu'il conserva pendant plusieurs années. Attaché au 5ᵉ corps, dans la campagne de 1813, il eut un engagement sérieux, le 31 mai, avec la garde royale prussienne, qui couvrait Breslau, et la contraignit d'abandonner cette ville, où il entra le lendemain. Les 19, 21 et 23 août suivant, il eut plusieurs combats à soutenir aux environs de Goldberg; mais obligé, par suite des mouvemens de l'armée, de se retirer sur le Bober, dans la nuit du 26 au 27, il voulut en vain passer ce torrent, considérablement accru par des pluies subites. Arrêté sur ses bords, il s'y défendit encore pendant deux jours avec un courage inouï; enfin privé de toute ressource, sans aucun espoir de secours, après avoir vu sa division réduite de 9,000 hommes à 3,000, il se rendit prisonnier, le 29 à Lawenberg. Il ne rentra en France qu'après l'abdication de l'empereur en 1814, et fut nommé par le roi chevalier de Saint-Louis, et inspecteur-général d'infanterie dans la 5ᵉ division militaire, à Neuf-Brisach. Il venait d'y organiser le 104ᵉ régiment de ligne, lorsque Napoléon partit de l'île d'Elbe au mois de mars 1815; il fut alors employé à Lyon. A l'époque du second retour du roi et du licenciement de l'armée, il a été mis à la demi-solde.

PUTHOD (F. M. DE), né à Mâcon en 1757, entra dans la gendarmerie du roi à Lunéville, passa capitaine dans l'infanterie, et devint, au commencement de la révolution, adjudant-général. En 1790, il fit partie de la commission des mouvemens, créée par l'assemblée constituante. On lui doit : 1° *la Partie militaire*, du traité des offices, publié par Guyot; 2° *la Géographie des villages du Mâconnais*.

PUTNAM (ISRAEL), major-général dans l'armée américaine, naquit à Salem, province de Massachussetts, vers 1718. Son éducation fut extrêmement négligée; mais une force d'âme peu commune et un courage capable de braver tous les périls devaient assurer sa fortune dans une contrée où les citoyens se préparaient à affranchir leur patrie de toute domination étrangère. Nous citerons une circonstance où il prouva combien il redoutait peu le danger. Il s'était établi en 1739 à Pomfret, dans le Connecticut, et y défrichait un terrain considérable, infecté de loups. Ses troupeaux et ceux de ses voisins en étaient journellement les victimes. Une louve monstrueuse, et de la plus grande férocité, jetait partout l'épouvante. Putnam se détermine à la poursuivre; il rassemble ses voisins les plus intrépides, se met à leur tête, et suit l'animal jusqu'à sa retraite, qui était une caverne profonde. Lorsqu'il veut y entrer, une torche à la main, tout le monde l'abandonne. Il pénètre seul, et attaque l'animal furieux; son arme s'étant brisée, il le combat corps à corps, et l'étouffe dans ses bras. Lors de la guerre avec la France en 1755, il reçut le commandement d'une compagnie, la première que fournit le Connecticut; il y rendit des services réels. En 1756, Putnam se trouva près de Ticonderago, dans une escarmouche, où il eut ses vêtemens percés de 12 balles. Chargé peu de temps après de surveiller les mouvemens de l'ennemi, il se trouva tout-à-coup en présence d'un parti de sauvages plus nombreux, qui tous prirent part à l'action. Son arme cesse bientôt de faire feu, et il n'a pour échapper à la mort qu'un arbre, derrière lequel il s'élance, et où, par son agilité, il évite plusieurs balles et plusieurs coups de hache; enfin il est joint par les assaillans, et fait prisonnier. On l'attache à l'arbre qui lui avait servi de refuge. Les sauvages, qui étaient vainqueurs, sont bientôt mis en fuite, mais ils entraînent avec eux leur prisonnier. Ils le dépouillent et allument un grand feu, pour l'y précipiter et le dévorer ensuite. Un officier français parvient heureusement à le sauver, et à l'emmener à Ticonderago, d'où Putnam passa à Montréal. Il fut rendu à la liberté en 1759, avec le colonel Schuyler, qui, prisonnier comme lui, parvint à le faire comprendre dans un échange. Par suite de la paix Putnam rentra dans sa ferme. Il y vivait tranquillement lorsqu'en 1775, il eut connaissance de la bataille de Lexinton. Quittant aussitôt sa charrue et ses vêtemens de laboureur, il se rend à Cambridge, revient presque aussitôt dans le Connecticut, lève un régiment, et retourne au camp. Son zèle, son courage, ses anciens services, le font nommer major-général. A la bataille de Bunkers'hill, où il commanda en cette qualité, il se signala par son ardeur et ses talens, et mérita l'admiration générale. Washington l'avait apprécié. A Cambridge, où cet illustre guerrier organise l'armée, il nomme Putnam commandant de la réserve; il campait, en 1776, près de Broo - Klyne. L'armée américaine éprouva des revers. Envoyé à New-York, il y rendit les plus grands services, tant à la ville qu'au pays voisin. Il passa à Philadelphie, qu'il fortifia, et séjourna plusieurs mois à Princeton. Chargé du commandement d'une armée particulière destinée à agir contre de nombreux partis de malfaiteurs, qui désolaient New-York et ses environs, il fut ensuite envoyé, après la perte de Montgomery, par le commandant en chef, pour construire de nouvelles fortifications, et en marquer le terrain. Il eut le mérite de choisir le Westpoint. C'est dans la campagne de 1779, principalement employé à fortifier les ouvrages de la place, qu'il donna à sa patrie les derniers témoignages de son dévouement. Atteint de paralysie dans plusieurs parties de son corps, il fut condamné à la retraite dans laquelle il mourut en 1790, regretté de tous ses concitoyens. Il s'était établi plusieurs années auparavant à Brookline, dans le Connecticut.

PUYMAURIN (Nicolas-Joseph

DE MARCASSUS, BARON DE), naquit à Toulouse en 1718. Son père abandonna Moissac, où sa famille, qui était ancienne, jouissait d'une haute considération, pour venir habiter Toulouse en 1690. Louis XV le nomma baron en 1724, « pour re- » connaître les grands services qu'il » avait rendus à l'état, en établis- » sant, en 1700, deux manufactures » royales de draps, dont la supé- » riorité a détruit dans le Levant la » concurrence des draps anglais. » Ce sont les propres expressions employées dans les lettres-patentes. Le fils de cet utile citoyen, qui reçut un tel prix de la reconnaissance du monarque, aima les arts et les cultiva avec succès. Il visita l'Italie en 1740, et y prit mieux encore l'amour de la peinture et de la musique. Il fut un de ceux qui cherchèrent à détrôner Lully, et engagea Baurans, son compatriote, à traduire pour la scène française, *la Serva Padrona*, dont lui, M. de Puymaurin, avait apporté la partition de Rome. Il fit même une partie de ce travail, disant avec gaîté qu'il voulait porter un coup mortel à la musique française : ils réussirent en effet; on connaît les suites de cette tentative, qui divisa Paris à une époque où des entraves sans nombre ne permettaient pas de s'occuper de choses plus importantes. M. de Puymaurin, de concert avec Mondran, autre citoyen recommandable de Toulouse, décidèrent l'établissement de l'académie de peinture, sculpture et architecture de cette ville, et en dressèrent les statuts, tous empreints des plus nobles idées. Il employait une partie de sa fortune à encourager les élèves qui montraient d'heureuses dispositions, et soutint à Paris, à ses frais, deux jeunes artistes qui depuis ont fourni une brillante carrière, le peintre Hamelin, et l'architecte Raymond. M. de Puymaurin, appelé à remplir les fonctions de syndic-général de la province de Languedoc, employa toute l'influence qu'elle lui donnait dans l'administration des affaires, pour procurer de nouveaux établissemens à la ville de Toulouse; il fut l'un des bienfaiteurs de sa patrie. Il fit doter en outre, par l'assemblée des états, la classe des ingénieurs des ponts-et-chaussées, qui fournissait d'excellens ingénieurs. Envoyé à Paris, il ne craignit par de heurter de front les volontés ministérielles, et de défendre les intérêts du Languedoc contre les attaques sans cesse renaissantes du fisc. Il signala son entrée au comité-général du commerce par un *Mémoire* dirigé contre le monopole, qui allait envahir les postes, les messageries, et devait établir des droits considérables sur les marchandises, en couvrant le royaume de barrières, pour les faire acquitter. Vainement lui offrit-t-on une somme énorme et une part considérables dans cette concussion nouvelle; on ne put changer son opinion. Ce fut sans succès que M. de Calonne lui fit connaître le vif intérêt qu'il prenait à la réussite de cette affaire; il n'écouta que la voix de sa conscience, et le projet fut rejeté d'après les conclusions de son rapport. Une longue maladie de poitrine le conduisit au tombeau au mois de novembre 1791.

PUYMAURIN (JEAN-PIERRE-CA-

SIMIR-MARCASSUS, BARON DE), directeur honoraire de la monnaie royale des médailles, membre de la chambre des députés, officier de la légion-d'honneur, des académies des sciences de Toulouse, de Stockholm, etc., fils du précédent, est né à Toulouse le 5 décembre 1757. Il s'occupait de chimie et d'économie rurale, lorsque la révolution éclata, et il avait, dès 1787, introduit en France l'art de graver sur le verre, au moyen de l'acide fluorique. Comme il se tint dans une salutaire obscurité, les orages de la révolution ne l'atteignirent point, et ce ne fut qu'après l'établissement du gouvernement consulaire qu'il parut dans les fonctions publiques, comme membre du conseil-général du département de la Haute-Garonne. Sous l'empire, en 1805, il fut porté comme candidat au corps-législatif, dont il devint membre en 1806, par le choix du sénat-conservateur; il en fit de nouveau partie en 1811. Les auteurs d'une biographie étrangère prétendent que dès son entrée dans la carrière politique, « il devint un des plus infatigables assiégeans des ministères, et sollicita pour lui, pour ses enfans, pour ses cousins. » Le fait, fût-il exact, ce à quoi nous attachons peu d'importance, nous ne verrions rien de bien surprenant dans la conduite de M. de Puymaurin. Les temps modernes sont féconds en exemples de cette espèce. Ce qu'il y a de certain, c'est que vers la fin de 1813, après les désastres de Russie, M. de Puymaurin dut cesser d'être compté parmi les partisans du gouvernement impérial, et néanmoins la police de ce gouvernement se contenta de surveiller ses démarches. En 1814, il adhéra à la déchéance de l'empereur, à la création d'un gouvernement provisoire et au rétablissement de la maison de Bourbon. Nous citerons de préférence cependant à la narration des auteurs de la biographie étrangère, et de quelques ouvrages nationaux, un peu sévères, celle toute bienveillante des auteurs de la *Biographie des hommes vivans*. «La session de 1814, disent-ils, donna matière à plusieurs discussions auxquelles M. de Puymaurin prit une part assez active, telles que l'importation des fers étrangers, les douanes et l'exportation des grains. Interrompu dans ses fonctions législatives par l'apparition de Bonaparte, il se tint à l'écart pendant les *cent jours*, en 1815, et fut réélu au mois d'août, membre de la chambre des députés par le département de la Haute-Garonne. Il vota dans cette session avec la majorité, fut réélu par le même département après l'ordonnance du 5 septembre 1816, et vota dans la nouvelle chambre avec la minorité. Lorsque l'assemblée s'occupa, au mois de janvier 1816, d'un monument à élever à la mémoire de Louis XVI, M. de Puymaurin proposa l'inscription suivante, qui fut adoptée :

> Ludovico decimo sexto
> A scelestis impiè obtruncato
> Gallia liberata, rediviva
> Mœrens
> Hoc luctûs monumentum
> Consecrat. »

Une ordonnance royale, du 1ᵉʳ mai 1816, récompensa le zèle de M. de Puymaurin, en le nommant directeur de la monnaie royale des médailles, où, par de nouvelles faveurs, son fils, le chevalier Aimé de Puymaurin, membre de la légion d'honneur, lui a succédé dans tout ce qui a rapport au service actif de cet emploi. Ce dernier vient (septembre 1824) de donner une preuve éclatante de ses opinions constitutionnelles, en faisant frapper une médaille qui transmettra à la postérité ces belles paroles de S. M. le roi Charles X : « J'ai juré » comme sujet d'être fidèle à la » charte ; je la maintiendrai comme roi. » M. le baron de Puymaurin fait partie de la chambre actuelle des députés (session de 1824). La justice dont nous faisons constamment profession veut que nous rapportions une opinion locale, qui est exacte sans doute. Il passe généralement pour constant à Toulouse : «que M. de Puymaurin a rendu de grands services à ses compatriotes, et que, pour les obliger, il ne leur a jamais demandé compte de leurs opinions particulières » : conduite d'autant plus honorable, que nous ne la croyons pas commune. Comme chimiste, il perfectionna, en 1812, l'art d'extraire de l'indigo, de l'isatis-pastel, indiqua les moyens de faire cette opération en grand, et d'en obtenir une matière colorante susceptible de produire, pour les matières végétales et animales, une couleur aussi solide que celle de l'indigo du Bengale et de Guatimala. Le recueil des actes de l'académie de Toulouse renferme plusieurs des *Mémoires* de M. de Puymaurin, entre autres sur les moyens de rendre les cimens indestructibles ; sur un nouvau rouleau à battre les grains, et sur les causes de la conservation des corps dans le caveau des Cordeliers de Toulouse.

PUYSÉGUR (ARMAND - MARC-JACQUES DE CHASTENET, MARQUIS DE), officier-général d'artillerie avant la révolution, etc., est né vers 1752. Petit-fils d'un maréchal de France, fils d'un lieutenant-général (*voy.* l'article suivant), il fut destiné en naissant à l'état militaire, et entra en 1768 dans le corps royal d'artillerie. Ses connaissances étendues dans son arme, un nom révéré dans l'armée, lui firent franchir facilement les rangs intermédiaires, et à l'âge de 27 ans, il arriva au grade de colonel. Peu favorisé de la fortune, ne possédant que des biens médiocres, par son mariage avec Mlle de Saint-James, il acquit des richesses dont il fit un noble usage ; on cite même de lui des traits d'une loyauté rare. Il avait touché, quelques jours avant que son beau-père déposât son bilan, une somme considérable chez un banquier qui en aurait perdu la plus grande partie par l'effet de la faillite, si le marquis de Puységur, averti de cet événement, ne se fût fait un devoir de remettre les fonds et de supporter seul la perte. Il partit en 1782 pour l'Espagne, et remplit, au siége de Gibraltar, les fonctions de major de tranchée. Il devint, en 1786, commandant du régiment d'artillerie de Strasbourg. En 1789, il se prononça pour la révolution, en adopta les principes avec franchise, et se conduisit avec modération ; il fut nommé, dans la même année, commandant de l'école d'artillerie de La Fère, et maréchal-de-camp. Les événemens de 1792 le déterminèrent à donner sa démission ; il rentra dans ses foyers, et n'y trouva pas la tranquilité qu'il allait y chercher. Accusé de correspondre avec ses deux frères émigrés, il fut détenu, pendant 2 ans, à Soissons, avec sa femme et ses enfans. Il eut occasion plus tard de déployer de nouveau sa loyauté; ayant recueilli, pendant l'absence de ses frères, une succession considérable, il tint un registre exact de tout ce qu'elle avait produit, et leur remit fidèlement, à leur retour, ce qui leur appartenait Il fut également utile à quelques victimes des troubles politiques, et entre autres à M. Fiévée, qui composa son roman de la *Dot de Suzette* dans l'asile qu'il lui avait ouvert chez lui. Après la révolution du 9 novembre 1799 (18 brumaire), il fut nommé maire de Soissons, et profita des moyens que lui donnait cette place pour faire beaucoup de bien aux malheureux. Il donna sa démission en 1805, afin de vivre retiré dans sa terre de Busancy. Depuis cette époque, M. de Puységur s'est livré avec plus d'ardeur que jamais au magnétisme, qui, malgré l'observation et la pratique de quelques hommes respectables, n'a pas encore obtenu les suffrages des vrais savans (*voy.* MESMER et HENIN DE CUVILLERS). Avant 1784, il avait déjà publié des *Mémoires pour servir à l'histoire et à l'établissement du magnétisme animal*, dont on attribua faussement les notes à M. d'Éprémenil. Il a fait paraître depuis, sur le même sujet : 1° *Suite aux Mémoires*, etc., 1805, in-8°; 2° *du Magnétisme animal considéré dans ses rapports avec diverses branches de physique*, 1807, 1809, in-8° ; 3° *Recherches, Expériences et Observations physiologiques sur l'homme dans l'état de somnambulisme naturel, et dans le somnambulisme provoqué par l'acte magnétique*, 1811, in-8°; 4° *les Vérités cheminent, tôt ou tard elles arrivent*, 1814, in-8°. M. de Puységur ne s'est pas exclusivement occupé de sciences ; la littérature lui doit aussi d'agréables productions, entre autres, une comédie intitulée : *le Juge bienfaisant*, qui fut jouée avec succès, en 1799, au théâtre de l'Odéon. C'est un trait intéressant de la vie de M. ANGRAN D'ALLERAY (*voy.* ce nom), mis en action avec autant de gaîté que de sentiment.

PUYSÉGUR (N. DE CHASTENET, COMTE DE). lieutenant-général des armées du roi, grand'croix de l'ordre royal et militaire de Saint-Louis, ministre et secrétaire-d'état de la guerre sous Louis XVI, suivit, comme ses ancêtres, la carrière des armes, et était parvenu aux premiers grades de l'armée, lorsqu'aux approches de la révolution, il fut appelé au ministère de la guerre. Il n'occupa ce poste que jusqu'en juillet 1789, époque à laquelle le roi lui retira le portefeuille, ainsi qu'à plusieurs autres secrétaires-d'état. Quoique M. de Puységur fût loin de partager les nouvelles opinions politiques, l'assemblée nationale déclara qu'il emportait les regrets et l'estime de la nation. Cet ancien ministre conserva pour Louis XVI le plus grand attachement ; il commanda une des compagnies de gentilshommes qui se formèrent le 10 août 1792, pour concourir à la défense du roi. Malgré les périls auxquels l'exposait son séjour en France, M. de Puységur ne la quitta qu'après la mort du monarque. Il mourut, au bout de quelques années, loin de sa patrie.

PUYSÉGUR (Jean-Auguste de Chastenet de), naquit le 11 novembre 1740. Il avait embrassé l'état ecclésiastique, et était rapidement parvenu aux premières dignités de l'église. Il fut d'abord évêque de Saint-Omer, puis de Carcassonne, et enfin archevêque de Bourges en 1787; nommé, en 1789, député du clergé du bailliage du Berri aux états-généraux, il s'y fit peu remarquer, et signa la protestation du 12 septembre 1791. Il ne tarda pas à émigrer, et mourut à l'étranger.

PUYSÉGUR (N. de Chastenet de), capitaine de vaisseau, second frère du marquis, fut destiné au service de mer. Il réunissait des connaissances archéologiques à celles de marin. Ce fut afin de satisfaire son goût pour les antiquités, qu'il demanda au roi d'Espagne la permission de pénétrer dans les catacombes, servant à la sépulture des Guanches, peuple dont l'origine se perd dans la nuit des temps, et qui jadis habitait l'île de Ténériffe. La permission qu'il avait obtenue du roi ne lui aplanissait aucune des difficultés de l'entreprise, et ne le garantissait d'aucun des dangers qu'elle présentait; il vint à bout, à force d'adresse et de courage, de les surmonter tous, et parvint à en extraire des momies très-bien conservées, dont il enrichit les cabinets d'histoire naturelle de Paris et de Madrid, où on les voit encore. Plein de confiance dans ses lumières, le gouvernement français chargea M. de Puységur, en 1784, de dresser les cartes de tous les débarquemens de l'île de Saint-Domingue : ce sont ces cartes qui servent encore aujourd'hui à guider la navigation dans ces parages. Ses talens, l'estime dont il jouissait, les services qu'il avait constamment rendus, et comme marin et comme savant, l'auraient élevé aux premiers grades de la marine; mais la révolution qui survint, et à laquelle il se montra fortement opposé, l'arrêta au milieu de sa carrière militaire, et le réduisit à l'obscurité de la vie privée. Il mourut à Paris, le 20 janvier 1809, regretté de tous ceux qui l'avaient connu. Son fils, le chevalier de Puységur, quitta la France au commencement de la révolution, et se trouvait à Londres en février 1806. On n'entendit parler de son retour en France que dans les derniers jours de mars 1815, époque où il seconda les efforts du comte Maxime de Puységur, son oncle, pour résister au général Clausel et à ses troupes.

PUYSÉGUR (le comte Maxime-Chastenet de), frère du marquis, colonel, inspecteur-général de la garde nationale, est né vers 1757. Officier dans les troupes françaises avant la révolution, il quitta la France à cette époque, et passa en Portugal; il fut employé au service de cette puissance avec le grade de colonel dans l'état-major de l'armée. Sur la fin du gouvernement impérial, il rentra dans sa patrie, et demeura caché chez son frère aîné, jusqu'au rétablissement du gouvernement royal en 1814. Au mois de mars de la même année, il contribua puissamment à l'entrée du duc d'Angoulême à Bordeaux. Nommé inspecteur-général de la garde nationale de la Gironde, il courut quelques dangers pendant les *cent jours*, en 1815. M. le comte de Puységur, chevalier de l'ordre royal et militaire de Saint-Louis, et de celui de Saint-Jean de Jérusalem, avait été élevé au grade de lieutenant-général en 1814. Partisan zélé, comme son frère aîné, du magnétisme animal, il a cherché, comme lui, à en propager la doctrine.

PUYSÉGUR (PAUL DE), fils du marquis, né en 1790, entra très-jeune dans la carrière des armes. Il fit, malgré la faiblesse de son âge, les campagnes d'Espagne et d'Allemagne; mais il se retira du service en 1813; il était chevalier de la légion-d'honneur. Il ne prit aucune part aux événemens de 1814 et de 1815, suivit le roi à Gand pendant les *cent jours* (1815), et fut nommé, après la seconde restauration, chef d'escadron des lanciers de la garde royale.

PYE (N.), poète anglais, jouit dans son pays d'une estime méritée: il a publié, en 1781, *Alfred*, poëme épique, et en 1783, un autre poëme sur le luxe et les arts, sous le titre de *Progrès du rafinement*, etc. La versification de ce poète est généralement élégante; l'auteur a le goût sûr et les idées justes. On a encore de lui une bonne traduction de l'*Art de la guerre* du roi de Prusse.

PYMAN (N.), ministre-d'état hollandais, issu d'une famille commerçante, se voua à la profession des armes, et était officier-supérieur à l'époque de la révolution. Il s'en montra l'un des plus chauds partisans, et devint, en 1795, secrétaire-d'état de la guerre. Il fut ensuite nommé législateur, lieutenant-général, et passa de nouveau au poste de secrétaire-d'état de la guerre sous le roi Louis (*voy.* BONAPARTE). En octobre 1806, il avait été nommé ministre plénipotentiaire de Hollande près du prince-régent de Portugal; mais, considérant cette mission comme une disgrâce, il trouva le moyen de la faire donner à un autre, et obtint, dans les premiers mois de 1807, l'emploi de directeur-général des postes du royaume, avec le titre et le rang de conseiller-d'état. Rentré depuis long-temps dans la vie privée, il n'a pour toute fortune qu'une modique pension que lui fait son gouvernement.

PYPERS (PIERRE), poète hollandais, ancien membre des états-généraux des provinces-unies, est né à Amersfort le 14 décembre 1749. Ses parens le destinaient à l'état ecclésiastique, pour lequel il montra peu de goût dès qu'il fut en âge de réfléchir. Il se sentait au contraire entraîné par un penchant décidé vers la littérature et la poésie; mais ses parens ne voulaient pas qu'il suivît les cours des professeurs qui enseignaient les belles-lettres, ni qu'il se livrât à d'autres études qu'à celles de la théologie. Il prit alors un autre parti, se rendit à Amsterdam, s'adonna au commerce, et trouva bientôt dans cette carrière une existence honorable. Ses momens de loisirs furent cependant toujours consacrés aux lettres; il travailla principalement pour le théâtre national d'Amsterdam, et y fit représenter plusieurs pièces, en partie imitées ou traduites du français. Lors de la révolution de 1795, Pypers fut d'abord nommé municipal d'Amersfort, ensuite élu membre des états provinciaux d'Utrecht, et enfin député par ceux-ci aux états-généraux. Il fut même porté à la présidence de cette assemblée. Après avoir rempli pendant quelque temps le poste de contrôleur des douanes à Amsterdam, et de membre de la municipalité de cette ville, Pypers se retira à la campagne, près d'Amersfort, où il mourut le 20 juin 1805. Ses principaux ouvrages sont: 1° *Lausus et Lydie*, tragédie, 1777; 2° *Beverley*, drame, 1781; 3° *Zémir et Azor*, opéra, 1783; 4° *le Comte de Comminge*, drame, 1788; 5° *la Caravane du Caire*, opéra, 1788; 6° *la Veuve du Malabar*, tragédie, 1786; 7° *Etienne, le premier martyr chrétien*, tragédie, 1790; 8° *Pepin, roi des Français*, 1790; 9° *Poésies nationales*, 1784-1789; 10° *Euphémie, ou le Triomphe de la religion*, drame, 1793; 11° *Adélaïde de Hongrie*, tragédie, 1793; 12° *Nephta, reine d'Egypte*, tragédie, 1794; 13° *les Amis de collège*, traduction de la comédie de M. Picard, 1801; 14° *Iphigénie en Aulide*, tragédie de Racine, 1801; 15° *Poésies champêtres, ou Géorgiques*, sous le titre de *Eemlandsch tempe*, 1803, 2 vol. in-8°.

Q

QUANTIN (PIERRE), général de division en retraite, commandeur de la légion-d'honneur, est né à Fervaque, près de Lisieux, département du Calvados, le 16 juin 1759. A l'époque de la révolution, il faisait partie du corps royal de l'artillerie. En 1792, il fut nommé capitaine des canonniers du 3° bataillon du Calvados. Il obtint rapidement les grades supérieurs, et dès 1795 il était général de division. Employé, en 1796, en cette qualité dans les départemens de l'Ouest, il y partagea les travaux et les succès du général Hédouville. Deux ans après, il reçut le commandement de la 9° division militaire à Nîmes. En 1799, il passa dans la 8°, dont le chef-lieu était à Aix. Le général Quentin adressa à cette époque, au nom du directoire-exécutif, une proclamation aux habitans de cette contrée, pour les engager à se rendre exactement aux assemblées primaires, afin d'y concourir aux élections. Les choix ne plurent cependant point au directoire, qui annula les opérations électorales. En 1801, il fit partie de l'expédition de Saint-Domingue, commandée par le général Leclerc, et ne revint en France qu'en 1802. Nommé commandant de la légion-d'honneur en 1804, et employé dans l'intérieur, il conserva plusieurs années le commandement de Belle-Ile-en-Mer. Les tratravaux qu'il fit exécuter en rendirent le port inexpugnable. Frappé d'une disgrâce dont les causes n'ont pas été rendues publiques, le général Quantin quitta, par ordre supérieur, son commandement, à la suite duquel il demanda et obtint sa retraite en 1811. Depuis cette époque, il est resté étranger aux événemens politiques; il habitait encore récemment la ville de Pont-l'Evêque, département de la Manche.

QUANTIRAN DE BOIRIE (JEAN-BERNARD-EUGÈNE), auteur dramatique, né à Paris vers 1785, est fils de l'ancien secrétaire-général de l'intendance de cette ville. M. Quantiran de Boirie s'est exclusivement livré à la littérature dramatique des théâtres des boulevarts, et la muse du mélodrame lui a inspiré un grand nombre d'ouvrages de ce genre, qu'il a composés soit seul, soit en société. Nous citerons les principaux : 1° *Storb et Verner;* 2° la *Bataille de Pultawa;* 3° la *Femme à trois visages;* 4° l'*Homme de la Forêt Noire;* 5° le *Maréchal de Luxembourg;* 6° (avec M. Frédéric) l'*Abbaye de Grasville;* 7° *Catinat;* 8° la *Caverne de Souabe;* 9° *Confidence pour confidence;* 10° (seul) *Stanislas;* 11° (avec Cuvelier) la *Jeunesse du grand Frédéric;* 12° (avec M. Lemaire) *Onze heures du soir;* 13° *le Duel et le Baptême;* 14° *les Deux Pierre;* 15° (avec MM. Merle et Mélesville) *Henri IV;* 16° *Baudouin;* 17° *Jean-sans-Peur;* 18° la *Marquise de Ganges;* 19° la *Fille maudite;* 20° *Duguesclin* (avec M. Léopold); 21° *et le Château de Paluzzi* (avec M. Mélesville), etc., etc. M. Quantiran de Boirie était, dit-on, propriétaire du théâtre des Jeunes-Artistes, rue de Bondi, qui fut supprimé par décret impérial. Il a rempli pendant plusieurs années les fonctions de régisseur-général du théâtre de l'Odéon, dont il fut privé au premier retour du roi en 1814. Aujourd'hui (1824) il est régisseur du théâtre de la Porte-Saint-Martin, emploi qu'il doit à sa confraternité avec M. Merle, qui en est le directeur.

QUARIN (LE COMTE JOSEPH), célèbre médecin allemand, naquit à Vienne le 19 novembre 1733. Fils d'un médecin distingué, il reçut une éducation très-soignée, et était à l'âge de 15 ans docteur en philosophie, et 3 ans après docteur en médecine. Van Swieten lui conseilla de se livrer à l'enseignement, pour lequel il lui jugeait de grandes dispositions. En effet, Quarin ouvrit avec succès à l'université de Vienne, en 1754 et en 1756, des cours d'anatomie et de matière médicale. Vers le même temps, il devint conseiller aulique et médecin-inspecteur de la Basse-Autriche. Aussi bon praticien qu'habile professeur, Quarin fut désigné, en 1777, par l'impératrice Marie-Thérèse, pour aller à Milan donner des soins à l'archiduc Ferdinand, qui y était tombé dangereusement malade. Il eut le bonheur de sauver ce prince, qui le choisit pour son médecin. De retour dans sa patrie, il fut nommé par l'empereur Joseph II, successivement, mais à peu d'intervalles, médecin de l'hôpital général et premier médecin de ce monarque. « Il profita, dit M. NAUCHE (*voy.* ce nom) de l'influence que lui procurait ce poste éminent pour perfectionner l'instruction médicale et améliorer le système des hôpitaux. Des écoles de clinique qu'il établit ont depuis servi de modèle à celles qui ont été formées en Italie et en France. Il procura la fondation d'hôpitaux, et s'occupa de surveiller leurs moyens de salubrité. Dans la vue de donner à ces établissemens toute la perfection dont ils étaient susceptibles, il fit un voyage en France, en Angleterre, en Italie, pour visiter ceux de ces différens pays, afin de connaître ce qui avait trait à leur économie, à leur assainissement et à leur administration. » En 1791, Quarin avait résigné son emploi de médecin de l'hôpital-général; il n'en continua pas moins de se livrer à la pratique et à l'enseignement de son art, et à mettre au jour différens ouvrages de médecine. Ses longs et importans travaux furent récompensés à l'envi par les sociétés et académies de médecine de Copenhague, Londres, Venise, Vienne, etc., qui lui envoyèrent des lettres de correspondant, et par Joseph II, qui le nomma baron (ce titre fut changé, en 1797, en celui de comte), et lui fit présent de mille souverains d'or (à peu près 20,000 francs). Cette double récompense, dont nous allons faire connaître le motif, annonce de la part de ce prince une grande force d'âme et un grand amour de la vérité. Lors de sa dernière maladie, JOSEPH II (*voy.* ce nom) voulut savoir ce que Quarin pensait de son état. Ce médecin le lui déclara avec une rare franchise, et l'empereur fut averti qu'il n'avait plus que quelques jours à vivre. De nouveaux services rendus à la science valurent au savant praticien de nouvelles récompenses. En 1802, son buste fut placé solennellement dans la salle consistoriale de l'université, et en 1808, Quarin reçut le cordon de l'ordre de Saint-Léopold. Ce savant mourut le 19 mars 1814. » Les ouvrages de Quarin, dit M. Nauche, ont eu peu de succès en France ; ils n'y ont guère été connus que par les traductions trop tardives d'Émonnot et de M. Sainte-Marie ; ils sont remplis de vues pratiques très-sages, mais ils pèchent par des divisions peu exactes et par des théories erronées sur les fièvres : théories qui régnaient au moment où ils ont été publiés. » Ces ouvrages sont : 1° *Tentamina de cicutâ*, Vienne, 1761, in-8°; 2° *Methodus medendarum febrium*, Vienne, 1772, in-8°; 3° *Methodus medendi inflammationes*, Vienne, 1774, in-8°. Ces deux derniers ouvrages, qui eurent beaucoup de succès lorsqu'ils parurent, furent traduits en anglais et en italien. Ils ont été réimprimés sous le titre de : *De curandis febribus et inflammationibus commentatio*, Vienne, 1781, in-8°, et traduit en français par Émonnot en 1800; 4° *Tractatus de morbis oculorum ;* 5° *De Entomiâ noxâ et utili physico-medicè consideratâ;* 6° *Considérations sur les hôpitaux de Vienne* : cet ouvrage est en allemand, Vienne, 1784. 7° *Animadversiones praticæ in diversos morbos*, Vienne, 1786, in-8°.

QUATREMÈRE DE QUINCY (Antoine-Chrysostôme), membre de l'institut pour la classe d'histoire et de littérature ancienne (académie des inscriptions et belles-lettres), officier de la légion-d'honneur et chevalier de Saint-Michel, aujourd'hui (1824) censeur royal des théâtres, etc. Il s'était fait connaître avant la révolution par quelques opuscules littéraires, un mémoire sur l'architecture des Égyptiens et des Grecs, couronné par l'académie des inscriptions et belles-lettres, et jouissait dans la société de la réputation d'un amateur éclairé des arts. Il prononça, le 2 avril 1790, à l'assemblée des représentans de la commune de Paris, un discours qui fut vivement applaudi, sur la *Liberté des théâtres*, dans lequel il s'élevait contre les entraves imposées trop long-temps au talent et contre les rigueurs de la censure. Il fit imprimer ce discours la même année, in-8°. M. Quatremère de Quincy avait pris rang parmi les amis de la liberté, et ses opinions politiques parurent, à cette époque, tellement conformes à celles de la majorité des électeurs de Paris, qu'ils n'hésitèrent point à lui accorder leurs suffrages, en 1791, pour représenter cette ville à l'assemblée législative. Il se montra en effet, pendant toute la durée de la session, au nombre des défenseurs de la monarchie constitutionnelle, telle qu'elle avait été établie par l'assemblée constituante. Il défendit tour-à-tour les ministres Bertrand de Molleville, Duport du Tertre, et Terrier de Monciel (*voyez* ces noms); invoqua la loi qui accordait au roi le libre choix de ses ministres; se plaignit avec chaleur des tribunes publiques, qui se permettaient d'applaudir certains orateurs, d'en siffler et huer d'autres; fit décréter, le 12 mai, qu'une fête serait célébrée en l'honneur de Simoneau, maire d'Étampes, qui avait été lâchement égorgé dans l'exercice de ses fonctions municipales, lorsque ce magistrat populaire faisait tous ses efforts pour maintenir l'ordre et le respect dû aux lois, pendant une émeute causée par la cherté des grains; combattit la proposition faite le 10 juillet 1792, de déclarer la patrie en danger, ainsi que la permanence des sections et de la commune de Paris, disant « que ces moyens amèneraient infailliblement une révolution nouvelle, et suffiraient à eux seuls pour créer de trop réels dangers. » Dans la séance du 8 août, il se prononça, ainsi que la majorité de l'assemblée, pour le général La Fayette, qui était venu protester, au nom de son armée, et contre les événemens du 20 juin, que la minorité voulait décréter d'accusation. En sortant de cette séance, M. Quatremère de Quincy fut menacé et insulté par quelques énergumènes, qui parvinrent à ameuter contre lui une multitude furieuse. Il dénonça dès le lendemain à l'assemblée les violences dont il avait failli devenir la victime, ainsi que les fréquentes atteintes portées à la liberté des opinions et à la dignité de la représentation nationale. M. Quatremère de Quincy fut incarcéré pendant le régime de la terreur; après 13 mois d'une rigoureuse détention, il obtint enfin sa liberté, lorsque le parti de Robespierre fut abattu. Il présida, dès les premières réunions des assemblées primaires, la section de la Fontaine de Grenelle, et prit depuis une part active à l'insurrection des 13 et 14 vendémiaire an 4 (1795) lorsque les sections de Paris s'armèrent contre la convention. Les troupes de ligne que celle-ci fit marcher eurent bientôt vaincu les forces mal organisées et plus mal conduites que les véhémens orateurs sectionnaires avaient imprudemment engagées dans une lutte trop inégale. Les principaux meneurs furent obligés de fuir ou de se cacher, et M. Quatremère, accusé d'avoir été un des plus ardens instigateurs de la révolte, fut condamné à mort par contumace, le 26 vendémiaire an 4 (5 novembre 1795), par le conseil militaire qui siégeait au Théâtre-Français. Cette fois cependant le parti vainqueur ne montra pas son acharnement habituel contre des adversaires qu'il avait, à la vérité, bien facilement terrassés. Le gouvernement même ferma les yeux sur l'évasion des chefs, et M. Quatremère n'eut pas de peine à se dérober à de peu sérieuses poursuites. Après s'être caché pendant quelque temps, il reparut à Paris en 1796, demanda à purger sa contumace, et trouva, en juillet de la même année, un jury qui, non-seulement le déchargea de toute accusation, mais qui déclara qu'il n'y avait pas eu de révolte en vendémiaire. On remarqua d'ailleurs que devant des juges aussi favorablement disposés, l'accusé s'était défendu avec autant de talent que d'adresse, repoussant avec force les imputations de conspiration contre la république, faisant valoir ses opinions libérales et toute sa conduite politique depuis le commencement de la révolution. Nommé, par le département de la Seine, député au conseil des cinq-cents au mois de ventôse an 5 (mars 1796), M. Quatremère y devint un des membres les plus actifs du parti dit de *Clichy*, et se prononça, dans tous les débats, contre les institutions républicaines et le gouvernement directorial; aussi fut-il porté un des premiers sur les listes de déportation des 18 et 19 fructidor an 5 (4 et 5 septembre 1797); mais il eut encore le bonheur de se soustraire, par une prompte fuite, à cette nouvelle proscription, et ne partagea point le funeste sort de ses collègues, jetés dans les déserts de Sinnamary. Rappelé par un des premiers actes du gouvernement consulaire, en décembre 1799, il fut nommé, l'année suivante, membre du conseil-général du département de la Seine, et devint secrétaire de ce conseil au mois de juillet de la même année. Il fut ensuite nommé membre de l'institut pour la classe d'histoire et de littérature ancienne, et décoré par Napoléon de la croix de la légion-d'honneur. Après la rentrée du roi, M. Quatremère de Quincy a été nommé officier de la légion-d'honneur et chevalier de l'ordre de Saint-Michel. Il est chargé, depuis 1816, de la rédaction du *Journal des Savans*, pour la partie des beaux-arts, et fait partie du conseil honoraire d'artistes et d'amateurs, établi près du ministère de la maison du roi. En 1823, il a accepté la place de censeur des théâtres de la capitale. Les fonctions rigoureuses que la police lui a confiées, et qu'il exerce conjointement avec quelques collègues non moins zélés, doivent souvent lui paraître bien pénibles, surtout depuis la vaste extension donnée au système des interprétations et la terreur des allusions même les plus difficiles à saisir. L'éloquent discours qu'il prononça devant la commune de Paris en 1790, sur la *liberté des théâtres*, devrait cependant rassurer les auteurs dramatiques sur la part qu'il peut prendre aux mutilations, parfois singulières, dont ils ne cessent de se plaindre. M. Quatremère de Quincy est auteur des ouvrages suivans : 1° *Mémoire* sur cette question : *Quel fut l'état de l'architecture chez les Égyptiens, et qu'est-ce que les Grecs en ont emprunté ?* Ce mémoire a été couronné par l'académie des inscriptions, 1785, in-4°; 2° *Considérations sur les arts du dessin en France*, suivies d'un *Plan d'académie ou d'école publique*, et d'un *Système d'encouragement*, 1790, in-8°; 3° *Suite* du même ouvrage, 1791, in-8°; 4° *seconde suite*, 1791, in-8°. Renou a répondu par une *Réfutation de la seconde suite*, etc. 5° *Dictionnaire d'architecture* (dans l'Encyclopédie méthodique), 1795 et années suivantes, 1 volume in-4°; 6° *Lettres sur les préjudices qu'occasionerait aux arts et à la science le déplacement des monumens de l'art de l'Italie*, 1796, in-8°; 7° *le Jupiter Olympien, ou l'Art de la sculpture antique en or et en ivoire*, 1814, in-fol.; 8° *Considérations morales sur la destination des ouvrages de l'art*, 1815,

in-8°. Il est encore auteur d'une *Notice sur Canova*, sur ses ouvrages, et particulièrement sur la statue du *Pugilateur;* de divers rapports importans faits au conseil-général du département de la Seine, dont un du 15 thermidor an 8, *sur l'instruction publique ;* d'un autre rapport sur l'édifice dit de Sainte-Geniève, fait au directoire du département de Paris, 1791, in-4°; d'un *Éloge funèbre de Dansse de Villoison*, prononcé en mai 1805, et de plusieurs Mémoires sur différens sujets, lus dans les séances publiques de l'institut. En qualité de secrétaire-perpétuel de l'académie des beaux-arts, M. Quatremère de Quincy a lu, en octobre 1824, dans une séance publique, un éloge de M. Heurtier, architecte. Ayant trouvé peu de choses à faire valoir dans les ouvrages ou constructions de cet artiste, l'orateur a habilement rejeté cette pénurie sur la révolution, cause selon lui de tant de maux. L'extrême division des propriétés, si fâcheuse en ses résultats, et qui ne permet pas d'élever de grands monumens en France, a sans doute étouffé le génie de l'architecte, quoique celui-ci fût entré dans la carrière des arts une vingtaine d'années avant la révolution.

QUATREMÈRE DISJONVAL (DENIS-BERNARD), frère du précédent, né à Paris le 4 août 1754, était doué d'un goût particulier pour les sciences et pour les arts, qu'il cultiva avec succès. Il recula les bornes de certaines connaissances, fut l'inventeur de quelques-unes, qui n'attendent que le sceau de l'expérience pour devenir populaires, et sa célébrité précoce le plaça, à 22 ans, au rang des chimistes les plus distingués. Il dirigeait, dès l'âge de 17 ans, la plus considérable manufacture de France, celle des Paignon, à Sedan, et y partageait ses momens de loisir entre l'étude des mathématiques et celle de la physique, lorsque l'annonce d'un prix proposé par l'académie royale des sciences de Paris, sur l'analyse chimique de l'indigo, et l'examen de tous les phénomènes que présentait l'emploi de cette fécule dans les arts, vinrent électriser son imagination. L'établissement auquel il présidait était peut-être celui de l'Europe, où il s'en employait le plus pour les diverses espèces de teintures. Le jeune Quatremère voulut joindre aux renseignemens certains qu'il avait acquis sur l'emploi de l'indigo, un ensemble de connaissances relatives à sa culture et à ses diverses espèces dans les deux mondes : pour cet effet, il fit un voyage dans tous les ports de France. Le mémoire qui en résulta, rapproché de tous ceux qui arrivèrent pour le concours, fut, selon l'expression de l'auteur, un coup de foudre parmi les commissaires chargés de l'examen ; ils le trouvèrent de première force pour le fond et pour la forme, et néanmoins, par des motifs particuliers, ils décidèrent qu'il partagerait le prix avec le mémoire qui le suivait immédiatement en mérite. Si ce fut une injustice, l'auteur en fut bientôt vengé par le témoignage unanime des savans. Une autre sorte de gloire lui était réservée en Hollande : ce mémoire y fut traduit dans la langue du pays, et mis au nombre des ouvrages de toutes les parties du globe, promettant le plus d'utilité à l'industrie de la Hollande et de ses colonies; il fut également traduit en allemand, à Weimar, et en suédois, à Copenhague. Un nouveau triomphe attendait M. Quatremère à l'académie. D'après le droit que lui donnait la victoire qu'il venait de remporter, d'en faire en quelque sorte partie, il y lut une analyse du pastel et un examen plus particulier du rôle que joue dans les cuves d'indigo cette autre substance végétale, qu'on est contraint de lui adjoindre pour teindre les étoffes en laine. Ce mémoire réunit les suffrages de toutes les personnes impartiales, mais souleva contre l'auteur toutes les jalousies de coterie, et fut, selon lui, la source d'une foule de désagrémens dont sa vie fut semée. Un troisième mémoire, couronné, en 1780, par l'académie de Rouen, sous le titre d'*Analyse des terres calcaires*, soit quant à la partie chimique, soit quant à la partie des arts, vint encore ajouter à sa réputation et augmenter le nombre de ses adversaires, en lui méritant l'éloge flatteur *d'avoir créé la langue des sciences*. Il traduisit ensuite, de l'anglais d'Edward Hussey de Laval, les *Recherches expérimentales sur la cause des changemens de couleurs dans les corps opaques et naturellement colorés*. Ce fut vers le même temps qu'il fut conduit à la découverte des sels triples, par les efforts qu'il faisait pour produire du nitre et du sel marin de magnésie, constamment cristallisés. Cette découverte, qu'on voulut en vain lui disputer, et qui eut des résultats entièrement neufs, et jusque-là inaperçus, lui ouvrit, après la mort de Macquer, les portes de l'académie des sciences. Pour arriver plus sûrement à son but, il crut devoir prendre une précaution que semblaient nécessiter les préventions que la classe de chimie avait contre lui : l'occasion était favorable. La classe de botanique venait de proposer pour sujet de prix : « Examiner les caractères » qui distinguent les cotons des di- » verses parties du monde, ainsi » que les différences qui en résul- » tent pour leur emploi dans les » arts. » Non-seulement il remplit les vues de la classe, mais il joignit à son mémoire un modèle en cuivre, qu'on voit encore au conservatoire ; par ce moyen, chose inouïe jusqu'alors ! tout le monde peut filer, et ne peut que bien filer. Si le nouveau modèle, à qui il dut peut-être le succès de son mémoire sur les cotons et sa place d'académicien, a totalement changé leur exploitation quant à la filature, les laines lui durent bientôt le même avantage sous le même rapport, par l'invention de plusieurs outils qui donnent à cette matière une amélioration incalculable. M. Quatremère ne se borna pas à améliorer les laines par les outils, il s'occupa encore de les améliorer par le croisement des races, et surtout en tenant jour et nuit les troupeaux en plein air. Il croit cette précaution tellement nécessaire, qu'il affirme que sans elle le croisement des races est absolument inutile, ce qu'il prouve par le besoin de laines étrangères, devenu plus impérieux, pour obtenir des draps de première qualité, depuis trente ans que l'on croise nos races avec des mérinos plus ou moins dispendieusement achetés; ce qui, à ce qu'il prétend, n'aurait point lieu si la méthode, dont il avait démontré l'excellence, de tenir les troupeaux en plein air jour et nuit, été comme hiver, avait pu prévaloir, et à cet égard il s'étaie des témoignages les plus respectables, « sans re- » gretter, dit-il, un million qu'il » lui en a coûté pour arracher aux » contradictions de l'ignorance et » de l'intrigue les deux plus grandes » améliorations qu'eussent jamais » abordées les sciences. » Le sacrifice qu'il venait de faire de sa fortune à l'utilité publique, l'ayant forcé de passer en Hollande, il ne tarda pas à prendre partie dans l'armée patriotique hollandaise; il en devint bientôt un des soutiens les plus distingués; fait prisonnier par les généraux du prince d'Orange, et en même temps compromis relativement à une mission secrète dont il avait été chargé par ses chefs, il fut détenu comme prisonnier de guerre, mais absous quant à sa mission, et se lia « d'une » honorable et étroite amitié » avec les généraux qu'il avait combattus. Pour charmer le désœuvrement de sa captivité, il composa un mémoire sur cette question proposée par le grand Frédéric lui-même : « Quels seraient les » moyens d'améliorer les terres » par les animaux, et les animaux » par les terres ? » Plus capable que personne de traiter ces matières, il le fit d'une manière distinguée; mais cette perfection même, qui devait améliorer son sort, servit à l'aggraver, en réveillant la haine de ses ennemis, qui, ne pouvant le faire détenir comme coupable, parvinrent, à force d'argent et d'intrigues, à le faire séquestrer à Utrecht, sous le prétexte d'aliénation mentale. Mais le peuple hollandais chercha à le dédommager de cette injustice, en faisant imprimer son analyse de l'indigo, et en le chargeant de traduire en français les deux œuvres posthumes de Camper : c'était associer son nom à celui « du plus grand homme des Provinces-Unies. » On fit encore jouer quelques ressorts pour lui enlever la gloire de ces deux traductions, mais leur mérite triompha de tous les obstacles. M. Quatremère employait ses loisirs à des observations sur différens sujets; celles sur les araignées doivent occuper une place distinguée par les résultats étonnans qu'elles eurent. L'auteur, dans une édition de son *Aranéologie*, a fait entrer sa découverte de la prodigieuse influence du premier quartier de la lune et des quatre intersections lunaires, système qui sert de base à son calendrier aranéologique, et qui est appuyé lui-même sur 30 ans d'observations météorologiques. Les araignées, suivant M. Quatremère, formeraient donc un hygromètre parfait; c'est ce qu'il croit avoir prouvé. De retour en France vers 1796, M. Quatremère Disjonval rentra dans la carrière politique, et prétend ne pas être étranger à la prise de l'amiral Sidney-Smith par le commodore Jean-Joseph Muskein, qui le remit aux Français. Ce commodore était d'Anvers, intimement lié avec M. Quatremère, et rival de bravoure et de gloire de sir Sidney Smith dans l'immortelle campagne qui a conduit les Suédois jusque sous les murs de Saint-Pétersbourg, à l'aide de bateaux canonniers d'une nouvelle construction. M. Muskein sut s'en procurer tous les plans, quoique soigneusement gardés par le gouvernement suédois, et M. Quatremère Disjonval décida son ami à les céder au ministre de la marine française. C'est sur ces plans que fut construite la première flottille de bateaux canonniers qui couvrit la Manche au moment où le général en chef Bonaparte passa en Égypte, et qui inspira aux Anglais une telle frayeur, qu'ils avaient retiré leurs forces maritimes de toutes parts pour défendre leurs côtes ; ainsi, M. Quatremère Disjonval aurait concouru au succès du voyage d'Égypte, et par la construction de la flottille, et par la prise de sir Sidney Smith, qui, connaissant la nouvelle marine, aurait pu en contrebalancer le succès. On était si peu accoutumé jusqu'ici à voir les araignées jouer un rôle important dans les affaires politiques, qu'il faut toutes les preuves dont s'environne M. Quatremère Disjonval, pour faire croire aux pronostics aranéologiques, qui, selon lui, décidèrent le fameux passage des Alpes en 1800. Ces preuves résultent d'une correspondance suivie entre le général Berthier et l'auteur, ainsi que d'un procès-verbal envoyé jour par jour, au gouvernement, d'où il suit que l'anticipation des mouvemens aranéologiques ayant été de six semaines cette année, on en conclut que la fonte des neiges serait, à la fin de mai, comme elle a coutume d'être à la fin de juillet, ce que l'événement justifia. Alors M. Quatremère Disjonval fut nommé chef d'état-major d'une division qui fut organisée pour tenter de franchir le Simplon. Après le premier succès, il proposa de construire au même lieu une route militaire de 24 pieds de large à travers les Alpes. Il fut encore nommé chef d'état-major d'une nouvelle division destinée à cet objet, et en moins de 3 mois, le plan en fut dressé et envoyé au général Berthier, ministre de la guerre. C'est de cette époque que date son ouvrage sur les boissons militaires, dont l'idée lui fut suggérée par les travaux extraordinaires auxquels il présidait; sa lettre au préfet du département du Léman, sur l'encaissement du Rhône; sa nouvelle voiture hydraulique contre les incendies, et une grue propre à arracher ou à relever les arbres, portant la même date. Toutes les pièces mécaniques de ces différentes découvertes sont exposées au conservatoire des arts, ainsi qu'une foule d'autres, inventées depuis long-temps, mais singulièrement perfectionnées depuis peu. Nous n'avons considéré jusqu'ici M. Quatremère Disjonval que sous le rapport de ses découvertes en physique; nous allons le voir sous celui de ses découvertes intellectuelles : elles se rapportent à l'origine des cultes, des arts, du langage et de l'écriture. Il établit que le besoin d'eau est le premier principe auquel il faut rapporter toutes les inventions de l'esprit humain, notamment l'architecture, les cérémonies religieuses, les noms et les attributs des divinités; que les langues se formèrent d'abord par l'imitation du bruit de l'eau, du bruit des instrumens qui la procurèrent, du cri des animaux qui l'invoquent; que les signes de l'arithmétique, de la musique, de l'alphabet, ne sont autre chose que les linéamens des machines putéales; que l'application de ces signes, où l'écriture fut toute d'abord hiéroglyphique.... Telles sont les bases du système de M. Quatremère, savamment développées dans un rapport de l'athénée de Lyon, daté du 4 pluviôse an 10; et l'on sent de suite toute l'étendue des conséquences qu'il peut en tirer. C'est surtout la langue grecque qu'il regarde comme la plus hiéroglyphique de toutes ; il reconnaît quatre écritures grecques, dont trois, dit-il, étaient connues avant lui sans être comprises, et dont la quatrième n'avait été avant lui ni connue ni comprise. Il prétend que chaque lettre, dont il porte le nombre à plus de six cents, peint, suivant la variété de ses inflexions, de ses dimensions et de ses positions, non-seulement les objets, mais encore leurs modifications et leurs accessoires. C'est particulièrement sur les variations du *psi* qu'il fonde ses observations. L'auteur en compte plus de trente ayant des sens différens. On ne peut nier que cette opinion nouvelle n'ait quelque chose de séduisant; néanmoins on peut faire observer à l'auteur que la langue hiéroglyphique a beaucoup perdu de son crédit depuis qu'il est démontré que les hiéroglyphes égyptiens ne sont que des lettres qui se retrouvent dans tous les mots où leur présence est nécessaire comme signe alphabétique; quant au *psi*, dont la forme variée sert à modifier trente fois les objets, il ne pourrait, selon nous, jouir de ces avantages qu'autant qu'il serait une lettre primitive; or, on sait qu'Homère ne s'est point servi de lettres doubles qui n'existaient pas de son temps. Le *psi* même ne fut inventé comme lettre double qu'une des dernières, vers le temps de Simonide; au reste, nous ne prétendons pas déprécier la découverte de M. Quatremère Disjonval, et nous aimons à croire qu'il lui sera facile de coordonner sa doctrine aux connaissances nouvellement acquises. M. Quatremère Disjonval fut ensuite admis à faire des expositions orales de son système au collége des Irlandais; et malgré l'affluence des auditeurs et l'intérêt qu'aurait dû exciter cette nouvelle science, il lui fut signifié par huissier de discontinuer ses leçons. Il se rendit alors en Hollande, et fut chargé, par M Gérard Vanderwallen, premier commissaire-inspecteur des corderies de marine militaire, d'établir en grand le nouveau rouissage de M. Bralle; après avoir terminé ses épreuves de la manière la plus satisfaisante, il revint à Paris, où l'attendaient des persécutions injustes sans doute. S'étant rendu à Saint-Denis, pour y faire connaître l'enseignement mutuel, il y fut arrêté, détenu pendant deux mois, et enfin conduit dans une ville distante de 40 lieues de Paris et de 40 lieues des frontières, pour y rester sous la surveillance des autorités locales. La première restauration, en 1814, le rendit à une entière liberté. M. Quatremère Disjonval avait profité de son exil pour donner de nouveaux développemens à sa nouvelle doctrine. La première partie, qui consiste à prouver que tous les caractères sont des machines à puiser l'eau, lui paraissant complète, il ne s'occupa que de la seconde, et crut démontrer jusqu'à l'évidence que ces machines ou instrumens n'avaient été adaptés à la confection des mots que d'après un rapport plus ou moins parfait, avec la forme des objets moraux ou physiques qu'il s'agissait d'exprimer. Ceci ne servant qu'à corroborer ce que nous avons déjà dit sur le même objet, nous nous abstiendrons de rapporter les nouveaux raisonnemens de l'auteur, et nous nous contenterons de lui demander, tout en rendant justice à son étonnante sagacité, comment il arrive que le T égyptien ressemble si peu au T des langues anciennes. En effet, toutes les lettres des premières langues, ayant eu une même origine, devaient avoir quelque rapport entre elles, et le T égyptien est une main étendue, comme des découvertes récentes l'ont démontré. Au reste, M. Quatremère trouva partout des admirateurs sincères de sa doctrine; mais les éloges qui durent le flatter le plus furent ceux qu'il reçut des Hellènes réfugiés à Marseille. Ils ne furent pas médiocrement touchés du haut rang qu'on assignait à leur langue dans les connaissances humaines. Il s'est établi à cet effet une *confédération hellénique pour la restauration du grec*, dont M. Quatremère fut nommé président. Ce savant a reçu des hellénistes les plus distingués de France les témoignages les plus honorables, qui ne l'enorgueillissent qu'autant qu'ils peuvent contribuer aux progrès de la science à laquelle il s'est voué. Quoique nous ayons parlé de ses ouvrages les plus distingués suivant l'ordre des événemens, nous allons en donner une liste exacte. M. Quatremère a publié : 1° *Analyse et Examen chimique de l'indigo*, pièce couronnée par l'académie des sciences, 1777, in-8° et in-4°, traduit en allemand, Weimar, 1778, in-8°; en danois, par Viborg, Copenhague, 1778. 2° *Mémoire sur la découverte des sels triples*, Paris, chez Demonville, 1784; Léipsick, en allemand, 1785. 3° *Recherches expérimentales sur la cause des changemens des couleurs dans les corps opaques et naturellement colorés*, traduit de l'anglais de Hussey de Laval, 1778, in-8°; 4° *Collection de mémoires chimiques et physiques*, dont plusieurs ont été couronnés par l'académie des sciences, 1784; traduite en allemand, Léipsick, 1785. 5° *Essai sur les caractères qui distinguent les cotons des diverses parties du monde, et sur les différences qui en résultent pour leur emploi dans les arts*, Paris, 1784, in-4°; 6° *Dissertation physique sur les différences réelles que présentent les traits du visage chez les hommes de différens pays et de différens âges*, traduite du hollandais, Utrecht, 1791, in-4°; 7° *Discours prononcé par feu M. Pierre Camper, sur les moyens de représenter d'une manière sûre les diverses passions qui se manifestent sur le visage*, etc., traduit du hollandais, Utrecht, 1792, in-4°; 8° *sur la Découverte du rapport constant entre l'apparition et la disparition, le travail ou le repos, le plus ou le moins d'étendue des toiles et des fils d'attache des araignées des différentes espèces, et les variations atmosphériques*, etc., Lahaye, 1785, in-8° de 100 pages; le texte est accompagné d'une traduction hollandaise par P. Boddaert, qui en fut l'éditeur. 9° *de l'Aranéologie, ou sur la découverte*, etc., Paris, an 5 (1797), in-8° de 140 pages; même ouvrage que le précédent, mais augmenté et totalement refondu. 10° *Nouveau Calendrier aranéologique*, 1795, in-8°; *id.*, 3° année, Liége, an 8 (1799), in-16 de 80 pages. 11° *Lettre au général Berthier sur le passage du Simplon*, 1800, in-4°; 12° *Lettre au citoyen d'Eymar, préfet du Léman, sur l'encaissement du Rhône et l'exploitation de quelques espèces particulières de bois, depuis le mont Simplon jusqu'au lac de Genève*, 1801, in-8°; 13° *Cours d'idéologie démontrée, servant d'introduction à l'étude des trois langues orientales* : c'est le programme, en trois pages in-4°, d'un cours que l'auteur faisait en 1803 au collége des Irlandais, contenant le germe de la doctrine dont nous avons parlé dans cet article; 14° *Manuel sur les moyens de calmer la soif et de prévenir la fièvre*, Châlons-sur-Marne, 1808, in-8°. Ce livre contient différens mémoires : l'un, sur l'avantage de substituer au vinaigre, pendant les chaleurs, de l'eau aiguisée par quelques gouttes d'acide sulfurique et un peu de crême de tartre; un autre, sur la possibilité de se rendre inaccessible à la fièvre; un troisième enfin, sur l'économie qu'il y aurait à ne griller le café qu'en vase clos, après y avoir ajouté cinq onces de mélasse par livre. M. Quatremère Disjonval a aussi inventé une *voiture hydraulique* pour éteindre les incendies, et fait d'autres découvertes en mécanique : l'on peut voir encore au conservatoire des arts et métiers les modèles de plusieurs machines, tels qu'une *peloteuse*, un *lévier pour déraciner ou redresser les arbres,* un *rouet à tordre et à câbler en même temps*, etc.

QUATRESOUS (N.), l'une des héroïnes de la révolution que l'amour de la patrie conduisit sous les drapeaux. Née dans le département de l'Isère, à l'âge de 16 ans elle avait fait plusieurs campagnes, et avait eu 2 chevaux tués sous elle, à la bataille de Hondscoote, sans que son sexe eût été reconnu. Il le fut cependant à la suite d'une action où elle fut blessée. Elle dut alors quitter le service, où elle avait passé trois ans; mais la convention nationale, pour la récompenser, lui accorda, par décret du 22 avril 1794, une pension qui devait être augmentée le jour de son mariage. Cette héroïne retourna dans ses foyers, où le souvenir de son courage et ses mœurs austères lui méritèrent l'estime de ses concitoyens.

QUEINEC (Joseph), ex-législateur, se prononça en faveur de la révolution, et dut à la confiance que ses principes inspirèrent à ses concitoyens, d'abord plusieurs fonctions dans l'administration du département du Finistère, qu'il habitait, et ensuite, au mois de septembre 1792, son élection à la convention nationale. Il ne s'y fit point remarquer jusqu'au procès du roi, où il se prononça en ces termes : « Je ne suis pas juge, et ne puis voter que pour la détention pendant la guerre et pour la déportation à la paix. » Ce vote modéré le fit classer parmi les membres attachés au parti de la *Gironde*, auquel en effet il fut fidèle, ayant combattu le parti opposé et signé la protestation du 6 juin 1793 contre le coup d'état du 31 mai précédent. Décrété d'arrestation avec 72 de ses collègues, il eut le bonheur d'être l'un des proscrits dont la détention cessa après les événemens du 9 thermidor an 2 (27 juillet 1794). Rappelé à la convention nationale, il fit partie des deux tiers de cette assemblée qui passèrent au conseil des cinq-cents. M. Queinec sortit du conseil en 1798, et rentra dans la vie privée.

QUELEN (le comte Auguste-Marie-Louis de), d'une ancienne famille de Bretagne, alliée à la maison du duc d'Aiguillon, est né à Paris en 1774. Son père, le comte de Quelen, chef d'escadre, le destinait à l'état ecclésiastique; mais, lui voyant peu de dispositions pour cet état, il lui fit faire des études analogues à la profession des armes. Le jeune de Quelen était au moment d'entrer à l'Ecole militaire lorsque la révolution éclata. Atteint par la première réquisition, il servit comme soldat jusqu'à l'époque où le décret de la convention nationale obligea tous les ci-devant nobles à quitter les armées. Il se retira à Verneuil, où, s'étant rendu suspect, il fut incarcéré. Les événemens du 9 thermidor an 2 (27 juillet 1794) lui firent recouvrer la liberté. En 1795, il partit de nouveau comme réquisitionnaire. De retour à Paris, il se maria, et était, en 1811, écuyer de la mère de l'empereur Napoléon. Nommé, en 1813, chef de bataillon de la 7ᵉ légion de la garde nationale parisienne, il en devint major l'année suivante. Après la première restauration, en 1814, il reçut du roi la décoration de la légion-d'honneur. Lorsque Napoléon quitta l'île d'Elbe, au mois de mars 1815, M. de Quelen alla, avec plusieurs officiers de cette garde, offrir ses services à *Monsieur*, frère du roi, pour former la légion colonel-général, destinée à s'opposer au retour de Napoléon. S. A. R. le nomma major; mais les événemens du 20 mars rendirent inutiles les dispositions qui venaient d'être faites. M. de Quelen donna alors ou reçut sa démission, et ne reprit son poste qu'après le second retour du roi. Il remplaça M. de Brevannes dans l'emploi de chef de la 7ᵉ légion.

QUELEN (le comte HYACINTHE-LOUIS DE), archevêque de Paris, pair de France, membre de l'académie-française, etc., frère du précédent, est né à Paris, le 8 octobre 1778. Dès le commencement de ses études au collége de Navarre, il annonça des dispositions pour l'état ecclésiastique, et fut tonsuré en 1790. Les événemens qui suivirent bientôt auraient arrêté ses progrès dans les études exigées pour cette profession, si plusieurs prêtres instruits, recueillis chez son père, ne lui eussent fait continuer ses cours de théologie. Par suite du rétablissement du culte en France, il suivit au séminaire de Saint-Sulpice des études régulières, et fut reçu prêtre en 1807. Il devint bientôt après grand-vicaire de l'évêque de Saint-Brieuc, et fut chargé par le cardinal Fesch, oncle de l'empereur, de former la maison de S. Em., qu'il suivit à Paris, sans être néanmoins revêtu d'un titre particulier. Le cardinal étant tombé dans la disgrâce de l'empereur et obligé de se retirer dans son archevêché de Lyon, M. de Quelen, par un sentiment des plus honorables, celui de la reconnaissance, accompagna le prélat, et ne voulut pas le quitter, quoique l'archevêque de Malines, pendant son séjour à Lyon, l'eût fait nommer chapelain de l'impératrice Marie-Louise. M. de Quelen revint à Paris, et resta attaché comme prêtre à l'église de Saint-Sulpice. Après la première restauration, en 1814, le cardinal Talleyrand de Périgord confia à son zèle la direction spirituelle des maisons royales dépendantes de sa juridiction, et, en 1815, le nomma vicaire de la grande-aumônerie. Pendant les *cent jours* (1815), M. de Quelen vécut dans la retraite à Paris, et reprit ses fonctions après le second retour du roi. L'amitié que lui portait le prélat se manifesta plus particulièrement en 1817. S. Em. ayant été nommée archevêque de Paris, obtint M. de Quelen pour l'aider dans l'administration de son diocèse. Dans la même année, M. de Quelen fut sacré évêque de Samosate et nommé coadjuteur de M. de Talleyrand-Périgord. A la mort de S. Em. il lui succéda comme archevêque de Paris. Pourvu de ce siége, M. de Quelen a montré un zèle infatigable dans l'administration de son diocèse, et surtout lors de ses visites pastorales pendant les nombreux exercices des missionnaires. Ce prélat, devenu membre de la chambre des pairs, s'y est fait remarquer, en 1824, par son opinion toute populaire contre le remboursement des rentes. Dans la même année, au mois de juillet, il a été élu à la place vacante à l'académie-française par la mort du cardinal de Beausset. Le 4 août, M. de Quelen a prononcé quelques mots sur la mort de cet illustre pair, et a invité la chambre à se faire lire pour tout éloge (proposition que la chambre a adoptée) la *notice* de M. l'abbé de Montesquiou sur M. le cardinal de Beausset. Cette haute modestie doit faire penser que les fonctions d'académicien ne seront jamais que secondaires pour M. l'archevêque de Paris. On connaît de ce prélat, comme orateur, l'*Oraison funèbre de Louis XVI*, prononcée à Saint-Sulpice et à Saint-Roch, en 1814, et l'*Oraison funèbre de M. le duc de Berri*, prononcée dans l'église de Notre-Dame, en 1820.

QUERBOEUF (LE P. MARIE DE), ancien jésuite, naquit dans la ci-devant province de Bretagne, le 13 janvier 1726. Il fut admis jeune encore dans la société de Jésus, et n'en sortit qu'à l'époque de la dissolution générale de la société. Le P. Querboeuf adopta dès ce moment l'habit ecclésiastique séculier, et jusqu'au com-

mencement de la révolution, il s'occupa exclusivement de littérature. Dans la crainte d'être atteint par les mesures sévères dont étaient frappés les prêtres qui se montraient opposés au nouvel ordre de choses, il quitta la France et se retira dans les Pays-Bas, où l'on croit qu'il mourut en 1793. Lors de son départ de la capitale, soit insouciance, soit précipitation, il laissa dans son cabinet, parmi plusieurs objets précieux, le manuscrit autographe des *Lettres latines* du célèbre Huet, évêque d'Avranches, que le prélat avait légué par testament à la maison professe des jésuites de Paris : manuscrit qui fait aujourd'hui partie des richesses de la bibliothèque du Roi. Le P. Querboeuf a publié, comme auteur ou éditeur, les ouvrages suivans : 1° *Ode sur la naissance de M. le duc de Berri*; 2° *Oraison funèbre de Mgr. le duc de Bourgogne*. C'est une traduction du latin de son confrère le P. Willermet, Paris, in-12, 1761. 3° Une édition des *Mémoires pour servir à l'histoire de Louis, dauphin de France*, recueillis par le P. Griffet, Paris, 1777, 2 vol. in-12; 4° une nouvelle édition des *Lettres édifiantes et curieuses, écrites des missions étrangères par quelques missionnaires de la compagnie de Jésus*, etc., Paris, 1780-1783, 26 vol. in-12; 5° une édition des *OEuvres de M. François de Salignac de Fénélon*, avec une *Vie* de l'auteur, Paris, 1787-1792, 9 vol. in-4°, faite aux frais du clergé de France. Cette édition avait d'abord été confiée aux soins de l'abbé Gallard, docteur de Sorbonne, qui ne put s'en occuper que lentement, par suite du mauvais état de sa santé. Le P. Querbœuf fut nommé pour le remplacer dans ce travail. Il fit en entier la *Vie de Fénélon*, morceau étendu qu'il eût pu rendre piquant, s'il l'eût envisagé dans ses rapports littéraires. L'édition d'ailleurs a été faite sans que le P. Querbœuf eût consulté les éditions précédentes, et les auteurs qui avaient parlé de l'immortel auteur du Télémaque. Au surplus, le cardinal de Beausset, en publiant, en 1808, l'*Histoire de la vie et des ouvrages de Fénélon*, a rempli d'une manière distinguée le vœu des amis des lettres. 6° Une édition des *Observations sur le contrat social de J. J. Rousseau*, par le P. Berthier, Paris, in-12, 1789; 7° une édition des *Réflexions spirituelles du P. Berthier*; 8° *Abrégé des principes de Bossuet et de Fénélon sur la souveraineté*, Paris, 1791, in-8°; 9° *Sermons du P. Charles Frey de Neuville*, Paris, 1776, 8 vol. in-8°. Le P. Querbœuf les publia de concert avec le P. Mars, son ancien confrère.

QUERELLE (N.), agent royaliste, était né à Vannes, département du Morbihan. Engagé d'abord parmi les *Chouans*, il montra du courage, et s'attacha à Georges Cadoudal. Il fut compris dans la pacification consulaire de 1800; mais il ne quitta point son chef, et fut un des agens employés dans la conspiration que ce dernier dirigea, au mois de mars 1804, contre la personne et la vie du premier consul Bonaparte. Le complot échoua, et Querelle fut arrêté au mois de janvier 1805, avec deux autres agens, Picot et Lebourgeois. Traduit avec eux devant une commission militaire, il fut condamné à mort. Au moment de l'exécution du jugement, il demanda à faire des révélations importantes, qui amenèrent, dit-on, l'arrestation des chefs des conjurés. Picot et Lebourgeois subirent leur sort, et Querelle resta détenu jusqu'après le procès de Georges Cadoudal et de Pichegru, où néanmoins il ne parut ni comme révélateur ni comme témoin. Remis en liberté, il a été entièrement perdu de vue.

QUESNAY-DE-SAINT-GERMAIN (N.), était homme de loi à l'époque de la révolution, dont il adopta les principes. Nommé, en 1790, juge au tribunal du district de Saumur, sa ville natale, il fut chargé par ses concitoyens de se rendre à Paris pour féliciter l'assemblée constituante sur ses travaux; il se présenta à la barre de cette assemblée le 18 février (1790), et remplit honorablement sa mission. M. Quesnay-de-Saint-Germain étant de retour à Saumur, le département de Maine-et-Loire le nomma, au mois de septembre 1791, membre de l'assemblée législative, où il occupa plusieurs fois la tribune, entre autres pour demander que les prêtres qui se marieraient pussent conserver leur traitement, et, le 19 novembre 1791, pour faire décréter que les frais qu'occasionerait la mise en état des frontières fussent prélevés sur le produit de la vente des biens des émigrés. Après la session il retourna dans ses foyers, et ne fut pas élu aux législatures qui succédèrent à l'assemblée dont il avait fait partie. En 1800, le gouvernement consulaire l'appela aux fonctions de président du tribunal de Saumur, qu'il a remplies pendant plusieurs années.

QUESNÉ (Jacques Salbigoton), littérateur, né dans le département de la Seine-Inférieure, a, pendant plusieurs années, exercé des fonctions administratives, après avoir servi quelque temps dans les 96ᵉ et 49ᵉ demi-brigades. Inspecteur des droits-réunis dans le département de la Creuse en 1804, il passa successivement dans les départemens du Cantal et de la Roër avec la même qualité. Il demanda sa retraite en 1812. Par un sentiment des plus honorables, en 1815, « voyant, dit-on, les charges énormes imposées à la France par le traité de 1815, il alla offrir au directeur-général des impositions indirectes, pendant un an, un service gratuit qui fut accepté. » Il a publié, entre autres ouvrages, les suivans : 1° *Lettres à M. Mercier sur les loteries*, in-8°; 2° *le jeune Matelot, ou le Noviciat en mer*, 1 vol. in-18; 3° *Busiris, ou le nouveau Télémaque*, 2 vol. in-12; 4° *Portraits*, in-8°; 5° *Journées d'un vieillard*; 6° *Eloge de Boileau*, 1804; 7° *Poinsinet*, pièce en 1 acte, représentée en 1815, sur le théâtre de Gueret; 8° *Lettres sur le Psychisme*, plusieurs éditions de différens formats; 9° *Eloge de Pascal*; 10° *Marcelin*; 11° *Letres de la vallée de Montmorency*; 12° *Mémoires de M. Girouette*, 1 vol. in-12 avec gravures, 1818; 13° *Dorban, ou quelques jours d'orage*, in-18; 14° *Confessions politiques et littéraires*, in-12, 1818; 15° *Intrigues du jour, ou quatre tableaux de nos mœurs*, in-12, 1820; 16° *Mémoires du capitaine Landolphe*; 17° enfin une *Histoire de l'esclavage de Dumont*.

QUESNEL (le baron), lieutenant-général, grand-officier de la légion-d'honneur, chevalier de Saint-Louis, naquit vers 1775. Il embrassa la profession des armes, dès les premières années de la révolution, et était attaché à l'état-major de la garde impériale dans la campagne de 1806. Nommé, le 28 mars 1807, chef de bataillon dans cette même garde, il y mérita le grade de général de brigade, dans lequel il fut employé dans la guerre de Portugal en 1808. Il fut fait prisonnier par les Anglais, et transféré à la Corogne. Cette ville étant plus tard tombée au pouvoir des Français, le général Quesnel qui s'y trouvait encore redevint libre, et fut envoyé à Figuières, où il se fit remarquer en combattant contre le corps d'armée de Campo-Verde, au mois de mai 1811. De nouveaux services lui valurent le grade de général de division. Employé en Italie, il y défendit le passage du Mincio avec un talent qui lui mérita les éloges publics du prince vice-roi, Eugène de Beauharnais. Après la première restauration en 1814, il devint chevalier de Saint-Louis et grand-officier de la légion-d'honneur. A l'époque des *cent jours*, en 1815, il disparut tout-à-coup, et son corps, rapporte-t-on, fut retrouvé dans la Seine. On ne sait s'il y périt par suicide ou par accident.

QUÉTANT (François-Antoine), littérateur, naquit à Paris, le 14 octobre 1733, et reçut, par les soins de son père, caissier du trésor royal, une éducation très-soignée. Il se consacra exclusivement à la culture des lettres, et le seul emploi qu'il ait exercé est celui d'administrateur des Incurables, hospice ou maison de retraite où il mourut au mois d'août 1823, dans la 90° année de son âge, laissant une veuve qu'il avait épousée neuf ans auparavant. M. Quétant jouissait, à l'époque de son décès, de la pension de doyen des gens de lettres, dont il avait été pourvu à la mort de l'abbé Morellet. Ce vénérable littérateur était très-instruit, particulièrement dans le droit public ; il parlait et écrivait avec une grande facilité plusieurs langues étrangères. Il a dirigé, dit-on, les études politiques de M. de Lafayette, et de plusieurs personnages marquans de la révolution. Ce qu'il y a de certain, c'est qu'il a donné une traduction fort estimée de la *Science du bon homme Richard*, ouvrage de Franklin, et a eu la principale part à la traduction et aux commentaires de la *Richesse des nations*, de Smith, publiée sous le nom de son ami et collaborateur, feu le comte Garnier. Il travaillait, depuis un grand nombre d'années, à plusieurs sujets d'histoire et de géographie Les manuscrits qu'il a laissés, et auxquels il n'a pu mettre la dernière main, sont nombreux ; quelques-uns sont importans. Alliant le goût du théâtre aux études sérieuses, M. Quétant a été l'un des fondateurs de l'Opéra-Comique, auquel il avait vendu tous ses droits d'auteur pour une pension viagère. Les pièces qu'il y a données sont en assez grand nombre et ont obtenu du succès ; nous n'en citerons que les principales : *le Dépit généreux*, en 2 actes (1761); *le Maréchal ferrant* (même année); *le Serrurier* (1765); *le Maître en droit* (même année), etc. *Le Maréchal ferrant*, restée au courant du répertoire, est remise de temps à autre, et revue avec plaisir.

QUETINEAU (Pierre), général républicain, naquit à Puy-Notre-Dame, département de Maine-et-Loire, vers 1757. Il était parvenu au grade de général dès le commencement de la révolution, bien plutôt par ses talens et son courage que par la protection de Dumouriez, et il servait en cette qualité dans la Vendée, où il commandait la division de Bressuire. Il fallait vaincre à cette époque où la France était menacée à l'extérieur comme à l'intérieur, et la fatalité sembla constamment peser sur lui. Dans toutes les actions, les troupes royalistes le repoussèrent. Forcé de rendre Thouars, il fut accusé par Tallien d'avoir lâchement livré cette place. Arrêté au milieu de ses troupes, conduit à Paris, traduit au tribunal révolutionnaire, il fut condamné à mort, et exécuté le 16 mars 1794. On prétend « qu'il est bien prouvé aujourd'hui que ce malheureux et brave général était resté fidèle à la cause qu'il avait embrassée, et qu'il refusa même de prendre parti pour les royalistes quand il fut en leur pouvoir, quoiqu'il sût d'avance le sort qui l'attendait : *les Mémoires de M*^{me} *de la Roche-Jacquelein* ne laissent là-dessus aucun doute. »

QUEVEDO (Pierre de Alcan-

TARA DE), cardinal et évêque d'Orense, en Galice, grand-cordon de l'ordre de Charles III, appartient à une famille ancienne et illustre de la monarchie espagnole. Né le 12 janvier 1736, à Villa-Nova-di-Freno, dans l'Estramadure, il fit ses études à l'université de Salamanque, embrassa l'état ecclésiastique, fut reçu docteur, et devint en peu de temps chanoine de Salamanque, inquisiteur du Saint-Office, et, en 1776, évêque d'Orense. Quoique ce siège fût de peu d'importance, Quevedo l'administra avec beaucoup de soins et de sagesse, et mérita que Charles III, qui l'avait élevé à la prélature, l'appelât, en 1782, au siége de Séville, l'un des plus considérables de l'Espagne, vacant par la mort du cardinal Delgado; mais ce prélat modeste supplia le roi de le laisser à ses premiers diocésains, qui lui témoignaient la plus touchante affection. Lors de la révolution française, une foule d'ecclésiastiques réfugiés en Espagne se rendirent, pour la plupart, à Orense, où ils reçurent tous les secours que Quevedo put leur offrir. « Il les logea, dit l'auteur d'une *Notice* sur ce prélat, dans ses séminaires, dans sa maison de campagne et même dans son palais. Il fournit à tous leurs besoins. Le nombre ne l'effrayait pas, et plus il s'en présentait, plus la providence semblait multiplier les ressources dans ses mains charitables. Il aidait également des familles d'émigrés retirées en Galice. On a évalué à plus de 80,000 fr. par an ce que lui coûtait cette œuvre, et cela n'ôtait rien à ses autres aumônes.

Plus de 200 prêtres étaient à sa charge. Tous ont rendu justice à sa charité sans bornes, à son éminent mérite, à sa vertu héroïque.» En 1801, ils firent graver son portrait avec cette inscription : *Consolatus est lugentes in Sion, eleemosinas ejus enarrabit omnis ecclesia sanctorum.* Lorsque, sous le gouvernement impérial, Napoléon s'empara de l'Espagne, Quevedo resta fidèle à l'ancienne monarchie, et se retira en Portugal, où il vécut paisiblement jusqu'à l'époque des événemens politiques de 1814. « Un des premiers soins de Ferdinand VII, rendu à ses états, fut de rappeler l'évêque d'Orense, et de le nommer à l'archevêché de Séville, qui se trouvait de nouveau vacant. Quevedo, pour la seconde fois, refusa ce riche bénéfice. La lettre qu'il écrivit à ce sujet au ministre secrétaire d'état, est un modèle de désintéressement et de modestie. » Le roi, touché de ce désintéressement si rare, lui envoya le grand-cordon de l'ordre de Charles III, et le fit présenter comme candidat à la pourpre romaine. Pie VII l'éleva au cardinalat dans un consistoire tenu le 8 mars 1816, qui néanmoins ne fut déclaré que le 23 septembre de la même année. Le cardinal Quevedo mourut dans la nuit du 27 au 28 mars 1818, généralement regretté.

QUEYSEN (GUILLAUME), membre du conseil-d'état du roi des Pays-Bas, et chevalier de l'ordre du Lion Belgique, naquit à Zwolle, le 31 mai 1754. Après y avoir exercé avec succès pendant quelques années la profession d'avocat, il fut nommé membre du conseil municipal de cette ville, et en 1795 membre des états de la province, qui le députèrent bientôt à l'assemblée des états-généraux. Après la révolution de cette année, M. Queysen fut élu député à la première convention nationale de la république batave. Il s'y distingua par ses lumières et son patriotisme, ainsi que par sa modération et la sagesse de ses principes. Il fit partie dans cette première assemblée de la commission chargée de la rédaction de la constitution. Réélu député à la seconde convention nationale, il y siégea d'abord dans le comité des affaires étrangères. Mais en février 1798 le parti exagéré ayant pris le dessus dans l'assemblée, et trouvant toujours M. Queysen opposé à ses mesures violentes, tourna ces mesures contre ce député. Suspendu de ses fonctions, il fut en outre conduit à Hoorn, ville de la Nord-Hollande, où il resta prisonnier d'état jusqu'en juin 1798. Remis enfin en liberté, lorsque le parti modéré, dont il était un des membres les plus influens, eut ressaisi le pouvoir, il se retira à la campagne, et ne voulut plus prendre de part aux affaires publiques. Mais appelé pour la troisième fois par l'estime et la confiance de ses concitoyens à siéger au corps-législatif, il céda, quoique à regret, à leurs vœux. Nommé par ses collègues membre du directoire-exécutif de la république, il occupa ce poste jusqu'à la suppression du directoire en 1805. M. Schimmelpenninck ayant été placé momentanément à la tête de l'administration, il appela M. Queysen au conseil-d'état. Le roi Louis (*voyez* BONAPARTE) le conserva auprès de lui en la même qualité, et le nomma directeur-général des postes, commandeur de l'ordre de l'Union, et en 1809, préfet de l'Ost-Frise, pays nouvellement acquis au royaume de Hollande. Il s'y fit chérir des habitans par la douceur et l'équité de son administration. Après la réunion de la Hollande à la France, M. Queysen fut appelé à Paris, et fit partie du corps-législatif. Napoléon le nomma commandeur de l'ordre de la Réunion. Lors de la création du royaume des Pays-Bas, il devint conseiller-d'état, chevalier de l'ordre du Lion-Belgique, et fut nommé membre de la commission chargée de la révision de la loi fondamentale de l'état. Il plaida au nom de cette commission devant le nouveau souverain la cause de liberté de la presse, et de la publicité des délibérations de la seconde chambre des états-généraux. Le roi avait lui-même désiré l'entendre sur ces questions importantes; les avis de la commission se trouvaient partagés, mais l'opinion de M. Queysen en faveur d'une sage liberté et de la publicité des débats fut alors adoptée. Dans les divers emplois que cet honorable citoyen a remplis, il s'est fait remarquer par son désintéressement, par des talens du premier ordre, par la sagesse et la profondeur de ses vues. Son éloquence, qui partait du cœur, ralliait presque toujours à son opinion celles de ses collègues ou auditeurs. Retiré à Zorgvliet, campagne près de la Haye, M. Queysen y mourut le 11 août 1817.

QUINETTE (Nicolas-Marie, baron de Richemont), officier de la légion-d'honneur, député à l'assemblée législative, et à la convention nationale, etc., naquit à Paris en septembre 1762. Son père était avocat au parlement de cette ville, et le jeune Quinette, après avoir fait d'excellentes études, se destinait à suivre la même carrière, lorsque la révolution éclata. Nommé en 1790 administrateur du département de l'Aisne, où sa famille avait des propriétés, il fut appelé à présider, en février 1791, l'assemblée électorale de ce département, qui le nomma député à l'assemblée législative. Il y prit rang parmi les défenseurs de la cause populaire, parut plusieurs fois à la tribune, et travailla dans divers comités. Envoyé avec ses collègues, Isnard et Baudin-des-Ardennes, à l'armée campée près de Sedan, il fit remettre en liberté les premiers commissaires de l'assemblée, MM. Kersaint et Peraldi, qui, pendant l'effervescence révolutionnaire, avaient été injustement arrêtés; à son retour au sein de l'assemblée, et à la suite du rapport qu'il fit de sa mission, il obtint aussi la levée de la suspension des administrateurs du département des Ardennes. Nommé, à la grande majorité des électeurs du département de l'Aisne, député à la convention, il demanda dès le commencement de la séance du 27 septembre, pendant laquelle la république fut proclamée, qu'avant de prononcer entre la monarchie et la république, on examinât la situation de la France, ses besoins et ses vœux. Il insista fortement, dans la séance du 12 décembre suivant, lorsque la majorité de la convention nationale décréta que Louis XVI serait traduit à sa barre, pour qu'on réglât le mode d'instruction de son procès, et qu'on établît comment ses défenseurs seraient entendus. Il vota cependant depuis avec la majorité. Nommé, le 26 mars 1793, membre du comité de sûreté-générale, il fut envoyé presqu'aussitôt avec ses collègues, Lamarque, Camus, Bancal et le ministre de la guerre Beurnonville, à l'armée du général Dumouriez, qui les fit tous arrêter le 1er avril, et les livra au prince de Cobourg, chef de l'armée autrichienne. Dans la longue conférence qui avait eu lieu entre Dumouriez et les députés de la convention, ceux-ci engageant le général à se rendre à Paris, et à se justifier à la barre de l'assemblée, Quinette et son collègue Lamarque s'offrirent comme garans personnels des dangers et des mesures violentes que Dumouriez prévoyait. Mais le parti que ce dernier avait déjà pris, lui fit rejeter toutes les propositions des commissaires; Quinette subit une dure captivité de 33 mois, dont 29 sans sortir de la même chambre au château de Spielberg en Moravie. Il fut enfin échangé avec ses collègues le 25 décembre 1795, contre madame la duchesse d'Angoulême. M. Barthélemi, ambassadeur de la république en Suisse, les reçut à Bâle. De retour à Paris, le 12 nivôse an 4 (2 janvier 1796), lorsqu'il parut au conseil des cinq-cents, où sa place lui avait été réservée, il fut porté en triomphe par ses collègues, jusqu'au fauteuil du président, et l'assemblée décréta à l'unanimité qu'il avait dignement rempli sa mission. Il fut élu président du conseil le 1er frimaire an 5 (21 novembre 1796). Membre du comité chargé de faire un rapport sur les réclamations des enfans d'émigrés, il parla en leur faveur, et demanda qu'on leur accordât immédiatement des secours. Quinette cessa de faire partie du conseil des cinq-cents en mai 1797, et se retira dans le département de l'Aisne, dont il devint un des administrateurs; il fut nommé quelque temps après membre de la régie de l'enregistrement et des domaines. En messidor an 7 (juin 1799), le directoire l'appela au ministère de l'intérieur, et il occupa ce poste jusqu'à l'époque de la nouvelle révolution du 18 brumaire. Le premier consul Bonaparte confia le département de l'intérieur à M. de La Place, et nomma Quinette à la préfecture du département de la Somme, qu'il administra pendant dix années consécutives. Il y déploya une grande activité, fonda plusieurs établissemens d'utilité publique, fit entrer dans le conseil-général, les hommes les plus estimés et les plus honorables, sans rechercher leurs opinions politiques, et s'acquit lui-même par son équité et son esprit conciliant l'affection des habitans. Pour lui donner un témoignage public de leur reconnaissance, les membres du collège électoral le nommèrent à l'unanimité candidat au sénat-conservateur; mais Napoléon préféra le placer dans le conseil-d'état (5 octobre 1810), et lui confia immédiatement la direction générale des communes et des hospices, espèce de ministère nouveau, qu'il remplit avec zèle. Dès la troisième année, après un travail immense, il put présenter un tableau général, aussi satisfaisant qu'exact, des recettes et dépenses ou de la comptabilité de toutes les grandes villes de la France, auquel était joint le résumé par département des budgets de toutes les communes. Après les événemens de 1814, Quinette se retira dans son domaine de Richemont près de Soissons. éloigné de toutes les affaires publiques, et s'y trouvait encore à l'époque du 20 mars 1815. Rappelé à Paris, il y revint le 26 de ce mois, reprit, d'après l'ordre qui lui en fut donné, sa place au conseil-d'état, et fut envoyé ensuite, en qualité de commissaire extraorinaire, dans les départemens de l'Eure, de la Seine-Inférieure, et de la Somme. Il chercha pendant cette mission à calmer l'agitation générale, à faire observer les lois, et à empêcher toutes les réactions et vengeances, auxquelles les promoteurs habituels des troubles espéraient alors pouvoir se livrer impunément. Les efforts de Quinette pour le maintien de l'ordre eurent un plein succès. Nommé membre de la chambre des pairs pendant les *cent jours*, il y fit encore entendre sa voix, non pour soutenir les doctrines du pouvoir, mais pour défendre les droits nationaux.

Quinette fit partie du gouvernement provisoire établi par les chambres, après la dernière abdication de Napoléon. Retiré de nouveau dans son département lors de la seconde rentrée du roi, il s'y trouva bientôt atteint par la loi du 12 janvier 1816, et fut obligé de quitter la France, qu'il ne devait plus revoir. Il s'embarqua le 2 février au Havre, pour les États-Unis de l'Amérique, où il résida pendant deux ans dans la ville de New-York. Le désir de réunir autour de lui sa famille, composée d'une mère plus qu'octogénaire, d'une femme et de quatre enfans, le fit repartir pour l'Europe, et il s'établit à Bruxelles, où il se livrait entièrement à l'éducation de ses trois fils. Frappé d'une apoplexie foudroyante, on le trouva mort dans sa chambre le 14 juin 1821. Sa femme ne lui survécut que de peu de mois. Après avoir rempli pendant 30 ans des fonctions importantes, Quinette n'a laissé à ses enfans que la médiocre fortune dont il avait hérité lui-même de ses pères, et qu'avec un désintéressement assez rare il n'a jamais songé à accroître.

QUINETTE DE CERNAI (LE BARON JEAN-CHARLES), maréchal-de-camp, commandeur de la légion-d'honneur et chevalier de Saint-Louis, né le 27 juillet 1776, se voua à la carrière des armes dès sa jeunesse. Il entra dans un régiment de cavalerie en 1792, et fit toutes les campagnes de la révolution. Il se distingua particulièrement à la bataille d'Austerlitz, à la tête du 2° régiment de chasseurs à cheval, dont il était alors major. Il fut nommé, l'année suivante, colonel du 5° régiment de cuirassiers, et fit avec la même distinction les campagnes de Prusse, de Pologne et d'Autriche. Promu au grade de général de brigade, le 6 août 1811, il fut constamment employé pendant les années 1812 et 1813, et ajouta encore, par de nouveaux faits d'armes, à la réputation qu'il s'était depuis long-temps acquise. Lors de la première rentrée du roi en 1814, le général Quinette reçut les brevets de chevalier de Saint-Louis et de commandeur de la légion-d'honneur. Il fut attaché pendant les *cent jours* en 1815, au 5° corps de l'armée du Rhin. Depuis le second retour du roi, ce général jouit du traitement de demi-activité.

QUIOT DU PASSAGE (LE BARON JÉRÔME-JOACHIM), lieutenant-général, chevalier de l'ordre royal et militaire de Saint-Louis, commandeur de la légion-d'honneur, né le 9 février 1775, à Alixan, département de la Drôme, entra au service, comme grenadier, le 11 octobre 1791, dans le 3ᵐᵉ bataillon de la Drôme. Il obtint, à la fin de la campagne de 1792, en Savoie, le grade de capitaine. Les campagnes de 1793 et 1794, à l'armée des Pyrénées-Orientales, se trouva à la bataille du Boulou, et aux siéges de Coullioure, Rose et Figuères. La paix faite avec l'Espagne, il passa avec son bataillon, faisant partie du 18ᵐᵉ de ligne, à l'armée d'Italie, où il partagea la gloire des brillantes campagnes de l'an 4 et de l'an 5. Le général, depuis maréchal Victor, duc de Bellune, l'ayant choisi pour son aide-de-camp, il se trouva en cette qualité au passage du Pô, à celui du Mincio, fut blessé au bras gauche à la bataille de Rivoli, le 11 thermidor an 4, en enlevant, à la tête de quatre compagnies du 18° de ligne, une position occupée par les Autrichiens. A peine rétabli de sa blessure, il assista aux combats de la Favorite et de Saint-George; contribua à la défaite de la division du général autrichien Provera, en chargeant à propos à la tête de l'escorte de son général, et en faisant mettre bas les armes à une colonne de 2000 hommes; sa conduite en cette occasion lui mérita les éloges les plus flatteurs de la part de son général et du général en chef. Il se trouva à la défaite des troupes du pape, réunies aux insurgés sur le Senio, et se distingua aux batailles des 6 et 16 germinal an 7, devant Véronne, sous les ordres du général Schérer. Le général Moreau, qui commandait le centre de l'armée, témoin de la manière dont le capitaine Quiot s'était montré dans cette affaire, lui en exprima hautement sa satisfaction, et le chargea, quelques jours après, d'une expédition nocturne, dont le but était de forcer le passage du pont sur l'Oglio, et de jeter dans la place d'Orsinovi un convoi de 25 voitures de vivres et de munitions. Le capitaine Quiot justifia par un plein succès le choix dont on l'avait honoré. Le 23 floréal an 7, après le combat qui eut lieu contre une division russe, en avant de Marengo, il fut nommé chef d'escadron sur le champ de bataille, par le général en chef Moreau, récompense qui lui avait déjà été accordée depuis les affaires de Vé-

ronne, sans qu'il en eût été informé. Il se trouva aux batailles de la Trébia, de Fossano, à celle de Marengo; fit les campagnes de l'an 9 et de l'an 10, en Hollande; dans celle de l'an 14 (1805), il se trouva devant Ulm, au passage du Danube, et à Vienne, en qualité d'aide-de-camp du maréchal Lannes, duc de Montebello; au combat d'Hollabrun, et à la bataille d'Austerlitz, où il fut nommé colonel du 100me régiment d'infanterie. Blessé dangereusement à la tête de ce corps, à la bataille d'Iéna, en s'emparant du village de Vierzen-Heiligen, où s'appuyait l'aile gauche de l'armée prussienne, il n'attendit pas son entier rétablissement pour rejoindre son régiment, et fit la campagne de Pologne, avec le 5me corps d'armée. Cantonné pendant 11 mois à Breslaw, en Silésie, le régiment du colonel Quiot se fit constamment remarquer par sa belle tenue, sa discipline, et sut en même temps mériter les éloges des officiers-généraux de l'armée, et l'estime des habitans. Le 5me corps étant passé à l'armée d'Espagne, le colonel Quiot eut occasion de se distinguer au second siège de Sarragosse. Il se trouva au passage du pont de l'Arzobispo, sur le Tage, dans la campagne d'Andalousie, en 1809. Lors du passage de la Sierra-Morena, il attaqua avec son régiment la division du général espagnol Lassy, retranchée dans le défilé d'Espena-Perros, la battit complètement, fit 800 prisonniers, s'empara des drapeaux du 2me régiment des gardes espagnoles et du régiment de Jaen. Le 100me de ligne fut cité honorablement dans le bulletin de cette affaire. Au siége de Badajoz, le colonel Quiot, commandant la tranchée, repoussa deux sorties, et reçut, à cette occasion, les éloges des maréchaux duc de Dalmatie, et duc de Trévise. Il se distingua particulièrement à la bataille de la Guebera, à la suite de laquelle le grade de général de brigade fut demandé pour lui. Il assista, peu de temps après, à la prise de la forteresse d'Albuquerque, au siége de Campomayor, en Portugal, et fut nommé gouverneur de cette dernière place, par le maréchal Mortier, duc de Trévise. Les brèches n'en étaient pas encore réparées, lorsque le colonel Quiot fut attaqué par 14,000 hommes de troupes anglaises et hanovriennes, dont 4000 de cavalerie, sous les ordres du général Béresford. Le général de Latour-Maubourg, qui se trouvait à Albuquerque avec deux faibles régimens de cavalerie, avait rejoint le colonel Quiot, mais ne pouvant tenir contre les forces imposantes que l'ennemi déployait, il se décida à gagner Badajoz, et chargea le colonel Quiot de manœuvrer avec son infanterie, pour protéger la retraite. Le colonel forma de son régiment, composé en tout de 1500 hommes, trois bataillons carrés, reçut et repoussa plusieurs charges de cavalerie, et, à travers une plaine de quatre lieues, sous le feu continuel de six pièces d'artillerie légère, parvint à rejoindre l'armée sous les murs de Badajoz, sans autre perte que 32 hommes tués par la mitraille. Le succès de ce mouvement, admiré de tous ceux qui en furent témoins, valut de nouveau au colonel Quiot les témoignages d'estime les plus flatteurs de la part du maréchal duc de Trévise, et du général Latour-Maubourg. Nommé général de brigade le 19 mai 1811, il continua de servir dans ce nouveau grade, à l'armée d'Estramadure. A la bataille d'Albuera, il fut blessé d'un coup de baïonnette à la cuisse droite. Il fut ensuite envoyé avec deux régimens d'infanterie et deux de cavalerie, contre le général espagnol Ballesteros, qu'il battit près de Rio-Tinto, et qu'il força, après lui avoir fait 300 prisonniers, de s'embarquer avec sa division pour se rendre à Cadix. Rentré en France au commencement de 1813, le général Quiot fut employé au camp d'Utrecht, à l'instruction des nouvelles levées ; il conduisit ensuite 11 bataillons et 4 escadrons à la grande-armée, où il prit le commandement d'une brigade du 1er corps. A l'affaire de Kulm, en Bohême, le 30 août 1813, ayant reçu l'ordre d'attaquer, avec sa brigade, le corps du général Kleist, composé de 25,000 Prussiens, il culbuta la première ligne ennemie, fit 2000 prisonniers, prit 4 pièces de canon; mais réduit à ses propres forces, par une fausse direction que prirent les troupes qui devaient le soutenir, il vit la moitié de sa brigade mise hors de combat; lui-même fut blessé dangereusement à l'épaule, et laissé sur le champ de bataille. Il fut conduit prisonnier à Prague, et de là en Hongrie, où il resta jusqu'à la paix générale. Rentré en France, il fut nommé, le 29 juin 1814, au commandement du département de la Drôme. En mars 1815, lors du débarquement de Napoléon, il rappela, par un ordre du jour, aux troupes sous ses ordres, leur devoir et leur serment (*Moniteur* du 13 mars 1815.) Le 23 avril, il fut employé au premier corps d'observation, et au second retour du roi, il reprit le commandement du département de la Drôme. Nous ne passerons point sous silence la conduite du général Quiot dans le procès du général Mouton-Duvernet (*voyez* Mouton-Duvernet), et nous emprunterons les propres expressions des auteurs de la *Biographie des hommes vivans*. « Comme il se trouvait sous les ordres de Mouton-Duvernet, il fut appelé en témoignage lors du procès de ce général, en juillet 1816. Il déposa que, dans tous ses rapports avec lui, il avait remarqué l'intention de servir le roi, et de s'opposer à Bonaparte, témoins sa proclamation du 7 mars, et les ordres émanés de son autorité pour la défense du département de la Drôme. » Le général Quiot fut appelé successivement aux fonctions de commandant dans le département de la Haute-Vienne (Limoges), et dans la 1re subdivision de la 7e division militaire à Grenoble, où il commandait encore en 1823. Il est aujourd'hui (1824) compris parmi les lieutenans-généraux en disponibilité. Nommé chevalier de la légion-d'honneur le 14 juin 1804, officier le 14 mai 1807, et commandeur le 23 août 1814, le général Quiot a été élevé à la dignité de grand-officier de cet ordre, par ordonnance du roi du 17 août 1822.

QUIROT (Jean Baptiste), avocat à l'époque de la révolution, dont il se montra partisan ; il fut nommé au mois de septembre 1792, par le département du Doubs, député à la convention nationale. Quoique appartenant à la majorité de l'assemblée, il montra dans le procès du roi de la modération, et vota la réclusion pendant la guerre et le bannissement à la paix. Sans quitter le parti dominant, à l'époque du 31 mai 1793, il figura parmi les opposans au coup d'état de la *Montagne*, et néanmoins ne fut point atteint par les proscriptions du régime de la terreur. Il prit part aux événemens du 9 thermidor an 2 (27 juillet 1794), et fut un de ceux qui se prononcèrent avec le plus d'énergie contre les auteurs des journées de prairial an 3 (mai 1795). L'un des membres de la commission des vingt-un chargée d'examiner la conduite de l'atroce Joseph Lebon, il fut choisi pour faire le rapport, et conclut au décret d'arrestation, qui fut prononcé contre ce sanguinaire proconsul. Par suite de la réélection des deux tiers conventionnels, il passa au conseil des cinq-cents, où il fut du nombre de ceux qui demandèrent le maintien de la loi du 3 brumaire, qui éloignait les ci-devant nobles des fonctions publiques. Fortement opposé à la faction de *Clichy*, il la combattit avec énergie, et fut violemment apostrophé à cette occasion par le général Willot, qui lui proposa un duel. Le ministre de la police en empêcha les suites. Il repoussa, au mois de mai 1798, le projet de Bailleul, tendant à annuler une partie des élections, comme ayant été faite sous l'influence des partisans du régime de 1793. Il en représenta l'injustice et les dangers. Dans un comité secret qui eut lieu quelques jours après, il défendit les membres du directoire exclus au 30 prairial an 7 (18 juin 1799). Son opposition, aux événemens du 18 brumaire an 8 (9 novembre 1799), le fit sortir du corps-législatif, et même momentanément renfermer dans la prison de la Conciergerie. Rentré dans la vie privée, il reparut sur la scène politique à la fin de 1813, comme membre du conseil municipal de Besançon, et signataire d'une adresse de ce conseil à l'impératrice Marie-Louise. Depuis ce temps, M. Quirot est de nouveau resté étranger aux affaires publiques.

R

RABAN (Louis-François), littérateur, est né à Damville, département de l'Eure, le 28 frimaire an 4 (1795). L'amour de la patrie le fit soldat. En 1814 il servit sous Paris, comme artilleur, et concourut à la défense de cette ville avec les élèves de l'école Polytechnique, que les mêmes sentimens conduisirent au champ d'honneur, et dont notre siècle, si fécond en héroïsmes divers, laisse à la postérité le soin d'éterniser le beau courage et le généreux dévouement. Après la prise de Paris, M. Raban suivit l'empereur à Fontainebleau, et fut licencié, ainsi qu'une grande partie de l'armée de la Loire. Depuis cette époque, il s'est livré à la culture des lettres, et s'annonce avec succès dans le genre du roman. Il paraît avec M. Mars, son ami, adopter de préférence la manière de notre célèbre Pigault-Lebrun, le chef et le doyen des romanciers. M. Raban a publié : 1° *le Curé capitaine*, 2 vol. in-12, dont la seconde édition fut saisie à la requête du procureur du roi ; 2° *Mon cousin Mathieu*, 2 vol. in-12, qui fut également saisi dans les premiers jours de sa publication ; 3° *Blaise l'éveillé* et *les Cuisinières*, ouvrages qui ont été tous deux traduits en allemand ; 4° *le Comte Ory* ; 5° *Monsieur Corbin* ; 6° enfin, *l'Incrédule*. M. Raban a aussi publié quelques brochures, et a été un des principaux rédacteurs de *l'Argus*, journal de littérature.

RABANY BEAUREGARD (N.), docteur ès-lettres, chef d'institution à Évaux, département de la Creuse, membre de plusieurs sociétés littéraires, s'est occupé avec succès de poésie, et s'est fait connaître avantageusement comme traducteur. Il a publié : 1° *la Veillée des fêtes de Vénus*, traduction en prose et en vers du *Pervigilium Veneris*, 1792, un vol. in-8° ; 2° en société avec M. Gault de Saint-Germain, *Tableau de la ci-devant province d'Auvergne*, 1802, 1 vol. in-8° ; 3° traduction du poëme *de Arte graphicâ*, ouvrage qui a fourni à M. Gault de Saint-Germain l'occasion de lui adresser une lettre à la suite de laquelle est une *Opinion sur Rubens*, 1810, Clermont-Ferrand; 4° *la Sensibilité*, poëme en 4 chants, suivi du *Pervigilium Veneris*, traduit en prose et en vers, 1813, in-18. La direction de l'établissement auquel il s'est exclusivement voué, laisse à M. Rabany Beauregard peu de momens pour les Muses, dont il ne s'était pas efforcé en vain de mériter les faveurs.

RABAUT (Paul), pasteur de l'église réformée de Nîmes, célèbre dans l'histoire des églises réformées de France, naquit à Bédarieux, département de l'Hérault, le 9 janvier 1718, d'une famille honorable de protestans. Paul Rabaut n'était point destiné au sacerdoce par ses parens, qui redoutaient pour lui les persécutions dont leur culte et ses ministres étaient le continuel objet; mais une vocation impérieuse fut bientôt secondée par le zèle d'un ministre de cette religion. « La famille de Rabaut, dit M. Pons de Nîmes, dans une *Notice* à la suite de son ouvrage sur la *Tolérance religieuse* (Paris, in-8°, 1808), donnait quelquefois asile aux pasteurs, qui, n'en pouvant avoir de fixes, d'habituels et de sûrs, étaient obligés d'errer de maisons en maisons, et le plus souvent dans les champs, les bois et les rochers. Un de ces ministres du désert (ainsi appelés parce qu'en effet ils vivaient et fonctionnaient dans des déserts), ayant été accueilli dans la maison Rabaut, il crut reconnaître dans ce jeune adolescent des qualités apostoliques, et il ne se trompa point; jamais homme depuis les apôtres n'en a plus manifesté que lui. Il lui proposa d'entrer dans le sacerdoce, qui dans ce temps n'offrait aux ministres réformés qu'une vie errante, des peines, des angoisses, et le martyre pour récompense. » C'est ainsi qu'un pasteur, dans le Bas-Languedoc, nommé Désubac, jeune homme de 26 ans, de la figure la plus intéressante, du caractère le plus doux, et en même temps du plus beau talent, ayant été saisi, fut conduit à Montpellier et exécuté le 1ᵉʳ février 1746. C'est encore ainsi que, dans une autre circonstance, aucun pasteur n'ayant pu être arrêté, on imagina de s'emparer, à l'issue d'une assemblée religieuse, de deux citoyens notables de Nîmes, nommés l'un Turge et l'autre Fabre, et on les condamna aux galères pour avoir assisté à cette assemblée. Le fils de ce dernier, voyant son malheureux père, vieillard infirme, près de subir une peine à laquelle il eût bientôt succombé, s'offrit à sa place, et, le croira-t-on? il fut accepté. Ce trait admirable de piété filiale a été transporté sur la scène française par Fenouillot de Falbaire de Quincey, dans son drame de *l'Honnête criminel*, ouvrage qui eut beaucoup de succès en France, et qui a été traduit dans plusieurs langues étrangères. A l'âge de 16 ans, Paul Rabaut quitta la maison paternelle pour se livrer aux devoirs de son état, se maria n'étant encore que proposant, et alla se perfectionner dans la théologie à Lausanne, où il fut reçu ministre du saint Evangile. Il revint ensuite à Nîmes, où il se fixa. Ses talens, sa piété, le placèrent bientôt à la tête de l'église réformée de Nîmes, la plus nombreuse du royaume. Elle devint, sous sa direction, le centre de la correspondance religieuse de tous les calvinistes de France, et le point de réunion où arrivaient tous les rapports sur les vexations multipliées qu'éprouvaient les réformés français par une suite inévitable du système d'intolérance adopté depuis la révocation de l'édit de Nantes. Les esprits étaient aigris au point que de nouvelles persécutions auraient allumé la guerre civile. Paul Rabaut s'efforça de maintenir la tranquillité parmi ses co-religionnaires, et résolut de faire parvenir au roi un Mémoire en leur faveur, quelque danger qu'il eût à courir, lui, pasteur proscrit par la loi, et dont la tête était depuis long-temps mise à prix. Il se rend secrètement avec un guide à un embranchement de route, à deux lieues de Nîmes, et y attend le marquis de Paulmi, alors en mission dans les provinces méridionales de la France, et qui retournait à Paris.

« Paulmi, dit l'auteur que nous avons déjà cité, fait arrêter sa voiture, et Rabaut, proscrit, ose décliner à la portière son nom et son état à un chef militaire qui aurait pu le faire arrêter. Paulmi, étonné de ce courage, l'admira, et voulut l'égaler en grandeur et en vertu : loin de se prévaloir de la circonstance, il écouta paisiblement le courageux pasteur ; il reçut son mémoire, promit de le présenter lui-même au roi : il tint parole ; et en effet, c'est de cette époque que les persécutions religieuses commencèrent à se ralentir. » Les instances de Paul Rabaut auprès de l'autorité suprême en faveur de plus d'un million d'individus qui suivaient la religion réformée, son courage à lui signaler les abus auxquels se livraient les agens subalternes, firent mettre de nouveau sa tête à prix. Il n'en continua pas moins les fonctions de son ministère, et c'est alors qu'eut lieu l'acte de violence et de barbarie contre Turge et Fabre. Les persécuteurs cherchèrent par la ruse à éloigner le ministre de ses co-religionnaires ou à le perdre dans leur esprit. Ils offrirent à Paul Rabaut un sauf-conduit pour quitter la France, une place de pasteur à l'étranger, et la liberté des deux prisonniers. « Ces offres ne furent acceptées ni par Rabaut, qui avait déjà depuis long-temps fait le sacrifice de son repos et de sa vie à l'instruction et à l'édification de ses ouailles, ni par les pieux condamnés et leurs amis, qui, dans leur opinion religieuse, attachaient un grand prix à la conservation de leur pasteur. » Il fut autorisé quelques jours après à se rendre près du commandant de la province, qui, entre autres choses, lui dit : « Si vous aviez voulu quitter le royaume, l'on aurait mis en liberté ces prisonniers auxquels tant de personnes prennent intérêt. — La persécution, répondit Paul Rabaut, enfante aussi le fanatisme dans les persécutés : si les pasteurs instruits abandonnent leurs troupeaux, il en naîtra de fanatiques, et le gouvernement ne doit pas à désirer ; l'on accusera les persécutés tandis que les persécuteurs seront seuls coupables. » Le commandant parut saisir le sens de cette réponse. Paul Rabaut donna de nouvelles preuves de cet esprit de paix lors de l'arrestation de son confrère le pasteur Désubac. « Des jeunes gens non mariés, de Nîmes et des villes environnantes des Cévennes, voulurent être seuls à se dévouer pour l'exécution d'un dessein formé dans la contrée, pour le délivrer lorsqu'on le conduirait de Nîmes à Montpellier, pour y être mis à mort. Ils s'armèrent de fusils, de sabres, de faux, de fourches et d'autres instrumens aratoires. D'autre côté le bruit de cette entreprise s'étant répandu, l'escorte qui conduisait le prisonnier avait été renforcée, et avait reçu l'ordre de le tuer plutôt que de le laisser enlever. Paul Rabaut, pasteur à Nîmes, averti de ce projet d'enlèvement et des mesures qui de part et d'autre avaient été prises, sentit combien les suites même d'une simple tentative pouvaient devenir funestes, combien cette tentative contrasterait avec le dévouement tranquille avec lequel tant d'autres pasteurs avaient été suppliciés en présence d'un grand nombre de fidèles qui auraient pu aussi les sauver... Il vit aussi que ce qui n'était que l'effet d'un mouvement spontané serait représenté, par des ennemis accoutumés à la calomnie, comme le résultat d'un plan de révolte combiné, et amènerait nécessairement un redoublement de longues et cruelles persécutions.... Il se transporta, malgré tous les périls, au premier rassemblement. Là, il se trouva au milieu d'une jeunesse impétueuse, qui n'avait d'autre sentiment, d'autre passion, que d'exécuter son projet ; les esprits étaient tellement exaspérés que le pasteur, qui jusqu'alors avait toujours vu son troupeau céder à sa douce influence, ne put pas même d'abord se faire entendre. » Cependant ses instances, ses prières, parvinrent à ramener le calme, et il eut enfin le bonheur de déterminer cette jeunesse exaltée à rentrer dans le devoir. Il se fit aider de quelques chefs de ce premier rassemblement pour déterminer les autres conjurés à suivre l'exemple de leurs camarades. Cette sagesse et cette modération épargnèrent bien des crimes au pouvoir, et secondèrent puissamment les efforts de la philosophie, qui enfin obtint un triomphe long-temps inespéré en 1787. Cette année même, un édit du mois de novembre, reconnaissant des protestans en France, leurs ministres ne se cachèrent plus. La révolution, qui survint bientôt, acheva cette grande œuvre. Tous les cultes ayant été reconnus libres, Paul Rabaut célébra, dans un discours de circonstance, le triomphe de la cause pour laquelle il avait si souvent exposé sa vie. Il avait eu souvent besoin de toute sa présence d'esprit pour éviter de tomber dans les mains de ses persécuteurs. « S'apercevant une fois qu'il était observé par un espion qui feignait de dormir au pied d'un arbre, il lui donna le change en entrant dans une ferme de campagne, où il ne voulait pas rester ; et peu après, à la faveur des ombres de la nuit qui survint, il passa à la ferme plus éloignée, où il avait dessein de s'arrêter : en effet, la première maison ne tarda pas à être investie et fouillée. Une autre fois, surpris dans la maison d'un boulanger, qui lui avait donné momentanément asile, il n'eut pas le temps de s'évader; mais son calme ordinaire et sa présence d'esprit le sauvèrent. Il s'affubla du costume enfariné d'un mitron; il prit à la main un flacon vide, dit à la sentinelle, qui était déjà posée à la porte d'entrée, qu'il allait chercher du vin pour rafraîchir ses camarades, et elle le laissa passer. Il voulut sortir de la ville, et, obligé de passer devant la sentinelle qui gardait la porte par où il cherchait à s'échapper, il affecta beaucoup de gaîté, ne fut point reconnu, et gagna rapidement les champs, où ses amis inquiets, qui le suivaient de loin, ne tardèrent pas à le rejoindre. Le même jour, pour se rendre aux vives instances d'un ami, qui l'en avait prié depuis long-temps, il alla le visiter; mais un secret et heureux pressentiment le porta à refuser obstinément d'y dîner : à peine fut-il sorti que la maison fut cernée. » Paul Rabaut mourut le 4 vendémiaire an 3, dans sa 76e année. Il avait été momentanément détenu à la suite de la mort de son fils aîné, Rabaut Saint-Etienne, et de la proscription de ses deux autres fils. Ce vieillard infortuné ne pouvant pas, à cause de son grand âge et de ses infirmités, se rendre à pied à la citadelle, y fut conduit monté sur un âne. L'auteur de la notice dont nous avons tiré les matériaux de cet article, et Perrin des Vosges, membre de la convention, concoururent à lui faire rendre la liberté peu après la révolution du 9 thermidor an

2. Paul Rabaut a laissé trois fils (*voyez* les noms qui suivent), qui se sont fait remarquer, Rabaut Saint-Etienne plus particulièrement, dans la carrière des affaires publiques.

RABAUT (Jean-Paul), dit Rabaut-Saint-Etienne, fils aîné du précédent, naquit à Nîmes en 1742. La proscription entoura son berceau, et sa mère, pour lui donner le jour, eut besoin d'implorer de l'amitié un asile secret, étant obligée, comme femme d'un ministre dont la tête était mise à prix, de se dérober à la captivité. Son enfance se passa dans des alarmes continuelles. « Il m'a souvent raconté, dit M. Boissy-d'Anglas dans une excellente *Notice* qu'il a placée à la tête d'une nouv. édit. du *Vieux Cévénol*, ouvrage de Rabaut-Saint-Etienne, qu'il ne savait jamais durant le jour où on le menerait coucher le soir : son père avait seul le secret de la marche commune; et quand on voulait le faire changer de place, on l'emportait, à l'entrée de la nuit, dans le lieu où il devait être reçu. » Paul Rabaut, aidé de quelques amis, parvint cependant à l'initier à la connaissance des lettres, et lorsqu'il le vit en âge de suivre des études régulières, il l'envoya en Suisse, où il fut admis à jouir des fondations que plusieurs souverains protestans étrangers avaient faites en faveur des jeunes Français qui se livraient aux études théologiques. Son premier maître dans cette contrée, le célèbre Court-de-Gebelin, lui enseigna les langues savantes, l'histoire, les grands principes de la philosophie, et trouva dans son élève les plus heureuses disposi-

Rabaut St Etienne.

tions. Rabaut-Saint-Étienne devint ministre de l'église réformée à une époque où le parlement de Toulouse condamnait à mort un pasteur nommé La Rochette, pour avoir, au mépris des ordonnances, prêché, fait la cène, et solennisé des baptêmes et des mariages. » Son courage n'en fut point abattu, et dans le ressort de la même cour, il alla remplir les fonctions pastorales qu'on venait de proscrire dans la personne de La Rochette. Formé à l'école de la tolérance, qu'il avait apprise dans les leçons et dans la conduite de son père, il obtint beaucoup de succès. Ses talens, ses qualités personnelles, lui gagnèrent tous les cœurs. Comme orateur, il obtint les plus honorables suffrages, et l'on remarqua généralement ses sermons sur le mariage du jeune prince, depuis l'infortuné Louis XVI, et sur la mort de Louis XV. Dans le secret de ses exercices pieux, il inspirait la confiance, et semblait donner la force de l'âme aux malades et aux mourans. Il fit constamment et partout chérir son apostolat. Pour rendre plus populaires ses principes de tolérance, et rappeler à l'esprit le danger des proscriptions religieuses, il composa le *Vieux Cévénol*, espèce de roman historique, où il met en action toutes les lois rendues depuis la révocation de l'édit de Nantes : cet ouvrage eut du succès. Il est fortement pensé et parfaitement écrit. A cette époque mourut M. de Bec-de-Lièvre, évêque de Nîmes, qui d'abord avait persécuté les protestans, mais qui ensuite s'était montré plein de tolérance et de charité. Rabaut-Saint-Étienne entreprit l'*Eloge* de ce prélat. M. Boissy-d'Anglas, qui habitait alors la ville de Nîmes, l'envoya à M. de La Harpe, avec lequel il était lié. M. de La Harpe lui répondit: « Vous m'avez envoyé un excellent écrit; voilà la véritable éloquence, celle de l'âme et du sentiment. On voit que tout ce qui sort de la plume de l'auteur est inspiré par les vertus qu'il célèbre. Je vous prie de remercier votre digne ami. » Rabaut-Saint-Etienne remplissait à Nîmes les fonctions de son ministère, aimé de ses co-religionnaires, et estimé de ceux mêmes qui ne professaient pas les mêmes doctrines religieuses. Il y eut occasion de se lier avec M. de La Fayette, qui revenait de l'Amérique. Cet illustre citoyen l'encouragea fortement dans le projet que Rabaut-Saint-Etienne avait formé, de solliciter auprès du roi la concession d'un état civil pour les protestans. Plusieurs membres influens du parlement de Paris, de qui on avait déjà pressenti les dispositions, n'avaient point paru repousser ce projet, que, dans les conseils du roi, des magistrats distingués étaient disposés à appuyer. « Cette noble cause était déjà gagnée dans l'opinion publique par les écrits de Voltaire et des hommes de lettres les plus célèbres. L'impulsion était donnée, et il semblait qu'il n'y avait plus qu'à se laisser conduire par elle. Les conseils et la protection de M. de La Fayette, à qui ses belles actions, son noble caractère et son brillant courage, assuraient, bien plus que son rang et sa naissance, une grande influence sur les dépositaires de l'autorité royale, déterminèrent

Rabaut-Saint-Etienne à venir à Paris solliciter ce grand acte de justice, que réclamait aussi, dans le même temps, avec tout l'ascendant de sa renommée et de sa vertu, l'homme le plus vertueux de son siècle, le sage et immortel Malesherbes. Ce fut avec ces nobles appuis que la vérité put se présenter jusqu'au pied du trône, et parvenir à s'y faire entendre, malgré les efforts du fanatisme et de l'intérêt personnel pour en étouffer la voix : Louis XVI était digne de l'accueillir, et il l'accueillit. La justice que réclamaient tant de bouches, justement célèbres et honorées, pour deux millions de Français malheureux et persécutés, fut enfin accordée par la philosophie, le pouvoir et l'autorité, et l'édit de 1787 vint commencer d'absoudre la nation de la grande erreur de Louis XIV. Ce n'était pas tout sans doute, et il fallait la révolution pour établir tout ce que pouvait commander encore l'équité ; mais c'était un pas immense de fait dans les sentiers de cette même équité, si cruellement violée depuis plus d'un siècle. Les protestans étaient reconnus par la loi nouvelle, protégés, placés au même rang que les autres sujets du roi, et hors de la proscription, ils pouvaient devenir légalement époux et pères; et tout ce qu'ils avaient à réclamer encore, la liberté de leur culte et leur admission à tous les emplois publics, était une conséquence inévitable de ce qu'ils venaient d'obtenir, qui ne pouvait pas être long-temps repoussée. » Nous ne pouvions mieux faire que d'emprunter à M. Boissy-d'Anglas ce tableau rapide, et tracé avec tant de talent, d'un événement aussi remarquable, et qui intéressait une si grande partie de nos concitoyens. C'est de cette remarquable notice qu'est tiré cet article, parce qu'elle nous a offert tous les caractères qu'exige l'histoire : l'exactitude, la simplicité et la bonne foi. Paul Rabaut, par son amour pour la cause de ses coreligionnaires, par son zèle infatigable et par son admirable persévérance, eut la gloire de commencer une révolution pacifique, que son fils aîné et ses illustres amis eurent le bonheur de terminer par les mêmes moyens : l'éloquence, le zèle, la persévérance et le dévouement sans bornes. Pendant son séjour à Paris, Rabaut-Saint-Étienne cultiva les savans et les hommes de lettres les plus distingués. Ce fut à cette époque qu'il publia ses *Lettres à M. Bailly sur l'Histoire primitive de la Grèce*, ouvrage aussi ingénieux et savant que bien écrit, puisé tout à la fois, quant aux principes, dans les ouvrages de Court-de-Gebelin et de Bailly, et qui jette une grande lumière sur les premiers temps de l'histoire grecque : il eut beaucoup de succès. Peu de temps après, la révolution éclata : Rabaut - Saint - Etienne fut élu aux états-généraux (1789) par le tiers-état du bailliage de la sénéchaussée de Nîmes. Parmi les huit députés de ce bailliage, il y avait trois protestans; ce nombre était en proportion de la population générale. Lorsque Rabaut-Saint-Étienne arriva à cette assemblée, ses principes politiques étaient déjà connus; il les avait exprimés dans des *Considérations sur les droits et sur les devoirs du tiers-état,* où l'on voyait les vues et les désirs d'un véritable ami de la liberté et des lois : ces *Considérations,* etc., obtinrent l'approbation générale. A l'assemblée, il se montra sage et modéré. Les mesures conciliatrices que dès le premier jour il proposa furent adoptées en principe. Ce n'est point dans les bornes rétrécies d'un article biographique qu'il est à propos de suivre les travaux de Rabaut-Saint-Étienne à l'assemblée constituante ; nous rappellerons seulement que le premier, il proposa des lois convenables à la liberté de la presse et à la liberté des cultes; qu'il demanda l'établissement du jury, et spécialement son application aux jugemens des délits commis par la voie de la presse. Il fut président de l'assemblée ; en qualité de membre du comité de constitution, il fit décréter l'organisation des gardes nationales du royaume. « Son élocution, dit M. Boissy-d'Anglas, était douce, et son éloquence calme et tranquille; sa logique était concluante, et ses principes raisonnables : il a fait constamment preuve de modération et de sagesse, et il y aurait une grande injustice à le juger d'après quelques phrases opposées, dans des luttes violentes, à d'autres phrases en sens contraire, bien plus menaçantes et bien plus fausses. Il a contribué autant qu'il l'a pu à la tranquillité de son pays, et je suis certain qu'il n'a pas écrit une ligne qui n'ait eu son maintien pour but. L'esprit de parti a dit le contraire, et s'est souvent permis des allégations qui n'avaient aucun fondement. On lui a prêté plus d'une fois des principes qui n'étaient point les siens, et des actions qu'il a réprimées, quand il l'a pu, au lieu de les provoquer ; mais l'esprit de parti a eu tort, et ce n'est pas le seul démenti qu'un écrivain juste puisse lui donner. On lit, dans plusieurs de ces répertoires alphabétiques de mensonges et de calomnies, qui n'ont été jusqu'ici que trop nombreux, qu'il soutint à l'assemblée nationale que les troubles de Nîmes, en 1790, précurseurs d'autres plus terribles encore, furent l'ouvrage des catholiques : il est vrai qu'il l'a dit, mais son témoignage à cet égard est bien autant digne de foi que l'assertion contraire qu'on lui oppose, et qui n'est fondée sur aucune preuve. Les mémoires publiés depuis par les auteurs mêmes de ces troubles, leurs aveux, leurs confessions, et même leurs plaintes, doivent ajouter beaucoup au témoignage de Rabaut-Saint-Étienne. » Lorsque l'assemblée constituante, au moment de terminer ses travaux, montra l'intention de renouveler intégralement ses membres, Rabaut-Saint-Étienne s'y opposa avec force ; ce renouvellement général fut néanmoins décidé. Rabaut-Saint-Étienne, rendu à la vie privée par la dissolution de l'assemblée constituante, ne prit aucune part aux affaires publiques; il renonça même à la rédaction de plusieurs journaux, excepté à sa coopération au *Moniteur,* et vécut ainsi jusqu'à l'ouverture de la convention nationale, où l'avait nommé le département de l'Aube : nomination qu'il n'avait point sollicitée; il ne connaissait même aucun des électeurs. On a généralement remarqué que Rabaut-Saint-Étienne, dont le caractère était habituellement doux et les formes polies, se montra à la convention brusque et plein d'aigreur. « Il semblait n'être dominé que par un seul sentiment, la haine contre ceux qui protégeaient ou favorisaient les excès nés de l'anarchie et du despotisme populaire : il avait trop aimé la vraie liberté pour ne pas abhorrer les crimes qu'on osait commettre en son nom..... Il considéra avec une grande douleur le projet de mettre en jugement le roi, et surtout de le faire prononcer par la convention elle-même; il s'y opposa de toutes ses forces, et quand l'assemblée eut adopté cette résolution funeste, il combattit avec le même courage pour faire prévaloir l'appel au peuple, et ensuite la détention et le bannissement.... Certainement il voulait le salut de celui en faveur duquel, pendant la première moitié de sa vie, il avait prêché la fidélité la plus entière, et dont il avait postérieurement invoqué avec succès les lumières et la justice. Ce fut dans cette terrible affaire qu'il fit entendre à la tribune ces paroles mémorables, qui provoquèrent sa perte : *Je suis las de la portion de tyrannie que je suis contraint d'exercer, et je demande qu'on me fasse perdre les formes et la contenance des tyrans....* » L'usurpation du pouvoir par la commune de Paris inspirait les plus vives craintes à la saine partie de la convention; le parti dit de la *Gironde* (*voyez* GUADET) voulut arrêter les attentats qu'elle méditait, et dont elle ne faisait plus mystère, et il fit nommer une commission de douze membres : Rabaut-Saint-Étienne était du nombre. La commission ayant donné l'ordre d'arrêter Hébert, auteur d'une feuille incendiaire intitulée : *le Père Duchesne*, et en même temps substitut de la commune, cet acte de vigueur exaspéra les *Montagnards* et leurs agens, et le coup d'état du 31 mai 1793, médité depuis long-temps, fut enfin résolu. Lorsque pour obéir à l'ordre de la convention, Rabaut-Saint-Étienne se présenta au nom de la commission, et voulut faire son rapport sur les motifs de l'arrestation d'Hébert, le tumulte fut tel qu'il resta pendant deux heures à la tribune sans pouvoir se faire entendre. Il donna alors sa démission de membre de la commission. Le 31 mai, la convention, subjuguée par la violence de la majorité de ses membres et par les vociférations des tribunes, cassa sans discussion le décret qui avait nommé la commission des douze, et ordonna l'arrestation des membres qui la composaient. Ceux d'entre eux qui prirent la fuite furent mis hors de la loi : Rabaut-Saint-Étienne fut du nombre de ces derniers. Arrêté dans l'asile où il avait été accueilli avec la plus touchante générosité, malgré la peine de mort portée contre ceux qui recéleraient les fugitifs, il fut traduit au tribunal révolutionnaire, pour y voir constater simplement son identité, et fut exécuté dans les 24 heures. Sa femme, en apprenant cette affreuse catastrophe, se donna elle-même la mort. Les personnes qui avaient offert un asile à cet infortuné éprouvèrent peu après son sort funeste : elles portèrent leur tête sur l'échafaud. Nous terminerons cet article par l'hommage que M. Boissy-d'Anglas rend à Rabaut-Saint-Étienne : « Ainsi finit à 50 ans l'un des hommes les plus honorables de la France, et par ses vertus et par son invariable conduite. Il a défendu l'ordre public et la liberté contre ceux qui combattaient l'un et l'autre, et il a scellé de son sang son attachement à leurs principes : je puis dire que le bonheur de la France a toujours été sa première pensée. Il n'est pas vrai qu'il ait persécuté les prêtres de la religion qu'il ne professait pas : il n'a jamais ni proposé ni appuyé aucune des lois sanglantes qui ont été prononcées contre eux ; il a eu en horreur le fanatisme ; il a repoussé, quand il l'a pu, ses criminels et dangereux efforts ; et quel homme de bien n'a pas dû le faire ? la religion de l'évangile comme la loi naturelle ne le prescrivent-elles pas également ? Mais il n'a jamais trouvé dans ce devoir le prétexte de la vengeance, et dans toutes les occasions de sa vie il a été bienfaisant et juste. » Les ouvrages que Rabaut-Saint-Étienne a publiés sont : 1° *Sermon sur le mariage du Dauphin*, depuis Louis XVI, 1770 ; 2° *Sermon sur la mort de Louis XV*, 1774 ; 3° *Lettre sur la vie et les écrits de M. Court-de-Gebelin*, 1774, in-4° ; 4° *le Vieux Cévénol, ou Anecdotes de la vie d'Ambroise Borely*, mort à Londres, à l'âge de 103 ans, 1784, Londres. Cet ouvrage avait d'abord paru à Londres, en 1779, sous ce titre : *Triomphe de l'Intolérance, ou Anecdotes de la vie*, etc., et à Augsbourg (ou sous la rubrique de cette ville), sous le titre de : *Justice et nécessité d'assurer en France un état légal aux protestans*. Il a été réimprimé en 1821, in-18, par les soins de M. Boissy-d'Anglas. 5° *A la Nation française sur les vices de son gouvernement, sur la nécessité d'établir une constitution*, etc., 1788 ; 6° *Réflexions politiques sur les circonstances présentes*, in-8° ; 7° *Motion ou sujet du premier mémoire du ministre des finances*, in-8° ; 8° *Rapport sur l'organisation de la force publique*, in-8° ; 9° *Considérations sur les intérêts du tiers-état, adressées au peuple des provinces, par un propriétaire foncier*, deux éditions, 1788, in-8° ; 10° *Prenez-y garde, ou Avis à toutes les assemblées d'élections*, 1789 ; 11° *Opinions sur quelques points de la constitution, sur la motion de M. de Castellane* : Nul homme ne peut être inquiété pour ses opinions, ni troublé dans l'exercice de sa religion, etc.; *sur une motion de M. le vicomte de Noailles ; idées sur les bases de toute constitution*. 12° *Réflexions sur la division nouvelle du royaume*, 1789, in-8° ; *Nouvelles réflexions*, etc. 13° *Almanach historique de la révolution française*, reproduit sous le titre de : *Précis de l'Histoire de la révolution française* (assemblée constituante), précédé de *Considérations sur les intérêts du tiers-état*. Rabaut-Saint-Étienne avait entrepris un poëme, qu'il n'a point terminé, sur *Charles-Martel*, dont les *fragmens* ont été perdus avec ses autres papiers, ainsi que ceux d'un ouvrage imité du *Télémaque* et de *Séthos*, dont la scène était en Égypte. Il a fondé, avec Cérutti, la *Feuille villageoise*.

RABAUT (Jacques-Antoine), dit Rabaut Pomier, second fils de Paul Rabaut (*voy.* ce nom), naquit à Nîmes le 24 octobre 1744. Il exerça comme son père et son frère, Rabaut-Saint-Étienne, avec le même zèle, et en bravant tous les dangers, le ministère évangélique. Le nom de *Pomier* et celui de *Saint-Etienne*, que portait son frère aîné, leur furent donnés par Paul Rabaut, afin d'éluder la vigilance des agens de l'autorité, qui, s'ils avaient pu les saisir, les auraient fait instruire de force dans la religion catholique. Il fit ses études de théologie et de philosophie à Lausanne, et fut consacré le 30 mars 1770. Après l'édit de 1787, il fut appelé à desservir l'église de Nîmes, où il exerça son ministère pendant deux années. Il passa ensuite à Marseille, dont il avait contribué à relever l'église, qu'avaient depuis long-temps laissée tomber les protestans, effrayés des persécutions; il desservait l'église de Montpellier lorsque la révolution éclata. En 1790, Rabaut-Pomier commença de prendre part aux affaires publiques. Il fut nommé cette année, par ses concitoyens, l'un des membres de la municipalité, qui devaient organiser ce corps, en conformité des décrets de l'assemblée constituante. Le département du Gard le nomma, au mois de septembre 1792, membre de la convention nationale. Dans le procès du roi, quoiqu'il partageât en tout point les principes politiques de son frère, il fut entraîné à voter la mort; mais il y mit des restrictions telles, que dans le recensement des votes son opinion ne fut point comptée pour cette peine. C'est ce qu'en 1816, ayant été compris dans la loi de bannissement du 12 février, il fit valoir auprès du gouvernement : sa réclamation fut accueillie, et il rentra avant la fin de la deuxième année de son exil. Rabaut-Pomier fut du nombre des soixante-treize membres de la convention qui, ayant protesté le 6 juin contre la proscription du 31 mai 1793, furent décrétés d'arrestation. Enfermé, au commencement d'octobre de cette année, dans les cachots de la Conciergerie, il n'en sortit qu'après les événemens du 9 thermidor an 2 (24 juillet 1794); il rentra immédiatement après à la convention, où il se conduisit avec beaucoup de sagesse. Dans la séance du 7 octobre 1795, il occupa la tribune pour y prononcer l'éloge de son frère. La convention décréta, à la suite de ce discours, que tous les ouvrages politiques de Rabaut-Saint-Étienne seraient imprimés aux frais de la république. Il passa au conseil des anciens, par suite de la réélection des deux tiers conventionnels; il y exerçait les fonctions de secrétaire, lorsque M. Portalis, depuis ministre des cultes, occupait le fauteuil de président. Rabaut-Pomier se montra partisan de la révolution du 18 brumaire an 8 (9 novembre

1799). Des bureaux de la trésorerie nationale, où il fut employé, il passa dans ceux de la comptabilité (aujourd'hui cour des comptes), et devint sous-préfet de l'arrondissement du Vigan, département du Gard, fonctions qu'il cessa en 1803, pour remplir celles de pasteur de l'église réformée de Paris. Il obtint à cette époque la décoration de la légion-d'honneur. Forcé de s'expatrier en 1816, par suite de la loi du 12 janvier, il quitta la France; mais il y rentra en 1818; il mourut le 16 mars 1820. On attribue, et il paraîtrait prouvé, rapporte un de ses biographes, que Rabaut-Pomier eut la première idée des notions de la vaccine avant que les Anglais eussent rien écrit sur cette découverte. Il a déclaré que vers l'année 1780, il avait observé qu'aux environs de Montpellier la petite-vérole, le claveau des moutons et les pustules des vaches, étaient regardés comme des maladies identiques, connues sous le nom de *picote*. Ayant reconnu que celle des vaches est la plus bénigne de ces affections, et que les bergers, lorsqu'ils la gagnaient par hasard en trayant ces animaux, passaient dans le pays pour être par cela seul préservés de la petite-vérole, il pensa que ce procédé serait aussi sûr et moins dangereux que l'inoculation de la variole. » Rabaut-Pomier racontait qu'en 1784, il eut occasion de communiquer ses observations à un M. Pugh, en présence de sir James Ireland, de Bristol. M. Pugh promit qu'à son arrivée en Angleterre, il ferait part de ce qu'il venait d'entendre au docteur Jenner, son intime ami. Rabaut-Pomier était porteur d'une lettre de M. Ireland, du 12 février 1811, qui rappelle ce fait. On peut consulter à ce sujet le *Dictionnaire des Sciences médicales*, article *Vaccine*, ou la *Note* sur les droits de Rabaut-Pomier à la découverte de la vaccine, note qui fait suite à la *Notice biographique*, par M. Charles Coquerel, insérée dans le *Nouvel Annuaire protestant* pour 1821. Rabaut-Pomier n'était point un homme sans talent; mais presque exclusivement renfermé dans les fonctions de son ministère, il a peu écrit. Il ne paraît avoir publié que deux opuscules; l'un en 1810, intitulé: *Napoléon libérateur*, discours religieux, et l'autre, en 1814, sous le titre de *Sermon d'actions de grâce sur le retour de Louis XVIII*.

RABAUT jeune (N.), dit Rabaut-Dupuis, frère des deux précédens, exerçait à Nîmes la profession de négociant, lorsqu'en 1793 il fut proscrit comme *fédéraliste*. S'étant soustrait à la persécution par la fuite, il fut porté sur la liste des émigrés: cette dernière circonstance fit arrêter son père (*voy.* le premier article des Rabaut). Nommé, en 1797, par le département du Gard, député au conseil des anciens, où déjà siégeait son frère, Rabaut-Pomier, il s'y prononça en faveur du directoire-exécutif, bien qu'il fût loin d'en approuver toutes les mesures. Il écrivit même dans les journaux pour soutenir et défendre son opinion. Il se prononça à la tribune en faveur des émigrés du département du Bas-Rhin, qui, pour la plupart, étaient des cultivateurs pauvres, de simples paysans, que la crainte de la sévérité des représentans en mission avait fait fuir de leur pays. Il parla aussi en faveur des émigrés d'Avignon et du comtat Venaissin. S'étant déclaré en faveur de la révolution du 18 brumaire an 8 (1799), il passa au corps-législatif, et le présida en 1802; c'est sous sa présidence que fut voté le consulat à vie. Envoyé en mission dans le Midi, il s'efforça de rattacher tous les esprits au nouveau gouvernement. Il arriva à Toulouse au moment où une commission militaire venait de condamner à être fusillé un émigré rentré, M. de Seguy. Rabaut-Dupuis, informé que des nullités existaient dans le procès, prit sur lui de suspendre l'exécution du jugement, acceptant toute la responsabilité, à laquelle sa conduite pouvait donner lieu. Cette conduite fut approuvée par le premier consul Bonaparte. En 1804, il reçut la décoration de la légion-d'honneur, et à la cessation de ses fonctions législatives, il retourna dans ses foyers. Il était conseiller de préfecture lorsqu'en 1818, il mourut d'une chute que lui avait occasionée un cheval fougueux. Rabaut-Dupuis a publié: 1° *Détails historiques et Recueil de pièces sur les divers projets qui ont été conçus depuis la réformation jusqu'à ce jour, pour la réunion de toutes les communions chrétiennes*, 1806, in-8°; 2° *Annuaire ou Répertoire ecclésiastique à l'usage des églises réformées*, Paris, 1807, in-8°: ce recueil a été continué sous le titre de *Nouvel annuaire protestant*.

RABOTEAU (Pierre), littérateur, membre de la société philotechnique, est né à La Rochelle, département de la Charente-Inférieure. Il a long-temps suivi la carrière administrative, où il n'a pas occupé un poste digne de ses talens. Quelques années avant qu'il prît ou reçût sa retraite, il était sous-chef au ministère de la police, dont M. Decazes avait le portefeuille. Son excellence faisait cependant beaucoup de cas de ce modeste employé. M. Raboteau est un des fondateurs du théâtre du Vaudeville, où il a donné plusieurs pièces, soit seul, soit en société. Comme littérateur, on lui doit, outre des poésies insérées dans *l'Almanach des Muses*, etc., *la Prise de la Bastille*, 1790, in-8°, et *les Jeux de l'Enfance*, poëme qui parut, pour la première fois, en 1802, in-8°, et qui a été réimprimé en 1805, in-8°. Ce poëme, où respire une douce sensibilité, est écrit avec talent.

RACLE (Léonard), architecte, ingénieur des ponts-et-chaussées, naquit à Dijon le 30 novembre 1736. Il manifesta de bonne heure du goût pour le dessin, et fut admis à travailler sous la direction de M. Mongin de Saint-André, ingénieur du roi, qui, remarquant ses heureuses dispositions, le prit en affection, et lui enseigna les principes de l'architecture. Les travaux importans dont Racle fut chargé, tels que la construction du port de Versoix et du canal de navigation du pont de Vaux, qui joint la rivière de la Reissouze à la Saône, et quelques autres ouvrages du même genre, lui acquirent une réputation méritée. En

1786, il obtint le prix de l'académie de Toulouse, par un *Mémoire sur la construction d'un pont de fer d'une seule arche de 400 pieds d'ouverture*. Il a donné plusieurs autres mémoires sur les propriétés de la Cycloïde, sur les moyens de régulariser le cours du Rhône et de la rivière de l'Ain, etc. Il avait trouvé le secret d'une terre cuite propre à revêtir les murailles et parquets, et que Voltaire appelait *argile-marbre*, parce qu'elle avait l'éclat et la solidité de ce dernier. Il bâtit Ferney, et devint l'ami de son illustre client. Racle reçut de l'impératrice Catherine II la proposition d'un sort brillant en Russie; mais cette proposition, honorable pour l'artiste, ne put le déterminer à quitter sa patrie, où la médiocrité lui parut préférable à la fortune dont il pouvait jouir en l'abandonnant. Au commencement de la révolution, dont il adopta les principes, il devint administrateur du département de l'Ain, et en exerçait les fonctions lorsqu'il mourut à Pont-de-Vaux, le 8 janvier 1792. Il avait publié un ouvrage intitulé : *Réflexions sur le cours de la rivière de l'Ain, et les moyens de le fixer*, Bourg, 1790, in-8°. Cet ouvrage, plein d'idées lumineuses sur l'art hydraulique, développe des principes applicables à toutes les rivières qui, par la rapidité de leur cours, ont de l'analogie avec la rivière de l'Ain, que l'auteur avait particulièrement en vue. Il a laissé en manuscrit un projet pour mettre les vaisseaux de guerre à l'abri de l'intempérie des saisons.

RACLET-MERCEY (Guillaume), ecclésiastique, fut nommé, en 1789, député du clergé de la ci-devant province de Franche-Comté aux états-généraux. Au mois de novembre 1790, il publia une réclamation contre la manière dont on avait interprété son vote dans l'appel nominal du 20, sur la proposition de déclarer les ministres déchus de la confiance nationale. M. Raclet-Mercey prêta le serment civique et religieux en janvier 1791, et à la fin de la session reprit l'exercice de ses fonctions ecclésiastiques.

RADCLIFFE (Anne), romancière anglaise, de la famille d'un célèbre médecin de ce nom, naquit à Londres vers 1762, et mourut à Linclico, près de cette ville, le 7 février 1823. Elle reçut une éducation distinguée, et se livra de bonne heure à la culture des lettres. Cette branche de la littérature, où, avec de l'imagination, de l'art, et un certain talent d'écrire, on peut s'emparer de l'esprit d'un lecteur et le soumettre impérieusement à toute la puissance des illusions, le roman, enfin, où généralement les femmes sont si supérieures, cette branche de littérature fut pour Anne Radcliffe une source inépuisable de gloire et en même temps de fortune; elle a tenu long-temps le sceptre du roman; elle est loin encore d'être déshéritée de la place supérieure qu'elle a conquise, et la justice exigerait que le *romantisme*, que ses nombreuses et remarquables productions ont mis à la mode, le romantisme qui, sorti du roman, seul genre où il était tolérable, menace de tout bouleverser dans la république des lettres, devrait porter ses parti-

sans à la reconnaître comme la cause principale de sa création parmi nous, et de ses honteux et funestes succès. On a dit qu'Anne Radcliffe avait la terreur dans son cœur et dans son esprit ; en effet, comme la Pythonisse sur le trépied sacré, Anne Radcliffe paraît plutôt, en écrivant, céder à la puissance d'une imagination en délire, qu'aux règles d'un art par lequel elle doit s'efforcer d'intéresser et de plaire. Subjuguée elle-même, elle vous subjugue, car elle peint en traits de feu ; et cependant dans ses principaux ouvrages les plans sont bien tracés, les événemens s'enchaînent avec un art merveilleux, les tableaux sont pittoresques, l'intérêt croît de scène en scène, et le style est pur et correct ; le nombre et la prolixité de ses descriptions sont les seuls défauts notables que l'on puisse lui reprocher. Certes, ce n'est pas un écrivain ordinaire, l'auteur dont plusieurs littérateurs français, entre autres l'abbé Morellet, ont traduit toutes les productions, et l'estime que ce dernier traducteur et Chénier faisaient des talens d'Anne Radcliffe, doit venger sa mémoire de la sévérité de quelques critiques trop rigoureux pour être justes. Chénier lui-même, le judicieux et correct Chénier, sans approuver le genre en quelque sorte créé par Anne Radcliffe, la loue du mérite qu'elle y a déployé. Il dit dans son *Tableau de la littérature française* : « Les divers romans d'Anne Radcliffe offrent des caractères fortement prononcés, des situations terribles, que l'auteur amène et accumule, au hasard de s'en tirer péniblement ; de belles descriptions de l'Italie et du midi de la France, d'énergiques tableaux, de vrais coups de théâtre, et même quelques tons de Shakespeare, le génie éminemment anglais, qui depuis deux siècles féconde encore dans sa patrie tous les champs de l'imagination. Ces romans, considérés dans tout leur ensemble, se rattachent à une seule idée d'un grand sens. Partout le merveilleux domine ; dans les bois, dans les châteaux, dans les cloîtres, on se croit environné de revenans, de spectres, d'esprits célestes ou infernaux ; la terreur croît, les prestiges s'entassent, l'apparence acquiert presque de la certitude, et quand le dénouement arrive, tout s'explique par des causes naturelles. Délivrer les esprits crédules du besoin de croire aux prodiges est un but très-philosophique ; mais les plans n'ont pas l'étendue et la portée dont ils étaient susceptibles. L'exécution en serait tout à la fois plus originale et plus utile, si le lecteur était forcé de rire des choses mêmes qui lui ont fait peur. Tout ce qui blesse la raison, tout ce qui tend à la dégrader, est justiciable du ridicule : ses traits sont les plus fortes armes contre les sottises importantes. Horace l'a dit, et Voltaire l'a prouvé. Le genre d'Anne Radcliffe exige des facultés moins rares ; aussi n'a-t-elle pas manqué d'imitateurs. Sa trace est facile à reconnaître dans le roman médiocre et compliqué qui a pour titre : *Adeline, ou la Confession*, et dans *l'Abbaye de Grasville*, ouvrage beaucoup moins vulgaire, que Mme Ducos a fort bien traduit. »
Les romans d'Anne Radcliffe ont

été traduits dans presque toutes les langues de l'Europe, et imités par une foule de romanciers, tant français qu'étrangers; ils ont été insérés dans la collection des romans anglais de mistriss Barbauld. Nous citerons les principaux ouvrages de cette dame. Ce sont: 1° *les Châteaux de Dumblaine et d'Athlin*, traduction en français, 1819, 2 vol. in-12; 2° *la Forêt, ou l'Abbaye de Saint-Clair*, traduite en français, 1798, 3 vol. in-12: Anne Radcliffe mêla quelques poésies à ce roman; 3° *Julia, ou les Souterrains du château de Mazzini*, traduit en français, 1801, 2 vol. in-12; 4° *les Mystères d'Udolphe*: ce roman, souvent réimprimé, a été traduit en français, 4 vol. in-12, 1794; il est, comme *la Forêt ou l'Abaye de Saint-Clair*, mêlé de poésie, et fut vendu au libraire anglais mille livres sterlings. Chénier l'a jugé le meilleur des romans d'Anne Radcliffe. Voici comme le juge le rédacteur de la *Bibliothèque britannique:* « Un fonds d'événemens probables, piquans et variés, un style brillant, des sentimens délicats, une morale pure, l'attrait constant de l'intérêt, se trouvent réunis dans les *Mystères d'Udolphe*. » 5° *Journey made in summer*, 1794 (voyage fait dans l'été de 1794 en Hollande et sur la frontière d'Allemagne, avec des observations faites dans une tournée, près des lacs de Lancashire, Westmoreland et Cumberland), un vol. in-8°, avec planches, 1795, que Cantwel a traduit en français, 2° édition, 1799, 2 vol. in-8°. 6° *L'Italien*, dont le manuscrit fut vendu 1,500 livres sterlings, fut traduit par l'abbé Morellet, sous le titre de *l'Italien, ou le Confessionnal des Pénitens noirs*; plusieurs éditions, 1795-1819; et par Mary Guy Allard, sous celui d'*Éléonore de Rosalba*. Les succès de cette célèbre romancière portèrent ses envieux à lui attribuer des productions indignes d'elle, et parvinrent, par cette odieuse manœuvre, à l'obliger de renoncer à écrire; depuis ils la supposèrent ridiculement morte des suites des visions et terreurs répandues dans ses ouvrages, et auxquelles son imagination n'avait pu résister, et ils firent passer sous son nom, comme ouvrages posthumes, le *Tombeau*, les *Visions du Château des Pyrénées*, l'*Hermite de la Tombe mystérieuse*, le *Couvent de Sainte-Catherine*, la *Forêt de Montalbano*, etc. Anne Radcliffe était d'une taille un peu au-dessous de la moyenne; ses traits étaient doux et agréables, et son esprit, dans la conversation, avait beaucoup de vivacité.

RADET (LE BARON ÉTIENNE), inspecteur-général de la gendarmerie, officier de la légion-d'honneur, né le 16 décembre 1762, dans la ci-devant province de Lorraine, était entré jeune au service. En 1800, il avait le grade de chef d'escadron, et commandait la gendarmerie d'Avignon. Le gouvernement consulaire le chargea depuis d'organiser successivement des corps de cette arme en Corse, en Piémont et à Gènes; il montra du zèle, de l'intelligence et une grande activité dans ces créations nouvelles. Nommé ensuite commandant-général de la gendarmerie dans les états romains, il s'y trouvait en 1809 sous les ordres du général Miollis. Ce fut à cette époque qu'eut lieu l'enlèvement du pape Pie VII (*voy.* Pie VII), et le général Radet se trouva chargé de cette mission. Dans la nuit du 5 au 6 juillet 1809, il entoura, avec une partie de la garnison de Rome, le palais Quirinal, et pénétra bientôt jusque dans l'appartement du pontife, auquel il déclara, selon les ordres qu'il avait reçus, que ce n'était qu'en abdiquant la souveraineté temporelle que sa sainteté pourrait rester à Rome. Le pape s'y étant refusé, le général Radet lui dit, avec une altération visible dans tous ses traits et une profonde douleur, qu'il avait ordre de l'emmener avec lui. « Telle est, ajouta-t-il, la commission dont je suis chargé, et que je suis, à mon grand regret, forcé d'exécuter, quoique je sois catholique et fils de l'Église. » Le pape, sans répondre une seule parole, se lève, suit le général, et monte avec lui dans une voiture qui l'attendait à la porte extérieure du palais. Il sortit de Rome, à quatre heures du matin, par la porte dite du Peuple. Là, en changeant de voiture, le général s'adressa encore au pape, et lui dit : « Saint père, il est encore temps, voulez-vous renoncer à la souveraineté temporelle ? » Sur une nouvelle réponse négative, la portière de la voiture fut fermée à cadenas, et l'on prit la route de Florence. Quand sa sainteté fut ensuite conduite à Savone, le général Radet fut encore chargé de l'accompagner. On convient que cet officier, tout en exécutant la mission rigoureuse qui lui avait été confiée, ne cessa de montrer les plus grands égards à l'illustre captif, ne négligeant aucun moyen d'adoucir son sort. Après la première rentrée du roi, le général Radet resta sans fonctions, mais fut employé de nouveau pendant les *cent jours*, en 1815, lors du retour de Napoléon de l'île d'Elbe, et nommé, en juin 1815, grand-prévôt de l'armée. Il se trouvait en cette qualité avec les débris de cette armée, sur les bords de la Loire en juillet, mais il fut bientôt destitué, et remplacé dans ses fonctions par le colonel Coroller. Arrêté en 1816, et conduit à la citadelle de Besançon, il fut ensuite traduit devant le conseil de guerre de la 6ᵉ division militaire, qui le condamna à neuf années de détention, pour avoir pris part aux événemens du mois de mars 1815. Enfin une ordonnance de Louis XVIII a rendu le général Radet à la liberté au mois de décembre 1818.

RADET (N.), chansonnier et auteur dramatique, l'un des fondateurs du théâtre du Vaudeville, a donné à ce théâtre, seul ou en société, une foule d'ouvrages qui ont eu la plupart un succès mérité. Nous citerons les principaux : 1° (avec Rosières), le *Marchand d'esclaves*, parodie de *la Caravane*; *la Fausse Inconstance*, comédie ; 2° (avec Barré), *la Négresse, ou le Pouvoir de la reconnaissance*, opéra-comique ; 3° (avec Desfontaines), *Encore un Curé*, *Au Retour*, 1795 ; 4° (avec Barré et Desfontaines), *le Retour du Ballon*, *la Fin du monde*, *l'Effort surnaturel*; *Une Journée de Ferney*, *Jean Monet*, *le Pari*; *la Girouette de Saint-Cloud*, *Gessner*, etc. Il a donné seul : 1° *Renaud d'Ast*, 1787, in-8°; 2° *la Soirée orageuse*, 1790, in-8°; 3° *le Noble Roturier*, 1793, in-8°; 4° *Pauline, ou la Fille naturelle*, 1797, in-8°; 5° *le Testament*, 1797, in-12; 6° *le Dîner aux Prés Saint-Gervais*, 1798, in-8°; 7° *Honorine, ou la Femme difficile à vivre*, 1798, in-8°; 8° *Frosine, ou la Dernière venue*, 1801, in-8°; 9° *Ida, ou Que deviendra-t-elle?* 1802, in-8°; 10° *les Préventions d'une femme*, 1803, in-8°; 11° *la Réunion de famille, ou le Jour de l'an*, 1805, in-8°; 12° *le Retour d'un fils, ou les Surprises*, 1813, in-8°; 13° *l'Hôtel du grand Mogol, ou l'Auberge qui n'en est pas une*, 1814, in-8°. C'est depuis que les Radet, Barré, Desfontaines, Piis, Dupaty, Dieu-la-Foy, et Lonchamps, ont cessé de faire entendre leurs joyeux ou piquans refrains, que le théâtre du Vaudeville a perdu sa franchise et sa malice. Sous les successeurs de ces aimables chansonniers, il est devenu fade comme les pièces commandées, et triste comme la gaîté bureaucratique.

RADONVILLIERS (L'ABBÉ CLAUDE-FRANÇOIS LYSARDE DE), sous-précepteur des enfans de France, conseiller d'état, membre de l'académie-française, naquit à Paris vers 1709, et mourut dans cette ville le 20 avril 1789. Elevé au collége de Louis-le-Grand, il se lia d'amitié avec le P. Porée, et à son instigation, il se fit admettre dans la société de Jésus. Il professa dans l'un des colléges de cette société les humanités et la rhétorique. M. de Maurepas (*voyez* ce nom) pendant son exil à Bourges, par suite d'une chanson qu'il avait faite contre Mme de Pompadour, détermina l'abbé Radonvilliers à quitter l'habit religieux et à accepter l'emploi de secrétaire d'ambassade, que le cardinal de la Rochefoucault, archevêque de Bourges, lui faisait offrir; il accompagna ce prélat à Rome, et en récompense de son zèle, au retour du cardinal, il fut attaché sous ses ordres à la feuille des bénéfices. Il obtint à la mort de ce ministre la place de sous-précepteur des enfans de France. Cette place, dont l'abbé de Radonvilliers n'était d'ailleurs pas indigne, ses protecteurs et quelques courtisans, membres de l'académie-française, lui firent obtenir les honneurs du fauteuil académique, et il succéda à Marivaux. Dans cette occasion, Marmontel lui céda généreusement ses droits et les voix de ses amis. Marmontel assure dans ses *Mémoires* que l'abbé de Radonvilliers s'en montra très-reconnaissant. Devenu directeur de l'académie, l'ancien jésuite reçut l'abbé Delille, et Ducis, qui succédait à Voltaire; il eut également, en cette qualité, l'honneur de féliciter l'illustre Malesherbes, que ses hautes vertus, comme magistrat et comme ami et protecteur des lettres, avaient porté à l'académie-française. L'abbé de Radonvilliers loua convenablement l'abbé Delille et même Malesherbes; mais Voltaire fut sacrifié aux enfans de Loyola, dont l'abbé de Radonvilliers n'avait quitté que l'habit. La Harpe, encore philosophe à cette époque, s'exprime ainsi dans sa *Correspondance* (t. XI, p. 544.) : « Ceux des académiciens à qui il avait lu son discours n'avaient pu l'engager à supprimer les expressions déplacées dans l'éloge d'un confrère. On avait même fait des efforts pour lui persuader de laisser à un autre les fonctions de directeur, s'il ne trouvait pas qu'elles s'accordassent avec ses principes et avec son état. Il a persisté à vouloir les remplir. » Un biographe, exclusivement louangeur, déclare « qu'une intrigue formée à son insu le porta à l'académie ; » il prétend encore « qu'il n'accepta la place de conseiller-d'état que malgré lui. » Voilà, si, comme nous n'en doutons pas, ce biographe est véridique, un désintéressement dont les exemples sont malheureusement trop rares. Quoi qu'il en soit, l'abbé de Radonvilliers se fit estimer pour ses talens et pour son humanité. Dans l'*Eloge* de cet académicien par l'abbé Maury, éloge qu'il prononça à la seconde classe de l'institut impérial en 1807, on voit que dans les pays où l'abbé de Radonvilliers avait des revenus ecclésiastiques, il en déléguait le quart aux indigens du lieu. A Paris, il avait abonné au mois ses charités courantes, et durant les trente-trois dernières années de sa vie, il n'a jamais manqué d'envoyer cent louis au curé de Saint-Roch, sa paroisse. » Comme littérateur, l'abbé de Radonvilliers a publié un *Traité de la manière d'apprendre les langues*, in-8°, 1768; une *Notice sur le collége d'Aquitaine, sous la principalité d'André Govea;* une *Idylle* sur la convalescence du roi; quelques *opuscules* composés pour l'éducation des enfans de France, et qui, au rapport de l'abbé Maury, rappellent la manière et le style de Fénélon ; des *fragmens* sur la religion ; des *morceaux* extraits du *Spectateur* d'Addison; des *discours academiques ;* la traduction des trois premiers livres de l'*Énéide*, et la *traduction* des *Vies des hommes illustres* de Cornelius Nepos, que M. Noël a revue et terminée. Ces différens ouvrages ont été réunis en 3 vol. et publiés par M. Noël, en 1807. L'*Éloge de l'abbé de Radonvilliers*, par le cardinal Maury, est placé en tête de cette édition.

RADSTOCK (WILLIAM WALDEGRAVE, LORD BARON), pair d'Irlande, vice-amiral anglais, né le 9 juillet 1758. Destiné au service de la marine, il y entra fort jeune, devint bientôt capitaine de frégate, et s'étant distingué en cette qualité, fut nommé capitaine de vaisseau le 30 mai 1786, contre-amiral vers 1794, et vice-amiral en 1797. Ayant arboré son pavillon sur le *Harfleur,* de 98 canons, il contribua beaucoup à la victoire remportée sur les Espagnols le 14 juillet de cette année. Le droit de cité lui fut décerné à cette occasion par la ville de Londres. En 1800, lord Radstock fut créé baron, et nommé peu de temps après gouverneur de Terre-Neuve. Après en avoir rempli les fonctions pendant quelques années, il revint en Angleterre, et se fixa à Londres, où il se distingua par des actes de bienfaisance, et surtout par son zèle actif, en faveur des établissemens de charité et d'éducation pour les enfans. On a de lord Radstock : *le Drapeau anglais triomphant, ou les Murs de bois de la Vieille-Angleterre.* Cet ouvrage contient le récit de toutes les actions navales qui ont eu lieu pendant les dernières guerres; c'est une espèce de compilation des journaux anglais. Le même lord a publié, sans nom d'auteur, plusieurs écrits sur des sujets philantropiques.

RADZIWIL (CHARLES DE), palatin de Wilna, d'une ancienne, célèbre et riche famille de Lithuanie, hérita de son père une fortune de 5,000,000 de revenu. Comptant plusieurs forteresses dans ses domaines, il pouvait lever 6,000 soldats, et avait acquis, par sa grande influence dans les affaires publiques, le surnom de *Roi de Lithuanie*. On trouve dans *l'Histoire de l'anarchie de Pologne*, par Rulhière, le portrait suivant de Radziwil : « Élevé comme dans les temps barbares, il n'était presque jamais sorti des forêts de la Lithuanie ; étranger à tous les arts, à toute politesse, il avait une confiance féroce dans sa force corporelle, dans le nombre de ses amis, dans le nombre de ses soldats, et surtout dans la droiture de ses intentions : car un sentiment de justice et de grandeur le guidait malgré sa férocité; et quoique sans esprit, il avait un sens droit quand la passion du vin n'en obscurcissait pas la lueur. Presque toute la jeune noblesse de Lithuanie lui composait une cour, et, à son exemple, se livrait à une licence effrénée; d'autres s'attachaient à lui dans l'espérance que ses bonnes qualités finiraient par l'emporter sur ses vices, et qu'il emploierait un jour sa fortune à défendre la liberté publique. » Radziwil fut revêtu, en 1762, de la première dignité de la province, parce que le roi voulait l'opposer à la famille des Czartorinski, famille puissante, dévouée aux intérêts de la Russie, et qui rendait à Radziwil toute la haine que celui-ci lui portait. A peine revêtu de cette dignité, Radziwil fit élire les membres du tribunal suprême. Les Czartorinski ne s'opposèrent point à leur élection, qu'ils espéraient bientôt rendre nulle, ayant en secret imploré le secours des Russes. Plusieurs corps de cette nation s'avancèrent en effet près des frontières; mais Radziwil leur opposa 4,000 hommes et 40 pièces de canon. Les deux partis se bornèrent à cette démonstration jusqu'à la fin des négociations entamées avec l'impératrice de Russie. Frédéric-le-Grand, s'interposant dans ce démêlé, et le khan de Crimée menaçant d'y prendre part, les Russes se retirèrent. Frédéric-Auguste II étant mort, les diétines s'assemblèrent dans la Lithuanie. Radziwil protégea en vain plusieurs candidats : aucun ne parvint à réunir les suffrages. Comme dans quelques districts ses partisans avaient été maltraités, il se rend à Wilna, escorté de 200 gentilshommes, s'empare de la maison de l'évêque qui avait appuyé les candidats des Czartorinski, et le menace de le tuer s'il persiste à se mêler des affaires publiques, lui déclarant qu'il a 100 mille ducats pour aller se faire absoudre à Rome. L'évêque ne se laisse point intimider; il appelle à son aide les Russes, et s'efforce de susciter publiquement des ennemis au palatin, qui de son côté prend des mesures pour assurer son autorité en Lithuanie. Dans l'intervalle il part de Wilna, et va se marier dans une province éloignée. Informé que les Russes ont pénétré en Pologne, il précipite son mariage, part le surlendemain de ses noces, inspecte ses forteresses, et se rend avec sa femme à Varsovie, où la diète est au moment d'élire un nouveau roi. Malgré les efforts de Radziwil et de ses partisans, les Czartorinski obtiennent les suffrages en faveur de Poniatowski, proclamé roi sous le nom de Stanislas-Auguste. La même faction, voulant enlever à Radziwil l'influence que lui donne son immense fortune, redouble d'efforts pour l'en faire dépouiller. Radziwil tente en vain de former une confédération. Sans appui de la part des souverains étrangers, il cherche à se rapprocher de ses adversaires, qui le repoussent orgueilleusement : indigné de cette nouvelle injure, il ne consulte plus que son courage. A la tête de son armée, il s'empare sur sa route des troupes, des munitions et de l'artillerie des Czartorinski, et défait, près de Stornica, un corps russe qui veut l'arrêter dans sa marche. Ses ennemis étaient en force en Lithuanie, et de toutes parts les Russes s'avançaient à sa rencontre. Il prend alors la résolution de licencier son infanterie, qu'il autorise à capituler, et se réfugie en Turquie avec 500 chevaux. Arrivé aux frontières avant que les Russes aient été informés de sa marche, il passe à la nage le Niester, et demande asile au pacha. L'absence de Radziwil suffit à ses ennemis pour faire confisquer des biens qu'ils se partagèrent. Il demande en vain vengeance aux puissances du Nord. Ses plaintes, fières et dignes de la grandeur de son infortune, ne sont pas entendues. Il se rendit à Dresde, et de cette ville renoua des relations avec ses amis et ses partisans. Catherine II voulait, en renversant Stanislas-Auguste, détruire son propre ouvrage. Elle fit inviter Radziwil à se réunir aux confédérés : proposition qu'il se hâta d'accepter. Le 3 juin 1767, il fit sa rentrée à Wilna, escorté par plus de 2,000 gentilshommes. La diète annula tous les arrêts rendus contre lui, et il fut réintégré dans ses dignités, dans ses droits et dans tous ses biens. Élu maréchal de la confédération du district de Bialistock, il partit immédiatement après pour l'assemblée générale qui devait avoir lieu à Radom. Par l'influence du prince Repnin, agent de Catherine, il fut déclaré chef de la confédération générale, et conduit à Varsovie. Malgré tant d'honneurs, l'amour de la patrie l'éclaira bientôt sur sa véritable position. Il préféra l'infortune à la honte d'être le brillant esclave des Russes, et il chercha à leur échapper. Il n'y parvint qu'après plusieurs tentatives infructueuses, et rentra en Lithuanie. Toute la noblesse de la province le rejoignit dans la forteresse de Niewitz. Les Russes le forcèrent à se soumettre, et toutes les tentatives de Radziwil échouèrent contre les oppresseurs de sa patrie. Il se rendit alors à Teschen, et partagea entre les confédérés qui s'y étaient réunis tous les trésors qu'il avait encore en sa possession. Ne pouvant s'opposer au partage de la Pologne, il essaya une entreprise dont le résultat ne répondit pas à son attente. Il parvint à enlever la princesse Tarakanoff, fille de l'impératrice Élisabeth, et l'emmena à Rome, espérant qu'elle pourrait faire valoir ses droits au trône. Radziwil vit bientôt que sa témérité serait sans fruit pour sa malheureuse protégée, qu'il abandonna, et qui périt misérablement victime des plus odieuses machinations (*voy.* Orloff). Radziwil retourna dans ses domaines, où, depuis ce moment, il vécut étranger aux affaires publiques. Il y mourut le 22 novembre 1792. Sa succession était encore très-considérable, quoique, dès 1772, Catherine II eût fait enlever la riche bibliothèque que les ancêtres de Radziwil avaient formée à Newitz : cette bibliothèque fut réunie à celle de l'académie royale des sciences de Saint-Pétersbourg.

RATZIWIL (LE PRINCE DOMINIQUE), chef de l'une des plus anciennes et des plus illustres familles de la Lithuanie, à la tête d'une des plus gandes fortunes du pays (*voy.* Radziwil), fut nommé colonel du 8ᵉ régiment des lanciers du duché de Varsovie. Il passa ensuite, en 1812, comme major des chevau-légers polonais de la garde. Il fit dans ce régiment la campagne de 1812 et 1813, et s'y distingua par sa bravoure. Un boulet de canon lui enleva son chacos à la bataille de Hanau, sans lui faire aucune contusion. Il mourut pourtant subitement quelques jours après, ayant à peine 30 ans.

RATZIWIL (LE PRINCE MICHEL), cousin du premier. Il fut nommé, en 1806, colonel d'un régiment de nouvelle levée, ensuite chambellan de l'empereur Napoléon. Il eut ensuite le commandement du 5ᵉ régiment d'infanterie formé de la légion du Nord. Nommé général, il fit toujours partie, avec son régiment et sa brigade, de la garnison de Dantzig, et se distingua par sa bravoure pendant le siége que cette ville soutint sous les ordres du général Rapp. Retiré du service, il est aujourd'hui sénateur castellan du royaume de Pologne. Nous avons toujours saisi avec empressement les occasions de rendre aux Polonais, dont les noms sont appelés à figurer dans cet ouvrage, toute la justice qu'ils ont droit d'attendre, eux et leur illustre nation, d'une inaltérable estime. Le *Supplément* de ce vol. (XVII) et les volumes suivans renfermeront d'autres notices que nous tenons des meilleures sources.

RAEVSKI (Nicolas-Nicolaevitz), général de cavalerie et chevalier de plusieurs ordres russes, né à Pétersbourg en 1771, est, par sa mère, petit-neveu du prince Potemkin. Il était très-jeune lorsqu'il entra, en qualité de sous-officier, dans un régiment de gardes à pied de l'impératrice Catherine II. Après avoir obtenu le grade de lieutenant, il passa dans la ligne au commencement de la guerre avec la Turquie, et fut nommé lieutenant-colonel à la fin de sa première campagne. Il servit ensuite en Pologne, où ses talens et sa bravoure lui valurent des commandemens importans et deux décorations militaires. Il était commandant d'un régiment de chevau-légers, lorsqu'il fut élevé au rang de colonel-propriétaire du régiment de dragons de Nijégorod, et fit, en 1795, la campagne de Perse, dans laquelle sa conduite fut des plus distinguées. Pendant les quatre dernières années du règne de Paul Ier, le colonel Raevski, par suite de quelque mécontentement, quitta le service pour se retirer dans ses terres. Remis en activité à l'avénement d'Alexandre, il fut promu au grade de général-major, puis placé, en 1807, à l'avant-garde de la grande-armée, où il fut blessé en combattant valeureusement à la tête d'un régiment de chasseurs. Après le traité de Tilsitt, le général Raevski fit partie de l'armée russe qui conquit la Finlande suédoise : cette campagne lui valut le grade de lieutenant-général et le commandement d'un corps au-delà du Danube. Appelé, en 1812, au commandement de l'un des corps de la seconde armée, rassemblée en Volhinie, sous les ordres du prince Bagration, il soutint sa réputation militaire à la défense de Smolensk, à la bataille de la Moskowa, et à l'affaire de Malojeroslavetz : dans cette dernière surtout il se montra digne de l'ennemi qu'il avait à combattre, et put s'honorer encore en cédant la victoire à l'illustre prince Eugène (voy. BEAUHARNAIS). Promu, en 1813, au commandement du corps des grenadiers d'élite, il participa à toutes les affaires qui eurent lieu pendant la campagne de Saxe, et fut grièvement blessé d'un coup de feu à la bataille de Leipsick. L'empereur Alexandre, qui dans cette journée avait été le témoin de la conduite du général Raevski, lui conféra le grade de général de cavalerie sur le champ de bataille. Il reçut aussi à cette occasion de l'empereur d'Autriche la décoration de l'ordre de Marie-Thérèse. Sa blessure n'était pas encore guérie entièrement lorsqu'il joignit son corps, avec lequel il fit la campagne de 1814 en France. Il se trouva à la bataille de Brienne, à la journée de Bar-sur-Aube, où il remplaça dans son commandement le comte de Witgenstein, qui venait d'être blessé au combat de la Fère-Champenoise, et à la bataille de Paris, où, s'étant avancé jusque sur les hauteurs de Belleville, il éprouva de la part des Français une résistance qui lui fit perdre beaucoup de monde. Le général Raevski prit également part à la campagne de 1815, et fut depuis envoyé sur les bords du Boristhène, où l'empereur de Russie lui confia le commandement d'une armée de 80,000 hommes.

RAFELIS DE BROVES (LE COMTE JOSEPH-BARTHÉLEMI), né en 1753 à Anduze, département du Gard, d'une famille noble, originaire d'Italie ; il entra dans les gardes de la marine en 1767, et fit depuis partie de l'armée navale commandée par le comte d'Estaing, qui le créa chevalier de Saint-Louis, pour la valeur qu'il montra en s'élançant le premier dans les retranchemens de l'île de la Grenade. En 1790, devenu capitaine de vaisseau, il obtint le commandement d'une division à Terre-Neuve ; en 1791, il se rendit à l'armée des Princes, où il devint commandant de la 2e compagnie de l'escadron de la marine, faisant partie de la même armée. Le comte Rafelis de Broves, nommé depuis la restauration, en 1814, contre-amiral et commandeur de l'ordre de Saint-Louis, a cessé, en 1817, d'être compris dans les cadres des officiers supérieurs de la marine.

RAFELIS DE BROVES (Charles-François), frère du précédent, né en 1773 à Anduze, département du Gard, élève de la marine en 1788, fut admis, en 1791, dans les gardes du roi à cheval. Le 10 août 1793, il se trouva à la défense du château des Tuileries, où son père, ancien colonel d'infanterie, fut tué. Après cette journée, il passa en Angleterre, où il demeura jusqu'au licenciement de l'armée des Princes. De retour en France, il y fut long-temps employé dans l'administration des postes. A l'époque de la restauration, en 1814, il a obtenu à Limoges une place d'inspecteur.

RAFELIS DE SAINT-SAUVEUR (le marquis de), de la même famille que les précédens. Lorsqu'il entra au service, il n'avait que 14 ans; il fut nommé lieutenant au régiment du Roi infanterie peu de temps avant la révolution. Le 26 août 1792, il gagna la croix de Saint-Louis en cherchant à rétablir l'ordre parmi les soldats insurgés de la garnison de Nanci. M. Rafelis de Saint-Sauveur, qui fut grièvement blessé dans cette malheureuse affaire, s'est depuis signalé dans un grand nombre de campagnes, et a été promu au grade de maréchal-de-camp le 4 juin 1814. Chevalier de Saint-Louis et commandeur de la légion-d'honneur, il est employé aujourd'hui (1824) dans l'inspection-générale de la gendarmerie.

RAFF (Antoine), célèbre chanteur allemand, né à Bonn en 1710, élève de Bernacchi, passa en Italie, y fit un long séjour, et obtint l'ordre de l'Éperon-d'Or. Il revint ensuite dans sa patrie, où sa réputation le faisait considérer comme le premier ténor de l'Allemagne et même de l'Italie. Il résida long-temps à Manheim; mais devenu chanteur de la chambre de l'électeur de Bavière, il suivit, en 1783, la cour de ce prince à Munich, et mourut dans cette ville vers 1790. M. Ginguené, en parlant des merveilleux effets de la musique, a cité sur Raff l'anecdote suivante : «La princesse Belmonte venait de perdre son mari; un mois s'était écoulé sans qu'elle proférât une seule plainte et versât une seule larme : seulement vers la chute du jour, on portait la malade dans ses jardins; mais ni l'aspect du plus beau ciel, ni la réunion de tout ce que l'art ajoutait sous ses yeux aux charmes de la nature, ni même l'attendrissante obscurité du soir, rien ne pouvait amener en elle ces douces émotions qui, donnant une issue à la douleur, lui ôtent ce qu'elle a de poignant et d'insupportable. Raff, passant alors à Naples pour la première fois, voulut voir ces jardins célèbres par leur beauté. On le lui permit, mais en lui recommandant de ne pas approcher de tel bosquet, où était alors la princesse. Une des femmes de sa suite, sachant que Raff était dans le jardin, proposa à madame de Belmonte, non pas de l'entendre, mais de le voir, et de lui permettre de venir la saluer. Raff approcha. En allant le chercher, on lui avait fait sa leçon. Après quelques momens de silence, la même femme pria la princesse de permettre qu'un chanteur aussi fameux, qui n'avait jamais eu l'honneur de chanter devant elle, pût au moins lui faire entendre le son de sa voix, et seulement quelques strophes d'une chanson de Rolli ou de Métastase. Le refus n'ayant pas été positif, Raff interprêta ce silence; et s'étant placé un peu à l'écart, il chanta le premier couplet d'une chanson très-touchante de Rolli, qui commence par ce vers :

Solitario bosco ombroso.

Sa voix, qui était alors dans toute sa fraîcheur, et l'une des plus belles et des plus touchantes que l'on ait entendues, la mélodie simple, mais expressive, de ce petit air, les paroles parfaitement adaptées au lieu, aux personnes, aux circonstances, tout cela ensemble eut un tel pouvoir sur des organes qui semblaient depuis long-temps fermés et endurcis par le désespoir, que les larmes coulèrent en abondance. Elles ne s'arrêtèrent point pendant plusieurs jours : ce fut ce qui sauva la malade, qui, sans cette effusion salutaire, eût immanquablement perdu la vie. »

RAFFAELI, fondateur d'une école de mosaïque à Milan, a trouvé l'art de fondre des pâtes colorées, dont la découverte est encore un secret pour ses confrères. En mettant le pied dans son atelier, on est frappé d'étonnement à la vue des travaux les plus fins, et pour ainsi dire microscopiques. C'est au moyen de ces pâtes filées, que M. Raffaeli a pu rendre dans ses ouvrages les nuances les plus délicates de la peinture et même de la miniature. Il a aussi le mérite d'avoir inventé une nouvelle méthode pour marquer, et suivre sans altération, les contours de ses tableaux : bien différent en cela de l'école de Rome, où à force de frapper et de presser le mastic, on nuit à la pureté primitive du dessin. M. Raffaeli a entrepris et achevé la plus grande mosaïque qu'on ait jamais exécutée depuis la renaissance des arts en Italie; la fameuse Cène de Léonard de Vinci, d'après une copie exacte peinte par le célèbre Bossi. Ce tableau, qui a un tiers de plus que les plus grands tableaux de Saint-Pierre à Rome, avait été commandé par Napoléon, qui voulait immortaliser, au moment même de son dépérissement, ce fameux chef-d'œuvre de la peinture italienne. Il travaillait pour la France : mais les derniers événemens politiques arrivés en Europe, ont mis son ouvrage à la disposition de l'empereur d'Autriche, qui l'a fait transporter au château de Schœnbrunn.

RAFFAELLI (Joseph), membre de l'académie italienne, etc., naquit, en 1758, à Catanzaro, dans la Calabre ultérieure. Après avoir achevé les études de belles-lettres dans sa patrie, il fut envoyé à Naples, pour y apprendre la philosophie et le droit. Jeune encore, il commença à fréquenter le barreau, où il se chargea de la défense de quelques accusés. Ses succès attirèrent sur lui les regards des magistrats, qui le choisirent parmi les avocats des pauvres, attachés à la cour suprême de justice, connue alors sous le nom de *real Camera di Santa Chiara*. C'était un premier pas pour arriver à la magistrature, et il en aurait obtenu les honneurs, si, placé pour ainsi dire en présence des crimes les plus affreux et des jugemens les plus sévères, son cœur ne l'eût éloigné des cours criminelles pour le conduire devant les tribunaux civils. C'est ici qu'avec autant de talent et non moins de courage, il plaida souvent en faveur des communes, et s'éleva contre la puissance des barons, qui, sur leur déclin, tâchaient de se maintenir dans leurs odieux priviléges. Lors des tremblemens de terre des Calabres, M. Raffaelli redoubla d'efforts pour défendre des malheureuses populations que le fléau de la nature et les désordres de l'administration accablaient de tous les maux. Enveloppé dans la proscription de 1799, à cause de ses opinions politiques, M. Raffaelli se réfugia en France, sans songer à s'y établir. Une honorable invitation le ramena bientôt en Italie, où il devint professeur de droit public au lycée de Bréra, à Milan. Il y prononça un discours d'ouverture, qui, livré ensuite à l'impression, fut lu avec autant de profit qu'on avait eu de plaisir à l'entendre. Il y continua ses leçons jusqu'à l'année 1805, époque à laquelle, destiné pour faire partie des commissions législatives créées à Milan, il concourut à la rédaction des différens projets qu'on préparait alors pour les nouveaux codes du royaume d'Italie. En attendant, de grands changemens s'étaient opérés à Naples : le sceptre des Bourbons y avait été brisé par le droit de conquête, et le gouvernement qui les avait remplacés témoignait le désir de réunir autour de lui tous les talens, et de se parer de toutes les réputations. Dans ce nouvel ordre de choses, M. Raffaelli ne fut point oublié, et ses concitoyens applaudirent à l'idée qu'on avait eue de le rappeler parmi eux. Il y fut chargé, en arrivant, de la traduction du code civil, et élevé peu après à la place importante de procureur-général de la grande cour de cassation. Les deux années qu'il y resta furent les plus difficiles et les plus laborieuses, à cause de la nouveauté des lois et de l'ignorance où l'on était alors du mécanisme de la procédure française. Ses services furent récompensés par un brevet de membre du conseil-d'état, où il alla siéger vers la fin de 1810. A la restauration des Bourbons sur le trône de Naples, en 1815, M. Raffaelli fit partie de plusieurs commissions consultatives et judiciaires, et ce fut plutôt à ces nouveaux titres qu'aux anciens qu'il dut la nomination de conseiller surnuméraire de la cour suprême de justice. Mais épuisé par tant de travaux, il demanda et obtint sa retraite, se proposant de ne s'occuper plus que des soins de sa santé. Tels étaient du moins ses projets, qu'il a dû modifier ensuite ; car à peine alla-t-il se renfermer dans une petite maison de campagne, aux environs de Naples, qu'il y fut surpris par l'amour du travail, dont une longue habitude lui avait presque fait un besoin, et il céda à la tentation d'écrire un ouvrage sur un plan très-étendu. Sa *Nomotesia penale* (c'est le titre qu'il lui a donné) sera un cours complet et philosophique de législation pénale. Les trois volumes, qui en ont paru déjà, font bien présager du reste. C'est le dernier surtout qui a fixé l'attention des jurisconsultes : il traite de la prévention des délits; thème important dans la science de la législation, et qu'aucun écrivain avant M. Raffaelli n'avait développée d'une manière satisfaisante. Il est à espérer que l'auteur ne se ralentira pas dans une si belle et utile entreprise.

RAFFRON DE TROUILLET (N.), né à Paris en 1709, avait 80 ans lorsque la révolution éclata. Il en adopta les principes avec toute l'ardeur et la véhémence d'un jeune homme, et fut, au mois de septembre 1792, nommé député de Paris à la convention nationale. Dans le procès du roi il vota avec la majorité. Il demanda le renvoi des nobles qui occupaient encore des emplois militaires, et proposa la vente, par petits lots, des biens des émigrés. Après la révolution du 9 thermidor an 2 (27 juillet 1794), il attaqua les anciens dominateurs de la convention, et se prononça avec énergie contre Carrier, Lebon, etc. Il passa de la convention nationale au conseil des cinq-cents, où, comme doyen d'âge, il présida la première séance. En républicain sévère, le 9 mars 1796, il s'éleva, dans une motion d'ordre, contre le luxe des fonctionnaires publics, les folles dépenses et les vêtemens somptueux. Raffron de Trouillet sortit du conseil le 20 mai 1797; il mourut à Paris, en 1800, dans la 91° année de son âge.

RAIGECOURT (A.), officier d'infanterie à l'époque de la révolution; il se montra opposé aux principes qu'elle proclamait, et passa au service d'Autriche. M. de Bouillé le chargea, en 1791, de disposer sur la route de Varennes les relais nécessaires pour le voyage de Louis XVI (*voy.* BOUILLÉ et LOUIS XVI). M. de Raigecourt continua de servir, dans l'année 1792 et les suivantes, parmi les troupes étrangères qui pénétrèrent sur le sol français. Fait prisonnier par les républicains dans une affaire près de Valenciennes, il fut traduit presque aussitôt devant la commission militaire établie dans cette ville, condamné à mort comme émigré pris les armes à la main, et exécuté le 1er vendémiaire an 4 (23 septembre 1795).

RAILLON (JACQUES), ancien évêque d'Orléans, né à Bourgoin, en Dauphiné, le 17 juillet 1762, fut attaché dès sa jeunesse à M. de Mercy, évêque de Luçon. Il publia sous ses auspices, en 1792, un ouvrage apologétique des prêtres insermentés, portant le titre d'*Appel au peuple catholique;* émigra la même année, se rendit d'abord à Soleure, en Suisse, et passa ensuite, avec son ami l'évêque de Luçon, en Italie, où il séjourna plus de dix ans. M. Raillon y composa plusieurs ouvrages littéraires, et publia un recueil d'idylles dans le genre de Gessner, avec cette épigraphe: *Ruris amor, reverentia justi*, dont le style élégant et facile, et l'excellente morale, ont été généralement loués. Ces idylles font partie des ouvrages adoptés pour les bibliothèques des lycées. Rentré en France sous le gouvernement impérial, il fut chargé par le cardinal de Belloy, archevêque de Paris, de prononcer, le 15 août 1809, le discours d'apparat, dont toutes les chaires retentissaient à cette époque de l'année L'orateur s'acquitta avec le plus grand succès de cette tâche. Il prononça aussi pour les obsèques de M. Cretet, ministre de l'intérieur, un éloge funèbre, qui fut très-applaudi, et il fut ensuite également chargé de prononcer l'oraison funèbre du maréchal Lannes, duc de Montebello. Le 21 octobre 1810, M. Raillon fut nommé à l'évêché d'Orléans ; il a gouverné pendant près de sept ans ce diocèse, où il a laissé les plus honorables souvenirs. Ayant renoncé aux fonctions épiscopales, il a été nommé, en 1816, à un canonicat de la métropole de Paris, et professeur-adjoint d'éloquence sacrée dans la faculté de théologie.

RAIMBAULT (N.), adjudant-général, commença en qualité de simple soldat sa carrière militaire. Il se distingua dans toutes les occasions, et s'était élevé de grade en grade jusqu'à celui d'adjudant-général, lorsqu'il passa en Égypte avec le général en chef Bonaparte. Le 6 mars 1799, à l'attaque de Jaffa, il s'élança le premier sur les remparts de cette forteresse, et parvint à s'en rendre maître. Atteint de la peste quelque temps après, il mourut regretté de tous ses compagnons d'armes.

RAIMOND (LE COMTE JACQUES-MARIE DE), est né le 5 septembre 1768, et fit ses études à l'école de Sorèze. Il entra, en 1789, en qualité de lieutenant au régiment de Royal-Vaisseaux. Capitaine l'année suivante, il émigra en 1791, passa en Allemagne, fit les campagnes de l'armée du prince de Condé, se rendit en Espagne après le licenciement de cette armée, et revint en France en 1801 ; il y vécut tranquille pendant toute la durée du gouvernement impérial, et ne reparut sur la scène politique qu'en 1814 le 21 avril, époque où le maire de Toulouse le choisit pour commander la cohorte destinée à servir de garde à Mgr. le duc d'Angoulême. Une légion ayant été organisée en 1815, pour aller rejoindre ce prince à Nîmes, M. de Raimond en fut nommé lieutenant-colonel. Pendant les *cent jours*, chargé de concourir à l'organisation des mouvemens royalistes dans le Midi, il eut le commandement de la rive gauche de la Garonne. Il a été nommé, en 1814, chevalier de Saint-Louis et de la légion-d'honneur. Il est aujourd'hui (1824) capitaine de la 1re compagnie de la gendarmerie de Paris.

RAIMOND (JEAN-ARNAUD), que l'on écrit quelquefois RAYMOND, ancien architecte du roi, architecte des maisons impériales de Saint-Cloud, Meudon, Saint-Germain, etc., membre de l'institut et de la légion-d'honneur, etc., naquit à Toulouse, département de la Haute-Garonne, le 9 avril 1742. Son père, entrepreneur des bâtimens de la ville qu'il habitait, était instruit, et voulut donner au jeune Raimond, qui montrait du goût pour les arts, les premières leçons de dessin, et particulièrement d'architecture. Il le mit ensuite sous la direction du célèbre Blondel. Les heureuses dispositions de cet élève se développèrent rapidement, et, en 1767, il concourut pour le grand prix, qu'il remporta. Envoyé à Rome aux frais du gouvernement, il justifia de plus en plus les espérances qu'il avait données, et peu d'artistes ont étudié avec plus d'assiduité et de fruit les monumens antiques qui peuplent le sol de l'Italie. Il ne se contentait pas de dessiner les monumens, il en étudiait l'histoire, et chacun de ses dessins était accompagné de notes et d'observations savantes. A Rome, il dessina avec un soin particulier les Thermes, et dans le Vicentin, les ouvrages de Palladio, célèbre architecte du 16° siècle. Il se passionna pour les ouvrages de ce maître, et les alla étudier sur les lieux mêmes, à Venise, à Padoue, à Trévise, etc. Huit années exclusivement consacrées à cette partie de l'architecture ancienne. 3 ans comme pensionnaire du roi, et 5 ans à ses propres frais, quoiqu'il fût loin d'être dans l'aisance, lui donnaient bien le droit de publier l'œuvre de Palladio, qu'il reproduisait dans de nombreux dessins, accompagnés d'observations et de notices qui attestaient le talent et le goût du jeune éditeur. Il était au moment de les mettre au jour, lorsque parut l'*OEuvre de Palladio*, publiée par Décameron, d'après les dessins appartenant à lord Burthingthon. Cette publication purement mercantile découragea Raimond, qui abandonna son travail : perte réelle pour les arts, puisqu'il était le fruit d'une longue étude, d'un goût pur et d'un esprit judicieux. Raimond revint dans sa patrie en 1776. Appelé à Montpellier pour y faire exécuter sous sa direction des travaux considérables, il y passa 3 ans, et ne put terminer que la place du Pérou. De retour à Paris, il y devint, en 1784, membre de l'académie royale de peinture, gravure et architecture, et fut chargé par M. Joubert, intendant des états de Languedoc, de composer des plans d'embellissemens pour Nîmes et quelques autres villes. Il mit à l'exécution de ce travail tout le zèle et le goût que l'on devait attendre d'un homme si instruit, et en même temps si honnête homme. Les états adoptèrent ses plans, mais le défaut de fonds en fit ajourner l'exécution. Néanmoins on lui doit la restauration des édifices anciens de cette belle contrée. Raimond a laissé un projet de restauration complète du vieux Louvre. «Dans ce projet vaste et digne de la grandeur et de la noblesse des anciens, dit l'auteur d'une notice sur cet architecte, on admire le style et la pureté des ajustemens intérieurs ; car il était trop sage et trop amateur de nos maîtres, pour se permettre aucun changement dans les décorations extérieures que l'on doit aux talens de Pierre Lescot, de Philibert de Lorme et de Jean Goujon. Raimond ne fut pas heureux dans l'exécution des projets qu'il laissa, et que l'on peut considérer comme autant de chefs-d'œuvre. Son ambition se bornait à l'exécution d'un seul monument qui pût donner à la postérité une idée de son talent; il n'eut pas même de satisfaction de voir réaliser cette espérance. Devenu atrabilaire, il se retira de la société, vécut dans la retraite, et mit, comme il le disait lui-même, un *intervalle entre la vie et la mort.* » Raimond fut chargé avec Chalgrin de la construction de l'arc-de-triomphe de l'Etoile, monument qui est encore loin d'être terminé aujourd'hui (1824). Cet architecte distingué avait été nommé membre de l'institut à la réorganisation des académies, et plus tard membre de la légion-d'honneur. Il mourut dans la retraite, où il vivait depuis plusieurs années, le 28 janvier 1811.

RAISSON (François-Etienne-Jacques), né à Paris, le 26 juin 1760, d'un père qui, destiné d'abord à la profession de chirurgien, n'avait pu surmonter sa répugnance pour les études anatomiques, et avait acheté un fonds de limonadier à Paris; il passa sa première enfance dans la maison paternelle, où se réunissaient souvent Greuze, Sylvain-Maréchal, Garnier, Cubières, Fleins-des-Oliviers et Fontanes, alors tous admirateurs de Voltaire. La conversation brillante de ces hommes d'un mérite différent, mais tous remarquables, inspira au jeune enfant le goût de l'étude; il entra au collége Mazarin, où il se distingua parmi ses concurrens, travailla plusieurs années chez un procureur au Châtelet, et ensuite chez un notaire; il poursuivait tranquillement la carrière du barreau, lorsque la mort presque subite de son père le força de l'abandonner. Il interrompit son cours de droit pour se mettre en possession de la maison que son père avait fondée, profita de la première occasion de la vendre, et se plaça enfin dans les bureaux du prince de Condé, au Palais-Bourbon. En 1784, il suivit ce prince à Dijon, où il se rendait pour tenir les états de Bourgogne. De retour à Paris, des affaires d'intérêt le forcèrent à reprendre l'établissement paternel. Il était limonadier quand la révolution éclata. Doué d'une intelligence active et ornée, il fut un des plus zélés partisans de la réforme qui s'opérait. La nature de son établissement lui offrait plus d'un moyen de la servir; là, se réunissaient un grand nombre de citoyens pleins de courage, de talent et de dévouement pour leur pays. Cette réunion, placée au centre du faubourg Saint-Germain, excita les alarmes de ce quartier, où se trouva toujours le point de ralliement du parti contraire. Il concourut, en 1789, à la formation de l'assemblée électorale, chargée de nommer les députés du tiers-état de Paris aux états-généraux. La veille du 14 juillet, il se présenta, au nom du district des Petits-Augustins, dont il était commissaire, au gouverneur des Invalides, le comte de Sombreuil, pour lui demander la remise des fusils qu'il tenait en réserve: sur le refus du gouverneur, il lui annonça que les citoyens de Paris viendraient le lendemain s'en emparer, ce qui s'effectua. Président de la section de la Fontaine de Grenelle, à l'époque où l'assemblée constituante s'occupait de la colonie de Saint-

Domingue et de la rebellion de l'assemblée de Saint-Marc, il réfuta, avec énergie et avec éloquence, le plaidoyer plein d'adresse que Linguet avait rédigé au nom des colons réunis au club de l'hôtel Massiac. Il sut effacer l'impression produite par les sophismes de cet homme disert, et le fit rougir de ne s'être pas déclaré avec franchise le défenseur de cette liberté dont il avait soutenu les droits avant la révolution. L'assemblée arrêta à l'unanimité que la réponse de son président serait honorablement mentionnée au procès-verbal de la séance. Le 5 octobre 1789, grenadier de la garde nationale, il était de faction au Pont-Royal, près la porte des Tuileries : vers les cinq heures du soir, il fut obligé de lutter seul contre un grand nombre d'habitans du faubourg Saint-Antoine, qui se rendaient à Versailles, précédés des vainqueurs de la Bastille, et qui voulurent le désarmer. Ils n'y réussirent pas, mais ils exigèrent de lui qu'il les accompagnât à Versailles. Cerné par eux et contraint à marcher, il alla jusqu'à la place d'armes, s'esquiva adroitement, passa la nuit chez une dame âgée, ancienne amie de sa famille, rejoignit son bataillon le lendemain, et fit partie de cet immense cortège qui, précédé d'une nombreuse députation de l'assemblée constituante, ramena à Paris le roi et sa famille. En octobre 1790, nommé électeur, il en remplit constamment les fonctions depuis cette époque jusqu'à l'an 6 inclusivement. Le 10 août 1792, il était président de la section de la Fontaine de Grenelle ; en cette qualité, il concourut de tout son pouvoir à la sûreté d'un assez grand nombre de suisses ou portiers du faubourg Saint-Germain. Il leur fit délivrer à tous un certificat de bonne conduite, et l'assemblée arrêta unanimement qu'ils seraient placés sous la sauve-garde publique. En septembre suivant, nommé membre du conseil-général provisoire, qui devait remplacer le directoire et le conseil-général du département de Paris, il fut nommé secrétaire-général par les nouveaux administrateurs, et son premier acte fut de faire supprimer la place de bibliothécaire que son prédécesseur avait fait créer en sa faveur, ainsi que le traitement de 3,000 francs qui y était annexé. Il fit répartir cette somme entre tous les employés, aux dépens desquels ce traitement extraordinaire avait été prélevé. En janvier 1793, l'assemblée électorale, dont il était membre, procéda au renouvellement de tous les administrateurs du département; il fut nommé, refusa cette fonction, et fut confirmé, à l'unanimité, par les nouveaux administrateurs dans la place de secrétaire-général. En février de la même année, Clavière, ministre des finances, honnête homme, et qui avait pour Raisson une estime particulière, lui fit offrir la place de directeur-général des assignats. Il ne voulut accepter cette place que provisoirement et jusqu'à l'organisation définitive de cette administration. Au mois de mars suivant, une nouvelle administration fut créée : elle était composée de trois membres. Le conseil exécutif le nomma à l'une de ces places, celle de directeur de l'imprimerie; il la refusa de nouveau, et reprit ses modestes et modiques fonctions de secrétaire-général du département, fonctions qui lui assuraient un revenu très-médiocre, mais qu'il devait aux suffrages de ses concitoyens. Par décret du 5 brumaire an 2, il fut nommé membre de la commission des subsistances et approvisionnemens avec le jeune Goujon, réservé à une mort si tragique, et Brunet, membre du directoire du département de l'Hérault. Il avait fait d'inutiles représentations pour n'être pas appelé à ces fonctions nouvelles, mais il fallut céder. Il les exerça jusqu'en germinal an 2, époque à laquelle furent créées les douze commissions qui devaient remplacer les six ministères alors existans, et où celle dont il était membre fut remplacée par la commission de commerce et d'approvisionnement. Peu de temps auparavant, il avait donné sa démission à cause du mauvais état de sa santé. En messidor de la même année, il remplaça par *interim* son ancien collègue Brunet, attaqué d'une maladie grave, et qui était alors membre de la commission de l'agriculture et des arts. Le célèbre Berthollet, son successeur, lui donna une place de chef dans ses bureaux, qu'il occupait encore lorsqu'il fut arrêté en germinal an 3, sous prétexte d'un mouvement populaire qu'on affectait de craindre pour la délivrance de quelques prisonniers. Transféré au château de Ham avec quelques autres prisonniers, il fut mis en liberté, peu de temps après le 13 vendémiaire, par le juge-de-paix et la municipalité de Ham, en exécution d'un décret de la convention nationale, relatif à tous les détenus pour cause politique. Il se retira chez un ami, dans une campagne située en Picardie, à près de 40 lieues de Paris, et ne revint que vers la fin de 1796. Il fut nommé à cette époque président de l'assemblée qui devait procéder au renouvellement du juge-de-paix du 10me arrondissement. Au premier tour de scrutin, les suffrages furent presque partagés entre lui et M. Godard, qui sortait de fonctions. Il s'éleva une très-vive discussion au sujet de plusieurs bulletins, dans lesquels son antagoniste était mal désigné. Il prit la parole pour prouver que c'était bien réellement M. Godard, juge-de-paix, qu'on avait voulu désigner dans les bulletins contestés: ces bulletins donnaient à M. Godard la majorité absolue. Son avis fut suivi, et M. Godard fut nommé: exemple de loyauté qui fit du bruit à cette époque, et qui en eût fait davantage 25 ans plus tard. Au mois de pluviôse an 4, le ministre de la police, Merlin de Douai, le chargea d'une mission dans une partie de la 14me division militaire, notamment dans le Calvados, alors fortement agité, et sur lequel le directoire recevait des rapports absolument contradictoires. A son retour de cette mission, qu'il remplit de manière à justifier le choix du ministre, ce dernier lui donna spontanément une place de chef dans son bureau particulier, place qu'il résigna sous le ministère de M. Cochon, depuis comte de Lappa-

Rallier s'abstint de remplir des fonctions publiques pendant les *cent jours*, en 1815. Au mois d'août suivant, il présida le collége électoral de l'arrondissement de Fougère, et fut nommé, en 1817, vice-président de la 3ᵉ section du collége électoral d'Ille-et-Vilaine. Il a publié : 1° *Recueil de chants moraux et patriotiques*, 1799, in-12; 2° *Épître à la rime*, 1808, in-8°; 3° *Mémoire sur les frittes de verre de l'Ecosse*, 1809; 4° *OEuvres poétiques et morales*, 1813. Il passe encore pour être auteur de cinq tragédies qui n'ont pas été représentées.

RAMBAUD (LE BARON PIERRE-THOMAS), né à Lyon en 1757, était, en 1783, avocat au barreau de cette ville, et fut nommé, vers cette époque, avocat du roi au présidial. Étranger aux premiers événemens de la révolution, dont il s'était montré le partisan modéré, il échappa aux proscriptions, et fut élu, en 1795, membre du conseil des cinq-cents. Il y fit différens rapports, tant sur les secours à accorder aux défenseurs de la patrie que contre la violation du secret des lettres; il prit aussi, le 14 juillet 1796, la défense de la ville de Lyon, que le directoire représentait comme un foyer de contre-révolution. Après le 18 brumaire, M. Rambaud fut nommé procureur-général près la cour d'appel de Lyon, et devint successivement président du canton et président de l'administration des hôpitaux. En décembre 1808, il obtint de l'empereur des lettres-patentes de chevalier, et 2 ans après, il reçut le titre de baron de l'empire. Lors de la recomposition des tribunaux en 1811, il fut maintenu dans les fonctions de procureur-impérial. En 1813, il vint à Paris offrir au gouvernement, comme député de la ville de Lyon, des hommes et de l'argent. En 1814, il prêta serment de fidélité au roi, et le 16 juillet de la même année, il accompagna les députés du conseil municipal, chargés de se rendre à Vichy afin de prier S. A. R. Madame, duchesse d'Angoulême, d'honorer de sa présence la ville de Lyon. Après le retour de Napoléon au 20 mars 1815, il fut nommé pour assister à l'assemblée du Champ-de-Mai, où il parut avec le double titre de procureur-général et d'électeur du département du Rhône. Il resta à Paris jusqu'au second retour de Louis XVIII : alors il retourna à Lyon pour y reprendre ses fonctions de procureur-général, qu'il perdit le 25 octobre suivant. M. Rambaud fut sans emploi jusqu'en 1818, époque où il devint maire de la ville de Lyon, fonctions qu'il occupe encore aujourd'hui (1824). On rend généralement à cet honorable citoyen la justice de reconnaître qu'il a constamment cherché à réparer les maux dont la ville de Lyon fut affligée à différentes époques.

RAMBUTEAU (LE COMTE DE), propriétaire à Mâcon, ne se fit point remarquer dans les premières années de la révolution; il devint sous l'empire chambellan de Napoléon, et fut député, en janvier 1810, par le collége électoral du département de Saône-et-Loire, pour féliciter ce prince sur ses victoires, et sur la paix qui en avait été l'heureux résultat. Il fut appelé, l'année suivante, à la préfecture du Simplon, et nommé chevalier de l'ordre de la Réunion. En 1814, après l'évacuation du Valais, par suite de l'abdication de l'empereur, M. Rambuteau, étant rentré en France sans fonctions, obtint du roi, par ordonnance du 8 juin (1814), la préfecture de la Loire, et la décoration de la légion-d'honneur, le 20 septembre suivant. Au retour de Napoléon, le 20 mars 1815, il fut nommé préfet de l'Aude, et le 15 mai, préfet de Tarn-et-Garonne. La seconde restauration l'a rendu à la vie privée.

RAMEL (N.), ex-législateur et ministre des finances, était avocat du roi à Carcassonne lorsque le tiers-état de la sénéchaussée de cette ville le nomma, en 1789, député aux états-généraux, où il s'occupa beaucoup de matières de finances; il devint secrétaire de cette assemblée après avoir rempli une mission dans le Finistère, où des troubles avaient éclaté à l'occasion du départ du roi pour Varennes. En 1792, le département de l'Aude élut M. Ramel député à la convention nationale. Dans le procès du roi, il vota avec la majorité; il s'occupa ensuite de finances, remplit une mission en Hollande, et reprit au conseil des cinq-cents, où il avait été réélu, ces mêmes matières, qui lui valurent, en 1796, le ministère des finances, qu'il conserva pendant plusieurs années, et où il fit preuve de capacité. Le gouvernement impérial, auquel il se montra opposé, ne l'employa pas; cependant, au mois de mai 1815, Napoléon le nomma préfet du Calvados. Compris dans la loi du 12 janvier 1816, rendue contre les conventionnels dits *votans*, il quitta la France et se réfugia à Bruxelles, où il réside encore (1824), et où il fait partie du barreau de cette ville. M. Ramel a publié, sur les finances, plusieurs écrits qui ont eu du succès.

RAMEL (PIERRE), général de brigade, membre de l'assemblée législative, né à Cahors, département du Lot, en 1761. Il se livra d'abord à l'étude des lois, et fut reçu à 19 ans avocat au parlement de Toulouse; il annonçait d'heureuses dispositions pour parcourir avec éclat la carrière du barreau, où son père s'était distingué. Lorsque la révolution éclata, il en adopta les principes. Successivement élu membre des premières assemblées provinciales du Quercy, procureur ordinaire et procureur-général-syndic, il se fit toujours remarquer par un patriotisme éclairé. En 1791, il fut nommé député à l'assemblée législative. Son élection fut orageuse; il avait pour concurrent Jean-Bon-Saint-André, qui était fortement protégé par le parti populaire. A l'assemblée législative, Ramel se rangea du côté des amis d'une liberté sage, vota constamment avec les défenseurs de la constitution de 1791, et s'opposa à la mise en accusation de M. de La Fayette, dont il s'honorait d'être l'ami. La convention nationale ayant été convoquée, il fut repoussé des élections par les clameurs de Jean-Bon-Saint André, qui avait acquis un tel ascendant, qu'il dicta son propre choix en forçant les électeurs à voter à haute voix. Le ministre Servan avait ordonné la formation de l'armée des Pyrénées-Orientales; Ramel et Pérignon prirent une part très-active à son organisation : le premier eut le commandement d'une légion de cavalerie; le second, celui de l'infanterie. Ramel se distingua dans plusieurs attaques contre les Espagnols, et fut fait général de brigade au commencement de 1793. Jean-Bon-Saint-André, président de la convention et membre du comité de salut-public, avait signalé Ramel comme un patriote modéré aux représentans chargés d'épurer l'armée des Pyrénées; il ne fallait qu'un prétexte, le hasard le fournit. A l'affaire de Collioure, emporté par la précipitation et le désordre d'une attaque nocturne, Ramel combattit vaillamment à la tête d'un détachement de dragons, sans porter les marques distinctives de son grade; dans une autre circonstance, il avait fait quitter les insignes de la liberté à un officier en uniforme. On l'accuse; les municipalités de la frontière rendent spontanément un hommage unanime à son patriotisme et à sa bravoure. Ses amis veulent l'arracher par la fuite au fer de ses bourreaux; il refuse leur secours. Le *Mémoire* qu'il publia en 1794 pour sa défense, est un monument honorable de son talent et de son courage; cet écrit en apprenant au public à juger ses ennemis, acheva de les irriter contre lui. On remarque que le tribunal auquel il fut traduit fut recomposé jusqu'à trois fois : les premiers juges refusèrent sa condamnation, les seconds ne furent pas plus dociles; enfin deux voix contre une prononcèrent l'arrêt de mort. Dans la crainte du soulèvement des troupes, on entraîna furtivement la victime hors des murs, où elle fut exécutée. Trois de ses frères suivaient comme lui la carrière militaire : l'un d'entre eux, capitaine au régiment de Weslé, irlandais, ayant refusé de prêter serment à la constitution qui avait renversé celle de 1791, périt, victime de son courage, avec plusieurs officiers du même corps. Le plus jeune, officier de cavalerie, dans l'armée du Rhin, après la retraite de Moreau, fut blessé à mort, en 1795, sous les remparts de Kehl, à côté de son frère, qui avait le commandement du fort, et dont l'article suit.

RAMEL (JEAN-PIERRE), maréchal-de-camp, chevalier de Saint-Louis et de la légion-d'honneur, frère des précédens, né à Cahors, le 6 octobre 1768, embrassa de bonne heure la profession des armes, et servit comme volontaire dans les régimens des Ardennes et de Noailles jusqu'en 1789. Nommé en 1791, adjudant-major dans la légion du Lot, capitaine, en 1792, dans celle des Pyrénées, il fut fait chef de bataillon en 1793. Enveloppé dans la persécution de son frère aîné, il était menacé du même sort. Après une longue captivité, lorsque le brave et vertueux Dugommier vint rendre à l'armée des Pyrénées la sécurité et l'honneur, en renversant les échafauds, nommé adjudant-général le 14 frimaire an 5, Ramel fit la campagne du Rhin sous les ordres de Moreau, fut chargé de la défense de Kehl, et repoussa avec vigueur les attaques de l'archiduc Charles, qui en faisait le siège. Le 13 brumaire an 5, il fut appelé, par le choix des deux conseils, au commandement de la garde du corps-législatif. « Pour vous, » lui dit le président du directoi- » re (*voy.* dans le *Moniteur* du 10 nivôse an 5, le discours de Barras) » que la confiance nationale et des » actions extrêmement honorables » appellent au commandement des » gardes du corps-législatif, le di- » rectoire ne doute pas que vous » ne donniez dans cette carrière » honorable de nouvelles preuves » de votre zèle et de votre amour » pour la patrie. » Dans la journée du 18 fructidor, victime de sa résistance et de ses inutiles efforts pour s'opposer à ceux qui envahirent le sanctuaire des lois, il fut arrêté et conduit à la prison du Temple; mais il est faux que ses épaulettes lui aient été arrachées par Augereau, ainsi qu'on l'a prétendu; le lendemain parut une loi qui, sans motif et sans jugement, ordonna qu'il serait déporté dans le lieu désigné par le directoire, avec les généraux Pichegru, Murinais et Willot, Lafond-Ladébat, président du conseil des anciens, le directeur Barthélemy, Tronçon-Ducoudray, Barbé-Marbois, etc., etc. Les proscrits au nombre de seize sortirent de Paris, le 22 fructidor, escortés par 600 soldats et 2 pièces de canon. Pendant quatorze jours que dura leur voyage de Paris à Rochefort, lieu de leur embarcation, ils ne quittèrent la prison roulante où ils étaient exposés, le jour, à toutes les injures de la saison, et aux fureurs de la populace que pour être plongés, la nuit, dans d'humides cachots où on leur distribuait un peu de paille et quelques alimens grossiers. Tout le temps que dura leur navigation et leur séjour dans l'île infectée et déserte de Sinnamari, ils éprouvèrent les horreurs de la faim et les fatigues de la maladie. Le 3 juin 1798, par un prodige d'audace et de bonheur, Ramel, Pichegru, Barthélemy, Aubry, d'Ossonville, Larue, Willot et le Tellier, secondés par le capitaine américain Tilly, et par son pilote Barrik, parvinrent à briser leurs chaînes. Ils se jetèrent la nuit dans un frêle esquif sans autre boussole que leur courage et leur résignation. Deux bouteilles de rhum étaient l'unique provision qu'ils avaient pu emporter; ce faible secours soutint leurs forces pendant huit jours que dura une navigation des plus périlleuses. Leur pirogue fut submergée en arrivant à terre. Exténués de faim et de fatigue, brûlés par le soleil, sans vêtemens, et horriblement défigurés par les piqûres des insectes, ils se traînèrent sur des sables brûlans jusqu'au fort de Monte-Krick, d'où ils furent conduits au gouverneur hollandais à Paramaribo; ils y reçurent un accueil distingué. De retour sur le continent Ramel publia un *Journal sur les faits relatifs à la journée du 18 fructidor, sur le transport, le séjour et l'évasion des déportés.* (In-8°, Londres, 1799.) Cet écrit produisit une vive sensation en France et en Europe. Le ton de vérité et la franchise militaire qui y règnent d'un bout à l'autre déplurent à quelques personnages qui n'y étaient pas épargnés. Il valut à Ramel un long exil sur la terre étrangère, et en revanche des liaisons d'estime et d'amitié avec la famille de l'illustre prisonnier d'Olmutz, dont il avait plaidé la cause avec chaleur auprès des membres du conseil des cinq-cents, lorsqu'il y jouissait de quelque influence. Remis en activité à la fin de l'an 10, il passa à Saint-Domingue, en l'an 11, sous les ordres de M. de Rochambeau; Ramel commanda l'attaque du Portpoix, s'empara du fort et reçut une balle au bras droit, en poursuivant les ennemis dans leur retraite. Les suites de sa blessure l'empêchèrent long-temps de faire un service actif. En l'an 13, il fit les campagnes d'Italie, sous les ordres de Masséna; il eut ensuite le commandement des côtes de la Méditerranée. Durant son séjour à Rome et à Civitta-Vecchia, il ne cessa de recevoir du saint-père, et du vice-roi d'Italie, des témoignages d'estime et de considération. Il fit ensuite les campagnes d'Allemagne en 1809, d'Espagne et de Portugal en 1810 et 1811, et celle d'Italie en 1813; en Portugal, il commandait une colonne à la prise d'assaut d'Astorga; en Espagne, il enleva, avec une colonne de la division Souham, un pont du Llobregot, qui était défendu par un corps d'armée espagnol; 30 pièces de canon tombèrent au pouvoir du vainqueur. Dans l'intervalle de ces campagnes, Ramel eut le commandement de divers départemens, et laissa partout des souvenirs honorables de son administration et de ses qualités personnelles. En 1814, Louis XVIII le nomma maréchal-de-camp et chevalier de Saint-Louis; après une vie agitée, heureux d'avoir survécu à tant d'orages, il n'aspirait qu'à vivre en paix au sein de sa famille. Pendant les *cent jours*, en 1815, il resta dans sa retraite. Après la bataille de Waterloo, un nouvel horizon politique sembla se découvrir. Le gouvernement cherchant à s'entourer des hommes qui lui étaient dévoués, Ramel fut nommé commandant du département de la Haute-Garonne, et se rendit à Toulouse à la fin du mois de juin 1815. Sa présence ramena pour quelque temps le calme et la sécurité dans une population que des hommes inquiets excitaient au désordre. Il fit mettre en liberté plusieurs personnes dont les opinions avaient paru suspectes. Le drapeau blanc fut arboré, et l'on entendit pendant plusieurs jours les cris de: *Vive Ramel!* sortis de tous les groupes qui promenaient en triomphe le buste du roi. A ces cris d'enthousiasme et de joie succédèrent des cris de proscription et de mort, d'abord contre les anciennes autorités, ensuite contre Ramel lui-même, lorsqu'il voulut faire exécuter les ordres qui prescrivaient le désarmement de ces compagnies secrètes qui ont acquis dans les derniers mois de 1815 une si déplorable célébrité. Ces bandes indisciplinées, enfantées par nos discordes civiles, n'avaient ni existence avouée par le gouvernement, ni organisation régulière; elles réclamaient cependant pour elles une solde réglée, et des honneurs pour leurs chefs; le général Ramel se refusa à leur demande, et brava leurs menaces. Le 14 août, 30 ou 40 individus faisant partie de cette horde se séparent, armés de sabres et de bâtons, des danses publiques qui avaient lieu sur la place des Carmes, et vont se ranger en bataille devant l'hôtel du général Ramel, en criant : *Vive le roi! à bas Ramel!* Il était absent, ils se retirent. Le lendemain, 15 août, après avoir assisté à la solennité religieuse du jour, les mêmes individus vont faire une orgie dans une auberge du faubourg des Minimes; à sept heures du soir, ils paraissent dans le même ordre que la veille sur la place des Carmes, et poussent les mêmes cris; le général n'était point encore chez lui; ils vont attendre son retour dans un café voisin, après avoir apposté deux enfans aux angles de la place. Averti des vociférations dont il était l'objet, Ramel se dérobe à ses amis qui voulaient l'éloigner du théâtre de la sédition, et les entraîne.... En le voyant, l'un des enfans s'écrie : *A présent! c'est le moment!...* Les assassins se précipitent à la rencontre de leur victime, ils l'entourent, et crient de nouveau d'une voix féroce : *Vive le roi! à bas Ramel!* Il élève son chapeau, et répond par le premier cri; on le serre de plus près. *Défendez votre général,* dit-il au factionnaire, et celui-ci tombe aussitôt percé de coups. Ramel veut faire usage de son épée; mais à l'instant il est atteint au bas-ventre d'un coup de feu tiré à bout portant; il chancèle, deux amis le soutiennent, et l'aident à monter dans ses appartemens. La sentinelle est emportée mourante à l'hôpital Saint-Jacques; elle expire en chemin. Les assassins se répandent en tous lieux, disant que Ramel lui a donné la mort, que de son hôtel on a fait feu sur le peuple, qu'il s'est enfermé avec des fédérés, des chasseurs de la Loire, avec les généraux Clausel et Decaen; ils reviennent avec une nouvelle escorte, et s'écrient qu'ils auront le général mort ou vif. Ils écartent à coups de baïonnette tous ceux qui veulent s'opposer à leur rage. Quelques-uns pénètrent dans l'hôtel, et, le sabre et le poignard à la main, pillent, brisent tout ce qui s'offre à leurs yeux. Des officiers de la garnison et de la garde nationale parviennent à les chasser, barricadent la porte extérieure, et volent au secours de Ramel: pendant que ceux qui l'avaient suivi étaient allés chercher des hommes de l'art et des secours, il s'était réfugié dans un galetas, où on le trouva baigné dans son sang. On le porte sur un lit; un chirurgien, qui s'était furtivement introduit, déclare que sa blessure est mortelle. On espérait calmer les assassins en publiant ce résultat funeste; alors ils font entendre des vociférations plus tumultueuses et plus effrayantes, et demandent que le général soit jeté par la fenêtre. Bientôt, craignant que leur proie ne leur échappe, les uns montent sur les toits des maisons voisines pour s'introduire par les combles dans l'hôtel du général, les autres s'emparent d'une longue pièce de bois, et la balancent comme un bélier contre la porte; ils l'enfoncent, et se précipitent avec des cris horribles dans la chambre de Ramel ; ils le frappent à coups redoublés, étendu dans son lit ; ses bras, ses mains et sa figure sont mutilés, les lambeaux de sa chair tombent sur le plancher, tout son corps n'est qu'une plaie.... Alors couverts de sang, les yeux étincelans de rage, ils sortent en brandissant leurs armes, et proclament au dehors leur horrible triomphe. On ne sait quelle stupeur avait empêché la force armée de voler à la défense de son général. Onze heures sonnaient, le maréchal Pérignon venait d'arriver à la tête de son état-major, et l'on plaça un piquet de trente hommes dans l'hôtel de l'infortuné Ramel. Il respire encore ; les soins de l'amitié, les efforts de l'art sont vains, ils prolongent pendant deux jours sa cruelle agonie; enfin il rend le dernier soupir entre les bras d'un jeune ami, loin de sa famille éplorée. Ses dernières paroles furent : *Je pardonne à mes ennemis.* Une cité, tristement connue dans nos troubles civils et religieux, peut consigner dans ses annales le récit de ce crime atroce à côté de l'assassinat de Duranty et du massacre de 4,000 hérétiques, dont encore dans le dernier siècle elle voyait célébrer, par une procession publique, le détestable anniversaire, au mépris de six arrêts du parlement. Un tel attentat commis sur un officier-général dans le lieu de son commandement méritait une juste répression ; des ordres souverains, pour la punition des coupables, furent donnés ; les magistrats étaient, dit-on, menacés en secret, et les témoins n'osaient parler ; enfin, en 1817, après deux ans de recherches et d'hésitation, six individus, nommés Gaillardy, Baquet, dit *Pengeat*, le chevalier Verdier de Port-de-Guy, d'Ossonne, Carrière et Cariben, dit *Anglaret*, furent traduits devant la cour prévôtale de Pau. D'Ossonne et Carrière furent condamnés à la réclusion, et les autres acquittés. On rapporte qu'un nombre d'étudians se promenant, en 1822, dans les rues de Toulouse, en passant sur la place des Carmes, ils s'arrêtèrent dans un silence religieux devant l'hôtel où fut assassiné Ramel, se découvrirent, et celui qui était à leur tête, s'écria : *Honneur à la victime de 1815!!...*

RAMEL (Henri), avocat, membre de la chambre des représentans, est né à Cahors en 1765. Uni d'une étroite amitié avec son frère (*voy.* l'article précédent), il le suivit à la prison du Temple, et fit de vains efforts pour obtenir la faveur de partager son exil après la journée du 18 fructidor. Rentré au sein de sa famille, il se livra tout entier à la culture des lettres, et contribua au rétablissement de l'instruction publique ; il remplit avec distinction, pendant plusieurs années, la chaire de belles-lettres à l'école centrale du Lot. Nommé, en 1815, membre de la chambre des représentans, il fit partie de plusieurs commissions, et se fit remarquer par des connaissances étendues en politique et en administration. Depuis la mort de son frère, M. Ramel s'est retiré de la scène politique, et vit à la campagne, où la culture des lettres, les travaux agricoles, et plusieurs amis, répandent quelque sérénité dans son cœur, déchiré par les malheurs de sa famille.

RAMLER (Charles-Guillaume), célèbre poète allemand, membre de l'académie des sciences de Berlin, etc., naquit, vers 1725, à Colberg, en Poméranie, d'une famille pauvre. Il fut élevé dans la maison des orphelins de Stettin, puis placé dans celle de Halle, d'où il passa à l'université, pour y terminer ses études. Dominé par son penchant pour la poésie, il ne cultiva que les belles-lettres, et fixé à Berlin, il y occupa, par les soins de son ami Gleim, une place de précepteur; il se fit bientôt connaître par ses ouvrages, et reçut du gouvernement l'emploi de professeur de logique et de belles-lettres au corps royal des Cadets. Ramler sut concilier avec ses devoirs dans l'instruction publique, son goût de plus en plus prononcé pour la poésie. Frédéric II devint le héros que se plaisait à célébrer sa muse; mais le monarque paraît avoir laissé au public le soin de récompenser, par ses suffrages, les hommages nombreux que lui rendait le poète. Il est vrai qu'à cette époque la langue française l'emportait en Prusse sur la langue nationale, et que les poésies de Ramler étaient toutes en allemand. Après la mort du grand Frédéric, Ramler devint un des écrivains de sa nation les plus favorablement traités. On lui fit une pension considérable, et il fut nommé successivement membre de l'académie des sciences de Berlin, et, conjointement avec Engel, directeur du grand théâtre de cette ville. Son âge et ses infirmités le forcèrent, en 1790, à renoncer à son professorat, et en 1796, à la direction du grand théâtre: néanmoins il conserva les appointemens de ce dernier emploi. Il mourut deux ans après, le 11 avril 1798. « Ramler, dit l'auteur d'une *Notice* sur ce célèbre écrivain, avait fait son entrée dans le monde littéraire peu après l'époque marquée par les premiers développemens de la littérature allemande. Plongée, depuis la mort d'Opitz, dans une espèce de léthargie, elle venait enfin de prendre l'essor. Klopstock avait contribué le plus à faire sentir l'énergie et la noblesse de la langue, et Lessing préludait au rôle de critique, qu'il remplit pendant trente années avec tant de succès. Ramler, sans égaler ces deux hommes célèbres, participe un peu du mérite de l'un et de l'autre. Il n'a point l'élévation, l'abondance, la verve du premier; néanmoins ces qualités ne lui sont pas étrangères. Ce qui peut lui manquer sous ce rapport est compensé par une régularité qui n'est point la roideur, et par des formes antiques. Il s'était attaché de préférence à Horace. On voit qu'il en était nourri: il l'imite sans cesse; mais il imite moins ses expressions que ses tournures, sa marche et surtout son esprit. On ne trouve pas dans le disciple la légèreté, la grâce du maître; mais il en a souvent la noblesse. Le sentiment qui respire le plus dans ses odes, est l'amour de son pays; il en a consacré un grand nombre à célébrer Frédéric II, à qui il a dû plusieurs de ses plus heureuses inspirations. » Ramler a publié: 1° *Chansons*; elles eurent un très-grand succès, et font encore pour la plupart les délices de la société; les meilleurs compositeurs les mirent en musique. 2° *Epigrammes de Logau*; plusieurs éditions, avec des augmentations et des remarques. 3° *Chansons des Allemands*, 1er vol., Berlin, 1766; le 2e, sous le titre d'*Anthologie lyrique*, parut à Léipsick, 1774-1778: on y trouve des chansons de plus de cent auteurs. 4° *Recueil des meilleures épigrammes des poètes allemands*, Riga, 1766, 1re partie; 5° *Recueil de Fables*, 3 vol. in-8°, 1790: 60 auteurs ont contribué à cette collection. 6° *Fables et Contes*; 7° *Choix de Fables de Salomon Gessner*, mises en vers, Berlin, 1787; 8° le *Premier Navigateur de Gessner*, mis en vers, Berlin, 1789; 9° *Extraits de Martial*, en latin et en allemand, 1re partie, 1787; 2e partie, 1789; 3e partie, 1791. 10° *Mythologie abrégée*, Berlin, 1790, 2 vol. in-8°: nouvelle édition, Berlin, 1808. 11° *Extraits de Catulle*, en latin et en allemand, 1793, un vol. in-8; 12° *Odes choisies d'Anacréon et les deux odes de Sapho*, avec des remarques; 13° enfin plusieurs traductions d'auteurs français, entre autres le *Cours de belles-lettres de Batteux*. Nous terminerons cette notice que nous avons abrégée à regret, par l'éloge des qualités personnelles que fait de cet écrivain l'auteur de la notice que nous avons déjà cité: « Doux, simple, sans prétention, Ramler n'offensa jamais personne de dessein prémédité, et se trouva dans des rapports plus ou moins intimes avec la plupart des poètes et littérateurs de son temps. » Gockingk, ami de Ramler, lui a consacré une notice en tête de ses 2 vol. in-8°, 1800, 1801; Bause, dans le 3e vol. de la *Physiognomonie* de Lavater, a gravé son portrait, qu'ont également gravé Eckert et Rode. Abramson l'a reproduit en médaille.

RAMOLINO (N.), né en Corse, où il exerçait les fonctions de directeur des contributions indirectes sous le gouvernement impérial, est proche parent de Napoléon; il fut nommé, en 1819, député du département de la Corse, et a constamment siégé au côté gauche de la chambre, dont il a cessé de faire partie à l'époque de sa dissolution totale en 1823. M. Ramolino avait rejeté, par son vote, les lois d'exception; il fut l'un des 95 opposans à la nouvelle loi électorale. Il n'a point été renommé en 1824.

RAMOND DE CARBONNIÈRES (LE BARON LOUIS-FRANÇOIS-ÉLISABETH), conseiller-d'état, membre de l'institut (académie des sciences), commandeur de la légion-d'honneur. né à Strasbourg, le 4 janvier 1755. Après avoir été attaché pendant quelque temps au cardinal de Rohan (archevêque de Strasbourg), avec le titre de conseiller intime, il entra momentanément dans la carrière des armes, et faisait partie de la maison militaire du roi au commencement de la révolution. M. Ramond avait dès sa jeunesse cultivé avec succès les sciences et les lettres. Distingué par ses connaissances, comme physicien et géologue, il s'était lié avec les savans et les littérateurs les plus renommés de cette époque, et avait comme eux adopté toutes les espérances qu'un nouvel ordre de choses venait de faire naître pour l'amélioration de l'état social. Il eut bientôt à partager leurs regrets, quand il vit que la liberté, qu'il désirait ardemment pour sa patrie, fut compromise par la plupart des hommes appelés à la défendre. Connu par ses opinions libérales, M. Ramond fut nommé, en 1791, par les électeurs de Paris, député à l'assemblée législative. Il y soutint, avec la plus courageuse persévérance, la cause qu'il avait embrassée, occupa souvent la tribune, et s'y fit remarquer par la sagesse de ses opinions et par des talens oratoires très-distingués. Fidèle à la constitution qu'il avait jurée, et que la première assemblée avait décrétée au milieu des applaudissemens de l'immense majorité des Français, M. Ramond fut, pendant toute la durée des sessions de l'assemblée législative, un des plus zélés défenseurs de la monarchie constitutionnelle et du gouvernement représentatif. Dans les discussions relatives aux émigrés, il fut d'avis que la saisie des propriétés délaissées pouvait être appliquée à tous ceux qui prenaient les armes contre leur patrie, mais il se prononça en même temps, avec la plus grande énergie, ainsi que ses collègues MM. Jaucourt, Stanislas Girardin et autres amis sincères de la liberté, pour le droit qu'avait tout citoyen de transporter sa personne et ses propriétés où bon lui semblait. Il parla avec la même éloquence, le 29 octobre 1791, en faveur de la liberté des opinions en matière religieuse, s'opposa à toutes les mesures de rigueur proposées contre les prêtres insermentés, insista sur la nécessité de laisser libre l'exercice de tout culte, et proposa de les salarier tous. Il présenta un projet pour disperser les rassemblemens armés des mécontens des Pays-Bas autrichiens, qui s'étaient formés au dedans des frontières de la France. Le 27 mars 1792, il fut chargé par le comité diplomatique, dont il faisait partie, de présenter un rapport sur l'état des relations de la France avec l'Espagne ; le 31 mai suivant, il obtint un décret en faveur des prisonniers de guerre ; le 23 du même mois, il s'éleva avec force contre les persécutions que quelques autorités départementales faisaient éprouver aux ecclésiastiques qui avaient refusé de prêter le serment exigé d'eux. Il s'opposa le 29 au licenciement de la garde royale. Le 28 juin, il embrassa la défense du général La Fayette, qui était venu demander à l'assemblée législative justice des attentats commis contre le trône constitutionnel, dans la journée du 20 du même mois. Il déclara qu'il s'honorait de partager tous les principes contenus dans la pétition de ce général citoyen, auquel il donna le premier le titre de *Fils aîné de la liberté*, qui lui est resté depuis, et que toute sa conduite a si noblement justifié. Après la journée du 10 août, M. Ramond fut obligé de fuir Paris, pour se dérober aux poursuites que le parti vainqueur dirigeait contre les membres de l'assemblée législative, qui s'étaient le plus énergiquement prononcés pour la monarchie constitutionnelle ; il fit à cette époque un voyage scientifique dans les Pyrénées, et eut le bonheur d'échapper aux proscriptions du règne de la terreur. Après la chute de Robespierre, il devint professeur d'histoire naturelle à l'école centrale du département des Hautes-Pyrénées. En mars 1800, il fut élu député au corps-législatif, où il siégea jusqu'en 1806. L'institut national l'avait admis au nombre de ses membres dès 1802; Napoléon le nomma commandant de la légion-d'honneur, et préfet du Puy-de-Dôme. Administrateur habile et intègre, il a laissé des regrets et les plus honorables souvenirs dans ce département. Depuis la restauration, M. Ramond a été nommé par le roi : en août 1815, maître des requêtes en service ordinaire, section des finances, et en 1818. conseiller-d'état en service extraordinaire. Il a publié les ouvrages suivans : 1° *Lettres de M. William Coxe à M. W. Melmoth sur l'état politique, civil et militaire de la Suisse*, traduites de l'anglais, et augmentées des observations faites par le traducteur dans le même pays. 1781. 2 vol. in-8°; 2° *Observations faites dans les Pyrénées, pour servir de suite à des Observations sur les Alpes, insérées dans une traduction des Lettres de M. Coxe sur la Suisse*, 1789, 2 vol. in-8°; 3° *Opinion sur les lois constitutionnelles, leurs caractères distinctifs, leur ordre naturel, leur stabilité relative, leur révision solennelle*, 1791, 1 vol. in-8°; 4° *Voyage au Mont Perdu*, 1801, 1 vol. in-8°; 5° *Mémoire sur la formule barométrique de la mécanique céleste*, 1812, in-4°; 6° plusieurs Mémoires insérés dans les Annales de l'institut.

RAMOND DE SALAS (N.), savant professeur espagnol, né en Arragon, devint professeur à l'université de Salamanque, et se livrait avec succès à la culture des lettres, lorsqu'il devint l'objet des poursuites de l'inquisition, qui le traduisit, en 1796, devant son tribunal. En donnant à ses écrits ou à ses paroles une interprétation forcée, on était parvenu à établir contre lui divers chefs d'accusation tendant à le convaincre d'avoir adopté les principes philosophiques. Les réponses qu'il fit aux questions des inquisiteurs furent si claires que l'accusation ne put être soutenue; il fut acquitté une première fois. Cependant, par suite de la haine que lui portait le P. Proveda, dominicain, membre du conseil de la *suprême*, ce moine farouche obtint que l'on continuerait les recherches, et que l'on recommencerait le procès : l'intolérance et le fanatisme furent encore en défaut cette fois. Mais Ramond de Salas avait un autre ennemi dans la personne de don Philippe Vallejo, archevêque de Santiago et membre du conseil de Castille. Celui-ci, plus puissant et non moins haineux, blessé d'ailleurs dans quelques discussions littéraires qu'il avait eues avec Ramond de Salas, fit intervenir l'inquisition dans sa querelle, et le savant professeur se vit enfin condamné à abjurer ses erreurs. Il reçut ensuite l'absolution des censures *ad cautelam*, et fut banni de la capitale. Il se retira à Guadalaxara, d'où il adressa au roi d'Espagne, Charles IV, des plaintes sur l'injustice du conseil de l'inquisition. Le roi ordonna l'examen de cette affaire, et malgré les efforts de l'inquisiteur-général, toute l'intrigue fut découverte. Charles IV rendit en conséquence un décret royal, qui défendait aux inquisiteurs de faire, à l'avenir, arrêter aucun individu sans en faire connaître préalablement les motifs au roi ; mais ce décret n'ayant point été signé le même jour, l'archevêque de Santiago, mettant à profit ce retard, parvint à en faire changer les dispositions, et les choses restèrent dans le même état. Ramond de Salas, dont plusieurs personnes de la famille ont figuré dans les événemens politiques de l'Espagne, paraît y être demeuré étranger; en se livrant exclusivement à la culture des lettres, il a trouvé le moyen d'honorer sa patrie par ses talens autant que par ses qualités personnelles.

RAMONDINI (Vincent), naquit à Messine en 1758. Son père, qui n'était qu'un apothicaire, voulut en faire un médecin, et eut soin de l'envoyer à Naples, pour profiter des leçons de Cirillo, de Sementini, de Cotugno, et d'autres habiles professeurs, dont il espérait que Ramondini aurait un jour égalé la renommée; mais le jeune élève, qu'un penchant secret attirait vers les études naturelles, sortit de l'université de Naples, plus en état de se livrer à la minéralogie qu'à la médecine : ses goûts ne tardèrent pas à être satisfaits. Le gouvernement napolitain le chargea d'abord d'examiner la nitrière naturelle de Molfetta, en Pouille, et il l'envoya ensuite en Allemagne, pour y suivre les travaux des mines, et s'y former dans l'art de fondre les métaux. Ramondini partit de Naples en 1789, et alla passer trois ans au collége impérial de Schemnitz, d'où il se mit à parcourir la haute et la basse Hongrie, la Transylvanie, la Pologne, la Bohême, l'Autriche, le Tyrol, etc. Il s'arrêta quelque temps à Freyberg, dont Werner avait fait le rendez-vous de tous les minéralogistes de l'Europe. Il fit des excursions aux Erzgebirge et au Hartz, pour en visiter les mines et les fonderies, et en 1794, il s'embarqua pour l'Angleterre, où il vit les mines d'étain de Cornouaille, celles de manganèse, de plomb, de zinc, de graphite de Dewonshire, de Derbyshire et Cumberland, ainsi que les mines de plomb, de fer et d'antimoine d'Écosse. De retour dans sa patrie en 1796, Ramondini fut chargé d'examiner les filons de houille qui venaient d'être découverts près de Salerne, et fit un voyage en Calabre, pour reconnaître l'état des mines de fer de Stilo et les fonderies de la Mongiana. En 1801, il retourna dans ces provinces, accompagné d'un géographe et d'un dessinateur, pour en lever la carte géographique, physique et orittognostique. Il fut ensuite nommé professeur à l'université, et directeur du cabinet minéralogique de Naples. De tant de travaux, il ne reste qu'un nouveau procédé pour préparer le chanvre, et une nouvelle substance que Ramondini fit connaître aux minéralogistes, et qu'il appela *zurlite*, du nom du ministre Zurlo, son protecteur. Ramondini appartenait à plusieurs académies, et était en correspondance avec Fortis, Spallanzani, Zimmermann, etc. Il mourut à Naples, le 15 septembre 1811. Ses ouvrages sont : 1° *Lettera sulla nitriera naturale di Pulo, di Molfetta, in Puglia*, Naples, 1788, in-8°; 2° *Memoria sulla preparazione della canapa*, ibid., 1811, in-4°, fig.; 3° *Trattato elementare di mineralogia, diviso in tre parti*, inédit.

RAMOS (DON HENRI), officier supérieur de la garde royale espagnole, et membre de l'académie de Madrid, naquit à Alicante vers 1740. Il embrassa de bonne heure la profession des armes, ce qui ne l'empêcha pas de cultiver avec succès les sciences et la littérature, dans lesquelles il acquit des connaissances très-étendues. L'enthousiasme qu'il avait pour la géométrie lui faisait élever cette science bien au-dessus de toutes les autres. Don Ramos mourut à Madrid en 1801. La simplicité de ses mœurs lui avait concilié l'estime de tous ceux avec lesquels il se trouvait en relation, et les ouvrages qu'il publia lui méritèrent un rang distingué parmi les écrivains espagnols du 18° siècle. Sa modestie l'engagea à faire paraître la plupart de ces ouvrages sous des noms supposés; mais ceux que l'on reconnaît positivement pour être de lui sont : 1° *Élémens sur l'instruction et la discipline de l'infanterie*; 2° autres *Élémens de géométrie, à l'usage des gardes royales*; 3° *Instructions pour les élèves de l'artillerie*; 5° *Éloge de Bazan, marquis de Santa-Cruz*; 5° *Gusman*, tragédie en 5 actes; *Pélagie*, tragédie en trois actes; 6° *le Triomphe de la Vérité*, poëme. Ce dernier ouvrage n'était point imprimé lorsque l'auteur mourut.

RAMPILLON (N.), avocat à Poitiers à l'époque de la révolution, en adopta les principes, et devint accusateur-public près le tribunal criminel du département de la Vienne. Le 5 avril 1793, il fut destitué de ses fonctions par un décret de la convention nationale, comme ayant favorisé des rebelles dans l'application des lois rendues contre eux. Une pareille inculpation n'était pas sans danger; cependant aucune mesure sévère ne l'atteignit; il resta seulement sans emploi pendant les temps les plus orageux. Au mois de mars 1797, il fut nommé, par le département de la Vienne, député au conseil des cinq-cents. Il s'opposa, le 15 juillet de la même année, à la rentrée des prêtres déportés, et prononça à cette occasion un discours véhément; il combattit également le projet contre les sociétés populaires, que présenta Duplantier de l'Ain. En 1798, il proposa d'assujétir les entrepreneurs, administrateurs, et même les acteurs des différens spectacles, à la prestation du serment civique. Après la révolution du 18 brumaire an 8 (9 novembre 1799), M. Rampillon devint membre du nouveau corps-législatif, dont il cessa de faire partie vers 1805. Il n'a point rempli de fonctions publiques depuis cette époque.

RAMPON (LE COMTE ANTOINE-GUILLAUME), lieutenant-général, pair de France, etc., né le 16 mars 1759, à Saint-Fortunin, entra au service, dès l'âge de 16 ans, comme simple soldat, et obtint tous ses grades par sa bonne conduite et par sa valeur. Il fit la

Le Gᵃˡ Rampon.

campagne d'Italie de 1792, en qualité de lieutenant d'infanterie, passa, au commencement de 1793, à l'armée des Pyrénées, et fut nommé chef de bataillon et adjudant-général, sur le champ de bataille de Villelongue, le 5 octobre de la même année. Promu au grade de chef de brigade quelque temps après, le 24 janvier 1794, il se trouva entouré par des forces supérieures, fut fait prisonnier de guerre par les Espagnols, et ne recouvra sa liberté qu'après la conclusion de la paix. Il passa ensuite à l'armée d'Italie, sous les ordres du général en chef Bonaparte, et se couvrit de gloire à la bataille de Montenotte, le 22 germinal an 4 (11 avril 1796). Le général autrichien Beaulieu avait obtenu d'abord de l'avantage sur le centre de l'armée française; il lui importait d'enlever la redoute de Montelgino, défendue par le brave Rampon et la 32me demi-brigade. Beaulieu, à la tête de 15,000 hommes, attaqua en personne cette redoute. Au milieu du feu le plus meurtrier, Rampon fit jurer à sa petite troupe de périr jusqu'au dernier plutôt que d'abandonner ce poste. Les Autrichiens revinrent par trois fois à la charge avec la plus grande impétuosité, et furent par trois fois repoussés avec une perte considérable. L'ennemi bivouaqua dans la nuit à portée de fusil, et comptait renouveler ses attaques le lendemain; mais il fut lui-même attaqué dès la pointe du jour, et complètement battu. Nommé général de brigade après cette action d'éclat, il se distingua de nouveau au combat de Lonato. Le général en chef, dans son rapport, dit: « J'étais tranquille, la 32me était là. » C'était la brigade que commandait le général Rampon; enfin, la bataille de Millesimo, les combats de Salo, de Peschiera, de la Corona, l'attaque du château de la Pietra, les brillantes journées de Roveredo et d'Arcole, mirent le comble à la réputation militaire du général Rampon. Il était un des commandans de l'avant-garde de cette invincible armée d'Italie, lorsqu'elle passa l'Isongo, les Alpes italiennes, et fit la conquête des provinces entières de la Styrie, de la Carinthie et de la Carniole. Il servit ensuite avec la même distinction, en Suisse, sous les ordres du général Brune. Le général en chef Bonaparte l'emmena avec lui en Égypte, et lui donna le commandement des grenadiers, qui, à la bataille des Pyramides, enlevèrent avec tant de valeur les retranchemens des Turcs, et firent échouer les attaques réitérées des Mamelouks. Lors de l'expédition de Syrie, il entra le premier dans Suez, et à la bataille du Mont-Thabor, il commanda la droite de l'armée. Promu par suite au grade de général de division, il combattit à Aboukir et à Héliopolis. Le général Kléber lui confia bientôt après le commandement des provinces de Damiette et de Manssourah, formant la 6me division de l'Égypte. Le général Rampon commanda encore en dernier lieu le camp retranché sous Alexandrie. Après la capitulation de l'armée d'Égypte, alors sous les ordres du général Menou, il s'embarqua pour la France, et aborda à Marseille au mois de novembre

1801. Pendant son séjour en Égypte, il avait été nommé, par le premier consul Bonaparte, membre du sénat-conservateur, et fut décoré, dès son arrivée à Paris, du grand-cordon de la légion-d'honneur. En 1803, il présida le collége électoral du département de l'Ardèche, et fut pourvu, peu de temps après, de la sénatorerie de Rouen. Nommé par l'empereur, en 1805, commandant-général de toutes les gardes nationales des départemens du Nord, de la Lys et de la Somme, il en organisa les compagnies mobiles. A la première nouvelle du débarquement des Anglais dans l'île de Walcheren, en 1809, le sénateur Rampon se mit à la tête de toutes ces gardes nationales, qu'il conduisit à Anvers, et y forma un camp de défense, dont le maréchal Bernadotte prit le commandement en chef, et qui fit bientôt avorter tous les projets de l'expédition anglaise. En 1813, il fut envoyé de nouveau en Hollande ; mais moins heureux cette fois, après s'être jeté avec des forces peu considérables dans la place de Gorcum, il se trouva forcé, après une longue résistance, de se rendre par capitulation. Retenu prisonnier de guerre, il s'empressa néanmoins d'envoyer, en avril 1814, son adhésion au rétablissement des Bourbons, et fut créé, par le roi, pair de France le 4 juin de la même année, et chevalier de Saint-Louis le 27 du même mois; mais ayant siégé pendant les *cent jours*, en 1815, dans la nouvelle chambre haute que Napoléon convoqua au retour de l'île d'Elbe, il ne fut point réintégré dans la pairie au second retour du roi. Le général comte Rampon passait pour un des plus intrépides guerriers de l'ancienne armée. — Charles RAMPON et Jean-Baptiste RAMPON, neveux du général, se sont distingués tous deux dans la carrière militaire, et ont été honorablement cités pour leur belle conduite en Égypte, et particulièrement dans le combat d'Embabeh, qui leur mérita les éloges publics du général en chef.

RAMSAY (DAVID), historien, docteur en médecine, membre du congrès des Etats-Unis d'Amérique, exerce avec succès sa profession à Charlestow, dans la Caroline méridionale. Il a publié peu d'ouvrages comme médecin ; mais ceux qu'il a donnés comme historien jouissent de beaucoup de considération. Les principaux sont : 1° *Histoire de la révolution d'Amérique en ce qui concerne la Caroline méridionale*, 1791, 2 vol. in-8°, traduite en français ; 2° *Discours prononcé à l'occasion de l'anniversaire de l'indépendance américaine*, 1800; 3° *Revue des améliorations et de l'état de la médecine dans le 18ᵉ siècle*. 1802, in-8°; 4° *Vie de George Washington*, 1807, in-8°: elle a été traduite en français en 1819, Paris, 1 vol. in-8°. Le *Journal de l'Empire*, des 13 avril et 12 mai 1810, a rendu un compte fort étendu de cette traduction.

RANDOLPH (JEAN), membre du congrès pour la province de Virginie, est un des partisans les plus prononcés du parti britannique ; mais lui et le petit nombre de ses amis ne semblent former une opposition au système du gouvernement de sa patrie que pour mieux faire ressortir les avantages de l'indépendance nationale. M. Randolph a constamment pris pour antagoniste le célèbre James Madisson (*voy.* MADISSON), et s'il n'a jamais pu ébranler l'un de ces fermes appuis de la liberté américaine, il y avait de l'honneur, et peut-être du courage, à lutter avec un si fort adversaire, bien que dans chaque combat M. Randolph ait éprouvé une défaite. C'est en 1806 que cet homme d'état attaqua ostensiblement, pour la première fois, les doctrines politiques qui régissent les Etats-Unis. Il prononça contre la motion de M. Gregg, qui avait pour objet de prohiber l'importation des manufactures britanniques, un long discours, d'où nous extrairons ce passage : « Je me suis opposé à la guerre navale de la dernière administration, dit-il, et je suis également prêt à m'opposer à celle que peut méditer l'administration actuelle. Prohiber l'importation des manufactures britanniques, c'est nous mettre en état de guerre avec l'Angleterre. Eh quoi ! faut-il que le grand Mammouth des forêts d'Amérique sorte de son élément natal, et qu'il se précipite follement dans les flots pour y attaquer le requin ? Qu'il prenne garde de perdre sa trompe dans le combat. Qu'il reste sur le rivage, et que les moules et les coquillages de la grève ne l'excitent point à se hasarder sur les flots dans un misérable bateau.... Jetez les yeux sur la France; voyez ses bâtimens s'échappant à la dérobée d'un port à l'autre sur ses propres côtes, et souvenez-vous qu'après l'Angleterre, c'est la première puissance navale du globe ! Otez la marine anglaise, et demain la France sera le tyran de l'Océan. » Cette dernière réflexion pouvait être vraie alors. M. Randolph avait bien saisi la pensée de Napoléon, qui voulait en effet, non pas rendre la France le tyran des mers, mais empêcher l'Angleterre d'en jouer le rôle, en détruisant sa puissance ou en l'humiliant. En 1809, M. Randolph reprit les hostilités contre M. Madisson. Il insista fortement pour que l'embargo n'eût pas lieu, et il chercha à entacher les opinions de son célèbre antagoniste, pour qu'il ne fût point porté à la présidence que tout présageait. De cette époque à celle de 1815, M. Randolph est perdu de vue; mais à la fin de cette année, il adresse à l'un des représentans de l'état de Massassuchetts une lettre où, en saluant de nouveau M. Madisson de l'hommage de sa haine parlementaire, il cherche à prouver aux habitans de la Nouvelle-Angleterre qu'il serait aussi peu politique que dangereux de se séparer de l'Union. « La guerre actuelle, dit-il, est sans doute contraire à tous les vœux des vrais Américains. Un gouvernement d'*athées* et de *fous*, tel que celui de M. Madisson, est une malédiction pour notre pays; mais il faut se rappeler que ce n'est pas en nous divisant que nous pourrons lui arracher une paix honorable.» La Gazette de Boston ne laissa point impunie cette attaque; elle opposa la conduite de M. Randolph, en 1803, à la conduite du même en 1809. Lors du traité conclu en 1803, mais non ratifié, M. Randolph et les autres représentans de l'état de Virginie déclarèrent que, dans le cas où le traité serait accepté, ils se sépareraient de l'Union, doctrine qui était professée par M. Madisson. « Si donc, ajoutait la Gazette de Boston, les états de la Nouvelle-Angleterre voulaient se séparer de l'Union, ils ne feraient que mettre en pratique la doctrine de M. Randolph. »

RANDOLPH (ÉDOUARD), avocat, frère du précédent, ne partagea point ses principes politiques, et fut toujours ennemi de l'Angleterre et ami de la France. Il fit de bonnes études, se consacra à la carrière du barreau, et fut reçu avocat. Son attachement à la cause de l'indépendance lui fit prendre les armes, qu'il ne quitta que lorsque la paix eut été signée. Alors il reprit son ancienne profession, dans laquelle il eut de grands succès. Nommé par ses concitoyens secrétaire de la convention de Virginie, il obtint ensuite la place de procureur-général, que son père avait exercée. Depuis plusieurs années, il était avocat-général de la Virginie, lorsque Washington, devenu président du congrès, le fit nommer aux fonctions de procureur-général de l'Union fédérale; il succéda ensuite à M. Jefferson dans l'emploi de secrétaire-d'état. En 1794, les Anglais ayant intercepté les dépêches que l'ambassadeur de France adressait à son gouvernement, et dans laquelle M. Randolph était, dit-on, compromis. lord Grenville les transmit au ministre d'Angleterre à Philadelphie, qui en donna connaissance à Washington. Des explications furent demandées à M. Randolph, qui, pour mettre fin à cette affaire, donna sa démission. Il reprit dans la Virginie sa profession d'avocat, et obtint, comme par le passé, les plus brillans succès.

RANGONE (LE MARQUIS GÉRARD ALDOBRANDINO), d'une ancienne et illustre famille de Modène, naquit dans cette ville, en 1744. Il commença ses études dans le collège des nobles à Parme, et alla les achever à l'académie de Savoie à Vienne. En rentrant dans sa patrie, le duc François III d'Este, frappé des progrès de sa raison, lui confia, en 1773, la surintendance du collége des nobles et la direction de l'université de Modène. Ces places qui étaient peut-être au-dessus de l'âge de Rangone, ne le furent pas pour ses moyens. Il s'appliqua à la recomposition de ces deux établissemens, en régla l'économie, en multiplia les ressorts, et y introduisit un nouveau système d'enseignement, plus d'accord avec les besoins et les lumières du siècle. Après la mort de François III, et sous le règne de son successeur, Rangone fut appelé au ministère de l'intérieur, où, parmi ses autres devoirs, il se montra très-favorable à l'avancement des sciences et des lettres. Il leur ouvrit un asile dans sa maison, et y attira un nombre choisi de savans, qui s'y rassemblaient toutes les semaines, pour se communiquer réciproquement les résultats de leurs recherches. Rangone, qui supportait déjà tous les frais des différentes expériences auxquelles on venait se livrer chez lui, voulut encore en perpétuer le souvenir, en faisant frapper une médaille d'or de la valeur de cinquante sequins, qu'on distribuait tous les ans à titre d'encouragement et de récompense. Ces encouragemens produisirent l'effet le plus heureux, et les travaux de la société de Rangone méritent d'occuper une place dans les annales des découvertes. C'est pour cette savante assemblée que Tiraboschi composa ses mémoires sur les *scrittori genealogici*, sur les *cognizioni che si aveano prima di Bruce intorno alle sorgenti del Nilo*, e su *l'istoria delle esperienze, fatte nel secolo XVII intorno alla transfusion*, *del sangue*. Nous n'en avons cité les titres que pour donner une idée des travaux de cette société. Rangone y contribuait aussi en consacrant à l'étude tout le temps qu'il pouvait dérober aux affaires. Ses collègues eurent souvent occasion d'admirer la justesse de ses observations et la profondeur de ses vues. Les sciences physiques et mathématiques, la philosophie, la législation, devenaient tour-à-tour l'objet de ses graves méditations. Il est à souhaiter que ces mémoires, qui n'ont jamais été imprimés, ne soient pas perdus pour le public. L'ouvrage qui parut à Vienne, sous le titre de *Positiones de motu solidorum et fluidorum*, 1762, in-4°, est le moins important des écrits de Rangone; il n'offre qu'une de ses thèses soutenues à l'académie de Savoie. Quelque grand que fût l'intérêt de ce ministre pour son académie privée, il ne put jamais lui faire oublier ce qu'il devait aux affaires publiques. Parmi les importans services rendus à sa patrie, il faut placer d'abord celui d'avoir été le premier à y séparer les vivans des morts, en favorisant la construction des cimetières, et en proscrivant l'usage barbare, quoique religieux, d'enterrer les cadavres dans les églises. Ce fut aussi par ses soins éclairés qu'on vit une école d'art remplacer le tribunal de l'inquisition, deux ponts jetés sur la Secchia et le Panaro, et de grandes routes sillonner le dos des Apennins, pour y rendre les communications plus faciles. Ces travaux furent en partie interrompus par les premiers symptômes de la révolution en Italie. Dès que l'indépendance des états de Modène parut menacée par une armée étrangère, Hercule III prit le parti de se sauver avec ses trésors à Venise, en abandonnant la direction des affaires à une régence, dont Rangone fut déclaré le chef. Les circonstances étaient au-dessus de tous les moyens de conciliation et de prudence. Le directoire de France, après avoir imposé des conditions très-dures au gouvernement modenais, fit ordonner l'envahissement de son territoire. Rangone se disposa alors à rentrer dans la vie privée, et il se serait probablement transporté en Pensylvanie, où il venait de faire acheter une riche propriété avec le produit de la vente d'un fief en Bohême, si un de ses enfans, qu'il y avait envoyé, n'y eût été victime de la fièvre jaune. Le cœur d'un père ne sut pas supporter l'idée de devoir passer l'Atlantique, pour aller chercher dans le Nouveau-Monde d'aussi cruels souvenirs. Il se réfugia à Vienne, où, loin de la société et de la cour, il partageait son temps entre l'étude et ses amis. Il avait mis à profit ces momens de loisir pour écrire un essai sur l'origine de la maison d'Este, un traité sur les différentes écoles de philosophie, des considérations sur les principes philosophiques de Kant, et quelques autres ouvrages, aucun desquels n'a été imprimé. Il entretenait en même temps une correspondance scientifique avec ses amis d'Italie, qu'il étonnait par la variété et la solidité de ses connaissances ; car il se montrait également familier avec les sciences physiques et mathématiques, la philosophie, les antiquités, et même la poésie. C'est ainsi que le marquis Rangone employa les dernières années de sa vie, qui s'éteignit le 27 mai 1815.

RANSONNET (Jean-Pierre), général de brigade, né à Liége, le 13 octobre 1744, reçut une éducation distinguée. Il quitta sa patrie, jeune encore, pour prendre du service dans les troupes de l'empereur d'Allemagne, et servit quelques années comme officier des cuirassiers. Il avait quitté le service, et était depuis quelque temps dans sa famille, lorsque les Belges et les Liégeois prirent les armes pour secouer, les uns le joug de la maison d'Autriche, les autres le pouvoir de leur évêque. M. de Ransonnet, dont on connaissait les talens et la valeur, fut nommé colonel par les états de Brabant, réunis à Bréda, et chargé de s'emparer du fort Lillo, sur l'Escaut, opération qui réussit. Rappelé par ses concitoyens pour s'opposer à l'armée des cercles, marchant contre les Liégeois, à l'effet de rétablir l'autorité du prince-évêque, il quitta la Belgique, arriva à Liége, y fit une levée de soldats, et après une foule de sacrifices, aidé de quelques bailliages armés, il se présenta aux Palatins et aux Munstériens, qu'il força à un mouvement rétrograde, après les avoir tenus long-temps en échec ; mais les Autrichiens étant survenus et ayant envahi le pays de Liége, il fut obligé de prendre la fuite, laissant sa femme et ses enfans à la merci de ses ennemis. La plus cruelle persécution fut exercée sur eux : ses enfans furent bannis, ses propriétés confisquées, et sa femme plongée dans un cachot, d'où elle ne sortit que pour se voir, comme ses enfans, bannie à perpétuité. Ransonnet chercha un refuge en France, et y fut accueilli avec distinction par M. de la Fayette, qui lui confia, en 1792, le commandement d'un corps franc, que Ransonnet leva et organisa à Givet ; il le dirigea dans la campagne de cette année, et lui fit cueillir ses premiers lauriers à l'affaire de Stenay. Attaché à l'armée du centre, destinée à repousser les Prussiens dans la Champagne, il fut placé à l'avant-garde dans les défilés de l'Argonne, sous les ordres du général Arthur Dillon. Il déploya du talent et de l'activité dans les combats journaliers qu'il eut à soutenir, et malgré des forces supérieures, il sut se maintenir aux Islettes, poste important en avant de Sainte-Menehould. Les mouvemens des armées l'ayant, quelque temps après, forcé de quitter la position de Clermont, il n'en fut que plus acharné contre les

Prussiens, qu'il ne cessa de harceler jusqu'à ce qu'ils eussent quitté le territoire français en 1793. Il se porta sur Marchiennes, près de Douai, et après un combat de dix heures, où il fut blessé d'un coup de feu à la joue, il s'empara de la place, fit un grand nombre de prisonniers, et se rendit maître de plusieurs pièces de canon. Il accompagna Dumouriez à la conquête de la Belgique, passa dans la division de Kellermann, et fut successivement employé dans le pays de Trèves et à l'armée de la Moselle. Cette même année, le général Kellermann, qui honorait le courage et les talens de M. Ransonnet, le nomma colonel en pied. Appelé à l'armée du Nord par le général Dampierre, vers la fin de 1793, il fut nommé général de brigade et commandant des flanqueurs de gauche de l'armée. Il prit une part glorieuse à la levée du siège de Condé, et se distingua aux combats d'Hanor, de Saint-Amand, du Bois-Danziet, et enfin à la bataille du 8 mai, où le général Dampierre termina son honorable carrière. Il servit avec une égale distinction sous le général Houchard, l'un des successeurs de Dampierre; il commanda le camp retranché d'Arleux, et remplit dignement sa mission, dont le but était de couvrir Arras, et de fermer à l'ennemi l'entrée du Pas-de-Calais. Employé, en l'an 2, à l'armée rassemblée sur la Sambre, près de Maubeuge, il fut chargé, par le général Jourdan, de monter avec un officier du génie dans un ballon, pour faire la reconnaissance de Charleroy; il prit part à tous les combats qui eurent lieu tant dans le bois de Bonne que près l'abbaye de Lopp. Un des faits d'armes les plus importans de cette campagne fut celui où il rallia, près du village de Grand-Ring, la cavalerie française, sur laquelle l'ennemi s'était porté avec fureur et à l'improviste au moment où une partie des dragons avaient mis pied à terre. Il rendit la même année des services essentiels à l'attaque de Mons. Le général Schérer le chargea de débusquer l'ennemi du village de Saint-Simphorien, situé au pied du mont Parisel; ce ne fut qu'à la troisième charge qu'il parvint à le culbuter et à faciliter les approches de Mons. Il montra la même intrépidité aux prises de Halles et de Louvain; il soutint dans cette dernière ville un combat très-opiniâtre jusque dans les rues, et ne put gagner le terrain que pied à pied. A la prise de Liège, il dirigea le courage des habitans qui s'étaient joints aux troupes françaises, et parvint ainsi à chasser les Autrichiens de la ville. En l'an 3, il passa à l'armée d'Italie avec le général Kellermann, et fut chargé, par le général Masséna, de défendre la position de Borghetto. Il venait de se réunir au général Kellermann à l'armée des Alpes, et veillait à la défense du petit mont Saint-Bernard, lorsqu'il fut atteint d'une maladie, à laquelle il succomba à Montiers, en Tarentaise, le 13 ventôse an 4 (3 mars 1796). Le général Ransonnet a laissé plusieurs fils, qui ont suivi avec honneur la carrière des armes. L'aîné (Jean-François), officier de la légion-d'honneur, chef de l'état-major-général de la cavalerie du 4e corps d'armée aux ordres du duc de Rivoli, fut emporté par un boulet de canon, à la bataille d'Essling, le 21 mai 1809; un autre (Barthélemy-Gustave), qui avait pris le parti de la marine, périt, le 28 juillet 1803, victime de l'épidémie qui ravagea l'armée expéditionnaire de Saint-Domingue; un 3e (Louis-Joseph), lieutenant au 95e régiment de ligne, eut la jambe emportée à la bataille de Friedland, et mourut, quelques jours après, des suites de l'amputation, le 27 juin 1807. Nous n'avons pu obtenir que des renseignemens peu détaillés sur le second des fils du général Ransonnet, unique rejeton existant de cette malheureuse famille. On sait seulement qu'il servit honorablement dans la marine, et fit partie de l'expédition du capitaine Baudin aux terres australes; que parvenu au grade de capitaine de frégate, il quitta le service de mer, et était en 1815 aide-de-camp du général Carnot, mort dans l'exil.

RAOUL (L. V.) littérateur distingué, et professeur de rhétorique à l'université de Gand, est né, en 1771, à Poincy, département de Seine-et-Marne. Après avoir fait de bonnes études au collège d'Harcourt, à Paris, il fut nommé, par la voie du concours en 1790, professeur de rhétorique au collège de Meaux (Seine-et-Marne). Quelque temps après, il se trouva atteint par la réquisition, et se rendit à l'armée comme simple volontaire : la plupart de ses élèves l'y accompagnèrent et prirent les armes en même temps que lui. M. Raoul fut bientôt promu au grade de quartier-maître de la 16e demi-brigade de ligne. Après avoir fait plusieurs campagnes, il quitta le service militaire en 1797, et devint chef de l'école secondaire de Meaux, et bibliothécaire de cette ville. En 1810, il reprit ses anciennes fonctions de professeur de rhétorique au collége de la même ville, et fut appelé en 1817, sur sa réputation littéraire, en Belgique, d'abord à l'athénée de Tournay, et l'année suivante à l'université de Gand, où il professe aujourd'hui (1824) les belles-lettres avec succès. Il a publié : *Satires de Juvénal,* traduites en vers français, Paris, 1811, 2 vol. in-8°; seconde édition, 1815, et troisième, Tournay, 1817. Cette traduction est estimée à juste titre. Le poëte français y lutte souvent d'énergie avec le satirique latin, comme il lutte de concision avec Perse, et de finesse avec Horace, qu'il a aussi traduits. La traduction de Perse a été dédiée au général Pommereuil, non pas à l'époque où il était puissant et en faveur auprès du prince, mais à celle où il était proscrit. Les divers ouvrages de M. Raoul, indépendamment de son Juvénal, dont il a été fait trois éditions, sont : 1° une traduction en vers des *Satires de Perse,* 1812, et seconde édition, 1817; 2° une traduction des *Satires d'Horace,* 1812; 3° plusieurs *pièces diverses,* parmi lesquelles on remarque *les nouveaux embellissemens de Paris,* 1811; 4° *Epître à M. Etienne sur la comédie des Deux Gendres,* etc.

RAOUL (Mlle FANNY), sœur de M. Raoul, l'un des avocats distingués des conseils du roi et de la cour de cassation, membre de la légion-d'honneur, est née à Saint-Pol-de-Léon, département du Finistère, le 20 décembre 1772. S'étant rendue à Paris dans sa jeunesse, M*lle* Raoul y publia, sous le voile de l'anonyme, un ouvrage sous le titre de : *Opinion d'une femme sur les femmes*, an 9, in-12. Dans son *Dictionnaire historique, littéraire et biographique des femmes célèbres*, M*me* Fortuné B. Briquet s'exprime ainsi sur le mérite de cet ouvrage : « M*lle* Raoul y combat avec force les préjugés qui oppriment son sexe; il mériterait d'être plus connu ; il est bien écrit; la logique en est pressante, et il contient des vues saines et neuves. » On rapporte, dans la Biographie des frères Michaud, que, quelques années après la publication de son *Opinion sur les femmes*, « M*lle* Raoul fit remettre à la lecture du théâtre de l'Odéon, dont M. Duval était directeur, le manuscrit d'une pièce qui ne fut point représentée, mais dont elle crut ensuite reconnaître le plan dans le *Tyran domestique*, de M. Duval. Elle rendit sa réclamation publique, et cette affaire fit quelque bruit dans les journaux. » Certes le caractère honorable de M. Duval (*voy.* ce nom) exclut toute idée de plagiat; néanmoins il est à regretter, dans l'intérêt de l'histoire littéraire, que M*lle* Raoul n'ait pas fait imprimer sa pièce. Elle a encore publié : 1° *Fragmens philosophiques et littéraires*, in-8°, 1813; 2° *Réponse à M. Philogène Lebon*, in-8°, 1813; 3° enfin, de 1814 à 1815, un journal intitulé : *le Véridique*. Un journal véridique ! c'était un tour de force ; il ne pouvait long-temps se soutenir, et M*lle* Raoul préféra l'abandonner plutôt que de s'exposer à faire mentir son titre. Elle continue à cultiver les lettres, et sans doute elle nous fera jouir bientôt des nouveaux fruits de ses veilles.

RAOUL-ROCHETTE (Désiré), membre de l'institut, est né à Saint-Amand, dans la ci-devant province du Berri, en 1790. Après avoir, pendant quelque temps, rempli une chaire de professeur au lycée impérial, il a été nommé, en décembre 1815, suppléant de M. Guizot à la chaire d'histoire moderne de la faculté des lettres de Paris, et, en août 1818, conservateur du cabinet des médailles, des pierres gravées et des antiques, place devenue vacante par la mort de M. Millin. Il a publié les ouvrages suivans : 1° *Histoire antique de l'établissement des colonies grecques*, 1815, 4 vol. in-8°, ouvrage qui a été couronné par l'institut en 1813; 2° trois *Discours prononcés pour l'ouverture du cours d'histoire moderne*, 1814 et 1815, le premier sur *Charlemagne*, le second sur *les Croisades*, et le troisième sur *les heureux effets de la puissance temporelle des papes* : ce dernier a été inséré dans les *Annales encyclopédiques* ; 3° un *Discours sur l'improvisation*, imprimé à Londres, dans le *Classical journal* ; 4° *Lettres sur la Suisse*, ouvrage sévèrement critiqué dans les journaux helvétiques, et dont un ecclésiastique du canton de Vaud a réfuté les assertions hasardées.

RAOULT DE MAINTENAY (Alexandre), capitaine au 21° régiment d'infanterie légère, chevalier de la légion-d'honneur, né à Ruire, département du Pas-de-Calais, avait à peine 16 ans lorsqu'il entra au service comme simple soldat. Il se distingua particulièrement à Valentina, où il fut grièvement blessé d'un coup de feu, ce qui ne l'empêcha pas de combattre dix jours après à la Moskowa, où il eut la cuisse percée d'un biscaïen. Rentré en France avec le grade de capitaine, après les désastres de Moscou, en 1812, il faisait partie de la garnison de Berg-op-Zoom assiégée; le 21 février 1814, il sortit seul à cheval pour reconnaître un ouvrage que l'ennemi avait construit; attaqué brusquement par cinq cosaques, au nombre desquels était un officier, et sommé de se rendre, il ne répond que par des coups de sabre, blesse deux assaillans, tue le troisième, désarme l'officier et le fait prisonnier : le cinquième prit la fuite. Quelques jours après, dans la nuit du 8 au 9 mars, 6,000 Anglais, guidés par des traîtres, escaladent les murs de la place, et s'emparent, sans coup férir, de presque tous les bastions. N'imaginant pas que la résistance fût possible, ils se croyaient maîtres de la garnison; tout-à-coup l'alarme est donnée, 700 ou 800 marins, la baïonnette en avant, se précipitent sur les Anglais, et en font un carnage affreux ; le reste des troupes, arrivant successivement, combat avec la même valeur, et les ennemis sont enfin réduits à mettre bas les armes, et à demander quartier. Le capitaine Raoult ne pouvait manquer de prendre une part glorieuse à cette action. A la tête de sa compagnie, il rencontra une colonne de 2,000 hommes, qu'il culbuta; mais ils reviennent bientôt de leur surprise, se rallient et enveloppent ces braves. Le capitaine Raoult tente de se faire un passage à travers les ennemis ; une balle l'atteint dans l'épaule, et il reçoit un coup de sabre sur la main; il n'en combat pas avec moins de valeur. Enfin, après une lutte de plus de deux heures, un coup de baïonnette le précipite du haut des remparts; il eut la cuisse cassée dans cette chute. Sa vigoureuse résistance avait contribué à la défaite des ennemis, dont sur 6,000, 2,800 furent tués et 3,200 faits prisonniers. Le capitaine Raoult sollicita sa retraite, dont il jouit maintenant dans ses foyers.

RAPINAT, né en Alsace, s'est acquis une déplorable célébrité par les odieuses exactions qu'il a été généralement accusé d'avoir commises en Suisse. Il était beau-frère du directeur Rewbell, et fut envoyé, en qualité de commissaire du directoire-exécutif, dans l'Helvétie, lorsqu'elle fut envahie, en 1797, par une armée française. Le commissaire civil était aussi implacable que le chef militaire était sévère. Non-seulement les républiques aristocratiques, Berne, Soleure, etc., furent attaquées et ravagées, mais les pauvres bergers des petits cantons furent poursuivis et immolés dans leurs montagnes, et les derniers asiles de la démocratie furent saccagés par des hommes qui se disaient républicains. Les dépouilles des citoyens et la spoliation des caisses publiques enrichirent quelques chefs, et surtout le commissaire Rapinat. Le directoire fut enfin obligé de le rappeler, crainte d'un soulèvement général; mais la fortune considérable que cet agent avait déjà su réaliser, et dont il se hâta d'aller jouir en paix dans sa province, le consola du malheur de ne plus exercer de fonctions publiques. Son nom est resté en exécration dans le pays qu'il avait si sévèrement exploité, mais où l'on n'a pu tirer d'autre vengeance de l'individu qui portait ce nom, qu'en le signalant par l'épigramme suivante :

Un pauvre Suisse que l'on ruine
Demandait que l'on décidât
Si Rapinat vient de rapine,
Ou rapine de Rapinat.

RAPP (LE COMTE JEAN), lieutenant-général de cavalerie, né en Alsace, le 26 avril 1772, avait un goût décidé pour l'état militaire, et entra au service le 1er mai 1788. Il se fit remarquer, dans les premières guerres de la révolution, par sa bravoure et son intelligence; devint aide-de-camp du général Desaix, et fit avec lui, en cette qualité, les campagnes d'Allemagne et d'Égypte. Il était près de ce général à Marengo, lorsqu'il fut blessé à mort, et ce fut lui qui en porta la triste nouvelle au premier consul Bonaparte, qui le retint près de sa personne avec le même titre. En 1802, il fut chargé d'annoncer aux cantons suisses que la France intervenait dans leurs troubles civils, et somma en conséquence les insurgés de Berne de suspendre les hostilités. Peu de jours après, il fit évacuer Fribourg, qui avait été enlevé pendant l'armistice, força la diète de Schwitz à s'expliquer cathégoriquement sur ses propositions, et obtint qu'elle accéderait à la médiation. Le sénat de Berne envoya au général Rapp une députation pour le remercier de l'intervention de la France. Le général Rapp se rendit, en novembre, à Coire, fit comparaître devant lui le petit conseil de cette ville, et força la municipalité à se dissoudre. De retour à Paris, en 1803, il accompagna le premier consul Bonaparte dans son voyage en Belgique, et en partit pour visiter les bords de l'Elbe, et y élever des redoutes pour s'en assurer la position. Il devint ensuite commandant de la légion-d'honneur; épousa, au mois d'avril 1805, Mlle Vanderberg, fille d'un fournisseur, de laquelle il s'est séparé quelques années après, et fut élu, au mois de mai suivant, par le collége électoral du Haut-Rhin, candidat au sénat-conservateur. Lors de la reprise des hostilités contre l'Autriche, il suivit l'empereur Napoléon en Allemagne, et donna des preuves d'une valeur brillante à la bataille d'Austerlitz. Avec deux escadrons des chasseurs de la garde, il mit en déroute la garde impériale russe, en ordonnant contre elle une charge audacieuse, et fit prisonnier le prince Repnin; le grade de général de division qu'il reçut, le 24 décembre 1805, fut le prix de sa belle conduite. En 1806 et 1807, il fut mis à la tête d'un corps de dragons, avec lequel il se distingua dans toutes les affaires qui eurent lieu pendant ces deux campagnes, et particulièrement au combat de Golymin, où il fut blessé. Il remplaça, le 2 juin 1807, le maréchal Lefebvre, gouverneur-général de Dantzick, occupa ce poste 2 ans à la satisfaction unanime des habitans, qui, pour lui donner un témoignage de leur estime et de leur reconnaissance, lui offrirent une épée magnifique lorsqu'il les quitta en août 1809. Pendant la campagne de 1812, il commanda la division hollandaise Daendels, à la tête de laquelle il fit, dans plusieurs rencontres, des prodiges de valeur ; mais il ne déploya nulle part plus de bravoure et de talens militaires qu'à l'affaire de Molvia Roslavetz, où il eut un cheval tué sous lui. Après cette désastreuse campagne, il eut ordre de se jeter dans Dantzick, où il réunit 30,000 hommes de garnison. Tous les moyens de défense, toutes les ressources du génie, tout l'héroïsme du courage, furent employés pendant ce siége rigoureux, qui dura une année entière ; après avoir lutté contre la famine et une épidémie cruelle, qui lui enlevèrent les deux tiers de sa garnison, le général Rapp avait assuré à son nom, par ce siége mémorable, une gloire réelle. Cédant enfin aux prières des habitans, il se décida à capituler. Le 27 novembre 1813, une convention fut conclue ; elle portait en substance, que le 1er janvier la place serait rendue si elle n'était pas secourue avant cette époque ; que la garnison sortirait avec les honneurs de la guerre ; qu'elle conserverait de l'artillerie, des fusils et tous ses bagages. Au mépris de cette convention, la garnison fut faite prisonnière et conduite dans la Moscovie, et son général à Kiow, dans l'Ukraine. C'est de là qu'il envoya, le 4 juin 1814, son adhésion à la déchéance de l'empereur et au rétablissement des Bourbons. De retour à Paris au mois de juillet suivant, il reçut du roi un accueil distingué, et fut nommé, le 23 du même mois, chevalier de Saint-Louis et grand-cordon de la légion-d'honneur. Après le débarquement de Napoléon, en mars 1815, le général Rapp fut mis à la tête du premier corps d'armée pour arrêter sa marche ; mais elle fut si rapide que tous les moyens de résistance devinrent inutiles. Le général Rapp se rangea lui-même sous ses drapeaux, accepta le commandement de la 5e. division, fut nommé pair et commandant en chef de l'armée du Rhin, et même membre de la chambre des représentans. Son armée, forte de 10,000 hommes de troupes régulières, se composait de tous les corps stationnés en Alsace, auxquels se rattachaient les gardes nationales des Haut et Bas-Rhin, commandées par le général Molitor (*voy.* ce nom). Cette armée, dont la gauche était appuyée aux lignes de Lanter et de Weissembourg, s'étendait depuis Spire, le long du Rhin, jusqu'à Huningue, et se liait par sa droite au corps d'observation du Jura, sous les ordres du général Lecourbe ; elle ne put que retarder la marche d'un ennemi infiniment supérieur, et forcée d'abandonner ses lignes, elle se replia sous le canon de Strasbourg. La seconde restauration ne fit pas cesser immédiatement les fonctions du général Rapp ; il les continua jusqu'au mois de septembre, époque où l'armée fut licenciée. En 1816, il alla chercher en Argovie un asile contre le choc des partis, et y fit l'acquisition du château de Wildenstein. C'est là qu'il reçut d'un Anglais le don d'un superbe cheval. Cet Anglais avait gagné 10,000 guinées en pariant que la défense de Dantzick se prolongerait jusqu'à une époque déterminée, et il crut devoir une marque de reconnaissance à celui dont le courage lui avait fait gagner cette somme. Le général Rapp revint à Paris en 1817, et fut admis à une audience particulière du roi. L'ordonnance du 22 juillet 1818 le mit à la disposition du ministre de la guerre. Il fut nommé pair de France. Le comte Rapp mourut prématurément en 1823. Il a laissé des *Mémoires* qu'on lit avec intérêt.

RAPOU (Toussaint), né, en 1781, à Lyon, où il exerce avec distinction la profession de médecin. Convaincu par le raisonnement et par l'expérience des grands avantages que présentent les étuves et les bains de vapeurs, employés comme moyens hygiéniques et thérapeutiques, il s'est attaché depuis quelques années, d'une manière spéciale, à perfectionner cette méthode de traitement, et les plus brillans succès ont couronné ses efforts. Sa machine fumigatoire a sur les autres appareils du même genre une supériorité qui a été constatée par plusieurs sociétés savantes ; elle est plus complète et d'un usage plus commode. M. Rapou a formé à Lyon un établissement en grand de bains et de douches de vapeurs; on y trouve réunis un grand nombre de moyens curatifs : les bains d'étuve et à l'orientale, la douche et le bain par encaissement, etc., et les meilleurs procédés pour administrer toute espèce de vapeurs, joints à toutes les commodités qui peuvent en rendre l'application et les effets salutaires. C'est à ses frais que M. Rapou a édifié ses appareils. Aucun encouragement, aucune indemnité ne lui ont été donnés par le gouvernement. Sa maison de bains n'a pas même été visitée par les autorités de Lyon. Le duc de Wurtemberg, Ferdinand, oncle de l'empereur de Russie, s'est empressé de la voir lorsqu'il passa à Lyon en 1820 : ce prince l'examina avec un vif intérêt, et donna à M. Rapou les témoignages les plus honorables de son approbation. A peine de retour en Allemagne, le duc Ferdinand adressa à ce médecin une lettre flatteuse et un diamant de prix. On a de M. Rapou les ouvrages suivans : 1° *Examen de quelques moyens généralement employés dans le traitement des fièvres putrides et adynamiques*, in-4°, Paris, 1811; 2° *Essai sur l'atmidiatrique, ou Médecine par les vapeurs*, 1 vol. in-8°, Lyon, 1819; 3° *Notice sur l'établissement des bains et douches de vapeurs de Lyon*, brochure in-8°, Lyon, 1819; 4° *Monographie de la méthode fumigatoire*, 1 vol. in-8°, Lyon, 1823. L'excellent article *Bains de vapeurs* du Dictionnaire des Sciences médicales est du docteur Rapou.

RASORI (Jean), célèbre médecin, naquit à Parme en 1767. Il annonça dès son enfance de si heureuses dispositions pour les sciences, que son père, pharmacien distingué, le plaça dans un collége pour lui faire suivre ses études. Le duc de Parme, son souverain, instruit des talens et de l'esprit précoces de ce jeune homme, l'envoya, aux frais de l'état, étudier la médecine à l'étranger. Rasori, après avoir assisté aux leçons du célèbre Mascagni, en Toscane, et fait un long séjour en Écosse, revint chez lui au moment où la révolution française exaltait toutes les têtes. Une imagination ardente lui fit adopter facilement des principes qu'il aurait voulu propager dans son propre pays. Plus occupé alors d'opérer une révolution en médecine qu'en politique, il publia une traduction des écrits de Brown, dont il était devenu sectateur, en y ajoutant une préface et des notes qui décélaient des vues philosophiques très-profondes. Nommé presque en même temps professeur de pathologie interne à l'université de Pavie, les disputes que ses leçons y excitèrent parmi ses élèves ne furent pas moins vives que celle que l'apparition de son ouvrage avait fait éclater parmi ses confrères. Le professeur Vacca-Berlinghieri, de Pise, publia d'excellentes observations pour combattre la doctrine de Brown. Rasori promit d'y répondre, et une partie de son manuscrit était déjà imprimée, lorsque des circonstances imprévues en rendirent la suppression nécessaire. Les clameurs forcèrent le professeur de quitter sa place. Il se rendit à Milan, où la nouvelle république cisalpine venait d'être proclamée. Rasori profita de ce premier moment de liberté pour répandre ses idées républicaines, au moyen d'un journal, auquel il donna le nom bizarre de *Giornale senza titolo*. Dans ses articles, il ne ménageait pas les professeurs de Pavie, ses anciens collègues, et ceux qui ne partageaient pas ses opinions. Appelé ensuite, en qualité de secrétaire-général, auprès du ministre de l'intérieur, il en prit même provisoirement le portefeuille; mais insensible à toute autre ambition, il n'aspirait qu'à rentrer dans le sein de l'université, à laquelle il avait appartenu : ses vœux furent satisfaits. Il retourna occuper à Pavie la chaire de clinique interne et de médecine pratique, et il y commença ses leçons par un discours très-hardi sur Hippocrate, dont il analysa rigoureusement les ouvrages. En relevant les erreurs, les faux principes, les absurdités qu'il reprochait au père de la médecine, il donnait, à l'exemple de Galilée et de Bacon, le conseil de secouer le joug de l'autorité, pour se livrer à l'observation et à l'expérience. On peut juger de l'effet d'une telle attaque sur la plupart de ses auditeurs : Rasori ne fut point épargné. Une farce aussi plate qu'indécente, intitulée: *Il Rasori*, fut imprimée et adressée au directoire exécutif de la république cisalpine; une épître non moins virulente, sous le titre de : *Lettera d'uno studente di medicina pratica e di clinica nell' università di Pavia*, fut également mise sous presse, et répandue dans le public. Ces écrits et les menées sourdes de Moscati ôtèrent de nouveau la place de professeur à Rasori, qui, cette fois, ne put pas même trouver une retraite tranquille à Milan. Les armées austro-russes y avaient renversé le gouvernement républicain, et en poursuivaient avec rigueur tous les partisans. Rasori, assez heureux pour échapper à ces poursuites, alla se réfugier à Gênes, occupée alors par la division française, sous les ordres de Masséna. Il eut occasion d'y mettre en pratique son système médical, pour arrêter les progrès du typhus, qui s'était déclaré parmi la garnison. Il en rendit compte dans un ouvrage qu'il publia en 1803, et dans lequel, en faisant l'histoire de cette terrible maladie, il expose les effets obtenus par le nouveau traitement dont il s'était servi pour la combattre. Quelles que fussent les préventions qui existaient alors contre l'auteur, on ne put pas s'empêcher de rendre justice à ses talens et d'applaudir à ses succès. Son livre, plusieurs fois imprimé en Italie, fut traduit en différentes langues, et dernièrement en français par le docteur Fontaneilles, qui y a ajouté quelques notes. Peu après la bataille de Marengo, Rasori revint à Milan, où il obtint la place de *protomédecin* du gouvernement, et celle de médecin et de professeur des hôpitaux civil et militaire de la ville. Il s'y fit de nouveaux ennemis par la publication d'un journal, intitulé : *Annali di medicina,* dans lequel il fit insérer des critiques très-piquantes sur quelques écrits du jour. Un travail plus important fut celui de la *Zoonomie* de Darwin, dont il donna une traduction, enrichie d'observations et de remarques très-étendues. Rasori se servit même de cette occasion pour apporter quelques changemens aux principes de Brown, et fonder sa nouvelle théorie. Elle reçut en Italie le nom de doctrine du *contre-stimulus,* et elle forme jusqu'à présent le sujet de vives contestations entre les médecins. Adopté par des professeurs d'un mérite reconnu, le système de Rasori compte, avec orgueil, parmi ses défenseurs Tommasini et Borda, qui, par leur célébrité et leurs écrits, l'ont soutenu contre ses adversaires. Nos lecteurs nous sauront gré peut-être de leur en esquisser les traits principaux. Dès l'année 1792, Rasori, reconnaissant l'inexactitude de la division de Brown, en faiblesse *directe* et *indirecte,* avait annoncé l'existence d'une action sur les organes de la vie, autre que celle du *stimulus,* dont elle est destinée à détruire les effets ; et il appela *contre-stimulus* les agens capables d'exercer une telle action. Il adopta comme bases de sa doctrine les deux diathèses *sténique* et *asténique* de Brown, qui expriment ce double état morbide permanent, produit de l'excès ou de la diminution des forces vitales. Leur dérangement étant plus ou moins grand dans une maladie, il faut que l'emploi des moyens thérapeutiques soit non-seulement analogue à la nature de la diathèse, mais encore proportionné aux degrés ou à l'intensité de cette diathèse même. En partant de ces principes, Rasori est arrivé à une conséquence, dont il a fait un canon physiologique ; savoir, qu'un corps supporte l'action des remèdes stimulans ou contre-stimulans, en proportion directe de la diathèse sténique ou asténique qui le domine, et qu'on peut porter les médicamens à des doses bien plus fortes qu'on ne l'avait fait auparavant, dès que la nature de la diathèse a été déterminée. Ce fut pourtant l'emploi des doses si considérables de médicamens actifs qui étonna les praticiens peu au fait de la doctrine de Rasori, et ne connaissant pas les principes qu'il fallait suivre pour en obtenir d'heureux résultats. Après avoir ainsi établi les deux manières contraires d'agir des médicamens, les contre-stimulistes s'occupèrent d'en déterminer l'action, sans tenir aucun compte des différentes dénominations inventées par leurs prédécesseurs; et d'après un nombre infini d'expériences sur les animaux et d'observations sur l'homme dans l'état de santé et de maladie, il en résulta une classification tout-à-fait nouvelle, et en grande partie opposée aux opinions anciennement reçues. On rangea parmi les remèdes stimulans l'opium, l'éther, l'alkool, le musc, la cannelle, etc.; et parmi les contre-stimulans, l'antimoine, le mercure, et leurs préparations, les acides prussique, sulphurique, nitrique, etc.; la digitale, l'aconit, la cigüe, la belladonna, etc.; le café, le thé, et une quantité d'autres substances, dont nous faisons un usage habituel pour corriger, sans nous en douter, l'excès d'excitation produite par trop d'alimens, ou par des boissons positivement stimulantes. Ayant remarqué en outre qu'il y a des affections provenant uniquement de la présence des substances qui produisent un trouble dans les fonctions, sans qu'il y ait pour cela surcroît d'excitation, Rasori a appelé ces maladies *irritatives*, et *irritans* les agens qui les déterminent. On voit par là que les mots *irritation* et *irritans* n'ont pas la même acception dans la doctrine italienne que dans celle du docteur Broussais. Si l'on abusait des contre-stimulans, on s'en apercevrait à la nausée, au vomissement, à la cardialgie, etc., à tous ces symptômes qui viendraient avertir qu'il faut en diminuer les doses, ou même en abandonner l'usage. D'après ces principes, il est facile de concevoir qu'on peut sans danger stimuler, par des agens les plus actifs, lorsqu'on sait que le remède a été précédé par une forte action contre-stimulante, *et vice versâ*. Telles sont à peu près les bases de cette doctrine, à laquelle il nous est impossible de donner un plus long développement dans un si court espace. La place de *protomédecin*, dont Rasori était en possession, lui procura les moyens de multiplier ses observations et de s'affermir dans ses idées. Il en exposa plusieurs dans un journal, intitulé : *Annali di scienze e lettere*, dont il fut le fondateur. Parmi les mémoires qu'il y fit insérer, on remarque, entre autres, une dissertation sur *la manière d'étudier la médecine*; une autre sur *l'usage du tartre émétique* dans les péripneumonies inflammatoires; une troisième sur celui *de la digitale pourprée, et du nitre* dans les hydropisies, etc. Ces essais et les jugemens que Rasori portait sur les ouvrages nouveaux lui suscitèrent un grand nombre d'ennemis. Au bout de deux ans, le journal cessa de paraître, parce que le caissier de l'entreprise emporta le produit des souscriptions; mais les haines que ces *Annali* avaient fait naître lui survécurent, et eurent par la suite une grande influence sur le sort de Rasori. En 1812, le docteur Ozanam, qui avait appris tout ce qu'il savait en médecine aux cours de ce professeur à Pavie, fit paraître un ouvrage intitulé : *Cenni sulla Teoria e sulla pratica del controstimolo* (Aperçus sur la théorie et la pratique du contre-stimulus). Il est bon de dire que l'opinion publique déchargea M. Ozanam de la responsabilité des injures contenues dans ce libelle, généralement attribué à Moscati, ennemi personnel de Rasori, et membre influent du gouvernement de Milan. Rasori parut ne pas en douter, car, dédaignant de répondre à M. Ozanam, il s'adressa franchement à Moscati, pour relever toutes les absurdités de ce pamphlet. Il le fit par une suite de lettres qui n'ont pas été imprimées, mais qui mériteraient de l'être, car on y verrait un modèle de polémique judicieuse et profonde. Pour se délasser de ces querelles savantes, Rasori entreprit la traduction du roman de Mme Pickler, intitulé : *Agatoclès*, ou Lettres écrites de Rome et de Grèce, etc. Mais ce moment de calme fut suivi de nouvelles tempêtes. Par suite des événemens politiques arrivés en 1814, l'empereur d'Autriche venait de recouvrer ses états héréditaires en Italie, où il s'empressa de rétablir une partie des anciennes institutions. Rasori, privé de ses places de *protomédecin*, et de professeur de clinique à l'hôpital militaire, ne put pas même obtenir les droits de naturalisation, qu'il avait mérités par ses talens et ses services. On ne lui conserva que les fonctions de professeur de clinique du grand hôpital civil, qui étaient gratuites. Vers la fin de la même année, le gouvernement autrichien, ayant découvert une conspiration à Milan, fit arrêter plusieurs individus, entre autres Rasori, qui, après dix-huit mois de détention dans la citadelle de Mantoue, fut condamné à en aller passer autant dans le château de Milan. Ce temps ne fut pas perdu pour les sciences. Pendant son séjour à Mantoue, il se développe dans les prisons une fièvre intermittente, dont Rasori fut atteint lui-même. Il traite et guérit ses compagnons d'infortune, fait des observations sur la nature de ces fièvres, rectifie des erreurs sur la manière d'employer le quinquina, et écrit un mémoire, qu'il communique à ses amis, pour les engager à vérifier ses expériences. Il suspendit ces études sérieuses pour s'occuper de la traduction d'un ouvrage d'Engel *sur la Mimique*, qu'il publia peu après sa délivrance. Il reprit alors la pratique médicale, et écrivit différens articles pour le *Conciliatore*, parmi lesquels le plus important est celui où il donne le tableau comparatif de la mortalité des différentes salles de l'hôpital civil de Milan. Il résulte du rapprochement des registres mortuaires de cet établissement, que pendant l'espace de trois ans la proportion de la mortalité observée entre les salles dirigées par Rasori et celles de ses confrères, était dans le rapport d'un à cinq. C'est ainsi qu'il répondit aux injures et aux calomnies de ses détracteurs, qui ne cessaient de décrier sa pratique comme fausse et dangereuse. Ses principaux ouvrages sont : 1° *Compendio della nuova dottrina medica di Brown*, trad. de l'anglais, Milan, 1795, 2 vol. in-8°; 2° *Analisi del preteso genio d'Ippocrate*, ibid., 1799, in-8°. C'est le discours d'ouverture pour un cours de clinique à l'université de Pavie. Rasori y ajouta des observations sur un discours de Moscati, qui furent l'origine de la haine entre ces deux professeurs. 3° *Annali di Medicina*, ibid. Il n'en parut que six numéros; 4° *Zoonomia, ovvero leggi della vita organica*, traduit de l'anglais, de Darwin, avec les notes, ibid, 1803, 6 vol. in-8°; 5°. *Annali di Scienze e Lettere*, ibid., 1810-1812, 10 vol. in-8°. Ce journal comptait parmi ses rédacteurs, Foscolo, Leoni, etc. 6° *Agatocle, ossia lettere scritte di Roma e di Grecia*, traduit de l'allemand, de Mme Pickler, ibid., 4 vol. in-12; 7° *Lettere sulla mimica*, traduit de l'allemand, d'Engel, ibid, 1818-1819, 2 vol. in-8°, fig.: 8° *Saggio di poesie*, traduit de l'allemand, de Schiller et d'autres, ibid., 1822, in-18.

RASPE (Rodolphe-Éric), antiquaire allemand, naquit à Hanovre vers 1737; il commença ses études à Goettingue et les termina à Léipsick. Ses talens le firent nommer professeur d'archéologie à Cassel, et lui valurent les places d'inspecteur du cabinet des antiques et médailles. Il fut ensuite nommé conseiller, puis second bibliothécaire. Le landgrave de Hesse-Cassel, qui avait une grande confiance dans ce savant, le chargea de recherches en Italie relatives à l'histoire et aux antiquités, et lui fournit les fonds nécessaires. Il paraît que le goût des plaisirs lui fit dissiper les fonds que l'on avait mis à sa disposition, et aliéner une partie des richesses du cabinet confié à sa garde : il prit la fuite pour échapper aux recherches de la police. Réfugié en Angleterre, il y donna des leçons d'archéologie et d'histoire, et traduisit en anglais plusieurs ouvrages de sa langue maternelle. Sa conduite privée le fit rayer du tableau des membres de la société royale de Londres. Raspe mourut en Irlande, sur la fin de 1794, « aussi » estimé pour ses talens que méprisé pour sa conduite. » Nous citerons ses principaux ouvrages; ce sont : 1° *OEuvres philosophiques latines et françaises de feu M. de Leibnitz*, tirées de ses manuscrits, qui se conservent dans la bibliothéque royale à Hanovre, avec la préface de Kœstner, Amsterdam et Léipsick, in-4°. 1765; 2° *Mémoires pour servir à la plus ancienne histoire de Hesse-Cassel*, in-8°, 1774; 3° *Voyage en Angleterre, sous le rapport des manufactures, des arts, de l'industrie*, etc.. Berlin. 1785; 4° *An account of some german volcanos and their productions*, 1776, Londres; 5° *Essai critique sur la peinture à l'huile*, ouvrage écrit en anglais. Londres. in-4°, 1781; 6° *A descriptive catalogue of a general collection of ancient and modern engraved gems, cameos as well as intaglios*. etc.. Londres, 1791, 2 vol. in-4°. Cet ouvrage, orné de 47 planches, parut aussi, en français, sous le titre de : *Catalogue raisonné d'une collection générale de pierres gravées, antiques et modernes, tirées des plus beaux cabinets de l'Europe :* il est recherché de tous les antiquaires, et est devenu fort rare. Raspe a traduit en allemand l'ouvrage d'Algarotti : *Essai sur la peinture*, 1777, Londres. Il a donné, entre autres traductions anglaises, les *Voyages minéralogiques* de Ferber, le *Nathan* de Lessing, et a concouru avec distinction à plusieurs recueils allemands et anglais.

RASPIELLER (N.), fut, au mois de septembre 1795, nommé député au conseil des anciens par le corps électoral du département du Mont-Terrible. Le 1er mars 1797, il fit approuver la résolution qui réunissait au département du Mont-Terrible la principauté de Montbelliard. M. Raspieller devint, en 1800, juge au tribunal de première instance de Porentruy. Nommé président du même tribunal quelques années après, il en remplit les fonctions jusqu'en 1814, époque où la ville de Porentruy cessa d'appartenir à la France.

RASTIGNAC (L'ABBÉ ARMAND-ANNE-AUGUSTE-ANTOINE, SICAIRE DE CHAPT DE), neveu de l'archevêque de Tours, Louis-Jacques de Chapt de Rastignac, qui mourut en 1750, et dont la famille originaire du Périgord remonte au commencement du 14e siècle. L'abbé de Rastignac naquit, en 1726, dans le Périgord, et devint successivement docteur en Sorbonne, abbé de Saint-Mesmin d'Orléans, prévôt de Saint-Martin-de-Tours, grand-archidiacre et grand-vicaire d'Arles, etc. L'abbé de Rastignac avait refusé l'évêché de Tulle, lorsqu'en 1789, il fut nommé, par le clergé du bailliage d'Orléans, député aux états-généraux. Il fit constamment partie du côté droit de cette assemblée, où il ne parut pas à la tribune, que lui interdisait d'ailleurs l'extrême faiblesse de sa voix. Il signa la protestation du 12 septembre 1791 contre les actes de l'assemblée, et à la fin de la session, étant imprudemment resté dans la capitale, il fut renfermé, le 26 août 1792, à l'Abbaye, et y subit le 3 septembre suivant le sort funeste de ses trop nombreux et infortunés confrères. Il s'associa par son courage à l'abbé Lenfant. Leurs derniers momens méritent d'être transmis à la postérité. Quelques instans avant le massacre, l'abbé Lenfant et l'abbé de Rastignac parurent à la tribune d'une chapelle où se trouvaient beaucoup de détenus. « Ils nous annoncèrent, dit M. de Saint-Méard, que notre dernière heure approchait, et nous invitèrent à nous recueillir pour recevoir leur bénédiction. Un mouvement électrique nous précipita à genoux, et nous la reçûmes les mains jointes. L'âge de ces deux vieillards, leur position au-dessus de nous, la mort planant sur nos têtes, tout répandait dans cet instant une teinte auguste et lugubre. » L'abbé de Rastignac a publié les ouvrages suivans : 1° *Questions sur la propriété des biens ecclésiastiques en France*, 1789; 2° *Accord de la révélation et de la raison contre le divorce*, avec cette épigraphe, empruntée à Hincmar : « Il faut que les lois publiques soient chrétiennes dans un royaume chrétien, » Paris, 1791, in-8°. Ces deux ouvrages sont entièrement opposés aux principes consacrés par les actes de l'assemblée constituante. 3° Traduction de la *Lettre synodale* de Nicolas, patriarche de Constantinople, à l'empereur Alexis Comnène, sur le pouvoir des empereurs, relativement à l'érection des métropoles ecclésiastiques : cette lettre est accompagnée de notes, in-8°, 1790.

RASTIGNAC (le marquis Charles de Chapt de), neveu du précédent, émigra au commencement de la révolution, et se rendit en Russie, où il prit du service, et devint général-major. Il ne rentra en France que lors des événemens de 1814. Louis XVIII nomma M. de Rastignac maréchal-de-camp par ordonnance royale du 14 juillet de la même année, et chevalier de Saint-Louis le 16 août suivant (1814). Le titre de chef d'état-major de la première division d'infanterie de la garde royale lui fut conféré par une nouvelle ordonnance du 9 septembre 1815. En 1816, il remplit dans le procès du général Lallemand les fonctions de juge, et en 1817, il présida le collège électoral du département du Lot. Nommé alors à la chambre des députés, il siégea constamment au centre, et fit partie de cette chambre jusqu'à l'époque de sa dissolution. Il n'a point été réélu en 1824. M. de Rastignac est officier de la légion-d'honneur.

RATER (Antoine), architecte, né à Lyon en 1729, jouissait déjà d'une certaine réputation, lorsque Soufflot ayant captivé l'admiration des Lyonnais, par divers édifices publics, leur présenta le hardi projet d'agrandir la ville dans la partie du nord, en établissant des rues parallèles au Rhône, et qui conduiraient de la place des Terreaux au bastion Saint-Clair. Rater tenta les risques de l'entreprise, et sur cette rive du Rhône, affermie par des pilotis, protégée par une digue, et embellie par des quais, fit construire très-solidement la majeure partie de ces belles maisons qui, par leur régularité, leur élégance et leur élévation, forment le plus magnifique quartier de la ville. Il se présentait encore à son génie une plus grande difficulté à vaincre: c'était de faire de ce quartier une des avenues principales de la ville, en établissant le long du Rhône une route de communication avec Genève. Il fallait pour cela couper d'énormes montagnes ; c'est à quoi il parvint, malgré les entraves qui lui furent souvent opposées par l'envie ou par des intérêts particuliers. Sa constance dans ces travaux était d'autant plus louable, qu'il avait sous les yeux l'exemple récent des désastres de l'entreprise de Perrache, entreprise qui tendait également à contenir les éruptions du Rhône, et qui coûta d'énormes capitaux pour réunir à la ville, dans la partie du sud, un terrain long-temps marécageux et insalubre. Heureux d'avoir été ainsi utile à ses concitoyens, Rater s'en faisait chérir par ses modestes vertus, lorsque le siège de Lyon l'arracha à la tranquillité de ses derniers ans. Obligé de se réfugier dans la Bresse, il vit toute sa famille dispersée et proscrite, et la main du vandalisme menacer de détruire ces beaux monumens qu'il avait élevés. Il ne put résister à tant de coups douloureux, et mourut en 1794.

RATER (Ildefonse), fils du

Rater qui, par la justesse de ses coups, arrêta et fit échouer les trois bateaux embrasés que les assiégeans avaient détachés des hauteurs du bourg de la Pape, pour incendier le pont Morand. Enfin, dans l'importante journée du 29 septembre, où l'armée des assiégeans manœuvra dans les plaines des Brotteaux, pour faire une attaque générale, Rater, avec sa compagnie, s'étant placé sur le coteau des Collinettes, foudroya l'armée ennemie, et mérita les plus grands éloges du marquis de Virieux, ex-constituant, qui commandait la ville sous M. de Précy. Sur la fin du siége, Rater vit sa compagnie réduite, par les morts ou par les maladies, à 12 hommes. Se trouvant trop peu nombreux, et trop fatigués pour faire le service des pièces de la redoute Gengène, ils demandèrent à l'inspecteur d'artillerie Milanais, la permission de s'attacher à un poste moins important. C'est impossible, dit Milanais, il nous faudrait abandonner le faubourg de la Croix-Rousse; car on ne pourrait vous trouver des remplaçans. Ils ne quittèrent leur poste qu'au commencement de la nuit, lorsque le général Précy fit sa sortie. Peu de temps après l'entrée de l'armée de Dubois-Crancé dans la ville, Rater prit du service dans les bataillons de la république, et périt au siége de Toulon.

RATHSAMHAUSEN (LE BARON N. DE), était colonel d'infanterie lorsque la révolution éclata. Il fut député du bailliage de Haguenau aux états-généraux; mais après la séance du 4 août, dans laquelle l'assemblée constituante abolit tous les titres et les priviléges, il donna sa démission, en mandant au président que la noblesse étant abolie, et n'ayant été député que par cet ordre, il regardait sa mission comme finie. Depuis cette époque, il a cessé d'être en évidence.

RATIER (N.), curé de Broons, dans la ci-devant Bretagne, fut nommé, en 1789, député du clergé de Saint-Malo aux états-généraux; il y vota la suppression de tous les priviléges, et prêta le serment civique prescrit par le décret de l'assemblée constituante. A la fin de la session, M. Ratier reprit l'exercice de ses fonctions pastorales.

RATIER DE MONTGUION (N.), propriétaire à Saintes, où il exerçait la profession d'avocat, fut élu, en 1789, député du tiers-état de la sénéchaussée de cette ville aux états-généraux; il se mit peu en évidence pendant la session, et ne fut pas nommé aux assemblées suivantes. Cependant, en 1800, le gouvernement consulaire l'appela aux fonctions de sous-préfet de Jonzac, et en 1804, il devint candidat du département de la Charente-Inférieure au corps-législatif. Admis dans ce corps l'année suivante, il s'y trouvait encore en 1814, et fit partie de la chambre des députés jusqu'à l'époque du 20 mars 1815. Il paraît que M. Ratier de Montguion n'a point rempli depuis lors de fonctions publiques.

RATTE (ÉTIENNE-HYACINTHE DE), astronome, ancien conseiller à la cour des aides, et secrétaire perpétuel de l'académie des sciences de Montpellier, correspondant précédent, se signala comme artilleur au mémorable siége de Lyon. Les habitans de cette ville s'étant insurgés en 1793, pour résister au parti de Robespierre, divers corps d'artillerie s'y formèrent, et entre autres celui que commandait l'ex-constituant Milanais; mais des jeunes gens qui sortaient de leurs comptoirs pour manier les armes ne tardèrent pas à s'apercevoir de leur inhabileté dans la manœuvre du canon. Rater, au moyen de quelques livres d'artillerie, dont il étudiait les démonstrations mathématiques avec un de ses amis, acquit en peu de temps la théorie qui lui manquait, et devint le plus fort pointeur de l'armée lyonnaise. Nommé lieutenant de la compagnie d'artillerie que commandait Milanais, au moment où celui-ci fut promu au grade d'inspecteur de la même arme, Rater, par son sang-froid, par sa présence d'esprit et par son habileté, ne tarda pas à se faire remarquer dans la défense de la redoute Gengène, cette redoute qui, dit l'historien du siége de Lyon, était regardée comme inexpugnable, aussi bien par les assiégeans que par les assiégés, et dont les canonniers eurent la palme de l'intrépidité. Ce fut surtout dans la fameuse journée où le poste de la maison Pantho fut enlevé aux Lyonnais, que Rater sut les maintenir dans le faubourg de la Croix-Rousse, par la manière savante et vigoureuse avec laquelle il dirigea le feu des batteries de la redoute Gengène. Aussi modeste qu'il était courageux, il n'était occupé qu'à trouver de nouveaux moyens de défense, et à inventer des instrumens utiles aux assiégés. Il en présenta un à l'état-major de la Croix-Rousse, à l'aide duquel on pouvait, sans avoir aucune connaissance en mathématiques, mesurer les distances inaccessibles; mais cet instrument ayant été soumis à l'inspection de Doubey (*voy.* ce nom), qui remplissait les fonctions d'ingénieur, celui-ci, en rendant hommage à l'idée ingénieuse des deux amis, reconnut que, quoique le procédé fût de la plus grande justesse en théorie, et que la confection de l'instrument fût d'une extrême simplicité, la moindre erreur dans l'opération en présentait une très-grande dans le résultat; ce qui détermina l'état-major à rejeter cet instrument. Rater se fit connaître du général Précy (*voy.* ce nom), qui bientôt le regarda comme son meilleur pointeur. Un jour qu'un coup inattendu avait causé les plus grands ravages dans l'armée des assiégeans, un tel coup, dit-il, ne peut être parti que de la main de Rater, et il ne se trompait pas. Rater et ses compagnons d'armes ne se reposaient de leurs fatigues, qu'en abandonnant les ruines du poste Gengène, pour aller occuper, durant quelques jours, des postes moins périlleux, où ils rendaient encore des services importans aux assiégés. C'est ainsi qu'à la batterie Loys, Rater fit sortir dans la nuit les canons de la redoute; et, les ayant fait transporter sur une élévation, causa les plus grands ravages dans l'armée assiégeante, avant qu'elle pût reconnaître d'où partaient ces nouveaux coups. A la redoute des portes de Saint-Clair, ce fut encore de l'institut, membre de la légion-d'honneur, etc., naquit en 1722, à Montpellier, d'une famille dont l'origine remontait au 12ᵉ siècle: elle était originaire de Bourgogne. Quoique noble, de Ratte ne crut pas déroger en cultivant les sciences; et dès sa plus tendre jeunesse il montra particulièrement pour les mathématiques une grande aptitude. Son mérite le fit admettre, à 19 ans, par dispense d'âge, à l'académie de Montpellier, dont il devint, dès l'année qui suivit son admission, secrétaire perpétuel. Il se montra toujours reconnaissant de cette flatteuse adoption, en remplissant avec zèle et constamment, jusqu'à l'époque de la suppression des académies au commencement de la révolution, les devoirs de sa place. Lors de leur rétablissement, en 1796, celle de Montpellier, qu'il concourut à reformer, ayant pris le titre de Société libre des sciences, il en devint secrétaire, puis président. Il fut bientôt inscrit parmi les correspondans de l'institut, et nommé membre de la légion-d'honneur. Il mourut, le 15 avril 1805, dans la 83ᵉ année de son âge. C'est à la prédiction de Halley, sur le retour de la comète de 1682, que les sciences doivent compter de Ratte au nombre de leurs plus fidèles sectateurs. Il prit une très-grande part aux recherches que les astronomes firent de cette comète, et l'un des premiers il la remarqua à sa sortie des rayons du soleil. En 1761, il observa le passage de Vénus, « qui servit de base à ses immenses calculs sur la parallaxe du soleil, et fit un grand nombre d'observations des passages de Mercure, des éclipses, des satellites de Jupiter et des occultations d'étoiles. » Son père l'avait laissé maître de suivre exclusivement la carrière des sciences; mais l'ayant perdu, en 1772, par égard pour sa famille, il se pourvut de la charge de conseiller à la cour des aides de Montpellier. Il sut concilier son goût pour les sciences avec les devoirs de la place de conseiller, qu'il remplit jusqu'à la suppression de ces tribunaux. Pendant le régime de la terreur, il fut arrêté et faillit porter sa tête sur l'échafaud : la révolution du 9 thermidor an 2 (27 juillet 1794) le sauva. Depuis ce moment, il s'occupa sans partage de ses travaux astronomiques. Il a fourni un grand nombre d'articles au *Dictionnaire encyclopédique*, parmi lesquels on doit citer ceux qui ont pour titre: *Froid, Glace, Gelée*, etc., et a donné les *Éloges* de ses confrères de l'académie de Montpellier, et des *Dissertations* dans les *Mémoires* de l'académie royale de cette ville, dont il a été l'éditeur, depuis 1766 jusqu'à 1778. Son neveu, M. H. de Flaugergues, a recueilli, et publiera bientôt sans doute, dans l'intérêt des sciences, les *Observations astronomiques de de Ratte*. M. Poitevin a fait imprimer, en 1805, *l'Éloge* de ce savant, dont Lalande a donné l'analyse dans son *Histoire de l'Astronomie*.

RAU (Sébald), savant hollandais, professeur de théologie et des langues orientales à l'université d'Utrecht, né à Herborn, dans le pays de Nassau, en 1724, a publié un grand nombre de dissertations latines très-estimées, et des discours d'apparat, prononcés dans les solennités académiques. M. Meusel, dans son *Allemagne savante*, a consigné les titres des différens ouvrages du professeur Rau, qui est mort à Utrecht, le 10 janvier 1818, à l'âge de 93 ans.

RAU (SÉBALD-FULCO-JEAN), fils du précédent, né à Utrecht en 1765, manifesta dès l'enfance les plus heureuses dispositions pour l'étude, et se distingua bientôt par la connaissance étendue qu'il avait acquise des langues orientales, et par son talent pour la poésie. A l'âge de 19 ans, il soutint publiquement, à l'université d'Utrecht, un *Specimen Arabicum, continens descriptionem et excerpta libri Achmedis Teifaschii de gemmis et lapidibus pretiosis*. Le manuscrit arabe que M. Rau se disposait à faire imprimer, avec sa traduction, fut détruit lors du désastre de la ville de Leyde, en 1807. Il avait déjà publié, à l'âge de 17 ans, un poëme latin sur sa ville natale : *Trajectum ad Rhenum*, et plusieurs poésies nationales, insérées dans les *Essais pour l'esprit, le goût et le cœur*. En 1785, il prit ses degrés en théologie, et fut d'abord ministre de l'église wallonne à Harderwyk, et l'année suivante à Leyde. Ses sermons en langue française attirèrent par leur éloquence et leur saine morale une foule d'auditeurs. Les curateurs de l'université de Leyde lui offrirent, en 1787, une chaire de professeur de théologie, et il entra en fonction par un discours ayant pour titre : *Oratio de eo quod jucundum est in studio theologiæ*. En 1794, il fut chargé de l'enseignement des langues orientales à la même université; mais il fut privé momentanément de cette chaire après la révolution de 1795; réintégré quelque temps après, ce savant continua à professer avec le plus grand succès, et à obtenir en même temps, comme prédicateur, les unanimes suffrages de ses concitoyens. Il mourut le 1er décembre 1807, à peine âgé de 42 ans. M. Rau était chevalier de l'ordre de l'Union, et membre de plusieurs sociétés littéraires et savantes. Le poète Bilderdyk a célébré sa mémoire par une élégie, et M. Teissedre l'Ange a publié son éloge, Harlem, 1808, 1 vol. in-8°. Ses principaux ouvrages sont : 1° *Prééminence de la poésie hébraïque sur la poésie arabe ;* 2° *De l'Excellence du caractère de Jésus-Christ, comparé à celui de l'apôtre saint Paul ;* 3° *De l'Excellence et de la perfection du génie poétique, dans l'auteur du livre de Job, dans Homère et dans Ossian ;* 4° *Dissertation* tendant à prouver que les principales beautés de la poésie sacrée ont été inspirées par la nature elle-même. (*Oratio de naturâ optimâ eloquentiâ sacræ magistrâ.*) Tous ces discours sont en latin, et plusieurs ont été traduits dans la langue nationale. M. Rau a aussi publié un recueil très-estimé de *Sermons sur divers textes*, Leyde, 1807, in-8°.

RAUCOURT (SOPHIE) actrice. Son nom propre était *Saucerote*; mais comme ce nom sonnait assez mal pour une princesse, elle prit au théâtre le nom de Raucourt. C'était un enfant de la balle. Son père, mauvais comédien, avait joué quelque temps à Saint-Pétersbourg. Mlle Raucourt débuta, le 23 sep-

Mlle Raucourt.

Mme Romance pinx.   Fremy del. et Sculp.

tembre 1772, à Paris, dans l'emploi des reines par le rôle de *Didon.* Cette actrice, qui n'avait alors que 17 ans, était dès-lors en possession de presque tous les avantages désirables dans les rôles tragiques. Grande, belle, bien faite, douée d'une physionomie noble et d'une grande intelligence, il ne lui manquait rien au physique qu'une voix moins rauque, et au moral que de la sensibilité. Ébloui des avantages qu'elle possédait, le public l'accueillit avec une extrême faveur, et répudia même un moment pour elle Mlle Sainval cadette, qui était antérieurement son idole. Un fait assez singulier pour être consigné ici, c'est que Mlle Raucourt jouissait alors d'une haute réputation de sagesse. Comme sa beauté et ses succès la mettaient en butte à des importunités très-multipliées, son père, à ce que disent les mémoires du temps, faisait autour de cette vertu le guet le plus sévère, armé d'un pistolet, qu'il ne quittait ni jour ni nuit. Si l'on en croyait une lettre écrite par Voltaire au maréchal de Richelieu, et à laquelle celui-ci donna étourdiment de la publicité, ce bon homme prenait de la peine assez mal à propos; mais cette lettre ne peut faire autorité. Le patriarche de Ferney, apprenant que ses caquets avaient porté la désolation dans l'âme de la jeune Raucourt, s'empressa de se rétracter, et laissa à la belle calomniée le soin de se justifier par sa conduite : elle y réussit peu. Nous ne le dirions point toutefois, si cela n'était pas nécessaire pour expliquer la décision par laquelle, en 1776, au moment où l'on étudiait *Zuma,* tragédie de M. Lefebvre, dans laquelle Mlle Raucourt devait jouer le principal rôle, les acteurs du Théâtre-Français l'expulsèrent de leur société, dont elle faisait partie depuis 1773. Pour échapper à ses créanciers, cette reine détrônée se sauva à franc étrier en uniforme de dragons. Rappelée, en 1779, par une décision du premier gentilhomme de la chambre, Mlle Raucourt reparut, le 11 septembre, dans le rôle auquel elle avait dû ses premiers succès, le rôle de *Didon,* et le joua de manière à obtenir grâce du parterre. Le caractère de son talent la rendait cependant plus propre à exprimer les passions énergiques que les affections tendres, et à réussir dans l'emploi de Mlle Dumesnil que dans celui de Mlle Gaussin. Elle en eut la preuve par l'effet qu'elle produisit dans les rôles d'*Athalie,* de *Mérope,* de *Cléopâtre,* de *Léontine* et de *Sémiramis,* et surtout dans *Médée,* son rôle favori. Elle était loin pourtant d'être parfaite même dans ce genre. Une prononciation lourde et accentuée avec une affectation pédantesque, que faisait ressortir la dureté de son organe, une pantomime prétentieuse et fatigante par les intentions dont elle était surchargée, ont toujours ôté à son jeu ce charme qu'on atteint rarement par des combinaisons, et qui semble plutôt un effet de l'instinct que de l'étude. Mlle Raucourt, en 1791, fut du nombre des acteurs qui restèrent fidèles au théâtre fondé par Molière, et dont Mme Vestris, Talma, Monvel, Dugazon et Grandmesnil, s'étaient séparés pour aller fonder un second Théâtre-Français rue de Richelieu. Depuis cette époque jusqu'à celle où tous les sociétaires du premier Théâtre - Français, Molé excepté, furent jetés en prison par les terroristes, elle soutint la tragédie à ce théâtre, où elle n'était guère secondée que par Saint-Prix et Saint-Fal. Elle fit preuve de talent dans la *Mort d'Abel*, tragédie nouvelle, où elle jouait *Ève*. Dans *Lucrèce*, où elle s'était chargée du rôle qui donne son nom à cette tragédie, elle obtint aussi des applaudissemens, quoiqu'elle fût avec ce personnage dans les rapports de la parodie à la tragédie. Sortie de prison après le régime de la terreur, Mlle. Raucourt parvint à rallier au théâtre de Louvois une partie de ses anciens camarades, puis elle se réunit avec eux aux dissidens qui avaient fondé le théâtre de la rue de Richelieu. Elle en faisait encore partie le 15 janvier 1815, quand elle fut enlevée par une maladie subite. Ses obsèques furent l'occasion d'un grand scandale. Par un contraste dont on trouve plusieurs exemples, cette actrice, qui ne payait pas toujours ses dettes, donnait beaucoup à l'église. La porte de sa paroisse fut fermée néanmoins à son cercueil, et l'on refusa d'y prier pour celle dont on y recevait les aumônes. On refusa à l'artiste ce qu'on eût accordé à la pécheresse. Mlle Raucourt, dont le talent était fort goûté de Napoléon, fut du petit nombre d'acteurs qui trouvèrent grâce devant l'impitoyable Geoffroi. Chénier toutefois en pensait moins favorablement que ce pédagogue, à en juger du moins par ce quatrain qu'il composa en sortant d'une représentation de *Phèdre*, où Mlle Raucourt avait joué :

O Phèdre ! en tes amours que de vérité brille !
Oui, de Pasiphaé je reconnais la fille,
Les fureurs de sa mère et son tempérament,
Et l'organe de son amant.

RAUGEARD (N.), curé et archiprêtre d'Andard, diocèse d'Angers, membre de l'académie des sciences et belles-lettres de la même ville, fut nommé, par le clergé d'Anjou, député aux états-généraux en 1789. Il ne parut qu'une seule fois à la tribune, pour prêter, dans la séance du 27 décembre 1790, le serment exigé par la constitution civile du clergé ; mais s'il ne se montra pas orateur, il n'en fut que plus utile dans les comités, dont il éclairait les discussions par les connaissances les plus étendues, et une éloquence douce et persuasive. Deux passions l'animèrent toute sa vie, celles de la gloire et du bien public. Porté par goût à la littérature légère, il l'abandonnait pour s'enfoncer dans les profondeurs de l'érudition, persuadé qu'il servirait mieux son pays, en exhumant ses anciennes annales, qu'en l'amusant par des compositions agréables et de pure imagination. Cependant il s'occupa des unes sans négliger entièrement les autres ; les dernières même lui servaient de délassement, lorsque des recherches historiques, trop longtemps prolongées, avaient fatigué son attention. C'est à ce double travail que l'on doit les nombreux manuscrits historiques et littéraires qu'il a laissés, et qui n'attendent qu'une main également habile pour les terminer et les livrer à l'impression. Il avait embrassé un plan immense, l'*Histoire ecclésiastique, politique et littéraire de l'Anjou, depuis les temps les plus reculés jusqu'à la révolution.* Cet ouvrage devait composer 3 vol. in-4°. Les compositions littéraires de l'abbé Raugeard sont des poésies, des dissertations, des éloges et des discours académiques; on en pourrait faire un choix qui formerait 1 vol. in-8°. Tous ces manuscrits ont été légués par l'abbé Raugeard à deux de ses amis, qui sans doute mettront les principaux au jour. Comme ecclésiastique, il mérita l'estime générale. Il avait pour le fanatisme une horreur qu'il ne pouvait dissimuler; il n'en parlait que pour s'indigner de ses fureurs, et déplorer les maux qu'il avait faits. Pieux sans être dévot, il fut toute sa vie en butte à ceux qui affectent tous les dehors de la religion sans jamais en pratiquer les maximes. Voisin des départemens insurgés, sa qualité de prêtre assermenté l'avait rendu odieux aux fanatiques qui y dominaient, et qui, fermant les yeux sur ses vertus, lui faisaient un crime de s'être soumis aux lois de son pays; aussi leurs émissaires armés tentèrent plusieurs fois de s'emparer de sa personne. L'abbé Raugeard mourut en 1797. Son éloge fut prononcé à l'académie d'Augers, dont il avait été long-temps secrétaire.

RAUP DE BAPTEISTEIN DE MOULIÈRES (A. J.), censeur royal avant la révolution, membre du conseil des cinq-cents, de plusieurs académies et sociétés savantes, a publié : 1° *Mémoires sur un moyen facile et infaillible de faire renaître le patriotisme en France, dans toutes les classes de citoyens, comme dans les deux sexes, et d'assurer le remboursement des dettes de l'état sans nouveaux impôts,* 1789, in-8°; 2° *Mémoires historiques sur la navigation intérieure,* 1800, in-8°; 3° *Mémoires et Discours réunis,* 1803, in-8°; 4° *le Roi-Martyr, ou Esquisse du portrait de Louis XVI,* 1816, in-8°, deux éditions.

RAUX (J. F.), littérateur, a publié, en 1785, *Discours et Réflexions sur différens sujets de morale,* et, en 1802, les *Géorgiques de Virgile,* traduction en vers français, le texte à côté de la traduction, avec des remarques sur celle de l'abbé Delille; remarques qui ne rendent pas la traduction de M. Raux supérieure ou même égale à celle qu'il critique. Cultivant à-la-fois les muses latines et les muses françaises, ce littérateur a publié aussi une traduction, en vers latins, du poëme des *Cerises renversées,* de Mlle Chéron.

RAUZAN (l'abbé David), né à Bordeaux en 1762, d'une famille distinguée de cette ville, exerçait avant la révolution des fonctions ecclésiastiques. Il refusa, en 1791, de prêter le serment exigé par la constitution civile du clergé, et quitta la France; il resta en pays étrangers jusqu'à l'établissement du gouvernement impérial. Il rentra alors dans sa patrie. L'empereur l'ayant entendu prêcher voulut se l'attacher, et lui donna une place de chapelain de sa chapelle, que M. Rauzan occupait encore, en 1814, lors de la restauration; il continua de l'exercer sous le gouvernement royal, jusqu'en 1819. Lors du premier retour des Bourbons, M. Rauzan sentit renaître le goût des missions auquel il s'était livré à l'étranger, et établit une maison de missionnaires dans la rue Notre-Dame-des-Champs. Il partit ensuite, avec M. l'abbé Forbin-de-Janson, qu'il s'était associé, et parcourut les principales villes du Midi. Au mois de mars 1815, ils revenaient à Paris, et exerçaient à Beauvais, lorsque Napoléon rentra en France; ils cédèrent à la prudence, et s'enfoncèrent dans les départemens de l'Ouest. A la seconde rentrée du roi, ils se rendirent successivement dans les départemens de la France les plus riches en population, et ne manquèrent presque jamais de revenir chaque année à Paris pour y organiser, soit des missions, soit des stations, soit enfin des retraites. Ainsi eurent lieu à différentes époques dans plusieurs églises de la capitale, ces différens actes que protégèrent les gendarmes. M. Rauzan est, dit-on, modeste et désintéressé; il ne demande rien pour lui, il ne veut aucune place, et, nous aimons à le croire, il est aujourd'hui (1824) à Paris, et n'attend que le moment de recommencer ses tournées religieuses. M. Rauzan n'a encore publié qu'une *Lettre sur la mission qui vient d'être faite à Angers*, 1816, in-8°.

RAVERAT (LE BARON), lieutenant de grenadiers, chevalier de la légion-d'honneur, né à Latour-du-Pin, département de l'Isère, servit d'abord comme soldat dans le 57° régiment de ligne, et y devint sous-lieutenant. Le 4 mars 1807, il s'agissait de jeter un pont sur la Passarge, à la hauteur de Stollen: toutes les dispositions étaient prises pour assurer l'opération; des nageurs devaient conduire sur la rive opposée des poutres et des madriers, au moyen de cordages qu'ils s'étaient passés au cou; mais le froid et les glaçons que charriait la rivière, en ayant fait périr plusieurs et ayant rebuté les autres, le maréchal Soult commençait à désespérer du succès de son entreprise, lorsque le sous-lieutenant Raverat, accompagné de quelques braves, offrit de traverser le fleuve; il eut bientôt franchi tous les obstacles, et en moins d'une demi-heure, il établit un pont assez solide pour que l'avant-garde de l'armée pût aller tourner l'ennemi. Raverat avait reçu l'ordre du général de se reposer, ainsi que ses compagnons, dans une chaumière voisine jusqu'au jour; mais sachant que l'attaque allait avoir lieu, il électrise ses camarades, et tous ensemble rejoignent l'armée au moment où le combat s'engage; Ravenat y fait des prodiges de valeur, et est reconnu dans la mêlée par le maréchal, qui l'embrasse et lui donne l'étoile des braves. Depuis ce succès, le 57me, qui faisait partie de la brigade du général Ferey, occupa la rive opposée, et avait pris position au château de Louitten, lorsque trois mois après, le 5 juin, à 5 heures du matin, l'ennemi se présenta en force pour déloger les Français. Le général Ferey fit à la hâte des dispositions de défense, et marcha à l'ennemi, laissant en réserve, dans la cour du château, la compagnie de grenadiers à laquelle Ravenat appartenait. Le général Ferey,

N. Ravez

malgré la valeur de ses troupes, se voyant pressé par l'ennemi, beaucoup plus nombreux, accourut à toute bride au château, et après quelques mots d'exhortation, emmena la compagnie; elle essuya d'abord un feu meurtrier, et le capitaine tomba parmi les morts. Ravenat, prenant aussitôt le commandement, fond avec impétuosité, n'ayant que 80 hommes, sur les postes avancés, et les culbute ainsi qu'un bataillon russe qui veut l'arrêter. Il reçut le grade de lieutenant sur le champ de bataille. Le 19 avril 1809, jour de la bataille de Thaun, il s'agissait d'enlever une batterie qui, située sur un mamelon, écrasait un régiment de ligne, et favorisait un mouvement qui pouvait compromettre le sort de l'armée; le 57me eut ordre de marcher sur cette batterie; mais les forces de l'ennemi sont telles, que Raverat, resté le dernier, est obligé de suivre le mouvement rétrograde. Une balle lui fracture la main droite: le général Saint-Hilaire, arrivant alors avec un renfort pour attaquer une seconde fois le mamelon, le colonel du 57me ordonne à Raverat d'aller à l'ambulance pour se faire panser; il s'y refuse, et, à la tête d'une poignée de braves, gravit la montagne, tue un grand nombre d'ennemis, et emporte le mamelon d'assaut; il alla ensuite à l'ambulance se faire extraire de la main la balle qui y était restée. Quatre jours après, l'empereur, qui se trouvait sur les lieux, informé de la belle conduite de Ravenat et de la cause de son absence des drapeaux, dit au colonel du 57me: « Faites savoir au lieutenant Ravenat que » je le nomme baron, avec une » dotation de 4,000 francs. » Douze blessures graves, reçues dans différens combats, l'obligèrent à prendre sa retraite. Néanmoins, lorsque l'ennemi se présenta, en 1814, pour envahir le territoire français, il marcha à la tête des gardes nationales de Pont-de-Beauvoisin, et préserva sa commune de l'occupation étrangère.

RAVEZ (N.), membre de la chambre des députés, naquit à Rive-de-Gier (Loire) vers 1770, et s'attacha, en 1791, au barreau de Lyon, où il déploya du talent et du courage dans la défense des prêtres insermentés. Il combattit dans les rangs des Lyonnais, lorsqu'ils s'opposèrent aux troupes de la convention, à la suite des événemens du 31 mai 1793. Après la prise de Lyon, il se retira à Bordeaux, et s'y distingua comme avocat. Quoiqu'il eût formé dans cette ville une société dont le but était de perpétuer les opinions opposées aux idées nouvelles, on le vit, en 1806, adresser au prince archichancelier, M. Cambacérès, président du collège électoral de l'arrondissement de Bordeaux, un discours où il protestait de son dévouement à la dynastie impériale. Après le rétablissement du gouvernement royal en 1814, M. Ravez se prononça vivement pour la cause des Bourbons, et « refusa positivement en 1815, disent les auteurs du *Guide électoral* (1819 à 1820), de défendre les frères FAUCHER, avec lesquels il vivait dans une sorte d'intimité depuis longues années. » Ces auteurs donnent à la suite la lettre que ces infortunés lui adressaient, et que nous rapportons : « Nous avons subi notre interro-»gatoire, et les officiers qui vien-»nent d'y procéder nous deman-»dent de désigner sur-le-champ »notre défenseur. Nous ne sau-»rons en choisir un qu'après vo-»tre refus, auquel nous ne pou-»vons croire, parce que nous ne »pouvons deviner la cause qui le »motiverait; cependant si le *fatum* »qui pèse sur nous nous y condam-»nait, nous vous conjurons de »nous accorder cinq minutes d'en-»tretien. Vous ne refuseriez pas »ce genre d'appui à des infortu-»nés coupables; vous l'accorde-»rez au malheur immérité. Na-»guère nous aurions pu réclamer »d'autres sentimens. » M. Ravez fut membre de la chambre dite *introuvable*, en 1815; il vota avec la minorité ministérielle. Nommé par le roi, en août 1816, président du collége électoral de son département, il cita dans son discours d'ouverture, les paroles que ce prince lui avait adressées avant son départ : « Trop d'agitations, lui a-vait dit le monarque, ont malheureusement troublé la France, elle a besoin de repos; il lui faut, pour en jouir, des députés attachés à ma personne, à la légitimité et à la charte, mais surtout modérés et prudens. » Ces paroles étaient claires, et montraient aux électeurs, et par suite aux élus, la marche qu'ils devaient suivre; mais M. Ravez et ses collègues, dévoués au ministère, votèrent constamment pour les lois d'exception. En janvier 1817, époque à laquelle les ministres paraissaient vouloir revenir à des principes plus conformes à la charte, sans néanmoins faire jouir la France de la plénitude de cet acte royal, M. Ravez soutint tous leurs projets, et notamment celui qui avait pour objet la liberté individuelle; il fit preuve d'adresse, en cherchant à persuader qu'une loi qui la suspendait avait pour but de l'établir. Au mois d'avril de la même année, il fut nommé conseiller-d'état en service extraordinaire et sous-secrétaire-d'état au département de la justice. Le 12 décembre, la question sur la liberté de la presse s'étant renouvelée, il vota pour l'adoption du projet. La chambre le nomma, en janvier 1818, par la voie du scrutin, vice-président, en remplacement de M. Faget-de-Baure. Dans la session suivante, il fut porté à la présidence par le choix du roi, sur la présentation de la chambre. Le 6 décembre, il avait proposé, comme député, de mettre aux voix la non admission de M. Grégoire, ancien évêque de Blois, avant de voter sur la validité de son élection; on ne vit dans cette marche qu'un stratagème pour arriver au but qu'on se proposait, et malgré la réclamation et les murmures de la gauche et du centre, l'ordre des questions indiqué est maintenu, et M. Grégoire déclaré INDIGNE. Il était président le 8, et lorsqu'on proposa de rétablir les journalistes à la place qu'ils occupaient à la chambre avant d'en être privés, ou d'en éloigner comme eux le rédacteur du *Moniteur*, M. Ravez, ayant mis aux voix à plusieurs reprises des propositions différentes de celles qui avaient été énoncées, se vit en butte aux récriminations du côté gauche, qui l'accusa de partialité : « Vous n'êtes pas un président, lui dit M. Alexandre Lameth, » vous êtes un membre du côté » droit. » Une ordonnance royale, du 6 décembre 1819, le nomma pour la seconde fois président de la chambre. C'est dans cette session qu'eut lieu la mémorable affaire de M. Manuel (*voy.* MANUEL). On sait que cet honorable député fut interrompu au milieu d'une phrase à laquelle on prêtait un sens qu'il a désavoué, et qu'à la suite de discussions très-animées, il fut suspendu de ses fonctions pour la session présente. Quelles que soient, au surplus, les nuances d'opinions établies dans la chambre à l'égard de M. Ravez, on s'accorde généralement à reconnaître que peu de personnes possèdent au même degré le talent d'improviser; attentif aux plus petits détails des discussions même les plus tumultueuses, il les résume avec beaucoup d'art, s'en rend maître ensuite, et les ramène au point le plus propre à faire triompher son opinion, qui est toujours celle du gouvernement. Les sessions qui se sont écoulées jusqu'en 1823, époque de la dissolution totale de la chambre, n'offrent rien où M. Ravez se soit montré d'une manière remarquable. Réélu en 1824 par son département à la chambre des députés, il en fut, selon l'usage, nommé président. Cette fois les fonctions durent lui en paraître bien faciles; grâce aux manœuvres électorales, l'opposition, représentée par quelques membres, était presque inaperçue; aussi la loi sur les rentes, celles sur le budget et la septennalité, ont-elles été adoptées comme par acclamation; M. Ravez, nommé en 1819 procureur-général près la cour des pairs dans l'affaire de la conspiration contre la dynastie royale, pour laquelle plusieurs officiers avaient été arrêtés, vient d'être porté, par une ordonnance de Charles X, en date du 6 octobre 1824, à la place de premier président de la cour royale de Bordeaux.

RAVIER (LE BARON), maréchal-de-camp, embrassa le parti des armes au commencement de la révolution, et s'éleva, par une suite de belles actions, aux premiers grades de l'armée. Il était colonel du 18ᵉ régiment d'infanterie de ligne, lorsqu'il fut nommé commandant de la légion-d'honneur, en janvier 1806, à la suite de la bataille d'Austerlitz, où il s'était particulièrement distingué; il mérita depuis cette époque de nouvelles faveurs. En 1808, il reçut le titre de baron, et le grade de général de brigade. Il a cessé, depuis 1817, de figurer parmi les maréchaux-de-camp en disponibilité.

RAVIGNAT (ANTOINE), adjudant-major au 3ᵉ régiment de hussards, né à Baccarat, département de la Meurthe. Il prit le parti des armes dès qu'il vit la France menacée d'une invasion étrangère, et se signala dans une foule d'occasions. Une mort prématurée l'arrêta au commencement de sa carrière; pendant onze campagnes, il avait échappé au sort des batailles les plus meurtrières, lorsque, cédant à la voix de l'humanité, il fut victime du plus généreux dévouement. Dans l'été de 1803, apercevant dans la Seine un de ses camarades près de se noyer, en voulant sauver un jeune domestique qui avait disparu sous les eaux, il s'y précipite aussitôt, et délivre d'abord le premier; replongeant à l'instant même dans la rivière, il cherche le domestique, qu'il saisit trois fois, et qui trois fois lui échappe; à la quatrième fois, il était parvenu à l'amener près du bord, mais épuisé de fatigue, il disparut avec celui qui allait lui devoir la vie.

RAVRIO (ANTOINE-ANDRÉ), célèbre ciseleur en bronze, et littérateur agréable, naquit à Paris le 23 octobre 1759. Son père, honnête homme et homme de talent, était fort estimé dans son état. Sa mère appartenait à la famille RIESNER, avantageusement connue dans les arts. Ravrio avait appris à mouler chez son père; il avait dessiné et modelé à l'académie, et ciselé sous les plus habiles maîtres. Il porta l'art du fabricant de bronzes dorés à un haut point de perfection, et l'on admire à la fois, dans ses ouvrages, la pureté du dessin, un style noble et simple, des compositions ingénieuses, des imitations parfaites de l'antique, et une sûreté de goût à toute épreuve. Les connaissances variées de Ravrio, et ses éminentes qualités, le favorisèrent beaucoup dans ses relations commerciales et dans sa vie privée. Il fut traité, en toutes circonstances, avec une grande distinction. Son excellent cœur, son obligeance, et la gaîté de son caractère, faisaient rechercher sa société, et il a joui de l'estime et de l'amitié de tous ceux qui l'ont connu. Livré tout entier à son état, il n'a cultivé les lettres que fort tard et dans ses momens de loisirs. On lui doit cependant plusieurs vaudevilles qui ont eu un assez grand nombre de représentations, et où l'on trouve des détails piquans et des scènes fort agréables. Il a aussi publié pour ses amis, qui les avaient inspirées, 2 volumes de poésies légères, où l'on remarque plusieurs chansons qui sortent du genre des à-propos de société, et qui offrent de la grâce et du naturel, de l'esprit et de la gaîté; on ne s'étonnera pas, d'après ces détails, qu'il ait figuré dignement dans la société académique des Enfans d'Apollon, et dans celle des Arts et de l'Amitié. Mais Ravrio n'avait de véritable passion que pour l'état qu'il exerçait avec tant de succès; c'est à lui seul qu'il sacrifiait toutes ses pensées et ses momens les plus précieux; c'est du sort de ceux qui s'y dévouaient qu'il s'occupait encore à son heure dernière. Cet excellent citoyen, ayant remarqué que l'emploi du mercure, pour la dorure des métaux, devenait toujours fatal aux malheureux ouvriers obligés de s'en servir, avait long-temps cherché le moyen de parer à ce funeste inconvénient; n'ayant pu y parvenir, il fonda, par son testament, un prix de 3,000 francs, destiné à récompenser celui qui aurait trouvé un *procédé pour dorer sans danger de mercure*. M. Ravrio a été enlevé à sa famille, à ses amis et aux arts, le 4 décembre 1814, à la suite d'une longue et douloureuse maladie de foie, étant à peine âgé de 55 ans. Il avait acquis par ses talens une fortune honnête et indépendante; il aimait les artistes, et, artiste lui-même, il les aidait de ses conseils, et les encourageait par tous les moyens qui étaient en son pouvoir. N'ayant pas eu le bonheur d'élever d'enfans, et voulant perpétuer son souvenir dans l'état qu'il avait exercé avec tant de talent, il a légué, en mourant, cet état, son nom et sa fortune, à M. Lenoir-Ravrio, dont il avait été constamment le bienfaiteur et l'ami. Il avait demandé qu'une simple pierre couvrît sa tombe ; mais la reconnaissance lui a élevé un monument plus digne de lui, dans l'enceinte du cimetière de l'Est, où il a été inhumé. Tous les journaux, et notamment le *Journal de Paris* et l'*Épicurien français*, se sont empressés de répandre des fleurs sur la tombe de M. Ravrio. Il n'a manqué au bonheur de cet artiste philanthrope, que de voir l'heureux résultat du prix dont son humanité avait fait les fonds. Voici un extrait du mémoire sur l'art de dorer le bronze, par M. d'Arcet, membre de l'académie des sciences. « Le prix pour lequel feu M. Ravrio, fabricant de bronze distingué, a légué une somme considérable, et que l'académie royale des sciences a mis au concours pour la seconde fois cette année, doit avoir sur l'hygiène des professions insalubres, et sur le perfectionnement de nos arts et métiers, une influence bien heureuse.... Le bel exemple donné par M. Ravrio, ouvrira sans doute une carrière nouvelle..... Je m'estimerai heureux si, dans une occasion aussi solennelle, je parviens à joindre mon nom à celui de M. Ravrio, et si l'opinion favorable de l'académie, et l'estime publique qu'il a si long-temps méritée, peuvent aussi servir de récompense au travail que j'entreprends. » Le comte Chaptal, un des auteurs du rapport fait à l'académie des sciences, sur le prix fondé par feu Ravrio, en parle en ces termes. « L'académie royale des sciences a décerné un prix de 3,000 francs à l'auteur de cette importante découverte (M. d'Arcet). M. Ravrio, célèbre fabricant de bronzes dorés, et long-temps témoin des malheurs attachés à sa profession, avait fourni les fonds de ce prix. » M. É. Jouy, de l'académie-française, dans un rapport sur l'état actuel de l'industrie française, s'exprime ainsi : « Dans le noble concours ouvert en France aux arts industriels, le bronze est l'un des produits de notre industrie qui ont jeté le plus d'éclat. Je ne perdrai pas cette occasion de rendre un nouvel hommage à la mémoire d'un homme, non moins recommandable par les qualités de son cœur et de son esprit, que par les services importans qu'il a rendus à l'une des principales branches de l'industrie nationale; je veux parler de M. Ravrio.... Doué d'un goût exquis, dessinateur habile, et nourri des études de l'antique, M. Ravrio a contribué, plus qu'aucun autre, à amener les bronzes à ce degré de supériorité qui rend aujourd'hui toutes les nations civilisées du monde tributaires de la France, pour cette branche d'industrie commerciale. Ce ne fut pas assez pour cet excellent homme d'avoir tout sacrifié au perfectionnement de son art, il voulut garantir ceux qui l'exercent des dangers auxquels il les expose. Tel est le but philantropique du prix qu'a fondé M. Ravrio, et dont les heureux résultats, obtenus pour les doreurs, s'étendront bientôt, grâce à la persévérance du savant d'Arcet, à beaucoup d'autres professions également pernicieuses à la santé de l'ouvrier, par l'imperfection des procédés qu'on y emploie. » Les heureux effets de l'appareil qui a mérité à M. d'Arcet le prix fondé par feu Ravrio sont chaque jour de plus en plus appréciés, et ont déjà déterminé la plupart des doreurs sur métaux à l'adopter. Ainsi une foule d'ouvriers leur devront l'existence, et leur nom passera à la postérité avec celui des amis de l'humanité ; c'est dans cette vue que nous avons réuni les brillans témoignages qui attestent les ingénieux procédés de l'un, et l'inépuisable bienfaisance de l'autre.

RAYMOND (JOACHIM-MARIE), général au service de Tippoo-Saëb, est issu d'une famille honorable du département du Tarn; il fit ses études au collége royal de Toulouse, et se disposa ensuite à passer aux Indes. Il se rendit directement à Lorient, où il toucha une somme d'environ 8,000 francs, que son père fit mettre à sa disposition, partie pour subvenir aux frais de son voyage, et partie pour l'employer en pacotille. Il s'embarqua au port Louis, sur le vaisseau marchand *le Bon Père de famille*, avec M. Bebian, de Toulouse, son ami, qui avait des parens à Pondichéry. Il arriva, en 1775, dans cette ville, où il était recommandé, et où il resta quelque temps; il était alors âgé d'environ 21 ans. La compagnie anglaise voulut l'attacher à son service, et profiter des talens qu'elle aperçut en lui; mais fidèle à sa patrie, il se consacra à elle seule, et fut joindre à Mizoure le camp commandé par M. de Lalée (et non Lalli, comme on l'a dit par erreur dans quelques relations), qui, sous la protection des princes indiens, faisait contre les Anglais une diversion puissante en faveur de la France. Il en obtint une compagnie de cavalerie, et servit sous ses ordres. Passant ensuite au service d'Hidder-Aly, il se distingua, dans plusieurs occasions, par sa belle conduite; obtint rapidement le grade de colonel des chasseurs de l'Inde, de commandant du parti suisse, et parvint aux premiers emplois de l'armée. Telle était la situation de M. Raymond, lorsque Hidder-Aly laissa, en mourant, sa souveraineté à Tippoo-Saëb, son fils. Il fut investi de toute la confiance du nouveau souverain, et servit sous ses ordres comme général commandant ses troupes nationales, et des corps français auxiliaires, jusqu'en 1790, époque où il fut un instant persécuté par ce prince. M. Raymond alors abandonna son service, passa à celui du nizam Soubaa du decam, et en obtint le commandement de toutes ses forces; ce fut par ce motif qu'il eut à soutenir la guerre que Tippoo-Saëb, son ancien chef, déclara au nizam, guerre dans laquelle M. Raymond se distingua personnellement. De nouveau convaincu que les princes indiens étaient naturellement soupçonneux et méfians, il conçut le projet, aussi vaste que hardi, de rendre son sort et celui de la France dans l'Inde indépendans de leur alliance. Il leva, sous la protection du nizam qu'il servait, une armée sous le nom de corps français. Ce corps fut porté, en peu de temps, à 5 ou 6 mille hommes : telles étaient ses forces lorsqu'il fut chargé de ramener à son devoir le prince Aly Zah, qui avait déclaré la guerre au nizam, son père. Il s'en acquitta avec beaucoup de zèle et de succès, et augmenta ainsi la haute considération dont il jouissait. A sa mort (disent les Anglais) son armée était de 15,000 hommes; plusieurs officiers français, qui ont servi sous ses ordres, assurent qu'elle était de 22,000 hommes effectifs, et qu'elle avait été portée à 28,000. Ce corps fut formé, armé et équipé par les soins et aux frais de M. Raymond, qui dès-lors joignit au titre de chevalier, qu'il portait, celui de général en chef, et propriétaire du corps français dans l'Inde. Il avait 600 chevaux, 600 jeunes bœufs, des éléphans et des chameaux. Le nizam lui avait assigné des revenus considérables pour la paye de son armée; elle était munie d'un train complet d'artillerie de campagne; les canons, les armes, et tous les équipages militaires lui appartenaient. Jamais le général Raymond n'admit dans son corps d'artillerie que des officiers et soldats français; ce corps, dans plusieurs circonstances, contribua à le rendre redoutable aux ennemis qu'il avait à combattre. Dans la situation où se trouvait M. Raymond, il s'était entouré d'un conseil composé d'officiers français les plus distingués. Il avait des envoyés accrédités auprès des souverains de l'Inde; enfin il marchait à grands pas vers l'exécution de ses projets, quand tout-à-coup, en 1799, il mourut dans son pavillon français, à la tête de son camp, près Hydrabad. Il était âgé de 46 ans. Sa mort ne parut pas naturelle, et l'on a lieu de croire que la politique d'une puissance rivale n'y fut pas étrangère. Le général Raymond, au milieu de sa brillante carrière militaire, avait pressenti cette catastrophe; il crut en avoir détruit l'effet en choisissant M. Perron, l'un de ses lieutenans, officier qui s'était distingué sous ses ordres, et Français de naissance, pour lui succéder. Par son testament, il lui légua son corps d'armée, ses effets de campement, l'équipage de guerre, en un mot, tout son matériel, ne lui imposa d'autres obligations que d'être toujours fidèle à sa patrie, et de faire tenir à sa famille une légère portion des richesses immenses qu'il lui transmettait; il lui ordonnait de faire compter dans l'année de son décès une somme de 50,000 francs (argent de France), avec intérêts, à M. Raymond, son père, ou à ses héritiers, pour l'indemniser des dépenses qu'il avait faites pour lui dans sa jeunesse; il légua également une somme considérable en faveur des officiers et soldats de son armée, qu'il voulut récompenser de leurs services, et donna beaucoup à ses domestiques, dont le nombre s'élevait à près de 300. Deux ans avant sa mort, il maria à un banquier écossais sa fille naturelle, qu'il avait fait élever par des dames françaises, sous le nom de Louise Raymond; il la dota de 1,500,000 francs argent de France, et d'une valeur égale en pierres fines, diamans ou mobilier. Tant qu'il vécut, le général Raymond sut se concilier l'estime des princes indiens; adoré de ses soldats, il fit chérir et respecter le nom français; jamais le parti anglais ne put le séduire ni dissoudre l'armée qu'il a commandée en personne pendant près de 10 ans. Partout il balançait la puissance britannique, soit par la force de ses armes, soit en détachant de ses intérêts les souverains de l'Inde; et la France, sous l'état monarchique comme sous le gouvernement républicain, trouva toujours dans ce général le zèle le plus ardent pour son service. M. Raymond crut que celui de ses compagnons d'armes, à qui il avait légué son armée, partageait ses nobles sentimens; il lui remit la fortune de la France et celle de sa famille. M. Perron, devenu commandant en chef d'une armée qui, dans le fait, ne lui était que confiée, traita, dit-on, sans avoir combattu avec les Anglais, quelques mois après la mort du général Raymond. Le résultat de cette convention fut le départ des soldats pour la Jamaïque, et celui pour l'Angleterre des officiers et sous-officiers comme prisonniers de guerre. M. Talhiade, officier français qui commandait un des corps de l'armée du général Raymond, et l'un de ses exécuteurs testamentaires, subit le sort de ses compagnons d'infortune, et fut transféré comme eux au château de Chatam, près de Londres; il avait réchappé des débris de la fortune du général la somme de 50,000 francs, qui était léguée à M. Raymond père ou à ses héritiers, et l'avait déposée chez un banquier à Madras. Par ses soins, cette somme parvint très-promptement chez M. Perregaux, banquier à Paris, pour être remise à sa destination. Le général Raymond a servi, pendant 25 ans sans interruption, sous les ordres de M. de Lallée, de Hidder-Aly, de Tippoo, sultan, son fils, ou du nizam Soubaa du decam; c'est le seul officier de ce nom qui ait été employé à la solde de ces souverains, et qui ait joui de toute leur confiance. Il la mérita par ses longs services, ses talens et son dévouement. Son neveu, fils d'Alexandre Raymond de Rethel, manifesta du goût pour la profession des armes; il était, en 1813, élève du gouvernement au prytanée de La Flèche, division de l'artillerie.

RAYMOND (LE CHEVALIER DE), colonel de la légion de Luxembourg, au service de la Hollande, commandait à Colombo, dans l'île de Ceylan, lorsque les Anglais en firent le siége en 1802 : il y fut tué.

RAYNAL (L'ABBÉ GUILLAUME-THOMAS-FRANÇOIS), l'un des écrivains philosophes les plus célèbres du 18ᵉ siècle, naquit à Saint-Geniez, département de l'Aveyron, en 1713, et fut élevé chez les jésuites. Il quitta cette compagnie vers 1748, et comptait déjà sa 35ᵉ année lorsqu'il parut dans le monde; il était prêtre, et avait été théologien et missionnaire. Lorsque Raynal fixa son séjour à

Raynal.

Paris, l'influence de la littérature philosophique commençait à s'étendre et à épurer les opinions, en attendant l'amélioration des mœurs. Doué d'une brillante imagination, d'un esprit attentif, d'une âme généreuse, Raynal préféra les drapeaux de la philosophie à ceux du fanatisme, enfin la vérité à l'erreur. Le choix de Raynal n'excita ni censure ni éloge; on trouva cette métamorphose toute naturelle; il semblait qu'on fût revenu à l'époque où la philosophie était aussi le sacerdoce. Peu favorisé des dons de la fortune, Raynal chercha dans la culture des lettres d'honorables moyens d'existence, et, ce qui est rare à toutes les époques, il eut le bonheur de les trouver. Quelques-uns de ses premiers ouvrages, les *Anecdotes littéraires* et les *Mémoires de Ninon de Lenclos*, fournirent à ses besoins, mais firent peu pour sa renommée. Ce sont des compilations qui n'ont laissé qu'un faible souvenir. Il n'en fut pas ainsi de l'*Histoire du Stathoudérat*. Cet ouvrage attira l'attention des connaisseurs; ils crurent y voir la promesse d'un talent distingué. Ce fut là tout le succès de cette production, dans laquelle l'auteur essaya ses forces. Il était facile d'y remarquer le germe des beautés qu'on admire dans l'*Histoire philosophique*, même celui des défauts qu'une critique sévère peut y découvrir, et qu'une critique juste doit pardonner; car les beautés sont d'un ordre supérieur, et les défauts disparaissent dans cette vaste composition, où l'éloquence du langage ennoblit toujours la pensée. L'*Histoire du Stathoudérat*
n'est qu'un précis des révolutions qui ont agité la Hollande, depuis que le patriotisme de ses habitans brisa les fers de l'oppression. La république batave avait triomphé de l'orgueil espagnol, comme son industrie avait dompté les flots d'une mer orageuse. Malheureusement une lutte s'établit au milieu d'eux entre le pouvoir et la liberté; les princes d'Orange, fondateurs de la république, tendirent constamment à la dominer et à rendre cette domination héréditaire: d'illustres citoyens se dévouèrent pour la cause publique; plusieurs d'entre eux périrent glorieusement victimes de l'ambition irritée et de la fureur aveugle d'un peuple égaré. La maison d'Orange eut le malheur de réussir dans sa funeste entreprise; cette famille produisit de grands capitaines; on y trouverait difficilement un grand homme. En retraçant l'histoire des Provinces-Unies, Raynal se rangea du parti de la liberté; l'un des premiers, il combattit le préjugé qui attachait une sorte de dégradation au caractère et à la profession de commerçant. Les réflexions de Raynal sur le commerce et sur la tolérance paraissent raisonnables et modérées; mais à l'époque où il écrivait, il fallait du courage pour les énoncer: les idées de tolérance étaient alors considérées comme des erreurs subversives de l'ordre social. Les factions religieuses qui se déchiraient avec tant de fureur, ne suspendaient leurs attaques que pour s'opposer de concert au progrès irrésistible des lumières. La raison était repoussée de toutes parts; les amis de la tolérance étaient dénoncés

comme de mauvais citoyens. Vers le même temps, Raynal traita l'*Histoire du parlement d'Angleterre* avec aussi peu de critique et de soin que celle du Stathoudérat. L'auteur n'avait ni les connaissances nécessaires ni le genre de talent qu'exige un pareil sujet. Ses jugemens sur les révolutions d'Angleterre sont ou superficiels ou faux. Cet ouvrage parut à l'époque où l'ascendant de l'Angleterre humiliait le gouvernement français, dépourvu d'énergie et de dignité. Si Raynal considéra la publication de son livre comme un acte de patriotisme, il se trompa : les Anglais étaient ce qu'ils devaient être, les Français ne l'étaient pas encore. Cependant on y remarque ces réflexions vraies alors comme elles le sont encore aujourd'hui. « Les princes sages qui ont voulu rendre leurs peuples capables de grandes choses, ont toujours commencé par élever leur courage en affermissant leur liberté : des nations esclaves sont toujours lâches et ennemies des monarques qui les gouvernent. Henri V, qui avait formé de grands projets, crut avec raison que leur exécution dépendait de l'harmonie qu'il établirait entre les différens pouvoirs de la monarchie. Il fut assez habile et assez heureux pour bannir de ses états la défiance cruelle qui avait toujours régné entre ses prédécesseurs et le parlement. Comme il n'empiétait pas sur les droits de ses sujets, ils ne cherchèrent point à attenter à ses prérogatives. » Raynal, doué d'un esprit agréable et d'une belle figure, ne pouvait manquer de réussir dans le monde. Dès qu'il fut remarqué, il trouva des amis. Ses liaisons avec les plus célèbres personnages du dernier siècle, datent de l'époque où il fut chargé de la rédaction du *Mercure de France*. Ce recueil, qui jusqu'alors n'avait mérité qu'une médiocre estime, commençait à prendre de l'importance : il devait bientôt offrir un intérêt réel sous la direction de Marmontel et de La Harpe. Nous voyons Raynal lié avec tous les philosophes, ses contemporains. Rousseau lui rend, dans ses *Confessions*, le témoignage suivant : « Je lui étais toujours resté attaché depuis un procédé plein de délicatesse et d'honnêteté qu'il eut pour moi, et que je n'oubliai jamais. Cet abbé Raynal, ajoute l'auteur des *Confessions*, était certainement un ami chaud. » Ce fut à peu près vers ce temps qu'il conçut le projet d'écrire l'*Histoire philosophique et politique des établissemens et du commerce dans les deux Indes*. Ce grand ouvrage est aussi le grand événement de la vie de Raynal. Depuis les premières expéditions des Portugais dans l'Inde, et la découverte du Nouveau-Monde, le commerce avait acquis en Europe une grande importance politique. Les brillantes destinées de Venise, de Florence, de Gênes, avaient averti les gouvernemens de l'utilité des relations commerciales. Une famille de marchands, enrichis et parvenus, la famille des Médicis, avait donné un souverain pontife à l'Église et des reines à la France ; cependant le préjugé qui plaçait la profession de commerçant au nombre des professions ignobles, résistait encore parmi nous aux leçons de l'expérience et aux progrès de la raison. Tel gentilhomme de campagne, dont l'oisive existence était un fardeau pour la société, tel anobli de fraîche date, dont les parchemins étaient le produit de l'usure ou de la servitude personnelle, regardait comme un déshonneur l'alliance d'une famille devenue opulente par la probité et l'industrie. Il fallut, pour ébranler ce ridicule préjugé, que le commerce eût élevé la Hollande au rang des puissances prépondérantes, qu'il eût rendu l'Angleterre arbitre de l'Europe et souveraine des mers ; il fallut encore que la philosophie joignît ses conseils à ceux de l'intérêt, et que des écrivains populaires se servissent des armes de l'éloquence pour faire triompher une vérité utile. Tel fut le but que Raynal se proposa en écrivant son *Histoire philosophique;* il faut avouer qu'il a contribué plus qu'aucun autre à rectifier les idées sur ce point, et que le commerce, considéré dans les rapports de la société, doit à ses travaux une juste reconnaissance. En considérant l'Histoire philosophique et politique du commerce des Deux-Indes, on est d'abord frappé de l'étendue et de la hardiesse du plan, et des grandes difficultés de l'exécution. Que de travaux préparatoires, que de recherches étaient nécessaires ! que de matériaux l'auteur devait rassembler et mettre en ordre avant de se livrer à la composition ! Méditer tout ce que les anciens ont écrit sur le commerce ; suivre sa marche et ses révolutions dans les diverses parties du monde ; marquer leur naissance, leurs progrès et leurs résultats, sur les destinées du peuple; interroger les navigateurs qui, en promenant sur les deux mers leur pavillon, tantôt paisible, tantôt menaçant, ont ouvert de nouvelles routes à l'industrie; rendre compte des productions utiles de tant de climats divers ; décrire les habitudes, les mœurs, les arts, de leurs habitans; rapprocher tous ces objets, les éclairer les uns par les autres; montrer dans l'accroissement du commerce une ère nouvelle de civilisation et de prospérité, telle était la tâche, faiblement exprimée, que Raynal avait à remplir. Comment exiger une perfection absolue dans toutes les parties de cet immense ouvrage ? Observons encore la nouveauté d'une telle entreprise ; aucun livre du même genre ne pouvait servir de modèle : c'était une véritable création. Si les critiques qui ont traité Raynal avec tant de sévérité, et lui ont reproché quelques erreurs peu importantes, quelques détails superflus, comme des vices essentiels, avaient consulté la justice et non leurs passions personnelles, ils auraient avoué que peu d'ouvrages méritent autant d'estime que l'Histoire philosophique ; en relevant les défauts, ils auraient fait ressortir les beautés, ils auraient surtout rendu hommage aux intentions de l'auteur, qui n'avait en vue que les intérêts des peuples. Dès que cet ouvrage parut, son succès ne fut pas douteux; il portait l'empreinte d'un siècle éclairé : il fut applaudi par les philosophes, condamné par la Sorbonne, et brûlé par arrêt du parlement. Pour éviter d'être *appréhendé* au corps, Raynal partit pour les eaux de Spa, où se réunissait la meilleure compagnie de l'Europe. Il y trouva des admirateurs, et, ce qui vaut encore mieux, des amis. La guerre américaine occupait alors tous les esprits. Le neveu de Raynal, embarqué sur un vaisseau français, fut pris et conduit à Londres. Le ministre, apprenant quel était l'oncle du prisonnier, lui rendit la liberté, et annonça cette nouvelle à Raynal, dans les termes suivans : « C'est le moins que nous puis- » sions faire pour le neveu d'un » homme dont les écrits sont utiles » à toutes les nations commerçan- » tes. » Il ajouta « que son souve- » rain, Georges III, approuvait sa » conduite et ses sentimens. » Raynal, poursuivi par le parlement de Paris, voyagea. Il visita FRÉDÉRIC, qui marchait avec son siècle, et qui, souvent même, le devançait. Raynal a déclaré que ses entretiens avec ce grand roi avaient été pour lui une source de lumières et d'instruction. « A la » manière, disait ce prince, dont » Raynal me parle de la puissance, » des ressources et des richesses » de tous les peuples, je crois » m'entretenir avec la Providen- » ce. » Toutes les actions, toutes les pensées de Raynal, avaient pour but le perfectionnement de son grand ouvrage. Il consultait les hommes instruits, de quelque nation que ce fût. Les archives de la compagnie des Indes lui furent communiquées en Angleterre; les hommes les plus éclairés de l'Europe s'empressèrent de lui fournir des documens, de lui adresser des observations. L'édition de Genève fut le résultat de ces nouvelles recherches et des nouvelles méditations de l'auteur. Elle eut un brillant succès. Raynal seul n'en fut pas satisfait, et il s'occupa de l'améliorer. Voici une anecdote qui mérite d'être rapportée. Cette édition avait paru lorsque M. le comte de Lally-Tolendal publia les *Mémoires* de son père. Raynal regretta vivement de ne les avoir pas connus. Un jour, le hasard lui fit rencontrer l'auteur de ces beaux mémoires; il s'empressa de lui témoigner ses regrets, avec la franchise d'un honnête homme indigné d'avoir servi d'organe involontaire à la calomnie : ce fut dans l'été de 1792 que cette rencontre eut lieu. Un jour que M. le comte de Lally-Tolendal avait dîné en famille chez son ami feu M. Malouet, demeurant alors rue d'Enfer, ce dernier, comme on sortait de table, reçut la visite de Raynal et de plusieurs autres personnes. M. Malouet proposa à toute la compagnie de faire une promenade dans le jardin du Luxembourg, sur lequel son jardin particulier avait une ouverture : la proposition fut acceptée. M. de Lally étant resté en arrière, et sortant le dernier du petit jardin pour entrer dans le grand, M. Malouet, qui avait gagné les devants avec l'abbé Raynal, se retourna, et dit à haute voix au comte de Lally : « M. de Lally, avez-vous fermé la » porte et pris la clef ? — M. de » Lally ! s'écria Raynal avec trans- » port, M. de Lally ! » Puis s'élançant vers le comte : « Ah ! mon- » sieur, poursuivit-il, combien de » fois j'ai désiré de vous rencon- » trer; combien de fois j'ai formé » le projet d'aller vous trouver

» sans jamais oser l'exécuter! Vous » m'avez traité sévèrement dans » vos écrits, je le méritais; je vous » ai blessé au cœur. J'écrivais dans » le camp de vos ennemis ; je ne » vous avais pas lu. Quelle réparation vous faut-il ? » M. de Lally, touché de la franchise et des regrets de l'abbé Raynal, lui répondit : « Qu'il serait plus que satis» fait s'il avait la générosité de les » publier un jour. » L'abbé reprit avec la même vivacité : « C'est » trop peu que des regrets, mon» sieur; une amende honorable, je » le répète; je la dois au père et au » fils. Elle ne me coûtera pas en» vers le héros de la nature, deve» nu le héros de la patrie. » M. de Lally, prenant alors les mains de l'abbé Raynal, lui dit d'une voix émue : « Monsieur, je ne sens plus » dans ce moment que la recon» naissance due à l'homme de gé» nie qui, le premier après Vol» taire, a foudroyé l'arrêt meur» trier de mon père. Promettez-moi » de rendre publiquement à son » caractère la même justice que » vous avez rendue à son innocen» ce, et je vous jure de tout mon » cœur autant d'amitié que vous » m'avez inspiré malgré moi d'ad» miration. » Raynal promit solennellement ce qu'on lui demandait. M. Malouet, les yeux pleins de larmes, prit la main du comte et celle de l'abbé, et les joignit dans les siennes, en disant : « Je » réponds de tous deux à tous » deux. Vous vous embrasserez » chez moi ; maintenant prome» nons-nous, car on commence à » nous regarder beaucoup. » Cette anecdote est consignée dans une lettre écrite par M. le comte de Lally-Tolendal au feu comte Portalis. Les agitations révolutionnaires qui surprirent la vieillesse de Raynal ne lui ont pas permis de dégager cette promesse ; on a trouvé dans ses papiers des notes à ce sujet. Comme écrivain, la manière de Raynal est remarquable; il aime à procéder par l'énumération, et affecte souvent les formes dramatiques. Il y a de la clarté, de la noblesse, et une élévation soutenue dans son style comme dans sa pensée. Il est peut-être trop prodigue de mouvemens et d'oppositions ; mais l'intérêt n'est jamais absent, le lecteur est entraîné, et les plus généreux sentimens se réveillent au fond de son cœur. En examinant le plan de son ouvrage et le but qu'il s'est proposé, on aperçoit facilement la cause de ces mouvemens d'une éloquence quelquefois passionnée. Forcé de parcourir les différentes contrées de la terre, de fixer un regard attentif sur les divers gouvernemens, sur l'état des nations, il devait éprouver des émotions de plus d'un genre, et ces émotions se reproduisaient naturellement dans ses récits... Le plus grand service que Raynal ait rendu aux peuples, c'est d'avoir pris une initiative courageuse dans la question de la traite des noirs; d'avoir fait retentir jusque dans le palais des rois les gémissemens de l'infortune, les malédictions de l'Afrique. Les gouvernemens ont à la fin compris que les infractions aux lois de l'humanité ne constituaient pas un droit, et que l'esclavage des Africains était contraire à la morale comme à la politique. La traite est abolie ; mais à qui devons-nous cet acte de justice? Raynal n'est-il pas le premier qui, au nom de tout ce qui est sacré parmi les hommes, ait invité les souverains à se réunir, à se concerter, pour détruire ce commerce sanguinaire et immoral? Et lorsqu'on pense à toutes les haines, à toutes les passions, à tous les intérêts que la voix du philosophe devait soulever, peut-on ne pas reconnaître en lui l'un des plus généreux interprètes de la vérité? Ceux qui considèrent l'ouvrage de Raynal sous des rapports purement littéraires n'en donneront jamais une idée juste. Si l'on refuse d'admettre cet écrivain au nombre des auteurs classiques, on ne peut lui refuser une place parmi les hommes de génie et les défenseurs de l'humanité. Raynal avait sollicité et obtenu la fin de son exil; mais à peine son séjour fut-il fixé dans le midi de la France, que la révolution éclata. Il adressa à l'assemblée constituante une lettre, où il lui parlait des dangers de l'exagération. C'était la voix d'un sage qui s'élevait au milieu du choc des intérêts divers: elle ne fut point entendue. Bienfaisant par caractère, il avait épuisé la plus grande partie de sa fortune en dotations à diverses académies, pour l'avancement des lumières, et en actes d'une charité éclairée. Les bénédictions du pauvre consolaient sa vieillesse délaissée, et ranimaient un cœur brisé par les maux de son pays, plus que par ses propres infortunes. Accablé par l'âge et les infirmités, il chérissait la retraite, et ne voulait point en sortir, lorsque le ministre Benezech lui fit part de sa nomination à l'institut national, nouvellement organisé. « Je reçois » dans l'instant (2 nivôse an 4), répondit-il, une lettre du secrétariat, qui m'annonce ma nomination à l'institut national. Ceux » de ses membres qui ont bien voulu m'appeler à eux ignoraient » vraisemblablement que la campagne est depuis long-temps mon » séjour unique, que j'ai 83 ans, » et que des infirmités habituelles » me rendent incapable de toute » occupation suivie ; mon devoir » est d'informer la société de ces » particularités, afin que si cela lui » paraît convenable, elle puisse » me remplacer par un écrivain » plus en état que moi de la seconder dans ses importans et glorieux travaux. » Raynal survécut peu à cette lettre : il mourut le 6 mars 1796. Raynal a laissé différentes notes manuscrites, où il se plaint de quelques procédés de M. de Crèvecœur, auteur des *Lettres d'un cultivateur américain.* Il s'agissait de documens sur l'Amérique septentrionale, qui étaient passés de ses mains entre celles de M. de Crèvecœur, et que celui-ci est accusé d'avoir retenus. Des recherches ultérieures et le témoignage de plusieurs personnes respectables, nous ont prouvé que la plainte de Raynal était mal fondée. Les papiers appartenaient au gouvernement, auquel ils sont revenus, et nous regardons comme un devoir cet hommage à la vérité. Cette notice est extraite du *Précis historique sur la vie et les écrits de l'abbé Raynal*, par M. A. Jay.

RAYNAL (JEAN), naquit à Toulouse en 1723. Destiné, dès son

bas âge, à entrer dans la carrière de l'église, pour l'y affermir, on le fit étudier chez les jésuites ; mais les révérends pères ne purent le détacher de l'amour de la terre, et le jeune Raynal rentra dans le monde. Il fit son cours de droit, et devint l'un des avocats distingués du barreau de Toulouse; fut nommé capitoul en 1767, et en même temps subdélégué de l'intendant du Languedoc, charge équivalente à celle de sous-préfet. Il fut chargé de porter à Paris, en 1772, le cahier des états de la province. Devenu membre de l'académie des sciences, inscriptions et belles-lettres de Toulouse, il prouva qu'il aimait les lettres et les arts. Raynal, craignant plus tard les orages de la révolution, quitta sa ville natale, et se retira à Argilliers, département de l'Aude, où il mourut le 28 juillet 1807. Il est auteur d'une *Histoire de la ville de Toulouse*, avec une *Notice des hommes illustres*, une *Suite chronologique des évêques et archevêques de cette ville*, et une *Table générale des Capitouls depuis la réunion du comté de Toulouse jusqu'à présent*, 1 vol. in-4°. imprimée chez François Forest, Toulouse, 1759 : cet ouvrage, qui pouvait être intéressant, ne répondit pas aux éloges qu'il avait reçus avant de paraître. Il ne présenta qu'une sèche abréviation des *Annales de Toulouse*, par Germain Lafaille, dont très-souvent Raynal conservait même les phrases, se contentant de les resserrer dans un cadre plus étroit. L'annaliste termine son travail à l'an 1610, époque de la mort de Henri IV : Raynal n'eut garde d'aller au-delà. Il ne songea pas à traiter les cent cinquante ans qui pouvaient lui offrir un champ non encore cultivé. Ses notices des hommes illustres sont également copiées mot à mot du dictionnaire de Moréri : il a passé sous silence tout ce que ce dernier n'a pas dit, et oublié une foule de personnages célèbres qui figurent dans la biographie toulousienne, ouvrage aussi curieux que savant, entrepris tout nouvellement par MM. de Lamothe Langon, Laurent et du Mège. C'est là que l'on peut consulter avec fruit l'histoire complète de la capitale du Midi.

RAYNAL (FRANÇOIS), frère du précédent, né à Toulouse en 1726, religieux de la congrégation de Saint-Maur, ayant quitté la France en 1792, se retira à Valombreuse, monastère de son ordre, auprès de Florence. Là, il s'occupa à réunir les matériaux d'une nouvelle et excellente édition grecque des *Fables d'Ésope*; ils ont servi à celle que Furia a donnée à Florence en 1809. Cet helléniste, dans sa préface, accorde à dom Raynal les éloges qui lui sont dus. Celui-ci termina ses jours en 1810.

RAYNEVAL (GÉRARD DE), conseiller-d'état, directeur des chancelleries du ministère des affaires étrangères, suivit avec distinction la carrière où son père, ancien premier commis des affaires étrangères sous M. de Vergennes, l'avait précédé. Le gouvernement impérial fit choix de M. de Rayneval, et le chargea de plusieurs missions, notamment en Russie. A peine installé, en 1804, à Saint-Pétersbourg, où il remplissait la place de secrétaire de légation, il reçut, au mois de septembre, l'ordre de quitter cette ville pour revenir en France. Au mois de novembre 1807, il devint premier secrétaire d'ambassade, et repartit pour la Russie avec M. de Caulincourt. M. de Rayneval n'a quitté cette résidence qu'au moment de la déclaration de guerre en 1812. Après la restauration du gouvernement royal, en 1814, il fut nommé consul-général de France à Londres ; il était, en 1818, directeur des chancelleries du ministère des affaires étrangères. Il est aujourd'hui (1824) envoyé extraordinaire et ministre plénipotentiaire de France à la cour de Prusse.

RAYNOUARD (François-Juste-Marie), auteur tragique, chevalier des ordres de la légion-d'honneur, et de Saint-Michel, membre de l'institut et secrétaire-perpétuel de l'académie-française, est né à Brignoles, en Provence, le 18 septembre 1761. Après ses premières études, il se fit recevoir avocat au parlement d'Aix. Ses opinions libérales lui firent embrasser la cause de la révolution française, lorsque celle-ci n'était encore flétrie par aucun excès. Le vœu de ses concitoyens l'appela, en 1791, en qualité de suppléant à l'assemblée législative. Ces mêmes opinions, contraires à celles des ultra-révolutionnaires, le firent mettre en arrestation après les événemens du 31 mai 1793. Il échappa à la mort, et ne fut remis en liberté qu'après le 9 thermidor an 2. Retiré dans sa ville natale, il se livra tout à la fois à l'étude des belles-lettres et à la profession de défenseur officieux. Il apporta, en 1800, à Paris le fruit de ses veilles, et fit recevoir au Théâtre-Français deux tragédies, *Léonore de Bavière* et les *Templiers*. La classe de la littérature française de l'institut couronna, en 1804, son poëme intitulé : *Socrate dans le temple d'Aglaure*. En 1805, les *Templiers* furent joués. On connaît le succès qu'obtint cette pièce. M. Raynouard présenté comme candidat au corps-législatif par le département du Var, en 1806, y fut nommé par le sénat. En 1807, la seconde classe de l'institut lui ouvrit ses portes en remplacement du poète Lebrun. En 1810, l'institut, dans le rapport que le chef du gouvernement lui avait demandé au sujet des prix décennaux qu'il voulait distribuer, proposa la tragédie des *Templiers*, comme paraissant mériter le prix. En 1811, il fut appelé une seconde fois au corps-législatif. L'année précédente (1810), il avait fait jouer, sur le théâtre de Saint-Cloud, à l'époque du mariage de Marie-Louise, sa tragédie intitulée *les États de Blois* : elle déplut à la cour, et ne fut pas jouée à Paris. M. Raynouard, à la fin de 1813, devint, par le vœu de ses collègues au corps-législatif, membre de la commission chargée de faire un rapport sur la situation de la France (*voy.* Lainé). La manière inaccoutumée avec laquelle cette commission discuta les pièces qui lui furent soumises, enflamma de colère l'empereur Napoléon, qui, sans calculer les suites de ce qu'il allait entreprendre, cassa la chambre législative, et désigna comme des rebelles les membres de la commission dont M. Raynouard faisait partie. La force des choses amena la chute du gouvernement impérial. Le retour du roi rendit la parole à notre parlement muet; M. Raynouard se montra alors zélé défenseur des libertés publiques, dans un rapport qu'il fit, au nom d'une commission, sur la répression des délits de la presse. Rapporteur, il se montra entièrement opposé aux vues des ministres du roi, et il conclut à ce que le projet qu'ils avaient proposé fût rejeté. Lors de la première restauration, en 1814, il fit jouer *les États de Blois*; mais la faveur publique n'accueillit pas mieux cette production qu'elle ne l'avait été à la cour de Napoléon. Le sujet parut froidement traité; le plan était mal conçu, et quelques beaux détails ne purent prolonger le cours de ses représentations. Pendant les *cent jours*, en 1815, M. Raynouard fut nommé à la chambre des représentans par le collége électoral de Draguignan, et au conseil de l'université par Napoléon. Quand une ordonnance royale bannit de l'institut, en mars 1816, un certain nombre de membres, M. Raynouard fut conservé sur la liste de l'académie-française. Il devint, en 1817, secrétaire perpétuel de cette compagnie, après la mort de M. Suard. En 1816, le 26 octobre, il avait été nommé membre de l'académie des inscriptions. M. Raynouard, dans ses fonctions, semble quelquefois trop écouter des inspirations étrangères. Outre plusieurs ouvrages encore inédits, entre autres une tragédie de *Jeanne d'Arc*, et un poëme épique, intitulé : *les Machabées*, il a publié : 1° *Caton d'Utique*, tragédie tirée à un très-petit nombre d'exemplaires ; 2° *Socrate dans le temple d'Aglaure*, in-4°, 1804; 3° *les Templiers*, tragédie, réimprimée plusieurs fois, et à laquelle, en 1819, il fit d'heureux et d'importans changemens. 4° *Monumens historiques relatifs à la condamnation des chevaliers du Temple et à l'abolition de leur ordre*, in-8°, 1813; 5° *les États de Blois*, tragédie, in-8°, 1814; 6° *Recherches sur l'ancienneté de la langue romane*, in-8°; 7° *Élémens de la grammaire de la langue romane avant l'an 1000*, précédée de *Recherches sur l'origine et la formation de cette langue*, in-8°, 1816; 8° *Grammaire romane, ou Grammaire de la langue des Troubadours*, in-8°, 1816; 9° *Choix des poésies originales des Troubadours*, 3 vol. in-8°. Les recherches de M. Raynouard sur les troubadours et la langue qu'ils ont parlée, ont porté la lumière la plus complète sur cette époque importante de notre littérature. Il nous a rendu présens ces chantres des temps passés, dont on parlait beaucoup, mais qu'on connaissait peu. Il s'est montré habile philosophe et érudit plein de goût. Il travaille habituellement au Journal des Savans, et à plusieurs ouvrages scientifiques ou littéraires, qu'il compte publier successivement.

RAZOUT (LE COMTE LOUIS-NICOLAS), lieutenant-général, grand-officier de la légion-d'honneur, chevalier de Saint-Louis, etc., est né en 1773, dans la ci-devant province de Bourgogne. Destiné à la carrière du barreau, il fit son droit; mais, par suite de la coalition qui menaçait la France en 1792, il prit du service dans le régiment de la Sarre, et était, dit-on, lieutenant de la compagnie où Joubert était sous-lieutenant. Joubert, devenu général, prit M. Razout pour son aide-de-camp, et mourut dans ses bras, à la bataille de Novi (*voy.* JOUBERT). En 1801, colonel de la 104ᵐᵉ demi-brigade, M. Razout le devint ensuite du 94ᵐᵉ régiment, et fit avec distinction les campagnes de 1805 à 1807; il reçut le grade de général de brigade au commencement de cette dernière année, en récompense des talens et de la valeur dont il donna de nouvelles preuves à Eylau. Envoyé en Espagne en 1808, il eut le commandement d'une brigade du corps du maréchal Moncey. Il prit une part importante au siége de Sarragosse, et passa en Allemagne, où il rendit des services signalés. Général de division en 1811, il fut attaché à l'armée commandée par le maréchal Ney. Le général Razout mérita de nouveaux éloges à l'affaire de Volontina, à la bataille de la Moskowa, et dans la désastreuse retraite de Moskou. Il fut nommé, en 1813, comte de l'empire et grand-officier de la légion-d'honneur. Chargé de l'organisation et du commandement d'une division du corps du maréchal Gouvion Saint-Cyr, il se conduisit avec sa valeur accoutumée à la bataille de Dresde, et resta dans cette ville, où il se défendit avec vigueur. Il sortit de la place en vertu d'une capitulation, qui ne fut point observée. Les événemens politiques de 1814 le déterminèrent à envoyer sa soumission au gouvernement royal. A son arrivée en France, il reçut la croix de Saint-Louis. Pendant les cent jours, en 1815, Napoléon lui confia le commandement de la 2ᵉ division militaire à Bourges. Le général Razout a cessé, depuis plusieurs années, d'être porté sur les almanachs royaux.

RAZOUX (JEAN), médecin distingué de la faculté de Montpellier, correspondant de l'académie des sciences, des sociétés de médecine de Montpellier et de Paris, secrétaire perpétuel de l'académie de Nîmes, de la société médico-physique de Bâle, etc., naquit à Nîmes le 6 juin 1723. Il fit de bonnes études, fut reçu docteur en médecine, et s'occupa d'abord, concurremment avec sa profession, de recherches archéologiques. Il s'associa au marquis de Rochemore pour un ouvrage capital sur les antiquités de Nîmes. Ce grand ouvrage ne fut pas achevé, et on doit d'autant plus le regretter, qu'on avait conçu une idée extrêmement favorable du talent des auteurs dans le mémoire publié dans le recueil de l'académie royale de Nîmes, année 1756, sur les *Volces arécomiques*, etc. Razoux a composé seul deux autres mémoires, l'un sur les *Consécrations des animaux*, etc., et l'autre sur les *grands chemins des Romains*. Ces savans travaux sur cette intéressante partie de l'histoire nationale n'étaient qu'un délassement pour Razoux, qui dut bientôt se l'interdire par suite de la pratique de la médecine, où il avait acquis une grande réputation, et par suite d'une correspondance très-étendue avec les hommes les plus instruits dans son art. Il venait d'atteindre sa 75ᵉ année, lorsqu'il mourut à Nîmes en 1798, généralement regretté pour ses talens et pour ses qualités personnelles. Ses principaux ouvrages, comme médecin, sont : 1° *Lettres physiques et anatomiques sur l'organe du goût*, 1755; 2° *Lettres à M. Bellelête sur les inoculations faites à Nîmes*, 1764; 3° *Tables nosologiques et météorologiques*, etc. Bâle, 1767 : cet ouvrage reçut l'accueil le plus flatteur de l'académie des sciences, et valut à son auteur la place de correspondant de ce corps; 4° *Essai sur l'usage de la douce-amère* (solanum scandens) *dans les maladies dartreuses ;* 5° *Dissertatio epistolaris de cicutâ, stramonio, hyosciamo et aconito,* Nîmes, 1781 ; 6° *Mémoire sur les épidémies :* il valut à Razoux une médaille d'or, que lui décerna la société royale de médecine de Paris.

RÉ (LE COMTE PHILIPPE), célèbre agronome italien, naquit à Reggio en 1763. Un penchant naturel le porta de bonne heure à l'étude de la botanique, qu'il échangea ensuite pour celle de l'agriculture. A peine quitta-t-il le collège, qu'il s'adonna à la culture des fleurs, rassemblées en grand nombre dans son propre jardin. Il s'occupait en même temps de lire les meilleurs ouvrages, de comparer entre eux les systèmes des anciens et des modernes, et de consulter les cultivateurs les plus expérimentés de son département. Au bout de neuf ans d'apprentissage, il se trouva maître, et une chaire d'agriculture lui fut offerte au lycée de Reggio, où il put instruire les autres, après s'être formé lui-même. La révolution française préluda en Italie par le bouleversement des grandes fortunes, la suppression des couvens, un partage plus égal des héritages particuliers, et la vente des biens publics. Ces lois qui, en morcelant les grandes propriétés, avaient multiplié le nombre des cultivateurs, firent sentir plus que jamais la nécessité d'apprendre le secret de faire valoir les terres et d'en augmenter le rapport, pour ne pas rester écrasé sous le poids des impôts. Cependant l'Italie ne possédait aucun ouvrage qui eût pu satisfaire ces besoins : les uns étaient trop anciens, et les autres trop étrangers pour qu'on eût pu les consulter avec profit. Le comte Ré conçut le projet de composer un traité qui, en embrassant toutes les parties de l'économie champêtre, les présentât avec ordre et précision. Ces élémens d'agriculture, dont on fit bientôt trois éditions, donnèrent une grande célébrité à l'auteur, qui fut appelé à Bologne, pour y occuper une chaire d'agriculture, tandis que toutes les autres universités du royaume s'empressaient d'adopter son ouvrage. Dans ces nouvelles fonctions, Ré contribua beaucoup à répandre l'instruction par sa voix et par ses écrits. Il en publia sur différentes branches de l'agriculture et de l'industrie rurale : il fit paraître entre autres un traité sur la manière d'employer le fumier, qui fut traduit en français par M. Dupont, auquel la société d'agriculture de Paris décerna le prix d'une médaille d'or. Ce qui donnait aux ouvrages de Ré une grande autorité, c'était le soin qu'il prenait de ne rien avancer qu'il n'eût vérifié lui-même. C'est en parcourant les champs qu'il eut occasion de remarquer les ravages opérés par tant de maladies auxquelles les arbres sont exposés, et l'insuffisance des remèdes dont on se servait pour les combattre. Il se proposa alors de rédiger une nosologie végétale, ou un essai théorique et pratique sur les maladies des plantes, dont il indiquait en même temps les causes et les remèdes. Il fonda aussi un journal destiné à signaler en Italie les nouvelles découvertes faites en agriculture, et qu'il enrichit d'un grand nombre d'articles. A la dissolution du royaume d'Italie, le comte Ré fut accueilli avec distinction par son nouveau souverain, le duc de Modène, qui le nomma professeur d'agriculture et de botanique, et surintendant des jardins royaux. Atteint par le typhus, qui se manifesta en Italie, au commencement de l'année 1817, le comte Ré mourut le 26 mars, emportant avec lui les regrets et l'estime de toutes les classes. Ses principaux ouvrages sont : 1° *Proposizioni teorico-pratiche di fisica vegetabile*, Reggio, 1795, in-8°; 2° *Della più vantaggiosa ed economica maniera di concimare i prati*, dans le tom III. des Mémoires des *Georgofili;* 3° *Elementi di agricoltura*, Parme, 1798, 2 vol. in-8°, trois éditions : ce fut la dernière qu'on adopta dans toutes les universités du royaume d'Italie ; 4° *L'Arte di supplire alla mancanza de' foraggi*, Pavie, 1802, in-8°; 5° *Prolusione alle lezioni di agraria*, Bologne, 1804, in-8°; 6° *Memoria sull' agricoltura del dipartimento del Crostolo*, Milan, 1805, in-8°; 7° *Viaggio al Monte-Ventasso*, in 8°; 8° *Elementi di giardinaggio*, ibid., 1806, in-8°; 9° *Memoria sopra la piralidi*, etc., ibid., 1806, in-8°; 10° *Saggio di Nosologia vegetabile*, Florence, 1807, in-8°; 11° *Sopra alcuni abusi, che si commettono nell' educazione delle pecore*, Milan, 1807, in-8°; 12° *Saggio teorico-pratico sulle malattie delle piante*, Venise, 1807, in-8°; 13° *Il Giardiniere avviato*, etc., Milan, 1808, 2 vol. in-8°, fig.; 14° *Elementi di economia campestre*, ibid., 1808, in-8°; 15° *Dizionario ragionato de' libri d'agricoltura veterinaria ed altri rami di economia campestra*, Venise, 1808, 4 vol. in-8°. Cette bibliographie comprend environ 1,400 ouvrages, sur lesquels Ré donne des avis précis et motivés. 16° *Annali dell' Agricoltura del regno d'Italia*, Milan, 1813, 1814, 66 numéros, composant 22 vol. in-8°.; 17° *Saggio sulla poesia didascalica georgica degl' italiani*, Bologne, 1809, in-8°; 18° *Dei letami, e delle altre sostanze per migliorare i terreni*, Mira, 1810, in-8°; 19° *Istruzione sul modo di coltivare il Cotone*, Milan, 1810, in-8°; 20° *l' Ortolano dirozzato*, ibid., 1811, 2 vol. in-8°; 21° *Elogio di Pier de' Crescenzi*, Bologne, 1812, in-8°; 22° *Nuovi elementi di agricoltura*, Milan, 1815, 4 vol. in-8°; 23° *Saggio sulla coltivazione, e su gli usi del pomo di terra*, ibid, 1817, in-8°; 24° *Saggio storico sullo stato dell' agricoltura antica*, etc., ibid., 1817, in-8°.

RÉAL (LE COMTE PIERRE-FRANÇOIS), originaire d'une famille des Pays-Bas autrichiens, mais établie en France avant la révolution, exerçait, en 1789, à Paris, les fonctions de procureur au Châtelet. Il se fit bientôt connaître à cette époque parmi les plus ardens promoteurs d'un nouvel ordre de choses. Jeune alors, doué d'un esprit remarquable, parlant en public avec une grande facilité, il devint un des orateurs habituels et des plus favorablement écoutés de la société dite encore *des Amis de la constitution*, et plus déplorablement fameuse depuis sous le nom de *Jacobins*. Il s'y lia avec Camille-Dumoulin et Danton ; ce dernier prit bientôt un ascendant funeste sur l'esprit de Réal, qui lui resta toujours attaché, et qui, incarcéré depuis par Robespierre, aurait péri sur l'échafaud comme *Dantoniste*, si la journée du 9 thermidor n'avait mis un terme au cours des assassinats juridiques du tribunal révolutionnaire. Après la journée du 10 août 1792, Danton, devenu ministre de la justice, fit nommer Réal accusateur-public près le tribunal extraordinaire, créé le 17 de ce mois, pour instruire sur les faits relatifs à la révolution qui venait de renverser le trône : quand ce tribunal eut cessé ses fonctions, il devint substitut du procureur de la commune de Paris. Malgré le zèle exalté que Réal montrait à cette époque pour la cause de la révolution, et la véhémence de quelques-uns de ses discours, on ne l'a point accusé personnellement de s'être laissé entraîner à aucun de ces actes de cruauté si fréquens en ces temps d'effervescence démagogique. Pendant l'exercice des fonctions les plus rigoureuses, on lui a même rendu la justice d'avouer qu'il aimait à rendre service, et qu'il s'acquit des droits à la reconnaissance d'une foule de personnes souvent gravement compromises, dont plusieurs ont oublié, il est vrai, ses services dès qu'il a cessé de leur être nécessaire. Réal, obéissant à l'impulsion que lui imprimaient les chefs du parti auquel il s'était dévoué, se montra l'ennemi des députés de la Gironde, et ne cessait, soit à la commune de Paris, soit dans la section de la Halle-aux-Blés, où il résidait, soit enfin aux Jacobins, de demander l'expulsion des plus éloquens membres de la convention nationale. Il provoqua, de concert avec Lachevardière, la pétition des 48 sections de Paris, qui fut présentée à la barre de la convention contre ces députés. On obtint bientôt plus qu'on n'avait d'abord demandé, et ceux qui se proclamaient alors les républicains par excellence, servirent efficacement la monarchie, qu'ils avaient cru détruire après le 10 août, et portèrent un coup mortel à la république, en faisant périr, après le 31 mai, les plus illustres comme les plus sincères républicains. Réal, qui, guidé par Danton, avait bien voulu exclure les Girondins de la convention, mais non les envoyer à l'échafaud, fut appelé en témoignage dans le procès qui leur fut intenté. Mais il n'accusa aucune de ces victimes déjà dévouées à la mort, et ses déclarations ne portèrent que sur des faits peu importans. Il essaya depuis, dans l'exercice de ses fonctions à la commune, ainsi qu'à la tribune des Jacobins, d'arrêter le cours des fureurs et des crimes du parti de Robespierre. Il se prononça avec force contre la multiplicité des arrestations, contre l'établissement des commissions dites populaires ou comités révolutionnaires, qui faisaient incarcérer et périr tant de citoyens, et parla en faveur de la liberté de la presse; mais ce courage et son opposition tardive lui devinrent funestes. Dénoncé comme ennemi des comités du gouvernement, comme partisan de la liberté indéfinie de la presse, et par conséquent comme contre-révolutionnaire, il fut enfermé, après la mort de Danton, dans la prison du Luxembourg, en attendant que son tour vînt de porter sa tête sur l'échafaud. Le plus odieux espionnage avait été établi, par le parti dominant, dans toutes les prisons de Paris, et particulièrement au Luxembourg. Réal, en signalant à ses malheureux compagnons d'infortune, les agens secrets des comités et de Fouquier-Tinville, ou tous ces vils délateurs, auxquels on donnait alors, par contre-vérité, le nom de *moutons*, eut le bonheur d'arracher à une mort certaine quelques victimes, qui, sans ses avis, auraient confié leurs sentimens et leurs espérances aux traîtres soudoyés pour les dénoncer. Les services rendus par Réal, à cette époque désastreuse, ont été avoués par les hommes même les plus opposés à ses opinions. A sa sortie de prison, il se fit défenseur officieux près des tribunaux, et accorda les secours de ce ministère honorable à tous les accusés qui le réclamaient, de quelque parti qu'ils fussent. Il dévoila un des premiers le régime odieux de l'intérieur des prisons, les moyens qu'on employait pour trouver des crimes aux détenus, et les forfaits des complices de Robespierre, dont la convention venait enfin de faire une tardive justice. S'étant prononcé, avec une grande véhémence, contre les actes despotiques de plusieurs proconsuls de la convention dans les départemens et auprès des armées, on vit le plus féroce d'entre eux, l'exécrable Carrier, lorsqu'il fut traduit à son tour devant le tribunal révolutionnaire, alors régénéré, récuser des jurés, sous le seul prétexte qu'ils étaient influencés par Réal. Il crut peu de temps après ne point devoir refuser son ministère aux membres du comité révolutionnaire de Nantes, vils instrumens des fureurs de ce même Carrier, et on le vit avec quelque étonnement les défendre devant le même tribunal qui avait condamné ce misérable. Quoique chargés de crimes, ils furent tous acquittés, à l'exception des nommés Pinard et Grandmaison: leurs complices n'avaient point, selon la décision du tribunal, agi avec des intentions contre-révolutionnaires. A la fin de l'an 3 (1795), Réal entreprit la rédaction du *Journal de l'Opposition*, et quelque temps après, du *Journal des Patriotes de 1789*. L'année suivante, il fut nommé historiographe de la république. Ces occupations ne l'empêchèrent point de remplir les fonctions de défenseur officieux près des tribunaux. Il plaida avec beaucoup de talent, devant la haute-cour de Vendôme, la cause de Drouet et de plusieurs de ses coaccusés, prévenus de complicité dans la conspiration de Babeuf contre le directoire. L'accusateur public Bailly, auquel il avait reproché d'avoir usurpé, dans son discours, le titre de commissaire national, lui fit enfin, par jugement, ôter la parole. Réal avait défendu avec la même chaleur, à Bruxelles, la cause de Tort de la Sonde, accusé de conspiration contre l'état et de complicicité avec les émigrés. Ce dernier avait, durant son procès, dénoncé et attaqué personnellement le ministre de la justice ; son défenseur se trouva ainsi engagé dans une lutte directe avec le chef de la magistrature, qui, en dernier résultat, comme il était facile de le prévoir, remporta la victoire. Aux élections de germinal an 6 (mai 1798), Réal obtint un grand nombre de voix pour la députation au conseil des cinq-cents; mais l'opposition du même ministre, devenu alors membre du directoire, empêcha sa nomination d'avoir lieu. Il fut délivré de ce redoutable adversaire quand les deux conseils forcèrent, le 30 prairial an 7 (18 juin 1799), trois directeurs d'abandonner le timon de l'état, et Réal fut, peu de jours après, nommé commissaire du gouvernement près le département de la Seine. Il offrit avec empressement ses services au général en chef Bonaparte, dès les premiers jours du retour d'Égypte, et prit une part très-active aux préparatifs de la révolution du 18 brumaire, ainsi qu'aux changemens qui furent la suite de cette journée. Le premier consul Bonaparte, en reconnaissance des services qu'il avait rendus, le nomma d'abord conseiller-d'état, et l'attacha à la section de la justice. En cette qualité, il fit preuve de connaissances et de talens très-distingués dans les discussions législatives et judiciaires les plus importantes; mais comme il s'était attaché avec un dévouement complet à la fortune du chef de l'état, il employa tous ses moyens à accroître et à affermir l'autorité d'un seul, sacrifiant sans hésitation, si ce n'est sans remords, les opinions qu'il avait fait éclater en sa jeunesse, lorsqu'il attaquait avec tant de véhémence le pouvoir arbitraire. Nommé adjoint au ministère de la police générale, et ayant la ville de Paris dans ses attributions, le conseiller-d'état Réal obtint, en mars 1804, non sans quelque peine, un sursis à l'exécution du nommé Querelle (*voy.* ce nom), qui, pour racheter sa vie, promettait de faire des révélations importantes, et qui découvrit en effet les projets de Georges-Cadoudal, du général Pichegru et des autres conjurés, contre la personne de Napoléon. La police ignorait encore leur arrivée à Paris. Réal reçut, peu de temps après, la décoration de commandant de la légion-d'honneur et un don de 100,000 francs. Il aspirait, disait-on, au ministère de la police générale, et Fouché n'oublia point qu'on avait voulu le déposséder de cette place. Réal eut encore à cette époque des altercations assez vives avec le préfet de police de Paris, le conseiller-d'état Dubois, qui rivalisait avec lui de zèle. Les polices particulières de ces deux magistrats se croisaient et se nuisaient dans leurs opérations respectives, et les conflits d'autorité qui s'élevèrent entre les chefs furent loin de tourner à l'avantage des citoyens. Les espions et les délateurs en profitèrent seuls ; ils se multiplièrent à l'infini, et Paris se trouva posséder à la fois quatre ou cinq polices différentes, inconnues l'une à l'autre, mais qui opéraient simultanément. Après les événemens de 1814 et la rentrée du roi, Réal cessa d'être employé. Au retour de Napoléon de l'île d'Elbe, il fut nommé préfet de police à Paris, en même temps que Fouché reprit le ministère de la police générale. Dans les derniers jours de juin 1815, il donna sa démission pour cause de maladie, et Fouché, à la tête du gouvernement provisoire, le fit remplacer par M. Courtin, qui n'occupa ce poste que peu de jours. Au second retour du roi, Réal fut porté par le même ministre de la police du roi, longtemps ministre de Napoléon, sur la liste des 38, qui, par ordonnance du 24 juillet 1815, devaient sortir de France. Il se retira d'abord dans le nouveau royaume des Pays-Bas, d'où les poursuites du grand comité occulte l'obligèrent bientôt de sortir, et se rendit ensuite aux États-Unis d'Amérique. Il a acquis dans ce pays une propriété, et fondé un établissement de distillerie en grand, qu'il perfectionne de jour en jour davantage par ses soins et une industrie éclairée. Une ordonnance royale, rendue en 1818, l'a autorisé, ainsi que les 38 autres exilés, à rentrer dans sa patrie ; mais il n'a pas encore profité de cette justice, retenu par ses affaires en Amérique. Son fils, qui s'était distingué par ses talens et sa valeur dans la carrière militaire, a péri glorieusement sur le champ de bataille. Il ne lui est resté qu'une fille, mariée au comte de Cessac. Parmi les écrits connus de Réal, on cite : 1° *Journal de l'Opposition*, 1795, repris en 1796, in-8°; 2° (avec Méhée de la Touche) *Journal des patriotes de 1789*, depuis les derniers mois de 1795; 3° *Essai sur les journées des 13 et 14 vendémiaire*, 1796, in-8°; 4° *Procès de Barthélemi Tort de la Sonde, accusé de conspiration contre l'état et de correspondance avec Dumouriez*, 1796, in-18°.

RÉAL (André), avocat avant la révolution, est né à Grenoble, département de l'Isère, en 1755. Il était président du directoire du district de Grenoble, lorsqu'en 1792, il fut député par le département de l'Isère à la convention nationale. Dans le procès du roi, il vota contre la compétence de la convention, et appuya la proposition faite de n'ouvrir la discussion que trois jours après l'impression et la distribution de la défense de Louis XVI. Cette proposition ayant été rejetée, il demanda que la discussion fût au moins continuée jusqu'après l'impression qu'il demandait. M. Réal se prononça non comme juge, mais par mesure de sûreté générale, pour la *détention provisoire*, sauf commutation en un exil dans un temps plus calme. Il vota pour l'appel au peuple et pour le sursis. Membre du comité des finances, il fit divers rapports au nom de ce comité. Sur la demande des autorités municipales de Paris et de Lyon, il fit autoriser ces deux communes à s'imposer pour leurs subsistances ; fit rendre un décret pour liquider les pensions et traitemens des officiers de la liste civile ; accorder des secours aux réfugiés hollandais, belges et liégeois, obligés de quitter leur patrie depuis le retour des Autrichiens. Il défendit Buzot à l'époque orageuse du 31 mai 1793, vota la suppression du maximum, et appuya la levée du séquestre sur les biens des étrangers. Dans la discussion sur la restitution des biens des condamnés, il déclara en adopter le principe; il demanda seulement que le projet fût renvoyé à la commission, pour rédiger d'une manière plus claire le mode d'effectuer la restitution : c'est par erreur qu'un journal du temps lui attribue d'avoir demandé que cette discussion fût ajournée. Pendant la terreur de 1793, il vota constamment avec la minorité de la convention contre toutes les mesures de rigueur. Au mois de germinal an 3, M. Réal fut envoyé en mission près l'armée des Alpes et d'Italie. Sa conduite dans ces départemens fut dirigée par des principes de justice et de modération. Son premier soin fut de mettre en liberté tous les ecclésiastiques, les religieuses et autres personnes qui se trouvaient détenues pour opinions politiques. Étant à Nice, il signala les mouvemens anarchiques survenus à Toulon, à Aix et à Marseille, en prairial an 3, et leur coïncidence avec ceux qui éclataient à Paris à la même époque. Il rendit compte des mesures qu'il avait prises de concert avec le général en chef, depuis maréchal Kellerman, et qui en arrêtèrent les suites. Il annonça les divers succès remportés par l'armée des Alpes au mont Saint-Bernard, au col du mont

et sur le mont Geslère, succès d'après lesquels la convention décréta, le 21 fructidor, que « *l'armée des Alpes avait bien mérité de la patrie.* » Réélu, en l'an 4, au conseil des cinq-cents par le département de l'Isère, il combattit la proposition faite de percevoir l'impôt foncier en nature, considérant ce mode de perception comme étant plus dispendieux, et par cela même plus onéreux pour les contribuables ; il fut nommé secrétaire le 21 décembre 1795. Il présenta un projet de loi sur le nouveau régime hypothécaire, dont les bases furent ensuite consacrées par la loi du 11 brumaire an 11. Il appuya le recours en cassation contre les jugemens des conseils de guerre permanens. Il sortit du conseil, par le tirage au sort, en mai 1797. Rentré dans ses foyers, il fut bientôt après appelé aux fonctions de commissaire central du département de l'Isère; en 1801, nommé juge en la cour d'appel de Grenoble; en 1812, président de chambre en la même cour. Magistrat intègre, il exerça ses fonctions avec honneur et distinction jusqu'au 30 novembre 1815, qu'il donna sa démission. Pendant les *cent jours* (1815), il ne vota point l'acte additionnel aux constitutions, et n'accepta aucune fonction nouvelle. Néanmoins il fut compris dans la liste des ex-conventionnels qui devaient sortir de France, en exécution de l'article 7 de la loi du 12 janvier 1816. M. Réal réclama contre l'erreur commise à son égard. Par arrêté du conseil du roi, en date du 11 avril 1816, il obtint un *sursis indéfini*, qui l'autorisa à rester dans ses foyers. Une décision royale du 24 décembre 1818, ayant ensuite fixé les interprétations auxquelles l'article précité pourrait donner lieu, il intervint un nouvel arrêté du conseil du 26 septembre 1819, portant « que la » décision royale du 24 décembre » étant pleinement applicable à M. » Réal, il devait être considéré dé- » sormais non plus comme posses- » seur d'un sursis, mais comme » n'ayant pas dû être atteint par » l'article 7 de la loi du 12 janvier » 1816, qui ne lui est point appli- » cable. » Retiré des affaires, M. Réal consacra ses dernières années aux soins de sa famille, à l'étude et à l'amitié.

RÉAL (Pierre-Louis-Dominique), ex-colonel du 10me régiment de ligne, né à Calais le 25 juillet 1770, d'une ancienne famille de négocians, entra au service, en 1791, comme sous-lieutenant dans le 1er régiment d'infanterie; il fit d'abord les campagnes des armées du Nord, de Hollande, d'Allemagne et d'Italie, et avait le grade de capitaine au 29me régiment d'infanterie lorsqu'il partit pour l'Égypte avec la glorieuse armée de ce nom. Sa valeur, déjà éprouvée, se fit encore plus distinguer en Égypte et en Syrie. Il fut l'un des premiers à la brèche à l'assaut de Saint-Jean-d'Acre, et eut l'honneur d'être présenté, après cette action, au général en chef Bonaparte par le général Lannes. A la bataille d'Héliopolis, commandant un bataillon de grenadiers, il s'empara de vive force du village de ce nom, qui était défendu par 10,000 Albanais, et 15 pièces de canon.

Cette action lui mérita le grade de chef de bataillon, qui lui fut donné sur le champ de bataille même, et elle fut mentionnée dans un rapport fait au premier consul Bonaparte par le général en chef Kléber. Revenu en France avec les débris de l'expédition d'Égypte, il servit depuis en Italie et en Espagne, avec les grades de major et de colonel, et il protégea la retraite de notre armée d'Espagne à la tête du 10me régiment de ligne, dont il avait mérité l'estime et le dévouement par sa bravoure et sa justice. Ses fatigues et ses infirmités, après tant de campagnes, d'actions et de blessures, le forcèrent à demander sa retraite en 1813.

REBECQUI (F. Trophime), de Marseille, où il était né, fut nommé, en 1790, membre du directoire du département des Bouches-du-Rhône, et au mois de septembre 1791, par le même département, député à l'assemblée législative, qui bientôt l'envoya, en qualité de commissaire civil, à Avignon, où il ne put réussir à rétablir l'ordre. Accusé, le 8 mai 1792, d'avoir fomenté les troubles au lieu de les apaiser, il dédaigna de répondre sur-le-champ à l'injonction qui lui était faite, et ne se présenta à la barre qu'un mois après, le 8 juin. Le ton de sa justification, ou plutôt des explications qu'il donna, déplut à la majorité de l'assemblée, et un décret l'envoya devant la haute-cour d'Orléans : il y fut acquitté. Rebecqui était protégé par ceux de ses collègues qui avaient provoqué la réunion du Comtat à la France. Le département des Bouches du-Rhône lui donna, en septembre 1792, une nouvelle preuve de sa confiance : il le nomma député à la convention nationale. Dans le procès de Louis XVI, Rebecqui se déclara pour la mort, avec l'appel au peuple et sans sursis. L'un de ceux des membres de l'assemblée, qui voyaient dans Robespierre un prétendant à la dictature suprême, il dénonça ses projets et éprouva bientôt sa vengeance. Il avait été nommé, au mois de janvier 1793, membre du comité de sûreté-générale. Lors des événemens du 31 mai, Robespierre le fit proscrire comme *Girondin*, et un décret de mise hors la loi fut rendu contre lui. Averti à temps, il put prendre la fuite, et arriva à Marseille. Il se noya dans la mer au moment, rapporte-t-on, où plusieurs de ses collègues, proscrits comme lui et arrêtés à Bordeaux, étaient transportés et exécutés dans cette ville.

REBOUL aîné (Antoine), ancien négociant et armateur, s'est fait connaître comme savant et comme publiciste. Il a publié : 1° *Notes et Additions aux trois premières sections du Traité de navigation de Bezout*, 1804, in-8°; 2° *de la Prospérité de la France*, etc., 1815, in-4°; 3° *Caisse d'assurance*, 1815, in-4°.

REBOUL (Henri), habitait Pézenas, et était vice-président du département de l'Hérault, lorsqu'il fut député en 1791 à l'assemblée législative. Il siégea parmi la minorité, et chercha peu à fixer l'attention. Dans la séance du 20 février 1792, il accusa le ministre de l'intérieur de garder le silence sur les mouvemens qui agitaient le Midi, se plaignit des dilapidations de M. de Narbonne, et demanda que les départemens fussent chargés de vérifier les dénonciations contre les prêtres assermentés ; néanmoins il s'opposa à la mesure proposée de les déporter à la Guiane. Il échappa au régime de la terreur, et ne reparut sur la scène politique qu'en 1798, époque à laquelle il fut chargé d'organiser la république romaine. M. Reboul signala plus particulièrement son administration dans ce pays, en cherchant les moyens de faire dessécher les marais Pontins. Il obtint l'intendance des biens nationaux, et mérita la reconnaissance des amis des arts, en fixant les regards du gouvernement français sur le sort du célèbre compositeur de musique Piccini. (*Voy.* ce nom.)

RÉBUT - LA - RHOELLERIE (Guillaume-Philippe), avocat à la cour royale, membre de la légion-d'honneur, est né le 23 juillet 1780, aux Andelys, département de l'Eure. Son père, qui exerçait la profession de médecin, le fit élever au collège de Juilly. Dès l'âge de 19 ans, il recommanda son nom par un trait de courage, de réflexion et d'humanité, en exposant ses jours, sans consulter ses forces, pour arracher à une mort inévitable qu'ils allaient trouver dans les flots, deux pères de famille et un fonctionnaire public : cette belle action lui acquit l'admiration de ses concitoyens et l'estime des magistrats. Son nom fut proclamé sur l'autel de la patrie, à Évreux, dans la solennité de l'une de nos anciennes fêtes nationales. M. Rébut-la-Rhoëllerie suivit la carrière du notariat, à Paris, jusqu'en 1806, et devint alors secrétaire particulier de l'ambassadeur de France près de la cour d'Etrurie. Il revint à Paris à la fin de 1807, et ses fonctions de secrétaire ayant cessé par la réunion des états de Toscane à l'empire français, il entra, comme chef du contentieux, dans les bureaux du conseil du sceau et des titres : il y resta jusqu'à la restauration du gouvernement royal en 1814. Il fut, à cette époque, nommé par le roi référendaire au conseil du sceau, et chef d'un bureau de révision au ministère de l'intérieur. Au mois de septembre 1815, appelé par M. Pasquier, alors garde-des-sceaux et ministre de la justice, à la tête du personnel de l'organisation judiciaire, il avait rempli ces importantes fonctions durant cinq ans et demi avec la distinction la plus honorable, lorsqu'au mois de mars 1822, M. de Peyronnet lui donna son congé. Des indemnités lui furent offertes; il ne crut pas devoir les accepter. Par ce refus, il se vit privé de toute pension et de tout traitement d'expectative. M. Rébut-la-Rhoëllerie est resté depuis lors sans emploi. Depuis 1815, il est inscrit sur le tableau des avocats à la cour royale de Paris.

RECCO (ÉTIENNE), colonel, commandant la 22ᵉ légion de la gendarmerie impériale, officier de la légion-d'honneur, naquit à Ajaccio, département de Liamone, le 28 janvier 1751. Il s'engagea comme soldat le 20 septembre 1769, et par suite de l'incorporation de la légion corse dans le régiment royal-corse, il devint sergent-fourrier dans ce nouveau corps en 1775, et sergent-major l'année suivante; il fit partie, en cette qualité, de l'armée expéditionnaire pour les îles Jersey et Guernescy, sous les ordres du général Langeron, et fit aussi les campagnes de 1779 à 1781. Son régiment étant devenu troisième bataillon des chasseurs royaux corses à l'époque de la révolution, il conserva le même grade jusqu'au mois d'avril 1792. A cette époque, il fut fait adjudant-sous-lieutenant, et passa à l'armée d'Italie, que commandait alors le général Anselme; il fit trois campagnes sous les généraux en chef Anselme, Dumerbion et Schérer, et lors de l'amalgame décrété par la convention, M. Recco, qui était adjoint aux adjudans-généraux, fut nommé, le 16 messidor an 3, chef de bataillon dans la 3ᵉ demi-brigade. Il fit en Italie, sous les ordres du général en chef Bonaparte, les campagnes des années 4 et 5, et prit part à presque toutes les actions qui illustrèrent cette armée. A l'affaire de Brentino, qui eut lieu sur l'Adige, le 11 thermidor an 4, il fut fait prisonnier par les Autrichiens. Échangé quelque temps après, il revint à l'armée, et la troisième demi-brigade étant devenue 11ᵉ légère, il en fut nommé chef le premier nivôse an 5, et continua de servir à l'armée d'Italie, sous les ordres des généraux Berthier, Masséna et Saint-Cyr, jusqu'au 15 nivôse an 6, époque où il fut nommé chef de division de la 26ᵉ légion de gendarmerie; il en interrompit les fonctions pour faire partie de l'armée d'Orient, aux succès de laquelle il ne cessa de contribuer par son brillant courage, sous les trois généraux en chef qui la commandèrent successivement, Bonaparte, Kléber et Menou. A l'affaire du 20 floréal an 9, il tomba entre les mains des Anglo-Turs, qui l'emmenèrent en Angleterre. De retour en France, il fut nommé, par le premier consul Bonaparte, chef de brigade de la 27ᵉ légion de la gendarmerie le 19 vendémiaire an 10, et par arrêté du 21 vendémiaire an 11, il passa à la 22ᵉ légion, avec le titre de colonel à la résidence de Grenoble. Trente-cinq ans de service et treize campagnes lui méritèrent, en 1805, la décoration d'officier de la légion-d'honneur. Il a été admis à la retraite en 1809.

RECHBERG (Joseph, comte de), lieutenant-général au service de Bavière, a commandé pendant les trois campagnes de 1813, 1814 et 1815, un corps de l'armée bavaroise, alors employé contre la France, dont cette armée avait long-temps été l'auxiliaire. Le comte de Rechberg a rempli depuis la mission de ministre plénipotentiaire près de la cour de Berlin. Son frère, le comte Aloys François de Rechberg Rothenloewen, ambassadeur à Vienne pendant la tenue du congrès de 1814, a signé en cette qualité, au nom de son souverain, les actes de ce congrès. En 1816, il a été envoyé de nouveau à Vienne, pour signer le contrat de mariage entre l'empereur régnant d'Autriche et la princesse Charlotte de Bavière. Un autre frère des précédens, le comte Henri de Rechberg, est ministre de la justice en Bavière, et leur quatrième frère, le comte Charles de Rechberg, chambellan du roi de Bavière, est connu par la publication d'un grand ouvrage, intitulé : *Voyage pittoresque en Russie,* 4 vol. in-folio, accompagnés de gravures, représentant les monumens, les costumes, et un grand nombre de vues de cet empire.

RECUPERO (Alexandre), savant numismate italien, membre de la société des antiquaires de Velletri et de celle de Crotone, naquit, vers 1740, à Catane (royaume de Sicile). Sa famille, qui était noble, lui fit donner une éducation distinguée. On rapporte que Recupero, après avoir terminé ses études, quitta sa patrie par suite de circonstances particulières, et changea son nom en celui d'Alexis Motta. Passionné pour la science numismatique, il se rendit dans les principales villes d'Italie, et y forma une collection de médailles consulaires du plus haut intérêt, et pour la plupart d'une grande rareté ; leur examen et leur classification l'occupèrent la moitié de sa vie. C'est de tous les savans qui se sont livrés à cette étude, à la fois si difficile et si intéressante, celui qui a le mieux connu les « familles romaines, leurs différentes branches et les signes qui les distinguent. » Une autre collection de plus de 1,500 médailles grecques en bronze, en grande partie de Sicile et de la grande Grèce, a été achetée pour le cabinet du roi de Danemark, en 1806, trois ans après la mort de Recupero. Ce savant avait composé un *Traité,* qui est resté manuscrit, et qu'il n'avait pu revoir, sur les médailles ou tessères de plomb, dont il possédait un nombre considérable. M. de Saint-Vincent a donné l'*Éloge* de Recupero dans le *Magasin encyclopédique* de feu Millin, et il a fait imprimer, dans le même journal, une *Lettre sur les collections de médailles*, que Recupero lui avait précédemment adressée (année 1797, tom. 1er, pag. 340-363). Recupero a concouru à la rédaction de plusieurs recueils savans de l'Italie, où il a inséré des *Mémoires* et *Dissertations* estimés ; outre plusieurs ouvrages en manuscrit, que la mort ne lui a pas permis de terminer, il a publié : 1° *Vera assium origo, natura et œtas* ; 2° *Institutio stemmatica sive de verâ stemmatum præsertim Romanorum naturâ atque differentiâ* ; 3° *Annales familiarum Romanarum* ; 4° *Annales gentium historico-numismatica, sive de origine gentium seu familiarum Romanarum Dissertatio* ; 5° *Vetus Romanorum numerandi modus nunc primùm detectus*. Ce savant était généralement estimé pour son érudition et pour ses qualités personnelles.

RECUPERO (DOM JOSEPH), minéralogiste, frère du précédent, montra dès sa jeunesse du goût pour l'état ecclésiastique, et, ordonné prêtre, il fut pourvu d'un canonicat de la cathédrale de Catane. La liberté que lui laissaient les devoirs de son état lui permit de se livrer à l'étude des sciences minéralogiques. Frappé d'admiration à la vue des phénomènes que lui présentait l'Etna, il s'occupa de les décrire avec soin, et il en traça l'histoire, qu'il devait publier sous le titre d'*Histoire naturelle de l'Etna*, lorsqu'une mort prématurée, arrivée au commencement de la révolution française, ne lui permit pas d'y mettre la dernière main. Le manuscrit de cet ouvrage, avec les autres travaux littéraires de l'auteur, passèrent dans les mains du prince de Biscari, ami et protecteur des sciences ; mais des circonstances particulières n'ont pas permis jusqu'à ce jour la publication de cet ouvrage, vivement désirée par les savans et les voyageurs. Le chanoine Recupero avait calculé que la première éruption de l'Etna aurait eu lieu il y a 14,000 ans ; « découverte qui, dit-on, l'embarrassait beaucoup, par la difficulté de concilier cette date avec la Genèse. » Le traducteur du *Voyage en Sicile*, de Swinburne, d'où est tirée cette anecdote, prétend que Recupero fut mis en prison pour avoir osé la rendre publique. Dolomieu (*voy.* ce nom) a réfuté cette assertion (*Mémoires sur les îles Ponces*), et il paraît certain qu'au lieu d'être traité avec sévérité, Recupero fut pensionné par le roi de Naples. (Consulter à ce sujet le *Journal des Savans*, 1788, juin, pag. 457.) Recupero, homme bon et aimable, s'était fait en quelque sorte le *Cicerone* des voyageurs en Sicile ; c'est ainsi qu'il fut très-utile, entre autres savans, à l'abbé de Saint-Non et à Houel, dont la reconnaissance éclate toutes les fois que, dans leurs ouvrages, ils ont occasion de parler du bon chanoine de Catane. Recupero a fait paraître la *Carte du mont Gibel* ; c'est d'après un de ses *Mémoires*, lu à l'académie des Etnéens, que Houel a décrit l'éruption de l'année 1755 (*voyez* le *Voyage en*

Sicile déjà cité, tom. II, pag. 64).

REDERN (LE COMTE SIGISMOND EHRENREICH DE), ambassadeur et ministre-d'état prussien, est né à Berlin, d'une famille illustre, dans le nord de l'Allemagne. Son père, grand-maréchal de la cour de la mère de Frédéric II, et curateur de l'académie des sciences de Berlin, descendait, suivant Tromler, auteur allemand, des anciens chefs des Vandales, et sa mère appartenait à une famille protestante, que la révocation de l'édit de Nantes avait forcée de s'expatrier. Destiné à la diplomatie, le jeune de Redern devint successivement ministre de la cour de Saxe en Espagne, et, quelque temps après, ministre de la cour de Prusse en Angleterre jusqu'en 1792. A cette époque, il fut victime d'un parti qui dominait à la cour de Frédéric-Guillaume II, et qui, ayant fait décider la campagne de 1792 contre la France, et obligé le comte de Hersberg à quitter le ministère des relations extérieures, fut assez puissant pour faire rappeler les ministres du roi de Prusse dans les cours étrangères, qu'il croyait opposés à ses vues : le comte de Redern fut de ce nombre. Rendu à la vie privée, il a le premier fait disparaître des vastes possessions qu'il avait en Saxe, les traces des servitudes féodales, telles que le servage et la corvée. Sous le gouvernement consulaire, le comte de Redern se détermina à quitter l'Allemagne, et à venir habiter l'ancienne patrie de sa mère; il se rendit presque aussitôt propriétaire de la terre de Flers, à laquelle il donna une nouvelle vie, en ranimant l'industrie, depuis long-temps éteinte dans cette partie du département de l'Orne; il s'attacha à remettre en activité des établissemens de forges très-importans. Après quelques années de succès, il épousa une demoiselle de Montpezat, qui, déjà connue sous le nom de comtesse de Maléjac, a publié un ouvrage intitulé : *Zélie, reine des braves*, recueil mêlé de prose et de vers, où des sentimens généreux et des aperçus délicats, et souvent profonds, se trouvent réunis à une morale douce et à une sage politique, sous le voile transparent de l'allégorie. Ce ne fut qu'en 1811 qu'un décret spécial a naturalisé Français le comte de Redern. Il ne s'occupa plus alors que des intérêts de sa nouvelle patrie. C'est dans cette vue qu'il écrivit, en 1814, deux mémoires contre l'importation des fers étrangers, présentés aux deux chambres par les propriétaires et maîtres de forges de France, et qui ont fait nommer l'auteur membre du conseil-général des manufactures, tant pour la manière dont il a traité l'objet principal, que pour les vues d'économie politique qu'il a su y rattacher. Il fut élu, en 1815, par l'arrondissement de Domfront, candidat à la chambre des députés. Il dut sans doute cette marque de confiance aux considérations qu'il avait adressées cette année même au collége électoral de l'Orne, pour engager tous les partis à se rallier à la charte et au roi, leur faisant voir tous les maux auxquels ils s'exposeraient s'ils restaient divisés. Sa voix avait été entendue alors; elle ne le fut pas de même par les ministres, en 1819, lorsque, fidèle aux principes de la liberté constitutionnelle qu'il avait embrassés, il leur retraçait les dangers qui pouvaient résulter pour la monarchie elle-même de la violation de la charte. Cette conduite, de la part d'un ex-ministre de Prusse, fut généralement appréciée, et confirma la réputation d'homme de bien qu'il s'était acquise parmi ses nouveaux concitoyens. La politique ne remplit pas seule les loisirs de M. de Redern; il a publié, en 1815, un nouvel ouvrage, intitulé: *des Modes accidentels de nos perceptions*, traité de la plus haute métaphysique sous le rapport spiritualiste, où l'on trouve des vues neuves et philosophiques sur le somnambulisme magnétique. Il en a paru une seconde édition en 1818.

REDESDALE (JEAN-FREEMAN MITFORD, LORD BARON), membre de la chambre des pairs et de la société royale de Londres, est né le 18 août 1749, dans le Hampshire, d'une ancienne famille du Northumberland. Se disposant à suivre la carrière du barreau, il fit son droit, et reçu avocat, il se distingua par ses brillans succès à la cour de la chancellerie. Bientôt il prit un rang distingué parmi les légistes, en publiant, en 1787, in-8°, un ouvrage sur les *formes et usages de la cour de la chancellerie*, qui fut réimprimé en 1804. Devenu membre du parlement, il s'y fit remarquer, en 1789, en soutenant avec chaleur, et à plusieurs reprises, la pétition du gouverneur-général Hastings(*voy*. ce nom), que la chambre des lords avait traitée avec une grande sévérité. L'année suivante, il prit part à la discussion du bill appelé *Tobacco Amendement*, et mérita, par son zèle à soutenir les intérêts du ministère, la place de solliciteur-général et le titre de chevalier. De nouveaux services donnèrent lieu à de nouvelles marques de reconnaissance. En 1799, il fut revêtu de l'emploi de procureur-général. Le ministère anglais abandonne rarement ses amis, et en 1801, M. Mitford (car lord Redesdale fut long-temps connu sous ce nom) devint orateur de la chambre des communes. Dès l'année suivante, il donna sa démission de cette place pour prendre possession de celle de lord-chancelier d'Irlande, et entrer à la chambre des pairs, en qualité de baron Redesdale. Il éprouva, en 1806, le besoin de la retraite, et résigna sa place de lord-chancelier, se retirant des affaires avec une pension de 4,000 livres sterlings (environ 100,000 fr.). Cet ancien serviteur de la couronne n'avait pas irrévocablement renoncé à sa part de gouvernement, et on l'a revu depuis à la tête du département du commerce et des colonies, avec le titre de conseiller-privé. Lord Redesdale justifie, au surplus, les faveurs dont il a été comblé, par des connaissances très-étendues en jurisprudence et par un esprit sage. Dans les causes d'appel surtout, son opinion est d'un grand poids. Il a eu, rapporte-t-on, en 1804, une correspondance suivie avec le comte de Fingal, sur l'importante question de l'émancipation des catholiques. Par un abus de confiance, cette correspondance fut imprimée sans l'autorisation du noble lord, qui a publié en outre: *Observations occasionées par un pamphlet intitulé:* Objections contre le projet de créer un vice-chancelier d'Angleterre, 1813, in-8°. Le *Pamphlétaire* a reproduit les *Observations*,... etc., de lord Redesdale.

REDING (ALOYS, BARON DE), célèbre landammann et général suisse, né en 1755, entra d'abord au service d'Espagne, qu'il quitta en 1788, pour se retirer dans sa patrie. Une haine indomptable pour les priviléges, quoiqu'il en possédât plusieurs, un caractère inflexible, un ardent amour pour la patrie, furent généralement le mobile de sa conduite. La perte d'une épouse chérie l'avait jeté dans une mélancolie profonde ; mais le désir de maintenir l'indépendance de son pays le rendit à lui-même. Les Français venaient de faire une irruption en Suisse, où les priviléges excitaient de nouveau des divisions. En effet, les villes souveraines jouissaient, à l'exclusion des campagnes, de droits commerciaux, dont elles refusaient de se dessaisir même en présence de l'ennemi; mais Reding, remettant ces discussions à d'autres temps, exhorta les petits états à voler au secours des Bernois, et se mettant à la tête des milices de Schwitz, il remporta un avantage signalé. Il préludait ainsi aux succès du 2 mai 1798, jour où, à la tête d'un grand nombre de montagnards, il força la ligne des Français, qu'il repoussa de la plaine de Montgarten, où 400 ans auparavant les Autrichiens avaient été complètement défaits par un de ses ancêtres. Reding, avant de mener ses frères d'armes au combat, leur avait adressé un discours énergique, auquel ils avaient tous répondu : « La mort, et point de retraite ! » Une seconde victoire signala de nouveau les montagnards le lendemain ; mais tandis qu'ils se battaient, les autres cantons avaient délibéré, et la nouvelle constitution était acceptée. Reding conseilla au sien d'y souscrire, et se retira des affaires. Après le traité de Lunéville, le gouvernement central ouvrit à Berne, le 1er septembre 1801, une diète générale, où chaque parti parut avec ses prétentions ; Reding défendait les anciennes libertés des petits cantons, les autres soutenaient l'unité absolue, ce qui prouve que Reding n'était pas éclairé sur les véritables intérêts de sa patrie. On se sépara sans rien conclure. Les petits cantons ayant ensuite obtenu la majorité, ils formèrent un gouvernement central, le composèrent d'un sénat et d'un conseil-exécutif, et mirent à sa tête Reding, avec le titre de premier landammann de l'Helvétie. Le premier consul Bonaparte ayant refusé de reconnaître cette régence, Reding se rendit à Paris, pour apprendre les véritables intentions de la France, et ne craignit pas de solliciter à la fois et le rappel des troupes françaises, et la non réunion du Valais. On lui accorda le premier point, et on lui promit de maintenir tout ce qui avait été fait, pourvu que l'amalgame des partis eût lieu. De retour en Suisse, Reding employa trois mois à réorganiser le gouvernement central de la manière convenue à Paris, et ajourna le sénat ; mais à peine avait-il quitté le lieu des séances, croyant son ouvrage solidement établi, que les ministres chargés de le maintenir détruisirent tout ce qui avait été fait et le destituèrent lui-même. Il se plaignit de cet attentat au gouvernement français, accusa l'ambassadeur Verninac d'en être l'auteur, et fit rejeter le nouveau code par les trois cantons scissionnaires Schwitz, Ury et Underwald; mais dès que les troupes françaises eurent évacué l'Helvétie, il se fit un soulèvement général dans toute la Suisse, pour destituer les successeurs de Reding. Alors les deux partis se préparèrent au combat. Reding attendit, avec les montagnards de Schwitz, les troupes que le congrès envoyait contre lui, et les tailla en pièces. Cependant le bruit des entreprises du congrès s'étant répandu, les autres cantons envoyèrent des députés à Schwitz, pour renouveler l'ancien serment helvétique, de *périr tous pour un, et un pour tous.* Fidèle à ce serment, Zurich ferma ses portes à l'armée du congrès, et fut bombardée. En 17 jours, l'insurrection s'étendit partout ; Berne fut cernée par les paysans de l'Argovie, et le congrès, forcé d'en sortir, demanda l'intervention de la France. Une diète générale s'ouvrit alors à Schwitz, mais le gouvernement français intervint dans ces dissensions, et ne donna que cinq jours aux confédérés de Schwitz pour poser les armes. Ceux-ci, toujours présidés par Reding, continuèrent à résister; bientôt le général Rapp, envoyé par Napoléon, donna ordre aux troupes françaises d'entrer en Suisse, pour appuyer les efforts de Berne; Reding et la diète protestèrent contre l'intervention armée de la France, et invoquèrent le traité de Lunéville; mais ils ne furent point écoutés, et le parti bernois triompha complètement. Reding, d'abord arrêté par ordre du général en chef Ney, fut ensuite transféré à la forteresse d'Arbourg, mais il ne tarda pas à être mis en liberté. Enfin, les dissensions de la Suisse se calmèrent; Reding fut élu, en 1803, landammann du canton de Schwitz, et le 5 juin 1809, il assista, en cette qualité, à la diète de Fribourg. Après les désastres de la France, en 1812 et 1813, Reding ne put dissimuler la haine qu'il portait à Napoléon; les souverains alliés, auprès desquels il se rendit à Francfort, par le choix des cantons, en profitèrent pour accorder à son pays une neutralité que l'envoyé demandait, bien décidé à ne pas l'observer. Sa mission, toute pacifique en apparence, était réellement hostile au fond, et l'on peut en juger par la facilité avec laquelle le passage du Rhin s'effectua quelques mois après sur le territoire suisse. Ainsi Reding sacrifia à sa vengeance personnelle, sinon le salut de la France, du moins l'indépendance et la gloire de sa patrie. Il mourut à Schwitz, dans les premiers jours de février 1818, laissant la réputation d'un patriote plus ardent qu'éclairé.

REDING (DON THÉODORE), né dans le canton de Schwitz (bourg de la république helvétique), entra au service d'Espagne, et parvint assez rapidement aux premiers grades; il était maréchal-de-camp, en 1808, lorsque les Français pénétrèrent en Espagne. La junte, témoin de l'énergie qu'il déploya dans cette circonstance, le nomma lieutenant-général. C'est en cette qualité qu'il commanda un corps en Andalousie, sous les ordres de Castanos, et qu'il contribua puissamment aux résultats de la journée de Baylen, en se plaçant entre les corps des généraux français Dupont et Verdet. Passant ensuite en Catalogne au commandement d'une division, il se trouva au combat sanglant de Cardedon, où il seconda de tous ses efforts le général Vivès. Le 15 décembre (1808), il disputa au général Gouvion Saint-Cyr la position de Llinas; mais après un combat très-vif il fut contraint à la retraite. Cet échec fut suivi de la levée du siège de Barcelonne, qu'il venait d'entreprendre. Le 24 février de l'année suivante, il eut près de Valls un nouvel engagement avec le même général, en voulant couvrir Valence; il y reçut plusieurs blessures graves, dont il mourut le 20 avril suivant.

REDING (DON NAZARIO), lieutenant-général, oncle du précédent, était, comme lui, officier-général en 1808, et comme lui, il se réunit aux Espagnols pour combattre les Français. Sa réputation lui fit obtenir un commandement, où il déploya en différentes occasions beaucoup de valeur. Le roi l'avait précédemment gratifié du gouvernement militaire de Palma, et il en jouissait sans trouble, lorsque le marquis de Compigny, capitaine-général, le priva de ce poste. Les nouvelles preuves d'attachement que don Reding venait de donner au gouvernement espagnol, déterminina la révision de son affaire, qui fut portée à un tribunal spécial de guerre et de marine, dont la décision fut en faveur de don Reding. La régence du royaume le réintégra dans ses fonctions au mois de décembre 1813, avec faculté de réclamer des dommages-intérêts contre l'auteur de sa destitution. En 1816, il fut élevé au grade de lieutenant-général, à l'occasion du mariage de Ferdinand VII. Il ne paraît pas que don Reding ait figuré dans les derniers événemens de la péninsule.

REDMAN (JEAN), premier président du collége de médecine de Philadelphie, né dans cette ville en 1722, fit d'excellentes études, devint médecin, et alla exercer aux Bermudes, où il resta plusieurs années. Le désir de perfectionner ses connaissances le détermina ensuite à passer en Europe. Il suivit pendant une année les écoles d'Édimbourg, fit des cours de dissection et de pratique dans les hôpitaux de Paris, prit ses degrés à Leyde en 1748, et enfin séjourna pendant quelque temps à l'hôpital de Gray. De retour en Amérique, il s'établit dans sa ville natale, où ses succès lui acquirent une grande réputation. Il mourut, en 1808, d'une attaque d'apoplexie. Ce médecin s'est rendu célèbre par une longue et utile pratique de son art, mais il n'a laissé aucun ouvrage qui pût servir de guide à ses successeurs; on n'a de lui qu'un discours d'installation sur les fausses-couches, et une défense de l'inoculation.

REDON (N.), membre de l'assemblée constituante, ancien magistrat, chevalier de la légion-d'honneur, était avocat à Riom en Auvergne, à l'époque de la convocation des états-généraux, en 1789. La sénéchaussée de Riom le nomma député à cette assemblée, où, après la réunion des trois ordres, il prit place parmi les membres du côté droit. Néanmoins il voulait la monarchie constitutionnelle, et lorsqu'on proposa d'établir les bases des pouvoirs législatif et exécutif, il dit : « Avant d'examiner ce que c'est que le corps-législatif, examinons ce que nous sommes nous-mêmes pour agiter ces grandes questions. Sommes-nous une puissance ou des délégués ? avons-nous des droits à exercer ou des devoirs à remplir? Qui prétendrait que nous sommes une puissance ? Elle réside dans la nation, c'est par elle que nous sommes ; ce n'est pas seulement en son nom, mais par sa volonté que nous devons agir, et dire, pour nous conformer à cette volonté, que le gouvernement français est un gouvernement monarchique. Ce n'est pas un droit que nous créons, mais la volonté de nos commettans que nous déclarons, d'après les cahiers dont nous sommes porteurs..... » Jugeant que, dans le cours de la session, l'assemblée avait outrepassé ses pouvoirs, M. Redon signa la protestation du 12 septembre 1791 contre ses différens actes. De retour dans ses foyers, il sut, par son caractère honorable et l'obscurité de sa vie, échapper aux orages de 1793 et 1794, et revint à Paris après la révolution du 9 thermidor an 2 (27 juillet 1794). Habitant de la section Lepelletier, et l'un des citoyens les plus prononcés contre la convention nationale au 13 vendémiaire an 4 (5 octobre 1795), il crut prudent de se retirer de nouveau dans sa ville natale ; mais dès l'établissement du gouvernement consulaire, le premier consul Bonaparte, qui recherchait, pour les employer, les hommes distingués par leur modération et leurs lumières, nomma M. Redon premier président de la cour d'appel de Riom, fonctions qu'il a conservées sous le gouvernement impérial et sous le gouvernement du roi jusqu'en 1818. A cette époque, il sollicita et obtint sa retraite. Il vit aujourd'hui dans ses foyers, estimé de tous ses concitoyens.

REDON-BEAUPRÉAU (LE COMTE), ancien ministre de la marine, sénateur, pair de France, commandeur de la légion-d'honneur, etc., naquit, en 1737, dans la ci-devant province de Bretagne, où sa famille tenait un rang honorable. Au sortir de ses études, il fut admis dans l'administration de la marine, et nommé bientôt commissaire successivement dans des ports de France et dans les colonies. Louis XVI, sur la proposition de M. de Sartine, ministre du département auquel M. Redon-Beaupréau était attaché, le nomma contrôleur de la marine à Rochefort, et sur la proposition du ministre de Castries, successeur de M. de Sartine, intendant du port de Brest. Il perdit cette place à la révolution, fut momentanément incarcéré en 1793, et mis à la tête du ministère de la marine par le directoire-exécutif. S'étant prononcé en faveur de la révolution du 18 brumaire an 8 (9 novembre 1799), il devint membre du conseil-d'état, dont il fit partie jusqu'en 1810; dans la même année, il entra au sénat-conservateur, et devint commandant de la légion-d'honneur. Lors des événemens politiques de 1814, il adhéra au rétablissement du gouvernement royal, et fut nommé par Louis XVIII pair de France. Il mourut le 5 février 1815. On a remarqué qu'il a suivi la carrière des affaires publiques pendant 54 années : 35 sous Louis XV et sous Louis XVI, 7 sous le directoire et le consulat, 10 sous l'empire, et environ 2 sous Louis XVIII.

REDON-BEAUPRÉAU (N.), intendant-général de la marine à Brest, chevalier de Saint-Louis, officier de la légion-d'honneur, entra de bonne heure dans la carrière que son père (*voy.* l'article précédent) a parcourue avec distinction. Il était, en 1806, auditeur au conseil-d'état, section du ministère de la marine et des colonies. Dans la même année, au mois de septembre, M. Redon-Beaupréau devint membre de la commission des pétitions; au commencement de 1809, chef de l'administration de la marine à Lorient, et, au mois d'avril 1813, maître des requêtes. Comme son père, lors des événemens politiques de 1814, il adhéra au rétablissement du gouvernement royal, et fut nommé par Louis XVIII, le 11 juillet (1814), membre de la légion-d'honneur. Maître des requêtes en service extraordinaire en 1816, et en 1817 intendant-général de la marine à Toulon, il passa avec les mêmes fonctions à Brest, où il les remplit encore aujourd'hui (1824). Il est maintenant chevalier de Saint-Louis et officier de la légion-d'honneur.

REDOUTÉ (PIERRE-JOSEPH), peintre célèbre, et le premier des iconographes botanistes de l'époque, naquit à Saint-Hubert, dans les Ardennes, le 10 juillet 1759. Son père, peintre comme lui, avait un talent distingué, perfectionné dès sa jeunesse à Paris. La riche abbaye des bénédictins de St.-Hubert est ornée d'un grand nombre de ses tableaux, estimés encore aujourd'hui des connaisseurs. Le jeune Redouté, son second fils et son élève, marqua, dès l'enfance, des dispositions extraordinaires, et l'on rapporte qu'à l'âge de 5 ou 6 ans, il ébauchait déjà de petits tableaux de genre. A 13 ans, il quitta sa famille pour voyager en Flandre et en Hollande, n'emportant avec lui, pour tous moyens d'existence, que sa palette et ses pinceaux. Il demeura, pendant une année entière, dans la petite ville de Vilvorde, près de Bruxelles, et y peignit des dessus de portes, des décors d'appartement, et quelques tableaux d'église. A Luxembourg, où il se rendit ensuite, ses talens lui valurent la protection d'une princesse amie des arts, qui l'engagea à aller à Paris, et lui donna des lettres de recommandation, que le jeune artiste insouciant perdit en route. Privé de tout appui et poussé par le besoin, il entreprit de peindre des décorations pour le Théâtre-Italien, occupation peu lucrative et au-dessous de ses talens ; mais on lui a souvent entendu dire, que c'est en multipliant cette branche subordonnée de l'art, qu'il a contracté l'habitude d'une manière large et expéditive, qui l'a depuis si éminemment distingué parmi les peintres de fleurs. Il en avait peint quelques-unes comme essai (est-il dit dans la Bibliothèque universelle, tome 4, avril 1817), le hasard les fit tomber entre les mains du célèbre Lhéritier. Le botaniste fut frappé de son talent, et le détermina dès-lors à se vouer exclusivement à un genre pour lequel il était né. Le jeune peintre commença par dessiner les figures des ouvrages de Lhéritier, qui ont obtenu un succès remarquable, puisqu'elles ont commencé l'espèce de révolution qui fut opérée dans l'iconographie botanique. Il accompagna ensuite Lhéritier à Londres, et dessina une grande partie des figures du *Sertum anglicum*. Il a achevé encore pour le même botaniste, plus de 500 dessins. M. Redouté a fait ensuite, en grande partie, les figures de la *Flora Atlantica*, de Desfontaines ; celles des ouvrages de Ventenat (Jardin de Cels ; Choix de plantes, etc.; Jardin de la Malmaison); celles de l'*Astragalogia* et des *plantes grasses* de Decandolle ; enfin, Redouté est auteur ou peintre de plus de 20 ouvrages d'iconographie botanique, dont plusieurs présentent 4 ou 500 figures. La seule famille des *Liliacées* a fourni 80 livraisons, formant 8 volumes grand in-folio, qui renferment chacun 60 planches de la plus parfaite exécution. Cette splendide collection est, sans au-

cune comparaison, le plus bel ouvrage de ce genre qui existe dans les deux hémisphères. Cet artiste infatigable a fait en outre plus de 4000 dessins inédits, tant pour les vélins du Musée, commencés sous Louis XIV, que pour quelques savans et amateurs. Ses travaux ont fait entrer en France des sommes considérables. On lui doit de plus une branche nouvelle dans l'art iconographique, le procédé par lequel on tire sur une seule planche la gravure en couleurs variées ; les chefs-d'œuvre qu'il produit ainsi, semblent aussi parfaits que les plus beaux modèles de la nature. Il couronne maintenant ses travaux iconographiques par son magnifique ouvrage sur les *Roses*, dont plusieurs livraisons ont paru. Le talent et le charme de l'imitation ne peuvent pas être portés plus loin. A l'époque de la révolution, M. Redouté venait d'être nommé dessinateur du cabinet de la reine de Marie-Antoinette. En 1792, il fut nommé dessinateur de l'académie des sciences, et en septembre 1793, lors du concours qui fut ouvert cette année, il obtint la place de peintre de fleurs du Musée d'histoire naturelle. A la création de l'Institut, il fut nommé dessinateur en titre de la classe de physique et de mathématiques ; également distingué sous le gouvernement impérial, il reçut le brevet de peintre de fleurs de l'impératrice Joséphine. Dès que son admirable ouvrage des Liliacées parut, il fut placé par le gouvernement au nombre des productions de l'art les plus propres à donner aux étrangers une juste opinion de la supériorité de l'école française ; le ministre de l'intérieur eut ordre de faire l'acquisition de 80 exemplaires qui furent depuis envoyés en présent aux savans et artistes les plus renommés de l'Europe. M. Redouté a produit aux différentes expositions, un grand nombre de tableaux justement appréciés des connaisseurs. La plupart sont des aquarelles ; mais on y a admiré aussi quelques tableaux à l'huile, qui ont prouvé qu'il n'est pas moins habile dans ce genre que dans celui auquel il a plus particulièrement voué ses pinceaux. Le savant naturaliste Ventenat a consacré à la mémoire de son ami, sous le nom de REDUTEA, une plante très-jolie, de la famille des Malvacées, apportée de l'île Saint-Thomas des Antilles, par Riedlé. Simple en ses mœurs, éloigné de toute intrigue, et aussi recommandable par son caractère que par ses connaissances et ses talens, ce n'est pas sans quelque étonnement qu'on a remarqué que M. Redouté, le premier de nos artistes en son genre, n'est pas même membre de l'Institut.

REECE (RICHARD), médecin anglais, d'abord adjoint à l'hôpital d'Herefort, et en 1800, pharmacien à Londres, est fils de William Reece, recteur de Colwal. Ce médecin est auteur de différentes compilations d'ouvrages relatifs à son art, qui, faites avec goût, ont eu du succès. Nous citerons les principales : 1° *Pharmacopée médicale et chirurgicale*, in-8°, 1800 ; 2° *le Guide domestique en médecine*, in-8°, 1803-1810 : cet ouvrage a eu 7 éditions dans l'espace de peu d'années ; 3° *Observations sur les propriétés du lichen, ou mousse d'Islande, contre la consomption*, in-8°, 1804 ; 4° *Traité sur le Radix Rathaniæ*, in-8°, 1808 ; 5° *Dictionnaire de médecine domestique*, grand in-8°, 1808 ; 6° *Traité sur les causes, les soupçons et la guérison de la goutte*, in-8°, 1810 ; 7° *Nouveau système de médecine et de chirurgie médicale*, in-8°, 1811 ; 8° *Traité sur la consomption pulmonaire et l'asthme*, in-8°, 1811 ; 9° *Lettres sur l'état présent de la médecine*, in-8°, 1811 ; 10° *Pandectes Rééciennes de la médecine, ou Nouvel arrangement nosologique des maladies*, grand in-8°, 1812 ; 11° *Catalogue des drogues vendues chez Reece*, etc., in-12, 1812 ; 12° *Traité pratique sur la gratiole, comme un remède contre la corruption, l'asthme et la toux* (constitutional cough), in-8°, 1813 ; 13° *le Guide en médecine dans les maladies des tropiques*, in-8°, 1814 ; 14° *Exposé exact des circonstances qui ont accompagné la première maladie et la mort de Jeanne Southcott*, in-8°, 1815. Cette femme, qui jouait le rôle de prophétesse, s'était déclarée grosse ; ses partisans le prétendaient également, et le docteur Reece fut entraîné à attester ce fait dans les papiers publics. La mort de Jeanne Southcott dévoila le mystère. et Reece qui le premier avait été induit en erreur, se hâta de rendre publiques les observations que cette autopsie lui fournit.

REEVE (CLARA), romancière anglaise, a publié : le *vieux Baron anglais* ; les *deux Mentors* ; l'*Exilé, ou Mémoires du comte de Cromstadt* ; l'*Ecole des Veuves*, et les

Mémoires de Roger Clarendon: elle a aussi publié, les *progrès des Romans dans les différens temps et chez les différens peuples*. C'est une suite de conversations familières, où l'on trouve des remarques judicieuses de critique et de morale.

REEVES (JEAN), jurisconsulte anglais, membre de la société royale de Londres, est né en 1753. Après avoir fait de bonnes études au collège d'Eton et à l'université d'Oxford, il suivit avec succès la carrière du barreau, et fut nommé, en 1783, commissaire aux faillites. En 1791, le gouvernement l'envoya à l'île de Terre-Neuve, où il exerça les fonctions de président de la justice. S'étant démis de cet emploi l'année suivante, il revint à Londres, fut employé en qualité de clerc-légiste auprès du tribunal (*board*) du commerce et des colonies, et de surintendant du bureau des étrangers (*allien office*). En 1792, M. Reeves, dans une réunion des partisans de ses opinions politiques, tenue à la taverne de la Couronne et de l'Ancre, proposa de former une association destinée à s'opposer en tout au parti qu'il désignait sous le nom de républicain et de niveleur, et qui, selon lui, menaçait l'empire britannique d'une subversion totale. Le discours véhément qu'il prononça en cette occasion, fit quelque sensation en Angleterre, et fut commenté en sens divers par les journaux de cette époque. Quelque temps après, M. Reeves, qui s'était fait de nombreux ennemis, fut poursuivi juridiquement pour un pamphlet qu'il avait publié sur la constitution anglaise. Dans son zèle monarchique, il avait soutenu quelques principes anti-constitutionnels, et entre autres, que la monarchie anglaise resterait toujours ferme sur ses bases, quand même les deux autres branches du pouvoir législatif seraient détruites. Des hommes qui ne voulaient sans doute pas d'une monarchie sans chambres des pairs et des communes, et par conséquent sans représentation nationale, trouvèrent cette thèse très-condamnable. L'ouvrage ayant été dénoncé à la chambre des communes, le procureur-général eut ordre de faire informer contre l'auteur, et *les ministres*, dit une biographie moderne, imprimée à Paris, *furent assez faibles pour ne pas le soutenir*. Mais ce qui se pratique en d'autres pays n'aurait pas réussi à Londres, et les ministres anglais n'osent point, de nos jours, attenter à l'indépendance d'un jury anglais. Celui devant lequel M. Reeves fut traduit n'eut point d'ailleurs besoin de l'influence de la couronne pour être équitable. Il déclara, par son *verdict*, « que le pamphlet reconnu pour être composé par Jean Reeves, est un écrit très-inconvenant, mais qu'il n'est point prouvé que les motifs de l'auteur aient été ceux que mentionne l'information dirigée contre lui.» En conséquence ce jury prononça son *not guilty*, et lord Kenyon, président du tribunal, déclara que l'accusé était acquitté. Au reste, pour s'être trompé dans un de ses nombreux écrits, M. Reeves n'en est pas moins considéré en Angleterre comme un homme public très-estimable, qui, après avoir consacré trente années de sa vie à l'étude des lois, emploie les connaissances approfondies qu'il a acquises au service de ses concitoyens. Il a publié les ouvrages suivans : 1° *Recherches sur la nature de la propriété et des biens fonds, suivant les lois de l'Angleterre*, 1779, in-8°; 2° *Charte de la loi pénale*, une feuille in-fol., 1779; 3° *Histoire des lois anglaises*, 1787, 2 vol. in-4, et seconde édition, avec une continuation comprenant le règne de Philippe et de Marie, 1787, 4 vol. in-8°; 4° *Considérations légales sur la Régence, en ce qui concerne l'Irlande*, 1789, in-8°; 5° *Loi des chargemens maritimes et de la navigation*, 1792, in-8°. et seconde édition, 1807; 6° *Histoire du gouvernement de Terre-Neuve*, 1793, in-8°; 7° *le Mécontent, ou Lettre à François Plowden*, 1794, in-8°; 8° *Motifs des pétitions pour la paix des Aldermen Wilkes et Boydell, examinés et réfutés*, 1795, in-8°; 9° *Pensées sur le gouvernement anglais, de 1795 à 1799*, in-8°; 10° *Considérations sur le serment du couronnement*, 1800, in-8°, et seconde édition, 1801; 11° *Collection des textes grecs et hébreux des Psaumes*, 1800, in-8°; 12° *le Livre des prières ordinaires (commons prayers)*, avec une préface et des notes, 1801, in-8°; 13° *La Sainte-Bible*, imprimée d'une manière nouvelle, avec des notes, 1802, 10 vol. in-8°; 14° *le Livre des prières ordinaires*, avec des observations sur le service religieux, etc., 1801, in-8°; 15° *Nouveau-Testament grec*, 1803, in-12; 16° *Psalterium ecclesiæ anglicanæ hebraïcum*, 1804, in-12; 17° *Proposition pour une société biblique sur un nouveau plan*, 1805, in-8°; 18°

Observations sur ce qu'on appelle le bill des catholiques, 1807, in-8°.

REGENBOGEN (JEAN-HENRI), naquit à Schuttorp, dans le comté de Bentheim. Il devint successivement professeur d'histoire ecclésiastique et d'exégèse (explication) biblique à l'académie de Franequer, professeur de théologie, et en 1812, professeur d'histoire à l'université de Leyde, où il mourut le 22 février 1814. On a de lui : 1° *Oratio de théologo perfecto*; 2° *Mémoire tendant à prouver qu'il existe dans les livres du vieux Testament des prophéties directes relatives au Messie*, couronné par la société établie à La Haye, pour la défense de la religion chrétienne, 1797; 3° *Abraham proposé comme modèle d'un père de famille*, mémoire proposé par la même société, 1798; 4° *Mémoire tendant à prouver l'inutilité de tout changement quant aux principales vérités de la religion chrétienne*, couronné par la société déjà nommée, 1801; 5° *Concordance de la doctrine des apôtres avec celle de leur maître*, insérée dans les œuvres de la même société; 6° *Défense de la religion chrétienne contre ses adversaires modernes*, Amsterdam, 1802, 2 vol.; 7° *Commentatio de fructibus belli sacri*, Amsterdam, 1809; 8° *Théologie chrétienne d'après les besoins de l'époque actuelle*, Workum, 1811, 1 vol. in-8°; 9° *Mélanges divers*, Franeker, 1812; 10° *Sermons posthumes*, Dordrecht, 1815.

REGGIO (FRANÇOIS), célèbre astronome, naquit à Gênes en 1743. Engagé dans l'institut de Loyola, il n'aurait été qu'un mauvais ergoteur si, heureusement pour les sciences, il n'eût profité de la suppression de son ordre pour s'adonner à l'étude des mathématiques et de l'astronomie. Ses progrès furent rapides, et le mirent bientôt en état de partager les travaux de Oriani et de Cesaris à l'observatoire de Brera. En 1776, Reggio fut chargé de déterminer la latitude et la longitude de Pavie et de Crémone, et d'établir la différence du méridien de ces deux villes avec celui de Milan. Il exécuta, de concert avec ses deux collègues, la grande triangulation dans la Haute-Italie, terminée en 1794, et que les astronomes italiens se proposaient de joindre à celle du Piémont et de la France. Aussi infatigable dans son cabinet qu'il était exact dans ses observations, Reggio a laissé un grand nombre de mémoires, remplis d'aperçus lumineux et profonds, sur la science qu'il professait. La plupart de ses écrits ont été insérés dans les *Éphémérides astronomiques* de Milan, et c'est à ce recueil que nous renvoyons ceux qui seraient intéressés à connaître les travaux de ce savant. Il mourut à Milan, le 10 octobre 1804.

REGISMANSET (BENOÎT), colonel, officier de la légion-d'honneur, naquit à Carcassonne, département de l'Aude; il entra au service en 1786, et devint sergent-major, en 1792, à l'armée des Alpes; il fut blessé d'un coup de feu à la jambe gauche, à l'affaire de Raous, le 12 juin 1793. Adjoint à l'état-major de l'armée des Pyrénées-Orientales, où il venait d'arriver avec son régiment, le 7 ventôse an 2, il devint adjudant-major, et le 15 termidor suivant, chef de bataillon. Le 12 floréal an 3, à la tête des grenadiers des Hautes-Alpes, il s'empara de la redoute du Plat-d'Olrey, où les Espagnols s'étaient fortifiés; le 30 du même mois, ayant rencontré l'ennemi dans une découverte, il lui livra un combat long et meurtrier. En récompense, le grade de chef de brigade de la cinquième légère lui fut conféré sur le champ de bataille; il fit, en cette qualité, la campagne de l'an 4. Il faisait partie de l'armée commandée par le général en chef Bonaparte, lorsqu'il se trouva, quelques jours après la bataille d'Arcole, au combat terrible de Bevilagna. L'ennemi défendait le pont de ce village; malgré le feu le mieux nourri, Regismanset s'en rend maître, et facilite le passage des troupes françaises. En l'an 6, il fut successivement employé aux armées d'Angleterre, de Mayence et d'Helvétie. En l'an 7, étant revenu en Italie avec un bataillon de grenadiers et de carabiniers, il sauva la division Montrichard, mise en déroute par l'ennemi, qui, avec des forces doubles, venait encore de prendre en flanc celle du général Olivier, et dont il arrêta les succès. Le 5 messidor (an 7), il arrêta, avec le même bataillon, huit mille alliés, et soutint, au milieu d'une grêle de balles, la retraite de l'armée française pendant la journée entière. A la bataille de Novi, n'ayant sous ses ordres que cinq compagnies de son bataillon, il se précipita, sous les yeux mêmes du général Moreau, sur les Autrichiens, qui avaient percé la ligne française et

Le Cte Regnaud de St Jean d'Angely.

culbuté les 5e légère, 34e et 80e de ligne, les força à une retraite précipitée, leur fit 800 prisonniers, reprit 3 pièces de canon, et concourut ainsi au ralliement des troupes dispersées. Il contribua, sous les ordres du général Masséna, à la belle défense de Gênes, et se distingua d'une manière si particulière dans la sortie qu'effectua la garnison le 12 floréal an 8, qu'il reçut, en présence de l'armée, les éloges des généraux Masséna, Gazan et Cassagne; il continua de combattre, quoiqu'il eût reçu un coup de feu dans la poitrine, dont la balle lui est restée dans le bas-ventre. En l'an 8, il servait en Italie, sous le premier consul Bonaparte, qui, pour récompenser ses nombreux services, le nomma colonel du 19e régiment de ligne, infanterie, à la tête duquel il fit la campagne de l'an 9. Rentré en France avec son régiment, il alla occuper la garnison d'Ambleteuse (camp de Saint-Omer) en 1805. Il reçut la décoration d'officier de la légion-d'honneur, et mourut en 1807.

REGNARD (GASPARD), né dans l'arrondissement de Mont-Luçon, département de l'Allier, était avant la révolution procureur du roi en la châtellenie de Mont-Luçon. Il se fit remarquer parmi les partisans modérés des nouveaux principes, et fut nommé, en 1789, député suppléant du tiers-état de la sénéchaussée du Bourbonnais aux états-généraux. M. Dubuisson, député, ayant donné sa démission, il fut remplacé à l'assemblée constituante par M. Regnard, qui parut rarement à la tribune. Il retourna dans ses foyers après la session, où il resta inaperçu. En 1800, il fut nommé président du tribunal civil à Mont-Luçon, et en 1807, président du tribunal de 1re instance de la même ville; il a rempli cette place sans interruption jusqu'aujourd'hui (1824). Il a reçu du roi la décoration de la légion-d'honneur.

REGNAUD DE SAINT-JEAN-D'ANGÉLY (MICHEL-LOUIS-ÉTIENNE, COMTE), est né en 1760, à Saint-Fargeau, où son père remplissait les fonctions de président du tribunal et celles de subdélégué de l'intendance. Ce magistrat fut le premier instituteur de son fils. En 1771, le président de Saint-Fargeau ayant été exilé dans sa terre, y amena, avec ses enfans, un précepteur habile, et rendit communes au jeune Regnaud les leçons données à son fils aîné, Michel Lepelletier, mort depuis victime d'un assassinat. C'est à l'université de Paris que M. Regnaud termina ses études. Son père, sur le refus d'enregistrer à son bailliage l'édit de 1771, avait été mandé par le chancelier; le jeune Regnaud fut du voyage, et obtint, par la voie du concours, une place gratuite au collège du Plessis. Sorti du collège en 1777, il fit son cours de droit, et suivit le palais; il se destinait à la profession d'avocat, et comptait l'exercer à Paris. Les soins que réclamaient ses parens le forcèrent à changer de projet. Son père, affligé d'une cécité absolue, avait été obligé de renoncer à ses fonctions. Retiré à Saint-Jean-d'Angély, il y vivait dans ses propriétés. M. Regnaud, après avoir prêté son serment au parlement, se rendit auprès de sa famille. Un de ses oncles était lieutenant-criminel à Rochefort, et prévôt-général de la marine de ce département. La place de lieutenant de cette prévôté vint à vaquer ; on l'obtint, en 1782, pour M. Regnaud, qui, avec les appointemens de cette place et le produit de son cabinet, conservait à ses parens une aisance que les infirmités leur auraient enlevée. En 1788, lors du refus d'enregistrement des édits rendus sous le ministère de l'archevêque de Sens, les symptômes d'une révolution prochaine se manifestèrent sur tous les points de la France. En Saintonge comme dans les autres provinces, les trois états se réunirent : des commissaires furent chargés de rédiger et de porter au commandant de la province le vœu général; M. Regnaud fut nommé membre de ces commissions et rédacteur des pétitions. Peu après, on convoqua les états-généraux. Membre du collège électoral de la sénéchaussée de Saint-Jean-d'Angély, M. Regnaud avait été chargé de la rédaction des cahiers du tiers-état. Lors de l'élection des députés, il fut choisi, presque unanimement, au premier tour de scrutin. Les principes qu'il avait professés jusqu'alors, et qui lui avaient mérité la confiance de ses commettans, sont ceux qu'il n'a cessé de soutenir pendant la durée de l'assemblée constituante. Les journaux du temps font foi de la modération de ces opinions, qui, loin de menacer la monarchie, ne tendaient qu'à la raffermir, à l'asseoir sur des bases plus solides. M. Regnaud n'a appartenu à aucune faction. Jamais il n'a paru à la société des jacobins. Lié par une conformité d'intentions et d'efforts avec les hommes sages et modérés de l'assemblée, il se prononça et parla toujours avec énergie en faveur des droits justement balancés du peuple et du trône. La seule réunion dont il ait été membre, est celle qui avait lieu chez le duc de la Rochefoucauld, à laquelle assistaient habituellement MM. de la Fayette, Bailly, de Liancourt, de Tracy, de Castellane, le vicomte de Noailles, Mathieu de Montmorency, Dandré et autres membres de l'assemblée constituante, tous également connus alors par leur amour de la liberté fondée sur le respect des lois. Envoyé, en juin 1791, dans les départemens du Jura, de l'Ain et du Doubs, il y comprima des mouvemens séditieux près d'éclater. Pendant la session de l'assemblée constituante, il a travaillé, de concert avec M. Duquesnoi, Chéron, André Chénier, à un journal, tout à la fois libéral et monarchique, intitulé: *l'Ami des Patriotes.* Après l'assemblée constituante, devenu libre par la mort de ses parens, M. Regnaud se fixa à Paris. Il réunit à l'exercice de sa profession d'avocat plusieurs occupations honorables et utiles. Il avait été nommé membre du conseil des finances avec MM. Blondel et Martineau, et chef du conseil du contentieux de l'ordre de Malte. Cette fortune fut renversée par la journée du 10 août 1792. Fidèle à la constitution, M. Regnaud n'avait pas appris avec indifférence les dangers qui menaçaient le trône; il s'était rendu aux Tuileries, déterminé à défendre, avec son épée, la monarchie qu'il avait courageusement servie avec sa plume. On l'avait prévu, désigné d'avance aux assassins, qui crurent l'égorger dans la personne du malheureux Suleau; c'est à cette erreur seule qu'il dut la vie. Les forcenés de la section, instruits bientôt de la méprise, ordonnèrent son arrestation. On mit les scellés chez lui, on enleva son mobilier. Grâce aux soins d'amis fidèles et généreux, il échappa cependant aux recherches rigoureuses et multipliées dont il fut l'objet. Depuis cette époque jusqu'à celle du 9 thermidor, ce n'est qu'en se condamnant à une réclusion volontaire, qu'il évita le sort de tous les membres de l'assemblée constituante : le sort de Barnave, de Thouret, de Bailly, au nom desquels son nom était associé par l'ordre qui les jeta dans les prisons, d'où ils ne sortirent que pour aller à l'échafaud. Rendu à la liberté par le grand événement qui la rendit à la France, M. Regnaud retourna à Saint-Jean-d'Angély. Résolu de ne pas rentrer dans les fonctions publiques, il chercha à réparer, par des spéculations commerciales, les pertes que sa fortune avait éprouvées. Conjointement avec des négocians de Saint-Jean-d'Angély, de Bordeaux, de La Rochelle et de Paris, il fit des opérations dont les résultats furent avantageux. C'est alors que les circonstances les plus heureuses lui firent connaître la famille dans laquelle il devait trouver sa noble et courageuse épouse, fille de M. de Bonneuil, qui, lors du départ de Louis XVI (nuit du 20 au 21 juin 1791), avait été jeté en prison par suite de son dévouement pour *Monsieur*, depuis Louis XVIII, et nièce de M. et de Mme d'Esprémenil, morts tous deux sur l'échafaud, victimes de leur attachement aux Bourbons. Le bonheur de Regnaud fut bientôt troublé par le 13 vendémiaire; il était président de sa section, secrétaire de l'assemblée électorale et capitaine des grenadiers nationaux. Il fut nommé pour rédiger et porter à la convention une adresse contre les décrets des 5 et 13 fructidor. A l'erreur qui l'avait porté à embrasser la cause des factieux, il joignit celle, beaucoup plus grave, de se placer dans leurs rangs, et de marcher à la tête de sa compagnie contre la convention, seule autorité alors légitime dans l'état. Ces circonstances réveillèrent des animosités mal éteintes, et sans un avis que M. J. Chénier fit donner à Regnaud, il eût été arrêté chez lui, où les scellés furent apposés de nouveau. Une amnistie générale lui rendit peu après la liberté. Cependant le général Bonaparte avait rétabli l'honneur des armes françaises. Chargé d'un service dans l'armée, Regnaud passa en Italie, et se rendit à Milan en qualité d'administrateur-général des hôpitaux. Là, commencèrent ses rapports avec le vainqueur de Rivoli et le pacificateur de Rastadt. Bientôt se prépara l'expédition d'Égypte. Le général proposa à M. Regnaud de l'accompagner. La flotte entra à Malte, prit possession de la ville, et poursuivit bientôt sa route.

M. Regnaud fut laissé dans l'île en qualité de commissaire du gouvernement pour l'administration civile, fonctions qu'il exerça pendant huit mois. Malte, bloquée par les escadres réunies d'Angleterre et de Russie, avait besoin de secours. M. Regnaud partit pour les aller solliciter du gouvernement français : les instances furent inutiles. L'inconcevable incurie du directoire abandonna Malte aux Anglais. Réuni à sa famille, M. Regnaud s'occupait uniquement de ses intérêts privés, quand le général Bonaparte, rappelé d'Égypte par le directoire, débarqua inopinément en France. M. Regnaud fut du petit nombre des hommes entre lesquels a été concertée la révolution du 18 brumaire an 8. Cette révolution lia plus fortement encore sa fortune à celle du général qui, dès-lors, gouverna monarchiquement la France. Le système du gouvernement qui venait d'être établi explique le dévouement avec lequel M. Regnaud l'a servi jusqu'au dernier moment. Après avoir travaillé à la rédaction de la constitution de l'an 8, il fut nommé conseiller-d'état, puis successivement président d'une section du conseil, secrétaire-d'état de la famille impériale, et grand-procureur près la haute-cour, et reçut le titre de comte. Cette cumulation de charges, où l'on voyait une cumulation de faveurs, excita beaucoup d'envieux : peut-être devait-elle inspirer un sentiment tout opposé, car il est juste de dire qu'aucun de ces emplois n'était une *sinécure*. Napoléon qui, de tous les chefs de gouvernement, est celui qui a su le mieux mettre à profit les aptitudes des hommes qu'il s'attachait, et le mieux s'attacher les hommes qui réunissaient le plus d'aptitudes : Napoléon avait jugé le comte Regnaud, et il l'employait sans ménager ses forces, en raison de l'étendue de ses connaissances et de ses facultés. Il l'appelait à presque tous ses conseils; il le chargeait de porter la parole dans presque toutes les circonstances. En résulterait-il, comme l'ont prétendu quelques juges sévères, que les reproches provoqués par certaines opérations, qui peut-être ont préparé la chute de Napoléon, doivent tomber aussi sur le comte Regnaud ? nous ne le pensons pas; une telle conséquence ne saurait être juste aux yeux de quiconque a connu l'homme qui, pendant quinze ans, a fait les destinées de l'Europe. Un mot expliquera tout : ce n'était pas sur ses projets, mais seulement sur les moyens d'exécuter ces projets que l'empereur demandait des conseils. Le comte Regnaud suivit l'impératrice à Blois lors de la première entrée des alliés. Chargé par elle d'une mission près de l'empereur François, qui montrait peu d'empressement pour se rendre dans une capitale où tout devait lui rappeler les hautes infortunes de sa fille et de son petit-fils, M. Regnaud ne revint à Paris qu'après le retour de Louis XVIII. Depuis les désastres de la campagne de Russie, le comte Regnaud avait été sollicité fréquemment de se détacher d'une cause abandonnée par la fortune. Par ses refus, il a mérité l'honorable inactivité dans laquelle il a vécu pendant la durée de la première restauration. Cette inactivité, quant à ce qui concerne les affaires publiques, fut absolue. Retiré dans sa terre, concentré dans sa famille, il ne venait pas même assister aux séances de l'institut, que, malgré la multiplicité de ses occupations, il avait jusqu'alors exactement suivies. Nul ne fut plus surpris que lui d'apprendre le débarquement de Napoléon à Cannes; il n'en fut pas moins désigné, dès-lors, comme complice d'une conspiration qu'on a punie en attendant qu'elle fût prouvée. Ce n'est qu'après le départ de Louis XVIII pour Lille, que le comte Regnaud vint à Paris : l'empereur lui rendit ses anciennes fonctions. Nommé par deux assemblées au corps-législatif, il fit, jusqu'au retour des alliés dans la capitale, ce qu'il crut être son devoir, et l'on sait que, dans tout le cours de cet ouvrage, nous nous sommes constamment attachés à respecter les secrets de la conscience. Compris dans l'ordonnance du 24 juillet, il partit pour l'Amérique, avant même qu'une décision des chambres eût donné une forme légale à cette mesure extra-constitutionnelle. Les menaces qui se renouvelaient sans cesse contre sa liberté, contre sa sûreté même, le déterminèrent à prévenir l'effet d'une loi qui, dans l'état où se trouvaient alors les esprits, ne pouvait manquer d'être admise. Le comte Regnaud passa deux années en Amérique; mais au mois de mai 1817, se trouvant attaqué d'une maladie inflammatoire, et d'après l'avis des médecins qui ne jugèrent la guérison possible qu'en Europe, il quitta le sol hospitalier des États-Unis, pour venir débarquer en Belgique, où l'attendaient des persécutions qui empoisonnèrent et abrégèrent ses jours. Poursuivi mourant d'asile en asile, la maladie qui l'avait forcé à revenir d'Amérique prit un caractère alarmant. Le gouvernement français en fut instruit, le rappel du comte Regnaud fut signé; mais on semblait avoir calculé avec une horrible précision la masse des maux qu'il pouvait supporter. Il arriva à Paris, le 10 mars 1819, à sept heures du soir : à deux heures du matin il n'était plus. Ainsi mourut victime des persécutions de l'exil, un homme dont le nom se rattache à tout ce qu'on a fait d'utile en France pendant 20 ans; un homme qui, bon ami, bon Français, ne fut pas moins remarquable par les qualités généreuses de son âme que par les qualités brillantes de son esprit; un homme enfin qui, après avoir joué un rôle si important, ne demandait plus qu'une vie paisible et une retraite obscure au milieu d'une famille à qui sa perte a laissé de vifs regrets. Le service funèbre du comte Regnaud dut se faire précipitamment, ce qui n'empêcha pas un grand nombre d'amis d'y assister. Parmi la foule qui suivait le char, on distinguait des hommes du peuple qui manifestaient la douleur la plus profonde; ils pleuraient un bienfaiteur! Les restes du comte de Regnaud furent déposés au cimetière du père Lachaise entre ceux de Parny, Delille et Fourcroy. M. Jouy, de l'académie-française, prononça sur sa tombe les dernières paroles de l'amitié; et sa femme, qui venait de partager avec tant de courage son exil et ses malheurs, lui fit élever un monument où sont gravés les vers suivans, qui rappellent en peu de mots quelle fut la fin déplorable d'une vie tour-à-tour si brillante et si orageuse :

> Français, de son dernier soupir
> Il a salué la patrie!
> Un même jour a vu finir
> Ses maux, son exil et sa vie.

Le comte Regnaud était membre de l'institut de France. Un talent supérieur dans l'art oratoire lui avait ouvert l'accès de la classe de la langue et de la littérature françaises; il obtint encore de grands succès à la tribune académique. Porté souvent à la présidence, peut-être en considération de son rang, il justifia toujours cette faveur par des succès. Le discours qu'il prononça, en 1814, à l'occasion de la réception de M. de Campenon, qui succédait à l'abbé Delille, lui concilia tous les suffrages à cette époque où tous les partis n'étaient pas disposés à le favoriser. Le comte Regnaud était grand-aigle de la légion-d'honneur, grand-cordon de l'ordre de Wirtemberg et de plusieurs autres ordres des souverains de l'Europe.

REGNAULT (WILFRID), né à Amfreville-la-Campagne, département de l'Eure, n'est connu que par sa condamnation à mort, à la suite d'une accusation d'assassinat, et par le procès en calomnie qu'il intenta, du fond de sa prison, au marquis de Blosseville, député de la chambre de 1815, qui l'avait accusé d'être un des égorgeurs de septembre. Regnault perdit son procès capital, mais gagna en première instance celui contre le marquis et contre un abbé nommé Mutin, rédacteur du *Journal des Débats*, qui avait inséré dans cette feuille l'accusation jugée calomnieuse. Le tribunal condamna le marquis de Blosseville, comme coupable de calomnie, à 10 francs d'amende et à 25 francs de dommages-intérêts. M. Mutin et les propriétaires du Journal des Débats furent aussi condamnés à 5 francs d'amende. Malgré ce premier succès, une sentence de mort pesait toujours sur la tête du malheureux Regnault, et le tribunal de cassation venait de rejeter son pourvoi. Le crime horrible dont il était accusé ne paraissait cependant nullement prouvé. Les éloquens plaidoyers de ses défenseurs devant les tribunaux, MM. Gaillard-la-Ferrière et Odillon Barrot, les lettres que M. Benjamin Constant, avec son talent connu et un zèle animé par l'espoir de sauver un innocent, venait de publier en faveur de Regnault, avaient vivement intéressé et ému le public. La clémence royale de S. M. Louis XVIII intervint enfin dans cette affaire. La peine de mort fut commuée en celle d'une réclusion de 20 ans, que Regnault subit encore. M. le marquis de Blosseville interjeta aussi appel de la sentence qui l'avait condamné comme calomniateur, et attendu que la note qu'il avait envoyée à Paris, et dont l'abbé Mutin avait fait usage, ne se retrouva point, et qu'il ne put par conséquent être prouvé que l'article du Journal des Débats fût conforme à cette note, M. de Blosseville fut renvoyé de toute prévention par la cour royale, et le malheureux Regnault fut encore condamné aux dépens. Son avocat devant la cour de cassation, M. Mauguin, avait, ainsi que ses devanciers, embrassé, avec le plus louable désintéressement et une vive chaleur, la cause de l'homme malheureux dont l'innocence leur paraissait évidente. Dans son dernier plaidoyer, modèle d'éloquence et de logique, M. Mauguin apporta de nouvelles preuves de la non culpabilité, et sut bientôt réduire à sa juste valeur le système de défense de l'avocat de son adverse partie, qui soutenait qu'il y avait une ligue formée contre le marquis de Blosseville, et que tous les moyens employés pour sauver Wilfrid Regnault étaient mis en œuvre par l'esprit de parti, bien plus que par un sincère amour de la justice et de l'humanité.

REGNAULT-DE-BEAUCARON (J.-Éd.), juge au tribunal du district d'Ervy en 1790, fut élu, l'année suivante, par le département de l'Aube, membre de l'assemblée législative; il y signala, au mois de juin 1792, M. le duc de Penthièvre comme réfractaire aux lois nouvelles, en continuant de percevoir le droit de pêche sur la rivière de l'Eure, et le 8 août suivant, il défendit M. la Fayette, qu'un certain parti voulait faire décréter d'arrestation. Son zèle dans cette circonstance faillit lui devenir funeste. Assailli au sortir de la séance par une troupe de forcenés, il fut terrassé, foulé aux pieds, et allait être suspendu au fatal réverbère dont la corde était déjà préparée, lorsqu'il fut heureusement délivré par un grenadier qui le conduisit au corps-de-garde du Palais-Royal. Le danger attaché à la liberté des opinions ne l'empêcha pas de reparaître à la tribune le 23 du même mois, et de s'opposer au décret de déportation proposé contre les prêtres insermentés. Rentré dans ses foyers après la session, il remplit des fonctions judiciaires. Magistrat de sûreté près le tribunal de première instance de l'arrondissement de Nogent-sur-Seine en 1800, il en devint président à la recomposition des tribunaux en 1811. Une nouvelle nomination, en 1816, le maintint dans cette place, et il n'a cessé de l'occuper que depuis 1819.

REGNAULT - DELALANDE (François-Léandre), né à Paris en 1762, s'est fait connaître par le nombre prodigieux de catalogues de ventes de tableaux et d'estampes qu'il a publiés, et que l'on porte à plus de 300. Ces catalogues, faits avec un soin particulier et une exactitude peu commune, attestent d'ailleurs les connaissances de l'auteur dans l'art du graveur et du peintre: tous méritent l'attention des amateurs; néanmoins on distingue ceux du cabinet de MM. Basan, Saint-Yves, Valois, Prévost, Sylvestre, du comte Rigal, etc. Ces catalogues ne sont pas une simple nomenclature; on y trouve des remarques sur les tableaux et sur les estampes, sur les maîtres auxquels on les attribue, sur les époques où ils ont été exécutés, et enfin la plupart sont accompagnés d'une notice sur chacun des possesseurs de ces divers cabinets. On voit que M. Regnault-Delalande s'est efforcé de donner à ce genre de travail un intérêt dont il paraissait peu susceptible avant lui.

REGNAULT - WARIN (JEAN-BAPTISTE-JOSEPH-INNOCENT-PHILADELPHE), littérateur, est né à Bar-le-Duc, département de la Meuse, le 25 décembre 1775. Très-jeune, à l'époque de la révolution, et ayant déjà composé quelques petites pièces dramatiques, oubliées depuis long-temps, il adopta, avec toute l'irréflexion de son âge et avec toute la chaleur d'une tête exaltée, les nouveaux principes politiques, et paya son tribut aux circonstances par différens écrits en vers et en prose. Quelques-uns le firent signaler par les autorités de son département au ministre de la justice, qui cependant ne donna aucune suite à ces dénonciations. Connu de quelques membres du parti de la *Gironde*, entre autres de Vergniaux, Brissot, etc., et attaché à la rédaction de la *Bouche de Fer*, feuille politique, il parut bientôt vouloir suivre la carrière de l'administration militaire, et devint successivement secrétaire-militaire de la place de Verdun, employé à l'état-major de l'armée des Ardennes, et adjoint à un adjudant-général. Dans ce dernier emploi, il paraît qu'il rendit quelques services à des proscrits, ses compatriotes: conduite honorable qui le fit dénoncer à Robespierre. Il s'en suivit pour M. Regnault-Warin une détention qui cessa après la chute du tyran. Néanmoins, craignant de nouvelles persécutions, il s'expatria,

et fut porté sur la liste des émigrés. De retour dans sa patrie à une époque plus heureuse, il obtint sa radiation de la liste des émigrés, et se livra à la littérature. Un roman semi-historique, intitulé: *le Cimetière de la Madeleine*, fixa de nouveau l'attention sur lui, et le fit arrêter. L'épouse du premier consul Bonaparte, depuis impératrice (*voy.* JOSÉPHINE), s'intéressa en sa faveur, et il recouvra la liberté. M. Regnault-Warin rentra dans la carrière littéraire, et quelques-uns de ses ouvrages ne prirent de teinte politique qu'en 1806, et après la restauration du gouvernement royal en 1814. On cite parmi les principales productions de M. Regnault-Warin les suivantes: 1° *Élémens de politique*, 1790, in-8°; 2° *la Constitution française mise à la portée de tout le monde*, 1791, in-8°; 3° *Bibliothèque du citoyen*, 1791; 4° *Éloge de Mirabeau*, 1791, in-8°; 5° *Siècle de Louis XVI*, 1791, in-8°; 6° *Révision de la constitution française*, 1792, in-8°; 7° *Conseils au peuple sur son salut, ou Opinion sur le danger de la patrie*, 1792, in-8°; 8° *Cours d'études encyclopédiques*, 1797, in-8°, en société avec MM. Jasot et Lombard; 9° *la Caverne de Strozzi*, 1798, in-8°; 10° *Roméo et Juliette*, roman historique, 1799, 2 vol. in-12; 11° *le Cimetière de la Madeleine*, 1800, 4 vol. in-12; 1801, 4 vol., souvent réimprimé; 12° *la Jeunesse de Figaro*, 1801, 2 vol. in-12; 13° *le Tonneau de Diogène*, ouvrage imité de l'allemand, de Wieland, par Frenais, avec des remarques et additions, 1802, 2 vol. in-12; 14° *les Prisonniers du Temple*, suite du *Cimetière de la*

Madeleine, 1802, 3 vol. in-12. Il paraîtrait que les deux premiers volumes et les 60 premières pages du troisième sont seuls de M. Regnault-Warin. 15° *le Paquebot de Calais à Douvres*, roman politique et moral, trouvé sur une échoppe de bouquiniste du quai des Ormes, 1802, in-12 ; 16° *Spinalba, ou les Révélations de la Rosecroix*, 1803, 4 vol. in-12 ; 17° *Lille ancienne et moderne*, 1803, in-12 ; 18° *l'Homme au masque de fer*, 1804, 4 vol. in-12 ; 4° édit., 1816, 4 vol. in-12. 19° *la Diligence de Bordeaux, ou le Mariage en poste*, 1804, 2 vol. in-12 ; 20° *Loisirs littéraires*, 1804, in-12 ; 21° *Madame de Maintenon*, 1806, 4 vol. in-12 ; 22° *Napoléonide sur la campagne de deux mois*, 1806, in-8° ; 23° *la Nouvelle France, ou les Hommes et les choses au 19° siècle*, 1815, in-8°, un seul cahier ; 24° *Réfutation du rapport sur l'état de la France, fait au roi dans son conseil, par le vicomte de Châteaubriand*, 1815, in-8°, deux éditions : 25° *Pour et Contre, ou Embrassons-nous*, mémoire adressé au roi, 1815, in-8° ; 26° *Cinq Mois de l'histoire de France, ou Fin de la vie politique de Napoléon*, 1815, in-8° ; 27° *l'Ange des prisons* (Louis XVII), élégie, 1816, in-12 ; 28° *le Mal et le Remède des cours*, où l'on cherche à prouver contre M. de Châteaubriand, 1° que les élections de 1816 ont été libres ; 2° que les députés sont élus légalement ; 3° que la représentation nationale est légitime, 1816, in-8. 29° *Henri, duc de Montmorenci, maréchal de France*, roman historique, 1817, in-8° ; 30° *Esprit de M*^me^ *de Staël*, 1818, 2 v. in-8°.

REGNÉE (N.), président de l'administration départementale du Calvados, au commencement de la révolution, fut nommé député au conseil des cinq-cents en 1799. Après la révolution du 18 brumaire an 8, à laquelle il se montra favorable, il fut nommé par les consuls, en 1800, juge au tribunal d'appel du département du Calvados. A la restauration du gouvernement royal, en 1814, M. Regnée devint conseiller de la cour royale de Caen ; en 1820, il reçut la décoration de la légion-d'honneur, et fut nommé président de chambre à la même cour, poste qu'il occupe encore aujourd'hui (1824).

REGNIER (Claude-Antoine), duc de Massa, ministre de la justice sous le gouvernement impérial, naquit à Blamont, dans la ci-devant province de Lorraine, le 6 avril 1746. Entré de bonne heure dans la carrière judiciaire, il était à l'époque de la révolution un des avocats les plus distingués du parlement de Nanci. Le bailliage de cette ville le nomma, en 1789, député du tiers-état aux états-généraux, où il se prononça constamment, quoique sans véhémence ou exagération quelconque, pour la cause populaire. Il fut employé pendant tout le cours des sessions de l'assemblée constituante dans les divers comités chargés de l'organisation administrative et judiciaire, et ne parut que rarement à la tribune nationale. Après l'insurrection du régiment suisse de Châteauvieux, et de quelques autres troupes de la garnison de Nanci égarées par les anarchistes, le député Regnier prit vivement le parti de la municipalité de cette ville, et le parti du marquis de Bouillé, qui venait d'étouffer l'insurrection. Il avait peu de temps auparavant demandé la mise en accusation du vicomte de Mirabeau, alors colonel du régiment de Touraine, qui s'était enfui de Perpignan, et avait enlevé les cravates des drapeaux de son corps. Il s'opposa aussi à l'institution du jury en matière civile. Lors du départ du roi pour Varennes, le 20 juin 1791, Regnier fut envoyé par l'assemblée dans les départemens du Rhin et des Vosges, pour calmer l'effervescence qu'on craignait que cet événement y causât. Après la clôture des sessions de la première assemblée nationale, il se retira à la campagne dans son département, ne prit aucune part aux affaires publiques, et eut le rare bonheur d'échapper aux poursuites dirigées pendant le règne de la terreur contre presque tous les députés patriotes de l'assemblée constituante. En 1795, il fut élu par le département de la Meurthe membre du conseil des anciens. Il y professa les mêmes principes qu'à son début dans la carrière législative, s'opposa aux projets du parti ultra-républicain, comme à ceux du parti de *Clichy*, et défendit encore avec zèle la cause d'une sage liberté. Élu président du conseil le 1ᵉʳ prairial an 6 (20 mai 1798), il en fut nommé membre, par le département de la Meurthe, lors des réélections de l'année suivante. Au retour de Bonaparte d'Égypte, Regnier s'attacha à la fortune de ce général, entra bientôt dans toutes ses vues, et coopéra à la révolution du 18 brumaire. Il fut un des membres du conseil des anciens qui se réunirent, dans la matinée du 7 novembre, chez le président de ce conseil, Lemercier, pour y arrêter les mesures définitives et les divers moyens d'assurer le succès du mouvement militaire qui eut lieu le lendemain. Il présenta le projet qui transférait les deux conseils à Saint-Cloud, et fut, après le succès de l'entreprise, nommé président de la commission intermédiaire, composée des membres choisis par le vainqueur. Dès l'établissement du nouveau gouvernement, il fut appelé au conseil-d'état, attaché à la section des finances, et le 15 septembre 1802, il réunit, sous la dénomination de grand-juge, les deux ministères de la justice et de la police-générale. Après la découverte de la conspiration de Georges Cadoudal et l'arrestation du général Pichegru, le premier consul Bonaparte jugea nécessaire de rendre le ministère de la police à Fouché; mais Regnier conserva le titre de grand-juge et le portefeuille du ministère de la justice. Il fut créé quelque temps après duc de Massa. Son dévouement à l'empereur fut complet. Vers la fin de l'année 1813, quand Napoléon crut avoir besoin de faire un nouveau choix pour présider le corps-législatif, il nomma le duc de Massa ministre-d'état, et lui confia, dans les circonstances qui devenaient de plus en plus graves, la présidence de ce conseil si long-temps approbateur ou muet. Le poste était difficile, et malgré tout le zèle du nouveau président, il ne put imposer silence à l'opposition, qui éclata pour la première fois dans le corps-législatif. Une commission y avait été nommée pour recevoir les communications du gouvernement ; elle fut composée des députés Lainé, Raynouard, Gallois, Flaugergues et Maine de Biran. Dans la séance du 28 décembre, elle fit son rapport, et M. Raynouard, qui avait été chargé de le présenter, exprimant avec une grande énergie des opinions qui ne pouvaient alors plaire à l'autorité souveraine, fut soudain interrompu par le président. « *Orateur*, s'écrie le duc de Massa, *ce que vous dites ici est inconstitutionnel. — Il n'y a ici d'inconstitutionnel que votre présence*, répliqua M. Raynouard, et continua son discours. L'impression en fut votée, ainsi qu'une adresse à l'empereur, basée sur le rapport de la commission, le tout malgré les efforts du président, et à la grande majorité de 233 voix contre 31. Le 30 décembre, l'épreuve de l'imprimeur fut saisie et la planche détruite, les portes du palais du corps-législatif furent fermées, et le lendemain 31, la législature fut dissoute. Après la chute de Napoléon, le duc de Massa écrivit, le 8 avril 1814, au gouvernement provisoire, pour demander des instructions nouvelles, et s'il devait se considérer encore comme président du corps-législatif. On ignore quelle fut la réponse de ce gouvernement temporaire, ou même s'il en fit une. Le duc de Massa ne survécut que peu de temps aux événemens de cette époque; il n'occupa aucun emploi sous le gouvernement royal, et mourut à Paris, le 24 juin 1814, à l'âge de 68 ans.

REGNIER (SYLVESTRE, DUC DE MASSA), pair de France, fils du précédent, entra très-jeune dans la carrière des emplois publics, et fut nommé successivement, sous le gouvernement impérial, auditeur au conseil-d'état, sous-préfet à Château-Salins, secrétaire-général du conseil du sceau des titres, et en dernier lieu préfet du département de l'Oise. Il occupait ce poste lors de la première invasion des étrangers, et y fut maintenu après la rentrée du roi en 1814; mais il en cessa les fonctions au retour de Napoléon de l'île d'Elbe; refusa de les reprendre quoiqu'il y fût invité; donna sa démission, et à l'exemple du maréchal Macdonald, dont il avait épousé la fille aînée, persista à ne point accepter de place pendant les *cent jours*, en 1815. Nommé préfet du département du Cher après le second retour du roi, il donna de nouveau sa démission en 1816, et n'a plus rempli depuis de fonctions publiques. Par ordonnance du 18 juillet de la même année, il a été élevé à la pairie, avec le titre de duc de Massa, que portait son père

REGNIER (EDME), ingénieur-mécanicien, chevalier de la légion-d'honneur, ancien conservateur du musée d'artillerie, qu'il a créé, membre honoraire du comité consultatif des arts et manufactures, membre de la société pour l'encouragement de l'industrie nationale, et de la société royale académique des sciences de Paris, auteur d'un grand nombre d'inventions utiles aux arts et à l'agriculture, est né à Semur en 1751.

Ses parens, remarquant en lui des dispositions pour les arts industriels, l'envoyèrent à Dijon pour apprendre la profession d'arquebusier. En se perfectionnant dans son art, il suivit les cours de dessin de M. Devosges, et à l'âge de 17 ans, il remporta le premier prix de sculpture d'après la bosse, décerné par l'académie de Dijon. A son retour à Semur, M. Regnier se lia d'amitié avec Gueneau-de-Montbeillard, avec lequel il fit à Montbard, chez M. de Buffon, des expériences sur l'électricité naturelle. Bientôt après, M. Regnier établit à Semur et dans les environs six paratonnerres : alors il n'y en avait aucun à Paris. En 1777, la société libre d'émulation proposa un prix pour la meilleure serrure à combinaison, et M. Regnier, qui n'avait jamais vu d'ouvrages de ce genre, envoya un mémoire, où l'on remarquait des idées neuves, qui lui méritèrent le premier prix d'encouragement. Cette serrure fut décrite aussitôt dans l'*Encyclopédie méthodique*, à l'article de l'art du serrurier ; mais depuis cette époque M. Regnier l'a bien perfectionnée, ainsi que les cadenas à combinaison, qui sont maintenant d'un usage presque général. En 1778, M. Regnier vint à Paris pour la première fois, et apporta avec lui des échantillons de conducteurs de paratonnerres, que Franklin vit avec beaucoup d'intérêt ; il lui en demanda trois pour être envoyés à Philadelphie. Quelque temps après, à Dijon, M. Regnier présenta à M. le prince de Condé divers objets de son invention. En récompense, le prince le fit nommer mécanicien des états de Bourgogne. En 1783, M. Regnier fut admis à offrir à Louis XVI un petit méridien sonnant, dans le genre de celui qu'il avait établi en grand pour l'usage public de la ville de Semur. Le roi vit avec intérêt ce nouveau méridien, et récompensa généreusement son auteur. Pendant la révolution, M. Regnier fut appelé à Paris, comme membre de l'administration des armes portatives, et profita de cette occasion pour recueillir avec soin les anciennes armures de nos rois, qui étaient éparses en France. En classant par ordre chronologique les anciennes armures de guerre, il créa ainsi le musée de l'artillerie : pendant ce temps, il composa l'échelle à incendie qui fut couronnée au concours de l'institut. En 1816, M. le duc d'Angoulême, visitant le musée d'artillerie, vit avec surprise une collection aussi précieuse, et dès le lendemain, M. Regnier, qui en était le conservateur, fut nommé par le roi chevalier de la légion-d'honneur. A la même époque, M. Regnier put sauver 5,000 fusils pour la garde nationale de Paris, qui allaient être livrés aux troupes des puissances étrangères. *Monsieur* (aujourd'hui Charles X), informé du zèle que M. Regnier avait mis en cette occasion, le nomma contrôleur en chef des armes de la garde nationale. Quelque temps après, M. Regnier obtint sa retraite avec une pension du gouvernement ; mais le ministre de l'intérieur le nomma membre honoraire du comité consultatif des arts et manufactures. Quoique d'un âge avancé, M. Regnier se plait encore à prodiguer les conseils de son expérience aux hommes habiles qui se livrent à la pratique des arts industriels. Dans une *notice* imprimée chez Mme Huzard, on compte de M. Regnier 75 machines différentes, approuvées par les sociétés savantes.

REGNIS (Charles-Louis), élu en septembre 1792, par le département des Basses-Alpes, député à la convention nationale, il vota dans le procès du roi la détention et le bannissement à la paix. Sur la question de l'appel au peuple, il motiva son opinion en ces termes : « Je ne suis pas de l'avis de ceux » qui calomnient le peuple français; » en conséquence, comme le décret » que nous avons à rendre inté- » resse essentiellement le peuple » français, et qu'il doit être ex- » pressément le vœu général, je dis » oui. » Il fut l'un des vingt et un commissaires chargés, en mai 1795, d'examiner la conduite de Joseph Lebon. Après la session conventionnelle, il devint membre du conseil des anciens, où il resta jusqu'en 1797. Réélu, en mars 1799, par son département, il passa, après la révolution du 18 brumaire an 8, au corps-législatif, d'où il sortit en 1803. Il fut nommé, en 1804, directeur des droits réunis du département de Lot-et-Garonne, et conserva cette place jusqu'à la seconde restauration. En 1815, le département des Basses-Alpes l'avait député à la chambre des représentans pendant les *cent jours*; il a cessé depuis d'être en évidence.

REGNOUF DE VAINS (N.), fut nommé, par le département de la Manche, député à la chambre de 1815; il montra des connaissances dans les matières de finances, et se fit remarquer dans la discussion du projet de loi sur le budget. Dès le 21 décembre 1815, M. Regnouf avait fait une proposition tendant à ce que les receveurs-généraux et particuliers, et les percepteurs, fissent le recouvrement des taxes extraordinaires sans qu'il leur fût alloué aucune remise sur ces contributions; il développa les motifs de sa proposition dans un discours étendu, où, après avoir attaqué l'article 15 de l'ordonnance du roi, du 16 août 1815, qui autorisait ces employés à prélever cette taxe, il ajouta : « Quoi! ce peuple qui sup- » porte avec calme et résignation » les malheurs de sa patrie..., ce » peuple à qui tout deviendra pos- » sible pour sauver la France et af- » fermir le trône de ses rois!... » sera-t-il donc toujours obligé de » fournir, dans sa misère, à la » somptuosité scandaleuse des re- » ceveurs qui, faisant partie des » comités des répartitions pour l'im- » pôt des 100 millions, n'ont pas » rougi pour la plupart de s'impo- » ser à des sommes très-modiques, » même en comparaison des autres » citoyens, tandis qu'ils devaient » toucher des sommes doubles ou » triples par les taxations qui leur » sont accordées. » La proposition de M. Regnouf fut imprimée et distribuée à la chambre. Il parla ensuite contre les congés que la chambre accorde trop facilement. Il dit, quant aux douanes, qu'il ne considère pas si l'impôt sur le sel est juste : mais s'il est nécessaire, il vote pour qu'il soit diminué en 1817, et propose d'établir un impôt sur le luxe. Enfin, dans la discussion du budget, il appuie le projet de la commission, et propose des vues nouvelles d'économie sur le mode de perception des impôts indirects. Cette opinion, prononcée le 18 mars 1816, fut également imprimée et distribuée à la chambre. M. Regnouf n'a pu être réélu à la chambre de 1817, son département n'y ayant point été représenté. Nommé de nouveau en 1819, il subit la dissolution totale en 1823, et reparut à la chambre de 1824. Il est sous-préfet d'Avranches, et chevalier de la légion-d'honneur.

REIBELL (N.), administrateur des vivres sous le gouvernement impérial. Il fut nommé dans les *cent jours*, en 1815, par le département du Bas-Rhin, membre de la chambre des représentans; réélu, en 1816, à la chambre des députés, il fut le rapporteur de plusieurs pétitions, et se montra le défenseur constant des libertés nationales. En 1818, il appuya le renvoi, au bureau des renseignemens, de la pétition de M. Blanchangy, manufacturier à Thanne (Haut-Rhin), qui demandait la suppression du droit, que l'arrêté du 5 nivôse an 8 donnait à l'autorité administrative, d'élever des conflits d'attribution dans les causes soumises à la décision des tribunaux. En 1819, il s'inscrivit et parla contre la *résolution de la chambre des pairs contre les élections*. Il combattit en 1820, dans un discours très-étendu, les motifs allégués par la régie en faveur du *monopole*, et en vota la suppression le 31 décembre 1821. Dans la discussion relative au *transit d'Alsace*, il avait fait valoir les avantages qui en résulteraient pour le département en particulier et pour la France en général, et avait voté pour l'affirmative. Il a cessé ses fonctions cette même année, et n'a pas été réélu depuis.

REICHA (Antoine), né à Prague, étudia dans les universités d'Allemagne les plus célèbres, y obtint des succès distingués, et s'étant exclusivement livré à la musique, il intéressa, par ses talens, Haydn et Mozart, qui le formèrent à l'art de la composition. Sa réputation ayant pénétré en France, il y fut appelé, et remplaça Méhul dans les fonctions de professeur de composition au conservatoire. Déjà à cette époque il était connu par 85 œuvres de musique instrumentale et vocale. M. Reicha est auteur d'un Traité de mélodie, ouvrage estimé, renfermant une théorie complète du véritable rythme musical, qu'on a long-temps confondu avec le rythme des anciens. La plupart de ses ouvrages ont été imprimés à Paris, où il s'est fixé il y a environ 27 ans. Il est encore aujourd'hui (1824) professeur de contre-point et de fugue à l'école royale de musique et de déclamation.

REICHARDT (Jean-Frédéric), musicien allemand, né, le 26 novembre 1752, à Kœnisberg, fut élève de M. Richter, de l'école de Bach, pour le piano, et de M. Veichtner, de l'école de Benden, pour le violon; il étudia à l'université de Kœnisberg, sous le célèbre philosophe Kant, dans les années 1769 et 1770. Appelé à Berlin, à la fin de 1775, par Frédéric-le-Grand, comme maître de chapelle, il y établit un concert spirituel, pour y faire exécuter les compositions de Léo, Majo, Jomelli, Sacchini, Piccini, qu'on ne connaissait pas encore à Berlin. Reichardt se rendit, en 1782, en Italie; en 1785, à Londres, où il reçut un accueil distingué, et fit exécuter à la cour et sur le théâtre italien, sa composition de la *passion* de Métastase, des psaumes en chœur, et des scènes italiennes. De Londres, il vint à Paris, où les mêmes compositions lui firent confier, par l'académie royale de musique, deux opéras : *Tamerlan* et *Penthée*, qu'il emporta à Berlin, et qui l'occupèrent une année entière. Il revint à Paris, avec *Tamerlan* entièrement fini, et *Penthée* terminé à moitié ; mais au moment des répétitions, Frédéric-le-Grand étant mort, Reichardt fut obligé de se rendre au plus tôt à la cour de Prusse, pour composer une grande cantate funèbre, qui fut exécutée aux funérailles du roi, à Potsdam. *Tamerlan*, représenté plus tard, eut quelque succès dans sa nouveauté, mais il a été peu suivi à sa reprise. L'avènement de Frédéric-Guillaume II au trône de Prusse ouvrit dans ce pays une ère nouvelle et brillante pour la musique. Passionné pour cet art, ce prince réunit l'orchestre du roi à celui du prince de Prusse, et Reichardt fut chargé de sa direction; il attira à Berlin les virtuoses les plus renommés dans les différens théâtres de l'Allemagne, et composa un grand nombre d'œuvres musicales, entre autres plusieurs opéras dans le genre italien. On cite particulièrement *Andromeda*, *Protesilas*, *Brenno* et l'*Olimpiade*, dans un style nouveau, où il tâchait de réunir l'effet de la scène et la vérité de la déclamation, avec la beauté et la richesse des chants italiens. Il eut aussi l'heureuse idée de joindre à ses opéras des ballets qui formaient de grands concerts, propres à faire briller les talens de tous les virtuoses dont il avait rempli l'orchestre. Quelques tracasseries qui lui furent suscitées le portèrent à demander son congé; le roi, en le lui refusant, lui permit d'aller passer trois ans à la campagne qu'il possédait à Halle, sur les frontières de la Saxe, en lui laissant ses appointemens pendant toute la durée de cette absence ; mais il le rappela presque aussitôt à Berlin, pour y donner son opéra, *Olimpiade*, aux fêtes qui devaient avoir lieu pour les mariages des deux princesses ses filles avec le duc d'York et le prince d'Orange. Il se retira ensuite à sa campagne, pour y jouir de son congé, se refusant à toutes les instances qui lui furent faites pour composer un nouvel opéra italien, dont on voulait embellir le carnaval suivant. En 1792, il vint à Paris pour la troisième fois; c'est à son retour qu'il composa ses premières lettres confidentielles, qui le firent soupçonner de partager les principes de la révolution française, ce qui lui valut sa démission à la fin de ses trois ans de congé. En 1794, il se retira à Hambourg, y commença le journal (Frankreich) *la France*, qui se maintint dix ans avec beaucoup de succès, et acheta une terre dans le Holstein; mais une année était à peine écoulée qu'il fut reconnu innocent, rappelé à Berlin, et dédommagé par la place de directeur des salines à Halle. Frédéric-Guillaume III ayant succédé, en 1797, à Frédéric-Guillaume II, Reichardt fut non-seulement maintenu dans sa place, mais occupé de nouveau pour le théâtre de l'opéra italien du roi, et pour le théâtre national. Le jour du couronnement, il donna à l'opéra allemand, *l'Ile des Esprits*, de Gotter, d'après la *Tempête* de Shakespeare, et l'année suivante, l'opéra italien *Rosamonda*, dont le roi fut si satisfait, qu'il lui fit présent d'une somme de 6,000 francs, et qu'il augmenta ses appointemens de 2,200 francs. Depuis cette époque jusqu'en 1803, Reichardt ne cessa de produire de nouveaux chefs-d'œuvre. Il fit cette année un quatrième voyage à Paris, fut présenté au premier consul Bonaparte par le marquis de Lucchesini, et nommé correspondant de l'institut. Il publia, à son retour, trois volumes de lettres confidentielles sur Paris, qui ne le brouillèrent pas cette fois avec son gouvernement, mais donnèrent une idée peu favorable de sa personne à ceux qui l'avaient reçu le mieux, et qu'il affecta de traiter le plus mal. En 1806, il quitta Halle, occupé par les Français, et passa une année entière à Dantzick, Kœnisberg et Memel, jusqu'à la paix de Tilsitt, qui donna un roi à la Westphalie. Ce nouveau souverain ayant rappelé tous ses sujets possessionnés, sous peine de la confiscation de leurs biens, Reichardt se vit forcé de quitter la cour de Prusse, après 35 ans de service sous trois rois, et d'aller résider à Halle, où il trouva sa place de directeur des salines supprimée; mais ayant reçu l'ordre de se rendre à Cassel, il y fut nommé directeur des théâtres français et allemand, aux appointemens de 9,000 francs. A la fin de 1808, s'étant rendu à Vienne, afin d'y chercher des chanteurs, pour un opéra buffa qu'on voulait réunir à l'opéra allemand, il profita de son séjour dans cette ville pour composer un opéra (*Bradamente*) sur les paroles du célèbre Collin. Son opéra était achevé, et avait été joué avec succès dans le palais du prince Lobkowitz; mais avant qu'il fût mis en scène, la guerre éclata entre la France et l'Autriche. Reichardt se retira à sa campagne de Halle, où il s'est depuis occupé à composer les mémoires de sa vie. Nous avons parlé des principales œuvres musicales de Reichardt; nous indiquerons quelques-unes de ses compositions littéraires. Ce sont: 1° *Lettres d'un Voyageur attentif concernant la musique*, 1775-1776, 3 vol.; 2° *Sur l'Opéra comique et la poésie musicale*, Hambourg, 1775; 3° *Sur les Devoirs d'un musicien d'orchestre*, 1776; 4° *Lettre au comte de Mirabeau sur Lavater*, 1786; 5° *La France*, journal politique, 1794-1803; 6° *l'Allemagne*, journal littéraire; 7° *Lettres confidentielles écrites dans un voyage en France*, 1803-1804. On lui attribue aussi une *Histoire du consulat de Bonaparte*, 1804, vol. in-8°, qui eut beaucoup de succès en Allemagne, et qui fut traduite en anglais, etc., etc.

REIDT (Thomas), célèbre métaphysicien anglais, naquit en 1711. Des productions marquées au coin du talent et de la science le firent connaître de bonne heure et nommer professeur de philosophie morale, dans l'université de Glascow, en Écosse; il publia des *Recherches sur l'esprit humain d'après les principes du sens commun*, ouvrage entrepris pour réfuter quelques principes de Hume et de l'évêque de Berkeley (sur l'entendement humain), tendant au scepticisme. Ce livre, qui eut la plus grande vogue, n'était que le prélude de deux autres plus considérables : l'*Essai sur les forces intellectuelles de l'homme*, et l'*Essai sur les forces actives*. Reidt y rapporte les premières à l'entendement, et les secondes à la volonté. Depuis ce moment, il fut regardé comme un des plus grands métaphysiciens d'Angleterre. Il mourut au mois d'octobre 1796, à l'âge de 85 ans.

REIL (Jean-Chrétien), médecin allemand, conseiller et chevalier de l'aigle Rouge de Prusse, etc., naquit à Rhanden dans l'Ost-Frise, le 28 février 1759. Fils du pasteur de Rhanden, et destiné par sa famille à l'état ecclésiastique, il commença des études analogues à une profession pour laquelle il ne se sentait aucun goût. Il lui fut enfin permis de parcourir la carrière de la médecine, et après avoir suivi les cours des universités de Goëttingue et de Halle, il fut reçu docteur en 1782. Une pratique de cinq années lui valut, en 1787, la place de professeur en chef de clinique à l'université de Halle, et le titre de médecin des pauvres, avec l'inspection du service des épidémies et police médicale. Il exerça ces différentes fonctions avec beaucoup de zèle et de succès ; fut appelé par le roi à Berlin, en 1810,

et nommé, en 1813, directeur des hôpitaux militaires, dont les suites de la bataille de Léipsick avaient nécessité la création. Le titre de conseiller et la décoration de l'aigle Rouge de Prusse furent les justes récompenses des services qu'il rendit à son pays. Reil mourut en 1815. On cite parmi ses principaux ouvrages : 1° *Tractatus de Polycholiâ, et fragmenta melachematismi polycholiæ*, deux parties, in-8°, Halle, 1783 ; 2°, en allemand, *Histoire de la maladie du professeur Goldhagen*, Halle, 1788 ; 3° *Memorabilium clinicorum medico-practicorum*, 3 parties, 1790-1793 : une seconde édition parut en 1798 ; 4° en allemand, *Archives de Physiologie*, 1795-1815, 12 vol. : cet ouvrage a été continué, après la mort de Reil, par plusieurs médecins distingués ; 5° *Exercitationum anatomicarum fasciculus primus, de structurâ nervorum*, in-folio, avec planches, 1796. « L'auteur, dit M. Friedlander, a eu l'ingénieuse idée d'employer des agens chimiques pour distinguer les divers élémens dont se composent les nerfs ; il a, par ce moyen, présenté les nerfs comme des tubes analogues aux autres organisations vasculaires, et il les regarde comme les conducteurs d'un fluide particulier. Ces expériences, assez difficiles, ont cependant réussi à beaucoup de professeurs, entre autres à M. Chaussier. » 6°, En allemand, *Pensées détachées sur l'explication de la méthode psycologique au traitement des aliénés*, dédiées au professeur Wagnitz, Halle, 1803 ; 7°, en allemand, *Pépinière pour l'instruction et la formation des routi-*

niers en médecine, comme besoin de l'état dans sa position actuelle, Halle, 1804. « Ici l'auteur, dit M. Friedlander, croit que l'étude de la médecine devient si vaste, qu'il faudrait séparer ceux qui sont destinés à l'avancement de la science de ceux qui, par leur capacité et leur position, ne peuvent exercer que la pratique ordinaire. Cette idée, qui a été souvent discutée et débattue, a été exécutée en France par la loi qui a créé les officiers de santé, loi dont on ressent tous les jours l'inconvénient. 8° Les différens *Mémoires* de Reil ont été réunis en deux volumes, et publiés à Vienne en 1811. Ils ont été réimprimés à Halle en 1817, mais en un seul volume. On trouve au 48° vol. de la bibliothèque universelle allemande, le portrait de Reil. En 1815, M. Steffens avait donné une Notice biographique sur ce savant médecin.

REILLE (LE COMTE HONORÉ-CHARLES-MICHEL-JOSEPH), lieutenant-général, pair de France, gentilhomme de la chambre du roi, grand-officier de la légion-d'honneur, etc., est né à Antibes, le 1er septembre 1775. Après avoir terminé ses études sous la direction d'un instituteur, il entra, en 1792, comme sous-lieutenant au 94me régiment d'infanterie. La Belgique fut le premier théâtre ouvert à son courage. Le combat de Rocoux, celui de Liège, la bataille de Nervinde, en Belgique, enfin les combats livrés en 1793 dans les environs de Bellefontaine, furent les premières actions de guerre auxquelles il prit part. Fait lieutenant par suite du courage qu'il montra dans ces diverses journées, il rejoignit le général Masséna comme l'un de ses aides-de-camp, et se trouva avec lui aux combats qui décidèrent la prise des forts et la reddition de Toulon. Il suivit ce général en Italie, et se distingua aux combats aussi nombreux qu'acharnés, dont la prise de Saorgio, premier trophée de la gloire de Masséna, fut la conséquence. La bataille du 2 frimaire, livrée par le général en chef Schérer, fournit au lieutenant Reille l'occasion d'une charge, qu'il exécuta de la manière la plus brillante. A Montenotte, aux deux combats de Dégo, à Lodi, à la première bataille de Rivoli où, enveloppé par l'ennemi, en reconnaissant le cours de l'Adige, et se faisant jour avec la plus grande intrépidité, il continua à se distinguer. A Bassano, à Saint-Georges, le jour où Wurmser fut enfermé dans Mantoue, sur la Brenta (où Reille fut blessé), à Caldeiro, à Arcole, à la prise de la Corona, à la 2e bataille de Rivoli, à la Favorite, il ajouta encore à ses titres ; enfin à Bellune, à Freymare et à Tarvis, où, chargeant sur la glace un régiment de cavalerie, presque tous les chevaux s'abattirent à la fois, et où le combat, qui continua à pied, ne se termina que par la prise ou la mort de tous ceux qui composaient ce corps d'Autrichiens, il signala de même ses talens comme sa bravoure. Dans le cours de ces actions mémorables, il fut fait capitaine et chef d'escadron sur le champ de bataille ; il mérita d'être fréquemment cité dans les bulletins de l'armée, et justifia de plus en plus la confiance et l'amitié du

Le Comte Reille.

Bouton pinx.   Frémy del. et sculp.

général Masséna, et fixa sur lui l'attention du chef de cette armée. Cependant la guerre, interrompue par la paix de Campo-Formio, recommence. Le général Masséna reçoit le commandement de l'armée d'Helvétie, et Reille, fait adjudant-général au moment de la reprise des hostilités, est chargé par lui de reconnaître tous les passages du Rhin, depuis les Grisons jusqu'au lac de Constance, ainsi que les positions de l'ennemi sur la même ligne, et c'est sur son rapport que le général en chef arrête le plan de ses opérations. Il prend une part active aux attaques de Coire, de Feldkirchen et de Luciensteig, débouché indispensable à l'armée, position forte par elle-même, retranchée et occupée par un corps nombreux. Il se distingue dans les combats livrés, près de Zurich, au prince Charles, et à Schwitz. Au moment où le général Oudinot est blessé, il reçoit le commandement de ses troupes, malgré la présence d'un officier d'un grade supérieur au sien. Au passage de la Limat, il traverse un des premiers cette rivière, entre dans Zurich avec le général Masséna, et commande le corps de troupes chargé de poursuivre l'ennemi, auquel il fait des prisonniers. Enfin dans les attaques dirigées dans le Muttenthal, contre Suwarow, il couvre le mouvement rétrograde auquel notre armée est forcée le premier jour de cette lutte contre l'armée russe, qui nous avait forcés d'évacuer Naples et l'état romain, et nous avait enlevé tout le territoire de la république lombarde et le Piémont, et prend une part glorieuse à la bataille qui compléta la défaite du prince Italinsky, et sauva la France. En se rendant à Gênes, comme général en chef de l'armée d'Italie, Masséna donne à l'adjudant Reille l'ordre de reconnaître les positions de nos troupes depuis Nice jusqu'au Mont-Cenis : cet officier fait cette reconnaissance avec toute l'habileté qu'il a montrée dans la reconnaissance de la Suisse. Envoyé près du premier consul Bonaparte pour un rapport important, il sert quelque temps auprès de sa personne, et reçoit la mission de porter au général Masséna le plan des opérations de la campagne. Gênes se trouvait alors bloquée de très-près par la flotte anglaise; l'adjudant-général Reille passe de nuit au milieu d'elle, est poursuivi par un grand nombre de chaloupes, et malgré leurs efforts pour le joindre, malgré le feu très-vif de mousqueterie dirigé sur sa barque, et qui ne cessa que lorsqu'il fut arrivé sous la batterie de la Lanterne, il entra à Gênes le 12 floréal. A l'affaire du 21, il commande la colonne du centre des troupes aux ordres du général Miollis, en avant du mont Faccio, et combat de manière à étonner les plus braves. A l'affaire du 23, sur le mont Creto, il remplace le général Spital, au moment où ce dernier est blessé, et partage de cette sorte les dangers et la gloire de ce mémorable blocus. Rentré en France avec le général Masséna, en août 1800, il retourna en Italie, avec un corps d'élite commandé par le général Murat, et fut successivement commandant à Florence, chef d'état-major d'une armée d'observation, et sous-chef d'état-major-général des armées françaises en Italie. En 1803, il fut nommé général de brigade, et employé à l'état-major-général des camps de Boulogne, etc. Peu après, le général Reille fut chargé par le premier consul Bonaparte de se rendre en Bavière et en Autriche, afin de vérifier de quelle nature étaient les mouvemens militaires qui s'effectuaient dans ces deux états : cette mission remplie, il se rendit également, et pour des objets spéciaux, à Vérone et à Milan. Revenu à Paris, il fut nommé inspecteur de l'organisation des troupes revenant de Saint-Domingue, mission pour laquelle il reçut des pouvoirs très-étendus, et qui le conduisit successivement à Nantes, à La Rochelle, aux sables d'Olonne, à Bordeaux, à Bayonne et à Pau. A la suite de ces missions, il eut, sous le général Lauriston, le commandement en second des troupes embarquées à Toulon, sur la flotte de l'amiral Villeneuve. Dans cette campagne, il se trouva au combat du Finistère, et au retour de la flotte à Cadix, il reçut ordre de la quitter, et de rejoindre la grande-armée pour la campagne d'Austerlitz. Il commanda, durant cette campagne, la haute Autriche, ayant sous ses ordres le 20° régiment de dragons et le corps wurtembergeois, avec lesquels il flanqua l'armée. En 1806, il passa au commandement d'une brigade du 5° corps, qui marcha en première ligne au combat de Salfeld et à la bataille de Jéna. A celle de Pultusck, sa brigade enfonça le centre des Russes, et rendit de si notables services, qu'il fut nommé général de division. Le général Gudin ayant été blessé, le général Reille prit le commandement de sa division. Quelques jours après, le maréchal Lannes le choisit pour son chef-d'état-major. Se trouvant en position à la gauche d'Ostrolenka, au moment où les Russes attaquèrent cette ville, le général Reille, inquiet de la vive canonnade qu'il entendait, s'y porta, et trouva les brigades Ruffin et Campana soutenant une lutte difficile contre toute l'armée russe d'Essen: il prit le commandement de ces brigades, avec lesquelles il conserva cette ville malgré les vives attaques des Russes, qui combattaient avec des forces quadruples, et avec 30 pièces d'artillerie contre 6. Deux fois néanmoins les Russes pénétrèrent dans Ostrolenka; mais chaque fois ils y furent écrasés, et y laissèrent plus de 400 morts, 700 blessés et 300 prisonniers. Cette journée, qui coûta la vie au général Campana, officier d'une haute distinction, et dans laquelle le général Reille sut allier la prudence à l'intrépidité, lui fit le plus grand honneur, et décida l'empereur à le prendre pour aide-de-camp; il fit en cette qualité la campagne de Friedland. On sait que pour activer le zèle de ses lieutenans, et être plus exactement informé des moindres détails, l'empereur avait l'habitude d'envoyer un de ses aides-de-camp auprès des généraux chargés d'opérations importantes, et c'est ainsi que le général Reille fut chargé d'assister au siége de Stralsund. Après la paix de Tilsitt, il fut nommé commissaire extraordinaire en Toscane, d'où il se rendit en Catalogne, marquant son arrivée par la levée du siége de Figuières, et le siége ainsi que la prise de Roses. Le général Saint-Cyr ayant pénétré en Catalogne avec un corps d'armée, le général Reille resta sur la frontière avec sa division, formant la garnison de ces deux places. Dans cette situation, le marquis de Lassence marcha sur nos frontières avec 10,000 hommes de troupes de ligne; aussitôt le général Reille, ne laissant que des postes à Roses et à Figuières, réunit 5 bataillons, et se porte sur ce corps espagnol. Espérant peu d'une attaque de vive force, il tourne ses flancs, le harcèle, menace ses derrières, et par les manœuvres les plus habiles, le force à battre en retraite et à rentrer dans Gironne. Appelé à la grande-armée, le général Reille y arrive pour le passage du Danube et la bataille de Wagram: dans cette mémorable journée, il commande la division de la garde, chargée de soutenir la batterie de 100 pièces de canon du général Lauriston. Informé du débarquement des Anglais en Zélande, l'empereur organise en trois corps l'armée du maréchal Bernadotte, un corps de Hollandais, commandé par Dumonceau, un corps de gardes nationaux, commandé par le général Rampon, et un corps formé des troupes de ligne, dont le commandement est confié au général Reille. De la Zélande, il rentra en Espagne comme gouverneur de la Navarre, où il battit Mina au Carascal et à Lerin, action dans laquelle il anéantit, avec 2 compagnies de hussards, trois bataillons espagnols, auxquels il tua 300 hommes, et fit 200 prisonniers. Le maréchal Suchet manquant de forces pour le siége de Valence, le général Reille quitta Pampelune, et se porta sur cette première place avec les deux divisions à ses ordres, la division française, qui portait son nom, et la division italienne du général Severoli, et contribua à la prise de cette place importante. Valence rendue, l'empereur ordonna la formation de l'armée de l'Èbre, sous le commandement en chef du général Reille; ce général néanmoins, considérant que cette création présageait d'autant moins d'avantages, qu'elle réduisait le commandement du maréchal Suchet à celui du royaume de Valence, réclama contre elle, et obtint qu'elle fût ajournée, ou plutôt abandonnée. Envoyé en Arragon, il commanda ce royaume jusque vers la fin de 1812, époque à laquelle il reçut le commandement de l'armée de Portugal, composée alors de six divisions d'infanterie et de deux divisions de cavalerie, fortes en tout de 30,000 hommes, et occupant Salamanque, Toro, Léon et Valladolid, où était le quartier-général. Le roi Joseph (*voy.* BONAPARTE) ayant résolu de rassembler toutes ses forces en avant de l'Èbre, le général Reille reçut l'ordre d'évacuer les provinces qu'il occupait, et de se porter sur les hauteurs de Pancorbo. En exécutant ce mouvement, il soutint, avec deux divisions d'infanterie et sa cavalerie, le choc de l'armée anglaise à Estepar, en avant de Burgos, et conserva contre elle ses positions autant que cela put être utile à l'ordre de sa marche. Au moment où les armées de Portugal et du centre se rejoignirent à Pancorbo, un conseil de guerre y fut tenu pour décider quelle position l'armée devait prendre. Le général Reille fit la proposition de réunir toutes les troupes disponibles, montant encore à 70,000 hommes, et de prendre la ligne d'opération par Logrogno et la Navarre. Cette idée offrait l'avantage d'avoir des vivres quinze jours plus tôt que dans la Biscaye, de pouvoir manœuvrer autour d'une place de guerre, et de se trouver sur les flancs de l'armée, qui s'engagerait dans la Biscaye. Par un premier malheur, on trouva qu'il était trop chanceux de quitter la route de France et de découvrir notre frontière, et on résolut de se réunir autour de Vittoria. Par un second malheur, le duc de Wellington prévint le rassemblement de nos forces, et manœuvrant avec 90,000 hommes, nous attaqua lorsque nous en avions à peine 33,000 à lui opposer; nous fûmes donc battus; mais dans cette lutte trop inégale, le général Reille se couvrit de gloire. N'ayant plus avec lui que deux divisions d'infanterie, fortes de 7,000 hommes, et quelques hommes de cavalerie, il soutint les efforts de toute la gauche de l'armée combinée, composée de 16,000 hommes de troupes anglo-portugaises, de 3,500 hommes formant le corps espagnol de Longa et de l'armée de Gallice, et ne fut forcé sur aucun point de sa ligne; il ne se retira que par ordre, et alors que l'ennemi, déjà maître de Vittoria, débouchait sur ses derrières : le général Reille culbuta tout ce qui s'opposait à son passage. Dans le cours des dernières opérations contre les forces combinées de l'Angleterre, de l'Espagne et du Portugal, il commanda l'aile droite de l'armée française, et combattit avec elle sur la Bidassoa, en Navarre, à Orthès et à Toulouse. A la paix, il épousa la fille du maréchal Masséna, dont il avait été le plus ancien et le premier aide-de-camp, et qui depuis long-temps l'avait choisi pour son gendre. Après la restauration, en 1814, il fut nommé inspecteur-général d'infanterie des 14° et 15° divisions militaires. Après le 20 mars 1815, ayant reçu l'ordre de se rendre de Rouen à Paris, il fut envoyé à Valenciennes, pour y prendre le commandement du 2° corps d'armée, fort de 5 divisions, à la tête desquelles il combattit à Valenciennes, aux Quatre-Bras et à Waterloo, où il eut deux chevaux blessés sous lui. Le lieutenant-général comte Reille est grand'croix de la légion d'honneur, chevalier de Saint-Louis, de l'ordre des Séraphins de Suède, de la couronne de Fer, de Saint-Henri de Saxe, et commandeur de l'ordre militaire de Bavière. Le roi l'a élevé à la pairie en 1819, et l'a nommé, en 1820, l'un de ses gentilshommes de la chambre.

REINA (François), avocat milanais, est né à Malgrate, dans le pays de Côme, vers l'année 1760. Il a eu le bonheur de compter parmi ses maîtres trois hommes célèbres : Parini pour les belles-lettres, Spallanzani et Fontana pour les sciences physiques et naturelles. Ce fut à l'université de Pavie qu'il étudia le droit, et prit les degrés de docteur. Les événemens arrivés en Italie, en 1796, éloignèrent M. Reina du barreau pour le jeter dans la politique. Nommé membre du grand-conseil-législatif de la république cisalpine, il s'opposa avec force aux projets de Haller, qui tendaient à ruiner les finances de l'état. M. Reina, par sa fermeté, entraîna ses collègues à voter contre le bail à ferme, et à ordonner en même temps l'extinction du papier-monnaie, qui avait miné le crédit public. L'ambassadeur français M. Trouvé, qui rencontrait en M. Reina un obstacle à ses mesures arbitraires, abusant du pouvoir que le directoire-exécutif lui avait abandonné, l'expulsa illégalement du conseil législatif, où le général Brune le rappela ensuite: mais M. Reina, qui ne partageait pas les opinions de la majorité, ne crut pas le moment favorable pour reparaître dans l'assemblée. Quoique loin des affaires, il n'échappa pas à la persécution exercée par les Austro-Russes contre les partisans du gouvernement républicain. Tombé dans leurs mains, il fut déporté d'abord aux Bouches-de-Cattaro, et envoyé ensuite en Hongrie. Revenu de cette captivité après la victoire de Marengo, il fut nommé consulteur-législatif de la nouvelle république, et le premier usage qu'il fit de son pouvoir fut de proposer une loi d'amnistie générale: c'était noblement se venger de ses persécuteurs. En 1801, il parut aux comices italiens assemblés à Lyon, et fit partie du comité qui y avait été formé pour accepter la constitution projetée par le premier consul. Quand M.

Reina rentra dans sa patrie, il y reçut sa nomination de membre du nouveau corps-législatif et de membre du collège électoral des *possidenti;* on le mit ensuite au nombre des orateurs du gouvernement, emploi qu'il garda jusqu'à l'abolition de ce corps. Il continua à faire partie du conseil-législatif, qui, s'étant opposé à une loi de l'empereur Napoléon, devenu roi d'Italie, en excita le courroux, et ne fut plus convoqué. M. Reina rentra dans la vie privée, où il se dédommagea de la perte de ses places par l'étude et par l'augmentation de sa bibliothèque, l'une des plus considérables de l'Italie. Voulant témoigner sa reconnaissance à Parini, il en publia, en 1801, les œuvres, et n'osant pas être sévère envers son maître, il mécontenta ses lecteurs, qui auraient désiré qu'il eût montré plus de goût dans son choix; en effet, on doit regretter que cet éditeur, qui a si bien relevé le mérite de Parini, par le beau portrait qu'il en a tracé dans l'*Éloge,* se soit cru obligé de ramasser avec un soin minutieux tout ce qui était sorti de la plume de l'élégant chantre du *Jour.*

REINAUD-LASCOURS (J. A. J.), fut nommé, en 1795, par le département du Gard, député au conseil des cinq-cents, où il siégea pendant 4 ans. Il se montra favorable à la révolution du 18 brumaire an 8, et fut porté, en décembre de la même année, au corps-législatif. M. Reinaud-Lascours, occupé du travail des comités, aborda rarement la tribune. Le 4 janvier 1796, il s'était déclaré en faveur de J. J. Aymé, et avait voté pour son admission au corps-législatif; le 2 juin de l'année suivante, il combattit le projet de Baraillon, qui demandait l'exclusion de tout militaire des fonctions à la nomination du peuple, et soutint que cette proposition était contraire à la constitution ; il présenta ensuite un projet conforme à l'opinion qu'il venait d'émettre. En septembre 1805, il fut élu candidat au sénat-conservateur par le collège électoral de son département, mais n'y fut point admis ; le 25 novembre suivant, il reçut la décoration de la légion-d'honneur, et a cessé, en 1807, de figurer dans les fonctions publiques.

REINEGGS (Jacques), voyageur allemand, espèce de *Gilblas*, naquit, en 1744, à Eisleben, en Saxe, et avant de mériter d'être distingué par un mérite réel, eut une vie extrêmement aventureuse. Fils de barbier et d'abord garçon barbier, il quitta le nom de Ehlich, que portait son père, pour prendre celui de Reineggs, puis s'étant rendu à Léipsick, il y étudia la médecine et la chimie. Le goût des plaisirs lui fit négliger à la fois ses pratiques et ses études dans les sciences, et le mit bientôt dans la nécessité de se soustraire à ses créanciers par une fuite précipitée. Son absence dura peu de temps, et il reparut bien couvert et jouissant d'une assez grande aisance. Satisfait d'avoir ébloui, et sans doute payé ses créanciers, il quitta Léipsick, et se rendit à Vienne, où il joua la comédie. Parmi ses camarades de théâtre se trouvait un jeune médecin, qui, comme lui, avait déserté les bancs de l'école pour se vouer au culte de Thalie. Une dame riche, informée de l'étourderie du jeune médecin, offrit de payer les frais d'étude s'il consentait à reprendre ses cours de médecine. L'intermédiaire que cette dame employa, s'étant adressé par erreur à Reineggs, celui-ci profita de la méprise, se présenta à la place du jeune médecin, intéressa la dame généreuse, reçut les secours en argent qu'elle lui remit, et termina ses études médicales en Hongrie, où il prit le grade de docteur. Il retourna à Vienne, et s'y établit comme praticien. Sa clientèle se formant avec trop de lenteur, il abandonna la médecine et sollicita un emploi dans l'administration des mines à Schemnitz. Séduit par les charmes de l'étude de l'histoire naturelle, il s'y livra avec passion, et y acquit des connaissances très-étendues ; mais ces heureuses dispositions ne purent tenir long-temps contre la médiocrité de sa fortune, et il voulut courir les chances d'une prospérité plus prompte et plus éclatante. Il apprit les langues orientales, redevint médecin, et se rendit à Smyrne. Après avoir erré en Turquie, il se présenta en Géorgie, à la cour d'Héraclius, à qui il plut, et qui le fit à la fois son médecin et son favori. Reineggs avait acquis de l'expérience, et ses bonnes résolutions s'étant fortifiées, il devint le bienfaiteur du pays où il avait un si honorable asile, en le dotant des sciences de l'Europe. Les Géorgiens lui durent le perfectionnement de la poudre et la fonte des canons, et la création d'une imprimerie, où il fit imprimer les *Principes d'économie politique* de son compatriote Sonnenfelds, qu'il traduisit en persan, et que le prince Héraclius transporta dans la langue géorgienne. De grandes récompenses lui furent prodiguées, tant en riches présens qu'en marques d'honneur. Son nom fut inscrit en lettres d'or sur la fonderie de Tiflis, et il fut élevé par Héraclius au rang de bey. Reineggs n'était pas né pour soutenir un si beau rôle. Chargé, en 1782, par le prince son bienfaiteur, d'une mission en Russie, il céda aux piéges du cabinet de Saint-Pétersbourg. Le négociateur géorgien se fit l'agent des Russes, et la Géorgie, perdant son indépendance par l'effet des intrigues de Reineggs, devint, en 1785, une province du vaste empire de Catherine II. C'est à cette trahison que le fils du barbier allemand dut sa nomination, en qualité de conseiller du collége impérial, de directeur de l'institution des élèves en chirurgie, et de secrétaire perpétuel du collége impérial de médecine. Fixé dès-lors à Saint-Pétersbourg, il y mourut en 1793. Reineggs n'a publié aucun ouvrage. En 1782, lors de sa première mission à Saint-Pétersbourg, il remit au célèbre voyageur PALLAS (*voy.* ce nom) une Histoire manuscrite de la Géorgie, que celui-ci fit imprimer dans le tome II de ses *Nordische Beytræge*. Une *Description historique et topographique du Caucase*, trouvée à sa mort dans ses papiers, fut mise au jour (en 1796, 2 vol. in-8°, Gotha) par Schræder, qui n'était point assez instruit de l'histoire des peuples dont il se rendait l'éditeur, pour y faire les corrections et les changemens nécessaires. C'est ce qu'a déclaré, en 1807, M. Klaproth, qui avait été envoyé sur les lieux pour vérifier l'exactitude du travail de Reineggs. Cette histoire néanmoins est curieuse ; il faut seulement la lire avec circonspection.

REINHARD (François-Volkmar), célèbre prédicateur protestant, naquit vers 1753, dans le duché de Sulzbach. Son père, ministre du saint évangile au bourg de Vohenstrauss, dirigea ses premières études, et à 16 ans, il n'avait pas encore eu d'autre instituteur. L'âge déjà avancé de cet honorable pasteur, et une santé qui déclinait de jour en jour, le déterminèrent à envoyer le jeune Reinhard au gymnase de Ratisbonne, où il étudia d'abord la philosophie, la philologie, l'histoire, la poésie, avec plus d'ardeur que la théologie. La *Messiade* de Klopstock fit sur son imagination une impression profonde. Cependant 5 années d'études donnèrent à son esprit une maturité qui le fit sérieusement s'occuper de l'état auquel son père l'avait destiné. En 1773, il passa à l'université de Wittemberg. Il s'essaya dans l'éloquence de la chaire, et y ayant obtenu du succès, il perfectionna ses connaissances théologiques, et devint, en 1782, professeur de théologie, fonctions qu'il exerça en 1784, concurremment avec celles de prédicateur de l'église universitaire et d'assesseur du consistoire. Il avait formé une société dite *homilétique*, destinée à exercer de jeunes prédicateurs; il présida leurs exercices, et dirigea leurs discussions en langue latine. Plusieurs hommes de mérite sortirent de cette association, et l'un d'eux, G. E. Schulze, lui dédia son *Esquisse des sciences philosophiques.* Reinhard, habitué à parler en présence de personnes instruites, préparait à l'avance ses discours, qui étaient recueillis, ainsi que le furent plus tard ses sermons, par des tachygraphes. « L'habitude de la méthode, dit-il dans ses *Lettres sur la carrière de prédicateur,* traduites de l'allemand par M. J. Monod (*voy.* ce nom), que j'avais contractée comme professeur, m'accompagna dans la chaire. Je définissais, divisais, argumentais dans mes sermons comme dans mes leçons, et j'offrais à la piété de mes auditeurs, dans l'église, des discussions en forme, comme à l'attention des étudians dans l'auditoire théologique. Je prêchais dans l'église de l'université, et un grand nombre de mes auditeurs étaient des savans, des hommes capables de saisir l'ensemble d'un discours et de suivre l'enchaînement des idées. L'expérience m'a convaincu que cette manière de prêcher était fort utile aussi pour le commun des auditeurs; il est vrai qu'il fallait renoncer pour cela à bien des beautés oratoires; mais je n'ai cessé d'envisager le ministère de l'évangile bien plus en docteur qu'en orateur, et j'ai toujours été de plus en plus convaincu par un long exercice, qu'un discours ainsi composé n'en est pas moins susceptible de recevoir de la vie et des formes agréables. » Reinhard devint, en 1792, premier prédicateur de la cour de Saxe, conseiller ecclésiastique, et membre du conseil suprême. Pendant 20 ans, il remplit ces différentes fonctions, auxquelles il fut enlevé, ayant à peine atteint sa 59ᵉ année, le 6 septembre 1812. « C'est à Dresde, dit M. Stapfer, auteur d'une excellente notice biographique sur ce célèbre prédicateur protestant, que du haut de la chaire évangélique, et dans des momens difficiles, il adressa aux états de son pays, à l'ouverture de leurs sessions périodiques. ces discours si pleins de hautes vues et de nobles mouvemens. qui, plus d'une fois, relevèrent le courage abattu des représentans de la nation, prévinrent des dissensions prêtes à s'élever, étouffèrent des germes de mécontentement et de discorde, rapprochèrent les esprits, concilièrent des intérêts divisés. A sa voix, le calme et la confiance rentraient dans les âmes; le feu sacré de l'amour de la patrie, allumé au flambeau de l'évangile, pénétrait les cœurs, et les disposait à une généreuse lutte de sacrifices. Depuis 1795, il publia chaque année le recueil des discours qu'il avait prononcés l'année précédente; il en est résulté une collection fort étendue, composée de plus de 600 sermons, espèce d'encyclopédie morale et religieuse, également utile au prédicateur et au simple laïc. » Ses principaux ouvrages sont : 1° *Système de la morale chrétienne :* les deux premiers volumes parurent en 1788 et 1789, le 3ᵉ, en 1804, le 4ᵉ en 1810, et le 5ᵉ en 1815, 3 années après sa mort : les premiers volumes furent plusieurs fois réimprimés. Dans cet ouvrage, l'auteur voulant prouver que la morale de l'évangile est supérieure à celle des sages de l'antiquité et à la philosophie moderne, trace le portrait du chrétien accompli, qu'il guide dans toutes les relations où il peut être lié au Créateur et à ses semblables. « L'idéal de perfection qu'il propose à notre imitation, dit M. Stapfer, est un guide moins sûr que les préceptes du Sauveur, et n'a qu'une fécondité apparente. » 2° *Essai sur le plan formé par le fondateur de la religion chrétienne pour le bonheur du genre humain* (1781-1798, 4 éditions); l'idée fondamentale de cet ouvrage se trouve peut-être plus clairement exprimée dans le titre de sa dissertation latine : *Consilium bene merendi de universo genere humano ingenii suprà hominem elati documentum*, 1780, in-4°. Ici, nous citerons encore M. Stapfer, qui juge avec beaucoup de sens et de goût les différens genres de mérite de son célèbre compatriote. « Reinhard, dit-il, examine les travaux et l'influence des sages et des législateurs qui, avant Jésus-Christ, ont tâché de répandre des idées saines sur la Divinité. Après avoir démontré que leurs projets de réforme n'embrassèrent jamais l'universalité du genre humain, qu'ils n'eurent même pas l'idée de leur donner cette étendue, il prouve que l'auteur du christianisme, dans des circonstances plus que décourageantes, et avec des moyens d'exécution, selon l'apparence humaine, très-inférieurs à ceux dont disposèrent ses devanciers dans la carrière d'une réforme religieuse, s'est (le premier entre les hommes) élevé à la sublime conception d'un plan d'association fraternelle, s'étendant sur le genre humain tout entier dans ses générations contemporaines et futures, et formée sous les auspices d'un père commun, maître de l'univers et arbitre de nos destinées. Ensuite il fait voir que cette conception, lors même qu'elle n'eût pas été réalisée, assignerait à Jésus-Christ le premier rang entre les hommes et entre les bienfaiteurs de l'humanité ; et il développe les conséquences que nous sommes en droit de tirer de son exécution inattendue, rapprochée des difficultés inouïes qu'elle eut à surmonter, et des qualités qu'elle suppose dans l'Être surprenant qui l'entreprit, et qui y persévéra avec le plus de confiance au moment même où ses espérances paraissaient devoir s'ensevelir dans la tombe qui allait le recevoir. Cette apologie neuve, intéressante et ingénieuse, de la religion chrétienne et de son auteur (traduite en français par M. J. L. A. Dumas, pasteur à Dresde, en 1799), a fait époque en Allemagne dans l'importante branche des sciences théologiques, à laquelle l'ouvrage de Reinhard appartient. On lui a savamment et subtilement contesté la vérité du fait, qui lui sert de point de départ; on a nié que Jésus-Christ eût dans sa pensée embrassé la race humaine tout entière, et formé le projet de la régénérer par les moyens qu'il mit en œuvre, subjuguant par leur action, et convertissant en instrumens subordonnés à son plan sublime tous les événemens de l'histoire et toutes les conquêtes de la civilisation. Mais une discussion profonde et lumineuse, à laquelle les premiers théologiens de l'Allemagne, et dernièrement encore le docteur G. J. Planck, ont pris une vive part, a confirmé la justesse de l'exégèse de Reinhard, et répandu le plus beau jour sur les immenses résultats qui en découlent, pour l'appréciation des rapports du fils de Marie avec le reste des humains, alors même que, pour un moment, on se condamnerait à ne l'envisager que comme un simple mortel. » 3° *Sermons*, 39 vol. in-8°, 1786-1813. C'est la collection la plus nombreuse et la plus complète de ce genre. 4° *Lettres de F. V. Reinhard sur ses études et sur sa carrière de prédicateur*: elles ont été traduites par M. J. Monod, 1 vol. in-8°. 1816; 5° *Opuscula academica*, Leipsick, 1808-1809, 2 vol. in-8°; 6° *Essai philosophique sur le merveilleux*, 1782. in-8°; 7° *de l'Importance des petites choses en morale*, Berlin, 1798; 2° édition, avec des développemens, 1802. 8° *Sur l'Esprit de minutie dans la morale;* 9° *de Præstantiâ religionis christianæ in consolandis miseris*, trad. en allemand par J. S. Fest; 2° édition, 1798. 10° *Leçons de théologie dogmatique*, recueillies par J. G. Em. Berger, 4 éditions de 1801 à 1818; 11° Traduction des *Psaumes*, publiée en 1813, une année après la mort de Reinhart.

REINHARD (LE COMTE CHARLES), ministre plénipotentiaire, grand-officier de la légion-d'honneur, etc., né en 1762, dans le duché de Wurtemberg, d'une famille protestante, établie à Balingue, quitta l'Allemagne en 1787, et, fixé à Bordeaux, y fut instituteur. A l'époque de la révolution, dont il adopta les principes, il vint à Paris, fut successivement secrétaire d'ambassade en Angleterre en 1792, à Naples en 1795, chef de division au ministère des relations extérieures en 1794, et enfin, en 1795, ministre de France près les villes Anséatiques : fonctions qu'il remplit jusqu'en 1797. Rappelé alors pour aller occuper la place de ministre près la cour de Toscane, il la quitta l'année suivante, pour passer en Suisse avec le même titre. L'abbé Sieyès, entré au directoire - exécutif en 1799, fit nommer M. Reinhard ministre des affaires étrangères; mais celui-ci ne conserva cette place que jusqu'au 3 frimaire an 8 (24 novembre 1799), l'ayant cédée à cette époque à M. de Talleyrand (*voy.* ce nom), qui avait pris la part la plus active aux événemens du 18 brumaire. Il en fut dédommagé par la place de ministre plénipotentiaire de la république helvétique, d'où il fut envoyé en 1802, en la même qualité, auprès du cercle de Basse-Saxe; dès le mois de décembre de cette année, il signifia au roi de Danemark, comme duc de Holstein, qu'après avoir consulté tous les traités subsistans, il paraissait que « l'Elbe était une rivière franche, et qu'en conséquence le pavillon danois n'avait aucun droit à exiger des autres nations le salut qu'il prétendait lui être dû ; que les vaisseaux français remonteraient et redescendraient désormais l'Elbe sans saluer, et que le Danemark ne pourrait exiger le salut, même de plus petits états de l'Europe, alliés de la nation française. » Il resta dans cette résidence jusqu'au mois de septembre 1805 ; à la reprise des hostilités à cette époque, il eut ordre de se rendre à Jassy, en qualité de consul-général ; il y était encore en 1807, lorsque la guerre éclata entre la France et la Russie. Au mois de décembre de la même année, un ordre émané du prince Dolgorouki le fit enlever et transporter au milieu d'une escorte de Cosaques ; on le conduisait en Russie, lorsqu'il fut relâché près de Pultava, par suite d'un ordre expédié de Saint-Pétersbourg. Il revint en France, et partit aussitôt pour la Westphalie, afin d'y remplir auprès du roi les fonctions de ministre plénipotentiaire ; il y résida jusqu'en 1814. Revenu à Paris, après l'invasion du royaume de Westphalie par les puissances alliées, il fut nommé, après la première restauration, directeur-général des chancelleries du ministère des affaires étrangères. Il se tint à l'écart pendant les *cent jours* en 1815, et ne reparut qu'après la seconde restauration. A la fin de l'année, il partit pour Francfort, en qualité de ministre du roi de France. Il est aujourd'hui (1824) conseiller-d'état en service extraordinaire, et continue de remplir les fonctions de ministre plénipotentiaire à Francfort.

REINHARD (N. DE), premier bourgmestre de Zurich, était président de la diète générale des cantons à la fin de 1813, lorsque les armées étrangères marchaient sur la France. M. de Reinhard écrivit dans cette circonstance à l'empereur Napoléon, en l'assurant que la Suisse désirait rester neutre dans cette grande lutte, et que les coalisés n'obtiendraient pas sur le territoire de la république le passage qu'ils demandaient. A l'appui de cette promesse formelle, un cordon de troupes des cantons garnissait les frontières pour les faire respecter ; ce qui n'empêcha pas les Autrichiens, commandés par le prince de Schwartzenberg, de forcer le pont de Bâle, et de pénétrer en Suisse. Cette infraction des traités, si fatale à la France à cette époque, fut le sujet de plaintes vives que M. de Caulaincourt, ministre des relations extérieures, adressa à la diète, mais que l'impossiblité de les appuyer par la force rendit inutiles. M. Reinhard continua ses fonctions ; il présidait encore la diète générale en 1816, et présenta à cette assemblée un tableau politique de la situation de la Suisse à l'égard des puissances étrangères : situation des plus satisfaisantes.

REINIER (L'ARCHIDUC D'AUTRICHE JOSEPH-JEAN-MICHEL-FRANÇOIS-JÉRÔME), cinquième frère de l'empereur François II, né le 30 septembre 1783, se livra à l'étude de la politique et de l'administration, et acquit dans ces deux sciences des connaissances très-étendues. On le vit dans plusieurs circonstances critiques remplacer le monarque son frère, forcé de s'éloigner momentanément de sa capitale, et tenir d'une main ferme les rênes du gouvernement. Pendant la guerre qui s'alluma entre la France et l'Autriche, en 1809, on put remarquer dans les bulletins de la grande-armée l'énergie de quelques-unes de ses proclamations. Il fit en 1816 un voyage en Italie. En 1817, lorsque cette contrée fut rentrée sous la domination autrichienne, l'archiduc Reinier y fut envoyé pour l'organiser à l'allemande, et y préparer les bases d'une nouvelle administration. L'état de Venise, les provinces Illyriennes, et plusieurs autres petites provinces, composèrent ce nouvel état, auquel on imposa le nom de royaume lombardo-vénitien, et que l'on confia à ce prince, avec le titre de vice-roi. Il fut question, vers cette époque, d'un mariage qu'il devait contracter avec une des princesses, filles du grand-duc de Toscane; mais ce projet n'eut pas de suite, et il épousa, le 28 mai 1820, Marie-Élisabeth-Françoise, princesse de Savoie-Carignan, dont il a eu trois enfans, deux princesses, et un prince né le 6 juin 1823.

REMER (JEAN-AUGUSTE), historien allemand, naquit à Brunswick vers 1757; il termina ses études à l'université de Goëttingue, et professa successivement l'histoire au collège Carolin de Brunswick et à l'université de Heimstredt, où il avait commencé à étudier, et où il remplit la chaire jusqu'à l'époque de sa mort, arrivée le 26 août 1803. Les principaux ouvrages de Remer jouissent, en Allemagne, de beaucoup d'estime, comme livres élémentaires. Si les vues de cet écrivain n'ont pas de profondeur, si son style manque d'énergie, ces défauts sont rachetés par des qualités essentielles: les matériaux sont choisis avec goût et employés avec méthode, les sources bonnes et indiquées avec exactitude, enfin il se montre toujours sage et judicieux. On lui doit: 1° *Manuel de l'histoire universelle*, Brunswick, 3 vol. in-8°, 1783-1784; le premier traite de l'histoire ancienne, le second de l'histoire du moyen âge, le troisième de l'histoire moderne. L'auteur en donna plusieurs éditions : la 4° est de 1801-1803. 2° *Livre d'enseignement de l'histoire universelle*, destiné aux académies et gymnases, Halle, 1801. Voigtel a continué cet ouvrage jusqu'en 1810. 3° *Aperçu de la vie sociale en Europe, jusqu'au commencement du 16° siècle*, Brunswick, 1792; c'est une esquisse destinée à pressentir le goût du public sur une traduction libre de l'histoire de Charles-Quint, par Robertson, que Remer se proposait de publier. 4° *Archives américaines*, 2 vol. in-8°, Brunswick; 5° *Petite Chronique du royaume de Tatoïaba*, 1777, in-8°, Francfort et Leipsick; 6° *Manuel de la politique des principaux états de l'Europe*, Brunswick, 1786. 7° Il a composé et publié les 6° et 7° vol., 1802, de l'ouvrage que Krause avait mis au jour, Halle, 1789-1798, 5 vol. in-8°, sous le titre de : *Histoire des principaux événemens de l'histoire moderne*. 8° Enfin Remer a traduit différens ouvrages d'histoire, de géographie, français et anglais, et a concouru à la rédaction de plusieurs ouvrages périodiques allemands.

RÉMOND (LE BARON VICTOR), maréchal-de-camp, commandeur de la légion-d'honneur, chevalier de Saint-Louis, etc., a partagé sa carrière entre la tactique, la stratégie, la fortification, la topographie, et la vie de partisan. Ses faits se montrent quelque temps dans ce demi-jour, où l'officier sans troupes paraît ordinairement éclipsé par ceux qui les commandent; nous n'en citerons que quelques-uns. Blessé à l'affaire de Heiligsberg, deux jours après, il fit prendre aux portes de Kœnigsberg un bataillon qu'il reconnut être aventuré. Frappé de la faute qu'avaient faite les Anglais à une lieue en avant de la Corogne, en approchant l'aile droite de leur ligne des hauteurs qu'ils nous avaient laissé occuper, il détermina l'établissement de cette batterie, qui dégarnit cette aile; tua John-Moore (*voy*. MOORE), et donna lieu à l'affaire qui faillit entraîner la perte de l'armée anglaise. Le maréchal Soult lui fit quitter le corps du génie, où il était officier supérieur, pour lui confier des détachemens, à la tête desquels il eut nombre de succès, notamment dans le comté de Niébla, où il prit d'assaut un fort et 100 hommes; au déblocus de Ronda, près Baëza, où l'avant-garde qu'il commandait prit 600 hommes; au pic de Pinos-del-Rey, près Grenade, où sa petite colonne défit la division du comte de Montijo, forte de 2,500 hommes. Lorsque notre armée échoua dans la tentative du déblocus de Pampelune, il repoussa victorieusement, au col d'Araïx, une partie de l'armée anglaise qui nous serrait de très-près : la veille, il avait culbuté une brigade anglaise. Un mois après, lorsque l'aile gauche de notre armée fut attaquée près le col de Maya, quoique blessé grièvement de bonne heure, il ne quitta le commandement qu'après avoir repoussé toutes les attaques de l'ennemi. Nommé membre de la chambre des re-

présentans dans les *cent jours*, en 1815, il quitta peu après la chambre pour aller payer de sa personne à Waterloo; il rallia à Laon la division Gérard. Depuis il n'a cessé d'être candidat constitutionnel à toutes les élections de l'Orne, département où il est né. Le baron Rémond est aujourd'hui (1824) au nombre des maréchaux-de-camp en disponibilité.

RÉMUSAT (PIERRE-FRANÇOIS DE), membre du conseil des anciens, naquit en 1755, dans la ci-devant Provence, d'une famille noble. Pour se soustraire aux orages de la révolution, dès 1792, il se rendit à Smyrne, où il resta jusqu'en 1795. A cette époque, il revint dans sa patrie. En l'an 5 (1797), le département des Bouches-du-Rhône l'élut au conseil des anciens, où il siégea un peu moins de quatre mois, du 1er prairial au 17 fructidor (1797). Par suite de la révolution du lendemain, son élection fut annulée, et il fut compris dans la liste des fonctionnaires publics qui devaient être déportés; mais sur les réclamations de Bontoux, son nom fut effacé de la liste. L'année suivante (an 6), le 10 octobre 1797, on l'arrêta à Paris, comme accusé d'avoir émigré et servi dans l'armée du prince de Condé. Il fut détenu pendant 22 mois au Temple. De retour à Marseille, il y mourut le 7 février 1803. On a fait paraître en 1817, et la *Quotidienne* du 14 octobre de la même année en a rendu compte, un ouvrage de M. de Remusat, ayant pour titre : *Poésies diverses*, suivies du *Comte de Sanfrein, ou l'Homme pervers*, comédie en 3 actes et en vers, et d'un *Mémoire* sur sa détention à la prison du Temple.

REMUSAT (LE COMTE AUGUSTE-LAURENT DE), ex-chambellan de l'empereur Napoléon, préfet sous le gouvernement royal, est né le 28 avril 1762, dans le département des Bouches-du-Rhône. Il suivit d'abord la carrière de la magistrature, et à l'époque de la révolution, il était avocat-général à la cour des comptes d'Aix, en Provence. M. de Remusat eut l'art de ne point fixer sur ses opinions politiques l'attention des proscripteurs en 1793, et il atteignit heureusement le gouvernement consulaire. Il ne craignit plus dès cette époque de se mettre en évidence, et on le compta au nombre des courtisans du chef de l'état, puisqu'il accepta les fonctions de son premier chambellan et celles de surintendant des spectacles, la décoration de la légion-d'honneur, enfin, en 1806, la nomination de président du collége électoral du département de la Haute-Saône. Le rétablissement du gouvernement royal, en 1814, fit perdre à M. de Remusat ses différens emplois; la seconde restauration lui fut plus favorable, et il alla au mois d'août 1815 occuper la préfecture de la Haute-Garonne, où dans la même année il félicita, dans une circulaire administrative, la chambre des députés sur la loi *d'amnistie* qu'elle avait adoptée. Il dit : « Combien sont dignes de notre reconnaissance et de nos éloges ces fidèles députés qui, organes des sentimens et des vœux de la nation française, ont détourné l'effet de la clémence royale de sur ces êtres endurcis, qu'un premier pardon n'avait fait qu'enhardir à de nouveaux forfaits! Le peuple indigné les repousse à jamais, ces barbares dont les mains, teintes du sang précieux de l'infortuné Louis XVI, ont osé signer la proscription de son auguste dynastie, et ont cherché à soutenir sur son trône éphémère l'usurpateur qui, pendant quinze ans, avait bouleversé la France et ravagé l'Europe. Qu'ils aillent porter dans des déserts lointains la honte imprimée sur leur front criminel, et que, livrés à leurs remords et à l'exécration du genre humain, ils y attendent le moment terrible où ils auront à répondre devant un Dieu vengeur du sang innocent qu'ils versèrent, et des innombrables attentats dont ils furent les artisans ou les complices. » Ce langage de la part d'un ancien fonctionnaire du gouvernement impérial surprit assez généralement. On pensait que peut-être il y avait de la convenance à se taire, lorsque des mesures sévères, quelque méritées qu'elles fussent, venaient atteindre des hommes dont le tort, aux yeux de M. de Remusat, ne devait être que d'avoir été moins prompts à se repentir, et qui d'ailleurs n'échappaient point à l'impunité. M. de Remusat passa, en 1817, à la préfecture du Nord. Quelques années après, il fut rendu à la vie privée.

REMUSAT (JEAN-PIERRE-ABEL DE), orientaliste, membre de l'institut, professeur de langue chinoise et de langue tartare au collége de France, etc., est né à Paris, le 5 septembre 1788. Sa faurille, originaire de Marseille, désira lui voir prendre la carrière médicale. Il fit en effet ses cours pour être reçu médecin ; mais en même temps il se livrait à l'étude des langues orientales. Ses progrès furent également remarquables dans ces deux genres de travaux. En 1811, il donna un *Essai sur la langue et la littérature chinoises*, qui fixa sur lui l'attention, et lui valut son admission en qualité de correspondant des académies de Grenoble et de Besançon. En 1813, il fut reçu docteur en médecine de la faculté de Paris. Il justifia, dit-on, ce titre honorable en prodiguant ses soins aux soldats blessés réunis dans les abattoirs de Paris, que l'on avait transformés en hôpitaux en 1814. On prétend cependant que M. Abel de Remusat conteste lui-même ce fait ; nous ne pouvons le croire. Dans ces temps déplorables, un Français, un médecin, ne devait distinguer ni amis ni ennemis dans les infortunés qui réclamaient ses secours, et il ne peut être qu'honorable pour lui de les leur avoir prodigués. Après le rétablissement de la maison de Bourbon, une chaire de langue chinoise ayant été créée au collége royal de France, M. Abel de Remusat en fut pourvu. Il devint, en 1816, membre de l'institut (académie des inscriptions), et en 1818, il succéda à M. Visconti dans la rédaction du *Journal des Savans*, qui lui devait déjà plusieurs articles remarquables. Il vient (1824) de remplacer M. Langlès dans la place de conservateur des manuscrits orientaux à la bibliothèque du roi. On a généralement paru étonné que le choix du gouvernement n'ait point été dirigé sur M. de Chezy, depuis 25 ans l'ami et l'adjoint de ce célèbre professeur. M. Abel de Remusat est un des jeunes savans les plus favorablement traités ; le cumul de quatre emplois lui suffit pour un revenu annuel de 16,800 fr., savoir : 2,400 comme membre de l'académie des inscriptions, 2,400 comme rédacteur du Journal des Savans, 6,000 comme professeur au collége de France, et 6,000 comme conservateur des manuscrits orientaux. M. Abel de Remusat a publié les ouvrages suivans : 1° *Essai sur la langue et la littérature chinoises*, Paris, 1811, in-8°, avec 5 planches ; 2° *de l'Étude des langues étrangères chez les Chinois*, in-8°, 1811 ; 3° *Explication d'une inscription en chinois et en mandchou*, gravée sur une plaque de jade du cabinet des antiques de Grenoble (dans le *Journal du département de l'Isère*, 1812, imprimé séparément, in-8°) ; 4° *Notice d'une version chinoise de l'évangile de saint Marc, publiée par les missionnaires anglais du Bengale* (dans le *Moniteur* du 9 novembre 1812, aussi imprimée séparément, in-8°) ; 5° *Dissertatio de Glossosemeiotice sive de signis morborum quæ è linguâ sumuntur, præsertim apud Sinenses*, 1813, in-4°, thèse d'admission de M. Abel de Remusat au doctorat ; 6° *Considérations sur la nature monosyllabique attribuée communément à la langue chinoise*, in-8°, imprimées en latin, dans les *Mines de l'Orient*, tom. III, avec une planche gravée, qu'on ne trouve pas dans la traduction française de M. Bourgeat. On remarque que celle-ci comprend le *Pater* en chinois, qui n'est pas dans l'original latin, et les exemples de chinois ne sont pas les mêmes. 7° *Recherches historiques sur la médecine des Chinois*, etc. (dans le *Moniteur* du 21 octobre 1813, et imprimées à part, in-8°); 8° *The Works of Confucius*, etc. (dans le *Moniteur* du 5 février 1814, et tiré à part, in-8°); 9° *Plan d'un dictionnaire chinois*, avec des notices de plusieurs dictionnaires chinois manuscrits, et des réflexions sur les travaux exécutés jusqu'à ce jour par les Européens, pour faciliter l'étude de la langue chinoise, 1814, in-8°. 10° M. de Remusat a concouru à la publication du tome XVI des *Mémoires concernant les Chinois*, et au *Traité de la Chronologie chinoise*, par le P. Gaubil, qui en fait la suite, publié, en 1814, par M. Silvestre de Sacy, in-4°; 11° *Programme du cours de langue et de littérature chinoises, et de tartare-mandchou*, précédé du *Discours* prononcé à la première séance de ce cours, au collége de France, le 16 janvier 1815, in-8°; 12° *Fo-thou-tchhing*, in-18; 13° *Livre des récompenses et des peines*, traduit du chinois, avec des notes et des éclaircissemens, 1816, in-8°; 14° *Lithographie* (dans le *Moniteur* du 7 avril 1817, et tirée à part, in-8°); 15° *l'Invariable Milieu*, ouvrage moral de *Tsèu-ssé*, en chinois et en mandchou, avec une version littérale latine, une traduction française, et des notes, précédé d'une notice sur les quatre livres moraux, communément attribués à Confucius, 1817, in-4°; 16° *Mémoire sur les livres chinois de la bibliothèque du roi, et sur le plan du nouveau Catalogue*, dont la composition a été ordonnée par le ministre de l'intérieur (dans les *Annales encyclopédiques* de 1817, et publié à part, 1818, in-8°). Enfin M. Abel de Remusat a encore publié une *Grammaire chinoise*, in-8°, *Recherches sur les langues tartares*, in-4°, etc. Il a contribué à la création de la société asiatique de Paris, dont il a été secrétaire, et il a été admis par les sociétés asiatiques de Londres et de Calcutta, au nombre de leurs membres correspondans.

RENARD (JEAN-AUGUSTIN), architecte, membre de l'ancienne académie d'architecture, etc., naquit à Paris, le 28 août 1744. Il étudia d'abord la peinture sous Hallé, et ensuite l'architecture sous Leroy. Ses progrès dans ce dernier art furent si rapides, qu'en 1773 il remporta le grand prix d'architecture; il partit pour Rome comme pensionnaire de l'école de France, et mérita bientôt, par son assiduité et ses succès dans l'étude des monumens et antiquités de cette contrée classique, d'être attaché à l'abbé de Saint-Non, occupé alors de la composition de son *Voyage pittoresque d'Italie*. Renard a fourni les dessins d'un grand nombre de gravures de ce célèbre ouvrage. Dès son retour à Paris, en 1784, il devint inspecteur des bâtimens du roi, et en 1785, adjoint à son beau-père, M. Guillaumot, inspecteur-général des carrières; en 1792, il fut nommé membre de l'académie d'architecture. Renard s'étant montré partisan de la révolution, il fut pourvu de la place d'architecte du département de la Seine. L'un des trois inspecteurs de la grande voirie, et membre du comité de consultation des bâtimens de la couronne, il sut constamment justifier la confiance de l'administration. Il mourut le 24 janvier 1807. On cite parmi ses travaux les deux grandes écuries de Sèvres et de Saint-Germain-en-Laye, construites par ordre de Louis XVI ; le comble vitré du salon d'exposition du Louvre, « qui, dit M. Ponce, auteur d'une *Notice* sur Renard, est un chef-d'œuvre dans son genre ; » la décoration des appartemens de l'hôtel d'Orsay, rue de Varenne ; les appartemens du prince de Bénévent, rue d'Anjou ; les embellissemens et l'accroissement du château de Valençay, etc.

RENAUD (Jean-Baptiste-Sulpicien), colonel d'artillerie, officier de la légion-d'honneur et chevalier de Saint-Louis, entra au service, à sa sortie de l'école Polytechnique, le 2 mai 1797. Nommé d'abord lieutenant, et bientôt capitaine au choix, il devint ensuite aide-de-camp du comte Songis, inspecteur-général de l'artillerie, et fit avec une grande distinction les campagnes de Pologne et l'Allemagne, des années 1807 et suivantes. Il fut blessé à la bataille de Friedland le 14 juin 1807, nommé chef de bataillon le 23 janvier 1811, et colonel le 12 mars 1814. Il a publié un ouvrage, intitulé : *Instruction sur l'art de fabriquer la poudre*, qui a obtenu l'approbation des hommes instruits en cette matière.

RENAUD (le baron Antoine-François), maréchal-de-camp, officier de la légion-d'honneur et chevalier de Saint-Louis, né le 6 février 1770, embrassa dès sa jeunesse l'état militaire, se distingua pendant les premières campagnes de la révolution, et fut long-temps attaché, en qualité d'aide-de-camp, avec le grade de colonel, au maréchal Lefebvre, duc de Dantzick. Il fut nommé, en 1814, chevalier de Saint-Louis, l'année suivante, officier-général, et est encore aujourd'hui (1824) en activité de service.

RENAUD (Jean-Jacques), membre de la légion-d'honneur, né dans le département du Jura, partit pour l'armée, comme simple soldat, au commencement des guerres de la révolution, et a obtenu tous ses grades, depuis celui de caporal jusqu'à celui d'officier supérieur, à la suite de quelque action d'éclat. Pendant les premières campagnes d'Italie, alors simple soldat, il se trouva cerné avec 20 de ses camarades au poste d'Erpalo ; l'officier qui commandait avait été tué, Renaud prend sa place, fond sur l'ennemi, dont il parvient à percer les rangs, et ramène sa troupe à l'armée française. Le 12 avril 1800, sur les hauteurs de Savonne, il se précipita dans les rangs ennemis, et enleva un drapeau, action qui lui valut un fusil d'honneur. Il se distingua aux batailles de Friedland, de Wagram, et aux combats de Gaittaria et de Villa-Franca, en Espagne.

RENAUD (Jean), sergent d'artillerie, membre de la légion-d'honneur, né à Selongey, département de la Côte-d'Or, mérite d'être cité, ayant été le premier des braves à qui le général en chef Bonaparte décerna sur le champ de bataille la première grenade d'honneur. Il avait déjà mérité de fixer l'attention du général en chef, au passage du Simplon, par des actions de courage et d'adresse extraordinaires. Il fut choisi pour démonter l'artillerie du fort du Bard, et y réussit. A Marengo, s'étant couché sous sa pièce de canon, chargée à mitraille, il y mit le feu au moment où un corps autrichien venait s'en emparer, et le mit dans une déroute complète. Le général fit appeler Renaud dans la même journée, et s'en servit pour démonter une batterie autrichienne ; il lui remit ensuite sur le champ de bataille la grenade d'honneur. Ce brave périt, quelque temps après, dans un incendie, à Neuhoff, où il s'était précipité au milieu des flammes pour sauver un de ses amis.

RENAUDIN (N.), contre-amiral, commandait, en mars 1795, l'expédition qui sortit de Brest, et fut mis, en juin suivant, à la tête de l'armée navale de Toulon. Il remplaça, en janvier 1799, le contre-amiral Lelarge, à Brest, et fut chargé, en février, d'aller remplir à Naples le poste de commandant d'armes. Il a cessé, en 1805, de compter parmi les officiers-généraux de la marine en activité.

RENAUDIN (L.), né vers 1750, à Saint-Remi, département des Vosges, remplit les fonctions de juge au tribunal révolutionnaire de Paris, sous la direction de Fouquier-Thinville. Après la révolution du 9 thermidor, il comparut devant ce même tribunal où il avait prononcé tant d'arrêts de mort et fut condamné, le 18 floréal an 3 (17 mai 1795), comme complice de l'ancien accusateur-public. Il était âgé de 46 ans. On l'accusa surtout d'avoir, dans le procès d'une jeune fille de 17 ans, nommée Bois-Marie, quitté son siège de juge pour aller déposer contre elle en qualité de témoin, et d'avoir ensuite opiné à la mort comme juré. « Il était, » dit Prudhomme, l'ami intime de » Robespierre ; il le suivait partout, » et lorsqu'il le voyait en danger, il » veillait à sa conservation, armé » de pistolets et de poignards : il » était aussi du nombre de ces jurés qu'on appelait *solides*. »

RENAULDIN (Léopold-Joseph), docteur en médecine de la Faculté de Paris, est né à Nanci, département de la Meurthe, le 27 juin 1775. Après avoir fait de bonnes études au collége de sa ville natale, tenu par les chanoines réguliers, il y suivit la carrière médicale, et fut employé, en 1793, dans les hôpitaux militaires de Nanci, en qualité de chirurgien sous-aide-major. L'année suivante, envoyé à l'armée de la Moselle, il faillit succomber à la maladie épidémique (typhus), qui moissonnait alors un grand nombre de nos soldats. Après avoir passé devant Mayence le rude hiver de 1795, durant lequel il observa tous les accidens de la congélation humaine, qui devaient se reproduire encore plus terribles dans la campagne de Moskou, il fut appelé, en 1796, à l'hôpital militaire d'instruction du Val-de-

Grâce, à Paris. Les quatre années qu'il y resta furent consacrées à s'instruire dans les diverses parties de la science médicale, et son application lui valut un des prix qui furent distribués pour entretenir l'émulation des jeunes gens. Lors de la journée du 18 fructidor an 5 (4 septembre 1797), M. Renauldin fut envoyé à l'état-major de la place, avec ordre d'y rester en permanence, pour prêter les secours de son art en cas qu'ils devinssent nécessaires. En 1799, il partit avec le grade d'aide-major pour l'armée du Rhin, qui prit bientôt le nom d'armée du Danube, commandée par Moreau, et il y resta jusqu'à la paix de Lunéville (1801), par suite de laquelle il fut licencié. Il revint alors à Paris, se présenta à l'École de Médecine pour subir ses examens, et fut reçu docteur au commencement de 1802. Pour se perfectionner dans la pratique, M. Renauldin suivit pendant quelque temps l'excellente clinique de Corvisart (*voy.* ce nom); ce qui ne l'empêchait point de s'occuper de la partie littéraire de la médecine, soit en écrivant des articles dans les journaux consacrés à cette science, soit en traduisant de l'allemand l'ouvrage de Dreyssig, sur le *Diagnostic médical;* mais trop jeune encore pour se former une clientelle, et entraîné d'ailleurs par son goût pour les voyages, il obtint un brevet de médecin militaire de première classe, et se rendit à l'armée de Pologne au commencement de 1807. Après la paix de Tilsitt, il accompagna à Berlin le médecin en chef M. Desgenettes (*voy.* ce nom), qui lui donna la direction du grand hôpital de cette ville, et l'inspection des prisons militaires. Il devint aussi membre d'un comité chargé de la réforme de tous les soldats invalides de la grande-armée; il en visita plus de trois mille, et rédigea tous leurs certificats. Il fit également partie d'une commission qui avait pour objet de constater l'état des farines qui, dans plusieurs magasins, avaient paru avariées, après plus d'une année de séjour dans la capitale de la Prusse. M. Renauldin partit pour l'armée d'Espagne, où il échappa plusieurs fois comme par miracle aux nombreuses guérillas qui rendaient les routes si dangereuses. Il se trouvait à Madrid lorsqu'il apprit sa nomination de médecin titulaire des dispensaires de Paris, place dont il vint prendre possession vers la fin de 1809. Peu de temps après, il fut nommé médecin assermenté près la cour impériale. Lorsqu'il fut question de publier le *Dictionnaire des Sciences médicales*, M. Renauldin fut choisi par ses collaborateurs pour composer l'*introduction* de ce grand ouvrage, auquel il a fourni en outre de nombreux articles de pathologie interne. Il a été nommé, en 1816, médecin en chef de l'hôpital Beaujon, puis, à la création de l'Académie royale de médecine, membre titulaire de cette compagnie. Il a publié: 1° *Dissertation* (inaugurale) *sur l'Erysipèle*, Paris, 1802, in-8°; 2° *Traité du Diagnostic médical*, traduit de l'allemand, du docteur Dreyssig, avec un *Discours préliminaire*, des *notes* et des *additions* du traducteur,

Paris, 1804, in-8°; 3° *Mémoire sur le Diagnostic de quelques maladies organiques du cœur*, inséré dans le *Journal de Médecine*, de Corvisart, cahier de janvier 1806; 4° *Esquisse de l'histoire de la médecine, depuis son origine jusqu'en l'année 1812*, Paris, 1812, in-8°. Cet ouvrage, qui forme l'*introduction* du *Dictionnaire des Sciences médicales*, en 60 volumes, obtint l'approbation de tous ses confrères. L'auteur, M. Renauldin, est collaborateur de plusieurs journaux de médecine, ainsi que de la *Biographie universelle* ; il a fourni à ce dernier recueil plus de quarante articles, parmi lesquels on distingue ceux d'Érasistrate, Esculape, Fernel, Foès, Fracastor, Gallien, Hyppocrate, Morgagni, Paracelse, etc.

RENAULT (Aimée-Cécile), fille d'un maître papetier de Paris, n'était âgée que de vingt ans lorsqu'elle fut condamnée à mort par le tribunal révolutionnaire de cette ville, le 26 prairial an 2 (17 juin 1794), comme prévenue d'avoir voulu attenter à la vie de Robespierre. Son imagination exaltée par les assassinats juridiques qui se commettaient tous les jours dans la capitale, la porta à se rendre chez l'homme qui passait pour en être le principal auteur, son inexpérience lui laissant croire qu'une démarche inoffensive pourrait arrêter l'effusion du sang; car on n'a jamais cru qu'elle eût réellement le dessein qu'on lui prêta. Le 23 mai 1794, elle se présenta chez Robespierre, et insista fortement pour le voir. On lui répondit qu'il était sorti. «Il est fonctionnaire public, dit-elle, et doit en cette qualité répondre à tous ceux qui se présentent. Quand nous n'avions qu'un roi, on entrait tout de suite chez lui, et je verserais tout mon sang pour en avoir encore un.» Elle fut emmenée au comité, où on l'interrogea. Après plusieurs questions, auxquelles elle répondit avec beaucoup de présence d'esprit, on lui demanda : Avez-vous dit que vous désiriez un roi?—Oui, car vous êtes cinq cents tyrans, et j'étais venue chez Robespierre pour voir comment est fait un tyran (*voy.* Admiral.) Pourquoi, ajouta-t-on, portez-vous avec vous ce paquet? (elle avait sous son bras du linge dans un mouchoir).—M'attendant à aller où vous allez me conduire, j'ai été bien aise d'avoir du linge pour changer.—Qu'entendez-vous par-là?—En prison, et ensuite à la guillotine.» En la fouillant, on trouva dans ses poches deux petits couteaux, que l'on transforma en armes pour assassinat, tandis qu'il fut constant que jamais ils n'auraient pu servir à cet usage. Traduite au tribunal révolutionnaire, on la plaça à côté de l'Admiral, dont on voulut la rendre complice, parce que celui-ci avait attenté à la vie de Collot-d'Herbois le jour même où Cécile Renaud s'était introduite chez Robespierre. Sa condamnation n'était pas douteuse; mais son père, ses parens, ses amis, ses connaissances, et plus de soixante personnes qu'elle ne connaissait pas, et de qui elle n'était pas connue, subirent le même sort. Ses frères, qui étaient alors aux armées, allaient être arrêtés par ordre du comité de salut-public; mais leurs camarades, convaincus qu'ils n'étaient pas complices d'un crime imaginaire, leur donnèrent les moyens de s'échapper.

RENAULT (Alexandre-Jacques), ayant embrassé la cause de la révolution, fut nommé en septembre 1795, par le département de l'Orne, député au conseil des cinq-cents. Le 1ᵉʳ janvier 1796, il y fit un discours pour le maintien de la loi du 3 brumaire, concernant les émigrés, dans lequel il s'efforça de prouver que c'était aux administrations centrales qu'il appartenait de prononcer sur leur radiation, sauf le droit réservé au directoire de rendre la décision définitive. Le 14 novembre, il fit une motion d'ordre contre le divorce pour cause d'incompatibilité d'humeur; le 22 novembre 1797, il combattit le projet relatif à la durée des fonctions des présidens et accusateurs-publics des tribunaux criminels. En 1799, son département le réélut au même conseil, où il se montra partisan de la liberté de la presse. S'étant prononcé en faveur de la révolution du 18 brumaire, il entra au corps-législatif, d'où il sortit en 1803. On ne l'a plus revu depuis cette époque dans les fonctions publiques.

RENAULT (N.), était curé de Preux-au-Bois lorsque le clergé du bailliage du Quesnoy (département du Nord) le nomma député aux états-généraux en 1789. M. Renault fut un des premiers de son ordre qui se réunirent à la chambre des communes, et il se fit remarquer parmi les membres de l'assemblée constituante qui manifestèrent des opinions libérales. Il était du nombre des cinquante-huit ecclésiastiques, membres de l'assemblée, qui, ayant à leur tête M. Grégoire, alors curé et depuis évêque de Blois, prêtèrent, dans la séance du 27 décembre 1790, le serment voulu par la constitution civile du clergé, décrétée le 12 juillet précédent. Il protesta personnellement, dans cette même séance, de son attachement à la nouvelle constitution. Après la session de l'assemblée constituante, M. Renault retourna dans ses foyers, et y reprit, pour ne plus les quitter, les fonctions de son ministère.

RENAZZI (Philippe-Marie), naquit à Rome en 1747. Ses parens, dont les vœux se bornaient à en faire un procureur, furent très-étonnés de le voir s'élever au rang des plus célèbres jurisconsultes de l'Italie. Les écrits qui contribuèrent le plus à fonder sa réputation furent ceux qui concernent la jurisprudence criminelle, science qu'il professa, pendant trente-quatre ans, dans l'archi-gymnase de la Sapience, avec un succès toujours croissant, et au milieu de l'empressement général d'un grand nombre d'élèves de tout âge, avides d'écouter ses leçons. Ses *Élémens de droit criminel*, publiés à Rome en 1773, ont été réimprimés plusieurs fois en Italie, traduits et commentés dans les langues étrangères, et adoptés à l'université de Pise. L'auteur en préparait à Rome une nouvelle édition, qui devait faire partie de celle de tous ses ouvrages. Il se proposait d'y joindre des additions importantes sur les sourds-muets de naissance, sur la peine de mort, sur les nouveaux codes criminels, publiés en France et dans quelques autres états. Cette collection devait former 13 vol. in-8°; mais surpris par la mort, il ne put pas s'acquitter de ces travaux. Parmi ses ouvrages inédits, on citait des poésies latines et italiennes, des di-cours académiques, une réfutation du contrat social, des nouvelles recherches sur les mariages des anciens, et sur l'indissolubilité de ceux que contractaient les Romains, la vie de Zabaglia, machiniste de la fabrique de Saint-Pierre, etc. Renazzi appartenait à plusieurs académies; il était en relation avec un grand nombre de savans nationaux et étrangers. Le cardinal Herzan, ambassadeur de la cour de Vienne à Rome, avait été chargé, par son empereur, de lui offrir la première chaire de jurisprudence à l'université de Pavie. Catherine II l'avait appelé à Pétersbourg, pour la rédaction de son Code criminel. Napoléon l'avait nommé, en 1803, professeur de droit criminel à l'université de Bologne; mais Renazzi, toujours attaché à la ville qui l'avait vu naître, refusa constamment toutes les places qui lui furent offertes hors de sa patrie. Le pape voulut récompenser ce vertueux dévouement en lui accordant des lettres de noblesse. Le diplôme qui lui fut expédié, et qu'on trouve inséré dans le second volume de son *Histoire de l'Université romaine*, est conçu dans les mêmes termes que ceux adressés, dans des siècles plus reculés, à Pétrarque, à Muret, à Mercurialis, etc. Renazzi mourut à Rome, le 29 juin 1808. Ses ouvrages sont : 1° *Index conclusionum quæ continentur in decisionibus S. Rotæ*, etc., Rome, 1767, in-8°; 2° *Pitonii additiones ad disceptationes ecclesiasticas*, ibid., 1767, in-8°; 3° *Elementa juris criminalis*, ibid., 1775-1781, 3 vol. in-8°; 4° *De Ordine, seu formâ judiciorum criminalium*, ibid., 1777, in-8°; 5° *De Studiis litterarum*, etc., ibid., 1781, in-8°; 6° *Notizie storiche degli antichi vice-domini, e de' moderni prefetti*, ibid., 1793, in-8°; 7° *Stato della fabbrica di San Pietro, dall' anno 1785 al 1792*, ibid., 1793, in-8°; 8° *De Sortilegio et Magiâ*, Venise, 1792, in-8°; 9° *De Laudibus Leonis X*, Rome, 1793, in-8°; 10° *Teorica e pratica per uso de' commissarj della fabbrica di San Pietro*, ibid., 1793; 11° *De Optimo scientiarum fine adsequendo*, ibid., 1796, in-8°; 12° *Sull' Influenza della poesia nella morale*, ibid., 1797, in-8°; 13° *Storia dell' università di Roma, con un saggio storico della letteratura romana dal principio del secolo XIII, sino alla fine del XVIII*, ibid., 1803-1806, 4 vol. in-4°; 14° *Illustrazione dell' intaglio d'un niccolo antico*, ibid., 1805, in-8°; 15° *Ricerche sulle varie maniere di contrar nozze presso i Romani*, Sienne, 1807, in-8°.

RENDU (LE BARON ATHANASE), maître des requêtes, procureur-général à la cour des comptes, officier de la légion-d'honneur, était notaire à Paris, et se défit, dit-on, de sa charge à la rentrée de Napoléon, en 1815, pour ne pas lui prêter serment de fidélité. M. le baron Rendu a commencé l'exercice des fonctions publiques par la place d'adjoint au maire du premier arrondissement, et est devenu successivement secrétaire-général de la préfecture du département de la Seine, maître des requêtes, baron, et enfin procureur-général du roi près la cour des comptes, fonctions qu'il exerce encore aujourd'hui (1824).

RENDU (AMBROISE), l'un des conseillers de l'université et l'un des substituts du procureur-général près de la cour royale de Paris, membre de la légion-d'honneur, frère cadet du précédent, et comme lui fils de notaire, fut reçu avocat à la cour d'appel de Paris, et nommé, en 1806, inspecteur-général de l'université impériale. M. Rendu adhéra, en 1814, à la déchéance de l'empereur et au rétablissement du gouvernement royal. Lors du débarquement de Napoléon, en 1815, il refusa de venir prendre séance au conseil de l'université, dont il avait fait partie jusqu'alors, et de prêter le serment qui lui en aurait ouvert l'accès. Se croyant compromis par une déclaration virulente, qu'à la nouvelle du débarquement de Napoléon il avait fait insérer dans les journaux, M. Rendu prit même la fuite; mais il reparut après le second retour du roi, rentra à l'université comme inspecteur-général: il en est devenu l'un des conseillers, et en même temps substitut du procureur-général près la cour royale. M. Rendu a publié : 1° *Réflexions sur quelques parties de notre législation civile, envisagée sous le rapport de la religion et de la morale*, 1814, in-8°; 2° *Observations sur les développemens présentés à la chambre des députés, par M. de Murard de Saint-Romain, sur l'instruction publique* et l'éducation, deux éditions ; la seconde avec un supplément, 1816: un deuxième supplément parut sous le titre de *Système de l'université de France*, 1816 ; enfin, au rapport de M. Barbier, M. Rendu aurait donné un troisième supplément en 1816, sous le titre de *Quelques Réflexions* sur la rétribution universitaire établie par décret, maintenue par une ordonnance royale et confirmée par une loi. (Voir le budget de 1816.) Le même lui attribue encore : 3° *Excerpta, ou Morceaux choisis de Tacite*, 1805, in-12 ; 4° *Vie d'Agricola*, nouvelle traduction, 1806, in-18 ; 5° *Considérations sur le prêt à intérêt*, 1806, in-4°.

RENÉ (J. G. P.), général de brigade, et officier de la légion-d'honneur, né à Montpellier le 20 juin 1769, était lieutenant à l'armée des Alpes en 1792, et fut nommé capitaine au siége de Toulon. Il passa ensuite en Italie, et y fit les campagnes de 1792 à 1796. Il se distingua, par sa présence d'esprit et par son audace, le 15 février 1797 à Garda. Se trouvant à la tête de cinquante hommes, il aperçut, au moment où il visitait son petit poste, sept Autrichiens qui venaient à lui ; il donna ordre à quelques-uns des siens de les faire prisonniers, tandis qu'il irait rassembler le reste de son monde ; on les lui amena à l'instant même, mais ne se croyant pas en sûreté dans le lieu qu'il occupait, il sortit du village avec son détachement pour prendre une position avantageuse ; il avait à peine fait quelques pas, qu'il se vit en présence d'une colonne autrichienne, dont le commandant lui signifia l'ordre de se rendre ; René lui répliqua qu'il était si peu disposé à le faire, que toute sa troupe allait être passée au fil de l'épée, si lui-même ne mettait bas les armes. Cette menace intimida l'officier autrichien, qui, persuadé, après quelques pourparlers, qu'il avait affaire à un corps nombreux, consentit à se rendre prisonnier; mais le capitaine René, craignant de trahir la faiblesse de sa troupe, fit défiler tous les ennemis devant lui, les obligeant à jeter les armes à mesure qu'ils passaient; ils se trouvèrent au nombre de 1,800 hommes. Il leur ordonna en même temps d'aller se loger dans le village, dont il eut soin d'occuper toutes les issues, et fit savoir à ses chefs la capture qu'il venait de faire. Ce ne fut qu'après s'être distingué dans beaucoup d'autres circonstances qu'il fut nommé général de brigade le 18 juillet 1801. Après la bataille de Rivoli, où il donna de nouvelles preuves de bravoure, il reçut du premier consul Bonaparte des armes et un brevet d'honneur. Il continua de se distinguer dans la glorieuse campagne d'Austerlitz, et passa ensuite en Espagne, où il déploya plus que jamais sa valeur et son habileté. Après avoir contribué dans une foule d'occasions aux succès de nos armes, il fut assassiné par les guérillas dans la campagne de 1808.

RENNEL (James), ancien major au service de la compagnie des Indes anglaises, un des plus savans géographes de l'époque actuelle, naquit à Chudleigh, dans le Devonshire, en 1742. Il descend d'une ancienne famille française, dont un des chefs accompagna Guillaume-le-Conquérant en Angleterre, et son père, homme instruit, jouissant d'une fortune indépendante, était très-estimé dans sa province. Le jeune Rennel s'embarqua, dès l'âge de 15 ans, sur un des vaisseaux de la marine royale, devint bientôt *midshipman*, se distingua en plusieurs occasions pendant la guerre de sept-ans, et particulièrement au siége de Pondichéry. Doué d'un esprit pénétrant et observateur, il poursuivit avec ardeur ses études pendant tout le cours de sa carrière militaire, et acquit des connaissances très-étendues en divers genres. Il quitta en 1766 le service de la marine royale, d'après l'avis d'un ami de sa famille, l'un des principaux intéressés dans les affaires de l'Inde, et entra au service de la compagnie anglaise, qui exploitait cette riche contrée. Employé d'abord comme officier du génie, ses services le firent bientôt nommer major. Il ne tarda pas à se faire connaître aussi dans le monde savant comme auteur, et son excellente carte *du banc et du courant du cap Lagullas* lui valut la place de *surveyor-general*, ou chef du cadastre du Bengale. Il publia, quelque temps après, un *Atlas du Bengale*, suivi d'une *carte des rivières du Gange et du Burrempooter*, et d'une notice savante, insérée dans les *Transactions philosophiques*, ouvrages qui étendirent au loin la réputation de l'auteur. Il fut élu, à l'unanimité des suffrages, membre de la société royale de Londres, et lorsque depuis la société asiatique se forma à Calcutta, sous les auspices de son ami intime, le savant William Jones, le major Rennel en devint un des plus zélés et des plus laborieux collaborateurs. Un grand nombre des meilleurs articles des *Recherches asiatiques* lui sont dus. Il se maria dans l'Inde avec la fille du savant docteur Tackeray, et revint en Angleterre en 1782, où il publia son admirable *Carte de l'Indostan*, accompagnée d'une description historique, et précédée d'une introduction contenant un tableau tracé de main de maître des différentes révolutions que cette vaste contrée a éprouvées. Grâce aux travaux du major Rennel, « les Anglais, ainsi qu'il le » dit lui-même, connaissent mieux » aujourd'hui le Bengale que leurs » propres côtes. Croirait-on, a- » joute-t-il, que nous n'avons pas » une carte passablement bonne » du canal Saint-Georges? » Membre de l'association africaine, il s'occupa aussi avec succès de corriger la géographie de cette grande partie du globe encore si peu connue, et aida, en 1798, le célèbre et malheureux voyageur Mungo-Park dans ses préparatifs pour son dernier voyage d'Afrique. Le docteur Vincent, qui a publié un grand ouvrage sur l'expédition de Néarque, ordonnée par Alexandre-le-Grand, a souvent été guidé par le major Rennel dans ses recherches, et les notes que ce savant géographe a ajoutées aux dernières éditions en ont considérablement augmenté le prix. En 1800, il publia enfin son *Système géographique d'Hérodote*, ouvrage qui, à lui seul, aurait suffi pour placer son auteur au rang des premiers géographes de nos temps. Tous les raisonnemens y sont appuyés d'observations faites avec la plus grande exactitude, et de faits constatés jusqu'à l'évidence. L'ouvrage est écrit avec cette clarté et cet intérêt de style qui répandent de l'agrément sur les matières les plus sèches. En relation avec les principaux savans de l'Europe, le major Rennel a depuis long-temps entretenu des correspondances suivies avec la plupart d'entre eux. Son cabinet et sa bibliothèque sont enrichis des preuves de leur vénération pour lui. Jusque dans un âge très-avancé il a conservé une santé robuste, et sa conversation vive et spirituelle faisait le charme de la société. Aucun ouvrage important sur l'histoire ou la géographie ne paraissait en Angleterre sans être soumis à ses judicieuses critiques et à sa révision. Mais il était devenu le fléau de ces auteurs qui, sans sortir de leurs cabinets, font des récits imaginaires de leurs intéressans voyages, et spéculent avec leurs libraires sur la crédulité du public. Il aperçut le premier la fraude impudente du prétendu *Voyage de Damberger dans l'intérieur de l'Afrique*, et la signala de la manière suivante au public: « M. Damber- » ger arrive à Kaboratho, et là, il » voit un canal qui vient de la ri- » vière de Gambie. Or, Kabora- » tho se trouve placé au 22° degré » de longitude et Gambie au 42°. » La longueur de ce canal serait » donc de vingt degrés ou de qua- » torze cent milles. Très-bien, dit » mon ami. » Les ouvrages du major Rennel sont: 1° *Carte du banc* et du courant du cap Lagullas, 1778; 2° *Atlas du Bengale*, 1781, in-folio; 3° *Carte de l'Indostan, ou de l'empire Mogol*, avec une description historique, 1782, in-4°; seconde édition en 1788, avec un nouveau Mémoire, et troisième édition, 1793, in-4°. MM. Boucheseiche et Castera ont donné une traduction française de cet ouvrage sur la septième édition, et sous le titre de *Description historique et géographique de l'Indostan*, an 8 (1800), 3 vol. in-8°, avec atlas in-4°; 4° *Mémoire sur la géographie de l'Afrique*, avec grande carte in-4°, 1790; 5° *Sur la Manière de voyager avec des chameaux, et le prix de ces voyages, et son application par une échelle suivant les règles de la géométrie*, 1791; 6° *Marche des armées anglaises pendant les campagnes de l'Inde, de 1790 à 1791, éclaircies et expliquées par cartes*, etc., in-8°, 1792; 7° *Mémoire sur la Péninsule de l'Inde, avec une carte in-folio et in-4°*, 1793; 8° *Eclaircissemens sur la géographie de l'Afrique*, in-4°, 1793; 9° *Nouvelle Carte corrigée de la péninsule de l'Inde, du pays de Mysore, et des cessions de 1798, 1799, 1800*; 10° *Second et troisième Mémoire sur la géographie de l'Afrique*, in-4°, 1798; 11° *Système géographique d'Hérodote*, in-4°, 1800; 12° *Quatrième Mémoire sur la géographie de l'Afrique, et Carte des Voyages de M. Horneman, pour l'association africaine*, in-4°; 13° *Observations sur la topographie de la plaine de Troie*, in-4°, 1814.

RENNEL (THOMAS), poète et peintre anglais, né à Chudleig, dans le Devonshire, en 1718, de la même famille que le précédent, étudia à Londres la peinture en miniature, y fit des progrès remarquables, et revint ensuite s'établir dans sa province, où son talent lui obtint bientôt des succès mérités. Les contrées pittoresques qu'il habitait lui inspirèrent l'idée de s'essayer aussi dans le paysage, et il y réussit également; enfin il consacra quelques momens à la poésie. Les pièces de vers qu'il fit imprimer eurent du succès. Thomas Rennel mourut à Dartmouth en 1790.

RENNEVILLE (MADAME DE). Cette dame, née Sophie DESENNETERRE, naquit vers 1772, et mourut à Paris le 15 octobre 1822, dans la 50° année de son âge, des suites de la petite-vérole. Amie de la jeunesse, elle lui a consacré ses veilles, et plusieurs de ses ouvrages sont dignes de l'honorable mission qu'elle s'était volontairement imposée. Quelques-unes de ses autres productions ne sont pas moins dignes, sous le rapport littéraire, du suffrage des gens de lettres et de l'estime du public: presque tous ont eu les honneurs de plusieurs éditions. Elle a concouru avec Mmes de Beaufort d'Hautpoul, Dufresnoy, etc., au Recueil intitulé: *Athénée des Dames*, et a également pris part aux *Amusemens de l'adolescence*. Mme de Renneville a publié: 1° *Lettres d'Octavie, jeune pensionnaire de la maison Saint-Clair*, 1806, in-12, nouvelle édition, corrigée et augmentée, Paris, 1818, in-12; 2° *Stanislas, roi de Pologne, roman historique, suivi d'un Abrégé de l'Histoire de Pologne et de Lorraine*, 1807, 3 vol. in-12, 3 éditions, 1808 et 1812,

3 vol. in-12 ; 3° *Galerie des femmes vertueuses, ou Leçons de morale à l'usage des jeunes demoiselles*, 1808, in-12, 3° édition, Paris, 1817, in-12 ; 4° *Lucile, ou la Bonne fille*, 1808, 2 vol. in-12 ; 5° *de l'Influence du climat sur l'homme*, 1808, 2 vol. in-12. Le même ouvrage a aussi paru sous le titre de l'*Héroïsme de l'Amour*. 6° *Vie de Sainte Clotilde, reine de France*, 1809, in-12 ; 7° *le petit Charbonnier de la Forêt-Noire, ou le Miroir magique*, 1810, in-18 ; 8° *Contes à ma petite fille et à mon petit garçon, pour les amuser, leur former un bon cœur et les corriger des petits défauts de leur âge*, 1811, in-12. La 4° édition est de 1817, in-12. 9° *La Mère gouvernante, ou Principes de politesse fondés sur les qualités du cœur*, 1812, in-12 ; 2° édition, 1817, in-12, quoique le titre gravé porte la date de 1812. 10° *le Retour des vendanges, contes moraux et instructifs, à la portée des enfans de différens âges*, 1812, 4 vol. in-12 ; 2° édition revue et corrigée. Paris, 1820, 4 vol. in-18. 11° *Elémens de lecture à l'usage des enfans*, 1812, in-12 ; 12° *les Deux Educations, ou le Pouvoir de l'exemple*, 1813, in-12 ; 13° *Conversation d'une petite fille avec sa poupée, suivie de l'Histoire de la poupée*, Paris, 1813. Une 4° édition parut en 1817, in-18. 14° *Zélie, ou la Bonne Fille*, 1813, in-18, Paris, 1820, in-18 ; 15° *la Fée Gracieuse, ou la bonne amie des enfans*, 1813, in-18 ; 2° édition, revue et corrigée, Paris, 1817, in-18 ; 16° *la Fée bienfaisante, ou la Mère ingénieuse*, 1814, in-18 ; nouvelle édition, Paris, 1817, in-18 ; 17° *la Fille de Louis XVI, ou Précis des événemens les plus remarquables qui ont eu quelque influence sur la fille de nos rois*, 1814, in-12 ; 18° *le Petit Savinien, ou Histoire d'un jeune orphelin*, 1814, in-18 ; nouvelle édition, Paris, 1820, in-18. 19° *les Récréations d'Eugénie, contes*, 1814, in-18 ; 20° *l'Ecole chrétienne*, 1816, in-18 ; 21° *le Conteur moraliste, ou le Bonheur par la vertu, contes*, 1816, in-12 ; 2° édition, 1820, Paris, in-12 ; 22° *les Secrets du cœur, ou le Cercle du château d'Eglantine : romans-nouvelles*, 1816, 3 vol. in-12 ; 23° *Miss Lovely de Macclesfield, ou le Domino noir*, 1817, 3 vol. in-12 ; 24° *Correspondance de deux petites filles*, 1817 ; 25° *les Bons Petits Enfans ; Portraits de mon fils et de ma fille, Contes et Dialogues à la portée du jeune âge*, Paris, 1817 ; nouvelle édition, 1821, 2 vol. in-18 avec figures. 26° *Le Précepteur des enfans, ou le Livre du 2° âge*, 7° édition, entièrement refondue, Paris, 1818, in-12 ; 27° *les Avantures de Télamon, ou les Athéniens sous la monarchie*, Paris, 1819, 3 vol. in-12 ; 28° *Lettres sur l'Amérique septentrionale*, Paris, 1819, 3 vol. in-12 ; 29° *Coutumes gauloises, ou Origines curieuses et peu connues de la plupart de nos usages*, Paris, 1819, in-12 ; 30° *Galerie des jeunes vierges, ou Modèles des vertus qui assurent le bonheur des femmes*, Paris, 1819, in-12, fig. ; nouvelle édition augmentée, Paris, 1822, in-12. 31° *Contes pour les enfans de 5 à 6 ans*, Paris, 1820, in-18, figures ; 3° édition, 1823. 32° *Les jeunes Personnes, Nouvelles*, Paris, 1820, 2 vol. in-12, fig. ; nouvelle édition, revue et corrigée, Paris, 1822, 2 vol.

in-12. 33° *Beautés de l'Histoire du jeune âge*, contenant, etc., Paris, 1820, in-12, fig.; 34° *Nouvelle Mythologie des demoiselles*, Paris, 1821, 2 vol. in-18; 35° *Charles et Eugénie, ou la Bénédiction paternelle*, Paris, 1821, 2 vol. in-18; 36° *Palmyre, ou l'Éducation de l'expérience*, 2 vol. in-12, Paris, 1822; 37° enfin *le Petit Philippe, ou l'Émulation excitée par l'amour filial*, conte moral, orné de 4 gravures en taille-douce, Paris, 1822, in-18: c'est le dernier ouvrage de l'auteur. Un roman de M*me* de Renneville, *la Dot*, a été traduit en russe par Martinof. Cette dame a laissé en manuscrit: *Les Femmes illustres de Rome et de la Grèce*.

RENNIE (JOHN), célèbre ingénieur et mécanicien anglais, naquit en Écosse, au comté de Lothian, le 7 juin 1761, et ne reçut d'abord d'autre éducation que celle donnée par l'école primaire du bourg de Preston-Kirch, habité par sa famille. Voici, au rapport de M. de Prony, comment fut excité son goût pour la mécanique. « Une circonstance peu digne de remarque, si on l'isole de l'influence qu'elle a eue sur sa destinée, détermina ou développa le goût, la passion pour les arts, qu'il a cultivés ensuite avec tant de succès. La maison de son père était séparée de l'école où il apprenait à lire, par un ruisseau qu'on traversait, dans les temps ordinaires, sur un petit pont rustique; mais dans la saison des orages et des crues, il fallait aller par un détour jusqu'à la manufacture d'un M. Andrew-Meikle, connu en Écosse comme inventeur de la machine à battre le bled, où l'on trouvait un bateau pour passer le torrent. Les fréquentes occasions qu'eut Rennie de parcourir et d'examiner les ateliers de cette manufacture ne furent pas perdues pour son génie naissant. Les divers travaux qu'il y vit exécuter fixèrent fortement son attention; il eut le bonheur d'inspirer quelque intérêt aux chefs des ateliers, qui lui donnèrent des instructions et lui prêtèrent des outils. A l'âge de dix ans, il avait déjà construit des modèles de moulin à vent, de machines à battre les pieux, et de machines à vapeur, dont une partie, conservée dans sa famille, est remarquable par la perfection de la main-d'œuvre. Ainsi un des plus grands ingénieurs dont l'Angleterre ait à s'honorer n'aurait peut-être été qu'un homme ordinaire, un simple fermier, si, dans son enfance, il eût pu se rendre sans bateau chez le pédagogue de son village. » A l'âge de 14 ans, Rennie alla à Dunbar étudier les mathématiques et la physique sous le professeur Gibson, qui le prit en amitié, et quelques années après le demanda pour successeur. Rennie préféra se rendre à Édimbourg, pour s'y perfectionner dans les sciences physiques. Il y suivit les cours de Robison et Black, et dut à son intimité avec le premier la connaissance de MM. Watt et Bolton de Soho, près Birmingham, qui l'employèrent pendant un an à la construction de différentes machines. Rennie se rendit à Londres, où les mêmes le chargèrent de la construction des machines de l'établissement connu sous le nom de *Albion-Mills*, situé près du pont de Black

Friars, où M. Watt, en 1783, essaya le premier à mettre en œuvre la vapeur comme moteur. « Watt, dit M. de Prony, a rendu les témoignages les plus authentiques à l'habileté de Rennie. Des pièces de mécanisme, jusqu'alors exécutées en bois, le furent en fer fondu, et de ce changement résultèrent d'importantes améliorations dans les machines : celles de Rennie, calculateur et praticien, étaient remarquables par une précision de mouvement, une proportion, une harmonie, entre leurs diverses parties, qui les faisaient généralement regarder comme des modèles, et à ces qualités se réunissait la qualité, plus essentielle encore, d'employer la force motrice avec un grand avantage. Les moulins d'Albion sont sujets à l'action des marées, et c'est vraisemblablement en s'en occupant que Rennie fit de grandes constructions hydrauliques, l'objet de ses méditations particulières. Il fut d'abord dirigé dans cette haute partie de la science de l'ingénieur par les conseils et les exemples du célèbre Smeaton : bientôt il devint l'émule de son maître, et aucun ingénieur n'était capable d'être le sien, lorsque Smeaton fut enlevé aux sciences et aux arts. » L'inventeur d'un moteur nouveau pour les machines chargea Rennie de faire valoir son invention, pour laquelle il avait pris une patente. Dès ce moment (1794), cet ingénieur se trouva à la tête des ingénieurs anglais, et fut attaché à presque toutes les grandes entreprises publiques ou particulières : canaux, ponts, hâvres, bassins, etc., firent à la fois sa réputation et sa fortune. Nul homme n'était plus opiniâtre au travail, et ne mettait plus d'activité et de surveillance dans ses opérations; il était probe, et lorsque ses devis étaient trop modérés, ce qui arrivait presque toujours, il sacrifiait volontiers ses intérêts pécuniaires à l'honneur de faire des constructions solides. Un voyage de quelques mois, qu'il fit en France en 1816, était, disait-il, « la première relâche qu'il s'accordait depuis trente années. » Rennie mourut à Londres, le 2 octobre 1822, généralement regretté. Il laisse plusieurs enfans, dont deux suivent déjà avec distinction la carrière où il s'est illustré. Nous emprunterons à M. Charles Dupin (*voyez* ce nom), d'après ses *Annales maritimes et coloniales* (1821, 2ᵉ partie), un aperçu des importans travaux exécutés par le célèbre ingénieur anglais. « Ce ne peut être l'objet de cette courte notice, dit M. Charles Dupin, d'énumérer tous les ouvrages d'utilité publique, exécutés d'après les plans et sous la direction de M. J. Rennie. La plus grande partie d'un volume de mes *Voyages* pourra suffire à peine pour en développer l'ensemble et tous les genres de mérite. Je me bornerai donc à rappeler en peu de mots, ce qui caractérise la supériorité de quelques-uns des monumens qui feront vivre sa mémoire. On lui doit l'exécution des docks (bassins) des Indes-Occidentales et du dock de la ville de Londres, également remarquables par la grandeur de l'ensemble, l'intelligence de la distribution des parties et la beauté de l'exécution. La construction des docks des Indes-Occidentales, confiée d'abord à M. Jessop, fut, après la mort de cet habile ingénieur, confiée à M. J. Rennie. Je citerai comme des chefs-d'œuvre de simplicité, d'élégance et de solidité, les hangars qu'il a bâtis sur les quais du dock des importations, pour recevoir les produits des Indes-Occidentales aussitôt après leur débarquement. Au moment même où la mort allait le frapper, il achevait une construction nouvelle, également ingénieuse par son architecture et par son mécanisme. Des toits vastes et supportés par de hautes colonnes en fer coulé présentent, au milieu de leurs charpentes, des routes aériennes, où des chariots en fer sont employés à suspendre, à monter, à descendre et à transporter d'énormes pièces d'acajou, tenues en réserve dans ces beaux magasins. Au moyen de ce système, quelques manœuvres font à présent, en peu de minutes, des mouvemens et des transports qui demandaient auparavant des heures entières. Les ports-docks de Liverpool, de Hull, de Ramsgate, de Leith, de Dundee, de Dublin, de Holyhead, et vingt autres, offrent des exemples variés des ressources du génie mécanique et du talent de M. J. Rennie comme ingénieur... Parmi les travaux les plus remarquables, il faut compter ceux que M. J. Rennie a dirigés dans les arsenaux de la marine royale. On lui doit les nouvelles formes de constructions de Chatham, de Portsmouth et de Plymouth, le beau quai de la Tamise, devant les établissemens publics de Woolwich, les constructions hydrauliques modernes de l'arsenal de Milfort; enfin les travaux de Sheerness et la jetée de Plymouth. Dans la construction hydraulique de Sheerness, on voit l'art luttant contre les difficultés de la nature, et triomphant de ces difficultés. L'arsenal entier est établi sur un sol artificiel; les édifices qu'on y bâtit sont fondés sur des carcasses de vaisseaux ensevelies dans les alluvions qui forment l'île de Sheppey. Pour mettre les bassins qui contiendront les vaisseaux à l'abri des filtrations qui les atteindraient lors des basses marées, il a fallu les excaver bien au-delà de leur profondeur ordinaire, et les remplir ensuite dans toute leur surface par une couche de terre glaise, dont l'épaisseur surpasse la hauteur de deux hommes d'une taille élevée; des contreforts elliptiques, bâtis en briques et remplis de pierres calcaires cimentées avec la pouzzolane, servent à soutenir les murailles de granit, dont les blocs, rejoints avec un soin extrême, sont, par leur masse et leur nature, également à l'épreuve des outrages du temps et de la main des hommes. On croit voir un ouvrage des Romains dans les beaux siècles de leur puissance. La jetée de Plymouth présente un autre spectacle; c'est au milieu d'une mer orageuse que s'élève cette barrière hardie. Ici, le marbre remplace le granit; les formes irrégulières des matériaux sont substituées au parfait écarissage; mais un enchâssement méthodique offre tous les avantages de force et de durée qui semblent le caractère de ces constructions cyclopéennes, intactes encore après ving-cinq siècles, et qu'on retrouve comme les soubassemens inaltérables des monumens déjà détruits, quoique élevés, long-temps après, par les peuples de l'Étrurie, du Samnium et de la Grèce. Cette inaltérable solidité assurée, la sagesse des formes et la prudence des dimensions, nous semble être le caractère essentiel et distinctif des grands travaux de M. J. Rennie; elle est surtout remarquable dans les deux ponts qui décorent la métropole de l'empire britannique. Le pont de Southwark est le premier où l'on ait conçu l'idée hardie d'employer le fer coulé par masses compactes, d'une étendue qui surpasse celle des massifs de pierre les plus considérables. Les arches de ce pont sont formées par des voussoirs pleins, qui ne pouvaient être coulés que dans une contrée où la métallurgie fut portée au plus haut degré de perfection. M. Rennie a tiré de cet état de l'art tout l'avantage que son talent pouvait en obtenir. Lorsque l'on considère et l'étendue et l'élévation des arches de ce pont, et l'énormité des élémens qui le composent, on acquiert une idée plus grande de la force de l'homme, et l'on s'écrie involontairement, en jugeant ce chef-d'œuvre : « C'est le pont des géans! » Arrêtons-nous enfin au dernier pont en pierre que M. J. Rennie ait bâti. Le pont du Strand (ou de Waterloo) est dans son genre le plus grand, le plus régulier, le plus hardi de tous ceux qu'on admire dans les royaumes britanniques. Naguère encore les Anglais citaient comme des modèles les ponts de Blackfriars et de Westminster; mais depuis que le nouveau pont est jeté sur le bassin qui les sépare, ils semblent avoir perdu leur étendue, leur élévation, leur régularité. Les ponts de Blackfriars, de Westminster et de Londres (*London-bridge*), étant construits en pierre tendre et susceptible de se décomposer à l'air, ont déjà prodigieusement souffert des ravages du temps. Il en est de même de la plupart des édifices publics de la métropole... »

RENOU (Antoine), peintre et littérateur, secrétaire-perpétuel de l'ancienne académie royale de peinture, naquit à Paris en 1731. De très-bonnes études qu'il fit à l'université de cette ville, le laissèrent quelque temps indécis sur la carrière qu'il devait parcourir; enfin, celle des arts détermina son choix. Il étudia sous Pierre et Vien, peintres distingués, et dont le dernier commença la restauration de l'école française, puis concourut pour un grand prix; mais, dans cette première tentative, il n'obtint que la seconde palme. Il se préparait à courir les chances d'une nouvelle lutte lorsque, en 1760, le roi Stanislas l'appela à sa cour, et l'y fixa en le nommant son peintre. Ce temps fut des plus heureux pour Renou. Aimé du roi, bien vu de toutes les personnes de mérite qui entouraient S. M., Renou peignait, faisait des vers, et jouait la comédie. Stanislas mourut. Renou revint à Paris, et composa, en 1766, un tableau représentant *Jésus parmi les docteurs*, pour son agrégation à l'académie de peinture. Le *Plafond* de la galerie d'Apollon, dont le sujet est l'*Aurore*, fut la composition qui le fit admettre, en 1781, comme membre de ce corps, dont il devint plus tard secrétaire-perpétuel. Pendant les premières années de la révolution, qui détruisit momentanément tous les corps académiques, Renou fit partie des écoles spéciales de peinture comme secrétaire et comme surveillant des études. Sa vue s'étant insensiblement affaiblie, il renonça à son art, et se livra exclusivement à la littérature. Il mourut en 1806, laissant une veuve et deux enfans dans un état voisin de la pauvreté. Comme peintre, outre les ouvrages que nous avons déjà cités, il a fait les suivans : 1° *Agrippine débarquant à Brinde avec l'urne renfermant les cendres de Germanicus;* 2° une *Annonciation* qui fut placée dans une église de religieuses à Saint-Germain-en-Laye ; 3° un *Plafond* de l'hôtel des Monnaies de Paris; 4° un autre *Plafond* pour le théâtre Favart, plafond qui n'existe plus. Dans une *Notice* que M. Ponce (*voy.* ce nom) a insérée au *Moniteur* (juillet 1809), il y juge avec beaucoup de sagacité le talent de ce peintre, dont il reconnaît que les compositions sont d'une belle ordonnance, pleines d'érudition, et marquées au coin d'un génie éclairé; mais il ne dissimule pas qu'on s'aperçoit, en les admirant, que ce peintre distingué n'avait pas vu les chefs-d'œuvre de l'Italie. Comme littérateur, on doit à Renou une tragédie de *Térée et Philomèle*, représentée sur le Théâtre-Français en 1773, et imprimée. Voici à quelle occasion l'artiste devint auteur tragique. « Renou venait, dit M. Ponce, d'arriver de Lunéville, et jusque-là il n'avait regardé la poésie que comme un amusement, lorsqu'un jour, se trouvant en société avec des hommes de lettres connus, la discussion s'établit sur les difficultés de la poésie et celles de la peinture. Lemierre (d'anecdotique mémoire), présent à cette dispute, prend chaudement la défense de la poésie, et soutient sa suprématie. Renou, poussé à bout, défie Lemierre de faire un tableau, et s'engage à composer une tragédie. La tragédie fut faite : c'est celle de *Térée et Philomèle*. » Renou, qui avait reçu une éducation très-soignée, pouvait tenter cette entreprise un peu hardie; mais il n'y a pas d'éducation, quelque profonde qu'elle soit, qui permette de faire un tableau si on n'a pas étudié le matériel de l'art et si on n'a pas pratiqué ensuite. L'entreprise de Renou n'a pas décidé la question, et son œuvre tragique fut oubliée presque en naissant. Renou, cédant avec plus ou moins de bonheur à son goût pour les lettres, n'en mérite pas moins notre estime. Après sa tragédie, il traduisit le poëme latin de Dufresnoy sur la peinture. Sa version est bonne, et ses notes sont remarquables. Le chef-d'œuvre du Tasse enflamma son imagination, et il traduisit en vers les 4 premiers chants, dont il perdit le manuscrit. Il ne se découragea pas, et recommença son travail, qu'il conduisit jusqu'à la fin; on y trouve des morceaux dignes d'être loués. Lors des expositions du Louvre, il fit paraître la critique des principales productions; il jugeait *ex-professo*, et l'on se souvient encore de sa *Lettre du marin* et de la *Lettre de M. Bonnard, marchand bonnetier*. Sa polémique fut jugée utile aux artistes sans être décourageante, et agréable au public, qu'elle amusait en l'instruisant.

RENOVALÈS (Mariano), chef de partisans espagnols, né dans la vallée de Roncal en Navarre, se livrait aux opérations commerciales en Amérique, lorsque des événemens inattendus l'arrachèrent à ses occupations, et le jetèrent dans une autre carrière. En 1806, les Anglais vinrent attaquer Buénos-Ayres, qu'ils croyaient sans défense; mais tous les hommes en état de porter les armes s'étant joints à la faible garnison de cette place, ils forcèrent l'ennemi à la retraite. Renovalès, obligé de se présenter comme les autres, déploya tout-à-coup une valeur si extraordinaire, et rendit des services si importans, que sans passer par les grades inférieurs, il fut, après l'action, nommé lieutenant-colonel : sa vocation fut dès-lors décidée, il resta militaire. De retour en Europe, au moment où les troubles de la péninsule éclatèrent, Renovalès courut à la défense de l'indépendance nationale que menaçait l'empereur Napoléon, et s'enfermant dans Sarragosse, il prit une part brillante à la vigoureuse résistance de cette place. Lors de sa reddition, Renovalès s'échappa, alla former une troupe de partisans dans la vallée de Roncal, et se livra à un genre de guerre dont le succès ne justifia pas toujours la hardiesse. Élevé au grade de maréchal-de-camp, il fut chargé de différentes missions sur les côtes de la Catalogne, et ne se tira souvent des dangers où il se trouva engagé qu'à force d'adresse et de bravoure. Son audace lui fut fatale; ayant attaqué avec des forces à peu près égales un détachement français, il fut blessé, fait prisonnier et conduit en France. Il parvint cependant à s'échapper, et de retour dans sa patrie, il recommença son genre habituel de guerre jusqu'à l'abdication de l'empereur Napoléon. Tant de services rendus à son pays ne l'empêchèrent pas de devenir l'objet des soupçons, puis des rigueurs de l'autorité. Il partagea le sort de tous ceux à qui le renversement de la constitution, la détresse de l'armée, et les persécutions dirigées contre les hommes qui s'étaient montrés les plus dévoués à leur prince, causèrent une indignation qu'ils ne dissimulèrent pas avec assez de soin. Peut-être aussi Renovalès fit-il ombrage au gouvernement, et fut-il surveillé d'une manière plus particulière, parce que l'on connaissait son audace et son intelligence. Quoi qu'il en soit, il ne prit aucune précaution pour sa sûreté; mais la police ayant découvert, en mars 1816, une conspiration tramée, à ce qu'on prétendit alors, contre la vie de Ferdinand VII, Renovalès s'y trouva impliqué; il en fut instruit assez à temps pour quitter l'Espagne, et se réfugier en France. La vie inactive d'un exilé l'ennuya bientôt; il retourna secrètement à Vicaja, où, soit inquiétude de caractère, soit mécontentement des mesures acerbes, dont les amis de la constitution étaient l'objet, il prit une part réelle à une nouvelle conspiration ; la police éventa bientôt cette autre tentative, et Renovalès eut à peine le temps de se dérober aux recherches et de fuir en Angleterre. Il y rencontra des militaires réfugiés pour la même cause, avec lesquels il s'occupa de la formation d'un corps destiné à seconder les efforts des indépendans de l'Amérique. Ils avaient à Londres un agent, qui prit avec des armateurs anglais les arrangemens nécessaires pour l'équipement, l'approvisionnement et le transport de cette troupe ; elle mit promptement à la voile, et arriva sans accident à sa destination, sur les côtes de Venezuela. Tous les amis de la liberté attendaient les résultats de cette expédition, lorsqu'ils apprirent que Renovalès, ayant traité pour lui et quelques-uns de ses compagnons avec le gouvernement espagnol. avait livré les effets d'équipement et d'armement mis à sa disposition, et que, pour prix de cette perfidie, il avait obtenu la faculté de rentrer en Espagne. Il publia un manifeste, dans lequel il voulut, sinon justifier, au moins expliquer cet acte de trahison : c'était, à l'entendre, le profond égoïsme des chefs insurgés, les vices odieux de leur gouvernement, et la mauvaise foi avec laquelle ils avaient manqué à leurs engagemens, qui avaient été les motifs de sa conduite. Cette explication n'a convaincu personne, et l'opinion publique l'a constamment accusé d'avoir déshonoré, par cette conduite déloyale, la gloire qu'il s'était précédemment acquise. Depuis le 31 mars 1819, époque où fut signée cette convention, Renovalès est demeuré tranquille dans le lieu où il a été relégué.

REPELAER VAN DRIEL (Okker). ministre d'état du royaume des Pays-Bas, commandeur de l'ordre du Lion-Belgique, né à Dordrecht en 1759, d'une ancienne famille patricienne, fut nommé en 1794, commissaire-général de l'administration des vivres de l'armée hollandaise. Il eut l'année suivante à rendre ses comptes au nouveau gouvernement établi après la révolution qui venait d'avoir lieu. Le dévouement de M. Repelaer au stadhouder était connu, ainsi que son opposition au nouvel ordre de choses; mais la probité avec laquelle il avait rempli les fonctions de sa place fut également reconnue : une indemnité assez considérable lui fut même accordée pour les sommes que l'état lui redevait. Cependant peu de temps après, prévenu de correspondance à l'étranger avec les partisans de la maison d'Orange et les princes de cette famille, il fut arrêté à La Haye, vers la fin de 1795, et mis en jugement. Le ministre actuel de S. M. le roi des Pays-Bas au département de la justice, M. Van Maanen, alors ardent ami de la révolution, et depuis zélé procureur impérial de Napoléon, requit, en sa qualité de fiscal du gouvernement, la peine de mort contre M. Repelaer. Le tribunal, un peu moins sévère, le condamna à cinq années de détention. Il subit cette peine, et rendu enfin à la liberté, il n'occupa de fonctions publiques qu'après la paix d'Amiens, en 1802. Ses concitoyens l'élurent alors député au corps-législatif. Pendant le règne momentané du roi Louis Napoléon, il fut nommé membre du conseil-d'état, et c'est en cette qualité qu'il fut chargé de présenter au corps-législatif les projets des nouveaux codes. Il s'acquitta avec talent de cette mission, et les discours qu'il prononça méritèrent, par la sagesse et l'étendue des vues, l'approbation générale. Pendant la réunion de la Hollande à l'empire français, M. Repelaer resta éloigné des affaires; mais en 1813, dès qu'il vit jour au rétablissement de la maison d'Orange, il employa avec un nouveau zèle tous ses moyens pour accélérer cette révolution. Après la création du royaume des Pays-Bas, le nouveau souverain lui en marqua sa reconnaissance, et le nomma successivement à des places importantes. D'abord directeur-général du *Waterstaat* (administration des digues, ponts et chaussées), ensuite commissaire général pour l'instruction publique, les arts et les sciences; il fut en outre chargé de la direction des affaires du culte évangélique. Les universités des provinces méridionales du royaume furent créées ou réorganisées et pourvues de professeurs habiles, sous le ministère de M. Repelaer. Il céda cette place, en 1817, à M. de Falek, et fut nommé ministre-d'état, avec une pension de 10.000 florins, anobli avec le titre de jonkheer et décoré du grand-cordon de l'ordre du Lion-Belgique. Quelque temps après, il fut nommé membre de la commission secrète d'état, place qu'il occupe encore aujourd'hui (1824). On a remarqué que depuis 1815, il a souvent siégé à côté de M. Van Maanen, jadis son ardent adversaire, et dont le réquisitoire, comme fiscal, avait failli le faire périr sur l'échafaud. M. Repelaer Van Driel a laissé d'honorables souvenirs dans les places qu'il a remplies, et jouit de la réputation d'un homme modéré et intègre.

REPNIN (Nicolas Wasiliewitsch, prince), feld-maréchal russe, naquit vers 1734; il était fils du prince Repnin qui, sous Pierre-le-Grand, commanda un corps d'armée contre Charles XII. Le jeune Repnin ayant embrassé la profession des armes, se distingua dans la guerre dite de *sept-ans*, qu'il fit en grande partie avec les Français; il passa ses quartiers d'hiver à Paris. « Là, dit Rulhière, dans la liberté des conversations françaises, où toutes les opérations du ministère et les événemens d'une guerre malheureuse étaient représentés comme le dernier période de la décadence de la nation, où tout ce qui était étranger était loué par une opposition satirique à tout ce qui se faisait dans le pays, Repnin, quand le gouvernement français commençait déjà à tomber dans le mépris, n'avait pas conçu une grande opinion de la puissance française. Envoyé ensuite par Pierre III à la cour de Berlin, dans un temps où le roi de Prusse cherchait à disposer de toutes les forces de la Russie, il s'était vu l'objet des attentions séduisantes de ce héros. » Le prince Repnin avait 30 ans lorsqu'il fut choisi pour seconder Kayserling, ambassadeur de Russie, dans l'élection de Stanislas Poniatowski, que la politique de Catherine II voulait mettre sur le trône de Pologne. Le comte Panin, son oncle, principal ministre de Catherine, ne lui laissa pas ignorer les vues secrètes de la Russie, et lui donna des instructions qu'il ne suivit que trop bien pour le malheur de la Pologne. L'élection du nouveau roi fut enlevée, à force d'adresse, le 7 septembre 1764, et Stanislas Poniatowski, qui prit le nom de Stanislas Auguste (*voy.* STANISLAS AUGUSTE), était à peine couronné que l'ambassadeur mourut. Le prince Repnin lui succéda malgré l'opposition des Czartorinski ou Czartoriski (*voy.* ce dernier nom), dont les plaintes, directement portées à l'impératrice, ne furent point accueillies. Catherine, quoique assurée d'un grand nombre de partisans, entretenait avec soin les célèbres et funestes querelles des protestans désignés sous le nom de *dissidens*, afin de rendre son intervention constamment nécessaire pour apaiser ces troubles de religion. L'ambassadeur remit, le 14 septembre 1764, une note où il demandait que les *dissidens* fussent libres dans l'exercice de leur religion, et fussent admissibles aux charges et dignités à l'égal des catholiques. La diète de 1765 se refusa aux concessions qu'on lui proposait, parce qu'elles blessaient les intérêts politiques et religieux de ses principaux membres. Le prince Repnin s'opposa alors aux divers réglemens que les Czartorinski et le grand-chancelier voulaient introduire dans la constitution, pour rétablir l'ordre dans l'administration sans restreindre le pouvoir monarchique, et notamment à la funeste disposition qui exigeait l'unanimité des votes pour la formation de la loi, disposition qui était la source de tous les abus qui avaient perdu la république. » Les intrigues du prince Repnin brouillèrent le roi avec ses deux oncles, et firent naître quelques démêlés particuliers, que le comte Panin feignit de chercher à apaiser. Une nouvelle diète allait s'ouvrir. Le prince Repnin voulant intimider Soltik, évêque de Cracovie, qu'il savait fortement opposé aux intérêts de la Russie, et dont il redoutait l'influence dans cette assemblée, le menaça de faire ravager ses terres, de séquestrer les revenus de son évêché, et d'étendre jusque sur sa personne et sur sa famille le mécontentement de l'impératrice. Ce prélat brava ces menaces, et se plaignit à Stanislas Auguste de l'audace du ministre étranger. La plupart des autres évêques, également menacés, montrèrent le même courage. Le prince Repnin, quoique naturellement altier et bouillant, parut hésiter sur le parti qu'il devait prendre; mais, rassuré par la présence de 40,000 Russes prêts à pénétrer en Pologne, et d'environ 20,000 dispersés dans différentes parties du territoire polonais, rendit publique une déclaration en faveur des dissidens grecs, luthériens, calvinistes, etc., ajoutant que la czarine employerait la force contre les opposans. L'ambassadeur de Pologne, et un agent des dissidens, réclamèrent à Saint-Pétersbourg même; mais l'impératrice, sans examiner les raisons sur lesquelles les représentations étaient fondées, répondit par une note, « que si on ne lui accordait pas ce qu'elle demandait, ses nouvelles demandes n'auraient plus de bornes. » La résistance des évêques et des députés donnèrent à Stanislas Auguste un moment d'énergie, et il promit de seconder à la diète les réclamations des opposans; il annonça même sa résolution dans une audience publique où se trouvait le prince Repnin. Celui-ci excita le zèle de ses partisans et des ennemis de la cour, fit avancer 6,000 Russes jusqu'auprès de Varsovie, et fit ravager par eux, dans ces contrées, les terres des députés patriotes : bon nombre de ces troupes allèrent même vivre à discrétion dans les châteaux et domaines de la couronne. De son côté, la czarine accusa le roi « de faire une affaire de religion de ce qui, suivant elle, n'était qu'une affaire de politique. » Elle promit d'appuyer d'une armée les efforts des dissidens, s'ils se confédéraient, « pour obtenir par la force ce que la république leur refusait, » et donna ordre au prince Repnin de ne plus apporter de modifications à ses demandes; en effet, le mémoire que Repnin présenta à la diète renfermait les demandes les plus exagérées. Stanislas-Auguste, craignant d'attirer de plus grands malheurs sur ses sujets, s'il continuait à résister à la Russie, prétexta une indisposition pour éviter de paraître à la diète. Repnin, de sa tribune, placée au-dessus du trône, observait tout ce qui se passait dans l'assemblée. Informé du prétexte que le roi employait pour s'absenter, il se rendit près de ce prince, et le détermina à-la-fois, par les promesses et par les menaces, à assister à la séance. « Le monarque, dit l'auteur d'une très-bonne notice sur le prince Repnin, expose les demandes de la cour de Russie, et conclut à ce que l'augmentation de l'armée ni aucune imposition ne pussent avoir lieu à la pluralité des voix. Il fit ensuite décréter que l'opposition d'un seul nonce suffisait pour rendre nulle toute délibération relative aux affaires d'état. Le lendemain, l'évêque de Cracovie fit passer, par forme de concession, quelques dispositions favorables aux dissidens sur la base des modifications proposées antérieurement par Repnin; mais les temps étaient changés. Ces concessions, qui terminèrent les travaux de la diète, ne satisfirent ni les dissidens, ni Repnin, mécontent de ce que l'alliance offensive et la nouvelle démarcation des limites n'avaient pas seulement été proposées. L'orage qui grondait sur la Pologne ne fut donc point détourné. » Catherine, toujours dans l'intérêt de sa politique, insista pour que la totalité des demandes des dissidens fût accordée, et elle fit pénétrer en Pologne 40,000 hommes, afin de soutenir leur confédération, qui eut lieu, le 20 mars 1767, à Thorn et à Slouck, en Lithuanie. Le roi, subjugué par les chefs du parti catholique, parti envieux, avide et exclusif, ne voulut pas reconnaître aux membres dissidens de la noblesse le droit de se confédérer; il refusa audience à la députation. Alors nouvelles menaces de Repnin de commencer sur-le-champ les hostilités; ces menaces étaient cependant déguisées sous le nom de représentations amicales. L'ambassadeur jugeant que les dissidens confédérés n'atteindraient point leur but si les Polonais refusaient de se rassembler pour examiner leurs plaintes, averti du mécontentement d'une partie de la nation contre le roi, toujours irrésolu, et contre les Czartorinski, « dont les constitutions avaient détruit plusieurs prérogatives de la noblesse, » conçut le projet de réunir les deux ligues, et de les placer sous la médiation russe : l'une était composée des nobles, et l'autre se composait des dissidens. Catherine adopta ce moyen, et chargea Repnin de promettre protection aux mécontens, en feignant de les engager à la paix; néanmoins elle invitait à former une confédération extraordinaire. Frédéric II, guidé par les mêmes vues, fit remettre par son ambassadeur une note semblable à celle de Catherine. La noblesse, en grande partie, cédant à divers sentimens peu honorables, ou trompée par les offres astucieuses des deux puissances, les plus cruelles ennemies de la Pologne, entra dans la nouvelle confédération. « Il fut décidé que, le 24 mai 1767, toutes les confédérations éclateraient à la fois, et se réuniraient à Radom, à 8 lieues de Varsovie, pour y signer la ligue générale. » La session devait commencer le 5 octobre de la même année. Dans l'espace de 8 jours, 60,000 gentilshommes accédèrent à la confédération. Muni des listes qui renfermaient ces adhésions, Repnin osa dire au roi : « Vous voyez que je suis votre maî- » tre, et votre couronne ne tient » plus qu'à votre soumission. » L'enthousiasme des imprudens confédérés cessa à la simple lecture du manifeste par lequel la confédération était censée demander à l'impératrice de « garantir les lois à faire, » et il fut presque unanimement rejeté. En vain l'ambassadeur employa la ruse et la menace pour conserver ses partisans ou intimider les esprits faibles : le grand général Branicki évita tous les pièges que l'ambassadeur lui tendit, et il s'arrêta prudemment à quelques lieues de Varsovie. Le commandant des troupes russes les fit approcher de Radom, et fit signer par force un acte où toutes les dispositions du manifeste, généralement rejeté, étaient adoptées. Le roi, de son côté, se soumit aux volontés de l'ambassadeur. Dès le premier jour de l'ouverture de la diète, Soltik, évêque de Cracovie, que Repnin avait précédemment menacé, et le palatin de Cracovie, le comte Rzewski, se prononcèrent fortement contre les projets de la Russie. Les menaces de Repnin se réalisèrent après cette séance : les terres de ces deux courageux patriotes furent abandonnées aux soldats de Catherine, qui y portèrent la violence et le ravage. L'évêque de Kiovie, Zaluski, et le nonce de Padolie, Rzewski, imitèrent, dans la seconde séance, la conduite de l'évêque et du palatin de Cracovie. Krasinski, évêque de Kaminieck, ne s'était point rendu à la diète; il avait cherché à déterminer la Porte à déclarer la guerre à la Russie, si cette puissance ne retirait pas ses troupes de la Pologne. Des copies des lettres et des mémoires de Krasinski au gouvernement ottoman, avaient été remis à l'impératrice ; mais Repnin n'osait le faire arrêter sur les frontières de la Turquie, que sa prudence le portait à ne pas quitter avant de connaître le résultat de ses démarches. La tyrannie de Repnin fut inutilement signalée à l'impératrice par les envoyés de la confédération : cette princesse fit répondre que son ministre avait sa confiance et des pleins-pouvoirs. Enhardi par cette nouvelle approbation, Repnin déclarait que pour se soustraire à ses demandes, il fallait « l'enterrer lui et les 40,000 Russes qui étaient en Pologne. » Krasinski avait quitté les frontières turques, et s'était rendu secrètement à Varsovie, où il se tenait caché dans un des faubourgs de cette ville. Il fit proposer secrètement à Soltik, évêque de Cracovie, de former une conjuration de la Pologne tout entière contre ses oppresseurs, mais de n'agir que du moment où les Turcs auraient commencé les hostilités, qu'il regardait comme sûres et prochaines. Soltik confia imprudemment ses projets à des amis qui le trahirent. Il fut arrêté aussitôt, lui, Zaluski et Rzewski, et tous furent transférés en Sibérie. La diète, privée de ces organes courageux, de son patriotisme, fut bientôt subjuguée par Repnin. Par les ordres de l'ambassadeur, tous les emplois publics furent donnés à ses créatures ou vendus à vil prix. L'indignité avec laquelle Repnin traitait Stanislas Auguste, inspira de la pitié à tous les Polonais pour ce prince, dont la pusillanimité les avait perdus; mais ils ne firent aucun effort pour le venger; ils étaient convaincus qu'il désapprouverait leurs efforts. Nous ne citerons qu'un trait d'insolence de la part de l'ambassadeur à l'égard de Stanislas. Le monarque était un jour au spectacle, et avait donné l'ordre de ne commencer qu'après l'arrivée de Repnin. L'ambassadeur se faisant trop attendre, on leva la toile ; il arriva lorsque le second acte était commencé. Non-seulement il interrompt le spectacle, mais encore il fait recommencer la pièce. La session de la diète, terminée le 5 mars 1768, n'apporta aucun changement notable à la situation des affaires de la Pologne. La confédération de Radom fut dissoute immédiatement ; mais l'odieuse souveraineté exercée par Repnin, au nom de l'impératrice, avait porté le mécontentement général à son comble, et les confédérés de Radom se rendaient en hâte à la confédération de Bar, dont la première séance commença le 29 février 1769. Krasinski en était le principal moteur. Le manifeste qu'elle publia attaquait avec violence le prince Repnin : celui-ci, dans sa fureur, menaça de faire exterminer par ses troupes les confédérés, ou de les livrer à une mort infamante. Il contraignit, par les mêmes menaces, les sénateurs qui n'avaient pu s'échapper de Varsovie à implorer, au nom de la république, l'appui des Russes. En attendant les ordres de sa cour, il fit marcher l'armée contre les confédérés. L'impératrice, pour marque de sa satisfaction, envoya à son ambassadeur l'ordre de Saint-Alexandre, le brevet de lieutenant-général, et une gratification de 50,000 roubles; elle lui adressa aussi une déclaration par laquelle elle traitait les confédérés de Bar de traîtres à leur patrie, et d'ennemis de son empire; par le même acte, elle enjoignait au roi de réunir ses propres troupes à celles de Russie : le roi obéit. Les confédérés, qui doutaient d'une pareille défection de la part de leur souverain, se tenaient peu sur leurs gardes, et furent battus sur plusieurs points. La Pologne se souleva de toutes parts, et Dzirzanowski offrit à Stanislas Auguste d'enlever l'ambassadeur russe ou de périr. Stanislas Auguste ne répondit que par un cri d'effroi, et la courageuse entreprise de Dzirzanowski échoua. Le prince Repnin devint, par suite de cette découverte, de plus en plus implacable. La Pologne en armes, mais toujours divisée, se battait avec son courage ordinaire. La confédération de Cracovie, entre autres, se signala par le plus grand héroïsme. Pendant six semaines, elle soutint un siége qui est devenu célèbre, et la ville ne se rendit qu'après avoir été en partie détruite par le bombardement. « La longueur de ce siége et les menaces de guerre de la part de la Porte, avaient donné à Catherine des inquiétudes; et Repnin, chargé par elle de tenter toutes les voies d'accommodement, avait mandé les chefs des dissidens pour, en sauvant la honte d'un pas rétrograde, les faire renoncer eux-mêmes aux prérogatives qu'il leur avait fait accorder. On regarda comme certaine la disgrâce de Panin, qui peu auparavant avait promis le maintien de la paix avec la Porte, et l'on s'attendait que la chute de l'oncle entraînerait celle du neveu; mais l'impératrice, satisfaite de s'être justifiée aux yeux de son peuple par un mécontentement ostensible, conserva Panin au ministère. Quant à Repnin, elle fit annoncer partout que son ambassade allait finir, et affecta de se plaindre d'avoir toujours été mal informée des dispositions des Polonais. » Repnin conçut alors le projet le plus extravagant, celui d'armer la Pologne contre les Turcs. Il le fit agréer à l'impératrice, et autorisé par cette princesse, il proposa au roi de se mettre à la tête des armées. Stanislas Auguste ne se laissa point abuser par l'artificieux langage de l'ambassadeur: certain de l'opinion de ses sujets, il refusa de se prêter à continuer un rôle dont il était fatigué, et préféra être délaissé par l'impératrice. Cet acte de courage lui fit reconquérir en partie l'estime des Polonais. Repnin « abandonna à son successeur les affaires qu'il avait amenées à la plus horrible confusion, et se rendit à l'armée. » Il fut chargé du commandement de l'un des corps du comte Roumanzoff, et sa coopération fut des plus efficaces pendant toute la guerre. Choisi ensuite comme négociateur pour la paix, il signa le traité du 21 juillet 1774, et fut nommé ambassadeur à Constantinople ; il parvint dans ce nouvel exercice diplomatique à empêcher une seconde rupture. Catherine, s'étant interposée dans les différens occasionés par la succession de Bavière entre Frédéric II et l'impératrice Marie-Thérèse, appuya son intervention en faveur de Frédéric par une armée de 30,000 hommes, dont le prince Repnin eut le commandement. Le 20 décembre 1778, il était à Breslau avec la double qualité de général et d'ambassadeur. La France s'étant également rendue médiatrice, Marie-Thérèse accepta cette dernière médiation, et le prince Repnin signa avec le baron de Breteuil, le 13 mai 1779, le traité de Teschen. Dans la guerre de la Russie contre la Porte, en 1789, le prince Repnin prit, après la démission du comte de Roumanzoff, le commandement de l'armée de l'Ukraine ; le 20 septembre de cette année, il défit l'armée turque, qui avait passé le Danube, près d'Ismaïl, dont il fit le blocus en 1790. Suwarow s'empara de cette place après un assaut des plus meurtriers ; il eut seul l'honneur d'une conquête dont le prince Repnin pouvait à bon droit revendiquer sa part. L'impératrice les combla de présens. Le 10 juillet 1791, Repnin mit en déroute l'armée commandée par le grand-visir Youssouf, quoiqu'il combattît 100,000 hommes, n'en ayant sous ses ordres que 40,000. La paix de Jassi fut le résultat de ces brillans succès, et il en signa, avec le grand-visir, les préliminaires à Galaez, le 11 août 1791. Le favori de Catherine, le prince Potemkin, dont le prince Repnin n'était que le lieutenant dans cette guerre, oubliait à Saint-Pétersbourg, auprès de l'impératrice, la gloire qu'il était appelé à recueillir. Sa jalousie ne put pardonner à Repnin le triomphe qu'il avait obtenu, et il lui reprocha durement, à leur entrevue, d'avoir enfreint ses ordres, qui étaient de maintenir les troupes dans les positions qu'elles occupaient. Repnin, justement indigné de la brutalité du favori, lui répondit avec une fermeté qu'autorisait sa victoire : « J'ai servi mon pays ; ma » tête n'est point en ton pouvoir, » et tu es un diable que je ne crains » plus. » Potemkin mourut peu de semaines après cette altercation, emportant dans la tombe la satisfaction d'avoir obtenu la disgrâce de ce rival. Repnin se retira à Moskou, où il forma un club de *Martinistes*, illuminés dont il partageait fortement les opinions religieuses, mais qui de fait n'était, dans cette occasion, qu'une association de mécontens. L'impératrice, informée qu'on y méditait de la déposer et de mettre le grand-duc Paul à sa place, fit arrêter les membres de cette association, les priva de leurs dignités et emplois, et les exila, les uns dans leurs terres, et les autres en Sibérie. Elle manda Repnin à Saint-Pétersbourg. Il s'attendait à une disgrâce éclatante ; mais l'impératrice, soit qu'elle conservât le souvenir des services qu'il lui avait rendus, soit qu'elle eût des vues sur lui pour l'avenir, soit enfin qu'elle fût convaincue que la conspiration était peu dangereuse, elle dissimula son mécontentement, et au lieu de le punir, le nomma gouverneur-général de la Livonie. Après le dernier partage de la Pologne, il reçut le gouvernement de la Lithuanie. Le prince Repnin établit le siége de son gouvernement à Grodno, qu'habitait Stanislas Auguste, ou pour parler plus exactement, où ce prince était relégué : « rapprochement qui, s'il n'était dû qu'au hasard, peut paraître un des jeux bizarres de la fortune, car il plaçait vis-à-vis du monarque déchu l'homme qui, après avoir été l'un des principaux instrumens de son élévation, avait sapé le premier, de 1765 à 1768, les fondemens de son trône. » L'impératrice mit enfin un terme aux anxiétés des Polonais, en les sacrifiant sans retour à son ambition. Pour parvenir au dernier démembrement du royaume, elle le fit envahir par ses troupes, et se servit de Repnin pour diriger ses armées. Trouvant cependant sa marche trop lente au gré de ses vœux, elle lui donna pour successeur, dans le commandement-général, Suwarow, avec le titre de feld-maréchal. Suwarow, en cette qualité, devint le supérieur de Repnin, qui l'avait la veille sous ses ordres. Repnin, perdant tout-à-coup sa fierté, servit en subalterne. Ce fut lui que Catherine choisit pour annoncer au triste et malheureux Stanislas Auguste qu'il avait cessé d'être roi. Repnin lui remit la lettre par laquelle l'arrogante autocrate déclarait : « Que l'effet des » arrangemens pris à l'égard de la » Pologne étant la cessation de » l'autorité royale, on lui donnait » à juger s'il n'était pas convenable » qu'il abdiquât formellement. » Porus vaincu voulait être traité en roi. Stanislas, que son peuple n'avait jamais vu à la tête de ses armées pour défendre sa patrie et sa couronne, signa, sans murmurer, son abdication le 25 novembre 1795. Catherine survécut peu à ce dernier acte de sa tyrannie contre les Polonais. Paul Ier lui succéda, et dès les premiers jours du nouveau règne, Repnin reçut, le 20 novembre 1796, le brevet de feld-maréchal. En 1798, il eut une mission secrète à Berlin, dont l'objet était de faire entrer la Prusse dans la deuxième coalition que méditaient, contre la république française, la Russie, l'Angleterre et l'Autriche : le cabinet prussien voulut garder une neutralité qui lui était nécessaire. Ayant échoué dans sa mission, Repnin repartit, le 15 août 1798, pour Saint-Pétersbourg, où, dès son arrivée, il lui fut signifié de se retirer à Moskou : c'est dans cette ville qu'il mourut au mois de mai 1801. Le prince Repnin fut un homme de guerre distingué, et, comme diplomate, la négociation de Teschen signala en lui un ministre habile, prévoyant et ferme. Malheureusement sa conduite en Pologne a imprimé à son nom une tache ineffaçable ; il y montra autant d'arrogance que de duplicité, et se fit l'instrument de la politique la plus odieuse. Son nom et celui de Catherine sont voués, par les Polonais, à une exécration éternelle. « Ce fut lui, dit l'auteur de la notice que nous avons plusieurs fois citée, qui fomenta dans ce malheureux pays l'anarchie et la guerre civile ; ce fut lui qui prépara ces déchiremens politiques dont les conséquences, compliquées avec les événemens de la révolution française, ont ensanglanté l'Europe et ébranlé l'édifice de la civilisation. » Rulhière a tracé avec une grande sagacité le portrait du prince Repnin, morceau que nous abrégeons à regret. « Le prince Repnin, dit-il, était né dans le temps de la dernière élection, celle d'Auguste III, au milieu d'une armée qui ravageait la Pologne. Les Polonais dispersés, l'incendie de leurs châteaux, le pillage de leurs terres, furent les premiers objets qui frappèrent ses regards. Il comptait parmi ses grand'mères une Tartare Kalmouke, et les traces de cette origine se reconnaissaient encore dans ses mœurs aussi bien que dans ses traits, dont la bizarrerie n'était pas sans agrément. Sa physionomie était vive et altière, son esprit intrigant et brouillon, autant qu'on peut l'être dans une cour despotique. Parmi les jeunes Russes, aucun, à la honte de cette cour, n'annonçait de plus heureuses dispositions..... Il portait dans la société familière une sorte de gaîté assez vive et de plaisanterie assez spirituelle. Il s'abandonnait quelquefois à ces premiers mouvemens de bonté qui échappent aux plus méchans naturels, et qui servent à excuser la bassesse de ceux que l'intérêt rapproche de pareils hommes. Il n'était pas entièrement dépourvu de sagacité dans les affaires, mais tout ce qu'il avait vu jusqu'alors avait plus gâté son esprit qu'ajouté à son expérience. » La justice veut que nous fassions connaître également l'opinion beaucoup plus favorable du major Masson, auteur de *Mémoires secrets sur la Russie*. Au rapport de M. Masson, le prince Repnin avait des talens militaires et politiques; au milieu de son orgueil, il montrait de la politesse, de l'humanité, de la générosité. Il avait de la noblesse dans la figure, dans les manières et dans les procédés de détail ; enfin la Lithuanie lui aurait eu, ainsi qu'au prince Galitzin, l'obligation d'être préservée d'une ruine totale. « Après le massacre de Praga, dit M. Masson, la haine de Catherine étant devenue plus forte contre quelques familles polonaises, leurs terres furent les premières confisquées : le prince Repnin les demanda à l'impératrice, et les rendit plus tard aux anciens propriétaires, en leur disant qu'il ne les avait acceptées que parce qu'elles auraient été données à d'autres, et qu'il n'aurait pu les leur conserver. » Quelques vertus privées, des talens, n'effacent pas aux yeux de la postérité les crimes politiques, ceux surtout qui sapent les trônes et détruisent les nations ; et la mémoire du prince Repnin restera à jamais chargée du long et irréparable mal qu'il a fait aux Polonais, à si juste droit surnommés les *Français du Nord*.

REPNIN (LE PRINCE), lieutenant-général russe, fils du prince Nicolas Wasiliewitsch Repnin, ambassadeur à Varsovie, qui dicta, au nom de la souveraine autocrate de toutes les Russies, des lois à la malheureuse Pologne (*voy.* l'article précédent), entra au service au sortir de l'enfance, et commandait un des régimens de la garde impériale russe à la bataille d'Austerlitz. Ce corps d'élite fut, comme on sait, très-maltraité, et le prince Repnin, après avoir vu périr la plupart des siens, fut entouré et fait prisonnier. Rendu à sa patrie après la paix de Tilsitt, il servit avec distinction en Allemagne pendant la campagne de 1812, fut nommé, après la bataille de Léipsick, gouverneur-général de cette ville, et bientôt après administrateur de toute la Saxe, au nom des puissances coalisées. Ce pays, désolé depuis long-temps par la présence d'innombrables armées, tant amies qu'ennemies, qui s'y faisaient une guerre acharnée, et qui en dévastaient presque également le théâtre, n'offrait plus que l'image de la ruine et du malheur. Son vénérable souverain, si chéri de ses peuples, venait d'être conduit, en une captivité déguisée, à Berlin, et fut bientôt forcé de souscrire au morcellement de ses états, dont la Prusse convoitait la totalité. Les troupes saxonnes qui, à la bataille de Léipsick, avaient non-seulement abandonné les Français, mais qui tournèrent leurs armes contre eux et contribuèrent à les accabler, n'avaient pas sans doute pu imaginer, que l'humiliation de leur monarque et le déchirement de leur patrie seraient le premier prix de leur défection. Le prince Repnin chercha à la vérité, autant qu'il était possible en ces conjonctures délicates, à concilier les devoirs que lui imposaient ses fonctions, ainsi que les besoins des troupes victorieuses, avec les ménagemens dus aux malheureux habitans de la Saxe; mais il déclara, le 27 octobre 1814, de Dresde, où il avait établi le centre de ses opérations, qu'il ne quitterait l'administration du pays que pour la remettre aux agens du roi de Prusse; et ce monarque ayant exigé, peu de temps après, que cette administration lui fût provisoirement confiée, la remise eut effectivement lieu le 8 novembre suivant. Le prince rendit un compte exact de sa gestion, et prononça en langue française son discours d'adieux, dans le palais du roi de Saxe, devant une assemblée composée des notables du pays, discours qui émut vivement, dit-on, les auditeurs. L'empereur Alexandre lui adressa de Vienne la lettre suivante. « J'ai » des preuves multipliées du zèle » et des efforts que vous avez dé- » ployés pour l'administration de la » Saxe, depuis le jour que je vous » en ai chargé jusqu'au moment » actuel, où vous la remettrez dans » les mains de la Prusse. Le té- » moignage que vous rendent à cet » égard vos administrés est à mes » yeux le titre le plus glorieux; il » vous assure mon estime, et je » profiterai de vos talens et de » l'expérience que vous avez ac- » quise dans ces circonstances ex- » traordinaires et difficiles, etc. » Le prince Repnin a été nommé en 1816 gouverneur-général de Pultawa, et n'a cessé depuis de remplir des fonctions importantes dans l'empire de Russie.

REPTON (HUMPHREY), jardinier-paysagiste, né en 1752, réside depuis trente ans à Harestreet-Cottage, dans le comté d'Essex, et tient aujourd'hui le premier rang parmi ceux qui s'occupent de l'art des jardins en Angleterre. Il est bon praticien, et ses dessins annoncent beaucoup de goût et de facilité ; mais on voit que l'auteur n'a pas assez étudié les modèles que lui offraient dans leurs tableaux les grands peintres de paysages. Il a publié : 1° *le Canton* (Hundred) *de North-Erpingham, dans le comté de Norfolk*, avec préface, etc. , 1781, in-8° ; 2° *Variétés, ou Collections d'essais*, 1788, in-12 ; 3° *l'Abeille, ou Critique sur la Galerie de Shakespeare*, 1789, in-8° ; 4° *l'Abeille, ou Critique sur l'exposition des tableaux de Sommerset-House*, 1789 ; 5° *Esquisses et Observations sur l'art des jardins*, 1794, in-4" : ce dernier ouvrage passe pour le meilleur qui ait paru sur cette matière ; il a le mérite d'avoir rectifié ou perfectionné le système de Brown, regardé en Angleterre comme le législateur des jardins ; 6° *Observations sur les changemens survenus dans l'art des jardins*, 1806, in-8° ; 7° *Fantaisies bizarres* (odd Whims) : ce recueil de pièces a été réimprimé une seconde fois ; il offre en outre une comédie et quelques autres poëmes, 1804, 2 vol. in-8° ; 8° sur *l'Introduction de l'architecture et de l'art des jardins des Indiens*, 1808, in-fol.

REQUENOYVIVÈS (Vincent), savant jésuite, naquit en 1743, à Calatraho dans l'Arragon, et entra de bonne heure dans l'institut de Loyola. Lors de la suppression de son ordre, il alla s'établir à Rome, où il quitta la théologie pour les beaux-arts. Il profita de la permission accordée aux jésuites espagnols de rentrer dans leur patrie, pour accepter la place de conservateur de médailles, que l'académie des sciences d'Arragon lui avait fait offrir : il y renonça, quelque temps après, pour se rendre à Naples, où la règle de Saint-Ignace venait d'être rétablie, lorsque, atteint d'une maladie mortelle, il expira à Tivoli, le 17 février 1811. Ses ouvrages sont : 1° *Saggio sul ristabilimento dell' antica arte de' greci e de' romani pittori*, Venise, 1784, in-4° ; réimprimé à Parme en 1787, 2 vol. in-8°. 2° *Principj, progressi, perfezione perdita, e ristabilimento dell' antica arte di parlare da lungi in guerra*, Turin, 1790, in-8°. Cet ouvrage contient des recherches curieuses sur les signaux des anciens. 3° *Scoperta della chironomia o arte di gestire colle mani*, Parme, 1797, in-8°. 4° *Saggio sul ristabilimento dell' arte di dipingere all' encausto degli antichi*, ibid., 1798, 2 vol. in-8°, avec un appendice, Rome, 1806, in-8°. C'est l'ouvrage le plus important de ce savant jésuite. S'il n'a pas découvert la méthode employée par les anciens dans leur peinture à l'encaustique, il a été, sans contredit, celui qui s'en est le plus rapproché. 5° *Saggio sul ristabilimento dell' arte armonica de' greci e de' romani cantori*, ibid., 1798, 2 vol. in-8° : ouvrage peu utile, et ayant pour base des principes faux. 6° *Medallas ineditas antiguas existentes en el museo de la real sociedad aragonesa*, Sarragoce, 1800, in-4° ; 7° *Il Tamburo stromento di prima necessità per egolamento delle truppe perfezionato*, Rome, 1807, in-8° ; 8° *Osservazioni sulla chi-*

rotipografia ossia antica arte di stampare a mano, ibid., 1810, in-12.

RÉSIGNY (N.), chef d'escadron d'ordonnance de Napoléon, reçut, au mois de juin 1815, l'ordre de se rendre à Bordeaux, pour observer l'esprit public de ce pays, et y organiser une fédération. Le rapport dans lequel il rend compte de sa mission, trouvé, dit-on, dans le portefeuille de Napoléon, fut imprimé après la bataille de Waterloo. M. Résigny accompagna Napoléon jusqu'à Rochefort, et s'embarqua même avec lui sur le *Bellérophon*, mais il ne lui fut pas permis de le suivre à Sainte-Hélène.

RESNIER (N.), ancien sous-bibliothécaire de la bibliothèque Mazarine, fut nommé tribun, et devint ensuite membre du sénat-conservateur ; il avait été pendant long-temps l'un des rédacteurs du *Moniteur*. M. Resnier ne comptait pas 45 ans, lorsqu'il mourut le 8 octobre 1807. Il a donné au théâtre de la rue Favart, avec MM. Després et Piis : 1° *la Bonne Femme, ou le Phénix*, parodie d'*Alceste*, en deux actes, en vers, mêlée de vaudevilles, 1776; 2° *l'Opéra de Province*, parodie d'*Armide*, en deux actes, en vers, mêlée de vaudevilles; 3°, avec M. Piis, *le Compliment de clôture*, donné à la suite des *Trois Sultanes*, in-8°, 1778.

RESSEGUIER (LE CHEVALIER CLÉMENT-IGNACE DE), bailli et ex-général des galères de l'ordre de Malte, naquit à Toulouse le 23 novembre 1724. Destiné à entrer dans l'ordre de Malte, il passa de bonne heure dans cette île, où il prononça ses vœux, et monta sur les vaisseaux de la religion pour faire ses caravanes. Plus tard il devint général des galères de l'ordre, et se distingua, dans plusieurs combats soutenus contre les Turcs, par sa bravoure et ses talens. Dans une de ses courses aventureuses, il délivra un riche marchand grec, qui, pour marque de sa reconnaissance, lui offrit un superbe camée antique : c'était une agathe représentant un Antiochus. Resseguier eût mieux fait sans doute de ne point quitter Malte, où de nouveaux honneurs l'attendaient; il vint à Paris. Homme d'esprit, aimable, et plein de grâce dans la conversation, il s'abandonna imprudemment au penchant malin qui le portait à frapper du fouet de la satire, ou de l'arme, non moins cruelle, du ridicule, ceux qui possédaient le plus de puissance. Plus d'une fois il habita le château de la Bastille, ou celui de Pierre-Encise, en punition de plusieurs vaudevilles piquans, ou de quelques épigrammes sanglantes. Mme de Pompadour ne fut pas ménagée par lui; on connaît le quatrain célèbre qu'il fit sur cette courtisane titrée :

Fille d'une sangsue et sangsue elle-même,
Poisson dans son palais, sans remords, sans effroi,
Étale aux yeux de tous son insolence extrême,
La dépouille du peuple et la honte du roi.

La prison fut la réplique de la maîtresse de Louis XV. Resseguier, pour cette fois, y eût passé de longs jours, si l'abbé de Resseguier, son frère, conseiller alors au parlement de Toulouse, ne fût parti de cette ville pour aller à Versailles, solliciter de la marquise de Pompadour elle-même la grâce du poète inconsidéré. Elle lui fut accordée, et pour récompense, le bon abbé trouva son frère furieux. Le chevalier ne pouvait lui pardonner de s'être déshonoré (ce sont ses propres expressions) en intercédant une femme pareille. Resseguier étant à souper, dans les premiers jours de novembre 1767, à Paris, chez le lieutenant-général de police, avec M. Daisne, maître des requêtes, la conversation se tourna sur la résistance opposée par les parlemens à la volonté des ministres; M. Daisne blâmait avec véhémence la conduite des magistrats : c'était dans l'ordre. Resseguier, blessé des expressions peu convenables dont il s'était servi, lui répondit avec aigreur; on s'échauffa, et le maître des requêtes crut faire une excellente épigramme en disant : « En tout » cas, si mes discours vous dé- » plaisent, monsieur, ils ne me fe- » ront pas mettre à Pierre-Encise. » Mais le chevalier de Resseguier lui répliqua vivement : « Vous avez » raison, ils sont d'un homme qui » n'est digne que de Bicêtre. » Plusieurs années après, en 1772, lorsque les parlemens étaient détruits, et remplacés par des hommes pour la plupart indignes de rendre la justice, Resseguier soupait encore chez M. de Sartines; les convives se récrièrent sur la beauté du poisson qui couvrait la table. « Oh! » dit le sieur Marin (celui que Beau- » marchais a rendu célèbre) il y en » avait hier de bien plus beaux » chez le premier président, où » je dînais. » — Cela n'est pas bien étonnant, repartit Resseguier, on ne voit là que des mons-

tres. » Ce mot, juste et piquant, confondit la race génuflexible des flatteurs, et le sieur Marin eût voulu, pour beaucoup, n'avoir pas été la cause première de cette nouvelle repartie. Resseguier a composé plusieurs ouvrages; ses productions sont peu connues et mériteraient de l'être ; il a fait un poème épique sur la *Prise de l'île de Rhodes;* il est auteur d'une *Lettre à Linguet* (du 20 mai 1766), au sujet des injures que ce dernier, selon son usage, avait insérées contre l'ordre de Malte, dans son ouvrage sur les empereurs romains. Le bailli de Resseguier vit la révolution; il perdit alors ses commanderies de Marseille et de la Cannebière. Retiré à Malte, il croyait y vivre en paix, mais tout-à-coup la *cité victorieuse* vit flotter devant ses murailles les vaisseaux français. Le vainqueur de l'Italie fit en quelques heures, par la terreur de son nom, ce que Soliman n'avait pu faire avec toute la puissance de ses armes. L'invincible forteresse de Malte se rendit, et l'ordre fut dispersé en 1797. La même année, Resseguier mourut, et fut enseveli dans l'île, dont lui et ses compagnons n'étaient plus les maîtres.

RESTIF DE LA BRETONNE (NICOLAS-EDME), homme de lettres, né à Sucy, en Bourgogne, le 22 novembre 1734, développa de bonne heure un esprit singulier, que l'on n'a pas balancé à appeler génie, et qui, dirigé par le goût, eût procuré à celui qui le possédait une place honorable sur le Parnasse français. Le père de Restif était un riche ménager, cultivant lui-même ses propriétés, et qui par ses alliances tenait à d'illustres familles, aux Cœur-de-Roi, aux Courtenai, etc. Ses vertus ainsi que celles de sa seconde femme, Rose Perlet, mère du jeune Restif, dignement célébrées dans un roman de celui-ci, intitulé : *la Vie de mon Père*, lui avaient acquis une haute considération dans le pays. Le jeune Restif, développant une imagination précoce et un tempérament de feu, vint à Paris faire ses premières études, sous la direction de l'abbé Thomas, un de ses frères du premier lit, alors employé à la chapelle de Bicêtre. Notre auteur, chassé de ce lieu par suite des querelles du jansénisme, auxquelles l'abbé Thomas prenait une part active, fut chez son autre frère, le curé de Courgis, en Bourgogne, achever de compléter ses classes. Lorsqu'elles furent finies, on l'envoya dans la ville d'Auxerre, où il entra en qualité d'apprenti imprimeur, chez M. F...., employant tour-à-tour ses instans aux travaux de sa profession, à la culture des belles-lettres, à toutes sortes de folies et même de turpitudes. Il s'abandonna à l'effervescence de ses passions, et séduisit la femme de son maître imprimeur. Cette femme, qu'il a célébrée dans tant d'ouvrages, sous le nom de *Colette*, chercha à le ramener à des principes plus honorables: ce fut en vain. Restif, après s'être battu en duel contre un de ses camarades, finit par quitter Auxerre, où il avait joué le rôle d'un Lovelace inférieur de la Basse-Bourgogne, et vint s'établir à Paris. Il n'y apportait qu'un grand amour de la débauche et l'envie de faire parler de lui. Cependant ce ne fut que plus tard qu'il publia,

(en 1768), son premier ouvrage, *le Pied de Fanchette*, roman en 3 vol., in-12. Déjà il s'était marié, et déjà il faisait un mauvais ménage avec sa femme. Il devint prote dans plusieurs imprimeries, et passant sa vie parmi les auteurs, il conçut le désir de le devenir lui-même. Ses premières productions eurent du succès ; nous en parlerons plus en détail dans la liste que nous en donnerons à la fin de cette notice. Malheureux par son caractère, par sa femme, par ses enfans, dont il ne pouvait supporter la position déplorable, surtout celle de sa fille aînée, mariée en premières noces avec un homme qu'il nous représente comme un vrai scélérat, il goûta peu de tranquillité. Il fut le partisan zélé de la révolution, tant qu'il espéra qu'elle le placerait sur un plus vaste théâtre. N'ayant pu être nommé député, il commença à médire du nouveau régime. En 1795, la convention nationale lui accorda cependant une somme de 2,000 fr., comme à l'auteur de plusieurs ouvrages utiles. Il ne fut pas appelé à faire partie de l'institut lors de la création de ce corps. M. Beuchot dit que la colère que lui causa cette injustice le porta à faire placarder, en 1796, sur les murs de Paris, une affiche ainsi terminée : « Restif a sans doute » été oublié dans la première for- » mation de l'institut national : on » avait oublié l'article Paris dans » l'Encyclopédie. » Des banqueroutes le ruinèrent ; son gendre, mari d'Agnès Restif, le dénonça au peuple, qui le poursuivit, à plusieurs reprises, à coups de pierres. Il divorça, se remaria avec une femme de 63 ans, qui avait été, dit-on, l'objet de sa première passion ; obtint un emploi lorsque l'âge ne lui permit plus de faire gémir la presse, et mourut en 1804 ou 1806, car on n'est pas d'accord sur l'époque précise de son décès. Restif fut un fécond écrivain ; deux cents volumes environ sont sortis de sa plume. Ses habitudes, peu en harmonie avec la dignité d'un homme de lettres, le retinrent presque toujours dans une basse et repoussante société. Il ne put jamais acquérir du goût, et manqua de la connaissance du grand monde ; aussi le peignit-il mal lorsqu'il voulut l'essayer : en revanche, nul mieux que lui n'a fait connaître le langage, la manière de sentir, les mouvemens de l'âme, les mœurs, les usages des dernières classes du peuple de Paris. Il y a dans ses tableaux des choses frappantes de vérité, des traits admirables, et qui peignent ce qui se passe sous nos yeux. Il a pris la nature sur le fait ; il la montre dans toute sa simplicité, ou dans son horrible turpitude. Il décrit les caprices, les fantaisies du vice en homme qui a puisé aux sources. Il ne faut pas demander à ses personnages la délicatesse idéale des héros, des héroïnes de nos romans de bon ton ; il ne se doute pas qu'elle existe. Il rend les femmes telles qu'il les a vues, les hommes tels qu'ils se sont montrés à son regard : mais ce sont eux bien véritablement. On doit convenir qu'il est un peintre exact, s'il n'embellit pas ses modèles. Restif, en général, n'est connu dans la littérature que d'après ses parties les moins recommandables. La platitude ordinaire de son style, l'extravagance de son amour-propre, la *vileté* des acteurs qu'il fait mouvoir, sa singulière orthographe, l'ont rendu ridicule : on s'est moqué de lui, et l'on a étouffé sa réputation. Cet homme, étranger d'ailleurs aux plus simples convenances, n'ayant nulle retenue, ennemi de toutes les règles, brille néanmoins par une richesse d'imagination surprenante. Il trace des caractères avec habileté ; la fable qu'il invente attache presque toujours. Il y a dans son dialogue une vérité naïve qui charme ; il écrit des pages délicieuses de naturel et de douce volupté ; il trouve des tableaux frais et rians ; il appelle tour-à-tour le rire de réflexion, la pensée profonde, et, presque toujours, jette dans le cœur une émotion extrême. Ces qualités sont obscurcies par un dévergondage sans pareil, par des infamies racontées comme avec plaisir, par d'obscènes peintures, qui montrent l'espèce humaine dans un état complet de dégradation. Ses filles publiques sont vraies à faire frémir ; ses escrocs repoussent par la hideuse figure qu'il leur donne. Il a de commun avec Mme de Genlis, que tous les deux ont eu le désir d'écrire pour la vertu, et que, dans tous leurs ouvrages, le vice est ce qu'ils ont le mieux peint. Restif, en un mot, n'est pas assez connu en France : tel auteur qui le méprise, ne le surpassera jamais. Ses ouvrages sont une mine féconde, dans laquelle il y a de très-bonnes choses à prendre. Nos faiseurs de comédies, de vaudevilles, de drames, si pauvres d'inventions, y rencontreraient des sujets de pièces très-attachans, ou propres à nous divertir. L'originalité de Restif engagea quelques personnes de haut rang à le fréquenter; il n'était pas à son aise avec elles; accoutumé qu'il était à vivre avec le peuple, il ne pouvait plier ses manières à celles de la bonne compagnie, et par suite, il se déplaisait dans la société des gens bien élevés. Une vanité sans pareille, un orgueil excessif, qui éclatent dans tous ses ouvrages, formaient la base de son caractère. Il ne pouvait supporter la critique; il fallait l'admirer toujours ou l'avoir pour ennemi. Il abhorrait le persifflage, parce qu'il sentait combien ses défauts prêtaient au ridicule. Rien n'est plaisant comme sa fureur naïve contre ceux qui ont osé ne pas le proclamer le premier génie du 18e siècle. Parmi un nombre considérable de productions, nous désignerons: 1° *le Pied de Fanchette, ou le Soulier couleur de rose*, 3 vol. in-12, réimprimé cinq fois: ce roman a du mérite; il intéresse par de piquantes situations. 2° *L'École de la Jeunesse*, réimprimée, 1771, ouvrage moral, mais ennuyeux; 3° *Lettres d'une Fille à son Père*, 5 vol. in-12, 1772; 4° *la Femme dans les trois états de fille, d'épouse et de mère*, 1773, 3 vol. in-12; 5° *le Ménage parisien*, 1773, 2 vol. in-12: détestable production, dans laquelle il critique la presque totalité des littérateurs de l'époque. 6° *Les Nouveaux Mémoires d'un homme de qualité*, 1774; 7° *l'École des Pères*, 1776; 8° *le Paysan et la Paysanne pervertis*, 1776, 8 vol., ornés d'un très-grand nombre de gravures. Ce roman, où une plume énergique a tracé des tableaux effrayans et pathétiques, où la morale sévère est souvent effacée par le libertinage le plus éhonté, où le crime combat contre la vertu, produisit un grand effet lors de sa publication. Restif lui dut véritablement sa réputation. Il a été traduit dans toutes les langues de l'Europe, et a eu, soit en France, en Allemagne ou en Angleterre, une multitude d'éditions. Dans le principe, *le Paysan perverti* était un ouvrage à part; Restif ensuite le fondit avec la *Paysanne*, et n'en fit plus qu'une seule production. Les caractères, les scènes, les mouvemens qui la remplissent sont effrayans de vérité; tout à la fois elle attache et repousse, et mérite à son auteur le titre d'homme de génie. 9° *Le Quadragénaire, ou l'Age de renoncer aux passions*, 1777; 10° *le Nouvel Abélard, ou Lettres de deux amans qui ne se sont jamais vus*, 1778, 4 vol. in-12, fig.: composition bizarre, excellente morale. On y trouve de charmans épisodes; il y aurait peu à faire pour que cet ouvrage devînt un très-bon roman, utile à l'instruction des nouveaux époux. 11° *La Vie de mon Père*, 1788, 2 vol. in-12, fig.: c'est le chef-d'œuvre de l'auteur; aucune tache ne le dépare; la peinture des mœurs champêtres est délicieuse. 12° *Le Mimographe, ou le Théâtre réformé*. Restif voulait être le réformateur de la scène française; ses intentions étaient bonnes, mais impraticables: les théâtres ne seront jamais réformés. 13° *Le Pornographe*, Londres, 1776, in-

8°. C'est un projet de législation pour un objet peu susceptible d'être soumis aux règles; c'est la prostitution que Restif voulait ériger en loi de l'état, et soumettre au régime des ordonnances. Les filles publiques devaient être cloîtrées; leur vie, leurs plaisirs, leurs devoirs, tout est tracé dans le *Pornographe*. Ce singulier ouvrage fit beaucoup de bruit; on crut, et nous le pensons, que la police de ce temps le protégeait: ce n'était pas sans doute dans l'intention de corriger les abus qu'il signalait, car elle trouvait trop son compte à leur existence; mais enfin, elle avait une intention secrète qui ne nous a pas été connue. Restif prétend que l'empereur Joseph II a exécuté à Vienne le projet du *Pornographe*. 14° et 15° *le Gynographe et l'Anthropographe*, 1790, 2 vol. in-8°. ou Projets pour l'éducation des femmes et des hommes, productions écrites dans un bon esprit, renfermant d'excellentes choses, et qui mériteraient d'attirer les regards des souverains, portés à chercher les moyens de procurer le bonheur à leurs peuples. 16° *Le Thémographe, ou les Lois réformées*, 1779, 1 vol. in-8°; 17° *la Découverte australe par un homme volant, ou le Dédale français*, 1780, 4 vol. in-12, fig., roman dont l'idée principale est bizarre. L'auteur veut que l'homme ne soit que la perfection de chaque espèce d'animaux; que par suite nos vertus et nos vices proviennent des appétits de nos pères primitifs; ainsi, la colère était descendue du lion; la férocité, du tigre; la bonté, du mouton; la faculté de ramper, du reptile, etc. Restif pourrait avoir plus raison que nous ne le pensons peut-être; il est impossible que certains hommes de nos jours ne descendent pas en principe de quelques méchantes bêtes. Il prétendait que lorsque son ouvrage parut, deux seuls Parisiens le comprirent: nous sommes très-flattés d'augmenter ce nombre. 18° *La dernière Aventure d'un homme de quarante-cinq ans*, 1783; 19° *les Contemporaines, ou Aventures des plus jolies femmes de l'âge présent*, immense recueil de plus de quatre cents histoires, presque toutes vraies au fond, et qui offre une variété de sujets bien remarquable. La lecture de ce recueil est en général très-amusante; tous les goûts trouvent à s'y contenter, tous les genres s'y rencontrent: le terrible, le tendre, le galant, le naïf, le bizarre, etc., etc.; c'est une immense galerie dans laquelle on est arrêté à chaque pas par un objet attachant. Un grand nombre de nouvelles sont délicieuses par le charme des détails; c'est là que les classes inférieures de la nation sont peintes de main de maître. L'auteur excelle dans cette partie; il faiblit en revanche, il est maniéré, révoltant, lorsqu'il veut aussi offrir les mœurs du grand monde. On pourrait extraire des 42 volumes dont nous parlons, une demi-douzaine, dans laquelle on réunirait des anecdotes très-intéressantes, et cette compilation aurait beaucoup de succès. L'indécence de plusieurs nouvelles attirèrent à Restif des reproches. Voici sa réponse: « Entendons-nous: si la science est respectable, la fausse délicatesse ne l'est

» pas. *Les Contemporaines* sont un
» ouvrage de médecine morale. Si
» les détails en sont licencieux, les
» principes en sont honnêtes et le
» but en est utile. Qu'est-ce qu'un
» romancier? le peintre des mœurs;
» les mœurs sont corrompues : de-
» vais-je peindre les mœurs de l'As-
» trée? Réservez, femmes honnê-
» tes, réservez votre indignation
» pour cette indécence de société,
» qui n'est bonne à rien; pour ces
» équivoques infâmes, pour ces
» manières libres, pour ces propos
» libertins, qu'on se permet tous
» les jours avec vous et devant vos
» filles. Mais pour la prétendue in-
» décence, qui a un but qui est mo-
» ral, qui sert à instruire et à cor-
» riger, n'en faites pas un crime à
» l'écrivain qui a eu le courage de
» vous présenter le miroir du vice
» pour vous en faire voir la diffor-
» mité. » 20° *La Malédiction paternelle*, 1779; 21° *les Parisiennes;* 22° *les Nuits de Paris, ou le Spectateur nocturne*, seize parties in-12: ouvrage moral et amusant, dans le genre des Mille et une Nuits, mais sur un autre plan. Les derniers volumes sont moins bons que les premiers; nous plaçons *les Nuits de Paris* au rang de ce que Restif a fait de mieux. 23° *Monsieur Nicolas, ou le Cœur humain dévoilé*, 16 vol., renfermant en outre *la Philosophie, la Morale et la Physique de Monsieur Nicolas :* ce sont les Mémoires de la propre vie de Restif. Il a voulu imprudemment marcher sur les traces de J. J. Rousseau: tout surprend dans cet ouvrage, dégoûtant de cynisme, d'amour-propre, de haineuses passions. L'auteur s'y avilit sans cesse; il flétrit sa famille par les accusations les plus infâmes; il s'y fait jouer le rôle d'un misérable dépouillé de tout noble sentiment, et qui, des qualités qui font l'honnête homme, ne possède presque que la probité. Néanmoins, à travers d'obscènes infamies, on rencontre parfois des pages agréables à lire; celles qui traitent de l'enfance de *Monsieur Nicolas* sont ravissantes. Les usages de la campagne, ceux d'une ville de province, l'histoire des amours de l'auteur avec Colette, avec Zéphire, est digne d'attirer l'attention du lecteur, auquel souvent elle arrache des larmes. Il y a en outre des anecdotes assez curieuses; enfin c'est un mélange de bon et de mauvais, dans lequel celui-ci malheureusement domine. 24° *L'Année des Dames nationales*, imitation décolorée des *Contemporaines*, et où, avec tous les défauts de l'original, on ne retrouve pas ce qu'il a d'agréable, etc., etc.

RESTOUT (Jean Bernard), fils de Jean Restout, directeur de l'académie de peinture, et dont le célèbre La Tour, son maître, disait, « il a la clef de la peinture, » cultiva avec ardeur l'art dans lequel son père s'était acquis une réputation méritée, par la noblesse, la hardiesse de ses compositions, et dans lesquelles toutefois on trouve de fréquentes incorrections. Restout, initié de bonne heure à tous les secrets de la peinture, étudia surtout avec soin la science si difficile de la perspective et de la connaissance des effets de lumière sur les corps. Pendant son séjour à Rome, au milieu de nombreux chefs-d'œuvre, les tableaux coloriés avec chaleur et dessinés avec plus de force, que de grâce et de précision, furent les seuls qui devinrent l'objet de ses constantes études. De retour en France, il s'efforça de justifier les espérances qu'on avait conçues de son talent. Parmi ses nombreuses productions, on distingue : 1° *Jupiter et Mercure à la table de Philémon et de Baucis*; 2° *la Présentation au temple*. Ce dernier tableau, exposé au salon de 1771, et placé depuis dans l'église de l'abbaye de Chaillot, pour laquelle il avait été fait, valut à l'auteur d'unanimes suffrages. Le prestige de la perspective y est porté au plus haut degré; le coloris en est grave, harmonieux; les masses de lumières et d'ombres sont distribuées de manière à répandre l'air dans toute cette grande composition, et à donner de la saillie aux corps. 3° *Anacréon la coupe à la main*. Ce sujet plein de grâce, où le peintre a su réunir au mérite de la composition la légèreté et la richesse des tons, fut le morceau de réception de Restout à l'académie de peinture; il a été gravé par Asselin. On doit regretter que cet artiste ait souvent quitté la palette pour prendre part à nos troubles politiques. Il fut l'un des membres de la municipalité qui s'installa le 10 août 1792. Le soir même il eut mission d'aller arrêter M. de La Porte, intendant de la liste civile, et d'apposer les scellés chez lui; il fut également chargé de l'arrestation de Thierry, valet-de-chambre du roi. Restout fut accusé plus tard d'avoir pris part aux dilapidations qui eurent lieu au garde-meuble de la couronne, et fut détenu pendant 15 mois à Saint-Lazare. Rendu à la liberté, il mourut en 1796.

RETS-DE ROCHEFORT (N.), médecin à Arras, correspondant de la société royale de médecine et de l'académie de Dijon, a publié les ouvrages suivans : 1° *Météorologie appliquée à la médecine et à l'agriculture*, Paris, 1779; 2° *Recherches pathologiques, anatomiques et judiciaires, sur les signes de l'empoisonnement*, 1784; 3° *Lettre sur le secret de Mesmer*, 1782; 4° *Mémoire pour servir à l'Histoire de la Jonglerie*, dans lequel on démontre les phénomènes du Mesmérisme, 1784; 5° *Observations sur les maladies épidémiques qui règnent tous les ans à Rochefort*, 1784; 6° *Précis des maladies épidémiques*, qui sont les sources de la mortalité parmi les gens de guerre, les gens de mer et les artisans, 1788; 7° *des Maladies de la peau*, particulièrement de celles du visage, et les affections morales qui les accompagnent, 1789; 9° *le Guide des jeunes gens* de l'un et de l'autre sexe, à leur entrée dans le monde, pour former le cœur, le jugement, le goût et la santé, 1790; 8° *Instruction sur les maladies les plus communes parmi le peuple français*, à l'usage des personnes bienfaisantes qui habitent les campagnes.

REUSS (HENRI XV, PRINCE DE), général d'artillerie au service d'Autriche, né le 22 février 1751, fut d'abord employé en qualité de colonel à l'armée du prince de Cobourg, et commanda, en 1793, un corps près de Bavai, avec lequel il obtint quelques avantages sur les Français. Promu au grade de général-major, il servit en cette qualité à la même armée, en 1794; se rendit, en 1796, à celle d'Italie, se distingua en novembre à l'affaire du château de Piétra et à celle de Baselga; fut nommé, en 1797, feld-maréchal-lieutenant, et continua à commander en Italie, où il eut sous ses ordres, en 1799 et 1800, un corps formant l'aile gauche du maréchal Kray, avec lequel il dut entretenir, par le Tyrol et les Grisons, la communication entre l'Allemagne et l'Italie. Le prince de Reuss devint, en 1802, directeur-général du recrutement des armées impériales. Il reparut en 1812 à la tête d'un corps d'observation de l'armée autrichienne, et fut nommé, en 1814, gouverneur civil et militaire de la ville de Venise.

REUVENS (Jean Évorard), l'un des plus célèbres jurisconsultes de la Hollande, naquit à Harlem en 1763. Après avoir fait avec la plus grande distinction ses études à l'université de Leyde, et soutenu, pour être gradué en droit, une dissertation *De Cautione Mucianâ*, il s'établit, comme avocat, à La Haye, y obtint une nombreuse clientelle, et fut nommé, en 1795, conseiller à la cour de justice de la province de Hollande. Après la révolution, qui changea la forme du gouvernement de ce pays, il fut placé à la tête de l'ordre judiciaire, avec le titre d'agent de la justice; cette place ayant été supprimée en 1801, après un nouveau bouleversement politique, il fut appelé à occuper la charge la plus élevée dans la hiérarchie judiciaire, celle de président de la haute-cour de justice. Il en remplit avec zèle et intégrité les importantes fonctions, tant que les provinces subsistèrent encore comme république. Lors de la création du royaume de Hollande, en 1806, M. Reuvens fut d'abord nommé conseiller-d'état en service extraordinaire, puis président de la première section, et ensuite vice-président du conseil. En 1810, après la réunion de la Hollande à la France, il fut nommé un des présidens de la cour d'appel à La Haye; mais il ne tarda pas, sur la réputation de son mérite, d'être appelé à Paris par l'empereur, qui le nomma conseiller de la cour de cassation. Quand M. Merlin, alors procureur-général près cette cour, le présenta à ses collègues, il leur dit : « J'ai l'honneur, messieurs, de vous présenter M. »Reuvens, l'un des plus grands »jurisconsultes d'un pays qui a »fourni tant d'hommes distingués »en cette partie. » Et le légiste batave ne tarda pas à justifier, par un grand nombre de rapports lumineux, cet hommage rendu aux talens par un homme qui, mieux que personne, pouvait alors en apprécier toute l'étendue. Lorsque la Hollande, sa patrie, recouvra son indépendance en 1814, M. Reuvens y retourna, et fut nommé, par le nouveau souverain, président d'une des cours d'appel à La Haye, et commandeur de l'ordre de l'Union. Le code criminel pour le royaume des Pays-Bas est presque entièrement son ouvrage, et a mérité les suffrages des plus habiles jurisconsultes. Membre de la commission chargée de présenter les projets pour les autres codes du royaume des Pays-

Bas, M. Reuvens s'était rendu à Bruxelles, et y périt, en juillet 1816, victime d'un noir complot, dont on ne connaît encore ni les auteurs, ni toutes les circonstances. Le professeur Tewater a fait dans l'assemblée de la société de littérature de Leyde, en 1817, l'éloge de ce savant et intègre magistrat, qui a laissé dans sa patrie les plus honorables souvenirs.

REUVENS (GASPARD-JACQUES-CHRÉTIEN), professeur de littérature grecque et latine, et d'archéologie, à l'université de Leyde, fils du précédent, est né à La Haye en 1793. Il fit d'abord d'excellentes études à Amsterdam, sous la direction de M. Van-Lennep; à Leyde, sous le professeur Wyttenbach, et à Paris, sous M. Boissonade. Il avait, en 1811, accompagné son père en cette ville, où il reçut le grade de licencié en droit. Rappelé dans sa patrie après les évènemens de 1814, il y fut nommé, l'année suivante, par décret du roi, du 18 octobre 1815, professeur à l'athénée de Harderwyk, et après la suppression de ce collége, à l'université de Leyde. M. Reuvens s'est fait, quoique jeune encore, une réputation littéraire distinguée. Il a publié : 1° *Oratio de litterariâ disciplinâ ad studia severiora, et ad vitam communem præparante*, discours qu'il prononça, en janvier 1816, lorsqu'il prit possession de sa chaire à l'athénée de Harderwyk; 2° *Oratio de laudibus archæologiæ*, lorsqu'il entra en fonctions à Leyde. On a encore de lui : 3° *Collectanea litteraria*, ouvrage qui a été des plus favorablement accueillis par les savans, et dans lequel il publie des conjectures au moins ingénieuses sur Attius, Diomède, Lucilius, Lydus, Nonius, Varron, et quelques autres auteurs peu connus. Il s'est long-temps occupé d'un grand travail sur les comiques latins, mais qui n'a pas encore été imprimé.

REVAI (JEAN-VICTOR), poète et savant hongrois, naquit en 1751, et fut religieux des écoles Pies. Jeune encore, et riche de savoir, il cultivait les lettres avec succès. Quelques poésies et plusieurs autres ouvrages de littérature fort estimés commencèrent sa réputation, et attirèrent sur lui l'attention et la bienveillance de son gouvernement. Il fut pourvu d'une chaire de langue et de littérature hongroise à l'université de Pesth. Revai était aussi philologue et grammairien. Travailleur infatigable, il venait de publier, en latin, le 1er volume du Recueil des antiquités hongroises et sa grammaire hongroise, ou *Elaboratior grammatica hungarica, ad genuinam patrii sermonis indolem fideliter exacta, affiniumque linguarum adminiculis locupletiùs illustrata*, Pesth, 1805, 2 vol. in-4°, lorsque la mort vint le surprendre au milieu de ses importans travaux, à Pesth, le 1er avril 1807, à l'âge de 56 ans. Revai se proposait de donner une grande étendue aux antiquités de son pays. On trouve dans cet ouvrage deux oraisons funèbres, que Revai avait rendues à l'ancienne prononciation, et enrichies de notes savantes. C'est le monument le plus ancien de la langue hongroise.

RÉVEILLÈRE-LÉPEAUX (*voy.* LA RÉVEILLÈRE-LÉPAUX).

REVEL (LE CHEVALIER THAON

DE), comte de Pratolungo, ancien vice-roi de Sardaigne, etc., est né à Nice en 1760. Il dut à la faveur dont jouissait son père à la cour de Turin, la rapidité avec laquelle il s'éleva aux places les plus importantes de la diplomatie piémontaise ; mais c'est à l'*immobilité* de ses opinions qu'il est redevable des honneurs dont on l'a comblé ensuite. Nommé ministre plénipotentiaire de sa cour près de la république française, il s'acquitta d'une commission peu agréable, en désavouant, devant les membres du directoire, la conduite qu'on avait tenue relativement à l'arrestation de MM. Maret et Sémonville. Éloigné peu après de Paris, à cause de l'imprudence de ses discours, il fut envoyé à l'armée austro-russe en qualité de commissaire-général sarde, et il se chargea du commandement de la ville de Turin, quoique les coalisés y eussent planté leurs drapeaux, en défendant d'y replacer ceux du roi de Piémont. Ce triomphe ne fut pas de longue durée. La bataille de Marengo rétablit les affaires d'Italie, et mit de nouveau le Piémont à la disposition de la France. Le chevalier de Revel se retira en Angleterre, où il resta dans l'obscurité jusqu'à l'abdication de l'empereur en 1814. Cette année, il reparut sur la scène politique en qualité de ministre plénipotentiaire près du quartier-général des puissances alliées à Paris ; il y remplit même les fonctions d'ambassadeur jusqu'à l'arrivée du marquis Alfieri de Sostegno. Après avoir complimenté Louis XVIII sur son retour en France, M. Revel alla successivement prendre possession de la Savoie, de Gênes, et enfin de la Sardaigne, qu'il gouverna quelque temps avec le caractère de vice-roi. Après l'acte d'abdication de Victor-Amédée, le nouveau roi Charles-Félix nomma le chevalier de Revel son lieutenant-général du royaume, où celui-ci s'empressa d'établir une *délégation royale*, composée de militaires et de magistrats, pour connaître et juger les délits de rébellion, d'insubordination, et autres actes de ce genre commis pendant la révolution piémontaise. Il prit aussi différentes autres mesures, mais aucune ne décelait des vues élevées ni des sentimens généreux : cette conduite n'a rien qui doive étonner : M. Revel a publié récemment un ouvrage, dans lequel il prouve que de tous les gouvernemens, le plus parfait est le piémontais, et celui d'Angleterre le plus détestable ! !

REVEL (T.-H.-F.), homme singulier et avide d'une renommée que peu d'hommes mariés recherchent, a fait connaître au public ses infortunes conjugales par la voie de l'impression et par un procès devant les tribunaux. En 1815, un mémoire judiciaire, ou plutôt un roman, fit connaître au public la vie entière de M. Revel, et les persécutions dont, à l'entendre, il fut la victime ; il voulut exciter la curiosité, et il y réussit en donnant à son mémoire le titre suivant : *Bonaparte et Murat, ravisseurs d'une jeune femme, et quelques-uns de leurs agens complices de ce rapt, devant le tribunal de première instance du département de la Seine, mé-*

moire historique, écrit par le mari outragé. Ces agens complices n'étaient rien moins qu'un procureur-général-impérial, le préfet de police, un officier de l'état civil, des avocats, une maîtresse de pension, Mme Campan, etc. Cette *intrigue infernale*, comme l'appelle M. Revel, ne peut être bien connue qu'en lisant l'ouvrage même et les différens plaidoyers prononcés devant le tribunal de première instance, et nous y renvoyons les amateurs de scandale.

REVERCHON (JACQUES), ex-législateur, né à Lyon au mois de septembre 1746, était propriétaire et commerçant en vin lorsque la révolution éclata. Il en adopta les principes avec chaleur; fut nommé, en 1790, administrateur du département de Saône-et-Loire; en 1791, membre de l'assemblée législative, et en 1792, membre de la convention nationale. Dans le procès du roi, il vota avec la majorité. Pendant ses missions dans les départemens de Saône-et-Loire, du Rhône, de l'Ain, et de l'Isère, il n'a laissé commettre aucun désordre; aucune condamnation à la peine de mort n'a été prononcée par les tribunaux révolutionnaires. C'est lui qui renversa les échafauds à Lyon, licencia l'armée, et suspendit le tribunal révolutionnaire, enfin fit cesser la réaction que signalaient les excès les plus déplorables. La ville de Mâcon, dans laquelle aucune exécution n'a eu lieu, lui doit surtout d'avoir fait suspendre, par la convention nationale, le tribunal révolutionnaire qui y avait été établi. M. Reverchon, appelé en qualité de membre au conseil des cinq-cents, dont il sortit en 1797, devint à cette époque administrateur de son département, qui, en mars 1798, le réélut au conseil des cinq-cents pour un an, et en 1799 au conseil des anciens. La révolution du 18 brumaire an 8 (9 novembre 1799), à laquelle il ne prit aucune part, a été le terme de sa carrière politique. Il a conservé, mais non accru, l'héritage de ses pères. Les nombreux services qu'il a rendus dans les temps où il fut investi de quelque autorité, ont laissé des souvenirs qui le consolent dans son exil; car, atteint par la loi du 12 janvier 1816, rendue contre les conventionnels dits *votans*, il a été obligé de s'expatrier : il s'est réfugié en Suisse.

REVERONY-DE-SAINT-CYR (LE BARON JACQUES-ANTOINE), adjudant-commandant du génie, chevalier de Saint-Louis et de la légion-d'honneur, est né à Lyon le 5 mai 1767. Il a servi sous le général Berthier, prince de Neuchâtel, en qualité d'aide-de-camp, et a exercé long-temps à Paris les fonctions d'officier du génie. On lui doit les ouvrages suivans : 1° *Inventions militaires dans la guerre défensive*, an 7, in-12; une première édition avait paru sous ce titre : *Inventions militaires et fortifiantes, ou Essais sur des moyens nouveaux offensifs et cachés dans la guerre défensive, par R..., capitaine de première classe au corps du génie*, Paris, Dupont, an 3 (1795), in-8° de 72 pages, avec 4 planches. M. Barbier lui attribue : 1° *Sabina d'Herfeld, ou les Dangers de l'imagination*, Paris, an 5, 2 vol. in-18; 4° édit., 1814, deux parties in-12. 2° *Pau liska, ou la Perversité moderne*, 1798, 2 vol. in-12; 3° *Nos Folies, ou Mémoires d'un musulman connu à Paris en 1798*, 2 vol. in-12, 1799; 4° *Essai sur le perfectionnement des beaux-arts par les sciences exactes, ou Calculs et hypothèses sur la poésie, la peinture et la musique*, 1804, 2 vol. in-8°; 5° *Essai sur le mécanisme de la guerre*, 1808, in-8°; 6° *Forbin, ou le Vaisseau amiral*, opéra, 1805, in-8°. M. Reverony passe encore pour être auteur des pièces de théâtre dont les titres suivent : *le Délire, ou la Suite d'une Erreur* ; *Élisa, ou le Voyage au mont Saint-Bernard* ; *la Rencontre aux bains*; *Cagliostro, ou la Séduction*; *Lina, ou le Mystère; Ode à Sa Majesté l'empereur Alexandre*, sans date.

REVERT (LE BARON PIERRE-MICHEL), né le 11 mai 1773, prit de bonne heure le parti des armes, s'éleva par son courage et de grade en grade jusqu'à celui de chef de bataillon, titre qu'il portait à la bataille d'Austerlitz, où il mérita d'être nommé officier de la légion-d'honneur. En 1807, il fut autorisé à porter la décoration du Lion de Bavière et celle de Wurtemberg. A la première restauration, en 1814, il devint maréchal-de-camp, et reçut, le 11 septembre de la même année, la croix de Saint-Louis. Le général Revert fut envoyé au 7ᵐᵉ corps de l'armée des Alpes au mois de juin 1815. Il se trouve aujourd'hui (1824) parmi les maréchaux-de-camp en disponibilité.

REVILLON (CLAUDE), docteur en médecine, membre de l'académie des sciences de Dijon, correspondant de la société de médecine, est mort à Thionville en 1795. Il fut employé long-temps comme officier de santé dans les hôpitaux militaires. On lui doit un excellent ouvrage publié sous le titre de : *Recherches sur la cause des affections hypocondriaques, appelées communément vapeurs, ou Lettres d'un médecin sur ces affections*, Paris, 1779, 1 vol. in-8°. On y a joint un journal de l'état du corps en raison de la transpiration et de la température de l'air. Cet ouvrage a été réimprimé en 1786, augmenté de plusieurs expériences. L'auteur attribue l'hypocondriacisme à la suppression de la transpiration insensible.

REVOIL (H.), peintre de genre, est né à Lyon, et fut professeur de dessin dans cette ville. Il se fit connaître à l'exposition de 1810 par une jolie composition, *l'Anneau de Charles-Quint*, et donna, au salon de 1817, la *Convalescence de Bayard*, ouvrage qui, comme le premier, réunit tous les suffrages : ces deux productions ont obtenu les honneurs de la galerie du Luxembourg. A la fin de cette même année 1817, M. Revoil fut nommé peintre de tableaux de genre de MADAME, duchesse d'Angoulême, depuis madame la dauphine. On doit encore à M. Revoil plusieurs autres tableaux, parmi lesquels on distingue : le *Tournois*, exposé en 1812, et *Henri IV et ses enfans*, qui a paru à l'exposition de 1817, et qui depuis a passé dans la galerie de M. le duc de Berri. Il vient d'exposer (1824) *François 1ᵉʳ, faisant chevalier son petit-fils*

François II. Ce tableau, commandé par *Monsieur* (aujourd'hui S. M. Charles X), n'a pas été également bien traité par les journaux.

REWBELL (Jean), ancien directeur de la république française, né à Colmar en 1746, était bâtonnier de l'ordre des avocats au conseil souverain d'Alsace en 1789, et jouissait dans sa province de la réputation d'un jurisconsulte habile, intègre, et dévoué aux intérêts populaires. Lors de la convocation des états-généraux, il y fut député par les bailliages de Colmar et de Schelestadt. Pendant toute la durée des sessions de l'assemblée constituante, il prit une part active aux plus importantes discussions, et se prononça avec force pour la régénération de l'ordre social. Il adhéra, au nom de ses commettans de la province d'Alsace, aux décrets rendus dans la nuit du 4 août, portant suppression des droits féodaux; combattit Mirabeau, qui demandait l'ajournement de la déclaration des droits; fit passer outre sur les réclamations des princes étrangers possessionnés en Alsace, en faveur de la féodalité; tourna en ridicule la demande de M. Malouet, qui voulait qu'on supprimât tous les journaux et autres écrits où les membres de l'assemblée se trouveraient attaqués, et proposa ironiquement de supprimer aussi toutes les feuilles étrangères; demanda que les représentans du peuple fussent à l'avenir choisis dans tout le royaume comme représentans de la nation entière et non comme députés d'un département; s'opposa à l'admission des juifs aux droits de citoyens; demanda l'ajournement de toute discussion relative à leur éligibilité, vu les vices de leur éducation, leur peu de lumières, et vu même les préjugés populaires dont ils étaient encore l'objet; proposa un des premiers des lois contre l'émigration; soutint enfin dans les discussions animées du mois de mai 1790, relatives au droit de paix et de guerre, que la nation ne devait déléguer ce droit qu'aux seuls représentans qu'elle évait nommés. Le 25 avril 1791, il fut élu président de l'assemblée nationale; il fit le mois suivant de constans mais inutiles efforts, pour obtenir que les membres de la première assemblée nationale fussent déclarés éligibles à celle qui allait lui succéder. Un sentiment exalté de générosité fit rejeter cette mesure salutaire, qui, si elle eût été adoptée, aurait peut-être à elle seule pu suffire pour prévenir les troubles qui éclatèrent vers la fin des séances de l'assemblée législative, et pour sauver la monarchie constitutionnelle. Lorsque le roi fut ramené de Varennes, Rewbell combattit la proposition de suspendre les fonctions royales jusqu'après l'achèvement et l'acceptation de la constitution nouvelle, et ne voulait pas que cette suspension préjugeât la question de la déchéance; il s'opposa aussi à la formation d'un tribunal extraordinaire pour juger les individus arrêtés, le 17 juillet 1791, au Champ-de-Mars, où ils s'étaient tumultueusement réunis pour provoquer le décret de déchéance du roi. Il se prononça avec chaleur, peu de jours après, contre le renouvellement des capitulations avec les troupes suisses; s'éleva le 13 août contre la proposition de donner aux frères du monarque le titre de princes français, et de faire commander les armées nationales par ces princes. Rewbell fut du petit nombre des députés de l'assemblée constituante qui conçurent et laissèrent parfois entrevoir le projet d'établir en France un gouvernement républicain, projet regardé par la grande majorité de ses collègues comme également impolitique et impraticable; mais dont ils facilitèrent l'exécution en se déclarant inéligibles, et en abandonnant à leurs fougueux successeurs l'œuvre constitutionnel, à l'instant même où il sortait des mains qui l'avaient ébauché. Après la dissolution de cette première assemblée, Rewbell devint procureur-général-syndic du département du Haut-Rhin, et en exerça les fonctions pendant toute la durée des sessions de l'assemblée législative. Nommé par son département député à la convention en septembre 1792, il vota le 20 du même mois l'établissement de la république, pressa vivement la mise en cause de Louis XVI, mais ne vota point dans le procès, ayant été envoyé en mission à Mayence, peu avant l'époque du jugement. Pendant son séjour en cette ville, et après la reddition de la place, Rewbell avait été en butte à des inculpations graves au sein de la convention même; mais à son retour, il parvint aisément à se justifier. Le comité de salut-public déclara que ce député n'avait cessé de bien mériter de la patrie, et le renvoya en mission auprès de la même armée de Mayence, dirigée alors contre les Vendéens. Pendant l'exécrable règne de la terreur, il fut presque toujours employé près des armées, ne fit point partie des comités qui opprimaient et ensanglantaient la France, et n'eut personnellement aucune part active aux horreurs de cette époque funeste. Rewbell ne fut point non plus au nombre des députés courageux qui attaquèrent de front Robespierre et ses acolytes à l'époque du 9 thermidor; mais il se joignit aux vainqueurs après cette journée, et se prononça dès-lors fortement contre les terroristes. Le 14 vendémiaire an 3 (6 octobre 1794), il fut nommé membre du comité de sûreté-générale, et le 16 frimaire suivant (6 décembre), il fut élu président de la convention. En cette dernière qualité, il prononça le décret porté par la grande majorité de l'assemblée, rappelant dans son sein les 73 députés qui avaient protesté contre les journées du 31 mai, 1er et 2 juin 1793, et qui avaient été incarcérés comme *Girondins* par le parti de *la Montagne*. Le même décret excluait à la vérité les députés qui avaient été frappés, pour la même cause, d'un arrêt de mise hors la loi, et qui venaient d'échapper à une longue proscription; mais les efforts de leurs amis et le poids qu'apportaient dans la balance les votes des 73 députés rentrés, firent bientôt changer de mesures. Les proscrits vinrent tous successivement siéger dans une assemblée dont ils avaient été outrageusement bannis, et où ils retrouvèrent encore d'anciens proscripteurs. Le 25 ventôse an 3 (5 mars 1795), Rewbell entra au comité de salut-public, et parut s'occuper presque exclusivement, jusqu'à la fin de la session conventionnelle, des relations extérieures de la république. Lors de la mise en activité de la nouvelle constitution dite de l'an 3, il fut d'abord élu membre du conseil des cinq-cents, et se vit, dans la séance du 10 brumaire (1er novembre), porté par la grande majorité de ses collègues à la plus haute magistrature de l'état. Nommé le premier un des cinq directeurs de la république, il fut appelé aussitôt à la présidence du gouvernement. Pendant les quatre orageuses années qu'il exerça les fonctions de directeur, la roideur extrême de son caractère et l'opiniâtreté avec laquelle il tenait à ses opinions, souvent erronées, se signalèrent dans toutes les circonstances importantantes. Ses ennemis, dont le nombre s'accrut de jour en jour, l'accusèrent d'une morgue et d'une hauteur excessives. Les ministres étrangers s'étonnaient d'être traités avec tant d'orgueil par un magistrat républicain, et les anciens amis ou promoteurs de la fortune de l'avocat de Colmar, se plaignaient amèrement des formes repoussantes du directeur. Il se réunit, à l'époque du 18 fructidor an 5 (4 septembre 1797), à ses deux collègues Barras et La Réveillère-Lépeaux, contre Carnot et Barthélemi, et forma ainsi cette majorité directoriale qui, soutenue par la majorité des deux conseils, triompha d'un parti puissant. Les excessives rigueurs dont le directoire usa envers ses adversaires abattus excitèrent l'indignation, et fit à ce gouvernement des ennemis irréconciliables. Rewbell ayant été remplacé dans ses fonctions de directeur par Sieyès, le 27 floréal an 7 (16 mars 1799), eut encore le crédit de se faire nommer dans son département, membre du conseil des anciens; mais là, ainsi que dans le conseil des cinq-cents, il devint l'objet de dénonciations réitérées, et des plus violentes attaques. On l'accusait surtout de s'être enrichi outre mesure lui et les siens, aux dépens de l'état, d'avoir pris part aux malversations du ministre Schérer et aux concussions du commissaire Rapinat (*voyez* ce nom). Dans la séance du 7 prairial (26 mai), Rewbell prit la parole pour repousser toutes les accusations dont on cherchait à l'accabler, et il défendit sa cause avec éloquence et dignité; mais les députés Dubois-Dubais, Montpelier, Ruelle et Bertrand du Calvados, ayant renouvelé leurs attaques, le conseil des cinq-cents se forma en comité général, dans lequel la majorité décida qu'il n'y avait pas lieu à ajourner la mise en accusation de l'ex-directeur. Cependant dans un nouveau comité secret, les dénonciations portées contre lui ne furent point admises. Le retour d'Égypte du général en chef Bonaparte et la révolution du 18 brumaire terminèrent ces débats. Rewbell ne devint point membre du sénat-conservateur, et ne fut appelé par le nouveau gouvernement à aucune fonction publique. Rentré dans la vie privée, il se retira dans le département du Haut-

Rhin, où il mourut en 1810. La fortune qu'il laissa à sa veuve et à ses enfans fut bien loin d'être aussi considérable qu'on s'était plu à l'évaluer, et prouva qu'il y avait eu au moins une grande exagération dans les imputations de ses ennemis.

REWBELL (N.), général de brigade, officier de la légion-d'honneur, né à Colmar vers 1770, fils du précédent, entra jeune encore au service de la république française, et obtint bientôt un avancement rapide. En 1795, il fut nommé adjudant-général, fit depuis toutes les campagnes d'Allemagne et de Pologne, se distingua en plusieurs occasions par sa bravoure, particulièrement au combat d'Ostrolenka, le 7 mars 1807, fut nommé général de brigade par l'empereur, et passa ensuite au service de son frère Jérôme, roi de Westphalie. Le général Rewbell suivit jusqu'à la fin la fortune de ce prince, qui le nomma général de division et grand-cordon de son ordre. Il commanda plusieurs corps détachés de l'armée westphalienne, poursuivit vivement le duc de Brunswick-Oels, qui faisait une guerre de partisans au nord de l'Allemagne, et manqua prendre ce prince, qui n'eut que le temps de s'embarquer pour l'Angleterre, avec les débris de son régiment de hussards noirs. Depuis la restauration, en 1814, le général Rewbell n'a point occupé en France de fonctions publiques.

REWICZKY (LE COMTE CHARLES EMERANCE DE REVISSINYE DE), homme d'état et bibliophile allemand, naquit le 4 novembre 1737 en Hongrie. Il fit de brillantes études à Vienne, et parcourut l'Europe en observateur instruit, visitant les principales bibliothèques, et fréquentant les savans dont il était fait pour apprécier les travaux par son érudition et son zèle pour la propagation des lumières. Outre les langues mortes, le comte de Rewiczky possédait parfaitement sa langue maternelle, le français, l'italien, l'anglais, l'espagnol, etc., qu'il écrivait et parlait avec une grande pureté. Comme homme d'état, il fut envoyé par l'impératrice Marie-Thérèse à Varsovie, en qualité d'ambassadeur, et plus tard, en la même qualité, à Berlin, par l'empereur Joseph II. A l'époque de cette seconde ambassade, les ministres autrichiens avaient peu de crédit auprès de la cour de Prusse. Le comte de Rewiczky sut, par la noblesse de son caractère et la dignité de ses relations diplomatiques, donner une haute importance à sa mission. Il passa ensuite en Angleterre, revêtu des mêmes titres; mais, en 1790, il quitta la carrière diplomatique, dont l'éloignait la faiblesse de sa santé, pour se consacrer exclusivement aux sciences: il mourut 3 ans après, en 1793. Le comte de Rewiczky avait formé l'une des plus précieuses bibliothèques de l'Allemagne, par le nombre et le choix des livres; elle était ouverte aux savans, et il se plaisait à aider de sa fortune et de son crédit tous les hommes de mérite qui réclamaient ses secours ou son appui. Le catalogue qu'il dressa lui-même de cette bibliothèque a rendu son nom célèbre; il parut sous le titre de : *Bi-*

bliotheca græca et latina, complectens auctores ferè omnes græciæ et latii veteris, cum delectu editionum tàm primariarum et rarissimarum quàm etiam splendidissimarum atque nitidissimarum, quas usui meo paravi Periergus Deltophilus, Berlin, 1784, in-8°. Ce curieux recueil fut tiré à un très-petit nombre d'exemplaires, dont l'auteur fit présent, et il est très-recherché des bibliomanes, qui le préfèrent à la réimpression qui en fut faite à Berlin, en 1794, après la mort de l'auteur, et auquel on ajouta tous les titres des livres qu'il avait acquis dans l'espace de 10 ans. M. Peignot a parlé de la première édition avec beaucoup de détails dans son *Répertoire bibliographique universel* (pag. 193). La riche bibliothèque dont ce catalogue offre la nomenclature avait été vendue à lord Spencer, moyennant une pension viagère qu'il fit au comte de Rewiczky. Ce savant donna, jeune encore, une traduction, en vers latins, d'un poëme persan (consulter la *Prusse littéraire*, tom. III); en 1769, in-12, Vienne, une traduction du turc en français, du *Traité de tactique d'Ibrahim-Effendi*; enfin, en 1784, in-8°, une édition de *Pétrone*, qui signala, dit-on, d'une manière très-remarquable, les progrès de l'art typographique en Prusse.

REY (LE BARON ANTOINE-GABRIEL-VÉNANCE), lieutenant-général, etc., né le 22 septembre 1768, à Milhau, en Rouergue, servait dans le régiment de royal-cavalerie. Il se fit remarquer dans les premières campagnes de la révolution, et fut élevé, en 1792, au grade de général de brigade; en 1793, il fut envoyé dans la Vendée, et y remporta plusieurs avantages, qui le firent nommer général de division; en 1795, il commanda l'armée des côtes de Brest, battit les *Chouans*, et fit arrêter un de leurs chefs, nommé Cormatin. Passé, en 1796, à l'armée d'Italie, il déploya la plus grande bravoure dans la guerre de Naples. Il occupait Rome, lorsqu'il en refusa le passage au comte Roger-de-Damas, porteur d'une capitulation conclue avec le général en chef. Traduit à un conseil de guerre avec Championnet, il fut acquitté. Après le 18 brumaire, il resta dans une espèce de disgrâce, quitta l'armée, et remplit une place de consul de France aux États-Unis d'Amérique. De retour en France, quelques années après, il rentra dans la carrière militaire, fut envoyé en Espagne à l'ouverture de la campagne de 1808, et s'y distingua particulièrement aux siéges de Barcelone et de Tarragone. Il engagea, le 5 juillet 1810, une affaire avec un corps d'insurgés dans les montagnes de la Ronda, le battit, et fit prisonniers plusieurs de leurs chefs; il battit également le général Blake, à Rio-Almanzara, et força Ballesteros à lever le siége de Carbonara. Il commandait, en 1813, l'importante place de Saint-Sébastien, et la défendit contre plusieurs assauts des Anglais. Malgré les nombreux bombardemens qu'elles éprouvèrent, cette ville et Pampelune rentrèrent les dernières sous la domination espagnole. Après la première restauration, en 1814, le général Rey resta quelque temps sans fonctions; le gouvernement du roi le chargea ensuite du commandement du département de la Haute-Loire. En 1815, au moment où le territoire était menacé par la coalition européenne, il vola à la défense des frontières, et fut chargé du commandement de Valenciennes; il la défendit avec une rare intrépidité, et ne répondit à la sommation qui lui fut faite de la rendre, le 1ᵉʳ juillet, qu'en faisant sortir de la place 500 femmes et enfans : elle avait été bombardée nuit et jour, et un de ses faubourgs avait été brûlé lorsqu'il consentit à en sortir. Le général Rey fut promu, en 1816, au commandement de la 19ᵐᵉ division militaire à Lille, dans lequel il a été remplacé depuis par le marquis de Jumilhac. Il passa ensuite à celui de la 21ᵐᵉ division, à la résidence de Bourges, qu'il a cessé d'occuper depuis 1823. Le baron Rey, chevalier de Saint-Louis et commandeur de la légion-d'honneur, est aujourd'hui (1824) parmi les lieutenans-généraux en disponibilité.

REY (Gabriel), né en 1782 à Mont-Aimon, en Savoie, s'est fixé en France depuis plus de 30 ans; il a publié d'abord une *Prosodie latine*, imprimée pour la 3ᵉ fois en 1818, et qui a été adoptée pour les collèges par l'université ; il a donné ensuite des *Remarques sur la grammaire française de Lhomond*. Il a composé enfin, pour l'instruction élémentaire, un *Livralire*, procédé qui, en réformant l'orthographe actuelle, simplifie extrêmement l'enseignement de la lecture et de l'écriture. Au moyen de 31 caractères nouveaux de son invention, mais dont la forme se rapproche assez des caractères usuels pour en conserver l'analogie, l'auteur prétend peindre avec la plus scrupuleuse exactitude les 12 voyelles et les 19 consonnes, qu'il regarde comme les seuls élémens indécomposables de notre langue parlée.

REY (Jean-Baptiste), musicien et chef d'orchestre de l'Opéra, naquit à Laugerte le 18 décembre 1734. Fixé à Toulouse dès son enfance, il fut attaché comme enfant de chœur à l'abbaye de Saint-Sornin. Ses heureuses dispositions pour l'art musical lui firent faire, en peu de temps, des progrès si rapides, qu'il remporta dans un concours la place de la maîtrise à la cathédrale d'Auch, n'ayant pas encore atteint sa 17ᵉ année. Après avoir occupé ce poste pendant l'espace de 5 ans, Rey fut rappelé à Toulouse, et nommé chef d'orchestre du théâtre de cette ville : c'était, heureusement pour les arts, passer du sacré au profane, car c'est de ce moment que date sa réputation. Il continua d'exercer avec succès son art dans différentes villes, notamment à Montpellier, à Marseille, à Bordeaux et à Nantes, jusqu'à l'âge de 40 ans Rey s'était appliqué à la composition, et avait fait exécuter à Paris, plusieurs de ses motets, qui le firent connaître avantageusement. Il se trouvait à Nantes lorsqu'il reçut, en 1776, un ordre qui lui enjoignait de se rendre à Paris pour être attaché à l'Académie royale de musique, en qualité de maître d'orchestre. En 1777, Louis XVI lui fit expédier un brevet de maître de musique de sa chambre, avec une pension de 2,000 francs, et la promesse de lui donner la surintendance de sa musique, et de le décorer du cordon noir, avantages qui lui furent enlevés par la révolution. Pendant 55 ans que Rey a conduit l'orchestre de l'Opéra, il n'a cessé de contribuer à la gloire de ce magnifique établissement ; il a composé et restauré plusieurs ouvrages restés au théâtre. Il a achevé l'opéra d'*Arvire et Evélina*, de Sacchini, son ami, qui lui en avait confié le soin. Ses talens lui ont toujours mérité l'estime et l'attachement des plus célèbres compositeurs. L'empereur Napoléon, appréciant l'habileté de Rey, l'avait nommé chef d'orchestre de sa chapelle. Rey mourut en 1810.

REY SAINT-GERY (E. S. A. DE), né à Toulouse en 1730, fut destiné par ses parens à la magistrature, et pourvu, en 1749, d'une charge de conseiller au parlement de sa ville natale. Cet abus de la vénalité des charges ne parut cependant pas avec éclat en cette occasion; le mérite de Rey de Saint-Gery lui fit bientôt acquérir l'expérience qui lui manquait. Il se fit remarquer par la vivacité de son esprit et la sagesse de ses opinions : habile magistrat, il couronna de beaux talens par de grandes vertus. Rey de Saint-Gery fut opposé aux volontés du chancelier Maupeou (*voy.* ce nom), qui cherchait des esclaves dans les parlemens, et non d'honorables magistrats. Il partagea, en 1771, l'exil de ses collègues; il rentra avec eux, lorsque Louis XVI eut rétabli, en 1774, les cours qui étaient les conservatrices de la monarchie, en même temps qu'elles tempéraient le pouvoir ministériel. Cet honorable citoyen fut une des victimes de la révolution. Traduit au tribunal révolutionnaire de Paris, il fut condamné à mort, le 6 juillet 1794, comme ayant pris part à la coalition des parlemens, et notamment aux arrêtés et délibérations du parlement de Toulouse des 25 et 27 septembre 1790. Son fils (*voy.* SAINT-GERY) siége au côté droit de la chambre des députés.

REYBAZ (ÉTIENNE-SALOMON), ministre de la religion réformée en Suisse, naquit à Vevai, sur les bords du lac Leman, vers 1739. Il fit ses études à Genève, et y fut consacré au ministère évangélique dans sa 26e année. Ses *Sermons* eurent beaucoup de succès ; il en publia les principaux avec des *Hymnes analogues à chaque sermon*, et une *Lettre sur la prédication*, Paris, 1801, 2 vol. in-8°. La *Lettre*, etc., offre des idées très-justes, rendues avec talent, sur l'art oratoire et sur l'importance de l'éloquence extérieure. Reybaz, après les troubles politiques de sa patrie, en 1782, vint à Paris, s'y fixa et y résida presque toujours ; il y mourut le 23 août 1804. Il passe pour avoir été, au commencement de la révolution française, un des collaborateurs de Mirabeau. Lors de l'organisation du culte protestant en France en 1802, il fut appelé à concourir, par ses conseils et ses lumières, à la préparation des articles organiques qui furent consacrés par la loi du 12 germinal an 10 (2 avril 1802) : il avait été antécédemment représentant de la république de Genève près de la république française. Outre l'ouvrage dont nous avons parlé ci-dessus, on trouve dans *l'Année littéraire* (1777, n°˙ 21 et 22), une *Lettre sur la déclamation théâtrale*; il a encore mis au jour, *Ode à M. Necker*, in-4°, 1788, et *Épître à J. Balmat*, où il revendique en faveur du villageois Balmat contre Saussure, l'honneur d'avoir atteint le premier le sommet du Mont-Blanc. Balmat avait effectué son ascension, le 8 août 1786, une année avant que Saussure entreprît de parvenir au sommet de ce mont. Raybaz a encore composé, mais n'a point publié, un *Poëme sur l'art de prêcher*, et des *Stances sur la mort de J. J. Rousseau*, dont il avait fait de nombreuses lectures dans les sociétés. M. Baggesen, célèbre poëte danois, a épousé la fille unique de Reybaz.

REYDELET (Jean-Jules-Maxime-Benoît), capitaine de frégate, officier de la légion-d'honneur, né à Dombier, département de l'Ain, en 1750, avait dirigé ses études vers la marine militaire, et en possédait la théorie, lorsqu'il entra dans cette carrière en 1768. Alors des voyages multipliés sur toutes les mers ajoutèrent bientôt la pratique à ses connaissances, et fournirent à son bouillant courage de nombreuses occasions de soutenir l'honneur du pavillon français. Il était sur la *Belle-Poule*, lorsque cette frégate, de 32 canons, soutint un combat de plusieurs heures contre le *Nonsuck*, vaisseau anglais de 72 canons. Blessé au commencement de l'action, Reydelet ne cessa de combattre que lorsque la frégate, près de couler bas, fut obligée d'amener pavillon. Conduit prisonnier en Angleterre, il fut bientôt échangé, et se trouvait, en 1792, lieutenant de vaisseau sur le *Patriote*, faisant partie de l'armée navale aux ordres de l'amiral Truguet, qui l'envoya en parlementaire pour sommer le commandant sarde d'évacuer la presqu'île de Sant-Antiogo. Celui-ci accepte la proposition, et ne demande que deux heures et une capitulation honorable. Reydelet retourne auprès de l'amiral Truguet, qui le renvoie muni de pleins-pouvoirs; mais à peine a-t-il mis pied à terre qu'il est arrêté avec son ordonnance et son tambour. L'amiral, indigné de cette violation du droit sacré des nations, se présente devant la place, et redemande Reydelet du ton le plus énergique. Le vice-roi le fait amarrer à la bouche d'un canon, prêt à envoyer ses débris vers la flotte à la première hostilité. Les notables de Cagliari, craignant le châtiment auquel les exposerait une pareille atrocité, s'y opposèrent avec vigueur; on se contenta alors d'exposer le parlementaire français au feu de l'artillerie des vaisseaux et aux outrages d'une populace féroce. On l'attacha ensuite sur un cheval; on le promena pendant cinq jours de ville en ville, et on le jeta enfin dans une fosse profonde de soixante pieds. Rien n'est comparable aux souffrances qu'il eut à supporter dans ce lieu infect; on l'en tira au bout de trente-deux jours, pour le conduire à Cagliari, où de nouveaux tourmens l'attendaient. Néanmoins le vice-roi eut quelques momens de terreur, qu'il fit ensuite expier à son prisonnier. D'abord les Sardes, fatigués de la tyrannie piémontaise, avaient résolu de s'insurger, et parlaient de mettre à leur tête Reydelet, dont ils admiraient la fermeté inébranlable. Le vice-roi avait encore d'autres sujets d'alarmes: les Français s'avançaient dans le Piémont, et il craignait que sa conduite ne l'exposât à de cruelles représailles. Dans cette alternative d'événemens, il n'est pas d'offres ni de supplications qu'il n'employât auprès de Reydelet pour l'engager à émigrer; celui-ci repoussa avec mépris toutes les propositions, mais bientôt les choses ayant changé de face, il fut puni de s'être montré plus grand que son geolier. Cependant il y avait plus de quatre mois que l'échange des prisonniers avait été ratifié: Reydelet voulut se sacrifier pour sauver ses compagnons d'infortune. Il écrivit au vice-roi une lettre, dans laquelle il lui donnait avis: « que pour soustraire à sa tyrannie et à une mort certaine des républicains qui, au terme du cartel, avaient cessé d'être prisonniers de guerre, il allait se transporter au sénat, afin de les mettre sous la protection du royaume. » La menace d'un homme sous les verroux n'était pas propre à intimider, mais l'on vit bientôt que rien n'est impossible à l'audace. Un jour qu'on faisait la visite des prisons, Reydelet voyant les portes ouvertes, pousse rudement l'officier, culbute la garde, et s'élance dehors; aussitôt il est couché en joue par une troupe nombreuse: cinq baïonnettes, l'épée de l'adjudant, sont appuyées sur sa poitrine; il refuse opiniâtrément de rentrer, on le meurtrit de coups, et on le reporte presque sans connaissance dans son cachot. Cet acte d'intrépidité fit du bruit; le vice-roi, craignant que par suite il n'occasionât un soulèvement général dans l'île, prit le parti de se débarrasser de son prisonnier, et de l'envoyer dans l'île de Corse; ce qui fut effectué après quelques nouveaux tourmens, où Reydelet soutint son caractère. Libre enfin, il se rendit à Paris; la convention nationale déclara qu'il avait bien mérité de la patrie, et qu'il avait des droits à la reconnaissance de la république. Après le traité d'Amiens, il commanda en chef la flottille de la Manche, en remplacement de l'amiral Latouche-Tréville; sous le consulat, il fut élevé au grade de capitaine de frégate, devint, peu de temps après, commandant d'une division de la flottille de Boulogne, et eut occasion de s'y distinguer de manière à mériter la bienveillance du gouvernement. Il allait en recevoir les bienfaits lorsqu'il fut enlevé à la marine française. Reydelet mourut, en 1807, dans la 57ᵉ année de son âge. Il était officier de la légion-d'honneur.

REYMOND (LE BARON HENRI), évêque de Dijon, membre de la légion-d'honneur, naquit à Vienne, département de l'Isère, le 21 novembre 1737. Ce respectable prélat était instruit, tolérant et très-charitable. Dès sa jeunesse, il se sentit de la vocation pour l'état ecclésiastique. Il commença ses études dans sa ville natale, et les termina à l'université de Valence, où il prit ses degrés. Après l'expulsion des jésuites, il remplit au collège de cette ville la place de professeur de philosophie;

puis fut nommé à la cure de Saint-Georges de Vienne. Le chapitre noble de Saint-Pierre de la même ville lui suscita deux procès, où il apprit à connaître jusqu'où s'étendait la puissance de ses adversaires ; néanmoins, il ne se laissa point intimider. Dès 1776, il publia les *Droits du Curé et du Paroissien*, ouvrage dont le parlement de Grenoble ordonna la suppression, et qui reparut, en 1791, en 3 vol. in-12. Les temps étaient bien changés ; l'ouvrage circula librement, et eut tout le succès que son auteur avait dû espérer. Membre et défenseur de ce qu'on appelait dédaigneusement le bas-clergé, le curé Reymond, peu après la publication de son livre, fut chargé par ses confrères de la province du Dauphiné de venir à Paris réclamer l'augmentation des portions congrues. A cette occasion, il publia, en 1780, un *Mémoire* relatif à ses réclamations, et en 1781, un autre écrit sur le même sujet, intitulé : *Droits des pauvres ;* dans l'un et l'autre de ces ouvrages, il attaquait avec énergie, mais toutefois sans franchir les bornes de la modération, les gros décimateurs. Député de nouveau par les curés du Dauphiné, il vint une seconde fois à Paris réclamer des places dans la chambre des décimes. La révolution éclata, et il s'en montra le partisan modéré. Bientôt il mit au jour une *Analyse des principes constitutifs des deux puissances avec une adresse aux curés*. L'abbé Barruel, dans le tome VII de sa *Collection ecclésiastique*, accuse le curé Reymond d'avancer « que la distinction des hiérarchies est d'invention humaine. » M. Reymond prêta, en 1791, le serment civique exigé par la nouvelle constitution du clergé. En 1792, il fut nommé évêque constitutionnel de l'Isère, en remplacement de M. Pouchot, qui n'avait occupé ce siége que l'espace d'une année. Ce fut M. Savine, évêque de Viviers, qui sacra, le 15 janvier 1793, le nouveau prélat. Les principes sages de M. Reymond ne purent le soustraire aux proscriptions des ultra-révolutionnaires, et il fut détenu jusqu'à la révolution du 9 thermidor an 2 (27 juillet 1794). Rendu à la liberté, et craignant d'être forcé d'accepter quelque fonction politique qui ne pourrait s'allier avec son amour de l'ordre et de la paix, il se retira dans sa famille jusqu'en 1797. A cette époque, il crut devoir reprendre l'exercice de ses fonctions ; il fut chargé de publier les actes du concile de cette année, et de rédiger plusieurs pièces qui s'y rattachaient. En 1801, à l'exemple de ses confrères, il se démit de son siége, et reçut, le 9 avril 1802, celui de Dijon. Véritablement pénétré des principes de tolérance proclamés par le concordat, ses actions et ses écrits ne s'en écartèrent jamais : c'est le reproche que lui font durement les auteurs des *Annales de la Religion*. Les événemens politiques de 1814 trouvèrent M. Reymond fidèle aux principes qu'il avait précédemment adoptés ; ils lui causèrent quelques désagrémens, et de plus graves en 1816. On lui fit un crime d'avoir cédé à l'impulsion des circonstances dans l'intérêt de la paix publique ; il se justifia victorieusement, puisqu'en 1817 il fut autorisé à retourner dans son diocèse. Cette absolution, coupable aux yeux des exagérés, le fit encore attaquer, et *l'Ami de la Religion* (tome XII, pag. 395) ne lui pardonna pas le mandement par lequel, le 14 septembre 1818, il avait dispensé ses diocésains de l'abstinence : déplorables suites de principes que les lumières du siècle et la longue expérience des troubles politiques et religieux ne peuvent faire fléchir dans l'intérêt de la concorde et de la religion elle-même. M. Reymond mourut subitement le 20 février 1820.

REYNARD (L'ABBÉ JUSTINIEN), professeur de physique, naquit à Amiens, département de la Somme, le 4 février 1740. Il commença ses études dans sa ville natale, les termina au séminaire de Saint-Sulpice, à Paris, et fut reçu docteur de Sorbonne en 1767. Le mérite de l'abbé Reynard le fit appeler à Amiens, pour professer, au collége de cette ville, la philosophie. Sa faible santé ne lui permit de se consacrer qu'à une seule branche de cet enseignement, celle de la physique, qui comprenait encore les mathématiques, la chimie, et même l'anatomie. On cite à cette occasion une anecdote que nous allons rapporter. « Afin de mieux remplir ces divers cours, il se munissait d'instrumens à ses frais, et c'était aux dépens de son repos qu'il préparait ses leçons. Pour ne pas perdre de temps, la veille d'une démonstration d'ostéologie, il s'occupait de rassembler toutes les parties d'un squelète; mais comme sa chambre était trop petite, il posait le squelette sur son lit, et dormait dans un fauteuil. » L'abbé Reynard professa pendant 20 ans à Amiens cette science, que l'un des premiers il enseigna en français dans les colléges. « Ceux qui ont assisté à ses cours, dit M. Gence, qui fut un de ses auditeurs, se rappellent avec quel intérêt il enseignait, et avec quelle facilité d'élocution, et quels soins prévenans il savait inspirer le goût de la science à ses élèves. Sa physique générale n'était point une pure et sèche théorie mathématique; elle était surtout appuyée, dans ses résultats, par la physique expérimentale et par l'analyse chimique. » En 1787, l'abbé Reynard vint à Paris, et s'y occupa de quelques éducations particulières. Il conduisait ses élèves au cours de Lavoisier, dont il avait adopté la nouvelle chimie, qu'il avait même professée à Amiens; il détermina, au rapport des rédacteurs du *Journal d'Agriculture du département de la Somme* (mai 1818), M. Vauquelin à faire son premier cours de chimie appliquée aux arts, et lui procura un grand nombre d'élèves; il propagea les succès de Parmentier pour la culture de la pomme de terre, et c'est sur ses instances que l'intendant de Picardie appela Parmentier à Amiens, dont la présence dans cette ville détermina les agriculteurs à y faire multiplier le précieux tubercule qui y était presque inconnu. Enfin l'abbé Reynard étant à Baïonne y fit l'essai d'une méthode de lecture et d'écriture, qu'il avait composée, en combinant les moyens employés par l'abbé Gaultier et Fréville, avec ceux du chevalier Paule : cette méthode tendait à instruire les enfans en les amusant. On les faisait « chanter en mesure les lettres, les syllabes de l'alphabet, et ensuite de petites phrases rimées, qui leur inculquaient, par de courtes sentences ou maximes, les premiers principes de la morale et de la religion. » Après s'être adressé inutilement par correspondance, au ministre de l'intérieur, il vint à Paris, afin de solliciter lui-même l'adoption de sa méthode : ses démarches n'eurent pas le résultat qu'il s'en était promis ; il ne put fixer l'attention du gouvernement. L'abbé Reynard retourna alors à Amiens, et y devint chanoine honoraire de la cathédrale. ¶Il termina sa carrière dans cette ville, le 9 mai 1818, laissant la réputation d'un homme de bien et d'un homme de mérite.

REYNAUD (LE BARON NICOLAS), maréchal-de-camp, commandeur de la légion-d'honneur et chevalier de Saint-Louis, né le 29 septembre 1771, entra jeune encore au service, et se fit remarquer en plusieurs occasions par sa bravoure et ses talens militaires. Il commandait le 20° régiment de dragons à la bataille d'Austerlitz, et s'y distingua particulièrement. L'empereur le nomma, à la suite de cette journée, commandant de la légion-d'honneur, et vers la fin de la même année, général de brigade. Le roi lui donna, en 1814, la croix de Saint-Louis. L'année suivante, il fut mis à la tête du dépôt des remontes à Troyes ; il fait encore partie (1824) des officiers-généraux en disponibilité.

REYNAUD (LE BARON HILAIRE-BENOIT), maréchal-de-camp, commandeur de la légion-d'honneur et du grand-ordre militaire de Wurtemberg, chevalier de Saint-Louis, né le 9 mai 1772, a servi avec distinction dès sa jeunesse, et fait les campagnes d'Allemagne, de Pologne et d'Espagne. Il était parvenu par sa bravoure au grade de colonel à l'époque de la paix de Tilsitt. Nommé quelque temps après général de brigade et commandant de la légion-d'honneur, il fut envoyé en Espagne, où il commandait en dernier lieu à Ciudad-Rodrigo. Il sortit de cette ville le 15 octobre 1811, pour faire une reconnaissance, et n'ayant avec lui qu'une faible escorte de quelques dragons, il se trouva bientôt enveloppé par un corps de cavalerie espagnole ; après s'être défendu avec la plus grande valeur, il fut blessé et fait prisonnier. Rendu à la liberté en 1814, il fut nommé par le roi chevalier de Saint-Louis. Après la seconde rentrée du roi, en 1815, le général Reynaud a été mis à la demi-solde.

REYNAUD (A. A. B.), inspecteur-général de l'école Polytechnique, où il avait d'abord été admis comme élève, est membre de la légion-d'honneur, et lieutenant dans la garde nationale à cheval de Paris ; il a publié : 1° *Fragmens sur l'algèbre et la trigonométrie*, 1801, in-8°; 2° *Cours d'arithmétique*, par Bezout, avec des *Tables de logarithmes*, par Théveneau, précédé d'une *Instruction sur la manière de s'en servir*, d'un *Traité de nouvelles mesures et d'additions fort étendues*, 1802, 1806, in-8°; 3° *Traité d'arithmétique à l'usage des ingénieurs du cadastre*, 1804; 4° *Introduction à l'algèbre*, 1804, in-8°.

REYNAUD (C. A. B.), se montra dès les premiers jours de la révolution un des plus zélés partisans de ses principes, et fut élu, en 1789, maire du Puy. Le département de la Haute-Loire le nomma, en 1791, député à l'assemblée législative. Réélu en 1792, à la convention nationale, il vota dans le procès de Louis XVI avec la majorité. Envoyé en mission dans son département, à son retour, Reynaud fut, au mois d'octobre 1794, l'un des commissaires chargés d'examiner la conduite de Carrier; il se prononça contre ce sanguinaire proconsul. Après la session conventionnelle, il passa au conseil des anciens, par suite de la réélection des deux-tiers. Reynaud mourut en novembre 1796.

REYNAUD (LE COMTE N. DE), propriétaire à Saint-Domingue, fut élu, en 1789, député de la colonie à l'assemblée nationale de France. Il devint, au mois de mars 1790, membre du comité colonial, et signa ensuite la lettre adressée, le 16 mai 1791, à l'assemblée par tous les députés de Saint-Domingue. Ils annonçaient dans cette lettre qu'ils étaient résolus de s'abstenir d'assister aux séances, jusqu'à ce qu'ils eussent reçu des instructions de leurs commettans, auxquels ils faisaient passer le décret porté la veille sur les hommes de couleur et noirs libres. Cette déclaration formelle ne l'empêcha pas de reparaître dans l'assemblée après le départ du roi pour Varennes. Il motiva ce changement de résolution sur la lâcheté qu'il y aurait de sa part à ne pas se montrer lorsque la patrie était menacée des plus grands dangers. Après la session, il retourna à Saint-Domingue, et cessa d'être en évidence.

REYNAUD (LE BARON H. B.), maréchal-de-camp, commandeur de la légion-d'honneur, chevalier de Saint-Louis, combattit à la bataille d'Austerlitz en qualité de colonel du 20° régiment de dragons, y donna des preuves de la plus grande bravoure, et fut nommé, en 1806, commandant de la légion-d'honneur : de nouveaux exploits lui méritèrent successivement le grade de général de brigade et le titre de baron; il fut ensuite employé dans la 10° division militaire, à la résidence de Toulouse, poste qu'il remplit encore aujourd'hui (1824).

REYNAUD-LASTOURS (LE BARON JÉRÔME-ANNIBAL-JOSEPH BOULOGNE DE), préfet, député, chevalier de Saint-Louis et officier de la légion-d'honneur, est né, le 5 juillet 1761, à Alais, département du Gard, d'une famille noble. M. Reynaud-Lastours entra avant la révolution dans la carrière des armes, obtint le grade de capitaine de chasseurs au régiment de Bourbon infanterie, fut embarqué avec un détachement de ce corps sur la frégate *l'Emeraude*, et fit la guerre d'Amérique sous le général Rochambeau. Nommé chef de bataillon, il se rendit en cette qualité à l'armée des Alpes en 1793, et à celle des Pyrénées en 1794. A la fin de cette année, il renonça au service militaire, et fut nommé en 1795, par le département du Gard, membre du conseil des cinq-cents. Il s'y prononça, le 4 juin 1796, en faveur de Job Aymé (*voy.* Aymé), et vota pour son admission ; il sortit du conseil le 20 mai 1799, et s'étant montré favorable à la révolution du 18 brumaire an 8, il rentra en décembre suivant au corps-législatif, formé d'après la constitution consulaire. Élu, en 1808, candidat au sénat-conservateur, il devint, au mois de septembre 1809, membre de la commission d'administration intérieure du corps-législatif, et fut proposé, le 8 février 1810, pour candidat à la questure. Il resta pendant quelque temps sans fonctions. Après la première restauration, en 1814, le roi lui confia la préfecture du département du Puy-de-Dôme, que M. Reynaud-Lastours administra jusqu'au retour de Napoléon, en 1815. Il se démit de ses fonctions pendant les *cent jours*, et les reprit dès le 12 juillet de la même année; il y fut remplacé quelques jours après par le baron Harmand, et passa à la préfecture de la Vienne, qu'il quitta à la fin de novembre suivant comme démissionnaire. Il ne tarda pas à être nommé à la préfecture du Gers, qu'il occupe encore aujourd'hui (1824). M. Reynaud-Lastours fait aussi partie de la chambre des députés, à laquelle il a été appelé par les électeurs du département du Gard.

REYNIER (Jean-Louis-François-Antoine), frère aîné du général de ce nom, dont l'article suit, est né à Lausanne le 25 juillet 1762. Sa famille, originaire du Dauphiné, fut naturalisée suisse après la révocation de l'édit de Nantes. Très-jeune encore, il fut porté par son penchant vers l'étude de la botanique, et s'étant fixé en France, après quelques froissemens éprouvés dans les premiers temps de la révolution, il se retira dans une campagne qu'il possédait dans le département de la Nièvre. Il s'y occupait d'une *Histoire de l'économie des anciens peuples*, lorsque son frère, nommé pour commander l'une des divisions de l'armée d'Égypte, lui proposa de l'accompagner pour parcourir en observateur cette terre antique. Cette étude ne pouvant que contribuer beaucoup à lui procurer des lumières positives pour le travail qu'il avait entrepris, il se décida à ce voyage; mais n'ayant pas terminé à temps les arrangemens nécessaires pour son absence, il ne put rejoindre l'expédition assez tôt pour s'embarquer avec elle, et ne la rejoignit qu'en Égypte, à bord d'un de ces avisos qu'on expédiait de temps en temps pour y porter des nouvelles d'Europe. L'aviso où il s'était embarqué fut pris dans les eaux d'Alexandrie par les Anglais, qui, après quelques jours, en débarquèrent l'équipage et les passagers sur la plage d'Aboukir, fumant encore des débris de la funeste bataille navale qui venait d'y avoir lieu, et couverte des cadavres des victimes du combat. Arrivé au Caire, il fit part au général en chef Bonaparte de ses intentions d'étude, et de se rendre utile en même temps. Il en reçut la nomination d'inspecteur-général des domaines, avec la liberté de commencer ses visites par la province qui lui conviendrait le plus. Il choisit celle de Charkich, où commandait son frère. M. Reynier parcourut cette province, prenant sur tous les points des renseignemens précis, et il ne tarda pas à informer le général en chef Bonaparte, que près de la moitié des revenus de l'Égypte étaient cachés à son administration des finances, et perçus illégalement et à leur profit, par les copthes, agens nécessaires de cette perception. Éclairé par ces informations, le général en chef contraignit ces agens à être moins infidèles dans leur gestion. Lorsque les ordres vinrent au général Reynier de se préparer pour l'expédition de Syrie, M. Reynier se rendit au Caire, pour y prendre ceux qui pouvaient le concerner, et communiquer en même temps au général en chef Bonaparte des renseignemens sur l'état du pays qu'il aurait été dangereux de confier au papier. Après les avoir reçus, le général en chef, en lui témoignant sa satisfaction des services qu'il venait de rendre, lui donna ordre de monter dans la Haute-Égypte, où, en même temps qu'il continuerait les mêmes recherches, il ferait partie d'une commission qui déjà y existait, pour accélérer la rentrée de la contribution en nature, sur laquelle reposaient les subsistances de l'armée. Il devait y remplacer M. Magallon, qui avait demandé à se retirer. M. Reynier se rendit à ses fonctions nouvelles au moment où le corps-d'armée, destiné pour la Syrie, commençait à se mettre en mouvement. Il séjourna dans la Haute-Égypte jusqu'au moment où, après le départ du général en chef Bonaparte pour la France, le général Kléber prit le commandement de l'armée. Alors étant revenu au Caire, il fut nommé l'un des membres d'un comité administratif, espèce de conseil créé par ce général, et qui, dans le nombre de ses attributions, avait reçu la surveillance de la perception des contributions en nature et de l'emploi de leurs produits. Le général Menou ayant pris le commandement de l'armée après l'assassinat de Kléber, dans le nombre des innovations qui étaient sa manie, supprima ce comité. Il fit de l'administration des contributions en nature une branche de la direction-générale des finances, et il la confia à M. Reynier, avec le titre de directeur particulier; mais tout fut bouleversé dans cette partie comme dans tout le reste de l'administration. Menou voulait innover sans voir si les circonstances le permettaient pour le moment, sans voir le danger de sa position, sans écouter aucune représentation. L'armée entière s'attendait à une prochaine attaque des Anglais combinés avec les Turcs; tous les rapports des espions la confirmaient, les habitans bien intentionnés du pays en donnaient l'avis. Menou seul se refusait à le croire, et ne songeait qu'à ses améliorations, le plus souvent imaginaires, dont le premier mal était de suspendre la perception des revenus, soit en argent, soit en nature, à une époque où il était de la plus haute importance de remplir les coffres et les magasins, afin d'être en mesure de résister au moment du danger. Vainement M. Reynier le prévint du dénuement des magasins, de la nécessité d'accélérer une perception quelconque: ses représentations furent sans fruit; non seulement il fut paralysé, mais il lui fut même défendu d'agir, et lorsque les Anglais parurent sur les côtes et le grand-visir sur les limites, il ne se trouvait pas pour 15 jours de vivres pour l'armée. C'est dans cet état que le général Menou a laissé le Caire pour se porter à Alexandrie, qui n'était guère en meilleur état. M. Reynier, resté au Caire, où le général Belliard commandait le corps d'armée avec lequel il devait résister aux Turcs, qui s'avançaient du côté de la Syrie, sentait toute la difficulté de cette position. Il offrit à ce général de remonter dans la Haute-Égypte, alors déjà évacuée par les Français, pour essayer d'y obtenir des vivres, avec l'appui de Mourad-Bey et de quelques autres chefs des Mameloucks, dont il connaissait la bonne volonté. La démarche était hardie, mais elle aurait eu à cette époque un succès assuré; malheureusement le général Belliard, qui redoutait peut-être le caractère de Menou, hésita long-temps d'y donner son approbation, et ce n'est que plusieurs semaines après, lorsque Menou fut bloqué dans Alexandrie, qu'il revint au projet de M. Reynier, et lui dit de l'exécuter : il était trop tard. Une peste affreuse désolait la Haute-Égypte. Pour en donner une simple idée, pendant le séjour d'une journée que M. Reynier fit à Benisouef, pour y engager les habitans à expédier des blés, il vit plus de cent enterremens sur une population de 3,000 habitans. Chacun d'eux répondait froidement à ses instances : « Pourquoi veux-tu que je travaille aujourd'hui? je serai mort demain. » Cependant, les habitans montraient généralement de la bonne volonté, mais il y avait insuffisance de moyens. M. Reynier était déjà à près de 50 lieues du Caire lorsqu'il apprit, par un Grec qui descendait de la Haute-Égypte, que Mourad-Bey était mort de la peste ; que les autres Mameloucks, sous les ordres d'Osman Bey-Bardissi, s'étaient enfoncés dans le Désert, et qu'on ignorait la route qu'ils avaient prise. Le but du voyage de M. Reynier étant manqué, il retourna au Caire, où, peu après, fut signée la capitulation qui fait honneur au général Belliard, et plus encore aux généraux Donzelot et Morand, qui l'ont négociée. M. Reynier revint avec eux en France, eut bientôt réglé les comptes de son administration, mais n'obtint aucune audience du chef de l'état, et le ministre des finances lui signifia qu'il ne serait pas employé. Son crime était, dit-on, d'avoir été l'un de ceux qui ont voulu empêcher Menou de perdre l'Égypte. Rendu à sa première indépendance, M. Reynier reprit ses travaux littéraires, qu'il n'avait jamais perdus de vue, et les continua jusqu'au moment où son frère, appelé à commander une des divisions de l'armée destinée à occuper le royaume de Naples, lui proposa de l'accompagner. Il s'y décida, et arriva à Naples lorsque déjà son frère était dans la Calabre avec sa division. Le roi Joseph (*voy.* Bonaparte) l'accueillit, et lui proposa de faire partie d'une administration des subsistances militaires qu'il allait créer; il accepta, mais au bout de deux mois, trouvant ce genre d'occupation trop étranger à ses habitudes, il offrit sa démission, qui fut acceptée. Peu de temps après, le même prince le chargea d'aller organiser les administrations des Calabres; il lui donna des pouvoirs très-étendus et le titre de commissaire du roi. Ce pays, le plus mal administré du royaume, était dans le plus complet désordre, rien des mauvaises institutions antérieures n'y existait, l'insurrection avait tout détruit, et des institutions nouvelles à peine le nom y était connu. L'administration de l'armée était dans la même confusion; les entrepreneurs, qui consommaient à Naples des sommes énormes dans un luxe scandaleux, laissaient tout manquer dans ces provinces; les hôpitaux militaires n'avaient rien, à peine y donnait-on de la paille aux malades étendus sur le plancher et souvent sur les carreaux humides d'un rez-de-chaussée; les médicamens manquaient, les vivres étaient détestables, aucune mesure n'était prise pour assurer les subsistances des troupes; on faisait des réquisitions à main armée dans la partie pacifiée, et de cette manière on augmentait le nombre des mécontens. Le général Reynier faisait tous ses efforts pour mettre fin à ce déplorable état de choses; mais il n'était pas secondé. Le concert qui s'établit entre lui et son frère, pour leurs opérations respectives, ramena peu à peu l'ordre; les entrepreneurs de Naples furent contraints de s'exécuter; quelques mesures de rigueur éloignèrent les plus coupables de leurs agens, et la proclamation qui fut publiée, pour annoncer que les réquisitions seraient supprimées, que tout dorénavant serait acheté ou reçu en déduction d'impôt, produisit d'autant plus d'effet dans le pays, qu'elle fut religieusement exécutée. La confiance s'établit peu à peu chez les Calabrois; ils apprirent à connaître ce qu'on voulait faire pour eux, et M. Reynier, qui accueillait à toute heure ceux qui avaient des demandes ou des réclamations à lui faire, finit par les attacher à un ordre de choses si nouveau pour eux, qui jusqu'alors avaient été pliés sous la verge de fer du régime féodal le plus arbitraire. Il ne peupla les administrations qu'il avait à créer que de Calabrois, choisis sur leur réputation plus que sur leurs sollicitations, et il a eu la satisfaction de voir que très-peu d'entre eux lui ont donné lieu de se repentir de son choix. Les Calabrois ont des talens naturels, un sentiment profond de ce qui est juste; aussi ont-ils un ressentiment vif des injustices qu'ils éprouvent. Prompts à se venger s'ils sont livrés à eux-mêmes, ils n'y songent pas s'ils voient des tribunaux intègres disposés à les protéger. Si les mêmes principes qui ont guidé M. Reynier dans son administration avaient été suivis par ceux qui sont venus ensuite dans ces provinces, elles auraient conservé la tranquillité qu'il leur avait donnée; on n'y aurait pas vu renaître les désordres qu'on a réprimés par des scènes sanglantes. Rappelé pour occuper le trône d'Espagne, le roi Joseph nomma, en partant, M. Reynier conseiller-d'état, en récompense de sa conduite dans les

Calabres. Ce dernier se rendit à son nouveau poste pour l'arrivée du roi Joachim (*voy.* Murat), qui, bientôt après, le nomma directeur-général des postes. Quelques années après, il lui fit quitter cette direction pour prendre celle des forêts, qu'il venait de créer, et celle-ci une fois organisée, il le rappela aux postes où il est resté jusqu'à la chute de ce prince. M. Reynier quitta Naples moins riche qu'il n'y était entré. Avec les principes de cet honorable fonctionnaire public, on se concilie l'estime, mais on ne fait pas fortune; et une propriété qu'il avait acquise dans les Calabres, facilitée par Joachim pour les paiemens, a été confisquée par le nouveau gouvernement : d'un autre côté, sa propriété de France venait d'être ravagée par les troupes étrangères. M. Reynier s'est retiré à Lausanne, où, un an après, la place d'intendant des postes du canton, étant devenue vacante, lui fut offerte par le gouvernement, et il l'occupe encore (1824). Ses ouvrages sont : 1° *Mémoires pour servir à l'histoire naturelle de la Suisse,* qu'il a publiés de concert avec M. Struve, Lausanne, 1788; 2° *Guide des Voyageurs en Suisse,* Paris, 1790; 3° *Considérations sur l'agriculture de l'Égypte et sur les améliorations dont elle est susceptible,* imprimées séparément et dans les *Annales d'agriculture,* puis reproduites dans les *Mémoires sur l'Égypte,* Didot, Paris, an 11; 4° *de l'Égypte sous la domination des Romains,* Paris, 1807; 5° *de l'Économie publique et rurale des Celtes, des Germains, et des autres peuples du Nord et du centre de l'Europe,* Genève et Paris, 1817; 6° *de l'Économie publique et rurale des Perses et des Phéniciens,* Genève et Paris, 1819; 7° *de l'Économie publique et rurale des Arabes et des Juifs,* Genève et Paris, 1820; 8° *de l'Économie publique et rurale des Égyptiens et des Carthaginois,* Genève et Paris, 1823; 9° *Précis d'une collection de médailles, contenant la description de toutes celles qui n'ont pas été décrites ou qui sont peu connues,* Genève, 1818. Nous savons que M. Reynier a terminé le manuscrit de l'ouvrage qu'il consacre à l'économie des Grecs et des Romains, et que sa publication ne tardera pas à avoir lieu : elle complètera sa collection des peuples anciens, où il les a fait connaître sous un point de vue neuf, parce qu'il avait été négligé par les autres historiens. Nous ne parlerons pas d'un grand nombre de *Mémoires,* sur des sujets variés, qu'il a publiés successivement dans différens recueils périodiques, tels que les *Annales d'Agriculture,* la *Revue philosophique,* etc., non plus que des *articles* qu'il a fournis pour le *Dictionnaire d'Agriculture* de l'*Encyclopédie méthodique,* dont il a été collaborateur avant que d'autres occupations l'eussent forcé de discontinuer ce genre de travail.

REYNIER (le comte Jean-Louis-Ebenezer), lieutenant-général, grand-officier de la légion-d'honneur, grand-dignitaire de l'ordre des Deux-Siciles, né à Lausanne le 31 janvier 1771, frère du précédent, s'était d'abord destiné au génie (partie des ponts-et-chaussées), et allait entrer à l'école de Paris, lorsque la révolution dérangea ses projets. La guerre éclata; l'invasion de la Champagne par les Prussiens avait électrisé tous les cœurs généreux. Un appel aux armes devenait général; les volontaires se présentaient de toutes parts : il partit pour l'armée comme canonnier. L'expulsion des ennemis ayant mis quelque suspension dans les hostilités, il obtint un congé pour revenir à Paris, à la demande de son frère, qui peu après lui obtint le brevet d'adjoint à l'état-major dans l'armée du Nord. Il fit en cette qualité la campagne de 1792 en Belgique, où il gagna, par ses talens et son courage, le grade d'adjudant-général. En 1793, il prit une part active et glorieuse aux opérations des armées françaises, dont on connaît les succès, à Lille, à Menin, à Courtray, etc. L'année suivante, lors de la conquête de la Hollande, il fut promu au grade de général de brigade. Le passage du Wahal lui fournit l'occasion de se distinguer de nouveau. « A l'époque des préliminaires de la paix avec la Prusse, disent de concert les biographies françaises et étrangères, il fut choisi, jeune encore, pour fixer la démarcation des cantonnemens, et il étonna les vieux généraux prussiens par sa sagesse et ses connaissances. Il passa ensuite à l'armée du Rhin, en qualité de chef d'état-major sous Moreau, et développa beaucoup de bravoure et de talens aux divers passages du Rhin et aux batailles de Rastadt, de Néresheim, de Friedberg, de Biberach, à la retraite mémorable de la même année (1796), et au siége de Kehl. Dans cette invasion de l'Allemagne, il

avait fait connaître la noblesse de son caractère. L'envoyé du margrave de Baden lui ayant proposé de diminuer d'un million ce qu'on exigeait de ce pays, et de recevoir pour lui cent mille florins, eut ordre de quitter sur-le-champ le territoire occupé par l'armée française. L'envoyé de la ville de Bruchsal lui ayant fait une offre du même genre, il lui dit : « Puisque vous pouvez m'offrir cinq cents louis, vous n'avez qu'à les ajouter à votre contribution; et il fit en effet payer cette somme à la ville. » Le directoire-exécutif, ayant adopté le projet de l'expédition d'Égypte, désigna le général Reynier pour y commander une division. A l'attaque de Malte, il fut chargé des opérations contre l'île de Gozo, et y débarqua des premiers. Un écu de six livres qu'il avait dans la poche de sa veste le préserva d'une blessure mortelle. La descente se fit d'ailleurs avec très-peu de perte. Après la bataille des Pyramides, il fut chargé de poursuivre avec sa division le corps de Mameloucks sous les ordres d'Ibrahim-Bey, qui se reployait du côté de la Syrie, tandis que le général Desaix opérait un mouvement semblable vers la Haute-Égypte, où Mourad-Bey, avec les autres Mameloucks, cherchait un asile. Le général Reynier atteignit Ibrahim-Bey à Salayeh, sur la limite du Désert, le battit, rejeta dans le Désert ses Mameloucks, qui fuirent en Syrie. Il resta ensuite pour commander la province de Charkieh, qui depuis la frontière orientale s'étendait jusqu'aux portes du Caire. Il devait aussi observer les mouvemens de l'ennemi en Syrie, ainsi que ceux des Arabes, si multipliés dans les déserts limitrophes. Il a conservé ce commandement jusqu'au moment où l'expédition de Syrie a eu lieu, et sa division y a formé l'avant-garde. Elle aurait péri, dans la traversée du Désert, victime de l'imprévoyance avec laquelle cette expédition avait été préparée et exécutée, parce que les convois de subsistances qui lui avaient été promis ne lui arrivaient pas, si, par une manœuvre aussi hardie qu'heureusement exécutée, il n'avait pas réussi à surprendre pendant la nuit, au milieu du Désert, un convoi que les Turcs envoyaient pour ravitailler le fort d'El-Arich. Non-seulement il servit à nourrir sa division, mais il aida puissamment le corps d'armée où se trouvait le général en chef Bonaparte lui-même, qui, par suite de la même imprévoyance, était presque réduit au même état de dénuement. Après le retour de cette malheureuse expédition, le général Reynier, qui avec sa division formait l'arrière-garde, resta dans la province de Charkieh jusqu'au départ du général en chef Bonaparte pour la France; ensuite le général Kléber le rappela au Caire, jugeant sa présence inutile dans cette province. « C'est de l'époque où le général Kléber fut assassiné que datent les premières plaintes du général Reynier contre le général Menou. La rivalité du commandement et la différence des plans, tout contribua à aigrir ces deux généraux l'un contre l'autre; l'approche des Anglo-Turcs ne put même les réunir, et la fameuse bataille du 30 ventôse an 8 (21 mars 1800), dans laquelle le général Reynier donna de nouvelles preuves de sa valeur, fut perdue pour les Français, par suite de ces funestes divisions. » Après cette défaite, il fut arrêté par ordre du général Menou, et conduit en France, où voyant que le premier consul Bonaparte évitait de lui rendre une justice publique, et paraissait vouloir donner une approbation tacite à la conduite que le général Menou avait tenue à son égard, il sentit qu'il lui était indispensable d'éclairer l'opinion publique par la publication d'un ouvrage où les faits seraient exposés avec exactitude. Il composa ses mémoires, qui ont paru sous le titre de *l'Egypte après la bataille d'Héliopolis*, en fit parvenir le manuscrit au premier consul Bonaparte, qui n'en désapprouva pas la publication, et ensuite le livra à l'impression. Cet ouvrage eut le plus grand succès; il éclaira en effet l'opinion publique sur le véritable auteur de la perte de l'Égypte. Cependant le général Menou fut comblé d'honneurs et de richesses, et le général Reynier reçut l'ordre de se rendre dans le département de la Nièvre, où il avait une petite propriété. Comment expliquer la conduite du premier consul, qui encourage ou du moins tolère la publication de ce livre, où est mise en évidence la conduite des deux généraux dont il comble l'un de bienfaits, lorsqu'il accable l'autre par la plus injuste défaveur? On ne peut pas l'attribuer au duel où le général Reynier a tué le général Destaing; il avait été provoqué, pouvait-il le refuser? Mais le général Reynier avait été attaché à Moreau, et cette circonstance aura vraisemblablement prévalu dans toute la conduite qu'il a tenue avec le général Reynier. Voici, au rapport du général Montholon (voir ses *Mémoires*, pag. 74, tom. Ier) comment Napoléon jugeait le général Reynier. «Le général Reynier, dit-il, avait plus d'habitude de la guerre que le général Menou, mais il manquait de la première qualité d'un chef : bon pour occuper le deuxième rang, il paraissait impropre au premier. Il était d'un caractère silencieux, aimant la solitude, ne sachant pas électriser, dominer, conduire les hommes.» Ce général est resté plus d'une année dans sa retraite, occupé des études auxquelles il consacrait tous les instans qu'il pouvait dérober à ses occupations sans leur nuire. Il reçut enfin, en 1805, l'ordre d'aller prendre le commandement de quelques troupes qui se rassemblaient dans le midi de la France, destinées pour l'Italie. Nous n'entrerons pas dans le détail des services qu'il rendit à l'armée ; nous dirons simplement qu'il eut la principale part à la victoire de Castel-Franco, dont d'autres ont recueilli les avantages. Peu de temps après, l'armée d'invasion, destinée pour Naples, ayant été formée, il fut chargé de commander une des divisions qui la composaient. A peine arrivé dans la capitale de ce royaume, il reçut l'ordre de se porter en avant, et de faire la conquête des Calabres, où l'ennemi s'était retiré. Ce dernier ne tarda pas à les évacuer pour chercher son salut en Sicile, et le général Reynier resta pour commander dans ces provinces, difficiles par l'aspé-

rité des monts qui en couvrent la majeure partie, et plus encore par le caractère des habitans. Il fallait encore y ajouter la proximité de la Sicile, d'où les Anglais, maîtres de la mer et coalisés avec les Bourbons de Naples, réfugiés dans cette île, avaient tous les moyens de fomenter des troubles, en fortifiant le parti mécontent par des partis armés, composés de tous les forçats et autres sujets pareils qu'ils jetaient la nuit sur les côtes, et salariaient pour nuire. Ils étaient plus funestes aux habitans que dangereux pour l'armée, qui souffrait plus des fatigues pour les poursuivre que du feu de pareils ennemis. Le général Reynier n'a pas tardé à sentir que son corps d'armée était trop faible pour occuper une aussi grande étendue de pays livré à ce genre de guerre ; il demanda des renforts à Naples, où le roi Joseph (*voy.* BONAPARTE) croyait déjà n'avoir point assez de troupes pour sa propre sûreté. Sans refuser au général Reynier les renforts qu'il demandait, on ne les lui envoyait pas. C'est sur ces entrefaites que les Anglais, après avoir organisé une insurrection des Calabres, opérèrent un débarquement à la plage de Sainte-Euphémie. Le général Reynier, se sentant peu de forces, crut devoir précipiter l'attaque pour ne pas donner à l'insurrection le temps de se consolider : c'est un tort qu'il a reconnu ensuite lorsqu'il a mieux jugé ces provinces. Il aurait dû occuper les hauteurs qui bordaient cette plage sans s'occuper de l'insurrection. En peu de jours l'armée anglaise, décimée par le climat pestilentiel de cette côte, qu'elle n'aurait pas osé quitter de peur de s'écarter de ses vaisseaux, aurait dû rembarquer ses débris sans combattre. Il attaqua sous le feu des vaisseaux qui abattirent beaucoup de monde : son général de brigade fut dangereusement blessé. Dès les premières décharges, quelques désordres s'étant mis dans ses troupes, il dut bientôt se reployer sur Mayda, et de là, faire un mouvement rétrograde pour attendre des renforts. Les Anglais se rembarquèrent, et l'insurrection continua sans effet, n'attendant que la présence des troupes françaises pour se soumettre. Au lieu d'envoyer au général Reynier les renforts qu'il réclamait depuis long-temps, on mit sous les ordres du général Masséna les troupes qu'on fit partir: ce dernier, supérieur en grade, prit le commandement de l'armée des Calabres, établit son quartier-général à Monteleone, et y resta tranquille. Le général Reynier se porta à l'avant-garde et s'établit à Palmy, petite ville sur l'entrée du détroit de Messine, attendant des ordres pour agir. Le général Masséna, au bout de peu de temps, quitta les Calabres, laissant l'armée sous les ordres du général Reynier, qui alors, libre d'agir, s'occupa des moyens d'apaiser l'insurrection simplement comprimée. Il sentait qu'il y réussirait moins par les armes (puisque tout se bornait à la poursuite des bandes de brigands) que par la réconciliation des Calabrois avec la domination nouvelle qu'il chercha à faire aimer. Les gens éclairés du pays commençaient à sentir les avantages qu'ils en retiraient; mais en tout lieu ils forment la minorité, et la multitude, hors d'état de prévoir ce qu'on se proposait à l'égard des Calabrois, fut plus difficile à soumettre. C'est à cette époque que son frère fut envoyé, avec des pouvoirs fort étendus, pour organiser les administrations, et contribuer par ce moyen au rétablissement de la tranquillité. Les efforts des deux frères réunis eurent un entier succès. La Calabre, qui de toutes les provinces du royaume avait été précédemment la plus mal administrée, reconnut enfin les avantages d'une administration juste et régulière. Le peuple entier s'attacha au gouvernement de qui il recevait les bienfaits. On n'aurait plus entendu parler de brigandages dans cette contrée, si les Anglais n'y avaient constamment versé de nouvelles hordes à mesure qu'on détruisait les anciennes; mais peu de Calabrois s'y mêlaient. Il n'y eut depuis, pendant le séjour du général Reynier dans les Calabres, qu'une seule tentative sérieuse des ennemis. L'armée de Sicile, commandée par le prince de Hesse Philipstadt, opéra un débarquement dans la partie méridionale, pendant que des menaces de descente d'une flotte anglaise attiraient l'attention sur un autre point; mais cette armée, quoique fort supérieure, fut complètement battue à Milato. La prise de Crotone, de Scilla et de Reggio, où les débris des forces ennemies s'étaient réfugiés, acheva d'en délivrer les Calabres. Ces provinces étant désormais tranquilles, le roi Joseph jugea le séjour du général Reynier inutile en Calabre, et le rappela à Naples.

Les Calabres étaient en effet pacifiées, si on y avait suivi ses principes de gouvernement, son intégrité, sa justice. Elles seraient restées ce qu'elles étaient alors, et les sanglantes tragédies auxquelles on eut recours depuis, sans nécessité, n'auraient jamais eu lieu. Quelques mois après le retour du général Reynier à Naples, le roi Joseph reçut l'ordre de l'empereur Napoléon de quitter le trône de Naples pour celui d'Espagne, et de laisser le premier au prince Joachim (*voy.* MURAT), désigné pour lui succéder. Ce dernier, peu après son arrivée, nomma le général Reynier ministre de la guerre. Voulant créer une armée napolitaine, il ne pouvait faire un meilleur choix. Aux talens du général Reynier, il faut ajouter que sa conduite en Calabre lui avait concilié tous les esprits; il s'était fait chérir des habitans, sentiment qui s'était propagé dans le reste du royaume; mais son ministère dura peu : à peine était-il installé que l'empereur lui envoya l'ordre de rentrer en France. L'a-t-il fait de son propre mouvement? on l'ignore. Le soin qu'il a toujours eu de réserver le général Reynier pour les services obscurs, permet de penser qu'il a voulu l'écarter d'un théâtre qui le mettait en évidence; mais on soupçonne aussi que les intrigues d'un autre ministre (Salicetti), qui redoutait le caractère ferme et intègre du général Reynier, y ont contribué. Quel qu'ait été le motif de cette constante défaveur, en récompense de services distingués, et d'une conduite toujours honorable, le général Reynier dut quitter Naples, où il a laissé les plus honorables souvenirs. Il rejoignit Napoléon à Vienne, et reprit de l'activité dans l'armée française. A la bataille de Wagram, où il commandait les Saxons, il donna de nouvelles preuves de ses talens militaires. Envoyé ensuite en Espagne, il y rendit des services importans. Dans la campagne de Russie, en 1812, il commanda le 7ᵉ corps aux ordres du prince de Schwarzenberg. Après avoir battu les Prussiens, et les avoir rejetés à Kalisch, il alla camper devant Dresde. En 1813, il se signala à la bataille de Bautzen, et prit la ville de Goerlitz. Il marcha sur Berlin après la rupture de l'armistice. Au combat de Dennevitz, il empêcha, par l'habileté de ses manœuvres, la perte de l'armée. A Léipsick, qui fut le terme de sa carrière militaire, il fit des prodiges de valeur, et développa les plus beaux talens. A la suite des désastres de cette funeste bataille, il opéra sa retraite, et rentra en France, où il mourut le 27 février 1814. Le général Reynier était d'un caractère naturellement froid, mais accompagné de la plus grande douceur. Partout où il a commandé, il s'est fait chérir non-seulement de ses troupes, mais aussi des habitans du pays. Il étudiait leurs institutions, cherchait à améliorer leur position, et maintenait une discipline exacte, qui diminuait leurs froissemens. Sa générosité de principes se communiquait à tous ceux dont il était entouré; il aurait bientôt éloigné de sa personne celui chez qui il aurait reconnu d'autres habitudes : sa mémoire existe encore en Égypte. Tandis que dans la Haute-Égypte, les habitans conservent à Desaix le beau titre *d'homme juste*, ceux de la Charkich le donnent au général Reynier. Les Calabrois conservent un attachement à sa mémoire, que la différence du régime sous lequel ils vivent maintenant, comparé avec la manière dont il les a traités, augmente tous les jours. Sa bravoure allait jusqu'à l'imprudence; à la bataille d'Aboukir, tandis que sa division resta long-temps exposée inutilement au feu le plus meurtrier par l'ordre (que l'on a qualifié de stupide) du général Menou, il se promenait en avant du front de bandière pour maintenir ses troupes indignées d'être décimées sans nécessité : ici, c'était calcul pour soutenir l'esprit de ses troupes; mais il avait une telle indifférence pour le danger, qu'il s'occupait à des observations là où sa vie était en péril, et les avis de ceux qui le suivaient avaient peine à l'en arracher: des exemples de cette nature ne sont pas rares dans sa vie. Probe et désintéressé comme il l'a été, il n'a laissé qu'une très-médiocre fortune à sa fille, qu'il a eue de son mariage avec Mlle Rolland de Chambaudoin. Des deux dotations que l'empereur lui avait faites dans les derniers temps, l'une, située en Calabre, n'est venue à sa jouissance que vers l'époque de sa mort; l'autre, dans la Gallicie, n'a jamais été dans sa possession, et toutes les deux ont été enlevées à son héritière. Le général Reynier, pauvre eu égard au rang qu'il devait tenir, toujours écarté des rôles brillans qui appelaient les honneurs et la fortune, n'a été recherché de l'empereur que pour les opérations difficiles. Il s'en est tiré avec honneur, y a acquis une réputation malgré les efforts faits pour l'étouffer, et il laisse à sa patrie une mémoire sans tache. Le général Reynier a publié les ouvrages suivans : 1° *de l'Egypte après la bataille d'Héliopolis, et considérations générales sur l'organisation physique et politique de ce pays*, Paris, 1802, in-8°: ouvrage devenu rare, et qui fut traduit dans la même année, en anglais; 2° *Considérations sur les anciens habitans de l'Egypte*, Paris, 1804, in-8°; 3° *sur les Sphynx qui accompagnent les pyramides d'Egypte*, in-8°, 1805.

REYNOLDS (Joshua), peintre anglais, baronnet, est parvenu, par son talent seul, à une grande célébrité, à la fortune et aux honneurs. Fils d'un petit bourgeois de Londres, il étudia d'abord pour être reçu avocat, et ne commença que tard à se livrer à son goût pour la peinture. L'école anglaise, (s'il est une école anglaise), était alors livrée à des influences aussi pernicieuses que celles qui, sous le règne de Boucher, dominaient l'école française. Barry, dans son voyage en Italie, ne recueillait qu'une mission de souvenirs vagues et confus, et un recueil d'études plus gigantesque que grandiose. Le paysage et le portrait, genres cultivés presque exclusivement en Angleterre, avaient quelquefois de la vérité et de l'effet, mais manquaient essentiellement de couleurs et de dessin. Reynolds, combinant avec art la pureté des contours italiens et l'effet singulier des jours décidés, les belles oppositions de Rembrandt, fut le créateur d'une école originale, qui, malheureusement, ne forma pas beaucoup d'élèves. Il arrêta dans sa marche le genre vaporeux, qui n'a fait que trop de progrès dans les arts, tels qu'on les cultive en Angleterre. De grands tableaux tirés de la Bible et de Shakespeare achevèrent sa réputation; les portraits qu'il fit de tous les hommes en place lui donnèrent la fortune. Il fut nommé baronnet et professeur de l'académie royale des arts. Cette chaire, qu'il remplit avec beaucoup de distinction, le força à rédiger avec ordre et élégance ses idées sur la peinture, et cet artiste habile, qui n'avait rien encore publié, devint, par la seule puissance d'un génie pénétrant et lumineux, un écrivain très-remarquable. Ses *Discourses on painting*, sont des chefs-d'œuvre d'élégance, d'énergie et de discussion. Comme peintre, Reynolds fait école à part. Si l'on peut l'accuser quelquefois de participer aux défauts des maîtres que l'Angleterre a produits, il s'isole par de grandes qualités; il est quelquefois noir, mais il dessine bien : il tombe rarement dans cette indécision de contours, dans ce dessin incorrect, que les Anglais ont tant de peine à éviter. Son pinceau est spirituel, sa touche brillante; il termine avec soin les chairs, et peut-être doit-on trouver un peu de coquetterie dans l'espèce de négligence avec laquelle ses draperies et ses accessoires sont traités. D'un caractère honorable, d'un esprit heureux et vif, d'un commerce doux et facile, il n'eut qu'une faiblesse, trop de mépris pour la sottise: elle s'en vengea, en l'accusant d'orgueil. Pope, Goldsmith, Garrick, Johnson, tous les hommes de mérite de cette époque brillante, environnaient Reynolds de leur vénération et de leur amour. Dans sa vieillesse, attaqué de surdité, il s'armait d'une corne de cuivre pour écouter ceux qui méritaient d'être entendus, et il se félicitait du moyen facile que son incommodité lui prêtait pour échapper aux discours des sots.

REYNOLDS (Frédéric), littérateur anglais, est né à Londres vers 1760. Son père, riche procureur de cette ville, lui fit faire ses études à Westminster, et le destinait à suivre le barreau; mais M. Reynolds, entraîné par un penchant irrésistible dans la carrière littéraire, s'y annonça par une tragédie, dont la lourde chute lui apprit qu'il n'était pas né pour chausser le cothurne. Thalie lui fut plus favorable, et il a donné avec succès les ouvrages suivans, plus remarquables en général par des situations plaisantes, un dialogue vif et des saillies originales, que par le naturel, la vraisemblance, et un goût épuré : c'est du moins l'opinion des principaux critiques de sa patrie. Ces ouvrages sont : 1° *le Dramatiste*, comédie, in-8°, 1789; 2° édition, 1793. « Dans cette pièce, il censure vivement les auteurs sans talens, ou qui introduisent de mauvais genres au théâtre, leçon dont on lui reproche de n'avoir pas profité lui-même. » 2° *l'Evidence* (*Notoriety*), comédie, in-8°, 1793; 3° *les Moyens de s'enrichir*, comédie, in-8°, 1793; 4° *la Rage*, comédie, in-8°, 1795; 5° *la Spéculation*, comédie, in-8°, 1795; 6° *le Sot de la fortune* (*the fortune's Fool*), comédie, in-8°, 1796; 7° *le Testament*, comédie, in-8°, 1797; 8° *Riez quand vous pourrez*, comédie, in-8°, 1799; 9° *la Caravane*, opéra comique, in-8°, 1803; 10° *la Vierge du soleil*, drame-opéra, traduit de Kotzebue, in-8°, 1812; 11° *le Renégat*, drame historique, in-8°, 1812. Il a fait imprimer, en 1787, sa tragédie de *Werther*; elle fut réimprimée, pour la seconde fois, en 1796.

REYPHINS (Pierre-Jacques), membre des états-généraux du royaume des Pays-Bas, qui s'est éminemment distingué dans la carrière législative, par ses talens oratoires, son patriotisme et la fermeté de son caractère, naquit à Poperingue, dans la Flandre occidentale, en 1749. Lors de la création du nouveau royaume en 1815, il fut appelé à faire partie de la seconde chambre de la représentation nationale, et depuis cette époque, constamment rappelé aux mêmes fonctions par le vœu général de ses concitoyens, il n'a cessé d'y siéger. M. Reyphins s'est souvent opposé, et quelquefois avec succès, aux projets de ces hommes d'état, pour qui l'acte constitutionnel n'était qu'un vain formulaire de lois, qu'on pouvait, il est vrai, invoquer utilement contre les gouvernés, mais qui ne liait point les gouvernans. Dès la séance du 3 novembre 1815, il fut du petit nombre des députés qui se prononcèrent avec force contre une loi de finances, qui imposait aux contribuables l'avance d'une double imposition pour cette an-née. En janvier 1816, il combattit avec la même énergie une autre loi fiscale sur les saisies, dont il déclara les dispositions diamétralement opposées à la loi fondamentale. Nommé membre de la commission des pétitions, il réclama contre le fréquent renvoi de ces pièces au dépôt du greffe de la chambre, où elles restaient oubliées, et blâma fortement la légèreté insouciante, non-seulement des ministres, mais des représentans du peuple mêmes, qui rendait à peu près illusoire l'exercice du droit sacré des citoyens, de communiquer avec l'autorité par la voie des pétitions. Dans la session suivante, il parla, avec autant de chaleur que d'éloquence, contre la loi proposée pour apporter de nouvelles restrictions à la liberté de la presse. Cette loi généralement improuvée, et qui reçut, à cause de l'amende qu'elle imposait aux écrivains sur la première plainte, le nom de loi des 500 florins, passa cependant dans les deux chambres. La prévoyance de M. Reyphins, qui avait démontré combien elle favoriserait les intentions hostiles des agens étrangers, et de quelques fonctionnaires indigènes ennemis de toute liberté de la presse, ne tarda pas à être justifiée par les événemens postérieurs. Il montra la même résistance à l'arbitraire, dans la discussion qui eut lieu au sujet de l'extradition d'un réfugié français, nommé Simon, qui s'était établi dans le grand-duché de Luxembourg, et qui réclama en vain l'application de l'article 4 de la loi fondamentale du royaume des Pays-Bas, qui autorisait l'établissement et garantissait la sécurité des étrangers. La loi des 500 florins n'ayant point encore paru suffisante au grand comité diplomatique européen, qui dictait trop souvent ses volontés dans le nouveau royaume, il fut de nouveau proposé, en 1817, de mettre de plus rigoureuses entraves à la presse. M. Reyphins parvint cette fois à faire rejeter ces mesures destructives des derniers restes de la liberté de la presse, liberté si solennellement promise et consacrée dans le pacte fondamental. L'ancienne aristocratie ayant quelque temps après réclamé le droit, depuis long-temps perdu, de la chasse exclusive dans presque tout le royaume, il combattit, avec non moins d'énergie et avec le même succès, une prétention qu'il démontra être un premier pas vers le retour de l'odieuse féodalité. Dans la session suivante, il obtint, en faveur des créanciers de l'état, une prolongation du délai fixé, en 1818, pour la présentation des titres de leurs créances. Mais la loi rédigée et décrétée dans la seconde chambre, loi qui garantissait une classe aussi nombreuse qu'intéressante de citoyens de la déchéance qui les menaçait, fut rejetée par la chambre des pairs. Celle-ci composée, à un certain nombre d'honorables exceptions près, de tout ce que la Hollande et les provinces belges avaient d'hommes le plus attachés aux prétentions nobiliaires et à la vieille féodalité, voyait avec jalousie que la constitution du royaume accordait aux représentans de la seconde chambre le droit de proposer des lois; aussi la majorité des pairs paraissait décidée à rejeter indistinctement toutes les lois sur lesquelles la seconde chambre prendrait l'initiative. Le roi s'empressa d'intervenir, et de remédier au mal résultant de cette conduite d'une des branches de la législature nationale. Ce prince, par un sentiment d'équité personnelle, proposa lui-même, dans la session de 1820, la même loi en faveur des créanciers de l'état, qui fut aussitôt adoptée par les deux chambres. M. Reyphins, dans cette circonstance, prit encore la parole, et son discours, imprimé et distribué dans tout le royaume, produisit la plus vive sensation. Il y relevait les absurdes prétentions de la haute aristocratie, montrait les suites fatales qui résulteraient pour l'état, et pour les anciens hauts et puissans seigneurs eux-mêmes, si on permettait à ces prétentions de se renouveler sans pudeur, et de troubler les autres citoyens dans la jouissance de leurs droits. Il exprima avec force cette vérité souvent méconnue, que de légères atteintes portées à la loi constitutionnelle entraîneraient bientôt sa ruine totale, et se livra enfin à des considérations générales d'un grand intérêt, sur la nature d'une chambre des pairs, sur son utilité plus préconisée que prouvée, sur ses droits et ses devoirs. Dans la séance du 24 décembre 1821, M. Reyphins acquit de nouveaux titres à la reconnaissance nationale. Un projet financier, sous le nom de *budget décennal*, avait été inventé par l'esprit fiscal d'un ministre, et était fortement appuyé par ses collègues, ainsi que par le chef de l'état, dont la religion avait été surprise par ses imprudens conseillers. Le nouveau système reposait sur des principes erronés, et aurait, au bout de peu d'années, amené la ruine de la fortune publique comme de toute aisance particulière. Secondé par des députés dignes du nom de véritables patriotes, MM. Dotrenge, Hogendorp, Sandberg, Gendebien, etc., il démontra, avec cette clarté et cette dialectique serrée qui lui sont familières, les vices du système ministériel. Le budget décennal fut rejeté à la presque unanimité de la chambre, c'est-à-dire aux voix du président et des ministres près. M. Reyphins, dans un âge avancé, continue, avec la même vigueur et le même patriotisme, à défendre les intérêts de ses commettans. Son opposition n'est point systématique, et il est aussi disposé à appuyer de son vote les mesures sages proposées par les agens du gouvernement, qu'à combattre celles qui lui paraissent dangereuses ou inconstitutionnelles.

REYRE (L'ABBÉ JOSEPH), prédicateur et écrivain ecclésiastique, naquit à Eyguière, département des Bouches-du-Rhône, le 25 avril 1735. A la fin de ses études, qu'il fit chez les jésuites d'Avignon, il entra dans leur société, et fut ordonné prêtre, l'année même de la suppression des jésuites, en 1762. Il prêcha avec succès à Arles, à Alaix, à Nîmes, à Montpellier, et vint à Paris en 1785; il fut admis dans la communauté des eudistes. L'un de ses ouvrages, l'*Ecole des jeunes demoiselles*, lui fit accorder une pension par l'assemblée du clergé. Il fut chargé par l'archevêque de Paris de prêcher dans la capitale pendant le carême de 1788 : le succès qu'il obtint l'avait fait désigner pour être prédicateur du roi lorsque la révolution éclata. Il se hâta de retourner dans sa ville natale, où il fut incarcéré pendant le règne de la terreur. La révolution du 9 thermidor an 2 (27 juillet 1794) lui fit recouvrer la liberté. L'abbé Reyre mourut à Avignon, où il s'était définitivement fixé, le 14 février 1812. Il a composé un grand nombre d'ouvrages, dont la plupart ont pour objet l'éducation des enfans. Nous citerons les principaux. Ce sont : 1° *l'Ami des enfans*, in-12, 1765; l'ouvrage reparut, en 1777, revu et augmenté par un grammairien de Dijon, nommé Bisouard. L'abbé Reyre en donna une nouvelle édition, en 1786, sous le titre du *Mentor des enfans, ou Recueil d'instructions, de traits d'histoire, et de fables nouvelles, propres à former le cœur et l'esprit des enfans*, un vol. in-12, réimprimé, pour la 14e fois, en 1821. 2° *Oraison funèbre de Mgr. le Dauphin*, Avignon, 1766; 3° *École des jeunes demoiselles, ou Lettres d'une mère vertueuse à sa fille, avec les réponses de la fille à la mère*, 2 vol. in-12, 1786; 6e édition, 1813; 4° *Anecdotes chrétiennes, ou Recueil de traits d'histoire choisis*, in-12, 1801; 5e édition, 1819. 5° *Le Fabuliste des enfans et des adolescens*, 1803, in-12; 4e édition, 1812. L'abbé Reyre n'était pas poète. 6° *Bibliothèque poétique de la jeunesse, ou Recueil de pièces et de morceaux de poésie*, 1805, 2 vol. in-12. Si l'abbé Reyre, composant ses fables, n'était pas poète, il était rarement homme de goût en choisissant parmi les vers des autres. 7° *Prônes nouveaux en forme d'homélies, ou explication courte et familière de l'évangile de tous les dimanches de l'année, pour servir à l'instruction du peuple des villes et des campagnes*, 1809; 3° édition, 1812 : cet ouvrage a eu les honneurs de la traduction en italien. 8° *Petit-Carême en forme d'homélies*, 1809, 2 vol. in-12; 9° *Supplément aux Prônes nouveaux et au Petit-Carême, ou Instructions courtes et familières sur les principales fêtes de l'année*, 1811, in-12; les *Prônes nouveaux*, le *Petit-Carême*, et le *Supplément* à ces deux ouvrages, ont été réunis, en 1813, en 5 vol. in-12, sous le titre de *l'Année pastorale*. 10° *Méditations évangéliques pour tous les jours de l'année*, 1813, 3 vol. in-12. Ce recueil, publié après la mort de l'auteur, est précédé d'une *Notice* sur sa vie et sur ses ouvrages.

RHEINVALD (Julien-Charles-Louis), général de brigade, commandant de la légion-d'honneur, naquit, le 22 janvier 1760, à Saint-Julien, département de la Sarre; il entra au service à 17 ans, comme volontaire, dans le régiment d'Anhalt, qui devint Salm-Salm, puis 62° régiment : les occasions de se signaler n'étaient pas fréquentes alors, et les avancemens étaient peu rapides. Après avoir fait les campagnes de 1779 et 1780, sur les côtes de l'Océan, ce ne fut qu'en 1784, au mois de décembre, qu'il fut fait fourrier; devenu sergent-major le 27 janvier 1788, il fut nommé adjudant-major le 1er janvier 1791, et lieutenant au 3° régiment d'infanterie le 7 décembre de la même année. Passé à l'armée des Vosges, en 1792, sous les ordres du général Custines, il eut occasion de se distinguer à la prise de Spire le 30 septembre, à celle de Worms le 2 octobre, et à celle de Mayence, qui eut lieu le 21 du même mois : le grade de capitaine, qu'il obtint le 29 suivant, fut la récompense des services qu'il rendit dans ces différentes affaires. Avant et pendant le siège que la place de Mayence eut ensuite à soutenir contre l'armée prussienne, le capitaine Rheinvald, nommé chef de l'état-major, donna les plus grandes preuves de talent dans la partie administrative, et de courage dans les nombreux combats qui furent livrés, notamment le 11 avril 1793, dans une sortie, où il fut blessé à la tête, en repoussant vigoureusement l'ennemi. Après la capitulation, il servit à l'armée du Rhin sous les ordres du général Beauharnais, et l'année suivante, sous ceux du général Michaud; dans le courant de cette même année, il fut chargé du commandement de la place de Colmar. Le premier vendémiaire an 3, il fut élevé au grade de chef de bataillon adjudant-général, et ne cessa d'être employé dans ce grade, où il avait été confirmé, le 16 ventôse, à l'armée du Rhin, commandée par le général Pichegru. Il fut fait adjudant-général chef de brigade, le 25 prairial. Il passa ensuite sous les ordres du général en chef Moreau, et de là, à l'armée d'Allemagne, commandée par le général Augereau, et se trouva pendant les cinq premiers mois de l'an 5 à la défense du siége du pont d'Huningue, en qualité de chef de l'état-major d'une division commandée par le général Dufour, et y fut honorablement mentionné pour les services qu'il y rendit. Il était à l'armée d'Helvétie pendant le cours de l'an 6, et y remplit les fonctions de chef d'état-major sous les ordres du général Schawembourg; il fut avec le même titre, dans les années 7 et 8, auprès du général en chef Masséna, et se fit remarquer à la bataille de Zurich, les 1er et 2 vendémiaire, contre les Russes. Il alla rejoindre, l'année suivante, Moreau, qui commandait sur le Rhin, et prit une part glorieuse à la journée de Feldkirch, le 10 germinal : le titre de général de brigade fut la récompense de sa valeur, et le 25 du même mois, il fut confirmé dans ce grade par le gouvernement. En 1805, le général Rheinvald, nommé commandant de la légion-d'honneur, était en activité de service dans le département du Léman, à Genève, et avait sous ses ordres les troupes françaises qui étaient dans le Valais. Il a occupé ce poste pendant plusieurs années, et avait disparu, long-temps avant la chute du gouvernement impérial, des cadres de l'armée.

RHIGAS (N.), le principal auteur de la première insurrection qui a préparé la révolution et la guerre de l'indépendance des Grecs, était né, vers l'année 1753, à Vélestini, petite ville de Thessalie. Il fit d'excellentes études dans les meilleurs colléges de sa patrie, et s'y distingua de bonne heure par une grande facilité de conception et une activité extraordinaire. Comme il n'avait pas une assez grande fortune pour parcourir d'une manière libre et honorable la pénible carrière des lettres, il embrassa celle du commerce, afin d'acquérir une existence indépendante. Il se rendit, jeune encore, à Bucharest, et y resta jusqu'à l'époque de la révolution française, en 1789, partageant son temps entre les opérations commerciales et ses études favorites. C'est à Bucharest, ville qui était riche alors en hommes de mérite de différentes nations, et en livres choisis dans les différentes parties de la littérature et des sciences, que Rhigas, toujours avide de s'instruire, acquit des connaissances très-étendues. L'ancienne littérature de la Grèce échauffait son imagination; les langues latine, italienne et allemande, lui étaient familières : il écrivait également bien en grec et en français, et était à la fois poëte et musicien. Sa plus agréable occupation était la géographie comparée. Il joignait à toutes ces connaissances un sentiment profond et passionné pour sa belle et malheureuse patrie, dont il ne pouvait supporter le honteux esclavage, et dont il méditait l'affranchissement, objet de ses plus ardens désirs. Cette passion concentrée, qui exaltait ses facultés intellectuelles, lui inspira l'idée la plus hardie et la plus étonnante, celle de former une grande société secrète, dont le but serait de soulever toute la Grèce contre la Porte, et de délivrer ses infortunés compatriotes du joug odieux des barbares. Plein d'énergie et d'activité, possédant à un haut degré le talent de la parole, et jouissant déjà d'une grande considération parmi les hommes les plus distingués de sa nation, il ne tarda pas à former la société patriotique dont on vient de parler, et il entraîna dans son parti des évêques, des archontes, de riches négocians, des savans, des capitaines de terre et de mer, en un mot, l'élite de la nation grecque, et plusieurs étrangers de distinction; mais ce qui paraîtrait incroyable en Europe, et ce qui s'explique néanmoins par le sentiment naturel d'aversion que doit inspirer un gouvernement absolu, qui n'offre aucune garantie, et qui, même dans les classes les plus élevées, menace toutes les fortunes et toutes les existences, Rhigas parvint, on ne sait comment, à faire entrer dans sa société plusieurs Turcs puissans, entre autres le fameux Passwan-Oglou, qui résista si long-temps à toutes les forces de la Porte. Après la formation de cette société, Rhigas alla s'établir à Vienne, en Autriche, où se trouvait un grand nombre de riches négocians grecs, et quelques savans émigrés de la même nation. C'est de cette capitale qu'il entretenait une correspondance secrète avec ses principaux co-associés, répandus en Grèce et en Europe: il continuait en même temps de cultiver les lettres avec beaucoup de succès. Il publiait un journal grec pour l'instruction de ses compatriotes; il traduisait le *Voyage du Jeune Anacharsis*, de l'abbé Barthélemy, dont il parut quelques volumes; il composa et publia un *Traité de la tactique militaire*, un *Traité élémen-*

taire de physique à l'usage des gens du monde. Il traduisit en grec moderne, et fit paraître l'ouvrage français intitulé: *Ecole des amans délicats*. Dans cete traduction, il imita parfaitement le style des archontes de Constantinople, autrement appelés *Phanariotes*. Cet ouvrage eut un très-grand succès. Il publia également une excellente traduction de *la Bergère des Alpes*, de Marmontel; mais ce qui lui valut dans toute la Grèce une réputation vraiment populaire, ce furent ses poésies patriotiques, écrites dans un style vulgaire, mais propres à enflammer l'imagination de la jeunesse grecque, à lui inspirer le plus ardent amour de la patrie, et la haine la plus forte contre la tyrannie musulmane. Son imitation de la célèbre chanson dite *la Marseillaise*, qui commence par ces mots : *Allons, enfans de la patrie*, etc., que les héros de la Grèce chantent encore aujourd'hui en combattant contre leurs oppresseurs, sa belle chanson montagnarde : *Héros, jusques à quand vivrons-nous sur les montagnes*, sont, de toutes ses poésies, celles qui ont excité le plus d'enthousiasme, et produit le plus grand effet sur l'esprit d'une jeunesse naturellement impétueuse, ardente, et pénétrée d'admiration pour les hauts faits des Miltiade, des Thémistocle, des Cimon et des Périclès. Rhigas fit aussi une grande carte de toute la Grèce, en douze feuilles, gravée à Vienne, aux frais de ses confrères, et dans laquelle il désigna non-seulement par les noms actuels, mais encore par les noms anciens, tous les lieux célèbres dans les annales de la Grèce. Cette carte, qui contient entre autres ornemens un grand nombre de médailles antitiques, a fondé la réputation de Rhigas dans toute l'Europe savante. Nous sommes cependant bien loin de regarder ce grand travail comme exempt de fautes et d'incorrections. Cet homme infatigable et extraordinaire, qui, par la seule force de son génie, avait su préparer la révolution grecque, ou plutôt qui en est le principal auteur, a terminé sa carrière d'une manière tragique. Un faux frère, homme exécrable, n'ayant d'autre but que de faire sa fortune en vendant son honneur, dénonça l'infortuné Rhigas et huit de ses amis au gouvernement autrichien comme des conspirateurs. L'empereur d'Allemagne les fit arrêter et livrer à la Porte, à l'exception de trois qui étaient naturalisés Autrichiens. Tous les journaux de l'Europe retentirent de cet événement déplorable. Voici comment le *Moniteur* (an 6, 1798, n° 271) en a parlé, sous la rubrique de Semlin. «Nous avons vu passer par cette ville les 8 Grecs qui avaient été arrêtés à Vienne, comme auteurs d'écrits séditieux, et livrés à la Porte comme sujets du grand-seigneur. Ils étaient liés deux à deux, et escortés par 24 soldats, deux caporaux, un officier supérieur et un commissaire. L'âme du parti auquel ces Grecs appartenaient était Rhigas, riche négociant, natif de Thessalie, passionné jusqu'au délire pour la délivrance de sa malheureuse patrie, jadis habitée par des hommes libres. Quelque temps avant que la police de Vienne eût donné des ordres pour l'arrêter, Rhigas, averti par quelque pressentiment, s'éloigna de cette ville, mais il fut pris à Trieste, où il se donna un coup de poignard. Son bras trahit sa volonté : le coup ne fut pas mortel. Il est au nombre des huit Grecs arrêtés, dont cinq seront livrés à la Porte, les trois autres, en qualité de sujets de l'empereur, ayant été condamnés à un bannissement perpétuel. Rhigas n'était pas seul à la tête du parti qu'il avait formé; il était puissamment secondé par Mawroyeni, neveu du fameux hospodar de ce nom ; mais Mawroyeni, qui partit l'an passé, est tranquille à Paris, tandis que l'infortuné Rhigas marche au supplice. » Vainement Rhigas et ses compagnons d'infortune demandèrent-ils, comme une grâce spéciale, de n'être point livrés aux féroces agens du gouvernement de Constantinople, mais de subir la mort au sein de leurs familles et au milieu de leurs nouveaux amis : leurs cris ne furent point entendus. Leurs conducteurs, craignant toutefois que Passwan-Oglou ne leur arrachât ces honorables victimes, les décapitèrent à Belgrade, par ordre du pacha de cette ville, les précipitèrent dans le Danube, et leur épargnèrent ainsi les tourmens horribles qui les attendaient. Cette catastrophe, qui fit frémir toute la Grèce, et une grande partie de l'Europe, arriva en 1798, vers le milieu du mois de mai. Rhigas n'était alors âgé que de 45 ans. Après cet événement funeste, Anthime, patriarche de

Jérusalem, doyen des prélats grecs, inspirant la plus grande vénération, et jouissant d'une puissante influence, publia, par ordre de la Porte, une *Circulaire paternelle* adressée à tous les Grecs, et imprimée à Constantinople (Voy. la *Décade philosophique*, 7ᵉ année, 4ᵉ trim., p. 218). Dans cet écrit, dicté par Selim III, alors empereur des Turcs, le patriarche conseillait à ses co-religionnaires de l'Orient de rester fidèles à la sublime Porte, de regarder le grand-seigneur comme le souverain légitime, etc. Cette circulaire fut complètement réfutée par un ami de Rhigas ; la réfutation portait : *Circulaire fraternelle à tous les Grecs soumis à l'empire ottoman, ou réponse à la circulaire paternelle, publiée à Constantinople, sous le nom supposé du vénérable patriarche de Jérusalem*, Rome (Paris), 1798, in-8° de 58 pages. Dans sa préface, l'auteur s'écrie avec une fierté digne des beaux temps de la Grèce : « Déclarons au monde entier, pour réfuter cet écrit insensé, que la haine pour les féroces musulmans a de profondes racines dans nos cœurs, et que si nous n'avons pas encore secoué le joug qui pèse sur nos têtes, on ne doit pas pour cela nous accuser de lâcheté. C'est la jalousie seule de quelques puissances de l'Europe qui retarde pour nous l'heure de la liberté. » L'auteur déplore ensuite la mort de Rhigas et de ses compagnons. « Je crois, dit-il, voir des anges descendre du ciel, tenant des palmes immortelles pour couronner ces martyrs de la religion et de la liberté. » Il termine son éloquente préface par ces paroles remarquables : « Daigne accueillir avec bienveillance, ô ma chère patrie ! recevez avec bonté, ô mes chers compatriotes, descendans des antiques Grecs ! cette circulaire fraternelle, bien différente de celle qui porte le faux titre de paternelle ! Que le fer ni le feu ne refroidissent point dans vos cœurs l'amour brûlant de la patrie, la haine irréconciliable contre la tyrannie. Ayez toujours présens devant vos yeux les maux de toute espèce que vous fait éprouver chaque jour la nation féroce des Turcs. Reppelez-vous les expressions sublimes de nos ancêtres pour s'animer mutuellement contre les Perses : *Enfans des Grecs, partez, délivrez votre patrie, délivrez vos enfans, vos femmes, les dieux de vos pères, les tombeaux de vos ancêtres ; c'est aujourd'hui qu'il faut combattre pour tous ces objets sacrés* (*Eschy. Pers.*, v. 202, 4). Voilà les paroles que j'adresse à tous les Grecs en général. Pour vous qui êtes à la tête de la nation, laïques honorés du nom d'archontes, membres du clergé appelés très-saints, etc., je vous rappelle que la prudence ou la piété des fidèles ne vous a donné ces noms imposans, qu'afin que vous les conduisiez en pasteurs éclairés et vigilans, en vrais ministres de Dieu, *librement et non par la force* (Épître de saint Pierre, 1, ch. 5, v. 2); que vous soyez pour tous *le sel et la lumière* (saint Mathieu, v. 13, 14) etc. » La mort de Rhigas fit naître quelques opuscules écrits en grec moderne, dont le plus remarquable est celui qui porte le titre de *Nomocratia*, et qui est dédié aux *mânes de Rhigas*, de cet homme infortuné, mais vraiment extraordinaire, qui a laissé dans les annales de la Grèce moderne un nom justement immortel. Cette notice est de M. C. Nicolo-Poulo, jeune grec attaché à la bibliothèque de l'institut royal de France, et dont le patriotisme et les talens littéraires sont connus de ses concitoyens et des Français, chez lesquels il a trouvé une seconde patrie.

RIBARD (N.), négociant, ex-maire de Rouen, chevalier de la légion-d'honneur, fut élu, en 1815, par le département de la Seine-Inférieure, membre de la chambre des Députés, où il s'est constamment montré un des habiles orateurs du côté droit. Il vota avec la majorité en 1815, et siégea au côté droit les années suivantes. De 1816 à 1817, dans la discussion du budget, il demanda la division des deux amendemens de M. de Villèle, relatifs à la fixation à 40,000 fr. du *maximum* des traitemens, et à la réduction que les ministres devront faire subir aux traitemens des fonctionnaires employés sous leurs ordres. De 1818 à 1819, il proposa, relativement à l'année financière, un moyen d'éviter l'inconstitutionnalité qu'on reprochait au projet de loi. « C'est vers ce but, dit-il, que s'est portée toute ma pensée. Le changement de l'année financière est indispensable ; mais entre la fin de la dernière année de l'ancien système et le commencement de la première année du nouveau, il y aura un interstice qui n'appartiendra ni à une année ni à l'autre : c'est un écartement, ou, si je puis dire, une rupture qui sera faite à l'instant même où l'on aura prononcé que l'année financière de 1819 finissant le 31 décembre, celle de 1820 commencera le 1ᵉʳ juillet suivant : » il proposa en conséquence de régler, par une loi spéciale ou, par un budget, le service de cette période. Quant à la presse, il attaqua dans la rédaction les mots de *morale publique* et *de bonnes mœurs* comme insuffisans, et dit, en frappant à la fois juste et fort : « A force de concessions faites aux idées prétendues philosophiques, nous en sommes venus, dit l'orateur, à ne pas oser prononcer le nom de Dieu.... ; les uns se débarrassent de Dieu en le niant, d'autres le tolèrent en s'en moquant. » Il reconnaît cependant avec une haute modestie la difficulté de résoudre la question, et, pour donner à la loi le plus de latitude possible, il propose un amendement ainsi conçu : *Tout outrage à la majesté divine, à la croyance et à la morale chrétienne, aux bonnes mœurs*, sera puni, etc. Il s'attacha à faire ressortir tous les vices résultant, selon lui, de l'application du *jury* aux délits de la presse. « Le malheureux, dit éloquemment l'orateur, qui ne sait pas lire, mais qui, dans un état d'ivresse, aura cousu une loque à son chapeau, va s'asseoir insolemment à côté du grand homme dont la plume de feu allait éclairer ou embraser le monde ; vous voyez à quels résultats bizarres cette loi nous conduit. » Cet honorable député regarde le jury dans les délits de la presse comme une mesure d'exception, une inconséquence; il laisse d'ailleurs à des hommes plus habiles le soin de faire disparaître les difficultés qu'il trouve dans l'article du projet sur la presse; il en vote le rejet. Enfin, lorsqu'il fut question des voies et moyens, il prononça un discours en faveur des manufactures de coton, et appuya l'amendement de M. Duvergier-de-Hauranne, tendant à diminuer le tarif des droits à l'entrée des cotons en laines. M. Ribard, réélu en 1819, subit la dissolution de 1823, et fut nommé de nouveau par son département en 1824.

RIBAS (Joseph de), amiral et général russe, naquit à Naples, d'une famille originaire d'Espagne. Quelques intrigues l'ayant fait bannir d'Italie, il se réfugia à Livourne, et y fut accueilli par le comte Alexis Orloff, commandant de la flotte russe, destinée à l'enlèvement de la malheureuse fille de l'impératrice Élisabeth (*voy.* Catherine II, Orloff et Radziwil). Ribas le seconda dans cet exploit honteux, et se rendit, avec une recommandation d'Orloff, à Saint-Pétersbourg, où il fut placé au corps des cadets, en qualité d'officier-instructeur. Ce poste le mettait en rapport avec le vieux Betzkoï, directeur-général de ce corps, et le zèle avec lequel il le remplit, lui mérita sa confiance au point qu'il lui donna sa fille en mariage, et qu'il détermina l'impératrice à lui confier, pour l'accompagner dans ses voyages, le fils qu'elle avait de Grégoire Orloff. De retour en Russie, Ribas obtint, pour récompense, un régiment de carabiniers. Le prince

Potemkin ajouta bientôt à cette faveur le grade d'amiral de la flottille qui, dans la campagne de 1790, devait remonter le Danube pour favoriser l'attaque de Kilia et d'Ismaël. Il eut la plus grande part à l'heureuse issue de cette entreprise, en chassant les Turcs de Cadgia-Bey. Dirigeant ensuite une autre flottille, qui, le 22 décembre, attaqua par eau la forteresse d'Ismaël, il parvint au pied des remparts avant toutes les colonnes de terre, et contribua puissamment à leur succès. Resté, après ce siége, à la tête de la flottille russe, il se distingua de nouveau le 11 avril 1791, et s'associa, par des services signalés, à la victoire que remporta le prince Gallitzin. En octobre suivant, il fut nommé l'un des trois commissaires chargés de traiter de la paix avec les Turcs, au congrès de Jassy. En décembre, il se trouva à Galaz au moment où l'ennemi allait incendier la flotte et les magasins russes, et fit échouer ses projets. Il quitta, en juillet 1792, Kiliar, et se rendit en Crimée avec son escadre, et reçut, en 1793, une gratification de 20,000 roubles pour la conduite qu'il avait tenue lors des négociations de Jassy. A la paix, il fut chargé de l'inspection des travaux d'Odessa et de quelques autres ports que Catherine II faisait construire sur la mer Noire. Il obtint, après la mort de Potemkin, la protection de Zoubow, qui l'opposa à l'amiral Mardwinow. Ribas mourut, il y a quelques années, dans l'obscurité.

RIBEREAU (Jacques), député en 1792, par le département de la Charente, à la convention nationale; il vota dans le procès du roi avec la majorité. Il signa la protestation du 6 juin 1793 contre la journée du 31 mai, et fut un des 73 conventionnels mis alors en arrestation, et réintégrés en décembre 1794. Ribereau passa après la session au conseil des cinq-cents, et en sortit en 1798. Peu après, il fut nommé membre de la commission intermédiaire, et perdit cette place après le 18 brumaire; il resta sans fonction sous le gouvernement impérial; mais ayant obtenu de l'emploi pendant les *cent jours*, en 1815, il a quitté la France en vertu de la loi du 12 janvier 1816.

RIBES (L.), homme de loi à Perpignan, et ancien subdélégué, était membre du département des Pyrénées-Orientales à l'aurore de la révolution. Il fut nommé par ce département député à l'assemblée législative le 4 juin 1792; il attaqua ce qu'on appelait alors le parti d'Orléans, réfuta Chabot, qui, en dénonçant le comité autrichien, inculpait le roi, et demanda un décret d'accusation contre le duc d'Orléans, Dumouriez et Bonnecarère. Ce discours fut écouté avec une défaveur marquée, et un grand nombre de députés demandèrent à grands cris que l'orateur fût déclaré fou. Depuis cette époque, M. Ribes a cessé de figurer dans les assemblées législatives.

RIBES (Anne-Arnaud de), colonel du génie, directeur des fortifications, commandeur de la légion-d'honneur, chevalier de Saint-Louis, etc., naquit à Saint-Félix, arrondissement de Villefranche, département de la Haute-Garonne, le 5 janvier 1731. Destiné à l'état militaire, il fit d'excellentes études, et fut nommé, en 1768, lieutenant du génie de seconde classe à l'école de Mézières. Il devint chevalier de Saint-Louis en 1782, pour récompense de ses services, et en 1793, il était lieutenant-colonel de son arme; il fut désigné pour servir dans l'armée des Pyrénées-Orientales; on dut à ses savantes dispositions la prise de Collioure, Figuères et Roses, en 1794 et 1795. A la paix avec l'Espagne, il fut nommé sous-directeur des fortifications à Toulouse, et obtint, le 20 mars 1796, le grade de colonel du génie. Le premier consul Bonaparte lui confia, en 1803, le soin de fortifier l'île d'Elbe. Ribes obtint, le 18 décembre de la même année, la décoration de la légion-d'honneur. Le 15 juin 1804, il fut nommé officier du même ordre, et le 13 mars 1805, directeur des fortifications à Perpignan. Lors de la guerre d'Espagne en 1808, l'empereur désigna le colonel Ribes pour faire une seconde fois le siége de la ville et du port de Roses, que ce dernier avait déjà réduits en 1795. Il ne fut pas moins heureux en cette circonstance; il triompha de la force des lieux ainsi que de la résistance des assiégés. Sa récompense fut le titre de commandant de la légion-d'honneur, qu'il reçut en décembre (1808). Le colonel Ribes, que ses infirmités obligèrent à demander sa retraite, mourut à Saint-Félix, le 11 janvier 1811.

RIBES (François), médecin du roi (*voy.* le *Supplément* du tom. XVIII).

RIBET (N.), négociant, nommé au mois de septembre 1792, par le département de la Manche, député à la convention nationale, vota dans le procès du roi la peine capitale, mais avec la restriction que cette sentence ne serait exécutée qu'après l'expulsion de tous les membres de la famille royale. Après la session, M. Ribet est rentré dans ses foyers, et a cessé d'être en évidence.

RIBOUD (THOMAS - PHILIBERT), ex-législateur et magistrat, membre de la légion-d'honneur, correspondant de l'institut (académie royale des inscriptions et belles-lettres), est né à Bourg, département de l'Ain, le 24 octobre 1755. A l'époque de la révolution, dont il adopta les principes avec sagesse, il était procureur du roi au présidial, et subdélégué de l'intendant de Bourgogne. Il fut nommé, en 1790, procureur-général-syndic du département de l'Ain, et au mois de septembre 1791, membre de l'assemblée législative. Il vota constamment avec le parti modéré, et se livra au travail des bureaux; il ne fut pas renommé à la convention nationale. Bientôt incarcéré comme suspect, il échappa néanmoins au régime de la terreur, et fut rappelé après la chute de Robespierre, le 9 thermidor an 2 (27 juillet 1794), aux fonctions de procureur-syndic, puis à celles de juge au tribunal civil. Le directoire-exécutif le nomma son commissaire près de l'administration centrale de l'Ain. Successivement membre du conseil des cinq-cents en 1797, juge au tribunal d'appel de Lyon, chevalier de la légion-d'honneur à la création de cet ordre, enfin membre du corps-législatif en 1806, il fit partie de la commission de législation civile et criminelle. A la réorganisation des tribunaux en 1811, il devint président à la cour impériale de Lyon. Il exerçait encore ces hautes fonctions judiciaires lorsque, par une nouvelle élection, il rentra, le 6 janvier 1813, au corps-législatif, dont il ne cessa de faire partie que lors des événemens du 20 mars 1815. Il avait voté, dans la séance du 29 août 1814, contre l'aliénation des forêts nationales, et parlé, dans la discussion du 22 décembre suivant, en faveur de la réduction du nombre des membres de la cour de cassation. Nommé pendant les *cent jours*, en 1815, à la chambre des représentans, par le département de l'Ain, son élection ayant été contestée, il réclama plusieurs fois pour qu'elle fût maintenue. Il reprit ses fonctions judiciaires après la seconde abdication de Napoléon ; mais peu après il fut remplacé ; il conserva toutefois le titre de président honoraire. M. Riboud a publié les ouvrages suivans : 1° *Discours prononcé à l'assemblée générale du tiers-état de Bresse*, tenue à Bourg, 1781, in-8°; 2° *Mémoire sur l'origine, le but et les travaux de la société de Bourg*, 1783, in-8°; 3° *Etrennes littéraires*, 1785, in-8°; 4° *Éloge d'Agnes Sorel*, 1786, in-8°; 5° *Discours sur l'administration ancienne et moderne de la Bresse*, 1787, in-8°; 6° *Discours sur les moyens à employer pour subvenir aux besoins publics*, 1790, in-8°; 7° *Exposition et emploi d'un moyen intéressant de disposer des eaux pour les travaux publics, l'agricul-*

ture, les arts, etc., 1796, in-4°; 8° *le Calendrier des grands hommes.* Il avait fait imprimer en 1814, dans le recueil de l'académie de Dijon, un Mémoire sur les *aiguilles de glace* qui se forment à la superficie de la terre, et un autre sur un *tremblement de terre* qui se fit sentir à Bourg-en-Bresse, le 15 octobre 1784.

RIBOUD (N.), conseiller à la cour royale de Lyon, fils du précédent, entra dans la carrière judiciaire en qualité d'auditeur à la cour d'appel de Lyon, et devint successivement procureur du roi à la cour d'assises de l'Ain, et en janvier 1816, conseiller à la cour royale de Lyon. Depuis plusieurs années, M. Riboud a cessé d'être porté en cette qualité sur l'almanach royal.

RIBOUTTÉ (J. L.), né à Lyon vers 1770, exerça long-temps à Paris les fonctions d'agent de change, résigna son emploi, et se voua au culte des muses, en se réservant néanmoins quelques opérations de finances. M. Riboutté a donné au Théâtre-Français : 1° l'*Assemblée de Famille*, comédie en cinq actes et en vers, 1808, in-8°. Cette pièce fut jugée digne de concourir, en 1810, pour le grand prix de première classe de l'institut. Voici le compte qu'en a rendu le jury chargé d'examiner les ouvrages admis au concours : « Cette comédie a eu un succès marqué, qui s'est toujours soutenu ; c'est un tableau de mœurs qui ne manque ni de vérité, ni d'intérêt, avec une action faiblement intriguée, mais qui attache doucement, et qui n'a jamais rien de choquant ; mais où n'y trouve ni originalité d'idées, ni verve comique, ni traits de caractère ou de mœurs fortement prononcés ; le style en est naturel, correct, mais faible et sans poésie. » 2° Le *Ministre anglais*, comédie en cinq actes et en vers, 1812, in-8° : cette pièce a été moins favorablement accueillie que l'*Assemblée de Famille*. 3° *La Réconciliation par ruse*, 1818. M. Riboutté n'a pas été épargné par la critique ; parmi plusieurs épigrammes plus ou moins piquantes, on cite celle-ci :

Riboutté dans ce monde a plus d'une ressource :
Il spécule au théâtre, et compose à la bourse.

RICARD (L'ABBÉ DOMINIQUE), nouveau traducteur de *Plutarque*, naquit à Toulouse, département de la Haute-Garonne, le 23 mars 1741. Il entra dans la congrégation des doctrinaires, et y professa avec distinction les belles-lettres. Ce fut dans le repos qu'offraient aux érudits les maisons religieuses, que Ricard entreprit l'important ouvrage qui l'occupa durant toute sa vie. Il jugea que dans la capitale seule il pourrait trouver les secours qui lui étaient nécessaires pour achever son travail, et il vint à Paris, où il consacra alternativement son temps à donner des leçons particulières et à faire passer dans notre langage les beautés du biographe grec. La seule traduction d'Amyot, si remarquable par la naïveté, la simplicité et la grâce, pouvait le faire hésiter dans son entreprise ; mais il considéra qu'elle avait vieilli avec la langue, aujourd'hui presque entièrement renouvelée. En effet, Amyot ne peut en quelque sorte être lu avec un intérêt et un plaisir soutenus, que par les gens de lettres à peu près seuls capables de sentir encore le charme de son vieux langage; et sans vouloir ravir l'estime qu'on a accordée à Amyot, et dont rien ne peut le priver, l'abbé Ricard mit au jour, en 1783, le premier volume des *OEuvres morales*. Dusaulx, traducteur en prose de *Juvénal*, lui écrivit : « J'ose vous prédire que vous fournirez glorieusement la carrière immense dans laquelle vous vous êtes jeté avec tant de courage. On dira quelque jour le *Plutarque de Ricard*, comme on a dit jusqu'à présent le *Plutarque d'Amyot.* » Dusaulx, qui au surplus n'est pas une autorité, eût peut-être mieux fait de s'exprimer d'une manière moins sentencieuse. Jusqu'à présent le vieux traducteur est encore le plus généralement et peut-être même le seul connu. Le nouveau traducteur fut encouragé dans son travail par le suffrage des savans et des littérateurs. La traduction des *OEuvres morales* ne fut terminée qu'en 1795, et le *Plutarque* complet ne parut (30 vol. in-12), pour les derniers volumes, qu'en 1803, peu de mois après la mort de l'auteur, arrivée le 28 janvier de cette année. « Les notes qui accompagnent partout le texte de Plutarque, dit M. Villenave, ami de l'abbé Ricard, sont une mine féconde de saine critique et d'érudition ménagée avec goût. Plutarque avait jugé trop sévèrement quelques écrivains de l'antiquité, surtout les poètes les plus célèbres. Ricard n'a pas craint de réformer les jugemens trop passionnés du philosophe de Chéronée ; les notes qui sont jointes aux traités obscurs et difficiles sur les *Oracles*, et sur l'*Inscription du temple de Delphes*, suffiraient pour faire apprécier la vaste et sage érudition du traducteur. Les amis de l'abbé Ricard reconnurent qu'il s'était peint lui-même sans le vouloir, en traçant le portrait de Plutarque, dans l'excellente vie de cet écrivain, qui, après avoir écrit celles de tant d'hommes célèbres, n'avait pas jusqu'alors trouvé un historien digne de lui. Il conserva toujours, dit Ricard, la modération dans la sagesse, qualité si rare et si difficile. Il n'enseigna qu'une philosophie douce et raisonnable, indulgente avec fermeté, conciliante sans mollesse, invariable dans ses principes, mais accommodante sur les défauts, qui ne transige jamais avec les passions, mais qui ménage l'homme faible pour gagner sa confiance et le mener à la vertu par la persuasion. Si tel fut Plutarque, tel fut aussi Ricard. » Cet estimable littérateur a encore publié un poëme sous le titre de *la Sphère*, Paris, 1796, in-8°. Ricard avait peu de talent pour la poésie didactique. Les épisodes de son poëme sont froids, et les vers généralement faibles. C'est lui qui créa, en 1795, le *Journal de la religion et du culte catholique*, qui parut depuis sous le titre d'*Annales philosophiques, morales et littéraires ;* il eut pour collaborateur l'abbé Sicard, et pour continuateur l'abbé de Boulogne. Il a publié le *Traité sur la superstition*, et le *Traité sur l'enthousiasme*, 1 vol. in-12, ouvrage posthume de l'abbé Pluquet, auquel l'éditeur ajouta une notice sur la vie et les écrits de cet auteur. En 1789, il avait donné sous le voile de l'anonyme, une brochure sur *les Prophéties de M*^{lle} *Labrousse*. Il a laissé en manuscrit différentes traductions, un *Voyage en Suisse*, et un grand nombre de *Poésies fugitives*. « L'abbé Ricard, dit M. Villenave, avait désiré faire partie de l'académie des inscriptions et belles-lettres. Ses amis le décidèrent, en 1785, à demander la place vacante par la mort de M. de Burigny; il fit les démarches nécessaires, et son attente fut trompée. Trois ans après, M. de Barentin, son ami particulier, fut nommé garde-des-sceaux; alors les portes de l'académie parurent prêtes à s'ouvrir d'elles-mêmes, et l'abbé Ricard m'écrivit, le 14 novembre 1788. Mon parti est bien pris, depuis long-temps, de ne plus penser à l'académie, et cette nouvelle démarche où je vois que l'espérance de plaire à un ministre qu'on sait me vouloir du bien, a tant de part, aurait suffi pour m'en éloigner, si ma résolution n'eût pas été prise d'avance irrévocablement. » M. Villenave termine ainsi l'éloge de cet estimable littérateur : « Nul savant, nul écrivain ne fut son ennemi. Les suffrages de tous les journaux, pendant vingt années, furent à la fois un hommage rendu à ses vertus, et la douce récompense de ses veilles. »

RICARD (LE COMTE ETIENNE PIERRE-SYLVESTRE), pair de France, lieutenant-général, commandeur de l'ordre de Saint-Louis et grand-officier de la légion-d'honneur, né le 31 décembre 1771, embrassa jeune la carrière militaire, et s'y distingua bientôt. Nommé sous-lieutenant d'infanterie le 15 septembre 1791, sa bravoure et ses talens le portèrent rapidement au rang de colonel. Il fut long-temps attaché, en qualité de premier aide-de-camp, au maréchal Soult, duc de Dalmatie; fut nommé général de brigade le 13 novembre 1806, commandant de la légion-d'honneur le 7 juillet 1807, et autorisé le 16 avril 1808 à porter le grand-cordon de l'ordre de Saint-Henri de Saxe. Le général Ricard fut cité honorablement en plusieurs occasions pendant la guerre contre l'Autriche, passa en 1810 en Espagne, et fut rappelé en 1812, pour faire partie de la malheureuse expédition de Russie, et se distingua de nouveau le 6 juillet de cette année. A la tête d'un détachement de hussards noirs prussiens, dits de la mort, il sauva les magasins de Ponuwitz, qui renfermaient 30,000 quintaux de farine, et fit un grand nombre de prisonniers. Le 1er août suivant, il chassa l'ennemi de Dunabourg, s'empara de cette ville, et prit bientôt une part glorieuse à la sanglante victoire de la Moskowa, après laquelle il fut promu au grade de général de division. Le 2 mai 1813, il combattit avec la même valeur à la bataille de Lutzen, enleva le poste important de Kaya, défendu avec acharnement par l'ennemi, et fut nommé grand-officier de la légion-d'honneur sur le champ de bataille. Dans la campagne suivante de l'intérieur de la France, il se distingua, le 11 février 1814, à la bataille de Montmirail et à l'attaque du village de Marchais, pris et repris plusieurs fois dans la même journée. Après la rentrée du roi, le général Ricard fut nommé chevalier de Saint-Louis, et investi du commandement de la 12ᵉ division militaire. Il accompagna le roi à Gand, et rentra en France avec ce prince, qui l'éleva à la dignité de pair le 17 août 1815, et lui donna successivement le commandement des divisions militaires de Toulouse et de Dijon. Il fait aussi partie de l'état-major-général créé en 1818. Le général Ricard a publié les ouvrages suivans : 1° *Lettre d'un militaire sur les changemens qui s'annoncent dans le systéme politique de l'Europe*, Paris, 1788, in-8°; 2° *Fragmens sur la situation politique de la France au premier floréal an 5*, Paris, 1797, in-8°.

RICARD (L. A. C.), veuve Lefebvre, était née à Fécamp, en Normandie. Devenue veuve après avoir épousé un sieur Lefevbre, elle se trouva, par un second mariage, la belle-mère de Pétion (*voy.* Pétion). Révérée tant que celui-ci fut puissant, mais dès qu'il fut proscrit, arrêtée à Chartres, où elle était domiciliée, cette dame fut traduite au tribunal révolutionnaire de Paris, et condamnée à mort comme contre-révolutionnaire, et pour avoir applaudi à l'évasion de l'ex-ministre Lebrun, et avoir déclaré que les *Brissotins* et les *Girondins* étaient de bons républicains; comme aussi d'avoir dit que « pour le bonheur du peuple, il faudrait peut-être un roi. » Elle fut exécutée le 23 septembre 1793, à l'âge de 56 ans.

RICARD-DE-SÉALT (N.), avocat à Toulon à l'époque de la révolution, fut élu, en 1789, député du tiers-état de la sénéchaussée de cette ville aux états-généraux; il présenta en août un écrit signé par 16 curés, qui renonçaient au nom de l'église, au droit de dîmes, et tandis que d'un côté, il justifiait les officiers municipaux et les citoyens de Toulon, accusés d'exciter des émeutes par leur exaltation, de l'autre, il rejetait tous les torts dont on se plaignait sur les officiers du port, qu'il qualifiait d'ennemis du peuple. Le 26 août 1790, il s'éleva avec force contre les ministres, et engagea, avec une franchise toute républicaine, ceux qui étaient trop faibles pour leurs places à y renoncer plutôt que de les mal gérer. Peu de jours après, il attaqua nommément le ministre de la marine, M. de la Luzerne, et proposa de déclarer qu'il avait perdu la confiance de la nation. En avril 1719, il entretint l'assemblée de l'organisation de la marine, et fut élu secrétaire le 15 mai. Il obtint en 1800, la préfecture de l'Isère, et signala son administration en s'opposant aux prétentions excessives du clergé. Il mourut le 12 février 1802, des suites d'une hydropisie de poitrine.

RICARDOS-CARILLO (LE COMTE DON ANTONIO), célèbre général espagnol, né le 12 septembre 1727, servit d'abord dans le régiment de Malte, dont son père était colonel, et fut élevé, dès sa quatorzième année, au grade de capitaine; il se trouva aux batailles de Parme et de Tidone, dans lesquelles il déploya une valeur brillante, qui lui valut, à l'âge de 16 ans, le grade de colonel. Il fit en cette qualité la guerre contre le Portugal, et y soutint la réputation qu'il s'était précédemment naissant de tant de faveurs, en composant un long poëme, intitulé : *Fasti di Gioacchino*, dans lequel il retraça les exploits de son bienfaiteur. Au retour du roi Ferdinand dans ses états, M. Ricci conserva les places de professeur d'éloquence à l'université, et de membre des directions d'instruction publique et des spectacles. Il dut y renoncer quelque temps après, à cause de l'affaiblissement de sa santé et du grand âge de son père, qui lui faisait un devoir de retourner en province. Il mit à profit ces jours de loisir pour achever un poëme épique, intitulé : *l'Italiade*, dont le sujet était les guerres de Charlemagne en Italie, et son triomphe sur Didier, dernier roi des Lombards. M. Ricci est aussi auteur d'un grand nombre de poésies fugitives, de traductions en vers, et de variétés littéraires répandues dans plusieurs journaux italiens. Il est maintenant occupé à surveiller l'impression d'un nouveau poëme héroïque, qui, sous le titre de *San Benedetto*, présentera le tableau de la première restauration des lettres et des arts en Italie, au temps de ce fameux cénobite. Cet ouvrage sera accompagné de notes et de renseignemens historiques puisés dans les chroniques et les monumens du moyen âge. M. Ricci est doué d'une mémoire prodigieuse, et a une grande facilité à exprimer noblement ses pensées. La faiblesse de sa vue ne lui permet plus de beaucoup lire; mais l'habitude de la méditation et les nombreux souvenirs qui lui restent de ses lectures passées, lui suffisent pour alimenter son esprit et tenir son imagination en haleine. Il s'abandonne à ses propres inspirations, ne pouvant plus suivre celles des autres. Ses ouvrages sont : 1° *De Gemmis*, Naples, 1796, in-4°; 2° *Cosmogonia Mosaica, fisicamente sviluppata, e poeticamente esposta*, Rome, 1802, in-4°; 3° *il Filantropo dell' Appennino, o meditazioni sulla creazione del mondo*, ibid; 4° *la Villa del Vomero*. Naples, 1809, in-folio; 5° *Gli Amori delle piante*, ibid., 1809, in-8°; 6° *Arcadia de' Classici italiani*, in-4°, ibid., 1811. L'auteur y fait preuve de son heureuse aptitude à imiter le style des principaux poètes italiens. 7° *Fasti di Gioacchino Napoleone*, en 12 chants et en tercets, ibid., 1813, in-4°; 8° *L'Italiade*, poëme, Livourne, 1819, in-8°; 9° *Idillii*, Pise, 1822, in-16; 10° *Lettere mitologiche ad Emilia*, Livourne, 3 vol. in-12, avec fig.; imitation de celles de Dumoustier.

RICCI (Ludovic), né en 1730, à Chiari, près de Brescia, fit ses études au séminaire de cette ville, et devenu en état de s'adonner à des travaux littéraires, il fut engagé par le comte Mazucchelli à faire des recherches, et même à fournir quelques articles à son grand ouvrage des *Scrittori d'Italia*. Telle était la réputation à laquelle il s'était élevé, que Tiraboschi et Facciolati ne dédaignèrent pas de le consulter pour leurs ouvrages. Nommé chanoine-curé à Chiari, Ricci se sépara de ses amis sans renoncer à ses études, qu'il ne cessa point de continuer au milieu de ses nouveaux devoirs. Lorsque l'insurrection éclata sur le territoire de Brescia, pour arrêter les progrès de l'armée française, Ricci fut envoyé en otage à Milan, où il passa trois mois dans les fers. A peine eut-il recouvré la liberté qu'il rentra au sein de sa famille, où il reprit ses études, et acheva la traduction des psaumes qu'il avait commencée dans son cachot. Il mourut à Chiari le 24 juillet 1805. Ses ouvrages sont : 1° *Orazione in morte di Petro Faiglia, prevosto di Chiari*, Brescia, 1768, in-8°; 2° *de Vitâ Petri Falcœ, commentarius*, ibid., 1770, in-8°; 3° *Notizie di Giovanni Olivieri*, dans le tom. XX de la *Nuova raccolta Calogerana*; 4° *de vitâ scriptisque V. M. Imbonati*, ibid., 1773, in-8°; 5° *Dissertazione intorno all' eccelenza dell' etica cristiana*, traduit du latin de Tamburini, ibid., 1786, in-8°; 6° *Notizie intorno alla vita ed all opere di M. Giovita Rapiccio*, dans le 1er volume de la *Biblioteca ecclesiastica*, etc., Pavie, 1790, in-8°; 7° *Memorie intorno alla vita della contessa Uggeri Duranti*, Brescia, 1793, in-8°; 8° *Notizie intorno alla vita ed agli scritti di Fausto Sabeo da Chiari*; 9° *Memorie intorno alla vita ed alle gesta del cardinal Gabriele Rangone*; 10° *Notizie intorno alla vita ed agli scritti di Luigi Adelasi*; 11° *Elogio istorico della contessa Secco Soardi Grismondi* (*Lesbia Cidonia*). Les quatre derniers ouvrages, légués par l'auteur à son ami l'abbé Begni, n'ont pas encore été publiés.

RICCI (SCIPION), évêque de Pistoia et de Prato, parent éloigné du dernier général des jésuites, naquit à Florence en 1741. Élevé au séminaire romain, il se serait engagé dans l'institut de Loyola si ses parens ne l'en avaient pas détourné. Nommé auditeur du nonce à Florence, puis vicaire-général de l'archevêque Incontri, qui occupait le siège de la même ville, il ne tarda pas à être promu lui-même à l'évêché de Pistoia. Réprimer les désordres, combattre l'ignorance, encourager la piété et la vertu, répandre des lumières, remettre en vigueur les règles de l'ancienne église, tel fut, en acceptant l'épiscopat, le but qu'il se proposa, et qu'il remplit dignement à travers des persécutions et des contrariétés de toute espèce : cependant les temps n'avaient jamais été plus favorables à l'accomplissement de ces vœux. Léopold régnait alors en Toscane, et suivait le même système d'innovation que son frère Joseph II à Vienne. Ricci se rapprocha du grand-duc, qu'il dirigea et encouragea par ses conseils. Il lui suggéra différentes mesures tendant à soumettre le pouvoir spirituel à l'autorité temporelle; et servant d'exemple aux autres évêques, il leur apprenait à régler les cérémonies, à réformer l'enseignement, à diminuer les processions et les fêtes, à abolir les confréries, et à rendre la discipline ecclésiastique plus régulière. En 1781, Ricci publia une excellente instruction contre la dévotion au sacré-cœur, inconnue à l'église primitive, et qui conduit à des pratiques contraires à la morale et à la vraie piété. Il s'éleva ensuite contre la doctrine des indulgences, adopta le catéchisme de Gourlin, et fit traduire en italien une foule d'écrits de Bossuet, Arnauld, Nicole, et autres auteurs de l'école de Port-Royal. Pour mieux assurer le succès de ces réformes, l'évêque Ricci, en 1786, réunit auprès de lui, à Pistoia, un synode, dans lequel il obtint l'approbation de ses confrères aux quatre fameux articles sanctionnés, en 1682, par l'assemblée du clergé en France. Le grand-duc, approuvant tout ce que Ricci avait opéré, convoqua, pour le 23 avril de l'année suivante, un synode général d'évêques, qui devaient tracer, sur les bases de celui de Pistoia, le nouveau plan de réforme pour les églises de la Toscane. Les amis du pouvoir papal firent courir des bruits alarmans sur le but de cette assemblée : on débita que l'évêque Ricci avait supprimé la confession auriculaire, aboli la messe, changé le symbole, et surtout qu'il ne reconnaissait plus l'autorité du pape. Les calomniateurs, qui voulaient le noircir dans l'opinion publique, firent également éclater à Prato une émeute, dont les chefs auraient subi une peine aussi juste que sévère, si le digne évêque ne se fût hâté de réclamer en faveur de ses persécuteurs la clémence du grand-duc. Léopold combla d'éloges la conduite de Ricci, et fit imprimer à ses frais, et dans son palais même, les actes du synode (7 vol. in-4°), qui n'étaient que l'apologie complète de ses principes. Pie VI n'avait pas manqué d'adresser à l'évêque de Pistoia plusieurs brefs, contenant la désapprobation de ses actes : ce fut au moment où le combat était devenu plus acharné, que la mort de Joseph II priva Ricci d'un puissant appui, en appelant au trône impérial le grand-duc Léopold. Peu après le départ de ce prince, de nouveaux désordres eurent lieu à Pistoia et à Prato. Les chapitres des deux diocèses se déclarèrent contre leur évêque, qui, ne pouvant plus dompter leur esprit turbulent, jugea à propos de s'éloigner, et même de donner sa démission. Il annonça cette démarche au pape, qui lui répondit en condamnant le synode de Pistoia. Ricci, que le saint-siège avait engagé à se rendre à Rome pour assister à son procès, se défiant de cette invitation, évita une mortification, et peut-être un piège. Immobile au milieu de l'orage, appuyé sur sa conscience, et jouissant de l'estime des gens de bien, il vivait dans la retraite, occupé à nourrir les pauvres et à soulager les infortunés, lorsqu'il fut désigné comme l'une des victimes de la réaction royale en 1799. Les brigands d'Arezzo, conduits par le ministre anglais Windham, arrêtèrent Ricci à l'instigation de Mgr. Martini, archevêque de Florence, le plus chaud partisan de la cour de Rome. L'évêque de Pistoia fut jeté dans un cachot, où il passa trois mois, confondu avec les plus vils criminels. Transféré dans un couvent de dominicains, il y resta jusqu'au second retour des Français, qui le rendirent à la liberté. Le bigotisme de la cour d'Étrurie l'exposa à de nouvelles vexations de la part de ses ennemis, qui auraient voulu le déshonorer pour effacer jusqu'aux traces du bien qu'il avait voulu faire. Fatigué de lutter inutilement contre les préjugés, la mauvaise foi et les vices réunis, Ricci se décida à signer, le 9 mai 1806, une formule d'adhésion à la bulle *Auctorem fidei*, à laquelle il n'avait pas voulu se soumettre, et que le prélat Fenaia vint lui présenter au nom du pape. Ce fut à ce prix que Mgr. Ricci put acheter son repos, et attendre tranquillement sa mort, arrivée le 27 janvier 1810. Nous emprunterons les paroles d'un homme respectable, pour terminer cette notice d'une manière digne de celui qui en est le sujet. « Si Ricci eût été un de » ces pasteurs que l'écriture nom- » me des chiens muets, s'il eût vé- » gété dans l'inaction, s'il eût été » courtisan, si, au lieu d'employer » sa fortune en bonnes œuvres, il » avait eu une table splendide, et » tenu ce qu'on apelle un grand » état de maison, le monde aurait » vanté sa générosité et chanté ses » louanges; mais Ricci, qui savait » que les éloges des hommes ne » justifient nullement devant Dieu, » crut devoir lui sacrifier son temps, » sa fortune, ses talens et son re- » pos : aussi il n'eut que des enne- » mis et des persécuteurs. » L'histoire de sa vie est maintenant sous presse en Belgique, sous le titre de *Vie et Pontificat épiscopal de Scipion Ricci, évêque de Pistoia et de Prato, et réformateur du catholicisme en Toscane, sous le règne de Léopold*, 2 vol. in-8°, par M. de Potter, auteur de l'*Esprit de l'église*.

RICCIARDI (François), comte des Camaldules, membre de l'académie italienne, de la société royale de Naples, etc., est né en 1759, à Foggia, d'une famille honorable et dans l'aisance. Il fit ses études à Naples, et il n'avait que 11 ans lorsque le savant Martorelli lui dédia son anthologie grecque, comme au plus distingué de ses élèves. M. Ricciardi choisit la carrière du barreau, cultivant en même temps la jurisprudence, la littérature et les sciences; il se plaça bientôt au rang des premiers avocats de la capitale, et jeune encore, il était membre de la plupart des académies du royaume. Soit modération dans le caractère, soit prévision ou prudence, il fut simple spectateur de la révolution, qui, en 1799, établit à Naples une république de quelques mois, et il eut le bonheur d'échapper aux fureurs et aux persécutions qui signalèrent cette époque sanglante, quoique son courage à défendre quelques-unes des plus illustres victimes l'exposât à le devenir lui-même. M. Ricciardi jouissait en philosophe de ses succès au barreau, et d'une fortune acquise par ses travaux, lorsque les honneurs allèrent le chercher. En 1806, Joseph Bonaparte, qui venait de monter sur le trône de Naples, voulut choisir parmi les jurisconsultes l'homme de bien, le savant qui devait prendre part à la réforme des lois : la voix publique lui désigna Ricciardi. Nommé conseiller-d'état et président de la section de législation, il concourut à la recomposition de l'ordre judiciaire, que plus tard il acheva en qualité de grand-juge : les services éminens qu'il rendit alors à son pays ont forcé l'envie même de le louer. Le roi Murat lui accorda la même confiance que son prédécesseur, et pour qu'il eût une influence plus directe dans les affaires, il le plaça à la tête du département de la justice, auquel on avait réuni celui du culte. M. Ricciardi exerça ces importantes fonctions jusqu'au 20 mai 1815, jour où le roi Ferdinand remonta sur le trône, et où le ministre fut rendu à la tranquillité de la vie privée. Il en fut arraché une seconde fois, en 1820, par le prince héréditaire, qui lui envoya courrier sur courrier, à Ischia, pour le presser de reprendre les portefeuilles de la justice, du culte, et même de la police. Les vœux réunis du public, des amis intimes de Ricciardi, ceux du prince, et l'espoir d'être encore utile à sa patrie, le déterminèrent à se charger de ce triple fardeau. Parmi les monumens qui restent de cette courte administration, on se rappellera long-temps un rapport sur la réforme du code pénal, d'une loi sur le port d'armes, du projet d'une nouvelle organisation du pouvoir judiciaire, d'un coup-d'œil sur la situation des ministères de la justice, du culte et de la police, de quelques idées sur la composition du jury, et d'une circulaire aux évêques et aux curés du royaume. Les deux dernières productions, traduites en français, furent citées, par les journaux qui soutenaient le principe de la réformation politique de Naples, comme une preuve en faveur de la nation qui possédait de tels hommes et de tels ministres. Dans sa retraite de 1815 à 1820, M. Ricciardi avait mûri ses idées politiques. L'histoire d'Angleterre, celle de l'Amérique du nord, et les évènemens des derniers temps, lui avaient prouvé l'indispensabilité de la pondération et de la division des pouvoirs. Dès son début au ministère, il avait déclaré que la constitution des cortès, proposée et acceptée avec un égal aveuglement, était le plus défectueux des codes politiques. M. Ricciardi fit des efforts pour faire jouir ses concitoyens des bienfaits d'une constitution sage et libérale, appelée par les vœux de tous les hommes notables du pays, et consentie par la dynastie régnante, dont elle devait cimenter le pouvoir. Mal secondé dans ses desseins, ayant à combattre les malheureuses théories du parlement, les prétentions des carbonari, et les faux calculs de quelques esprits ambitieux, M. Ricciardi ne put jamais parvenir à persuader la majorité des hommes influens de cette époque de la nécessité de plusieurs modifications dans la constitution des cortès. Une dernière tentative fut faite. Le roi, dans un message du mois de décembre, proposa les bases d'un nouveau pacte social, enté sur l'ancien, et contenant les véritables principes du gouvernement représentatif, et toutes les garanties de la liberté civile. Par cette démarche, le monarque entrait de lui-même dans la révolution : la constitution réformée devenait son propre ouvrage. Les nouveaux gages de sûreté donnés à la couronne et à la paix générale ôtaient tout prétexte aux cabinets étrangers pour s'immiscer dans les affaires intérieures de ce pays; la nation napolitaine était sauvée, et les conséquences de ce nouvel ordre de choses étaient incalculables en faveur de la civilisation européenne : il n'en fut pas ainsi. Le parlement rejeta toute modification; Ricciardi donna sa démission; le roi partit pour Layback... on sait le reste! La nation, qui avait porté dans ce changement politique des intentions que des écrivains mercenaires se sont efforcés de calomnier, victime de quelques imprudens conseils, n'eut pas même la satisfaction de céder en combattant, et de pouvoir en appeler à son courage, pour faire honorer ses malheurs. Depuis cette catastrophe, M. Ricciardi, retiré dans sa *villa del Vomero*, l'une des plus belles situations de l'Italie, au milieu d'une famille aimable, dont il est chéri, entouré d'amis précieux, cultive les sciences et les lettres, et cherche à se dédommager dans le bonheur de la vie privée des infortunes publiques.

RICCOBONI (MARIE - JEANNE LABORAS DE MÉZIÈRES, FEMME D'ANTOINE - FRANÇOIS), suivit avec un succès bien différent la carrière du théâtre et celle des lettres. Comme actrice, elle fut constamment médiocre; comme romancière, elle a mérité une place distinguée parmi les dames qui ont rendu leurs noms célèbres dans la littérature. Elle naquit en 1714, et reçut une excellente éducation, quoique sa famille eût été ruinée par la banqueroute de Law. Habituée au travail, à la retraite, et à supporter toutes sortes de privations, elle ne s'aperçut de la perte de ses parens, qui la laissèrent orpheline de bonne heure, que par la tendre amitié qu'elle leur portait. Ses études littéraires, son penchant secret pour le théâtre, et le besoin de s'assurer un sort indépendant, la déterminèrent à débuter, en 1734, sur le théâtre Italien, dans une pièce de Marivaux, aujourd'hui presque inconnue, *le Sacrifice de l'Amour*. Reçue froidement, elle continua son service au théâtre sans jamais y faire aucune sensation. En 1735, elle épousa son camarade Riccoboni, acteur froid comme elle, mais homme instruit et homme d'esprit, recherché par la célèbre société du Caveau, et ami des Gentil Bernard, Crébillon fils, Saurin, Collé, etc. Après les premières années où il fut contracté, ce mariage, sans être malheureux, lui fit éprouver quelques chagrins. Riccoboni était peu fidèle aux liens de l'hyménée, et un penchant invincible pour l'alchimie nuisit constamment à sa fortune. Sa femme, dont il était tendrement aimé, qu'il estimait, répandit, par ses talens et le produit de ses ouvrages, l'aisance et le bonheur sur sa vieillesse. Mᵐᵉ Riccoboni avait quitté le théâtre en 1761, avant l'âge où elle aurait eu droit à la pension. Voisenon (dans les *Anecdotes littéraires*, du 4ᵉ vol. de ses *OEuvres*), dit: « On aurait dû lui en donner une pour la récompenser d'avoir quitté le théâtre où elle jouait fort mal, et de s'appliquer à faire de très-jolis romans. » Ce vœu de l'abbé de Voisenon fut accompli, et Mᵐᵉ Riccoboni obtint une pension sur la cassette du roi. Le premier ouvrage de cette dame, dont nous ne citerons que les principales productions, parut en 1757 : ce sont les *Lettres de miss Fanny Buttler*, où l'on a voulu voir l'histoire des propres chagrins de l'auteur. Quoique sévèrement traité par la critique, cet ouvrage eut du succès, et ce succès est d'autant plus flatteur, que Mme Riccoboni, âgée alors de 43 ans, ne devait rien à la galanterie des journalistes ni à l'enthousiasme des prôneurs. Sa seconde production, mise au jour en 1758, et donnée comme traduction de l'anglais, a pour titre : *Histoire du marquis de Cressy*. On y remarque un style pur, des réflexions pleines de finesse et des détails charmans. Elle fut traduite en anglais, Londres, 1759, in-12. Mme de Genlis trouve cette production l'une des plus faibles de Mme Riccoboni, qui, aux yeux de cette dame, a eu le tort de rendre le suicide intéressant : cette réflexion est sage en elle-même, mais elle paraît ici voiler un sentiment de peu de bienveillance pour une romancière rivale. La Harpe, juge plus désintéressé, regarde *l'Histoire du marquis de Cressy* comme « le meil- » leur ouvrage de l'auteur » : opinion qui ne fut pas générale, et dont La Harpe revint, comme on le verra plus bas. Les *Lettres de milady Catesby*, publiées l'année suivante (1759), balancèrent le succès de l'ouvrage précédent ; elles offrent un sujet plus heureux et un style plus ferme; elles fournirent le fond de *Cécile*, comédie en 3 actes, jouée aux Italiens en 1782. Mme Riccoboni donna, à la demande de son libraire, un roman intitulé *Ernestine*. C'est, aux yeux de La Harpe, le *diamant* de l'auteur ; il est le sujet d'un drame lyrique, en 3 actes, portant le même nom, et qui fut joué aux Italiens en 1777. L'*Amélie*, traduite librement, et abrégée du roman de Fielding, vint, en 1762,

fixer l'attention du public. Les esprits passionnés pour la littérature anglaise jetèrent les hauts cris à l'occasion de ce qu'ils appelaient la *mutilation* de Fielding, et Grimm, l'un d'eux, quoique ami de Mme Riccoboni, ne lui pardonna pas, littérairement parlant, d'avoir *gâté le roman d'Amélie*. Le public ne fut pas de l'avis de ces censeurs, et recherche encore la version de Mme Riccoboni de préférence à la traduction complète de Puisieux. Une chose assez singulière, c'est que Mme Riccoboni donne son travail comme le résultat de l'étude qu'elle venait de faire de l'anglais avec le secours d'une grammaire et d'un dictionnaire. Mme Riccoboni avait publié quelque temps auparavant la suite de *Marianne*, ouvrage de Marivaux. Voici comme Mme Fortunée B. Briquet, dans son *Dictionnaire historique des Femmes célèbres*, rend compte du motif de cette entreprise : « Saint-Foix soutint un jour chez Mme Riccoboni que le style de Marivaux était inimitable : cette dispute lui donna l'idée de faire la suite de *Marianne*. Deux jours après la contestation, on la lut sans en nommer l'auteur. Semblable à ces peintres qui rendent leur modèle avec tant de vérité, qu'on croit l'original et la copie produits par le même pinceau, Mme Riccoboni imita si parfaitement le style de Marivaux, que Saint-Foix lui-même y fut trompé. » L'*Histoire de miss Jenny Level* (1764) coûta beaucoup de temps et de peine à Mme Riccoboni, et lui fit dire : « L'étendue de mon esprit se borne sans doute à un volume. » Ce livre eut néanmoins un succès flatteur.

On jugea avec une trop grande sévérité sans doute les *Lettres d'Adélaïde de Dammartin, comtesse de Sancerre, à M. le comte de Rancé* (1766), où, sur une donnée principale, peut-être vicieuse, l'auteur a fait preuve d'un véritable talent d'exécution. Cet ouvrage fut traduit en anglais, Londres, 1767. Les *Lettres d'Élisabeth-Sophie de Vallière, à Louise-Hortense de Canteleu* (1772), furent plus heureuses : on y reconnaît, parmi quelques longueurs, le cachet ordinaire de Mme Riccoboni, un style pur et des détails touchés avec esprit. Un ouvrage plus important, parce qu'il sort du genre ordinaire traité par l'auteur, les *Lettres de milord Rivers, à sir Charles Cardignan* (1776), intéressèrent tous les amis des lettres. On y voit passés en revue «les travers et les ridicules de l'époque ; des questions de morale et de philosophie y sont traitées en badinant, avec infiniment d'esprit. On arrive, dit La Harpe, au bout du livre sans être bien ému, mais toujours en s'amusant.» C'est par cet ouvrage que Mme Riccoboni fit en quelque sorte ses adieux aux lettres, ses autres productions n'étant plus que de peu d'importance. Elle mourut le 9 décembre 1792, presque octogénaire. Ses *OEuvres complètes* parurent en 1786, 8 vol. in-8°. Mais il y a eu plusieurs autres éditions de ses meilleurs ouvrages ; la dernière, la plus belle, est de 1818. Mme Riccoboni fut, comme nous l'avons dit, long-temps harcelée par la critique ; et Palissot, dans son poëme de la *Dunciade*, se montra l'un de ses plus cruels censeurs. Il revint cependant sur le compte de l'auteur, et chercha, dit-on, à lui faire oublier son injuste sévérité. Un genre de gloire bien funeste à ses intérêts furent les nombreuses contrefaçons et traductions en plusieurs langues de ses principaux ouvrages. Ils la réduisirent, à la fin de sa carrière, à la plus grande gêne pécuniaire ; mais elle trouva dans l'amitié et dans l'estime publique de doux soulagemens à ses malheurs.

RICHARD (Louis - Claude - Marie), chevalier de la légion-d'honneur, membre de l'institut (académie royale des sciences), professeur de botanique à la faculté de médecine de Paris, correspondant de la plupart des sociétés savantes nationales et étrangères, naquit à Versailles le 20 septembre 1754. Son père, jardinier du roi à Auteuil, lui donna une éducation soignée que secondèrent merveilleusement les heureuses dispositions et la facilité du jeune Richard. Possédant au plus haut degré l'art de lever et dessiner les plans, il y exerça de bonne heure son fils qui, à l'âge de 12 à 13 ans, excellait déjà dans cette partie du dessin ; mais entouré des richesses végétales que Louis XV avait réunies dans les jardins d'Auteuil et de Trianon, dont son oncle était le fondateur et le directeur, le jeune Richard se sentit bientôt entraîné par une force irrésistible vers l'étude de la botanique, et des autres branches de l'histoire naturelle. Il y consacrait tous les instans qu'il passait dans la maison paternelle. A l'âge de 10 à 11 ans, Richard étudiait déjà l'organisation des végétaux avec un soin particulier. Il se formait un herbier, soit des plantes qu'il trouvait dans ses promenades, soit de celles qu'on cultivait dans les jardins du roi. Bientôt ce goût devint une passion dominante qui décida de son sort : l'histoire naturelle fut l'objet de toutes ses pensées, la lecture de quelques voyages enflamma son imagination pour les productions merveilleuses des pays lointains, et il fit dès-lors les préparatifs nécessaires aux voyages dont il était sans cesse préoccupé. L'occasion se présenta enfin : il partit pour la Guiane française et pour les Antilles avec le titre de naturaliste du roi. Richard, au comble de ses vœux, explora avec la plus scrupuleuse attention Caïenne, la Guiane, la Martinique, la Guadeloupe, la Jamaïque, Saint-Thomas, et presque toutes les îles situées à l'entrée du golfe du Mexique; les forêts et les savanes n'ont pas de retraites qu'il n'ait pénétrées ; les montagnes, de pics qu'il n'ait gravis, et la terre, de profondeurs qu'il n'ait sondées. Il fit marcher de front toutes les branches de l'histoire naturelle. Il revint après 8 ans d'absence, chargé de collections de toute espèce, toutes précieuses, et presque toutes inconnues. Il avait ruiné sa santé, épuisé toutes ses ressources pécuniaires; il demanda le remboursement de ses avances. C'était le moment de la plus grande agitation en France : sa voix ne fut point entendue, et il connut la détresse. Lorsque le calme eut été un peu rétabli, l'école de santé et l'institut ayant été créés, Richard fut appelé dans ces deux corps, et fut chargé à l'école de santé de l'enseignement de l'histoire naturelle médicale. L'objet de tous les travaux de Richard était de ramener la botanique, et particulièrement l'organisation des végétaux, à un petit nombre de principes fixes, et de créer une nouvelle philosophie botanique qui pût remplacer celle de Linné, et probablement il allait faire jouir le public de ses nombreux travaux, tous dirigés vers ce but, lorsqu'il mourut dans le courant de 1821. Son éloge fut prononcé par M. Dupuytren, dans la séance publique du 22 novembre 1821.

RICHARD (Achille), fils du précédent, docteur en médecine, professeur suppléant de botanique à la faculté des sciences, agrégé en exercice auprès de la faculté de médecine de Paris, membre de la société philomatique et de la société d'histoire naturelle de Paris, correspondant de plusieurs sociétés savantes nationales et étrangères, est né à Paris, le 27 avril 1794. Il s'occupe avec une ardeur extrême de botanique et de physiologie végétale, et fait chaque année, soit à la faculté de médecine, soit à la faculté des sciences, des cours très-suivis. Il a déjà publié plusieurs ouvrages, parmi lesquels nous citerons les suivans : 1° *Nouveaux élémens de botanique et de physiologie végétale*, 1 vol. in-8° avec 8 planches, 2° édition, Paris, 1823. C'est cet ouvrage qui sert de guide aux nombreux élèves qui suivent les cours de botanique des facultés de médecine et des sciences, et du jardin du roi. 2° *Botanique médicale, ou Histoire naturelle et médicale des alimens*, *des poisons et des médicamens tirés du règne végétal*, 2 vol. in-8°, Paris, 1823; 3° *Histoire naturelle et médicale de l'ipécacuanha du commerce*, 1 vol. in-4° avec 2 planches, Paris, 1819; 4° *Formulaire de poche, ou Recueil des formules les plus usitées dans la pratique médicale*, 1 vol. in-32, 3ᵉ édition, Paris, 1824; 5° *Monographie du genre hydrocotyle*, 1 vol. in-8°, avec 16 planches, Bruxelles, 1819; 6° il a lu un grand nombre de *Mémoires*, soit à l'académie des sciences, soit aux sociétés philomatique et d'histoire naturelle de Paris, qui ont été imprimés dans le bulletin des sciences, les mémoires de la société d'histoire naturelle, les annales des sciences naturelles. Héritier du zèle de son père pour l'étude de la botanique et des riches collections qu'il avait amassées, M. Richard fils a déjà terminé et publié plusieurs des importans travaux dont une mort prématurée avait frustré la science : des succès qu'il ne doit qu'à lui seul, donnent l'assurance qu'il continuera d'illustrer la carrière que son père a parcourue avec tant de distinction.

RICHARD (LE BARON JOSEPH-CHARLES), homme de loi à l'époque de la révolution, fut d'abord nommé procureur de la commune de la Flèche, puis député de la Sarthe à l'assemblée législative, et enfin à la convention nationale, où, dans le procès de Louis XVI, il vota sur les trois questions avec la majorité. Envoyé en mission dans les départemens de l'Ouest, il demanda la réintégration de Rossignol, dont il vanta le patriotisme et les talens. Quoiqu'il mît dans sa conduite beaucoup plus de modération que la plupart de ses collègues, il fut rappelé vers la fin de juin suivant. Nommé, le 21 nivôse, secrétaire de l'assemblée, il présida en ventôse le club des Jacobins, et fut envoyé immédiatement à l'armée du Nord. Elle était dans une désorganisation totale; M. Richard se concerta avec les généraux, y rétablit la discipline, et autorisa par écrit Pichegru et Moreau à ne point mettre à exécution le décret qui défendait de faire les Anglais prisonniers de guerre; les soldats de cette nation, qui formaient les garnisons des places d'Ypre et de Neuport, furent reçus prisonniers par capitulation. Rentré à la convention après le 9 thermidor, il attaqua les différens partis qui divisaient cette assemblée, déclara que la république n'existait plus que dans les armées, et provoqua des mesures pour y envoyer tous les jeunes gens âgés de 18 ans. Il fut nommé membre du comité de salut-public à la fin de 1794, lors de la clôture des Jacobins. A cette époque il était à la tête des troupes qui firent évacuer la salle dont Legendre emporta les clefs. Envoyé une seconde fois, en 1795, à l'armée du Nord, il signala son passage à Bréda par la mise en liberté d'un grand nombre d'émigrés qui allaient être traduits à une commission militaire. Pendant cette seconde mission, il négocia, aux termes du traité de paix, un arrangement d'après lequel le gouvernement batave s'engageait à entretenir un corps de

25,000 hommes de troupes françaises, qui devaient rester dans le pays pendant plusieurs années, convention qui fut exécutée pendant toute la durée de ce gouvernement. Devenu membre du conseil des cinq-cents, M. Richard y fit, en août 1796, plusieurs rapports, entre autres, sur la formation et les frais d'un corps de 10,000 vétérans; dans le mois de novembre il parla en faveur de M. de Montbrun, mis en arrestation par ordre du directoire. Il demanda sur les plaintes graves portées journellement contre les individus qui se faisaient apothicaires, chirurgiens et médecins, sans études préliminaires, qu'une commission fût chargée de surveiller ces praticiens dangereux; afin de remédier aux brigandages que favorisait le port d'armes, il demanda aussssi une loi pour restreindre ce droit : sa proposition fut rejetée. M. Richard cessa de faire partie du conseil des cinq-cents au mois de mai 1797. Il resta trois années sans fonction, et fut nommé, en 1800, préfet de la Haute-Garonne, d'où il passa en 1806 à la préfecture de la Charente-Inférieure, qu'il administra jusqu'après la restauration du gouvernement royal. Ayant donné sa démission au mois de septembre 1814, il fut nommé par Napoléon, en mars 1815, à la préfecture du Calvados, et destitué peu de temps après. Le roi le rappela le 9 juillet de la même année à la préfecture de la Charente-Inférieure, mais prévoyant dès le mois de décembre suivant qu'un système de catégories ne tarderait pas à le priver de sa place, il se hâta de donner sa démission : une pension le dédommagea de ce sacrifice. Il fut aussi, par une faveur spéciale, excepté des dispositions rigoureuses de la loi dite d'amnistie du 12 janvier 1816.

RICHARD (N.), dit RICHARD DES VOSGES, était avocat avant la révolution; il en adopta les principes, les suivit sans exagération, et devint président du tribunal criminel du département des Vosges. Il fut nommé en 1798, par son département, député au conseil des cinq-cents. Il devint membre, et fut souvent rapporteur du comité des finances. Secrétaire du conseil en 1798, il fut appelé, après le 18 brumaire an 8, à remplir les fonctions de sous-préfet de Remiremont. Il exerça ces fonctions jusqu'au premier retour du roi, en 1814. Depuis cette époque il est resté étranger aux affaires publiques.

RICHARD (FLEURY-FRANÇOIS), de Lyon, peintre distingué, est élève de David, le régénérateur et le chef de l'école moderne de France. M. Richard, cédant à l'impulsion de son génie, n'a pas suivi les traces de son illustre maître, dans cette partie de l'art où sujet et exécution tout est héroïque. En créant en quelque sorte le genre des *intérieurs historiés*, où il a eu un grand nombre d'imitateurs, il en est devenu le chef, et il soutient avec honneur ce haut rang par ses productions, dans lesquelles on remarque une composition bien entendue, et une touche fine et vraie dans l'exécution. Aux expositions publiques du Louvre, elles attirent constamment la foule. On a remarqué plus particulièrement à l'exposition de l'an 9, *Sainte-Blandine*, enterrant le corps de sa maîtresse, martyre; de l'an 10, *Valentine de Milan* pleurant la mort de son époux; de l'an 12, *Charles VII* prêt à partir pour aller combattre les Anglais; *François I*ᵉʳ montrant à la reine de Navarre les vers qu'il vient de tracer sur une vitre; *Vert-Vert;* l'*Atelier du peintre;* de 1806, *Mademoiselle de la Vallière;* de 1808, *Déférence de saint Louis pour sa mère; Marie Stuart*, reine d'Écosse, s'administrant le sacrement de l'eucharistie; de 1817, *Madame Elisabeth; Madame de la Vallière aux Carmélites;* de 1819, *Tannegui du Châtel;* l'*Hermitage de Vaucouleurs;* de 1822, le *Tasse et Montaigne;* la *Mort du prince de Talmont;* enfin de 1824, *Louis de la Trémouille, prince de Talmont,* et la *Chartreuse de Saint-Bruno.*

RICHARD (JEAN-MARIE), chef d'institution de l'université royale, est né à Coucy-le-Château, département de l'Aisne, le 26 février 1757. Son père, commerçant estimable, ne négligea point de lui faire donner une bonne éducation, et l'envoya à Paris terminer ses études. M. Richard suivit la même carrière que son père; mais la révolution ayant détruit en grande partie ses relations commerciales, il accepta une place de chef dans l'administration de l'habillement des troupes. Au bout de quelques années, il entra dans l'instruction publique, où le portaient ses goûts et ses études, et il éleva un pensionnat qui subsiste encore aujourd'hui (1824). M. Richard est membre de la société royale académique des sciences de Paris, et appartient à plusieurs sociétés de bienfaisance de la capitale. Il a publié, outre plusieurs *Eloges funèbres*, un *nouveau Théâtre à l'usage des colléges et pensions*, Paris, 1823, 2 vol. in-12, avec gravures. Cet ouvrage, à-la-fois moral et agréable, a été traité favorablement par les journaux, et il est adopté dans plusieurs institutions pour les récréations annuelles.

RICHARD (CHARLES-LOUIS), écrivain ecclésiastique, naquit vers 1711, à Blainville-sur-Eau, dans la ci-devant province de Lorraine; il appartenait à une famille noble, mais pauvre, et il fut, dès son enfance, destiné à entrer dans quelque ordre religieux. Dès l'âge de 16 ans, il prit l'habit de dominicain, et vint terminer ses études ecclésiastiques à Paris, où il reçut le grade de docteur en Sorbonne. Le P. Richard voulut se consacrer à la prédication; mais il n'y eut aucun succès, et y renonçant bientôt, il entreprit quelques ouvrages théologiques qui ne l'auraient point sorti de l'obscurité si l'un d'eux, dans lequel il attaquait avec violence un arrêt du parlement, relatif au mariage d'un juif qui avait abjuré, n'eût fixé l'attention du public, et donné lieu à des poursuites dont il évita les suites en se retirant à Lille, dans la maison de son ordre; il s'y tint sévèrement confiné jusqu'à l'époque de la révolution. La nouvelle constitution civile du clergé, décrétée par l'assemblée constituante, trouva en lui un adversaire si fortement prononcé, qu'il fut obligé de se retirer précipitamment en Belgique, où il composa une foule de brochures contre le nouvel ordre de choses. Le P. Richard n'ayant point quitté cette contrée lorsque les troupes de la république y entrèrent en 1794, et ayant continué ses attaques contre le gouvernement français, en publiant un opuscule sous le titre : *des Droits de la maison d'Autriche sur la Belgique* (Mons, 1794), il fut arrêté, traduit à une commission militaire, condamné à mort, et fusillé le 16 août 1794. Ce jugement fut encore motivé par un écrit du P. Richard, intitulé : *Parallèle des juifs qui ont crucifié Jésus-Christ, avec les Français qui ont tué leur roi*. Ce religieux a composé les ouvrages suivans : 1° *Dissertation sur la possession des corps et l'infestation des maisons par les démons*, Paris, 1746; 2° *Dictionnaire universel des sciences ecclésiastiques*, Paris, 1760 et années suivantes, 6 vol. in-fol., compilation à laquelle le P. Giraud a coopéré ; 3° *Examen du libelle intitulé :* Histoire de l'établissement des moines mendians, Paris, 1767, in-12; 4° *Lettre d'un archevêque à l'auteur* (Cervol) *de la brochure intitulée : du Droit du souverain sur les biens du clergé et des moines*, Paris, 1770, in-8°; 5° *Dissertation sur les vœux*, Paris, 1771, in-12 ; 6° *Lettre d'un docteur en Sorbonne à l'auteur* (l'abbé Riballier) *de l'Essai historique et critique sur les privilèges et les exemptions des réguliers*, Paris, 1771, in-12 ; 7° *Analyse des conciles généraux et particuliers*, Paris, 1772-1777, 5 vol. in-4°; 8° *la Nature en contraste avec la religion et la raison, ou l'ouvrage de Robinet, intitulé : de la Nature*, condamné au tribunal de la foi et du bon sens, Paris, 1773, in-8°; 9° *Observations modestes sur les Pensées de d'Alembert*, etc., Paris, 1774, in-8° ; 10° *Réfutation de l'Alambic moral, par Rouillé d'Orfeuil*, 1774, in-8°; 11° *Défense de la religion, de la morale, de la vertu, de la société*, Paris, 1775, in-8°; 12° *Réponse à la lettre écrite par un théologien* (Condorcet) *à l'auteur du Dictionnaire des trois siècles*, Paris, 1775, in-12; 13° *les Protestans déboutés de leurs prétentions*, Paris, 1776, in-12 ; 14° *les Cent Questions d'un paroissien du curé de **** (l'abbé Guidi) *pour servir de réplique à son* Dialogue sur le mariage des protestans, Paris, 1776, in-12; 15° *Lettre d'un ami des hommes, ou Réponse à la diatribe de V.* (Voltaire) *contre le clergé de France*, 1776, in-8°. L'un de nos bibliographes, M. Beuchot, remarque que « la brochure à laquelle Richard répondait, était intitulée : *Adresse au clergé Welche*, 1773, in-8°, et avait été imprimée aussi sous le titre de : *Ode au clergé de France*, 1773. C'est sous ce dernier titre qu'elle a été réimprimée en 1789, in-8°. L'auteur est, non Voltaire, mais A. P., comte d'Aubusson. » 16° *Préservatif nécessaire à toutes les personnes qui ont lu les lettres faussement attribuées au pape Clément XIV*, Deux-Ponts, 1776, in-8°; 17° *Annales de la charité ou de la bienfaisance chrétienne*, Malines, 1785, 2 vol. in-12; 18° *Exposition de la doctrine des philosophes modernes*, Malines, 1785, in-12.

RICHARD-D'AUBIGNY (LE BARON D'UBERHERERN), a parcouru une carrière laborieuse en entreprenant, par l'ordre et aux frais du gouvernement français, plusieurs voyages en Europe, dans lesquels il a acquis des connaissances utiles dont il a enrichi sa patrie; c'est aussi à lui qu'on dut la découverte de la conspiration des frères Yvan, tendant à incendier les ports de Brest et de Toulon. Il obtint de Louis XVI, en récompense de ce service signalé, une place d'administrateur des postes : cette administration s'éleva bientôt, par ses soins, à un degré de perfection, que les puissances de l'Europe ont en vain jusqu'ici cherché à égaler. M. Richard-d'Aubigny fut appelé, en 1783, à la place de conseiller-d'état, et épousa, en 1791, Mlle de Pressigny, veuve du comte d'Oigny, intendant des postes. En 1803, il fut nommé membre du conseil des hospices, et s'associa aux bienfaiteurs de cette institution en fondant le traitement des aliénés dans l'hôpital de la Salpêtrière. Le roi le nomma, en 1815, officier de la légion-d'honneur. Il fait encore aujourd'hui (1824) partie du conseil-général d'administration des hospices.

RICHARD LENOIR, fabricant célèbre, chevalier de la légion-d'honneur, a long-temps dirigé à Alençon et dans le département de l'Oise des manufactures considérables. Après avoir commencé avec les plus faibles moyens, il était parvenu, par son industrie et une habileté consommée, à former les plus beaux établissemens, et non-seulement à égaler, mais souvent à surpasser tout ce que les fabriques anglaises offraient de plus parfait. Ses manufactures de mousselines, de basins, de piqués, etc., étaient les premières de la France, et le grand établissement qu'il fonda faubourg Saint-Antoine à Paris, fournissait à lui seul à la subsistance et au travail de 15,000 ouvriers. La somme des paiemens se montait à 800,000 francs par mois. Il avait en outre formé, dans le royaume de Naples, des plantations de cotonniers qui, au bout de quelques années, livraient 25 millions de coton par an. Il reçut de puissans encouragemens sous le gouvernement impérial ; l'empereur visita plusieurs fois les ateliers de M. Richard-Lenoir, le décora de sa main de la croix de la légion-d'honneur, et le nomma chef de la 8e légion de la garde nationale de Paris. En 1815, au retour de Napoléon de l'île d'Elbe, il fut, de plus, nommé membre du conseil-général du département de Paris ; mais, après la second retour du roi, il perdit ces deux emplois. Il continua, pendant quelque temps encore, à diriger ses grands et utiles établissemens ; mais, des circonstances peu favorables et des revers inattendus en ont depuis diminué l'activité, et il les a cédés pour se retirer entièrement des affaires. La fille de ce célèbre fabricant a épousé M. Lefebvre-Desnouettes, frère du général de ce nom.

RICHARDS (LE RÉVÉREND GEORGE), né dans le Devonshire, fit de bonnes études, qu'il termina au collége d'Oriel, à Oxford, avec un tel succès, qu'il en fut nommé l'un des professeurs; il devint ensuite vicaire de Bampton et membre de la société archéologique.

M. Richards justifia tous ces titres par des ouvrages analogues à chacun d'eux, et qui presque tous eurent un succès brillant. Son poëme sur les Bretons aborigènes (*aboriginal Bretons*), qui remporta le prix proposé par l'université d'Oxford, était attendu avec une telle impatience, que l'édition entière fut épuisée le jour même de sa publication. Voici la liste de ses principales productions littéraires : 1° *Essai sur les différences caractéristiques entre les poëmes anciens et modernes, et quelles sont les différentes causes de ces différences*, 1789 in-8°; 2° *les Bretons aborigènes*, 1791, in-4°, 2° édition, 1792, réimprimés dans les œuvres poétiques de l'auteur, et dans la collection des poëmes couronnés par l'université d'Oxford; 3° *Chants des Bardes aborigènes de la Grande-Bretagne*, 1792. in-4°; 4° *la France moderne*, poëme, 1793, in-4°; 5° *Mathilde, ou le Pénitent mourant*, épître en vers, 1795. in-4°; 6° *Origine divine de la prophétie*, dans une série de sermons, 1800, in-8°; 7° *Poëmes, Mélanges*, 1803, 2 vol. in-8°; 8° *Emma*, drame, 1804, in-12; 9° *Odin*, drame, 1804, in-12; 10° *Monodie sur la mort de lord Nelson*, 1806, in-4°.

RICHARDSON (WILLIAM), ecclésiastique irlandais, naquit en 1740, et devint recteur de Clonfekle, comté d'Antrim, en Irlande. Sa vie simple et modeste ne fournit au biographe aucun document digne de fixer l'attention publique; mais le docteur Richardson mérite cependant d'être cité pour l'ardeur et la longue persévérance qu'il a mises à recommander la culture, à laquelle lui-même consacrait tous ses soins, d'une espèce de fourrage, le *fiorin-grass*, qui croît dans les marécages de l'Irlande, où il prospère plus particulièrement à l'époque des froids et des pluies, au mois d'octobre. Un des amis du docteur Richardson, M. Curwen, membre du parlement, souvent cité pour ses connaissances agronomiques, disait, après avoir visité en 1813 l'habitation du docteur : « L'enthousiasme de mon ami est quelque chose de vraiment curieux. Toute l'énergie de son esprit est tournée vers la propagation du *fiorin-grass*. Peu de personnes d'ailleurs l'égalent en intelligence et en philanthropie. L'honneur d'obtenir la réputation d'ami de son pays l'emporte chez lui sur tout autre considération, et le rend insensible aux dangers, aux tracasseries, aux vexations qu'il essuie journellement. Mesurant le zèle des autres sur le sien propre, il se trouve continuellement désappointé par le défaut d'ardeur et d'activité qu'il rencontre dans ses prosélytes. Mais, en dépit de toutes les contrariétés qu'il peut éprouver, il n'hésite pas à penser que le *fiorin-grass*, sur la propagation duquel il a écrit plusieurs traités, ne doive être dans peu universellement cultivé. En effet, cette plante est d'un grand rapport dans les terrains qui lui conviennent; mais ils se bornent exclusivement aux fondrières, aux marécages et aux prairies arrosables, où elle se multiplie abondamment. » Le docteur Richardson mourut, en 1820, dans la 80° année de son âge. Il a publié : 1°

Letter to the right hon. Isaac Corry (lettre au très-honorable Isaac Corry, sur les propriétés du *florin-grass*), 1809, in-12; 2° *Essay on florin-grass* (Essai sur le *florin-grass*), 1810, in-8°; 3° *Letter to the marquis of Hertford*, etc. (lettre au marquis d'Hertford, sur le *florin-grass*), 1810, in-8°; 4° *A new Essay on the florin-grass* (Nouvel Essai sur le *florin-grass*), 1813, in-8°; 5° *Mémoire* sur un monument connu sous le nom de la Chaussée des Géans, inséré dans les *Transactions philosophiques;* 6° enfin différens opuscules envoyés à la société royale de Londres.

RICHE (CLAUDE-ANTOINE-GASPARD), célèbre médecin-naturaliste, naquit à Chamelet, dans le ci-devant Beaujolais, le 20 août 1762. Il commença ses études au collège des bénédictins de Toissei, dans les Dombes, où, indépendamment des langues anciennes et des humanités, on enseignait les sciences physiques et mathématiques, et tout ce qui se rattachait aux arts libéraux. Son père, Riche de Prony, ancien magistrat, membre du parlement de Dombes, s'opposa, vu la médiocrité de sa fortune, à ce que le jeune Riche se livrât à l'étude de l'histoire naturelle, pour laquelle il montrait beaucoup de dispositions. Il s'était également opposé à ce que son fils aîné, Riche de Prony, suivît la carrière des ponts-et-chaussées, dans laquelle il était devenu ingénieur à la résidence de Paris, lorsque M. Riche, père, mourut. Par suite de cette mort, Riche de Prony se trouva chef de la famille, et on lui doit cette justice qu'il fit tous ses efforts pour seconder les desseins de son jeune frère. Ce dernier se rendit à Montpellier, et fut reçu docteur en médecine en 1787. Ses succès avant son admission au doctorat avaient été si brillans, que l'académie de cette ville, dérogeant à ses usages, l'avait admis au nombre de ses associés correspondans. Il visita les montagnes du Languedoc, afin d'accroître ses connaissances en botanique et en géologie, et en 1788 il vint à Paris. Dans ses *Éloges des académiciens*, comme secrétaire perpétuel de l'académie des sciences, M. Cuvier s'exprime ainsi : « Les talens de Riche et ses qualités aimables lui concilièrent particulièrement l'estime et l'affection de deux hommes les plus remarquables de notre siècle, Fabricius et Vicq-d'Azir. Le premier ne parle encore aujourd'hui (1797) de son ami qu'avec les expressions des plus tendres regrets. Vicq-d'Azir l'associa à ses travaux, et doit à son assiduité une bonne partie de ce qu'il a publié dans l'Encyclopédie méthodique. On peut même dire que sans ses secours, il n'aurait peut-être pas entrepris un pareil ouvrage. Plus anatomiste et plus physiologiste que Riche, il était beaucoup moins naturaliste, et ne connaissait point assez le tableau général des êtres; il avait besoin qu'un homme en état de lui indiquer à quelles espèces il devait principalement appliquer son scapel, le guidât dans ce labyrinthe. Daubenton l'avait fait pour les quadrupèdes et les oiseaux; Riche le fit pour le reste. C'est lui qui est l'auteur des tableaux méthodiques qui précèdent l'anatomie comparée : celui où les êtres sont classés d'après leurs divers degrés de composition, et ceux qui présentent les vers et les insectes considérés sous divers rapports, durent être bien accueillis des naturalistes philosophes, et le furent en effet, dans un temps où les idées sur lesquelles ils reposent n'étaient point encore familières. Nous avons encore aujourd'hui les brouillons originaux de ces tableaux, écrits et corrigés de la main de Riche. Aussi Vicq-d'Azir lui rendait-il toujours une justice éclatante. Il le loue plusieurs fois dans ses écrits, et il avait coutume de dire que ce serait Riche qui le remplacerait. Il était bien loin de croire que ce jeune savant le suivrait de si près dans la tombe. » Aux approches de la révolution, il concourut, avec M. Cuvier et plusieurs autres savans, à la fondation d'une société qui aurait exclusivement pour but les sciences physiques et mathématiques. Elle reçut le nom de *Société philomatique*, et Riche en fut le premier secrétaire. Cette société existe encore et jouit de l'estime de tous les savans de l'Europe. Quelque temps après cette fondation, une expédition maritime, destinée à aller à la recherche de l'infortuné La Pérouse (*voy.* ce nom), fut arrêtée par le gouvernement, qui fit appeler à en faire partie les plus célèbres naturalistes Riche s'offrit, et présenta le plan de ses opérations. « Ce plan, dit l'auteur de l'éloge de Riche, que nous avons déjà cité, existe encore; il est extrêmement vaste, et il embrasse de la manière la plus complète, toutes les observations que l'on pourrait faire dans un pareil voyage, si l'on était secondé par les hommes et surtout par le temps. Il prouve à la fois l'étendue de l'esprit de son auteur, et son peu d'expérience sur les obstacles innombrables que l'on rencontre dans de semblables expéditions. Aussi dit-il quelque part dans ses journaux, qu'un voyage autour du monde n'est qu'un essai pour apprendre à voyager. » L'expédition, commandée par M. d'Entrecasteaux, se composait de deux frégates, la *Recherche* et l'*Espérance*. Elle mit à la voile, le 28 septembre 1791, et arriva le 13 octobre suivant à Sainte-Croix de Ténériffe. Riche et ses collègues-naturalistes, Blavier et La Billardière (MM. Ventenat et Deschamps, autres naturalistes de l'expédition, restèrent à bord), se mirent en marche pour gravir le pic. La Billardière seul eut la force d'atteindre au sommet. L'expédition remit à la voile, et le 17 janvier 1792, elle entra dans la rade du Cap. Dans le trajet depuis Sainte-Croix de Ténériffe, Riche observa des faits nouveaux en grand nombre sur les poissons, les vers et leur anatomie. Le 21 avril de la même année, l'escadre arriva dans la baie des Tempêtes, terre de Van-Diemen. « Cette baie, est-il dit dans la *Relation du voyage d'Entrecasteaux*, n'avait point été visitée, et sa position sur la côte méridionale de la Nouvelle-Hollande rendait cette reconnaissance extrêmement importante. » On séjourna pendant un mois sur la terre de Van-Diemen. Riche y observa avec le plus grand soin le sol, les eaux, les forêts, etc. A l'approche des Européens, les habitans avaient quitté précipitamment leurs huttes, où Riche trouva des débris de repas composés d'ossemens humains fraîchement décharnés, et reconnut avec surprise et douleur que l'homme n'est pas meilleur pour être plus près de l'état de nature. « Cette pointe de terre, rapporte M. Cuvier, qui ressemble beaucoup à celle qui termine l'Afrique par sa forme générale, et qui en diffère peu par sa latitude, présenta encore à Riche des rapports frappans avec le Cap, par sa lithologie, ses roches et son sol, ayant les mêmes substances et des dispositions semblables. Mais ce fut surtout la mer qui lui fournit de nombreuses découvertes : la pêche était abondante; il y assistait tous les jours, et il s'emparait de tout ce qui était nouveau en poissons, en mollusques et en coquillages. Non content de les recueillir il les disséquait, il en décrivait l'organisation, il faisait des réflexions sur leurs rapports et sur leur physiologie; et cette portion de son journal contient beaucoup de faits neufs et piquants.... Ce fut dans ce détroit (celui qui sépare la baie des *Tempêtes* de celle de l'*Aventure*), que Riche reconnut une nouvelle cause de l'état lumineux de la mer dans une espèce, non encore décrite, de *Dephina*, très-phosphorescente. » De la baie des *Tempêtes*, l'escadre, partie le 28 mai 1792, arriva le 17 juillet suivant, au port de Carteret, dans la Nouvelle-Irlande, où aucun naturaliste français n'avait encore observé si près de l'équateur. « Riche y découvrit beaucoup d'animaux et de coquilles, objet d'autant plus précieux que nous n'avions jusqu'ici, sur les espèces testacées de la Zône Torride, que les figures, peu nombreuses, d'Adanson, et celles peu fidèles de Dargenville. » On mit à la voile, le 24 juillet (1792), et l'on débarqua le 6 septembre suivant, à Amboine, où l'on séjourna pendant près d'un mois. « On trouve, dit M. de Prony (dans une notice biographique sur Riche) dans ses mémoires, quelques bonnes observations sur les révolutions commerciales qui peuvent résulter des établissemens européens dans la Nouvelle-Hollande ; mais les discussions de ce genre occupaient, dans son esprit, un rang bien inférieur à celui des recherches scientifiques. Le sol d'Amboine, à trois degrés et demi environ de latitude méridionale, doit être bien pénible à parcourir pour les Européens, surtout aux approches de l'époque de l'année où les rayons du soleil y tombent presque perpendiculairement sur l'horizon. Ventenat fut attaqué d'une dyssenterie qui, en deux jours, le mit sur le bord de la tombe : il ne périt pas, mais il fut condamné à l'inaction pendant tout le temps de la relâche. Riche, qui eut le bonheur de conserver l'usage de ses facultés, fait une peinture vive de toutes les difficultés dont les recherches d'histoire naturelle sont hérissées dans ces climats brûlans, et il témoigne son ardente reconnaissance pour ceux des habitans d'Amboine qui lui en ont allégé quelques-unes par leurs secours et leurs conseils ; en effet, les nombreuses observations dont il a enrichi son journal, en cet endroit, prouvent qu'il y a eu plus de facilité qu'ailleurs; elles roulent toujours principalement sur les animaux marins. Il réservait pour les décrire à loisir, en mer ou en Europe, les plantes et les insectes qui pouvaient se conserver : il ne se doutait guère des empêchemens que le sort lui réservait. Il donne l'anatomie complète du *calao* (buceros), qui manquait aux naturalistes, et celle d'une nouvelle espèce de tortue, qu'il appelle *Testudo Amboinensis*. » L'expédition quitta Amboine le 13 octobre 1792, dans le dessein de reconnaître la partie sud-ouest et sud de la Nouvelle-Hollande, ainsi que les côtes que l'on présumait joindre la terre découverte en 1672, par Nuytz, à la terre de Van Diemen. Le 5 décembre, l'expédition était au cap Leuwin, à l'extrémité occidentale de la terre de Nuytz; quelques jours après, en longeant la côte, elle se trouva dans un péril imminent, dont elle ne fut tirée que par l'habileté de l'enseigne de vaisseau, M. Legrand. Il conduisit à travers des récifs, par un pilotage aussi heureux que hardi, la frégate l'*Espérance* dans un mouillage sûr, où par un aussi grand bonheur arriva la frégate la *Recherche*. Ce port fut nommé l'Espérance. « On resta pendant quelques jours dans cet endroit, où les naturalistes purent s'occuper avec succès de l'objet de leur mission. Riche y découvrit plusieurs animaux marins : il y fit des observations anatomiques importantes sur les phoques et les cétacées; il vit entre autres que le cœur des premiers n'a point le trou botal ouvert, comme on

s'obstine à le répéter depuis si long-temps. Ce fut pendant ce mouillage que son zèle pour les recherches pensa le faire périr dans les horreurs du désespoir. Il était allé à terre, le 14 décembre, avec quelques officiers de l'*Espérance*, et MM. La Billardière et Ventenat. On se dispersa, en se donnant rendez-vous au canot, pour le soleil couchant. L'heure du retour arrivée, Riche ne s'y trouva point. On l'attend deux heures dans l'inquiétude et dans l'effroi; et la nuit arrivant, on est obligé de retourner aux vaisseaux en le laissant seul sur cette terre inconnue, où il pouvait devenir la proie des féroces habitans. On lui laissa sur la plage un bon feu, des provisions, des vêtemens, son fusil et un mot d'écrit. On envoie le lendemain à sa recherche, MM. Laignel et Lagrange; ils reviennent à 2 heures sans succès. A 4 heures, 12 hommes partent pour tenter un nouvel effort; mais déjà l'on désespérait de la réussite, parce qu'on avait trouvé sur la plage son mouchoir et un de ses pistolets, et qu'on jugeait, d'après cela, qu'il était devenu la proie des sauvages. Comme cette tentative devait être la dernière, on donna au canot des vivres pour 2 jours; et le général fit tirer le canon et lancer des fusées pendant toute la nuit, afin de donner un moyen de ralliement au malheureux naturaliste. L'eau commençait à manquer; le trajet qu'on avait à faire était long; déjà les équipages murmuraient de ce retard. Le général, balançant entre l'idée d'abandonner ce malheureux et intéressant jeune homme, et le danger de compromettre le salut de l'escadre confiée à ses soins, se proposait d'appareiller, si le canot revenait sans avoir rencontré Riche : il ne pouvait même se rien reprocher, car il aurait été très-vraisemblable qu'il serait mort de faim pendant le temps qui s'était écoulé, quand même il n'aurait pas été rencontré par les naturels. Enfin le 16, sur les 3 heures, on vit arriver le canot, rapportant, contre toute espérance, ce martyr de l'histoire naturelle, à moitié mort de fatigue et de faim. On juge aisément de la joie de ses camarades, dont les instances auprès du général avaient principalement contribué à faire différer le départ. La Billardière surtout s'y était employé avec grande force : il avait représenté que Cook avait attendu plusieurs jours un simple matelot, et que cet exemple pouvait bien être suivi pour un homme, aussi précieux par ses connaissances que devait le paraître Riche. » Le journal de Riche est littéralement transcrit dans la relation du *Voyage de d'Entrecasteaux*. On y voit, entre autres objets d'observation, une vallée entièrement couverte de troncs d'arbres pétrifiés, dans lesquels on distinguait tout ce qui caractérise le bois. « Un Grec aurait cru, dit-il, voir dans cette forêt, un effet du regard de l'une des Gorgones. » Il rapporte « que l'eau d'une fontaine, qu'un heureux hasard lui fit rencontrer, et quelques sommités de laitron, furent pendant 2 jours ses seuls moyens de subsistance; que la nuit du 15 au 16 arrivant sans qu'il eût aperçu d'autres êtres animés que trois kangurous, il s'étendit par terre avec la fièvre, la gorge brûlante, la poitrine oppressée et douloureuse ; que cependant l'excessive fatigue l'emporta sur la douleur, et il s'endormit; que le 16, dès qu'il aperçut la mer, tout changea de face à ses yeux, et qu'il se mit à recommencer sa collection autant que sa faiblesse le lui permit. » Transporté à bord, ne ressentant plus la faim, ne pouvant plus parler, il ne trouva que dans des larmes abondantes les moyens d'exprimer à ses camarades toute sa gratitude, pour leurs soins et le zèle admirable qu'ils avaient mis à le retrouver. Le nom de *cap Riche* fut placé sur la carte, et l'escadre appareilla le 17 décembre (1792); elle longea quelque temps la côte de la Nouvelle-Hollande, mais l'eau manquant à l'*Espérance*, dont le gouvernail d'ailleurs était dérangé, elle reprit le large, forcée ainsi d'abandonner la portion de circuit de la Nouvelle-Hollande, où elle avait l'espoir de faire quelques découvertes. Elle rentra dans la baie des Tempêtes le 21 janvier 1793, « formant ainsi un circuit de route qui embrassait avec la Nouvelle-Hollande et la Nouvelle-Guinée, une foule d'îles voisines de l'équateur. » On quitta de nouveau le cap des Tempêtes le 21 février 1793 Les naturalistes espéraient que l'expédition atteindrait le cap Nord de la Nouvelle-Zélande, vers lequel on se dirigeait, et où ils comptaient faire de nombreuses découvertes; mais on n'aborda point cette terre parce que le temps pressait, et que l'on espérait recueillir aux îles des Amis, où l'on se rendit, des renseignemens sur La Pérouse. On ne put en obtenir aucun. Toutefois le séjour momentané que' l'on fit dans ces parages ne fut pas perdu pour la science, particulièrement pour les botanistes. On y trouva des pieds *d'arbres à pain*, que par les soins de M. de La Haye on transporta sans accident en France. L'escadre remit à la voile le 23 mars 1793, et arriva dans la nouvelle Calédonie, habitée par des antropophages; on n'y fit aucune relâche, et on parcourut les îles situées à l'est de la Nouvelle-Guinée : voyage utile pour la géographie, mais entièrement perdu pour l'histoire naturelle par le défaut de séjour. Néanmoins, une des îles situées vers la pointe de la Nouvelle-Guinée, reçut encore le nom de ce célèbre naturaliste. Le scorbut commença à exercer ses désastreux effets sur l'équipage, et d'Entrecasteaux, qui en fut lui-même attaqué, mourut le 20 juillet 1793, à bord de *la Recherche*. L'expédition arriva, le 14 août, à Waigiou, et après un repos de quelques jours à Bourro, elle aborda le 18 octobre 1793 à Sourabaya, dans l'île de Java. Les divisions qui, depuis quelque temps, troublaient l'escadre, furent encore augmentées par les nouvelles politiques que l'on recevait de France. Comme elle se trouvait alors dans un pays appartenant à la Hollande, avec laquelle la France républicaine était en guerre, le gouvernement hollandais fit saisir les collections, journaux, cartes, etc., de l'escadre. Riche supporta pendant plusieurs mois la perte de toutes ses collections, espérant toujours que les relations diplomatiques termineraient ces différens, et qu'il rentrerait en possession du fruit de ses laborieuses explorations. Trompé sans retour dans son attente, il obtint enfin, par le secours de ses amis, l'autorisation de quitter Java, ce qu'il fit le 3 juillet 1794, et arriva à l'île de France au commencement du mois suivant. Quoique sans espérance de réussir dans la rentrée en possession de ses richesses scientifiques, il présenta successivement, à l'assemblée coloniale de l'île, deux mémoires, à l'effet d'être autorisé à retourner à Batavia, afin d'y renouveler ses demandes en remise de ses papiers et collections. Il obtint la permission qu'il sollicitait; mais il fut obligé de revenir sans avoir atteint le but de son voyage. Plus tard, cependant, les collections d'histoire naturelle qui avaient été envoyées en Angleterre, ont été rendues à la France. Forcé de rester à l'île de France jusqu'en 1797, il reçut, au mois d'août de cette année, l'autorisation de rentrer dans sa patrie, où il arriva, sa santé étant dans l'état le plus déplorable. Il débarqua à Bordeaux, et se rendit aux eaux de Mont-d'Or, où il mourut peu de temps après, le 5 septembre 1797, dans la 35ᵉ année de son âge. Le gouvernement réclama les papiers relatifs au voyage et aux observations de Riche, et ils furent remis, par M. de Prony, au ministère de la marine. Dans le *Supplément* aux éloges de M. Cuvier, on lit : « Les Mémoires que les sociétés auxquelles il était agrégé conservent encore dans leurs archives, portent l'empreinte d'un génie élevé, qui embrasse dans toute leur généralité les questions qui l'occupent, et qui en fait apercevoir toutes les faces. C'est ainsi qu'il se montre surtout dans ses *Mémoires* sur la *Classification des êtres naturels par leurs parties intérieures*, et sur un *Système naturel des larves*. On y voit, en même temps, l'observateur laborieux qui n'était pas arrêté dans son travail par sa mauvaise santé, et qui savait consacrer aux objets en apparence minutieux, tout le temps et toute l'attention dont ils étaient dignes; tels sont ses *Mémoires sur les Animaux microscopiques* et sur les *Coquillages pétrifiés des environs de Paris*. On aperçoit dans d'autres ouvrages le physicien ingénieux, le métaphysicien profond, l'écrivain élégant, etc. » Il avait publié, lorsqu'il concourait pour le baccalauréat, une thèse *de Chimiâ vegetabilium*, qui lui fournit l'occasion de publier, Avignon, 1786, avec le texte latin, un ouvrage français sous le titre de la *Chimie des végétaux*. Cet ouvrage fit alors beaucoup de sensation, et est encore aujourd'hui consulté avec fruit. Ses *observations* sur l'histoire naturelle ont été, comme nous l'avons dit précédemment, insérées textuellement dans la relation du *Voyage de M. d'Entrecasteaux*.

RICHELIEU (Armand-Emmanuel-Sophie-Septimanie-Duplessis, duc de), duc et pair, ministre des affaires étrangères, président du conseil des ministres, chevalier des ordres du roi et de plusieurs ordres étrangers, membre de l'académie-française et de l'académie royale des beaux-arts, etc., naquit à Paris le 25 septembre 1767; il était petit-fils du maréchal de Richelieu, et fils du duc de Fronsac. Il fit ses études au collége Duplessis, qu'avait fondé son grand-oncle, le ministre tout-puissant de Louis XIII. C'est au collége même que se développèrent ses dispositions à parler les langues étrangères, dispositions qui, dans la suite, s'étant singulièrement perfectionnées, lui permettaient, assure-t-on, de parler à chaque ministre étranger la langue de la nation dont il était le représentant. Sous le nom de comte de Chinon, il se rendit en Italie, et revint en France en 1789. Il y prit auprès du roi les fonctions de premier gentilhomme de la chambre. Effrayé des premiers symptômes de la révolution, il obtint de S. M. l'autorisation de s'expatrier. Bien accueilli de l'empereur Joseph II (*voy.* ce nom), il quitta Vienne avec le jeune prince de Ligne, pour se rendre auprès de l'Impératrice Catherine II (*voy.* Catherine II), alors en guerre avec la Turquie. Cette princesse lui donna du service dans ses armées, et il fit sa première campagne sous les ordres de Suwarow. Il se distingua, le 22 décembre 1790, à la prise d'Ismaïl, et reçut, en récompense, de Catherine le grade de général-major, l'ordre de Saint-George de 4ᵉ classe, et une épée à poignée d'or; c'était dès le premier pas, arriver au premier rang. En 1792, s'étant rendu à Saint-Pétersbourg, il y fut parfaitement accueilli. Dans la même année, il put y rendre des services aux princes français expatriés, qui l'employèrent en qualité de négociateur près de l'empereur d'Autriche et près du roi de Prusse. Les dispositions de ces monarques étaient conformes aux vues de la maison de Bourbon ; mais les événemens rendirent ses dispositions superflues. M. de Richelieu suivit la fortune de *Monsieur*, depuis Louis XVIII, et passa en Angleterre, où il fut nommé, en 1794, un des six commandans des corps d'émigrés à la solde du gouvernement britannique. Son zèle devenant superflu, il retourna en Russie, où Paul Ier ne l'accueillit pas favorablement. Cet état de disgrâce cessa après la mort de ce prince, et son successeur, l'empereur Alexandre, le traita avec la plus grande bienveillance. La paix, en 1801, lui permit de revenir dans sa patrie, afin d'y réclamer la radiation de son nom de la liste des émigrés. Le premier consul Bonaparte mit, dit-on, à cette faveur une condition que M. de Richelieu n'accepta pas, celle, assez naturelle, de quitter le service étranger. Il repartit pour Saint-Pétersbourg, et fut nommé, au commencement de 1803, gouverneur civil et militaire d'Odessa et des côtes environnantes, administrées avec les mêmes titres et les mêmes pouvoirs sous Catherine II, par le prince Potemkin, son favori (*v.* Potemkin). La ville d'Odessa, autrefois Kodschibay, où M. de Richelieu fixa sa résidence, ne renfermait, suivant un ouvrage imprimé en France, en 1810, « lorsque le nouveau gouverneur en prit possession, que 4,000 habitans ; en 1805, cette ville en comptait déjà plus de 20,000. M. de Richelieu arrêta les déprédations, organisa une police, ordonna des travaux utiles, fit défricher les terres incultes, créa des administrations composées d'honnêtes citoyens, et attira les étrangers par l'appât du plaisir et par les charmes de la société. Il substitua à des habitations tristes et malsaines, des constructions élégantes et commodes ; à une rade infréquentée, un port où affluent aujourd'hui les vaisseaux de toutes les nations, et d'où il sortit, dès 1804, pour douze millions de blé. La facilité avec laquelle M. le duc de Richelieu parlait toutes les langues, lui était d'un grand secours dans l'administration de ces colonies, dont les habitans sont tirés de toutes les nations. Mais ce qui ne lui fait pas moins d'honneur que les talens qu'il a déployés pendant son gouvernement, c'est l'affabilité avec laquelle il se rendait accessible. Il a exercé un pouvoir absolu sur deux ou trois millions d'hommes, et cependant personne ne lui a jamais reproché un seul acte de despotisme. » Lorsque M. de Richelieu quitta son gouvernement, en 1814, pour rentrer en France après le rétablissement du gouvernement de la maison de Bourbon, la population de la capitale de la nouvelle Russie s'élevait à plus de 35,000 âmes. Parmi les établissemens remarquables qui doivent leur création à ses soins, on doit citer l'institut et le gymnase d'Odessa. Dans ce dernier, la haute instruction y est gratuite. Il fut organisé par l'abbé Nicole (*voy.* ce nom), qui, à son retour en France, peu après M. de Richelieu, devint recteur de l'académie de Paris. L'empereur Alexandre, ayant visité Odessa en 1818, fut tellement frappé de la prospérité de cette partie de son empire, qu'il expédia sur-le-champ un courrier à M. de Richelieu, pour lui remettre les insignes de l'ordre de Saint-André, et une lettre autographe de félicitation. On y remarque ce passage. « En visitant les pays, jadis confiés à vos soins, j'y ai trouvé à chaque pas, j'y ai admiré avec une satisfaction qui se reportait sans cesse vers vous, le fruit de vos travaux, de vos intentions droites et pures, constamment réalisées par une vigilance infatigable. » Le gouvernement d'Odessa n'a pas cessé d'être confié successivement à des administrateurs d'origine française, MM. de Saint-Priest et de Langeron. A son arrivée en France, M. de Richelieu prit place à la chambre des pairs, où Louis XVIII l'avait nommé, et reprit près de ce prince les fonctions de premier gentilhomme de la chambre. Il suivit, à l'époque du 20 mars 1815, le roi à Gand, revint avec lui à Paris, et fut bientôt nommé président du conseil des ministres, ayant le département des affaires étrangères. Il signa, en cette qualité, avec les ministres des souverains alliés, le traité du 20 novembre (1815), dont il donna communication à la chambre des députés le 25 du même mois. « Le sort des armes, dit à cette occasion M. le cardinal de Beausset dans l'*Éloge historique de M. de Richelieu*, venait de mettre la France à la merci de sept à huit cent mille hommes : c'était l'Europe entière qui venait, les armes à la main, non pas discuter des calculs et des chiffres, mais commander impérieusement toutes les interprétations qu'il lui plairait de donner aux articles du traité de 1814. C'est dans cette grande circonstance que M. de Richelieu se servant, pour le salut de la France, de l'honorable ascendant que son caractère lui avait donné auprès des principaux cabinets de l'Europe, sut employer dans une juste mesure la plus noble fermeté et une grande habileté. Il existe une lettre de lui au principal ministre d'une grande puissance, dans laquelle il l'invite à ne pas porter au désespoir une grande nation qui venait sans doute d'éprouver de grands revers, mais qui sentait encore ses forces, et dont les ressentimens pouvaient devenir terribles. Il lui déclarait en même temps avec franchise, qu'il serait le premier à conseiller ce noble désespoir à son roi et à son pays, si l'on ne revenait pas à un système de modération aussi conforme à la saine politique qu'à la justice et à l'honneur. » Quelques jours avant cette communication, le 13, il avait présenté à la chambre des pairs l'ordonnance royale qui réglait les formes du procès intenté au maréchal Ney (*voy.* ce nom). Le ministère de M. de Richelieu semble avoir été destiné à donner de grands exemples de sévérité politique. L'histoire a recueilli les discours qu'il prononça à l'occasion de ce mémorable procès. « Nous accusons devant vous, dit-il aux illustres pairs, le maréchal Ney de haute trahison et d'attentat contre la sûreté de l'état.

Nous osons dire que la chambre des pairs doit au monde une éclatante réparation; elle doit être prompte, car il importe de retenir l'indignation qui de toutes parts se soulève. Vous ne souffrirez pas qu'une plus longue impunité engendre de nouveaux fléaux, plus grands peut-être que ceux auxquels nous essayons d'échapper. Les ministres du roi sont obligés de vous dire que cette décision du conseil de guerre devient un triomphe pour les factieux. Il importe que leur joie soit courte, pour qu'elle ne leur soit pas funeste. Nous vous conjurons donc, et, au nom du roi, nous vous requérons de procéder immédiatement au jugement du maréchal Ney. » L'histoire a également recueilli les réflexions dont il accompagna, en présentant le 8 décembre de la même année, à la chambre des députés, le projet de loi dite *d'amnistie*. « Pendant que les uns pensent, dit-il, que cette ordonnance est incomplète, d'autres la trouvent sévère et arbitraire. Nous répondrons aux uns et aux autres que jamais après tant d'attentats on ne prit une mesure plus douce; il n'était ni juste ni politique de punir tous ceux qui ont pris part à cette grande rébellion. Il fallait se borner à désigner plusieurs de ceux qui s'y sont trouvés engagés, et une sorte de clameur publique a indiqué les individus dont les noms sont inscrits dans l'ordonnance. Peut-être il en existe de plus criminels; mais quand la justice publique est réduite à s'exercer sur tant de coupables, ceux qu'elle frappe doivent se résigner à leur sort, et mériter ainsi que la clémence du roi puisse un jour l'adoucir. » La chambre des députés adopta non-seulement le projet de loi, mais, allant au-delà de la volonté royale, par deux amendemens elle expulsa à jamais de la France les conventionnels désignés sous le nom de *votans*, qui avaient rempli des fonctions publiques pendant les *cent jours*, ou signé dans cette période l'acte additionnel aux constitutions de l'empire. Dans la discussion à ce sujet on proposa de confisquer les biens des bannis et des condamnés. M. de Richelieu combattit avec énergie cette étrange proposition: « Ce sont, dit-il, les confiscations qui rendent irréparables les maux des révolutions: en punissant les enfans, elles lèguent aux générations les haines et les vengeances; elles désolent la terre comme les conquérans à la suite desquels elles marchent. » Il fit connaître à la même chambre, le 25 mars 1816, le prochain mariage de M. le duc de Berri avec une princesse des Deux-Siciles, et donna en même temps lecture de deux projets de lois, l'un relatif à la dotation des membres de la famille royale, et l'autre ayant pour objet l'état civil de la maison du roi. Quelque temps après il prononça à la chambre des pairs un discours où il invitait LL. SS. à adopter promptement le budget de 1816, avec les amendemens de la seconde chambre. Une ordonnance royale ayant réorganisé l'institut, la même ordonnance nomma M. de Richelieu membre de l'académie-française; il devint, peu après, par une élection que le roi confirma, membre de l'académie des beaux-arts en remplacement de M. de Vaudreuil. Le 24 avril, il présida les séances d'installation des quatre académies; et le 13 septembre 1818, il fut nommé président de l'académie-française. Le 5 mars précédent il s'était prononcé à la chambre des députés pour que l'enrôlement forcé concourût avec l'enrôlement volontaire, et le 25 avril de la même année il avait fait part à cette chambre de la négociation avec les souverains alliés par suite du traité du 20 novembre 1815, demandant un supplément de crédit, qui lui fut accordé, et observant que la partie des dettes envers les particuliers était beaucoup plus considérable qu'on ne l'avait d'abord supposé. Au mois de septembre 1818, il se rendit au congrès d'Aix-la-Chapelle en qualité de ministre de Louis XVIII. «Le système libéral et généreux adopté par le ministère français, dit-on, avait été calomnié à l'oreille des souverains étrangers; ils en souhaitaient la modification. Arrivé au congrès d'Aix-la-Chapelle, le plénipotentiaire français se vit l'objet, de la part et des souverains et de leurs ministres, des égards les plus marqués et de l'empressement le plus flatteur. Soit facilité de caractère, soit appréhension des développemens vigoureux de la liberté en France, M. de Richelieu se laissa persuader par les conseils de l'étranger; il promit des modifications à la politique de la France, et revint avec l'intention de tenir ses promesses.» A l'occasion de la correspondance diplomatique de M. de Richelieu pendant le congrès d'Aix-la-Chapelle, M. le cardinal de Beausset s'exprime ainsi: « Les lettres que M. de Richelieu écrivit au roi, et que S. M. fit lire dans son conseil, passent, dans l'opinion de tous ceux qui en ont eu connaissance, pour des modèles de dignité, de sagesse et de considération profonde sur les grands intérêts de l'Europe.... Toutes les dépêches importantes adressées aux agens du roi dans les cours étrangères, étaient écrites de sa main, et n'offrent ni ratures, ni recherches, ni efforts... Jamais aucun ministre ne s'est moins servi de ses secrétaires; il n'était pas un particulier un peu connu à qui il ne répondît de sa main avec empressement, franchise et obligeance. » Les difficultés de diverses natures que, à son retour à Paris, M. de Richelieu éprouva pour l'exécution des engagemens qu'il avait pris à Aix-la-Chapelle, le déterminèrent subitement à renoncer à la direction des affaires publiques et à en laisser le poids à M. Decazes (*voy.* ce nom), qui n'en fut point épouvanté. Sa retraite fut accompagnée de dons et d'actes de munificence. Aux grâces royales du cordon du Saint-Esprit et de la charge de grand-veneur, les deux chambres ajoutèrent à titre de *récompense nationale*, une rente annuelle de cinquante mille francs: M. de Richelieu était à Bordeaux lorsqu'on lui annonça l'acte législatif; il en fit aussitôt hommage à l'hôpital de cette ville. Rendu au calme de la vie privée, M. de Richelieu en profita pour voyager dans le midi de la France, en Suisse, en Italie et en Allemagne. Il était de retour à Paris depuis la fin de 1819, et avait accepté la mission de se rendre en Angleterre pour y féliciter le prince de Galles sur son avénement au trône (*voy.* Georges IV), lorsque, la nuit qui devait précéder son départ, le 14 février 1820, fut commis l'horrible attentat qui ravit à la famille royale M. le duc de Berri. Alors, pour donner à cette auguste famille une nouvelle preuve de son attachement, il consentit à reprendre les fonctions de président du conseil des ministres, mais sans accepter aucun portefeuille. C'est sous M. de Richelieu que la France entière fut punie, par la perte des libertés qu'elle devait à l'ordonnance du 5 septembre, du crime d'un seul, d'un crime isolé, d'un crime enfin qu'on a déploré universellement (*voy.* Louvel). Nous empruntons à une notice sur M. de Richelieu un passage qui peint en peu de mots l'ensemble des pertes que firent les amis de la monarchie constitutionnelle. « La loi du 5 février 1817, y est-il dit, cette pierre angulaire du système, fut abolie; la liberté individuelle et celle de la presse furent suspendues; les procès politiques reparurent en foule; toute adhésion aux idées libérales fut interdite par le gouvernement à ses agens, et devint un motif péremptoire d'éloignement de toutes fonctions publiques; toute opposition fut traitée comme hostilité; les places furent prodiguées aux hommes de 1815: les opinions, ou du moins les paroles qui les supposent, devinrent le meilleur titre aux emplois, et suppléèrent aux capacités; le gouvernement appuya les candidatures du côté droit, et repoussa en leur faveur les gênes morales de l'élection, jusqu'à des limites qu'on n'avait pas jusqu'alors atteintes, mais qu'on a depuis dépassées; l'organisation des libertés publiques, si solennellement promise par la charte, fut indéfiniment ajournée; le conseil du roi fut ouvert aux chefs de l'ancienne minorité du côté droit, aux vaincus du 5 septembre; les rois militaires de l'Europe orientale jetèrent leurs soldats sur l'Italie aspirant à la liberté constitutionnelle, et le ministère de M. de Richelieu les seconda au moins de ses vœux et de son influence morale. » Voici comment M. Guizot, dans son ouvrage *Des moyens de gouvernement et de l'opposition dans l'état actuel de la France* (1821, 2ᵉ édit.), trace le portrait et la politique de M. de Richelieu. « Jamais, dit-il, son caractère, sa position, et le genre d'influence qui lui est propre, ne se sont déployés aussi clairement, aussi complètement que dans le dernier ministère. C'est autour de lui qu'a tourné toute la politique ministérielle. Je dis qu'elle a tourné autour de lui, car il en était le centre plutôt que le chef. M. de Richelieu n'est point un homme qui, pour atteindre à un but déterminé, se place à la tête d'autres hommes et les conduise; on l'entoure, mais on ne le suit point, car il ne marche pas. Il a en lui je ne sais quoi d'immobile qui le réduit à servir souvent d'obstacle, jamais de moyen. Empêcher c'est là, je ne dirai pas sa politique, mais une propriété de sa nature. Elle a fait sa destinée. Le péril presse, le mal sera grand…

M. de Richelieu survient, il ne dissipe point le péril, mais il en atténue l'imminence; il ne guérit point le mal, il le fait même ou le laisse faire; mais il en préviendra l'excès. Un bon comme un mauvais système, un bon comme un mauvais parti, peuvent se servir de lui pour commencer, mais c'est là tout; dans la vérité comme dans l'erreur, il s'arrête et résiste dès qu'on veut le mener vite et loin. C'est que sa conscience est droite, sa vue courte et son caractère faible. Franc et loyal, il peut s'engager assez vivement au début; que la situation s'embarrasse, que le cours des choses s'accélère, il se trouble, et, se refusant aux conséquences de ses propres actes, se réfugie dans l'inaction. Ce n'est pas qu'il craigne de se compromettre; c'est qu'il ne sait à quoi se décider ni comment agir. Il ne veut pas le mal, ne fait pas le bien. Ce qui est violent choque sa raison; ce qui est difficile la surpasse; son immobilité n'est que l'expression de son doute ou l'aveu de son impuissance; et quand il en est réduit là, un seul sentiment s'empare de lui : c'est une sorte de dépit contre des choses et des peuples si peu maniables, si revêches à se laisser gouverner par un homme, qui, au fait, se soucie peu du pouvoir, et ne l'a pris que pour les servir. Sans doute en appelant MM. de Villèle et Corbière dans le conseil, il s'était promis un peu de repos; il crut l'ancien régime acquis et gouverné, la fusion du centre et du côté droit accomplie. Bientôt il put voir qu'il se trompait. » M. de Richelieu vit avec douleur qu'il avait perdu son influence, et qu'il n'avait plus d'autre parti à prendre que celui de la retraite. Elle était trop désirée pour qu'elle ne fût pas vue avec joie, et il donna sa démission au mois de décembre 1822. « Sa retraite, à l'époque de son premier ministère, dit M. le cardinal de Beausset, n'avait excité en lui aucuns regrets; il n'en a pas été de même en cette dernière circonstance, et il l'a avoué hautement... Il serait inutile de le dissimuler : les derniers jours de M. le duc de Richelieu ont dû être pénibles et douloureux. Son cœur avait été profondément atteint. » Cette abdication du pouvoir ministériel fut pour lui un coup funeste. Quelques mois après le 17 mars 1822, il mourut, sans postérité, dans les bras de ses sœurs, Mme de Montcalm et Mme de Jumilhac. Son neveu par les femmes, M. Odet de Jumilhac, lui a succédé, par ordonnance royale, dans les titres de duc de Richelieu et de pair de France. S'il n'appartient pas au temps présent de juger avec impartialité cet homme d'état, il appartient à ses contemporains de rendre justice à ses vertus privées. M. de Richelieu était simple, loyal et désintéressé; une rente de 13,000 fr. sur l'état composait, dit-on, toute sa fortune.

FIN DU DIX-SEPTIÈME VOLUME.

SUPPLÉMENS.

BARRAL (le vicomte André-Horace-François de), maréchal-de-camp, ex-préfet, né à Grenoble en 1743, est frère du comte de Barral, archevêque de Tours. Après avoir fait les quatre dernières campagnes de la guerre dite de *sept-ans*, en qualité de sous-lieutenant dans le régiment de la Ferronays (dragons), il obtint une compagnie de cavalerie dans Royal-Navarre, en 1763, et depuis cette époque jusqu'en 1772, il a servi dans l'état-major des armées, sous M. de Bourcet, qui l'a employé à reconnaître les Alpes depuis le col de Tende jusqu'au Saint-Gothard, et notamment le Valais, contrée jusqu'alors peu connue, et dont les plans, ainsi que des mémoires qui y sont relatifs (ouvrage de M. de Barral), ont été déposés dans les bureaux de la guerre. Cet officier, nommé major du régiment de Noailles (dragons), en 1774, a quitté cet emploi en 1782, pour suivre M. de La Fayette, en qualité d'aide-maréchal-général-des-logis des armées passées en Espagne, dans l'objet d'aller attaquer les Anglais à la Jamaïque ; mais la paix ayant été conclue peu après entre la France et l'Angleterre, les troupes destinées à cette expédition, et qui s'étaient réunies à Cadix, reçurent l'ordre de rentrer en France. Depuis lors, M. de Barral a cessé d'être employé activement jusqu'en 1788 ; plus tard, voyant sa patrie attaquée, il demanda du service ; et en 1792, lorsqu'il commandait en Roussillon, en qualité de général de brigade, le gouvernement, prévenu que cet officier connaissait parfaitement les Alpes, mit sous ses ordres six bataillons, dans l'objet de défendre les frontières menacées, entre l'armée des Alpes maritimes et celle que Kellerman commandait dans le Mont-Blanc. M. de Barral ayant rempli sa mission avec succès, et les neiges rendant les passages des Alpes plus faciles à défendre, il reçut l'ordre de passer à l'armée de Nice avec ses trois meilleurs bataillons, laissant aux trois autres la garde de la frontière. Indécis sur le choix qu'il avait à faire entre des bataillons de nouvelle levée, le général ne pensait pas toutefois pouvoir désigner celui du Var, qui lui avait paru peu instruit, indiscipliné, et qu'il avait réservé pour son quartier-général de Barcelonette, afin de le surveiller de plus près : Masséna, chef de ce bataillon, était depuis long-temps atteint par la fièvre, et lorsque M. de Barral, sortant pour aller inspecter le bataillon du Var, vit cet officier, pâle et défait, enveloppé dans son manteau, la tête empaquetée, marcher à sa suite, il l'engagea fortement à se retirer, mais ses instances furent vaines : Masséna voulut rester et resta. Cependant l'officier qui commandait en second le bataillon de Masséna, fait exécuter le maniement des

armes, après avoir essayé vainement d'aligner sa troupe ; enfin viennent les grandes manœuvres; mais ici le désordre s'accroît ; les commandemens mal faits sont mal exécutés, les pelotons s'entrechoquent : « C'est assez, dit le gé-
» néral de Barral, ce bataillon ne partira pas. » Alors Masséna, dont la physionomie s'était animée par degrés, jette de fureur le bonnet qui couvrait sa tête, se débarrasse de son manteau, et tirant son épée, « Général, dit-il, per-
» mettez que je commande mon ba-
» taillon; » puis se retournant vers sa troupe en désordre, il lui commande l'alignement. Soudain, à cette voix, les rangs se serrent, l'immobilité succède, l'âme du héros a passé dans tous ses soldats : maniement des armes, évolutions, tout est exécuté avec la plus grande précision ; ce fut dans ce moment qu'entraîné par un mouvement d'enthousiasme produit par l'ascendant de cet homme, dans lequel il pressentait déjà le héros, le général de Barral lui dit, en lui prenant la main :
« Masséna, vous viendrez avec
» nous ; ce n'est pas votre batail-
» lon que j'emmène, c'est vous. »
Cette circonstance caractéristique ne s'effaça jamais de la mémoire du prince d'Essling; il aimait à la rappeler. Lorsque cet illustre guerrier partit pour la campagne de 1809, M. de Barral lui recommanda ses deux fils, alors au service ; le maréchal lui répondit :
« Général, je ferai pour vos en-
» fans ce que vous avez fait pour
» moi. » Des commissaires de la convention, en mission à l'armée des Alpes-Maritimes, jugèrent devoir, pour le bien du service, envoyer M. de Barral à Kellerman, qui venait de prendre le commandement de l'armée du Mont-Blanc. Ce dernier, qui lui avait accordé une grande confiance, l'emmena à Nice, où il se rendait pour concerter avec M. de Biron le plan de la campagne suivante, et dans le conseil qui se tint à ce sujet, le plan que proposa M. de Barral fut adopté à l'unanimité. Kellerman, de retour à Chambéry, y vit bientôt arriver d'autres commissaires de la convention, et ayant reçu en leur présence un courrier qui lui apportait l'ordre d'envoyer de suite M. de Barral à l'armée de l'Ouest, il dit avec indignation :
« Cela ne se peut, il y a sans dou-
» te ici une erreur de nom : com-
» ment croire qu'on veuille m'enle-
» ver l'officier-général de mon ar-
» mée qui m'est le plus nécessai-
» re, et qui connaît si parfaitement
» les Alpes ? — Et c'est précisé-
» ment parce qu'il les connaît, dit
» Hérault de Séchelles, l'un des
» commissaires, qu'on vous l'en-
» lève. » M. de Barral répliqua vivement : « Non, je n'irai pas! non,
» je ne servirai pas un gouverne-
» ment qui se méfie de moi! » En effet, il donna sur-le-champ sa démission, et fut bientôt après contraint d'émigrer. De retour dans sa patrie, M. de Barral fut, en 1805, nommé préfet du département du Cher ; il a administré ce département jusqu'en 1813, époque à laquelle son âge et sa santé l'obligèrent à solliciter sa retraite. Ce fonctionnaire public a fait dans son département d'importantes découvertes, qu'il a consignées dans plusieurs mémoires,

et qui paraissent devoir jeter un grand jour sur les antiquités du Berri et sur l'histoire des Gaulois, lorsque, joints aux mémoires qui sont restés inédits et réunis en corps d'ouvrage, ils auront été livrés au public : il s'occupe en ce moment (1824), à mettre la dernière main à ce travail, qui est presqu'achevé. M. de Barral était retiré dans ses foyers à Voiron, près de Grenoble, lorsqu'en 1814, les Autrichiens, occupant le Mont-Blanc, menaçaient le département de l'Isère. Dans ces circonstances, M. de Saint-Vallier, commissaire extraordinaire de l'empereur, arriva à Grenoble muni de pleins-pouvoirs; il confia au général Marchand la garde de la vallée du Graisivaudan, et invita le général de Barral à faire rompre le chemin des Echelles et à défendre la rive gauche du Guiers. M. de Barral était alors retenu chez lui par un mal de jambe, mais la voix de la patrie menacée fit taire dans son cœur toute autre considération; oubliant donc son grand âge (il avait 71 ans), ses souffrances et les rigueurs de l'hiver, il ne balança pas à se rendre au poste où l'honneur l'appelait. Il s'acquitta de la mission qui lui avait été confiée, de manière à mériter que sa conduite fût mentionnée honorablement dans les ordres du jour donnés par les généraux qui commandaient à Lyon et à Grenoble. Cependant l'ennemi se concentrant, menaçait de tourner, avec des forces irrésistibles, la petite division sous les ordres du général de Barral, qui n'avait à sa disposition qu'un bataillon commandé par le brave Robergeot, avec quelques douaniers et quelques détachemens de gardes nationales mal armées, ou même sans armes, qui lui étaient venus des communes voisines. Il fallut se retirer sur Voreppe. Dans des circonstances aussi urgentes, il fit une proclamation par laquelle il ordonnait aux maires de lui envoyer de suite des citoyens bien armés, et d'ouvrir des registres sur lesquels seraient inscrits, d'une part, les noms de ceux qui auraient volé au secours de la patrie, et de l'autre, les noms de ceux qui s'y seraient refusés, afin de perpétuer ainsi la gloire des uns et la honte des autres. L'autorité supérieure jugea cette mesure trop sévère et en arrêta l'exécution. Alors M. de Barral demanda à se retirer. Cet officier-général a deux fils, qui sont, par leur mère, née de Beauharnais, petits-fils de la comtesse Fanny de Beauharnais, cousins du prince Eugène, ancien vice-roi d'Italie, de l'ex-reine de Hollande, et cousins-germains de la grande-duchesse de Bade. Tous deux ont été pages de l'empereur. L'aîné a fait les campagnes d'Autriche en 1809, et de Portugal en 1810 et 1811, en qualité d'aide-de-camp du maréchal Masséna, qui n'a cessé d'avoir pour lui une affection paternelle. Le plus jeune allait remplacer à l'état-major du maréchal, son frère obligé de quitter le service à la suite d'un accident grave, lorsqu'il fut fait prisonnier par les Anglais. Retiré dans sa famille depuis décembre 1815, il était à cette époque capitaine au 4ᵉ régiment de chasseurs.

BERGER (Louis-Marie), sous-intendant militaire, ancien chef

de bataillon, ancien commandant d'armes, ancien chef de légion, colonel, chevalier de l'ordre royal et militaire de Saint-Louis, l'un des plus anciens officiers supérieurs de l'armée, est né à Guignes, département du Pas-de-Calais, le 18 septembre 1765. Il était négociant à Saint-Omer lorsqu'il fut nommé officier d'une compagnie d'élite tirée de la garde nationale de cette ville, qui eut à faire un service pénible pour protéger la libre circulation des grains dans ce district. Promu au grade de capitaine dans les gardes nationales volontaires du département du Pas-de-Calais, le 25 septembre 1791, et son bataillon étant bientôt destiné à être envoyé à Saint-Domingue, M. Berger n'hésita point à renoncer à tous ses intérêts et à toutes ses affections domestiques pour aller loin de sa patrie dans un climat meurtrier, concourir à pacifier ou plutôt à contenir une population, aussi différente d'origine que de couleur, qui avait commencé à s'y faire une guerre intestine, au nom de la liberté et de la propriété. A son débarquement, il fut mis en activité comme chef d'état-major d'une division, sous le commandement du général Desfourneaux, qu'il avait remplacé comme lieutenant-colonel. Employé au Cap à l'état-major-général, des blessures et des fatigues, suite d'un travail excessif, l'ayant mis dans l'impossibilité de continuer son service, il lui fut permis de passer sur le continent d'Amérique pour y rétablir sa santé. Quelque temps après son arrivée aux Etats-Unis, il y fut chargé, par le ministre de France, d'une mission qui avait pour objet de rechercher et de rassembler tous les militaires français dispersés sur ce continent, afin d'en former des compagnies, pour servir à des expéditions projetées et être employées comme garnisons des vaisseaux de la marine française qui y étaient réunis. Il retourna en France sur la flotte commandée par le contre-amiral Vanstable. Débarqué à Brest, le 12 juillet 1794, le commandement et l'administration des dépôts des régimens revenus des colonies lui furent confiés, jusqu'à ce qu'il obtint un congé de convalescence pour Saint-Omer. Là, il lui fut proposé de se rendre dans les villes anséatiques, sur un ordre des représentans du peuple alors en mission, pour y traiter de subsistances pour l'armée, et il s'empressa de se charger de cette négociation, qui, à cette époque, n'était pas sans danger. Il fut nommé successivement depuis commandant d'armes à Saint-Omer, au fort Barrault, et à Nanci. L'état-major de cette dernière place ayant été supprimé, il revint en non-activité à Saint-Omer, où il fut bientôt nommé chef de la 4ᵉ légion des gardes nationales du département du Pas-de-Calais, puis juge militaire à la cour de justice criminelle et spéciale du même département, enfin chef de légion-colonel, détaché pour commander la 3ᵉ légion des gardes nationales d'élite, réunies à Saint-Omer, sous les ordres de M. le sénateur comte Rampon, général en chef du 1ᵉʳ corps de l'armée de réserve, et dont il fut l'aide-de-camp. Après avoir été pendant cinq ans employé sur les côtes du département du Nord et sur l'Escaut, lors de l'expédition si malencontreuse des Anglais, il fut nommé chef de la légion départementale du Pas-de-Calais, formant le 2e régiment de l'arrondissement maritime d'Anvers. Appelé aux fonctions de sous-inspecteur aux revues, il fut employé à la grande-armée, aux 2e et 3e corps de cavalerie, et comme faisant les fonctions d'inspecteur, au 1er corps, jusqu'au 1er juin 1814, et dans les 14e et 16e divisions militaires à Caen et à Saint-Omer, jusqu'au 15 mai 1816, époque où il fut mis en non activité. Il a été admis à la retraite, par ordonnance du 13 février 1824. M. Berger s'est constamment fait estimer par son patriotisme, son activité et son désintéressement.

Nous nous sommes constamment fait un devoir, dans le cours de cet ouvrage, de ne laisser échapper aucune occasion de rendre aux Polonais qui se sont illustrés dans la carrière des fonctions publiques, ou dans celle des armes, toute la justice qu'ils avaient droit d'attendre d'écrivains patriotes et amis d'une nation dont les enfans ont si long-temps combattu dans nos armées, partageant les périls, la gloire et la récompense accordée à tous nos braves. Notre ouvrage renferme un grand nombre d'articles sur les Polonais qui se sont rendus illustres; mais, faute de renseignemens, nous laissions échapper à regret des *Notices* que nous sommes enfin parvenus à compléter et à réunir, et que nous donnons dans ce même volume, ainsi que dans le présent *Supplément*. Nous placerons dans la suite de cet ouvrage, à leur ordre alphabétique, les autres noms dont les séries ne sont pas encore arrivées.

CHLAPOWSKI (Désiré), chef d'escadron des chevau-légers polonais de la garde impériale, chevalier de la légion d'honneur, était très-jeune encore au moment de l'entrée de l'armée française en Pologne, en 1806; il fit partie de la garde d'honneur qui se forma à Posen. Distingué particulièrement par l'empereur Napoléon, il fut nommé officier dans un régiment d'infanterie de nouvelle levée. Il y obtint bientôt la croix de la légion-d'honneur, et ayant été fait prisonnier, il fut échangé sur une recommandation spéciale de l'empereur. Nommé officier d'ordonnance, il vint à Paris, et s'y livra encore pendant quelque temps à la continuation de ses études. Appelé ensuite au quartier-général, au camp de Marrac, près Bayonne, il suivit l'empereur pendant les campagnes de 1808 et de 1809. En 1811, il fut nommé chef d'escadron des chevau-légers polonais de la garde impériale; il fit ainsi les campagnes de 1812 et 1813, et assista à toutes les glorieuses affaires dans lesquelles ce régiment a eu le bonheur de se distinguer. Ce fut après une brillante charge qu'il fit à la tête de son escadron, à l'affaire de Jauer, qu'il profita de l'armistice qui eut lieu dans le courant de l'année

1813, pour obtenir, comme faveur, sa démission. Depuis ce temps, il a vécu retiré à la campagne.

CHLOPICKI (N.), général de division, fit ses premières armes en Pologne, dans les campagnes qui eurent lieu en 1792 et 1794. Après la dissolution de l'armée nationale, il se rendit en Italie, dans les légions polonaises qui se formaient sous les ordres du général Dombrowski. Il fit toutes les campagnes d'Italie, et s'acquit une réputation de bravoure et d'intrépidité peu commune. Colonel du 1er régiment d'infanterie de la Vistule, il fit la campagne de Pologne de 1807. Il entra en Espagne en 1808, commandant les 4 régimens d'infanterie de la Vistule, comme le plus ancien colonel. Il assista aux sanglans siéges de Saragosse, aux glorieuses et mémorables campagnes du maréchal Suchet, en Arragon et en Catalogne. Détaché sur l'aile gauche de l'armée, il contribua particulièrement au gain de la bataille de Sagonte. Ce fut surtout dans le courant de ces campagnes que s'établit la réputation militaire dont il jouit à si juste titre. Général et commandant d'une brigade à la suite de la garde impériale, en 1812, il fut grièvement blessé à la bataille de Smolensk. Nommé général de division en 1814, il commanda une division d'infanterie dans l'armée du royaume de Pologne. Il est depuis quelques années retiré du service.

DZIEWANOWSKI (N.), capitaine des chevau-légers polonais de la garde impériale. Il s'illustra à la bataille de Sommo-Sierra, en Espagne, en 1808. Ayant, après la première charge, réuni l'escadron de son propre chef, pour ne pas donner le temps à l'ennemi de se reconnaître, il le chargea avec une très-grande impétuosité; mais victime de sa bravoure, un boulet de canon lui fracassa les deux jambes : il mourut quelques jours après.

FALKOWSKI (N.), général de brigade, commença son service dans les légions polonaises, en Italie. Appelé, en 1805, comme officier interprète au grand quartier-général, il fut ensuite nommé officier d'ordonnance de l'empereur Napoléon, et le suivit dans les campagnes de 1805, 1806 et 1807. Envoyé en mission en Espagne, en 1808, il fut à son retour nommé major de la légion de la Vistule, et s'occupa de l'administration de ce corps pendant les années 1809, 1810 et 1811. Adjudant-commandant en 1812, il fut attaché à l'état-major du prince de Neufchâtel, major-général de l'armée, pendant les campagnes de 1812 et 1813. Enfin, nommé général en 1814, il commanda une brigade d'infanterie dans l'armée du royaume de Pologne jusqu'à sa mort.

GAULT DE SAINT-GERMAIN (Pierre-Marie), littérateur, est né à Paris en 1756. De l'instruction et un goût prononcé pour les arts, ont fait obtenir à M. Gault de Saint-Germain un nom honorable dans l'histoire des beaux-arts. Il a publié: 1° *Tableau de la ci-devant province d'Auvergne*, en société avec M. Rabany-Beauregard, in-8°, Paris, 1802, figures; 2° *Traité de la peinture de Léonard de Vinci*, précédé de la vie de l'auteur et du catalogue de ses ouvrages, avec des notes et des observations, in-8°, Paris, an 9 (1803), figures; ouvrage épuisé et contrefait; 3° *Des Passions et de leur expression générale et particulière*, in-8°, Paris, 1804; 4° *Vie de Nicolas Poussin, considéré comme chef de l'école française, suivie de notes inédites et authentiques sur sa vie et sur ses ouvrages*, etc., grand in-8°, Paris, Didot, 1806; 5° *Calques du tableau de la Cène de Léonard de Vinci*, avec la vie de l'auteur, Paris, 1807; 6° *Annales de la calcographie générale, ou Histoire de la gravure ancienne et moderne, française et étrangère*, in-8°, Paris, 1806 et 1807, sans nom d'auteur; 7° *Discours d'introduction pour la belle collection des fleurs et des fruits de J. L. Prevost*, in-fol., Paris, 1805; 8° *Mesures de la célèbre statue de l'Antinoüs, par N. Poussin, avec la traduction du texte italien*, in-8°, 1804; 9° *Les trois siècles de la peinture en France*, in-8°, Paris, 1808; 10° *Observations sur l'état des arts au 19ᵉ siècle, dans le salon de 1814*, in-8°, Paris; 11° *Choix des productions de l'art les plus remarquables, exposées au salon de 1817*, in-8°, Paris, Didot; 12° *Choix des productions de l'art, exposées au salon de 1819*, in-8°, Paris, même année; 13° *Guide des amateurs de peinture dans les collections générales et particulières*, etc.: École italienne, in-8°, Paris, Didot, 1816; 14° *Guide des amateurs de tableaux, écoles allemande, flamande et hollandaise*, 2 vol. in-12, Paris, 1818; 15° *Opinion sur Rubens, à la suite d'une lettre adressée à M. Rabany-Beauregard sur sa tradution du poëme* de Arte graphica, in-8°, Clermont-Ferrand, 1810; 16° *Lettre adressée au président de la société d'encouragement, sur la poix végétale, appliquée aux arts et à l'industrie*, dont les premiers essais ont été faits par M. Gault de Saint-Germain, in-8°, 1811. On peut consulter la brochure de M. Rey, intitulée: *Observations et recherches sur l'impression des fonds propres à recevoir la peinture*, in-8°. 17° *Instrument inventé par M. Gault de Saint-Germain, employé avec succès pour faire sentir les illusions de la perspective à des gens qui ne peuvent se former une idée de cette science*. La description de cet instrument est dans le *Traité de la peinture de Léonard de Vinci*, note de la page 43, édition de Paris, 1803. Plusieurs charlatans dans les arts ont enlevé cette découverte à l'auteur pour se l'approprier dans des cours publics. 18° *Abrégé élémentaire de l'histoire de France, depuis les temps héroïques jusqu'à nous*, etc., 3 vol. in-12, Paris, 1821; 19° *Lettres de Mme de Sévigné*, etc., édition augmentée de lettres inédites, d'une nouvelle notice sur Mme de Sévigné, et accompagnée de notes géographiques, historiques, politiques, critiques et de mœurs, 12 vol. in-8°, Paris, 1823, fig. M. Gault de Saint-Germain est auteur de nombre d'articles dans le *Moniteur*, le *Journal des Débats*, le *Journal de Paris*, etc. Ses productions de l'art sont: 1° *Portrait en pied du maréchal de Richelieu, duc et pair de France*, gravé par Vangelisti. Voir le volume des ducs et pairs, à la bibliothèque royale. 2° *Portrait de Marie-An-*

gélique Corneille, descendante du grand Corneille, gravé d'après le dessin de M. Gault de Saint-Germain, déposé à la bibliothèque royale. L'abbé Aubert avait, à cette occasion, donné, dans le *Journal général de France* du 30 mai 1787, un article qui est un très-bon morceau de critique littéraire.

JERZMANOWSKI (LE BARON), colonel, officier de la légion-d'honneur, fut d'abord officier dans les légions polonaises, en Italie, puis nommé aide-de-camp du grand-maréchal Duroc; ce fut en cette qualité qu'il prit part aux campagnes de 1805, 1806 et 1807. Devenu alors capitaine des chevau-légers de la garde impériale, il fit dans ce régiment les campagnes de 1809, 1810, 1811, 1812, 1813 et 1814. Nommé successivement chef d'escadron, officier de la légion-d'honneur et baron de l'empire, il fut désigné pour le commandement de l'escadron des chevau-légers polonais qui accompagnèrent Napoléon à l'île d'Elbe, où il fut nommé commandant de la place de Porto-Longone. Promu au grade de colonel en 1815, il assista avec son régiment à la bataille de Waterloo, et revenu en Pologne, d'après une autorisation spéciale de l'empereur de Russie, il y continua son service militaire pendant quelques années. Il est maintenant établi en France, où il s'est marié.

KLICKI (N.), général de cavalerie, fit avec distinction les campagnes d'Italie dans les légions polonaises; il y parvint jusqu'au grade de chef d'escadron; colonel en 1807, il fut, en 1808, attaché au corps du maréchal Suchet, où il s'acquit une brillante réputation. Placé, en 1812, dans l'état-major du prince Eugène comme général de brigade, il y captiva la bienveillance générale et celle de son chef, qui, le voyant un jour entouré d'ennemis, chargea personnellement avec le reste de son état-major, et parvint à le délivrer. Rentré, en 1814, au service du royaume de Pologne, il commande actuellement une division de cavalerie.

KOSSAKOWSKI (N.), général avant 1794; il se présenta, en 1812, au quartier-général de l'empereur Napoléon, et y fut attaché pendant les campagnes de 1812, 1813 et 1814. Il ne quitta Fontainebleau qu'après le départ de Napoléon pour l'île d'Elbe. Maintenant il vit retiré dans ses terres.

KOZIETULSKI (N.), chef d'escadron des chevau-légers polonais de la garde impériale; il faisait partie de la garde d'honneur qui se forma, en 1806, à l'arrivée de l'armée française à Varsovie. Attaché à l'état-major du grand quartier-général, il le suivit pendant la fin de l'année 1806 et le commencement de l'année 1807. Nommé chef d'escadron de chevau-légers polonais de la garde impériale, il vint avec son escadron en Espagne en 1808. Il commanda la première charge dans cette brillante affaire de Sommo-Sierra, qui couvrit de gloire le régiment des chevau-légers, et y eut son cheval tué. Il fit les campagnes de 1809, 1812 et 1813. Il commanda le régiment d'éclaireurs de la garde, pendant la campagne de 1814, comme major de la garde. Rentré au service de Pologne, il eut le commandement du 4° régiment de lanciers. La mort l'a enlevé au milieu de sa carrière.

LOUIS XVIII. Parmi les morts illustres qui ont signalé l'année 1824, Louis XVIII tient le premier rang. Ce prince était depuis long-temps affligé d'une maladie douloureuse, qui le conduisait lentement au tombeau. L'art de guérir avait épuisé ses efforts pour la détruire, et il n'était parvenu qu'à l'affaiblir. Ce fut dans le mois d'août dernier qu'on s'aperçut que les forces du roi décroissaient visiblement, et que l'époque de sa mort ne pouvait être éloignée. La fermeté d'âme du monarque se soutenait dans cette position critique. Il ne pouvait plus se faire aucune illusion à cet égard; mais sa résignation était parfaite, et il ne pensait plus qu'à mourir en roi. Le 25 août, jour de la fête de Saint-Louis, la famille royale prévit, avec sollicitude, la fatigue que causerait au roi la réception des fonctionnaires et des nombreux officiers qui devaient être admis à lui présenter ses hommages. On le supplia de rester dans ses appartemens. Louis XVIII ne voulut rien changer aux dispositions habituelles. « *Un roi doit mourir*, dit-il, *mais ne doit jamais être malade.* » Toutes les personnes qui ce jour-là furent admises à voir le roi, admirèrent sa constance; mais leurs observations rendues publiques ne laissèrent plus de doute sur la fin prochaine du roi. Depuis ce jour, Louis XVIII s'affaiblit sensiblement. Ses jours étaient atténués par une maigreur chaque jour plus visible. Sa tête se penchait d'elle-même, ses yeux commençaient à s'éteindre. Cependant il conservait sa présence d'esprit, sa mémoire, et au milieu des plus vives douleurs, il ne lui échappait aucune plainte. Le 12 septembre, toutes les craintes conçues se réalisèrent, et les dernières espérances s'évanouirent. « La maladie du roi, dit un écrivain, avait pris le caractère le plus grave; malgré l'avis des médecins, S. M. avait voulu se lever et assister au déjeuner; mais, vaincue par la violence du mal, elle fut bientôt forcée de se retirer dans ses appartemens. Les médecins s'assemblent; ils jugent unanimement que le mal fait des progrès rapides. Les ministres sont prévenus; et le lendemain la capitale et les provinces apprennent par le bulletin suivant la perte douloureuse que la France est à la veille de subir : « Les infirmités anciennes et permanentes du roi ayant augmenté sensiblement depuis quelques jours, sa santé a paru profondément altérée, et est devenue l'objet de consultations plus fréquentes. La constitution de S. M. et les soins qui lui sont donnés ont entretenu, pendant plusieurs jours, l'espérance de voir sa santé se rétablir dans son état habituel; mais on ne peut se dissimuler aujourd'hui que ses forces n'aient considérablement diminué et que l'espoir qu'on avait conçu ne doive auss s'affaiblir. » Le même jour, la clôture des spectacles et de la Bourse fut ordonnée, et des prières publiques eurent lieu dans les diverses églises de la capitale. Toutes les cérémonies religieuses qui précèdent et accompagnent la mort, furent célébrées. Le roi y prit part; il savait que son état était désespéré. Le curé de la paroisse royale avait fait, à voix basse, des prières près du lit de S. M. Quand il se fut éloigné, Louis XVIII dit à un de ses médecins : « *M. le curé a prié à voix basse, de peur de m'effrayer : je n'ai pas peur de la mort; il n'y a qu'un mauvais roi qui ne sache pas mourir.* » Toute la journée du 15 fut marquée par un redoublement de souffrances. La poitrine du roi s'engagea, et il éprouva des crises redoublées. Trois bulletins furent distribués dans la journée; ils confirmaient toutes les alarmes. A onze heures du soir les médecins déclarèrent que le roi n'avait plus que quelques heures à vivre. Les princes et les princesses entouraient le lit funèbre. Le roi conservait encore sa connaissance; il voulait parler, mais les sons inarticulés de sa voix expiraient sur ses lèvres. A trois heures, il perdit connaissance; des râles affreux annonçaient le dernier travail de la mort; enfin il expira le 16 septembre à quatre heures du matin. Nous ne chercherons à décrire ni la douleur publique, ni les pompeuses cérémonies des funérailles, soit dans la capitale, soit à Saint-Denis. Elles furent dignes de la puissance et de la majesté royales; mais aujourd'hui que Louis XVIII appartient tout entier à l'histoire, nous allons rappeler ses titres à l'estime et au respect de la postérité. Louis XVIII, avant de monter sur le trône, s'était acquis en Europe la réputation d'un prince sage et éclairé. Observateur attentif du mouvement de la société, il s'était convaincu que l'époque des réformes sociales était arrivée, et qu'on ne pouvait sans danger, sacrifier aux intérêts de quelques familles privilégiées, les intérêts et les droits d'une grande nation qui avait acquis des lumières en acquérant des richesses, et qui faisait la principale force de l'état. Cette conviction fut la base de sa conduite, pendant les années qui précédèrent la révolution et celles qui la suivirent. Nous avons rapporté les faits historiques de la vie de ce prince dans l'article que nous lui avons consacré. Peu de monarques ont montré plus de fermeté dans la mauvaise fortune et plus de sagesse dans la prospérité. Placé entre deux partis, dont les prétentions étaient diamétralement opposées, et qui tenaient la société dans un état constant d'agitation, il a su maintenir la tranquillité au-dedans et au-dehors, user les ressentimens par sa persévérance, et préparer l'heureuse union du sentiment qui s'est opéré sous son auguste successeur. Sans doute, dans l'état habituel de souffrance où il était réduit, il a pu quelquefois être trompé. Des ministres, plus jaloux d'agrandir leur pouvoir que de travailler au bonheur du peuple, ont pu surprendre sa confiance et autoriser, de son nom, des mesures funestes. C'est à lui que nous devons rapporter tout le bien qui s'est fait pendant son règne; le mal appartient aux ministres. C'est à eux seuls qu'il faut attribuer les persécutions suscitées à d'honorables citoyens, la corruption des élections, l'oubli de la morale publique, et l'asservisse-

-ment de la presse par la censure, dont une volonté auguste nous a si heureusement délivrés. Le dernier grand acte de la vie politique de Louis XVIII a été la guerre d'Espagne, si glorieusement terminée par S. A. R. le duc d'Angoulême, aujourd'hui dauphin de France. L'intention du feu roi était d'éteindre le feu des discordes civiles dans la péninsule, de garantir tous les intérêts légitimes par de salutaires institutions, et de réunir les partis sous le pouvoir tutélaire de la royauté. Si les effets n'ont pas répondu à ces hautes intentions, c'est qu'elles n'ont pas été suffisamment comprises et secondées par les agens supérieurs du gouvernement. L'Espagne, livrée à elle-même, est aujourd'hui le théâtre d'une sanglante anarchie, et les nobles vœux du modérateur d'Andujar n'ont pu désarmer le fanatisme ni fléchir les ardens sectateurs de l'inquisition. Depuis la publication de notre article sur Louis XVIII, quelques anecdotes relatives à ce prince sont venues à notre connaissance; et il en est une que nous ne pouvons oublier. « On se rappelle, dit l'écrivain déjà cité, on se rappelle la sensation que produisit en Europe la nouvelle de l'anéantissement de l'armée française en Russie. Les Anglais célébrèrent avec enthousiasme un revers si heureux pour la coalition. Les communautés de Londres donnèrent une fête magnifique à laquelle elles se flattaient qu'assisterait Louis XVIII. Les décorations de la fête offraient plusieurs allusions à la chute de Bonaparte et au rétablissement des Bourbons; on y voyait, entre autres, des lys à demi fermés, avec cette devise : « *Ils vont refleurir.* » Mais Louis XVIII ni aucun prince de sa famille n'assistèrent à cette fête. « *J'ignore*, répondit le roi à la députation qui lui fut envoyée à ce sujet, *j'ignore si ce désastre est un des moyens que la providence, dont les vues sont impénétrables, veut employer pour rétablir l'autorité légitime en France; mais jamais ni moi, ni aucun des princes de ma famille, nous ne pourrons nous réjouir d'un événement qui a fait périr deux cent mille Français.* » Les lettres, qui avaient été pour Louis XVIII, jeune encore, l'ornement de sa prospérité au milieu des pompes de Versailles, étaient devenues sa consolation dans l'adversité. Il abrégeait les longues heures passées sur la terre étrangère, en lisant les auteurs de l'ancienne Rome, et surtout Horace, qu'il aimait de prédilection, qu'il savait par cœur, et qu'il citait toujours à propos comme son aïeul Henri IV. On dit même qu'il s'occupait de faire passer dans notre langue les plus beaux morceaux de ce poëte. Un jour qu'un de ses courtisans lui vantait sa patience et son courage à supporter l'exil : « *Que voulez-vous*, lui dit le prince, en lui montrant un volume qu'il lisait, *voilà celui qui adoucit mes souffrances.* » C'était un Horace. Le plus grand événement du règne de Louis XVIII, soit pour la France, soit pour lui-même, est l'établissement de la loi fondamentale que nous désignons par le nom de Charte constitutionnelle. Cette loi suprême est une reconnaissance formelle des grands principes dont les progrès de la philosophie ont fait des idées populaires. La révolution ne s'était faite que pour en assurer l'application. Mais il y avait trop d'intérêts compromis, trop de résistances à vaincre, pour qu'il ne s'engageât pas une lutte violente entre les ennemis et les partisans de la réforme. Les passions une fois excitées, il était difficile d'entendre la voix de la sagesse, de suivre les conseils de la modération. La France devint un champ de bataille, où le passé et le présent se choquèrent avec fureur. L'exagération s'en mêla; les uns voulaient tout conserver, les autres tout détruire. Il n'y avait plus de transactions possibles. Le parti de la destruction fut un moment le maître, et il usa de sa puissance avec barbarie. L'intervention étrangère compliqua le mal; il fallait vaincre ou périr; la victoire se rangea sous les drapeaux populaires, et de grandes ambitions s'éveillèrent au bruit des armes. Un soldat, porté par son génie et par sa fortune, rallia la nation, comme on rallie une armée après une bataille décisive; il avait le don du commandement et se fit obéir, mais il ne put rien fonder parce qu'il voulut tout fonder pour lui-même et sa famille, et qu'il outragea la liberté. Il avait régné par la force, la force l'abandonna et il tomba du trône. Enfin, la Charte nous a été donnée, et elle fut acceptée comme le gage du triomphe des principes généreux, comme la garantie des intérêts nationaux et des droits légitimes. Notre situation serait la plus heureuse du monde, si des hommes dévorés de la soif du pouvoir voulaient la comprendre et l'exécuter. Mais ils voudraient dominer malgré les lois, telle est la source des inquiétudes qui se sont manifestées pendant la vie de Louis XVIII, et qui ne seront entièrement dissipées que lorsque le pouvoir sera confié à des mains loyales et constitutionnelles. Cet espoir ne sera pas trompé; nous en avons pour garant les promesses et les vertus de Charles X. L'unanimité de sentimens qui a salué son règne, présage la réconciliation des partis, l'indépendance du trône et l'affermissement des libertés publiques.

LUBIENSKI (Thomas), général de brigade dans la garde impériale française, aujourd'hui (1824) député à la diète, est frère de François Lubienski, dont l'article a été inséré t. XII, pag. 162-163 de cet ouvrage. Il commença son service militaire dans la garde d'honneur qui se forma à l'entrée des troupes françaises en Pologne, en 1806. Il suivit l'état-major du grand-quartier-général auquel il était attaché pendant les campagnes de 1806 et de 1807. Nommé chef d'escadron du régiment des chevau-légers de la garde impériale à sa formation, il rejoignit la grande-armée avec son escadron avant la paix de Tilsitt, et se rendit ensuite avec l'avant-garde du prince Murat en Espagne, en 1808. Il commanda la troisième charge dans la brillante affaire de Sommo-Sierra, dans laquelle furent enlevées les deux dernières batteries du défilé, et poursuivit l'ennemi jusqu'à Buyterago, à deux lieues au-delà. Une reconnaissance un peu hasardée sur Guadalaxara, qui lui réussit parfaitement, le fit citer dans le bulletin de la grande-armée. Il commanda à plusieurs reprises des corps de partisans pendant la campagne de 1809. Nommé colonel en 1811, il forma et organisa le 2* régiment de la Vistule, qui fut depuis le 8* régiment des chevau-légers. C'est à la tête de ce régiment qu'il fit les campagnes de 1812 et 1813. Nommé général de brigade au commencement de 1814, il retourna avec l'armée en Pologne, où il a commandé une brigade de cavalerie jusqu'en 1816. Retiré du service, il est maintenant député à la diète.

MALCZEWSKI (N.), colonel du 2* régiment d'infanterie de la Vistule, entra au service dès le commencement de l'organisation de l'armée polonaise, en 1806; son mérite personnel le fit bientôt distinguer. Employé à l'état-major du prince de Neufchâtel, il fut, en 1810, envoyé en Espagne pour remplir une mission de confiance, et rendre compte de l'état de la péninsule sur les différens points où se trouvaient alors les troupes françaises. La manière dont il s'acquitta de cette mission délicate établit sa réputation; c'est alors qu'il assista à la bataille d'Albuerra, et fut témoin des brillantes charges que firent sur l'armée anglaise ses compatriotes commandés par le général Konopka, alors commandant du 1er régiment de lanciers de la Vistule. Nommé colonel du 2* régiment d'infanterie de la Vistule en 1811, il se distingua par le sang-froid et l'intrépidité avec lesquels il couvrit la retraite à la tête de son régiment dans un moment où, en vue d'une partie de l'armée, on le croyait perdu sans ressource. Il continua à commander son régiment avec une égale distinction jusqu'à la bataille de Léipsick, le 19 octobre 1813, où il fut tué, emportant au tombeau l'estime et les regrets de tous ceux qui l'avaient connu.

MOKRONOWSKI (Stanislas), neveu du fameux Mokronowski, fut envoyé très-jeune en France, où il entra au service dans le Royal-allemand; il y parvint au grade de capitaine. Rappelé en Pologne par les vœux de ses compatriotes, il fut élu à plusieurs reprises nonce aux diètes qui eurent lieu avant le démembrement du royaume, et s'y acquit l'estime et la considération des honnêtes gens. Ayant continué en Pologne son service militaire, il fit avec beaucoup de distinction les campagnes de 1792, où il commanda une brigade de cavalerie, et fut nommé lieutenant-général. Il était retenu dans son lit par une goutte très-douloureuse au moment où la révolution de 1794 devait éclater. Il fait venir son médecin, lui demande de faire en sorte qu'il puisse monter à cheval le lendemain. Le médecin lui répond qu'il ne saurait l'entreprendre sans l'exposer à la mort; N'importe, dit Mokronowski, *la patrie avant tout;* et s'étant fait saigner, il fut en état d'accepter le place de gouverneur de la ville de Varsovie, que Kosciuszko lui confia. Il y rendit de grands services à tous les partis, et s'y acquit l'estime générale par la justice, l'impartialité, l'énergie et l'esprit de conciliation, qu'il y déploya; mais s'il ne mourut pas des suites de son imprudence, il eut depuis cette époque des attaques d'épilepsie très-fréquentes et très-violentes. Après la fin des événemens de 1794, il se retira du service, épousa une princesse Sanguszko, jeune et riche héritière, et vécut encore long-temps respecté, honoré, estimé de ses ennemis mêmes. Doué de l'intégrité la plus scrupuleuse, du jugement le plus sain, homme d'honneur par excellence, il était l'ami, le conseil ou le bienfaiteur de tout ce qui l'approchait.

MONGLAVE (GARAY, EUGÈNE DE), est né à Bayonne, département des Basses-Pyrénées, le 5 mars 1796. Entré au lycée de Pau par la munificence de l'empereur, il y fit de brillantes études, et n'en sortit qu'en 1813 pour se mêler à nos vieux soldats, qui revenaient de la péninsule. Il avait abandonné avec douleur une carrière qui lui promettait un avancement rapide, lorsqu'une armée espagnole, oubliant que Louis XVIII était remonté sur son trône, viola, en 1815, le territoire de la France, et vint, en pleine paix, se présenter sous les murs de Bayonne. La ville était sans garnison : les magistrats frissonnaient à l'aspect du danger. Six cents jeunes gens, parmi lesquels se trouvait M. Monglave, marchèrent à la rencontre d'une armée de 20,000 hommes. Trois jours après, elle avait repassé la frontière devant cette poignée de braves, la plupart imberbes. En 1821, M. Monglave s'embarqua pour le Brésil. Entraîné par l'amour de la science et des découvertes, il s'enfonça dans les forêts de l'Amérique, et visita bon nombre de peuplades inconnues des Européens. Les fatigues et les privations de ce voyage lui occasionèrent une maladie dangereuse, mais ayant appris que la cité de Rio-Grande du Nord faisait de secrètes tentatives pour se soustraire à la domination portugaise, il s'arrache de son lit de douleur, vient se mettre à la tête du mouvement, et Rio-Grande fut libre. Les efforts qu'il avait faits dans cette lutte glorieuse avaient agravé son mal : les médecins déclarèrent qu'un prompt départ pouvait seul le dérober à la mort. Il partit, emportant les regrets de ce peuple valeureux, à la délivrance duquel il avait si puissamment contribué. Il revint en France, où, un an après son arrivée, il épousa la fille d'un des membres les plus vertueux de l'assemblée constituante. M. Monglave est membre de plusieurs académies et sociétés littéraires françaises et étrangères. Il a coopéré et coopère encore à la rédaction de plusieurs journaux et feuilles périodiques. Attaché par amour et par conviction à la cause de la liberté et de la philosophie, il a publié les ouvrages suivans : 1° *Histoire des missionnaires*, Paris, 1818 : cet ouvrage a eu deux éditions; respecté à Paris, il a été poursuivi dans plusieurs départemens avec un acharnement incompréhensible. 2° *Le Momus libéral*, Paris, 1820. Ce joli recueil, composé en société avec M. Amédée de Bast. renferme plusieurs chansons devenues populaires, entre autres celle de *Bon voyage, nos chers amis*, la première qui ait été faite pour le départ des alliés. Elle a été insérée dans les *Lettres Normandes.* 3° *Siége de Cadix par l'armée française, en* 1810, 1811 *et* 1812, *dédié au général Foy; avec un plan de Cadix et des environs, d'après un dessin de M. le colonel Bory de Saint-Vincent,* Paris, 1823. Deux éditions de cet ouvrage ont été enlevées en moins de douze jours; éloges d'un côté, injures de l'autre, rien n'a manqué à son succès. 4° *Mon parrain Nicolas,* roman orné de gravures, et de romances de Romagnési, deuxième édit., 1824; 5° *Lettre d'un électeur à M. l'archevêque de Paris, au sujet de son mandement, qui ordonne des prières publiques pour l'élection des députés du royaume,* Paris, 1824; 6° *Le faubourg Saint-Germain et le faubourg Saint-Antoine, ou Correspondance politique de deux jeunes personnes,* Paris, 1824; 7° *Histoire abrégée de Paris, dédiée à M. Ternaux,* avec cette épigraphe : *La vérité quand même!!!* 2 vol. in-18, en société avec M. Léonard, Paris, 1824. Ce résumé philosophique obtient un succès populaire. M. Monglave s'occupe en ce moment d'une *Histoire d'Espagne et de Portugal,* et d'une *Histoire des conspirations des jésuites contre la maison de Bourbon en France, depuis Henri IV jusqu'à Louis XV.* Elle aura pour épigraphe ces paroles de Henri IV au parlement, le mardi 16 février 1599 : *Je suis catholique, mais non catholique jésuite. Je connais les catholiques jésuites. Je ne suis pas de l'humeur de ces gens-là, qui sont des* FAISEURS DE TUEURS DE ROI. (Manuscrits de Colbert, n° 213.)

OGINSKI (MICHEL-CASIMIR), grand-général de Lithuanie, né en 1731, d'une famille des plus anciennes et des plus illustres de son pays, joignait à un extérieur prévenant un caractère doux et affable, et des talens qui le rendaient très-agréable en société. Protecteur des arts, il jouait lui-même de plusieurs instrumens, et savait également bien manier le crayon et le pinceau. L'Encyclopédie, à l'article *Harpe,* lui attribue l'invention des pédales pour cet instrument. Le château de Slonim qu'il habitait et où il vivait en prince souverain, était le point de réunion de la première noblesse du pays et des artistes étrangers les plus distingués. Son patriotisme l'arracha du sein des plaisirs et des richesses en 1771. Il se mit à la tête de la confédération de Lithuanie pour combattre les Russes, qui menaçaient d'envahir sa patrie. Rulhière, dans son ouvrage sur l'anarchie de la Pologne, et Ferrand, dans l'histoire des trois démembremens de ce pays, lui rendent un témoignage honorable. Persécuté par la Russie, qui fit confisquer toutes ses propriétés, il émigra, et ne rentra en Pologne qu'en 1776. C'est lui qui fit creuser à ses frais un canal, qui porte son nom, et qui, par la jonction de deux rivières, ouvrait une communication de la mer Baltique à la mer Noire, et facilitait le commerce dans l'intérieur du pays. Ayant perdu les deux tiers d'une fortune très-brillante, par le premier partage de la Pologne, par les guerres civiles, et par toutes les calamités dont ce pays fut la victime, il se retira des affaires, et pour conserver à sa famille le riche patrimoine qu'il possédait encore, il résolut, au défaut d'héritiers de son nom, de le faire passer par un contrat de vente à son neveu Michel-Cléophas Oginski, dont il faisait grand cas, et dont il est question dans l'article suivant. Il mourut à Varsovie, en 1803, âgé de 72 ans.

OGINSKI (Michel-Cleophas), ancien grand-trésorier de Lithuanie, fils d'André Oginski, sénateur palatin, et de Pauline, comtesse Szembek, né en 1765, près de Varsovie, commença à servir sa patrie à l'âge de 19 ans. Après avoir été nonce représentant à la diète, membre de la chambre des finances, et depuis envoyé extraordinaire en Hollande, et chargé d'une mission particulière en Angleterre par la diète du 3 mai, il revint à Varsovie, à l'époque où les efforts des Polonais, pour assurer la liberté et l'indépendance de leur pays, avaient à lutter contre le parti d'opposition qui, appuyé d'une forte armée russe, renversa tous les projets des patriotes, cassa la nouvelle constitution, et forma la confédération de Targowitz. Oginski fut une des premières victimes du nouveau gouvernement. Toutes ses terres furent séquestrées. Obligé d'aller les réclamer à Pétersbourg, en 1793, il ne les recouvra qu'après beaucoup de pertes et de sacrifices, et sous la condition d'entrer dans le ministère de Pologne. Mais il résigna la place de ministre du trésor, qu'il avait acceptée dès que Kosciuszko eut levé l'étendard de la révolution, en 1794. Il forma de suite un corps de chasseurs à ses frais, et offrit des sommes considérables pour les besoins de la patrie. Il commanda, comme volontaire, dans l'avant-garde, une expédition du côté de Minsk, qui porta la terreur dans ces contrées, et procura des vivres, des bagages et quelques prisonniers à l'armée de Lithuanie; mais faute de forces suffisantes et de secours, il ne put avancer, et manqua être pris par le général Benningsen, à Wiszniew. Il commanda depuis un autre corps en Livonie, et fit passer la Dzuina à la nage à un détachement de cavalerie, qui pénétra jusqu'à Dünebourg; mais il ne put s'y maintenir, après l'occupation de Wilna par les Russes et la retraite de l'armée de Lithuanie. Obligé de fuir après la révolution pour se soustraire aux persécutions personnelles, il abandonna toute sa fortune, qui fut depuis confisquée et distribuée à des généraux russes. Après avoir passé plusieurs mois à Venise, où beaucoup d'émigrés de son pays s'étaient réunis, il fut nommé agent des patriotes polonais à Constantinople et à Paris, où il se rendit, à différentes reprises, pour se concerter avec ses compatriotes sur les moyens de rétablir leur patrie, avec l'appui du gouvernement français. Il ne renonça à ses tentatives qu'à l'époque où tout espoir de réussir avait disparu. Éloigné de son pays depuis plusieurs années, et dénué de fonds et de ressources, il demanda la permission d'y rentrer, ce qui lui fut accordé par l'empereur Alexandre en 1802. A son retour, il s'enferma dans sa campagne à Zalésié, près de Wilna, et il y vécut plusieurs années avec sa famille, en se livrant à son goût pour l'étude, et travaillant à la rédaction de ses Mémoires, qui paraîtront un jour, et qui renferment des détails très-intéressans sur les affaires de la Pologne. La culture des jardins et la musique l'occupaient dans ses momens de loisir ; et il ne renonça pas au plaisir d'augmenter ses productions musicales, auxquelles il n'attachait aucune prétention, mais qui sont connues et applaudies partout, et principalement ses polonaises. Après la paix de Tilsitt, il alla passer trois années, avec sa famille, en Italie et à Paris. L'empereur Alexandre l'ayant nommé sénateur de Russie et conseiller privé en 1810, il fut obligé de se rendre à Pétersbourg, où il est resté jusqu'à l'année 1815. Rentré dans sa solitude depuis cette époque, il a demandé et obtenu la permission d'aller soigner sa santé en Italie, où il mène présentement une vie très-retirée.

OGINSKI (Gabriel), né en 1788, neveu du précédent, se trouvait à Wilna lors de la campagne de 1812. Entraîné par l'espoir de voir sa patrie rétablie, il accepta la place de chef de la garde d'honneur de Lithuanie, destinée pour le service de l'empereur Napoléon. Ce corps ne put être complété de sitôt ; mais M. Oginski, avec un détachement d'une vingtaine d'hommes, accompagna Napoléon dans sa marche jusqu'à Moskou, et dans sa retraite jusqu'à Wilna. Il suivit depuis l'armée polonaise jusqu'à Paris, et obtint de l'empereur Alexandre, après son entrée dans cette capitale, la permission de revenir en Lithuanie, et de rentrer en possession de ses terres, qui avaient été momentanément séquestrées.

PAC (N.), général de division, d'une famille des plus illustres et des plus anciennes de la Lithuanie. Maître d'une grande fortune, il entra au service de France en 1808, et fut attaché à l'état-major du maréchal Bessières, qui commandait un corps d'armée en Espagne. Nommé, à l'issue de cette campagne, chef d'escadron des chevau-légers polonais de la garde impériale, il commanda un escadron à la belle charge que fit le régiment à la bataille de Wagram. Nommé successivement colonel, puis général de brigade, il fut attaché au grand état-major de l'armée pendant la campagne de 1812 et 1813, dans laquelle il fut promu au grade de général de division. Le général Pac fut blessé, en 1814, en chargeant à la tête de la cavalerie polonaise, dont il venait de recevoir le commandement. Il vit aujourd'hui (1824), retiré dans ses terres.

PASZKOWSKI (N.), général de brigade, ami, compagnon et principal légataire de Kosciusko. Il fit ses premières armes dans les légions polonaises, en Italie; attaché ensuite à l'état-major du grand-duc de Berg (*voy.* Murat), commandant alors la cavalerie de l'armée, il fit les campagnes de 1805, 1806 et 1807. Arrivé successivement au grade de colonel, il remplit différentes fonctions des plus importantes. Chef d'état-major d'une division, ensuite aide-de-camp du roi de Saxe, duc de Varsovie, enfin général, il commanda une brigade d'infanterie dans la campagne de 1812, et fut fait prisonnier à la bataille de Léipsick. Il fut appelé en 1814 dans le comité organisateur de l'armée polonaise. Légataire principal du modique, mais si honorable héritage du général Kosciuszko, il est actuellement un des premiers membres de la société qui préside à l'établissement d'un mausolée qu'on lui élève aux environs de Cracovie, par le moyen d'une souscription faite dans toute la Pologne, d'après l'autorisation spéciale de l'empereur Alexandre. C'est une colline de 120 pieds de hauteur, que l'on élève à bras d'hommes, sur une des montagnes qui dominent Cracovie, à l'instar de deux autres collines pareilles, parfaitement bien conservées, que de temps immémorial on éleva à Cracus et Wanda, souverains du pays. L'existence de ces prince et princesse est mieux constatée par ce témoignage, qu'a consacré la tradition populaire, que par l'histoire presque fabuleuse des époques éloignées où ils ont vécu. On espère voir bientôt paraître, par les soins du général Paszkowski, la *Vie de Kociuszko*, avec lequel il a eu tant d'intimes relations.

PERALDI (OLIVIER-ANTOINE-CONSTANTIN), colonel des chasseurs de la garde italienne, chevalier de la légion-d'honneur et de l'ordre de Saint-Louis, commandeur de l'ordre de la couronne-de-fer, est né à Vico en Corse en 1775, d'une ancienne et honorable famille de cette île. Après avoir achevé ses études il entra au service en 1792, et fut nommé sous-lieutenant dans le 26° régiment d'infanterie de ligne. Fait prisonnier de guerre par les Anglais au mois de pluviôse an 2, dans une affaire meurtrière, près du golfe de Saint-Florent, où il avait défendu jusqu'au dernier moment, avec une haute valeur, un poste désavantageux, il fut conduit à Gibraltar, et ensuite envoyé sur un de ces pontons où périssaient de misère tant de prisonniers français. Dégagé ainsi de la parole d'honneur qu'il avait donnée pendant qu'on lui laissait la forteresse de Gibraltar pour prison, il parvint, en fructidor de l'an 3, à recouvrer sa liberté. Nommé lieutenant dans la 51° demi-brigade, il se rendit à l'armée d'Italie, et se distingua à la bataille de Final, livrée le 21 brumaire an 4, et où le général Schérer battit les Autrichiens. En vendémiaire de l'an 5. le général en chef Bonaparte fit un appel à tous les Corses qui se trouvaient dans l'armée, pour marcher à la délivrance de leur patrie. Péraldi se présenta un des premiers. Revenu au milieu de ses parens et de ses amis, il organisa de suite une colonne mobile, dont il fut nommé le capitaine, et qui contribua à chasser les Anglais de la Corse. Maîtres de la mer, ils ne cessaient cependant de fomenter des insurrections dans l'intérieur de l'île. Péraldi accepta un grade dans la gendarmerie qui fut créée à cette époque, et qui faisait un service de campagne. Il passa de là à l'armée d'Italie, où il fut attaché à l'état-major-général. Sa belle conduite au passage de l'Adige et du Tagliamento, et à la bataille de Caldiero, le fit nommer chef de bataillon du 1er régiment d'infanterie légère italienne. Il fit avec ce corps les campagnes de 1806 et de 1807, et le siège de Colberg. Chargé, avec 5 compagnies de son bataillon, de l'attaque d'un camp retranché, défendu par 2,000 Prussiens, et qui couvrait la forteresse de Colberg, il l'enleva d'emblée le 19 mars 1807. La garnison de la place ayant fait dans la même journée une sortie avec plus de 3,000 hommes et de l'artillerie, pour reprendre le camp, il attaqua ce corps en rase campagne, le battit, fit un grand nombre de prisonniers, et reprit les canons dont ils s'étaient emparés. Péraldi fut envoyé l'année suivante en Espagne, et dès son entrée en Catalogne il fut chargé de l'attaque de la ville de Roses, qui se rendit après huit jours d'un siége meurtrier, toutes les sorties de la garnison ayant été repoussées. Celle-ci fut faite prisonnière de guerre. A Grenouillères, le 16 décembre 1808, il fut attaqué par la cavalerie espagnole, qui avait déjà mis en déroute le 1er bataillon de son régiment; mais avec les secours qui lui arrivèrent il défit cette cavalerie, et peu de jours après, à la tête de l'avant-garde de l'armée, il força les Espagnols dans leur position de Saint-Quentin. Il eut à cette occasion la cuisse traversée d'un coup de feu; c'était la quatrième blessure qu'il avait reçue sur les champs de bataille. Il se distingua de nouveau aux affaires de Wals, où il enfonça le centre de l'armée espagnole, et à Saint-Filien, où vivement attaqué par le général Milans, à la tête de 4,000 Espagnols, il parvint enfin, après le combat le plus meurtrier, à repousser l'ennemi. En 1809, la guerre ayant recommencé contre l'Autriche, Péraldi fut envoyé avec les officiers de son bataillon en poste à l'armée d'Italie. Arrivé sur l'Isonzo, il organisa sur-le-champ un nouveau bataillon, et marcha sur Willack et Saxembourg en Carinthie. L'armée française était inquiétée sur ses derrières par des partis organisés dans le Tyrol. Péraldi fut attaqué le 24 octobre, à Spythal, par 1,500 partisans, commandés par le colonel autrichien Lützchen; mais avec cinq compagnies de son nouveau bataillon il les mit dans une déroute complète, et leur enleva leurs canons. Le 8 novembre suivant, à la tête de deux bataillons formant l'avant-garde du général Baraguay d'Hilliers, il entra dans le Tyrol et enleva à l'assaut le fort de Mühlback, muni d'artillerie, et défendu par 3,000 Autrichiens. En pénétrant dans ce fort, il fut blessé à la poitrine d'un coup de feu tiré à bout portant. Nommé successivement major et colonel sur les champs de bataille, il reçut en 1811 le commandement des chasseurs à pied de la garde italienne, et fit, à la tête de ce régiment, la campagne de 1812, en Russie. Après avoir pris part aux affaires de Borodino, de Krasnoï, de la Bérésina et à la bataille de la Moskowa, il eut, le 24 octobre, une affaire très-brillante à Malviaroslawitz, où, après avoir soutenu toute la journée les attaques des forces six fois supérieures des Russes, il parvint enfin à les repousser, et resta maître du champ de bataille. Rentré en Italie en février 1813, il organisa un nouveau régiment de gardes, le sien ayant été presque entièrement détruit en Russie, et servit les campagnes suivantes avec la même distinction, sous les ordres du prince vice-roi. Péraldi se trouvait à la tête d'un corps nombreux à Casalmagiore, lorsqu'il fut instruit officiellement de l'abdication de l'empereur. Ces troupes prirent l'initiative hasardeuse de proclamer le prince Eugène, roi d'Italie, et lui envoyèrent le procès-verbal de cette élection, signé par Péraldi et tous les officiers et sous-officiers de son corps. Des troubles de la nature la plus grave éclatèrent le 20 avril suivant à Milan; Péraldi commandait alors, par intérim, la garde royale italienne qui se trouvait à Mantoue, et des symptômes d'insurrection se manifestèrent aussi en cette ville parmi le peuple et les soldats. Le gouvernement provisoire donna ordre au commandant de la garde de partir sur-le-champ de Mantoue, ordre qu'il n'exécuta qu'après avoir averti le prince Eugène de l'état des affaires et des dangers que ce prince courait. Il lui donna ainsi le temps de se mettre en sûreté avec la vice-reine, ses enfans et ses équipages. Rentré en France, Péraldi eut ordre, en 1815, de se rendre sur la Sarre pour y prendre le commandement du 118ᵉ régiment de ligne, avec lequel, le 16 juin de la même année, il enleva aux Prussiens le village de Ligny. Sur ce champ de bataille on lui donna le commandement de la 1ʳᵉ brigade du 4ᵉ corps. Le 2 juillet il fut encore blessé sous les murs de Paris, d'un coup de feu qui lui traversa la poitrine. Ce brave officier a été mis à la retraite en 1822.

PETIET (Claude), ancien ministre de la guerre, et en dernier lieu membre du sénat, n'entra au ministère que le 8 février 1796, en remplacement du général Aubert Dubayet, après la dissolution de la convention nationale, et sous le gouvernement du directoire. Il faut rectifier ainsi la date de 1795, mise par erreur d'impression dans son article. Il ne quitta point non plus ce poste volontairement, ainsi qu'il est dit page 192 du même article, pour se retirer au sein de sa famille. Mais ayant encouru l'inimitié personnelle d'un des directeurs et du parti le plus exagéré en opinions politiques à cette époque, il fut destitué de ses fonctions, ainsi que plusieurs autres ministres et fonctionnaires publics, à qui on reprochait la modération de leurs principes. Nous nous empressons de faire droit aux réclamations qui nous sont parvenues contre ces erreurs involontaires.

PONS DE L'HÉRAULT (André), ancien officier de marine, administrateur des mines de l'île d'Elbe, préfet du département du Rhône pendant les *cent jours*, en 1815, membre de la légion-d'honneur, né à Cette en 1773. Sa famille le destinait à l'état ecclésiastique, mais une répugnance invincible pour la contrainte et les études théologiques le fit quitter de bonne heure le toit paternel. Il entra très-jeune au service de la marine, et subit avec distinction les examens requis pour être officier dans ce corps. Il se prononça avec toute l'ardeur de la jeunesse pour le nouvel ordre de choses, quand la révolution éclata en 1789. Après que Toulon eut été livré aux Anglais, Pons, qui était resté fidèle au drapeau national, fut envoyé en qualité de commissaire auprès de l'armée qui faisait le siége de cette place, mais il préféra bientôt rentrer dans les rangs des combattans, même hors de son arme, et il fut nommé, sur la présentation du général Bonaparte, commandant des côtes de Bandols. Les autorités de Marseille, alors ultra-républicaines, avaient dénoncé trente-deux habitans de Bandols, comme coupables de fédéralisme et de connivence avec les Anglais. Le jeune commandant de Bandols eut ordre d'envoyer sous escorte les trente-deux accusés à Grasse, pour y être jugés par le tribunal révolutionnaire. C'était les envoyer à une mort certaine. Pons, convaincu de leur innocence, eut le courage de ne pas obéir; expliqua les motifs de son refus; gagna du temps, et parvint ainsi à sauver ces victimes dévouées à l'échafaud. Il se plaît à rappeler cette action, qu'il cite comme la plus belle de sa vie. Il avait alors vingt ans. Les habitans de Bandols lui décernèrent une couronne civique, qui lui fut présentée avec solennité, et son nom est encore cité avec reconnaissance dans cette contrée. Après la reprise de Toulon, il revint à Cette, et fut délégué par cette ville pour remplir une mission auprès de la convention nationale. Arrêté pendant les réactions qui eurent lieu après le 9 thermidor, il fut remis en liberté au 13 vendémiaire an 3; s'embarqua quelque temps après comme capitaine d'un vaisseau de commerce, et eut le malheur d'être pris par les Anglais. A son retour en France, ses concitoyens voulurent le porter au conseil des cinq-cents; mais le directoire avait envoyé des agens dans les départemens pour prescrire le choix des représentans : Pons fut envoyé à Paris par l'assemblée électorale dont il faisait partie, pour faire confirmer les élections légales, mais ne réussit point auprès du directoire. Il publia alors un écrit, intitulé : *Pons à Barras*, dans lequel il développait les manœuvres employées pendant les élections. Il fut bientôt après obligé de s'éloigner de Paris. On lui donna le commandement d'un bâtiment de l'état; il se rendit à Toulon, où il fut nommé chef de l'état-major de la division navale attachée à l'armée d'Italie. Il suivit et seconda les opérations de cette armée, et fut honorablement cité dans les rapports de tous les généraux qui commandèrent successivement. Nommé capitaine de frégate, il se distingua de nouveau pendant le siége de Gênes, et rendit des services éminens au commerce de cette ville. Les Génois lui ont depuis témoigné le plus touchant intérêt, lorsque, par suite d'événemens politiques, il fut momentanément obligé de chercher un asile dans leur ville. Quelque mécontentement particulier, dont on ignore les motifs, lui fit quitter le service militaire et rentrer dans sa famille. Il se maria, et devint le chef d'une maison de commerce; mais peu propre à cet état, il y renonça bientôt; fut attaché à la chancellerie de la légion-d'honneur, et nommé, peu de temps après, à l'administration générale des mines de l'île d'Elbe. Il éleva cet établissement à un haut degré de prospérité, et reçut de M. de Lacépède, alors grand-chancelier de la légion-d'honneur, des témoignages publics de satisfaction. « Vous avez créé, lui écrivit-il, un bel et grand établissement, construit un grenier d'abondance, de grands magasins, des maisons d'habitation, fait le bonheur des ouvriers qui vous regardent comme un père, donné à la légion un revenu bien supérieur à celui qu'on avait retiré auparavant, et répandu une telle aisance, une telle activité, que les habitans ont élevé plus de 60 maisons, et fait construire 30 navires marchands. » Napoléon, lorsqu'il vint, après sa première abdication, prendre possession de la souveraineté temporaire de l'île d'Elbe, y trouva Pons à la tête de l'administration de ces mines, et lui donna bientôt toute sa confiance. Pendant les *cent-jours*, il le nomma à la préfecture du département du Rhône, et écrivit aux Lyonnais : « Je vous donne » un de mes amis, vous en serez » content. » Pons sut dans des circonstances difficiles se concilier l'affection et l'estime de ses administrés. Lorsqu'après le second retour du roi il se disposait à quitter Lyon, la municipalité lui adressa la lettre suivante : « Au moment où vous allez cesser vos fonctions de préfet du Rhône, le corps municipal, organe de tous les Lyonnais, éprouve le besoin de vous manifester ses sentimens. Votre administration sage et ferme a triomphé de tous les obstacles que de grandes circonstances semblaient devoir rendre insurmontables. Il est impossible de faire plus de bien en si peu de temps ; et comme la reconnaissance est la mémoire du cœur, vous emporterez la certitude de laisser dans notre cité un souvenir qui ne s'effacera jamais. Pour gage de ce souvenir, veuillez accepter cette croix de la légion d'honneur que nous vous offrons au nom de la ville. Elle vous sera chère, puisqu'elle sera pour vous le gage des sentimens d'affection, etc. » Durant sa magistrature, la garde nationale de Lyon l'avait nommé colonel honoraire, distinction flatteuse et non sollicitée. Son successeur à la préfecture du département du Rhône, M. de Chabrol, lui écrivit une lettre au nom des habitans de Lyon, exprimant dans les termes les plus honorables, les mêmes sentimens que ceux contenus dans la lettre de la municipalité. Pons se trouvait néanmoins au nombre des Français contre lesquels il y eut à cette époque un commencement de procédure judiciaire; il se rendit à l'île d'Elbe, où il avait laissé sa femme et ses enfans. Par un oubli total du droit des gens, il y fut arrêté, et conduit en Autriche, où, pendant six années, il eut à souffrir tous les maux de l'exil, et toutes les rigueurs des agens subalternes de l'autorité. Enfin, les passions s'apaisèrent, il lui fut permis de rentrer en France, et il se hâta de regagner ses foyers.

où il vit au sein de sa famille, éloigné des affaires publiques.

POTOCKI (WLODIMIR), doué des plus belles qualités de l'âme et du corps, issu d'une famille illustre (*voy.* les articles de ce nom, dans ce même vol. XVII, pag. 43-47). Wlodimir Potocki, possédant une fortune très-considérable, entra au service du duché de Varsovie, en levant et équipant à ses frais une compagnie d'artillerie légère, dont il fut nommé capitaine. Il parvint successivement au grade de colonel d'artillerie. Il fit avec la plus grande distinction la campagne de 1809. Plein de zèle pour son état, il consacrait tous ses momens de loisir à l'étude. Il était aimé, chéri de tout ce qui l'approchait ; il avait gagné les cœurs de tous les soldats qui avaient servi sous lui, lorsque la mort l'enleva au milieu d'une carrière qui promettait d'être si brillante. Cette mort fut le signal d'un deuil général.

RABBE (ALPHONSE), né en 1786, à Riez, département des Basses-Alpes, d'une famille distinguée, mais ruinée et décimée par la révolution, adopta de bonne heure des idées qui semblaient devoir être combattues et proscrites par ses traditions domestiques, et, très-jeune encore, fit paraître une horreur profonde pour toutes les tyrannies. Cette direction généreuse de ses sentimens fut probablement encouragée par les principes qu'il puisa aux écoles centrales, où il vint achever ses études ; il fut l'un des élèves d'élite de celle des Quatre-Nations, alors dirigée par M. Dumas, et à la fin de l'an 11, il remporta au concours général le grand prix, ou prix d'honneur. S'écartant de la destination que semblait lui tracer le succès de ses études, et trop livré aux suggestions d'un caractère ardent et inquiet, M. Alphonse Rabbe prit de l'emploi dans l'administration militaire de l'armée d'Espagne, et après avoir habité deux ans ce pays, qu'il était si difficile d'explorer au milieu de tous les fléaux de la guerre ; mais ayant étudié la langue et la littérature espagnoles, il revint à Paris, et fut proposé à M. Delaborde par l'un de ses amis, pour concourir au travail du *Voyage pittoresque d'Espagne.* Il eut en effet beaucoup de part à la rédaction de la partie historique de ce grand et bel ouvrage, et de quelques autres du même auteur. En 1812, il écrivit un précis de l'histoire de Russie, faisant partie d'un ouvrage publié par Damaze de Raymond (tué en duel), sous le titre de *Tableau historique, géographique, militaire et moral de l'empire de Russie.* Il retourna en Provence, et rentra dans sa famille à la fin de 1813, accablé par les effets d'une maladie terrible, dont il avait rapporté le germe du fond de l'Espagne, et augmenté les fâcheux résultats par son excessive application au travail. A la fin de 1815, ayant à peine recouvré ses forces, cédant aux instances de sa famille, il entra dans les rangs des royalistes du Midi, et publia, dit-on, quelques écrits en faveur de leur opinion. S'étant chargé d'une mission difficile, il fut arrêté sur la frontière de Navarre. Mis en liberté vers la fin du mois de juin, il se rendit à

Marseille, à l'époque où M. le duc d'Angoulême s'y trouvait: ce prince l'accueillit avec bonté. Mais pénétré d'horreur pour les actes sanglans dont la ville de Marseille venait d'être le théâtre, il se sépara dès-lors des hommes avec lesquels une commune opinion l'eût obligé de marcher, et dès-lors aussi il mérita leur haine. Ils l'accusèrent de n'être pas assez ardent, et trouvèrent même des preuves de son républicanisme dans ce qu'il avait écrit en faveur de la monarchie. Fuyant les hommes de sang qui déshonorent toutes les causes, M. Alphonse Rabbe se rendit à Aix, et parut vouloir suivre la carrière du barreau, où il débuta avec succès; mais des circonstances particulières le déterminèrent à ne plus s'occuper que de travaux littéraires. De retour à Marseille, en 1819, il forma le projet d'y établir un journal indépendant: il réalisa ce plan au mois de janvier 1820, après avoir publié une brochure ayant pour titre: *De l'utilité des Journaux politiques publiés dans les départemens*. Cette brochure et l'apparition du premier numéro de son journal, auquel il donna le titre de *Phocéen*, furent le signal d'un déchaînement violent contre lui. La publication du *Phocéen*, qui fit sensation non-seulement dans tout le midi, mais encore dans le reste de la France, fut un acte de beaucoup de courage; ce fut encore un acte très-utile dans ces contrées: les journaux de Paris rendirent souvent compte des scènes déplorables dans lesquelles le rédacteur du *Phocéen* faillit succomber, et l'on suivit avec intérêt et avec anxiété l'orageuse carrière de cet écrivain qui, malgré les menaces et les persécutions, continua de répandre des vérités utiles et énergiquement exprimées. Il dut succomber; sa ferme contenance le garantit du poignard. Poursuivi par des réquisitoires, il fut emprisonné et mis en liberté sous caution, après avoir failli être massacré dans le Palais de justice même. Il publia encore quelques numéros du *Phocéen*, malgré l'imminence du danger; mais, menacé d'une nouvelle arrestation, il prit la fuite. Arrêté à Grenoble et emprisonné dans cette ville, il y rencontra de douces consolations dans l'intérêt que lui témoignèrent les habitans; il sortit encore une fois de prison, moyennant un cautionnement pécuniaire: il repartit pour Aix, où sa mère venait de mourir de chagrin. A la fin du mois d'août de 1820, il subit deux jugemens devant les assises pour ses prétendus délits de la presse, et malgré les intrigues et les clameurs de ses ennemis, il sortit victorieux de cette double épreuve. Le chef d'accusation capital contre le rédacteur du *Phocéen*, était d'avoir demandé compte aux autorités administratives du département des Bouches-du-Rhône, d'une somme de cinq ou six millions, prélevée sur le pain du peuple de la contrée. C'était là, disaient les autorités, une épouvantable calomnie. Cependant M. Alphonse Rabbe fut acquitté sur ce chef aussi-bien que sur les autres, et cette issue de son procès causa une satisfaction générale. Revenu à Paris, en 1822, il a coopéré à la rédaction de plusieurs journaux, et a publié divers ouvrages, de concert avec M. Alexis Dumesnil, non moins connu par l'éclat de ses talens que par l'énergie de son caractère; il concourut au succès de l'*Album*, qui valut tant de persécutions au jeune et infortuné Magalon, son éditeur; il travailla aux *Tablettes universelles*, et après avoir dénoncé par une lettre dans le *Courrier français*, le pacte imputé au propriétaire-éditeur de ce remarquable journal, il se battit en duel avec lui. M. Alphonse. Rabbe a publié deux *Résumés*, l'un de l'histoire d'Espagne, et l'autre de l'histoire de Portugal, qui ont obtenu déjà plusieurs éditions, et contribué avec ceux de MM. Félix Bodin et Scheffer, à la vogue obtenue par ce genre de composition historique. Récemment (1824) il a inséré dans le *Courrier français*, sous le titre de Beaux-Arts, une suite d'articles qui ont été très-favorablement appréciés par les gens de goût.

RABBE (Jean-François), d'une famille de cultivateurs, est né à Pesme, département de la Haute-Saône, le 16 janvier 1767. Au commencement de la révolution, il partit comme simple soldat, et s'étant distingué en diverses occasions, notamment à la bataille de Marengo, il fut nommé chef de bataillon dans la 9me demi-brigade légère; il avait passé successivement par tous les grades inférieurs. M. Rabbe était colonel du 1er régiment de la garde de Paris, et officier de la légion-d'honneur, lorsqu'en 1812, il fut arrêté avec les généraux Malet, Guidal et Lahorie, et traduit devant un conseil de guerre, comme ayant participé au projet, formé par ces derniers, de renverser le gouvernement impérial. M. Rabbe fut condamné à mort le 29 octobre; cependant sa famille trouva des protecteurs assez puissans pour obtenir d'abord un sursis à l'exécution. La peine fut ensuite commuée en une détention perpétuelle; mais les événemens de 1814, qui amenèrent l'abdication de l'empereur Napoléon, firent mettre en liberté le colonel Rabbe.

FIN DES SUPPLÉMENS.

ERRATA.
XVI° volume.

PICOT (Pierre), pag. 270, 1re col., 15e lig., au lieu de *catholique*, lisez : *chrétienne*.

PICTET DIODATI, pag. 278, 1re col., la fin de cet article doit être rectifiée ainsi : En juin 1814, M. Pictet Diodati crut pouvoir continuer à faire partie de la chambre des députés comme il avait fait partie du corps-législatif avant le rétablissement du gouvernement royal; il fut exclu comme étranger. Il est président de la cour suprême de Genève.

XVII° volume.

RADZIWIL, pag. 211, le nom des deux derniers Radziwil doit, comme celui du premier, être écrit par un d.

RANDOLPHE, pag. 240, au lieu d'Édouard, lisez : Edmond.

RAPINAT, pag. 247, le premier vers du quatrain doit être rétabli ainsi :
   Un bon suisse que l'on ruine.